高等学校新文科经管类课程思政系列教材

# SAP ERP 业财融合信息系统实验教程

## (SAP Business One)

陈　艳　张星文　唐　妤　编著

中国财经出版传媒集团
中国财政经济出版社
· 北京 ·

**图书在版编目（CIP）数据**
SAP ERP业财融合信息系统实验教程 / 陈艳，张星文，唐好编著. -- 北京 : 中国财政经济出版社，2024. 10.
(高等学校新文科经管类课程思政系列教材). -- ISBN 978-7-5223-3467-7
Ⅰ. F270.7
中国国家版本馆CIP数据核字第2024F7T841号

责任编辑：温彦君　　　　责任校对：张　凡
封面设计：智点创意　　　　责任印制：史大鹏

**SAP ERP 业财融合信息系统实验教程**
**SAP ERP YECAI RONGHE XINXI XITONG SHIYAN JIAOCHENG**

中国财政经济出版社 出版
URL：http：//www.cfeph.cn
E－mail：cfeph@cfeph.cn

社址：北京市海淀区阜成路甲 28 号　邮政编码：100142
营销中心电话：010－88191522
天猫网店：中国财政经济出版社旗舰店
网址：https：//zgczjjcbs.tmall.com
北京中兴印刷有限公司印刷　　各地新华书店经销
成品尺寸：185mm×260mm　16 开　22.5 印张　559 000 字
2024 年 10 月第 1 版　2024 年 10 月北京第 1 次印刷
定价：69.00 元
ISBN 978－7－5223－3467－7
（图书出现印装问题，本社负责调换，电话：010－88190548）
本社质量投诉电话：010－88190744
**打击盗版举报热线：010－88191661　QQ：2242791300**

# 序 Preface

在信息技术高速发展的今天，企业财会数智化转型已不再是“选择题”，而是关乎企业生存和长远发展的“必修课”，数智化转型是传统企业转型的一把利剑，可以为企业开辟一条通往未来成功之路，在这个过程中，财会数智化人才培养尤为关键。

随着数字化和互联网技术的普及，企业越来越重视业务和财务数据的整合。业财融合能够实现业务流程和财务流程的优化与集成，使管理者能穿透财务数据，发现业务中潜在的风险点，提前采取控制措施。未来的业务融合系统，将朝着智能化方向发展，实现自动化、智能化的财务处理和业务管理，减少人为操作错误和重复性劳动，提高工作效率。

对ERP系统我们并不陌生，但在数智化时代，新一代的ERP系统主要聚焦在业财融合、数据分析，用数据洞察企业运营，并在数据运营中提高决策能力。本书以新一代全球最大的SAP ERP软件为平台，以多个企业真实场景案例和脱敏数据为基础，构建企业数字化运营场景的全生命周期管理，从销售、采购到生产运营；从仓储物流到财务管理；从数据运营到决策管理等。通过这些场景模拟操作，可以让学生掌握基于真实环境下的企业数字化运营全流程，掌握企业数字化技能。

本教材培养目标明确，实验设计严谨，案例信息真实，教学团队力求将最精准、最实用的会计数智化知识和技能传递给读者。教材从人才培养基本要求出发，注重理论与实践的结合，为读者逐步构建业财融合的理念，让读者能够在真实业务场景中学习和应用，掌握数字化技能，成为社会急需的数字化人才。

河北腾软信息技术有限公司作为中国企业数字化转型的专业服务商，已经为20多个行业近300家大中型企业集团提供和交付了数字化的整体解决方案并落地实施。本次我们深度参与课程开发，与广西大学的教学团队一起深入企业实地调研，参与教师的案例研讨，随堂支撑了多轮多个教学班的教学。通过不断实践，我们分析总结出学生们操作上的难点和易错点，优化操作流程，修改操作指导，开发评价系统，大大提升了本门课程“教”与“学”的体验，实现了学生乐意学，教师轻松教的目标。

有幸为本书作序，我相信本教材将会助力读者在通往财会数智化的道路上扬帆远航！

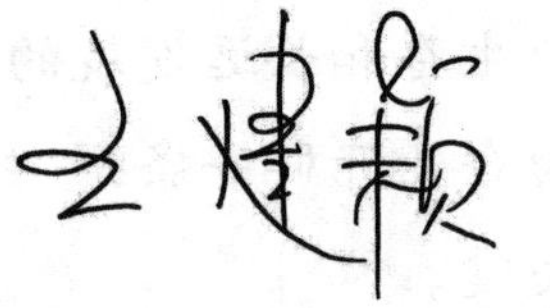

北京大学工商管理硕士

河北腾软信息技术有限公司 CEO

# 前言 Foreword

新质生产力的数字技术创新和数据要素配置，使企业数智化转型成为必然。数智化赋能会计行业的高质量发展，财务工作的组织模式和职能边界正在重新被定义，以数据驱动与流程驱动为动力，以数智化为导向，将数据科学和信息技术融入财务领域不仅成为一种趋势，更是确保企业持续竞争力的核心。新一代 ERP 比传统 ERP 更强调用户体验，它不再是简单的信息化系统，而是将人、技术、流程等无缝融合，采用智能化、可视化的设计，突破传统会计信息局限于部分数据采集、处理、分析和应用的场景，实现会计数据业务化，提高了会计工作效率、质量和决策的科学性。高校作为向社会输送高端人才的基地，需要进一步优化课程体系结构，使教学内容更贴近新技术、贴近社会和行业应用。目前，会计信息系统的核心是业财融合，被业务驱动、为业务服务、为决策支撑的系统才是好的会计信息系统。由此，对高校学生的培养，不仅要懂会计，还要懂业务；不仅要知道业务数据如何穿透流程进入会计模块变成账务信息，还要知道如何利用信息实现企业价值的最大化。这对高校实验教学的改进提出了更高的要求。我们既要兼顾学科发展的前沿性，又要兼顾信息技术的先进性，还要兼顾财会业务完整性和实践性，力图为学习者提供一套先进、易操作、易理解的实验教程，让读者在学习的过程中，熟悉企业供应链的操作和核算流程，熟悉信息从业务向财务流动的路径，树立业财融合的理念。

## 一、实验教程使用要点

在开展本书的实验之前，教师应给学生讲解“会计信息系统”基本工作原理和变化发展趋势。本书的每一个实验都配合基础会计的相关业务设计。在每一个实验开始之前，教师可简要介绍相关背景知识、企业业务流程，业务数据如何穿透流程形成会计凭证的过程，然后再开始实验；这样既能有效巩固前学课程的会计理论知识，又能掌握业财融合管理软件的基本操作，还能进一步理解企业管理软件的整体系统结构和运行特征。

1. 教程的总体结构

本书共分九章，第一章讲解了 ERP 企业管理软件及业财融合的概念，并对实验的案例企业进行了简单介绍。第二章至第九章基于 SAP Business One 的新一代 ERP 系统，分别介绍了构成业财融合的企业管理信息系统的几大模块：采购与付款、固定资产管理、生产管理、销售与收款、总账管理、期末处理和财务报表。

2. 内容设计

除第一章外，第二章至第九章每章都包含了 ERP 各模块的应用，既有清晰的业务流程线，也有业务驱动的会计分录；既有相关单据的填制方法，也有各种外部数据的制作和导入说明。通过学习，学生能较为充分地了解 SAP Business One ERP 管理系统提供的功能和各模块之间的数据传递关系、业务操作流程、智能化数据处理的逻辑原理等。上机实验部分是本书的重点，每章都包括学习目标、实验内容、章前学习、业务描述、操作指导等。其中，“学习目标”明确了通过该实验学生应该掌握的知识和技能；“实验内容”简要地介绍了本项实验应完成的主要工作；“章前学习”介绍了为完成本实验应该具备的会计学知识和系统知识；“业务描述”提供了进行实验的业务场景和数据资料；“操作指导”则针对每一个业务场景给出具体的操作方法。对于系统智能化数据处理的逻辑和提高业务操作速度的小技巧，在书中以“SAP 小知识”栏目呈现，以方便学生加深对系统的理解。

3. 教学资源

本书还提供了配套的教学资源，主要包括以下内容：

(1) 标准实验账套。每章配备一个标准实验账套，该标准账套既可以作为新实验的拷贝账套，还可以作为学生实验的评分标准。

(2) 导入数据包。包括实验所需的核算科目、业务伙伴主数据、物料主数据、固定资产主数据、总账科目期初余额、业务伙伴期初余额、库存期初余额以及报表模版等。

(3) 评分系统。该系统通过将学生的操作结果与标准账套数据进行比对来评分，包括科目余额、库存数量和现金流量主表项目余额的比对。教师可以在每章结束后对学生的操作进行评分。

(4) 操作视频。为了方便自主学习的读者，针对本教程的实验场景，我们录制了可以在 IE 环境下播放的视频，读者可以通过扫描课本上的二维码观看视频进行学习。

(5) 期末考卷试卷。为了测试学生的学习结果，为教师准备了期末试卷 A、B 卷和答案。

(6) 标准考试账套。为期末考试专门制作了标准考试账套，教师可用此标准账套拷贝制作学生的考试账套，同时还分别制作了 A 卷和 B 卷的答案账套，教师可运用标准答案账套进行考试评分。

4. 教学系统

本实验教学使用 SAP 的系统为 Business One（简称 B1），是一个中小企业版的 ERP 系统。之所以选择适用于中小企业的 B1 而不是适用于大型企业的 Business Suite（简称 BS），是因为在教学实践中我们发现，一人一账套能让学生更加全面地了解企业账务处理的全过程，避免分组教学中容易出现的浑水摸鱼、忙闲不均的状况，从而带来更好的教学效果。大型 BS 系统初始化设置过于复杂，需要专业团队支撑，学生无法自行设置，同时受站点数量的限制，无法满足一个学期同时开放 200—300 个站点的教学需求；而 B1 系统结构清晰，功能齐全，初始化设置简便，业务操作时与 BS 系统类似，更适合本科生的课堂教学和初学者的自行探索。教学使用本书或读者购买本书时，需确认具有 B1 系统的使用权限，相关技术问题可联系河北腾软信息技术有限公司。

## 二、本实验教程的特色

1. 特色的案例企业

本教程是广西大学工商管理学院系列实验教程中的一项，选取了广西支柱产业中的制糖企业，构筑了虚拟的广西君武糖业集团榕江制糖有限公司，案例中资产与业务情况，如制糖企业的机器设备；生产工艺；甘蔗和原料的采购、产品的销售等，均参照企业经营的实际情况来编制，使学生在实验过程中能够获得较为真实的体验。

2. 全视角的实验场景设计

实验中，学生能从多个视角来观察一项业务从开始到完成的过程。例如，一笔销售业务，学生能从销售员视角进行报价、核查库存数量、确认销售订单；从车间管理员视角进行生产领料和监控生产，从仓库管理员视角进行完工入库，再进行销售出库；从会计视角进行收入和成本的确认；从出纳的视角进行确认收款。这样的设计能让学生全面了解企业业务流程中各岗位的职责，并了解业务数据如何最终变成财务信息的过程。

3. 智能化的考核系统

考核系统操作简单，得分迅速，教师只要点击一下打分系统图标，便可以在 10 秒内得到全班学生的成绩。还可通过评分系统找出学生做错的地方，并指导学生改正，改正过后还能进行再次评分。

4. 完整的会计核算场景

实验案例设计了制糖企业一个完整月份的基本财会业务，除了采购、生产、销售的基本业务核算外，还包括工资发放、个税缴纳、增值税缴纳、各种费用报销、工资计提、折旧计提、无形资产摊销、利息计提和支付、标准成本与实际成本的差异结转、本年利润结转、未分配利润结转以及增值税抵扣及转出等财会的基本业务，并要求在最后生成资产负债表、利润表和现金流量表，对学生巩固之前所学课程知识有较大的促进作用。

5. 内生的学习动力

学生在学习过程中，每一章的账务要全部操作正确，才能保证最后生成正确的报表。由于有便捷的考核系统配合，学生能及时看到自己的错误点，每一章教师都要求学生将错误的账务全部改正，直到满分才能进行后面章节的操作，学生对操作技术掌握比较扎实。同时，由于有每章评分的驱动，学生学习的自主性也得到较大提高，不少学生主动要求增加机时，期末考试中可以明显看到教学效果良好。

## 三、教学建议

根据实验内容以及多次课程实施的经验，为教师提供以下教学课时分配供参考。以每课时标准 45 分钟计算，每个实验所需课时如表 1 所示。

**表 1** **教学课时分配一览表**

| 章节内容 | 讲授课时 | 上机课时 | 合计 |
|---|---|---|---|
| 第一章 ERP 与业财融合 | 2 | 0 | 2 |
| 第二章 系统初始化设置 | 4 | 4 | 8 |
| 第三章 采购与应付账款 | 4 | 4 | 8 |
| 第四章 固定资产管理 | 1 | 1 | 2 |
| 第五章 生产管理 | 1 | 1 | 2 |
| 第六章 销售与应收账款 | 2 | 2 | 4 |
| 第七章 总账管理 | 1 | 1 | 2 |
| 第八章 期末处理 | 1 | 1 | 2 |
| 第九章 财务报表 | 1 | 1 | 2 |
| 合计 | 17 | 15 | 32 |

由于实验教学过程中存在不确定性和偶发性，如果学生在课堂时间内不能完成实验内容，可以为学生另行安排课外上机时间，建议安排 8—16 个课外机时为佳。

本书主要供高等院校会计、财务管理、经济信息管理等相关专业教学使用，也可作为财务人员及业务人员进行会计信息系统应用培训和业务培训的学习用书。

本书由广西大学陈艳、张星文、唐妤主编，参与教材核对工作的有曹悦萍、王浩月和田莉萍同学。本书在编写过程中得到了广西大学工商管理学院、广西大学经济与管理实验中心、河北腾软信息技术有限公司王建颖总经理与董丽娟女士的鼎力支持和帮助，在此深表谢意。

财会数智化是一个发展极为迅速的领域，其理论框架和方法体系还在不断发展和变化，在本书编写过程中我们虽然做了不少努力，但难免存在疏漏和不足。我们诚挚地希望读者给予批评指正。

作 者

2024 年 6 月

# 目录
Contents

# 第一章

# ERP 与业财融合

进入 21 世纪以来，信息技术快速发展，信息和信息技术深刻影响着社会生产和生活方式。随着“十四五”期间数字经济的迅速发展，ERP 作为推动企业数字化转型的关键力量，在这一进程中发挥着越来越重要的作用。越来越多的企业已经采用 ERP 系统进行管理，在会计核算方面，ERP 系统通过数据集成和自动化处理，实现了会计数据的准确记录和高效管理，解决了“信息孤岛”问题，可帮助企业进行成本控制和财务分析，提升核算和管理的效率。企业对于具备 ERP 系统知识和技能的员工需求量越来越大。ERP 系统整合了企业内部的多个业务模块，如财务、采购、销售、生产、库存等；同时 ERP 系统涉及多个学科的知识，如信息技术、管理学、经济学、会计学等；通过学习 ERP 系统，可以让学生们了解企业的运营流程，理解各部门之间的协作关系，同时能培养跨学科能力，提高综合素质，适应多元化的需求，为将来在企业中从事相关工作打下坚实的基础。

## 第一节 ERP 企业管理系统

### 一、ERP 的概念

ERP 是企业资源计划（Enterprise Resource Planning）的缩写，是一种集成管理软件系统。美国高德纳公司（Gartner Group）将 ERP 定义为“一套将财会、分销、制造和其他业务功能合理集成的应用软件系统”，它通过整合企业内部的各个部门和业务流程，提供一个集成的平台，以实现跨部门的数据共享和流程协调。近年来，ERP 系统正在打破传统企业管理的局限性，通过整合企业内外部资源，实现企业的全面信息化。

ERP 建立在信息技术基础上，但它不仅是一个软件系统，它更注重对企业内部的业务流程进行系统化的再造，以实现内部的信息共享。经由 ERP 系统提供的集成信息，有助于管理者管理更广泛的业务活动，如人力资源、销售、客户支持、会计和库存控制等，以达到提升管理效率的目的。

### 二、ERP 的起源与发展

ERP 管理系统的发展经历了五十余年，大致分为五个发展阶段：

1. 起源阶段

20 世纪 70 年代初期，随着计算机技术的初步发展和应用，企业管理者开始尝试利用计算机进行辅助管理。在这一时期，美国麻省理工学院（MIT）开发的基于物料需求计划（Material Requirement Planning，MRP）系统为 ERP 的雏形奠定了基础。

2. 初步发展阶段

20 世纪 70 年代至 80 年代，企业管理逐步从手工记录、人工处理的方式向计算机化、信息化转变。MRP 系统开始出现，主要用于帮助企业管理生产过程、控制库存和物料需求。随着企业规模和复杂度的增加，单一的 MRP 系统已经无法满足企业的全面管理需求。

3. 集成化发展阶段

到 20 世纪 80 年代末至 90 年代初，第二代物料需求计划（MRP Ⅱ）系统出现，MRP Ⅱ系统在 MRP 的基础上加入了更多的模块，如财务、采购、销售、库存等，实现了不同领域之间的数据共享和集成管理，提高了企业的管理效率和决策支持能力。

4. 全面化发展阶段

20 世纪 90 年代中期，美国高德纳公司率先提出了 ERP 概念，它在 MRP Ⅱ的基础上，以企业内部“供应链管理”思想为基础，在现代信息技术的支持下，集成了更多的功能和模块，包括财务、采购、销售、库存、生产制造、人力资源等多个领域，形成了一套完整的企业管理系统。ERP 系统整合了企业内部各方面的资源和信息，为企业加强财务管理、提高资金运营水平、建立高效供销链、减少库存、提高生产效率、降低成本、提高客户服务水平等方面提供了强有力的支持，同时为高层管理人员的经营决策提供了科学的依据。ERP 概念的提出，标志着企业管理进入了一个全新的时代。

5. 数智化发展趋势

随着大数据、物联网、人工智能等技术的飞速发展，企业的信息化需求发生了深刻变化。传统 ERP 系统逐渐显露出其局限性，如条块分割严重、集成难度大、项目开发布置实施周期长、关联风险与系统风险大等。2019 年，高德纳公司再次提出基于 AI 驱动的 EBC（Enterprise Business Capability，企业业务能力）概念，这是企业管理系统中一个非常前沿的领域，它标志着企业信息化发展的新阶段。

EBC 是以大数据、物联网、人工智能技术为支撑，将业务与技术融合，从客户角度出发，以满足客户需求、提升客户体验为目标的管理系统。与传统的 ERP 相比，在技术层面，EBC 采用云原生、微服务等现代化技术架构；在功能层面，EBC 功能更加模块化、颗粒度更细，企业可以按需选择和组合模块；在目标定位方面，EBC 更注重用户体验和个性化需求，更注重企业业务能力的构建和提升。EBC 将为企业提供面向客户的体验平台、面向员工的信息化平台、面向伙伴的生态平台、面向万物的物联网平台和数据与智能分析平台等五大平台，助力企业数字化转型。

## 三、ERP 系统的特点

ERP 系统具有以下特点：

1. 集成性

ERP 系统以信息集成为核心，全面融合企业内外部的资源和信息，打破了传统“信息孤岛”的局面，避免了数据的重复录入。它不仅涵盖企业内部的各个部门和业务流程，还可以扩展到企业外部，实现对供应链上下游的管理，从而使企业全面实现信息化。

2. 模块化

ERP 系统提供了丰富的工具和模块，覆盖了企业的所有部门和业务流程。这些模块包括人力资源管理、财务管理、供应链管理、生产计划和控制、销售和市场管理等，可以根据企业的需求进行定制使用。

3. 智能化

ERP 系统进行的大量实时数据处理，并通过大数据分析和人工智能技术，可以实现对企业内外环境的全面监控和预测，同时它还能够为企业提供实时数据和智能决策支持，帮助企业快速响应市场变化，提高竞争力。

## 第二节　业财融合理念

### 一、业财融合的概念及内容

业财融合，也叫“业财一体化”，就是将企业的业务（即核心运营活动）和财务（包括财务管理、会计、报告等方面）进行有机结合和协同，以实现更高效的运营和管理。业财融合是企业管理中的一项重要策略，它涵盖了思维、制度、流程、系统、信息、岗位等多个层面的内容。

思维融合。业财融合强调业务与财务之间的共同价值目标，要求双方从企业的整体利益出发，共同思考企业的战略、目标和发展方向。

制度融合。通过制定统一的制度和规范，将业务与财务的管理活动纳入到一个统一的框架中，确保双方的活动能够相互协调、相互促进。

流程融合。采用信息化手段，使业务与财务在流程上实现自动协同，确保业财信息在流程上的平滑衔接，减少信息传递的延迟和误差。

系统融合。通过构建统一的信息系统，实现业务与财务数据的实时共享和交换，提高数据的准确性和时效性。

信息融合。业财融合使业务信息成为财务信息的有效驱动信息，业务的数据成为财务数据的维度扩展数据，业财信息一体化成为业务决策的服务信息，从而有效提升决策辅助信息的准确性和时效性。

岗位融合。业财融合使业务岗位与财会岗位的工作内容也开始融合，财会岗位人员有机会从大量繁琐的核算工作中走出来，有精力去审视企业的管理，参与企业的经营，从专业角度为管理层的决策提供信息支撑；而大量非财会岗位的业务人员可以借助管理信息系统进行报销单据的填写、基础数据的核对等工作，用业务单据驱动会计核算的自动进行。

业财融合的核心思想是“业务驱动，财务服务”，即以业务为导向，以财务为支撑，推动企业全面、协调、可持续发展。

### 二、业财融合与 ERP

在会计发展的漫长过程中，会计与业务之间的信息是各自生产的，数据对不上是常态；财会人员与业务人员的沟通是困难的，甚至是对立的，在企业经营过程中时常会发生争吵，产生对立情绪；业务人员不理解会计，也看不懂会计报表；财务人员不理解业务，盲目管控，资金支付时设置各种不必要的关卡。ERP 系统的出现为业财融合提供了可能。在 ERP 系统的支持下，业财融合主要有以下四个方面的体现：

1. 实现数据共享和一体化管理，提高工作效率

通过在 ERP 系统中设置财务、采购、销售等模块，确保这些模块之间的数据可以无缝对接和共享。例如，销售订单生成后，相关数据自动同步到财务系统，减少重复录入，通过自动化财务流程和凭证处理，可大大降低人力成本和财务处理时间。

2. 优化业务流程，完善财务管理体系

通过对业务流程的梳理和优化，将 ERP 系统与财务系统有机结合，实现业务流程的自动化和协同管理；通过统一的账套和核算体系，实现财务信息的准确记录、分类汇总、分析反馈。例如，业务出单即记账，财务核算与业务数据的关联，实现业务出单时自动记账，避免了传统模式下数据录入的繁琐和可能产生的错误，确保业务数据和财务数据的准确性和一致性。

3. 提供集成信息，提高决策精准度

利用 ERP 系统提供的报表和分析功能，不但可以实时了解业务和财务的集成数据，准确地把握财务状况，更能很好地预测未来发展趋势，为管理层决策提供可靠的决策依据，还能以企业业务的发展需求为导向，进行投资决策、资金筹措、风险管理等活动，保障企业经营的稳定性和长期性。通过建立科学、规范、透明的财务管理制度和业务流程，可加强对经营风险的预警和控制，提高企业管理的科学性和透明度。

4. 实现跨部门协同，提高整体运营效率

业财融合可以实现财务、采购、销售等部门之间的信息共享和协同，消除部门间的对立。例如，某家中小型制造企业在使用 ERP 业财融合系统后，财务人员在核算月度成本时，通过系统自动生成的成本分摊表，极大地简化了传统手工核算的繁琐过程，提高了财务数据的准确性和核算效率。同时，该企业还通过系统生成的报表和分析功能，更好地了解了市场需求和竞争态势，有助于企业制定更科学的发展战略。通过业财融合，企业可以消除业务和财务之间的隔阂，使财务不再仅是支持性的部门，而是能够更深度地参与业务决策、战略制定，同时业务侧也可以了解并借助财务数据进行更科学、有效的经营。这种融合有助于企业更灵活、迅速地应对市场变化，实现业务增长和管理效率的提升。

## 第三节 知名 ERP 管理系统介绍

在 ERP 管理系统领域，全球有许多知名的品牌，它们各自在不同的行业和领域具有显著的优势和影响力，也有着不同的市场地位，这些品牌不仅拥有成熟的技术和丰富的产品

线，而且在全球范围内拥有大量的客户群和成功案例，可以满足不同企业的不同需求。以下对国内外知名的 ERP 品牌系统供应商予以介绍。

## 一、国外的知名供应商

1. SAP（思爱普）

SAP 为“System Applications and Products”的简称，意为企业管理解决方案的产品，该品牌的 ERP 产品具有极高的市场份额和影响力。其代表产品是 SAP S/4HANA Cloud，能帮助企业简化从董事会议厅到工厂车间的整个运营，提供可视性并制定有把握的决策。SPA 是全球知名企业首选的信息化管理软件品牌，在国外上市的央企或其他大型央企有不少使用 SAP 系统，例如中石油、中石化、中国电信、一汽集团、国家电网、浦发银行、招商银行等。

2. Oracle（甲骨文）

Oracle 既是全球最大的数据库管理软件供应商，也是全球最大的企业级软件供应商。该公司成立于 1977 年，总部位于美国加州的 Redwood Shores。“Oracle”在英语中意为“神谕”，寓意着公司的发展目标和决心。Oracle 推出的 ERP 系统，旨在帮助企业管理和整合其各种工作内容，包含会计、供应链、人力资源等。Oracle 不仅是全球最大的数据库软件公司，在 ERP 领域也占据着重要地位。尤其是其推出的 Oracle ERP 云是一个完备、现代的 ERP 云套件，可为机加工企业提供先进功能，如将繁冗拖沓的手动流程实现自动化，以及实时响应市场变化的分析功能。

3. Microsoft（微软）

Microsoft 是一家美国跨国科技企业，1975 年 4 月 4 日创立，总部设立在华盛顿州的雷德蒙德。作为全球知名的科技巨头，微软也提供 ERP 解决方案，主要包括 Microsoft Dynamics Ax（Axapta）和 Microsoft Dynamics Nav（Navision）两个产品。微软 ERP 支持高度的自定义配置，企业可以根据自身需求调整系统模块和功能，满足不同行业的特定业务需求。同时，内置强大的数据分析工具，利用人工智能和机器学习技术，帮助企业深入挖掘数据价值，优化资源配置，提供预测性报告，帮助企业预判市场趋势和需求变化。目前全世界已有超过 28000 家客户使用微软 ERP 解决方案，用户普遍认为微软 ERP 系统的界面非常直观，上手很快，功能全面，可基本满足企业的多样化需求。同时，系统的高度集成性和智能分析能力也为企业带来了良好的口碑。

## 二、国内的知名供应商

1. 用友

用友公司成立于 1988 年，总部位于中国北京，是中国领先的管理与经营信息化应用软件与服务提供商，专注于软件主业发展，主要产品包括 ERP 软件、集团管理软件、人力资源管理软件、客户关系管理软件等。用友的 ERP 产品中，服务于大中型企业及集团型企业的主要有 U8、NC、U9 等，服务于小微型企业的有 T1、T3、T6 等。作为中国企业服务龙头之一，用友在全球 ERP 领域也占据着重要地位。申科电气、申通快递等国内知名企业在使用用友的 ERP 系统，另外，家乐福、沃尔玛、大众汽车、宝马集团等跨国企业的中国公司也在使用用友 ERP 系统。用友的多语言、多货币、多国税等特性支持了它的全球化业务发展。另外，用友云 ERP 产品可为企业提供集人、财、物、客、产、供、销于一体的云 ERP

整体解决方案，支持多组织业务协同、营销创新、智能财务等，也受到了企业的欢迎。用友“ERP 管理软件”被认定为“中国名牌产品”，“用友”商标被认定为“中国驰名商标”，公司连续多年被评定为“国家规划布局内重点软件企业”，并获得了工信部系统集成一级资质企业认证。

2. 金蝶

金蝶公司始创于1993 年，总部位于中国深圳，是全球知名的企业管理云 SaaS 公司，专注于为企业和政府组织提供管理云产品及服务，是亚太地区企业管理软件龙头企业，被国家认定为“国家级高新技术企业”、“国家规划布局内重点软件企业”。金蝶在中国及全球范围内享有广泛的知名度和影响力。金蝶在企业级云服务领域的探索发展屡获殊荣，多次蝉联中国 SaaS ERP 市场占有率第一、Gartner 高生产力 aPaaS 平台第一，并位居全球前十。金蝶以财务云、云 ERP、供应链云、制造云、全渠道云、协同办公云、HR 云等产品助力企业数字化转型。其 ERP 云服务在业界享有较高声誉。使用金蝶云 ERP 的知名企业包括腾讯科技、金砖国家开发银行、捷豹路虎、可口可乐等。

3. 浪潮

浪潮公司成立于1989 年，总部位于中国山东济南，是一家云计算、大数据服务供应商。浪潮 ERP 提供人力云、财务云、协同云等管理数字化服务，积极打造智能制造、智慧粮食、智慧水务、智慧矿山等行业数字化方案，已为 76 家央企，37% 中国 500 强共 120 万家客户提供数字化转型服务，赋能中国企业高质量发展。浪潮的业务涵盖云数据中心、云服务大数据、智慧城市、智慧企业等领域，形成了覆盖基础设施、平台软件、数据信息和应用软件四个层面的整体解决方案服务能力，全面支撑政府和企业数字化转型。

4. 华为

华为公司成立于1987 年，总部位于中国深圳。华为在过去使用了 Oracle 的 ERP 系统来支持其全球的业务运作，为其遍布 170 多个国家和地区数千亿美元的年业务量服务。在2019 年受到美国制裁后，华为决定启动对 ERP 系统的国产替代，开启了 MetaERP 系统的自主研发之路。华为投入数千人，经过三年的努力，联合产业伙伴和生态伙伴，成功研发出了面向未来的超大规模云原生 MetaERP。目前，MetaERP 已经覆盖华为 100% 的业务场景和80% 的业务量，并经历了月结、季结和年结的考验，实现了零故障、零延时、零调账。这一转变对于华为来说具有重大的意义，它标志着华为在自研数据库和 ERP 系统方面取得了重大的突破，打破了长期以来 Oracle 等国外企业在高端 ERP 市场的垄断地位；此外，自研的 MetaERP 系统和 GaussDB 数据库能够更好地满足华为自身业务的需求，实现更高效、更灵活的管理。MetaERP 系统不仅是一套 ERP 系统，更是一个数字化平台，它可以为华为提供业务支撑能力、数据管理能力、平台支撑能力、应用开发能力，被称为华为数字化转型的“核武器”。

## 第四节　ERP 实验概要

ERP 不仅是一种理论知识，更是一种实践技能。通过学习 ERP，我们可以接触到实际的企业案例，了解如何运用 ERP 系统解决企业实际问题，提高实践能力和解决问题的能力。为更好地完成 ERP 系统的学习，现对实验软件、软件供应商、案例企业情况介绍如下：

1. 实验软件系统介绍

本实验教程选择 SAP Business One 管理软件作为实训平台。SAP Business One 是专为满足正在成长的中小型企业的动态需求而设计的管理软件。它使管理者可以通过系统随时访问重要的实时信息，该应用程序分为多个模块，所提供的业务功能覆盖了财务、销售、采购、库存、收付款管理、客户关系管理、生产装配、成本控制、人力资源管理等企业管理的范畴，让企业达到数据统一和高度共享资源的目标，并避免重复输入资料。

SAP Business One 配备全面的财务管理系统，提供多种货币的兑换、财务预算，以及和银行之间协调的功能，协助企业提升运营效率和生产力。同时其综合企业方案能与大型企业的 SAP Business Suite 整合，让中小企业能随业务发展而逐步扩充其软件系统。通过简单的资料读取指南及拖放相关功能，使用者随时可就各项业务问题作出快捷又准确的判断，管理层能迅速地从各部门获取各种关键的业务数据，从而更有效地管理企业业务。由于其用户界面设计操作简单，学习起来容易上手，学生们能通过整体业务流程的操作，迅速建立业财融合的理念。图 1－1 为 SAP ERP 的企业数字化转型解决方案。

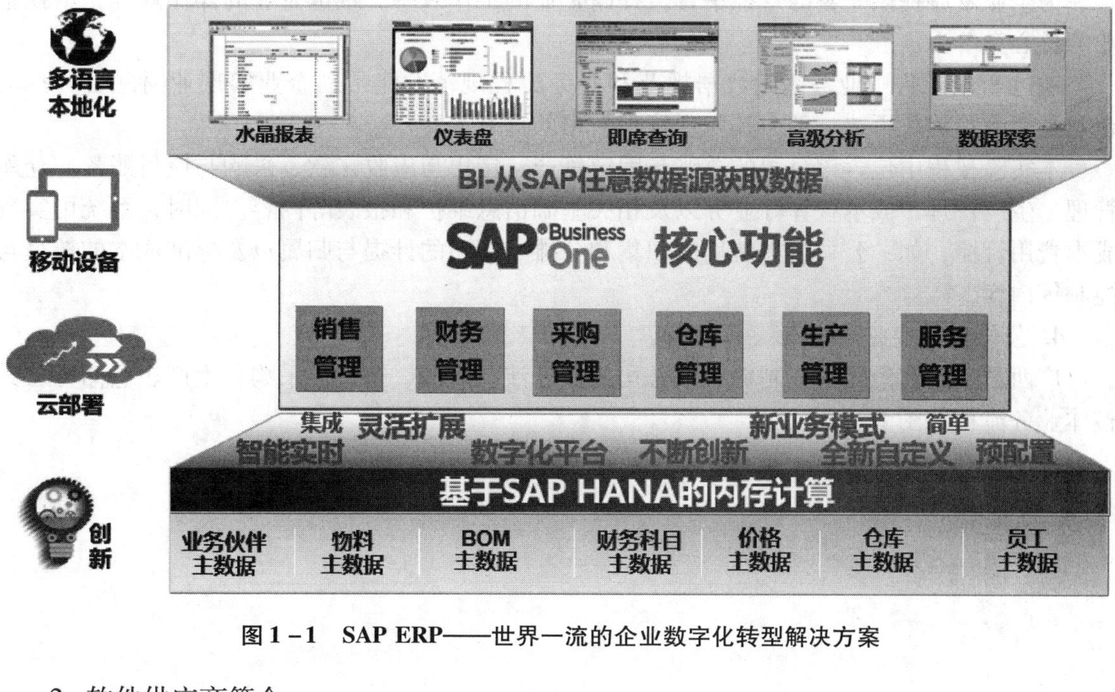


**图 1－1　SAP ERP——世界一流的企业数字化转型解决方案**

2. 软件供应商简介

SAP 公司成立于 1972 年，为纽交所上市企业，总部位于德国沃尔多夫市，在全球 140 多个国家和地区拥有超过 105000 名员工，并拥有全球超过 21000 家合作伙伴。SAP 建立了一个由客户、合作伙伴、员工和思想领袖组成的全球网络。SAP 是企业应用软件市场的佼佼者，不断开拓创新，致力于帮助各行各业、各种规模的企业实现卓越运营：全球 77% 的交易收入都与 SAP 系统有关。借助机器学习、物联网和领先的分析技术，SAP 能够帮助客户转型为智慧企业。SAP 的端到端应用和服务套件可以帮助客户实现运营盈利，不断自我调整，并创造差异化优势。

3. 实验案例企业简介

本实验课程的案例企业为广西君武糖业集团榕江制糖有限公司，该公司所处行业为制糖行业，主要从事机制糖的生产与销售业务。该企业作为制糖企业，具有周期性生产的特点，当年 11 月至次年 4 月为榨季，其他月份基本不生产。公司主要原材料甘蔗来源于公司所属蔗区，包括南宁市六城区、武鸣区、宾阳县、环江县等的甘蔗种植户。公司机制糖的销售主要采取直销和经销两种方式，公司糖的销售为现货交易，价格随行就市，采取顺价销售方式。公司主要参考郑州白糖期货，南宁、柳州等主要食糖交易市场的现货价格以及广西主要产糖集团的销售价格综合确定。同时，企业拥有自己的厂房，生产设施齐全，各种资质齐全。

根据企业现状和管理需求，榕江制糖有限公司管理层希望采用信息化管理手段整合企业内外部资源，开拓新市场，提升企业内部管理。经公司管理层决定，引入 SAP 软件，建立标准规范的业务流程，包括：财务、销售、采购、生产、仓储的基本操作和最基础的报表及单据、凭证的打印，做到流程畅通，财务账清晰明了；提升内部管控，包括：审批管理、预警管理、固定资产管理等，达到在整个业务流程中的控制，使企业管理更规范，流程更完善，为企业发展提供完善的管控平台，提高企业的工作效率，规范企业的操作规程，增强企业的核心竞争力。

通过 SAP 软件中业务基础数据规范和业务流程规范，能帮助企业实现业财融合，推动企业开展流程优化再造，助力其实现管理效率的提升。

本实验教程中包含该公司的总账与固定资产、销售与应收账款、采购与应付账款、仓库管理、生产管理、成本核算等业务以及相关基础信息维护和报表等内容。同时，系统可实现成本费用管控，如：公司成本费用的归集和分摊、折旧的计提与归属以及标准成本的核算与控制等内容。

4. 公司整体业务流程图

广西君武糖业集团榕江制糖有限公司的业务涉及财务、销售、采购、生产、仓储等，其整体业务流程如图 1 - 2 所示。

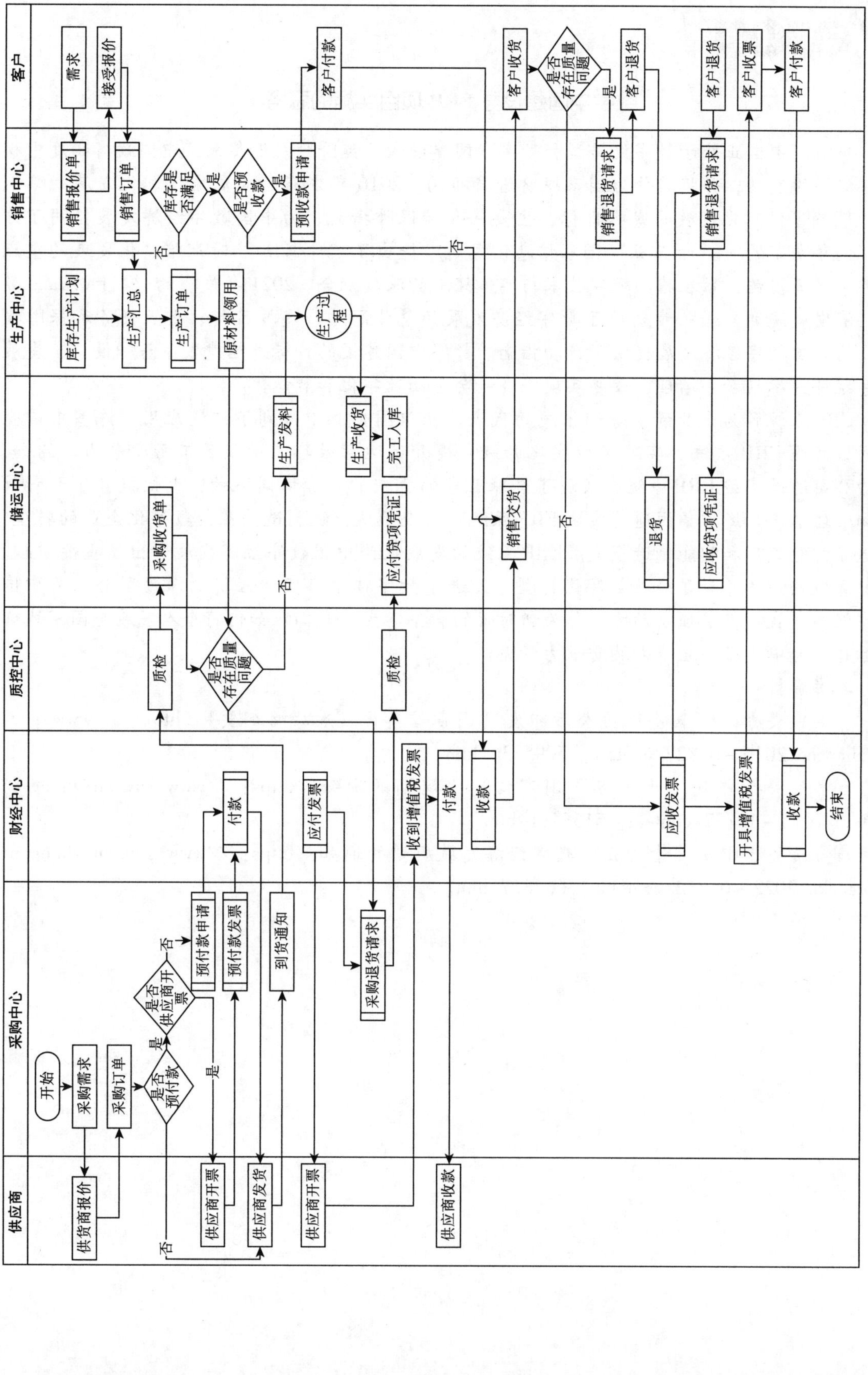


图 1－2　广西君武糖业集团榕江制糖有限公司整体业务流程图

## 思政课堂

### 数字中国建设与 ERP 项目实施的思考

当前，中国正处于数字化转型和数字中国建设的关键阶段。近年来，中国政府高度重视数字经济的发展，并将其作为国家战略进行布局。2016 年发布的《国家信息化发展战略纲要》明确了信息化发展的战略目标、主要任务和保障措施，为中国数字经济发展指明了方向。同年发布的《“十三五”国家信息化规划》提出了“十三五”时期信息化发展的重点任务和保障措施，旨在推动数字技术与实体经济的深度融合。2021 年发布的《“十四五”数字经济发展规划》进一步明确了数字经济发展的总体思路、发展目标、重点任务和保障措施，为中国数字经济发展提供了行动指南。数字中国建设的目标是构建数字基础设施、发展数字经济、推动数字治理，最终实现经济社会全面数字化和智能化。

ERP 系统作为企业资源规划系统的代表，在中国企业中得到了广泛应用。许多中国企业通过实施 ERP 系统，实现了数字化升级，提升了运营效率，增强了市场竞争力。例如，华为公司通过实施 ERP 系统，实现了全球业务的集中管理和协同运营，大幅提升了运营效率和管理水平。海尔集团通过实施 ERP 系统，实现了从传统制造企业向数字化企业的转型，打造了智能工厂和智能制造模式。ERP 系统的发展也为中国数字经济发展作出了重要贡献。ERP 系统的应用推动了企业数字化转型，促进了数字技术与实体经济的深度融合，为中国数字经济发展提供了强劲动力。作为新时代的青年学生，我们应如何将个人发展与国家战略相结合，为中国数字经济发展贡献力量呢？

参考资料：

中共中央办公厅 国务院办公厅印发《国家信息化发展战略纲要》，https：//www. gov. cn/zhengce/2016 -07/27/content_ 5095336. htm。

国务院关于印发“十三五”国家信息化规划的通知：https：//www. gov. cn/zhengce/content/2016 -12/27/content_ 5153411. htm。

国务院关于印发“十四五”数字经济发展规划的通知：https：//www. gov. cn/zhengce/zhengceku/2022 -01/12/content_ 5667817. htm。

# 第二章

# 系统初始化设置

## 学习目标

通过本章学习，掌握如何在 SAP ERP 系统中快速创建一个新的会计主体，并对影响业务的系统关键参数进行检查和设置。同时对基础信息进行导入。

## 实验内容

1. 新建公司账套。
2. 创建登录用户。
3. 系统初始化关键参数设置。
4. 导入基本信息，如客商信息、原材料和成品基本信息等。

## 章前学习

1. 会计信息系统与业财融合

企业管理系统由多个子系统组成，会计信息系统是企业管理系统的组成部分。企业管理系统中各个子系统虽然是为了满足不同业务的管理需要服务，但其业务活动带来的价值变化，最终都会传送到会计信息系统中进行核算加工，形成会计账务和财务报表。企业各子系统中的信息既有相对独立的功能，彼此之间又有紧密的联系，最重要的是，在某一企业的管理系统中，虽然有很多的子系统，但数据底层结构是一致的，各系统间的数据可以彼此联通，某一个指标在不同的子系统中具有相同的数值和表现形式。从财务系统的角度看，所有业务系统的信息不需要经过人工处理就可以直接到达账务系统进行核算，这就叫作“业财融合”或“业财一体化”。

在业务财务一体化的模式下，管理系统和会计信息系统融合为一个整体，我们需要对整个系统的公共任务进行统一管理，如基础信息及基础档案的设置、企业账套的管理、操作员的建立、角色的划分、权限的分配等，企业管理系统中任何产品的独立运行都必须以此为基础。

2. 创建公司

在开始实验之前，我们需要理解“创建公司”的基本概念：创建公司并不是到市场监管部门去办一个新公司，这里指的是创建一个会计主体。会计核算的前提之一就是有明确的主体。过去，每一个独立核算的单位需要建立一个账套，但在业财融合的今天，在系统中创建一个公司主体，不仅要完成会计核算的工作，还需要完成采购、生产、销售、人事等相关部门的工作任务。在 SAP ERP 系统中，可以创建多个独立核算的公司，每个公司就是一个数据库，数据库中记录该公司的业务与财务信息，不同公司数据库之间彼此独立，没有关联。

公司创建完成以后，我们要根据公司的业务情况对数据库的基本功能进行设置，同时还要对基础信息和期初数据进行录入或导入的工作，以便能顺利地开展各个部门的相关工作。

# 实验一　创建新公司

## 一、新公司创建

新公司的创建包括公司名称、用户代码和用户名。在本实验教程中，公司名称统一设置为："班别号 + 学生姓名"，如学生名叫"李明"，所属班级是"会计 201 班"，则创建的新公司名称为："会计 201 李明"。用户代码统一设置为：学生中文姓名"李明"，用户名统一设置为：学生的学号"20230101"（举例）。在新公司创建时，科目表、记账本位币、小数位等基本信息都会拷贝到拟创建的公司下。以下为创建新公司的步骤：

1. 进入系统

双击桌面上的 SAP 快捷图标，在界面的底部点击【更改公司】，即可进入系统。如图 2－1 所示。

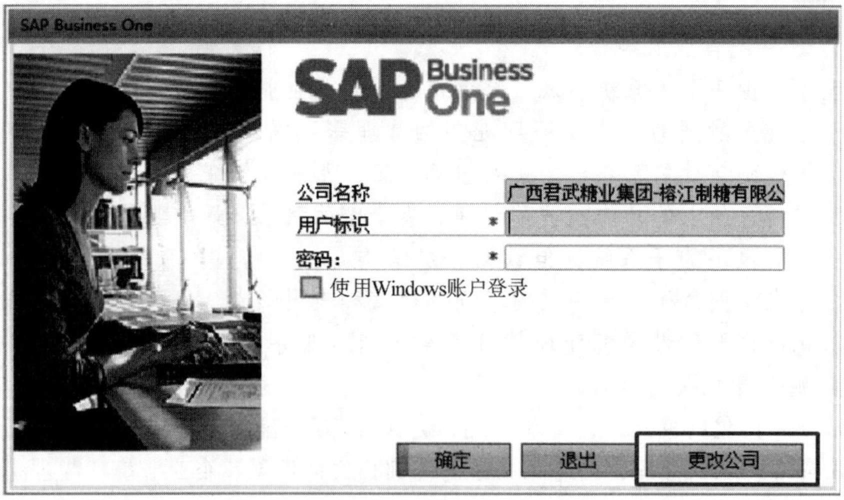


**图 2－1**

2. 新建公司

在"选择公司"窗口右边点击"新建"。在一个班级几十名学生同时创建新公司的情况下，教师应提前准备好标准数据库，学生在创建新公司时将光标放在标准数据库上，再点击【新建】，便可参照标准数据库创建新公司。具体操作如图 2－2 所示。

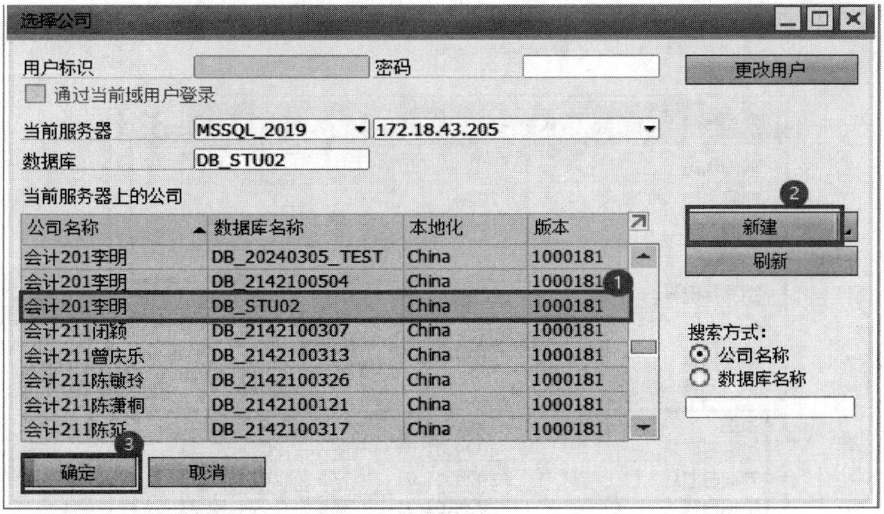


图 2－2

在上一界面点击【确定】后，系统跳出“站点用户”窗口，录入站点用户标识“B1SiteUser”，站点密码 1234，点击【确定】。如图 2－3 所示。

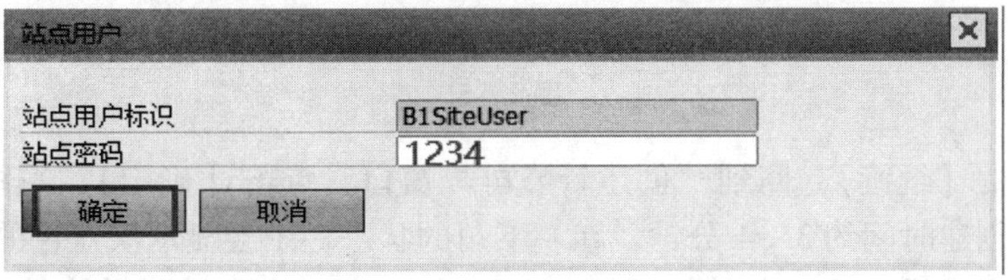


图 2－3

3. 设置新建公司的相关信息

在“创建新公司”窗口，录入公司名称、数据库名称、本地设置、科目表、基础语言、过账期间等信息，如图 2－4 所示。

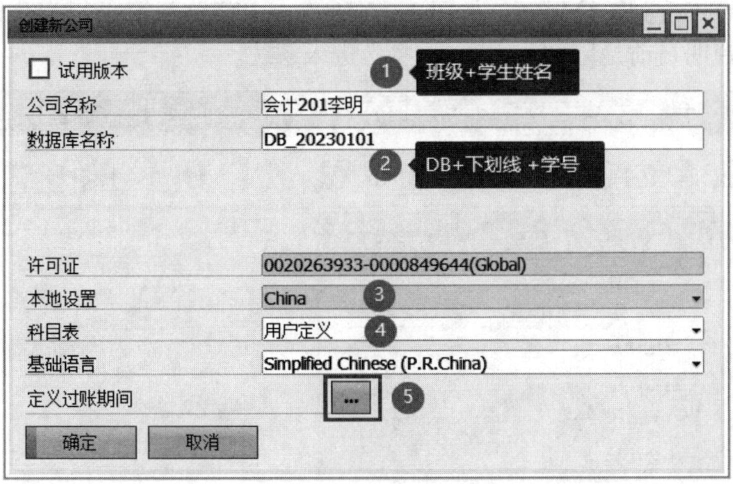


图 2－4

点击“定义过账期间”旁的三个点图标，进入“过账期间”窗口，按图 2 – 5 完成过账期间的设置。

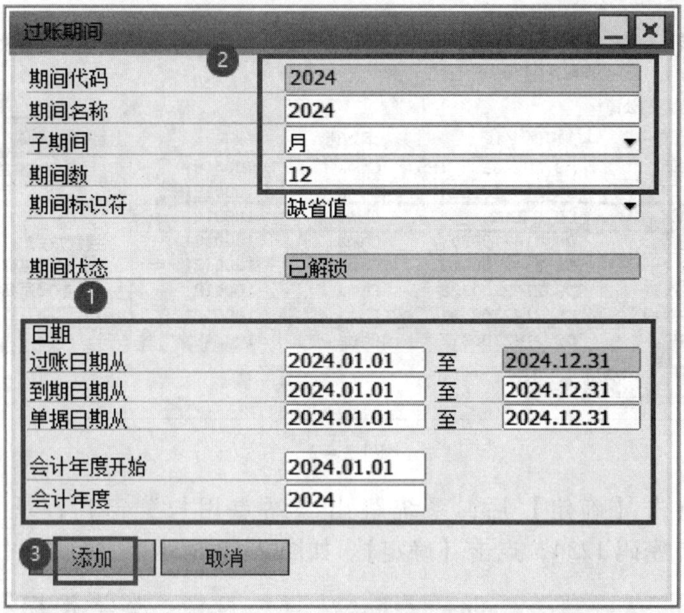


图 2 – 5

点击左下方的【继续】，回到“创建新公司”窗口，点击【确定】，系统即开始自动创建公司数据库。创建时间约 3—4 分钟，在左下角的状态栏中会显示淡蓝色的创建进度。

新公司创建完成后，系统自动打开“创建口令”窗口，这说明系统已经完成了数据库的创建，并自动生成了一个名为“manager”的用户。此时用户应按照“最小长度为 8 个字符，至少 1 个大写字母，1 个小写字母，1 位数，1 个非字母数字字符”的密码规则录入密码，为避免密码遗忘影响后续学习正常进行，建议学生将口令设置为“Sap. 1234”。密码输入后点击【更新】，即可进入系统。

进入系统后可以看到系统界面，如图 2 – 6 所示：主菜单下第一行为公司名称，第二行为用户名称，这说明目前是用“manager”身份进入系统。

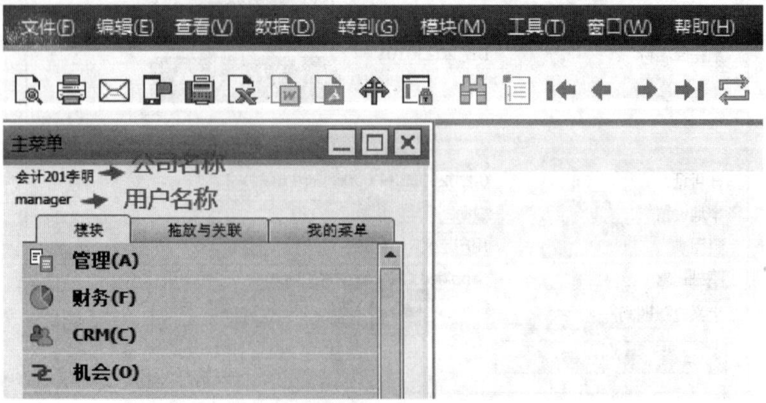


图 2 – 6

4. 密码政策修改

由于 SAP 系统对安全性要求较高，因此，对于登录系统的用户，密码管理的安全级别默认是高级别，为避免在教学中带来不必要的麻烦，可通过如下操作对密码的安全级别进行调整。

选择路径【管理】—【设置】—【常规】—【安全性】—【密码管理】，打开“密码管理”窗口，将安全级别调整为“低”，最小长度 4 个字符，也可以定制密码策略，点击【更新】。如图 2－7 所示。

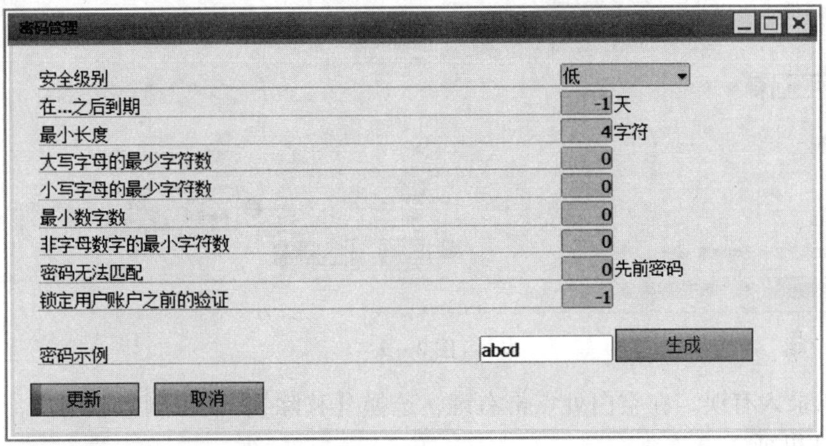


图 2－7

## 二、用户创建

新公司创建完成后，系统会自动生成一个名为 manager 的超级用户，该用户拥有可以操作系统所有功能的权限。在企业的实务中，基于内部牵制原则，manager 一般不由财务部门的员工担任，该岗位多安排在信息系统部、系统维护部等部门。财务部、销售部、采购部、仓管部等部门的员工如果需要进行相关业务操作，可由 manager 创建新的用户。以下为创建用户的步骤：

1. 进入用户设置

在工具栏中找到“用户”图标，当鼠标停留在上面时，可以看到“我的个人设置”字样，点击进入“用户—设置”窗口。在工具栏中点击“添加”图标。如图 2－8 所示。

图 2－8

2. 进入用户添加

在“添加”状态下，录入新用户信息，用户代码是姓名，用户名是学号，勾选“超级用户”，点击密码旁的三个点图标，进入密码设置，将密码和确认都设置为“1234”，在“密码”窗口点击【更新】，回到“用户—设置”窗口点击【添加】，便可生成新用户。如图 2－9 所示。

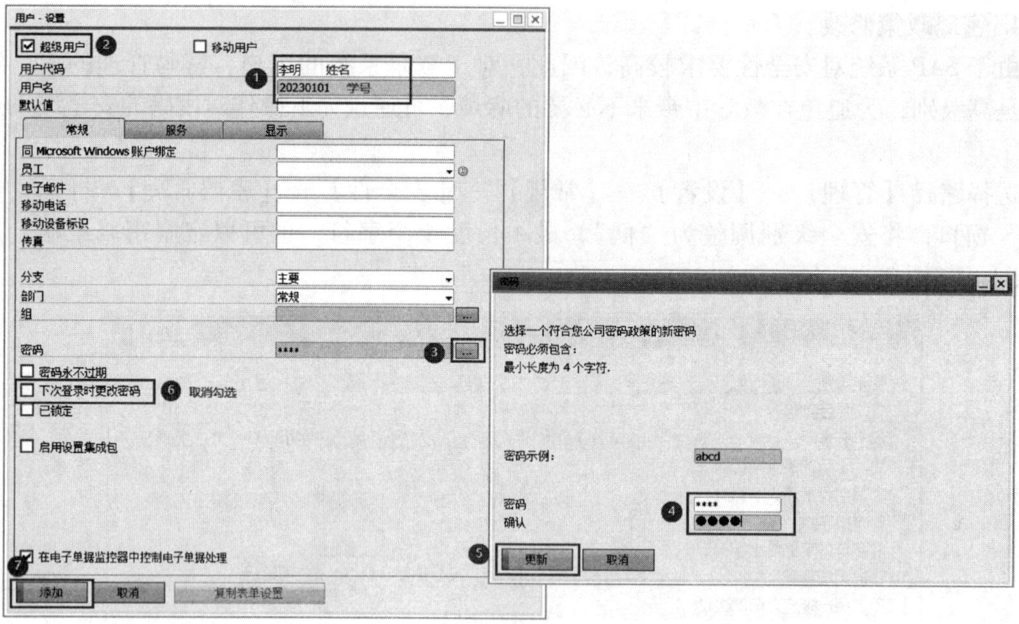


图 2－9

注意：如录入有误，在空白处点击右键，选择【移除】，便可删除该用户。

3. 分配许可证

选择路径【管理】—【许可证】—【许可证管理】，在“许可证管理”窗口中选中新建好的用户，勾选“SAP Business One Professional User”选项，点击【更新】确认，再点击【确定】，退出“许可证管理”窗口，随即关闭 SAP 系统。

注意：在教学中，为方便起见，往往只设置一个以学生学号为用户名的超级用户，该用户可以完成系统中的所有工作，但在企业实务中，基于内部牵制原则，不可由一人完成所有业务。

4. 以新用户身份登录

以新用户身份再次登录系统，此时用户标识为学生姓名，密码为 1234，点击【确定】，便可进入系统。如图 2－10 所示。

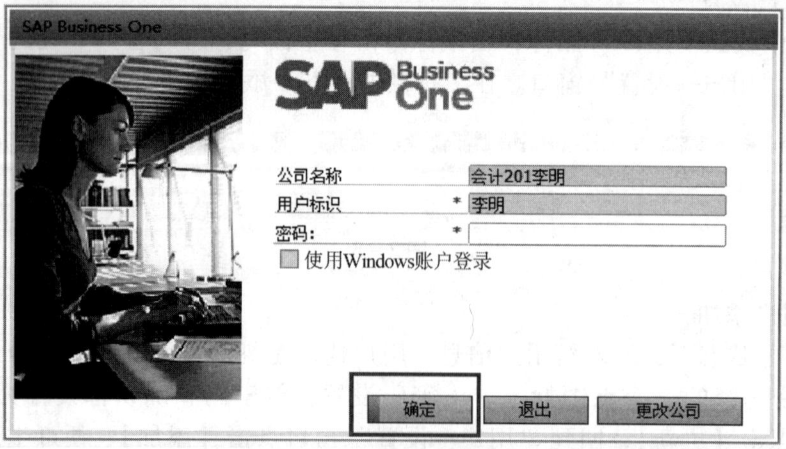


图 2－10

此时，如看到主菜单下面的公司名仍为“会计 201 李明”，但用户名不再是 manager，而更改为学生学号，这说明已经成功以新创建的用户身份登录。

由于所有的学生公司数据库都在一个 SAP 系统中，不论是否在同一个数据库内，系统只允许两个名为“manager”用户同时在线，如有 2 个以上学生同时创建新公司，在创建完新公司后、录入 manager 登录密码之前，需暂停一会排队等待，直至 manager 用户完成许可证分配，以新用户身份登录后，manager 用户才能空余出来。后续每个人占用 manager 的操作时间大约需要 1—1.5 分钟，一次可以轮两人，教师应提前安排好学生的操作顺序，以避免学生无序操作占用过多课堂时间。

5. 熟悉系统的菜单和功能

（1）菜单栏。系统界面的最上方是一排菜单栏，菜单栏包含可以用到的各类应用，鼠标点在某一菜单标签上时，即可看到下属的子菜单。如图 2 – 11 所示。

**图 2 – 11**

（2）主菜单栏。点击菜单栏中的“窗口”，勾选“主菜单”左侧的选项，可以打开主菜单；取消勾选，则关闭主菜单，如图 2 – 12 所示。也可按组合键 <CTRL +0>进行打开或关闭。

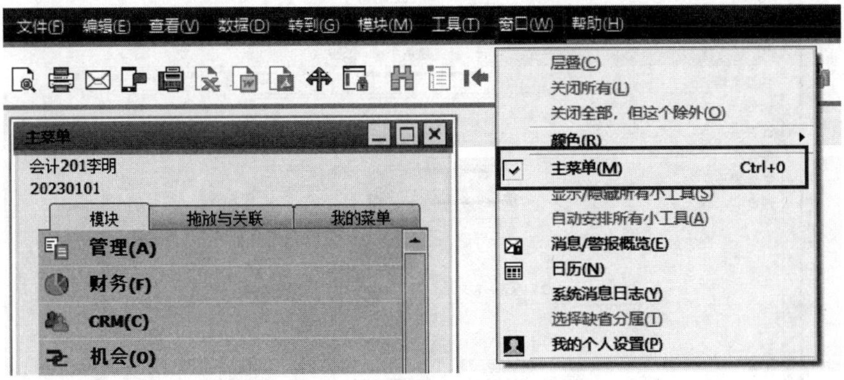


**图 2 – 12**

主菜单中的“模块”选项卡是 SAP 系统中各个模块的组合。点击主菜单中的任何模块，可以展开该模块下属的相关功能。

（3）工具栏。菜单栏的下方是工具栏。工具栏中的标签可用状态随着具体业务而发生变化，在当前业务中无法使用的将显示为灰色。鼠标停留在某一工具标签上时，即可显示标签内容。如图 2 – 13 所示。

**图 2 – 13**

（4）状态栏。状态栏位于系统页面的左下角，当一笔业务完成时会显示该业务的状态，一般显示红色字体表示错误，绿色字体表示正确。如图 2 – 14 所示。

图 2-14

（5）快速查找框。系统界面的右上方，有一个快速查找框，在里面录入关键字，可方便快速查找到要查看的主数据和单据。如图 2-15 所示。

图 2-15

### 三、调节系统字体大小

第一次进入系统时，系统默认字体偏小，为方便查看，可以对系统字体大小进行修改，修改后，每次登录系统均可按设置的字体大小显示。在工具栏中找到“用户”图标，点击进入“用户—设置”窗口，将字体大小设置为12。如图 2-16 所示。

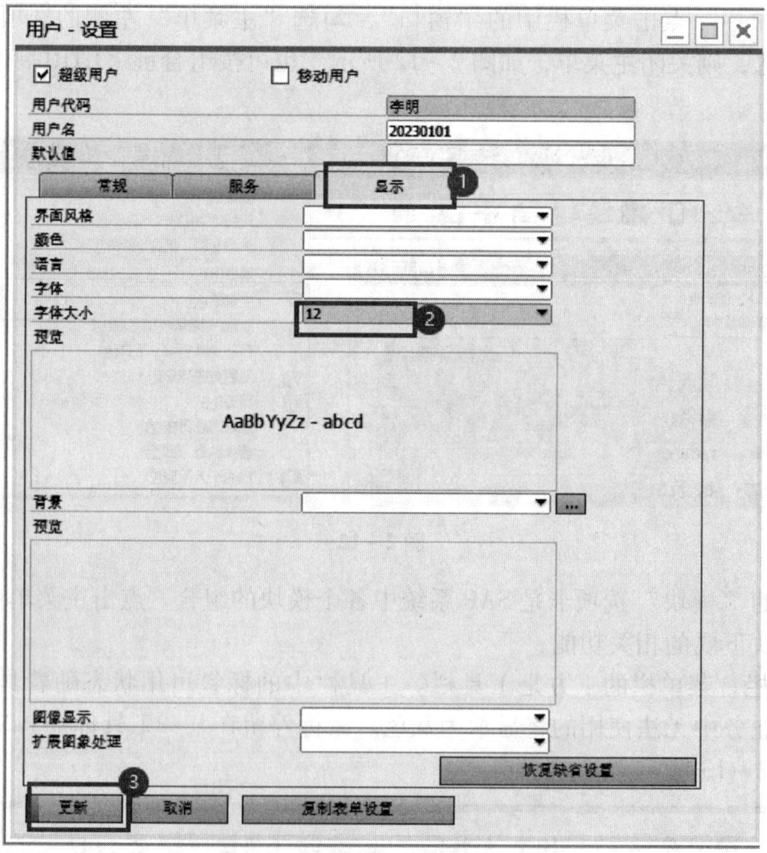


图 2-16

### 四、创建上一过账期间

在新公司创建时，我们已经确定了过账期间为 2024 年，为确保期初余额的正常录入，还需要创建 2023 年过账期间，对 2024 年的过账期间进行锁定，避免发生记账错误。选择路径【管理】—【系统初始化】—【过账期间】，点击右下角【新期间】，打开过账期间设置界面，按图 2－17 创建 2023 年过账期间。注意：需严格按顺序操作，先录入下方，再录入上方。

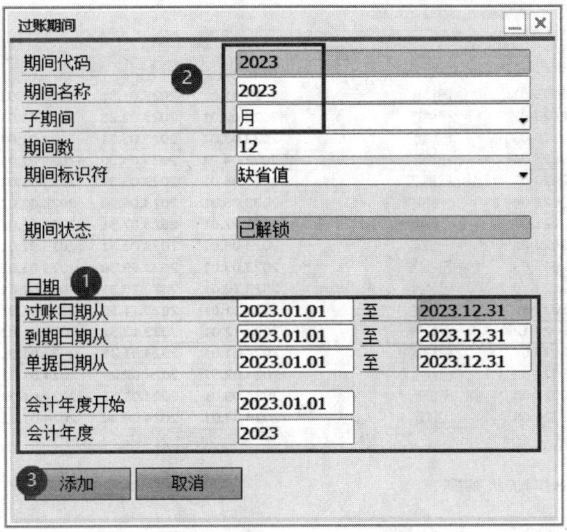


**图 2－17**

新增过账期间后，系统会自动跳转到过账期间界面中，可见系统中已增加 2023 年的所有期间。点击期间代码前的黄色箭头，在弹出的“过账期间”窗口中，找到“期间状态”栏，选择“已锁定”。如图 2－18 所示。

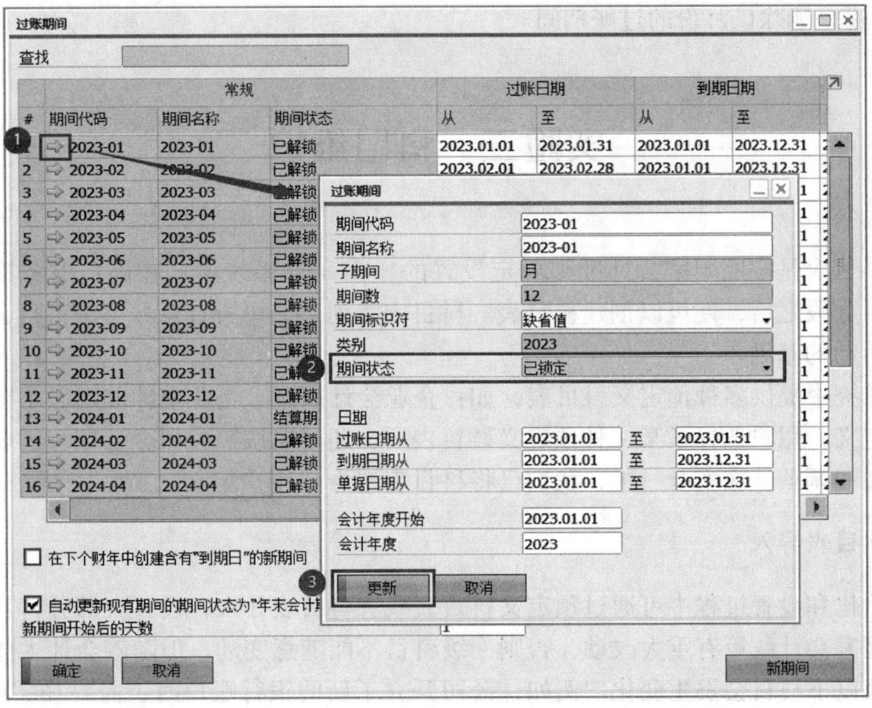


**图 2－18**

逐个将 2023 年 1—11 月以及 2024 年的所有期间代码都进行锁定。只保留 2023—12 过账期间状态为“已解锁”，修改完成后如图 2－19 所示。

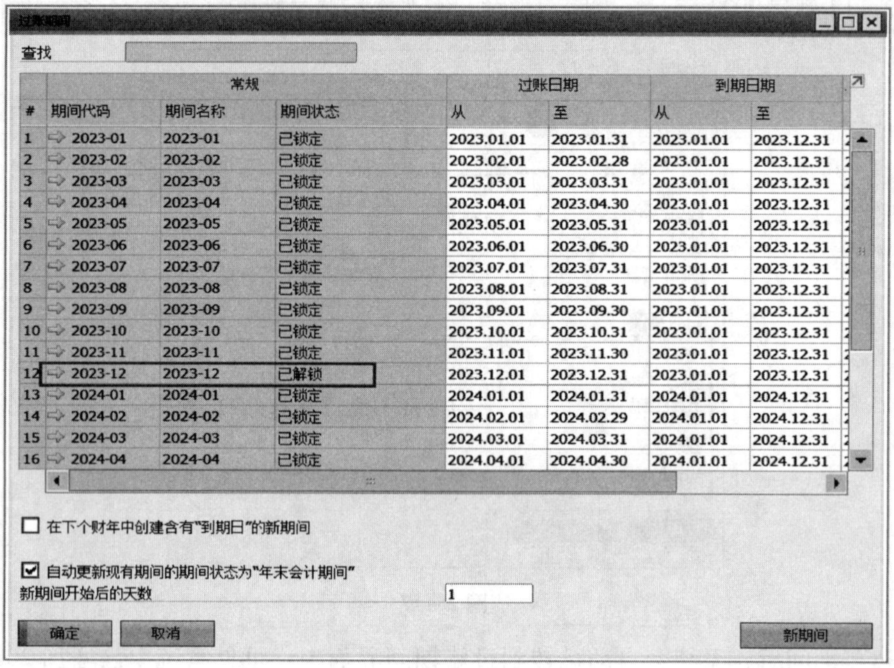


| | 常规 | | | 过账日期 | | 到期日期 | |
|---|---|---|---|---|---|---|---|
| # | 期间代码 | 期间名称 | 期间状态 | 从 | 至 | 从 | 至 |
| 1 | 2023-01 | 2023-01 | 已锁定 | 2023.01.01 | 2023.01.31 | 2023.01.01 | 2023.12.31 |
| 2 | 2023-02 | 2023-02 | 已锁定 | 2023.02.01 | 2023.02.28 | 2023.01.01 | 2023.12.31 |
| 3 | 2023-03 | 2023-03 | 已锁定 | 2023.03.01 | 2023.03.31 | 2023.01.01 | 2023.12.31 |
| 4 | 2023-04 | 2023-04 | 已锁定 | 2023.04.01 | 2023.04.30 | 2023.01.01 | 2023.12.31 |
| 5 | 2023-05 | 2023-05 | 已锁定 | 2023.05.01 | 2023.05.31 | 2023.01.01 | 2023.12.31 |
| 6 | 2023-06 | 2023-06 | 已锁定 | 2023.06.01 | 2023.06.30 | 2023.01.01 | 2023.12.31 |
| 7 | 2023-07 | 2023-07 | 已锁定 | 2023.07.01 | 2023.07.31 | 2023.01.01 | 2023.12.31 |
| 8 | 2023-08 | 2023-08 | 已锁定 | 2023.08.01 | 2023.08.31 | 2023.01.01 | 2023.12.31 |
| 9 | 2023-09 | 2023-09 | 已锁定 | 2023.09.01 | 2023.09.30 | 2023.01.01 | 2023.12.31 |
| 10 | 2023-10 | 2023-10 | 已锁定 | 2023.10.01 | 2023.10.31 | 2023.01.01 | 2023.12.31 |
| 11 | 2023-11 | 2023-11 | 已锁定 | 2023.11.01 | 2023.11.30 | 2023.01.01 | 2023.12.31 |
| 12 | 2023-12 | 2023-12 | 已解锁 | 2023.12.01 | 2023.12.31 | 2023.01.01 | 2023.12.31 |
| 13 | 2024-01 | 2024-01 | 已锁定 | 2024.01.01 | 2024.01.31 | 2024.01.01 | 2024.12.31 |
| 14 | 2024-02 | 2024-02 | 已锁定 | 2024.02.01 | 2024.02.29 | 2024.01.01 | 2024.12.31 |
| 15 | 2024-03 | 2024-03 | 已锁定 | 2024.03.01 | 2024.03.31 | 2024.01.01 | 2024.12.31 |
| 16 | 2024-04 | 2024-04 | 已锁定 | 2024.04.01 | 2024.04.30 | 2024.01.01 | 2024.12.31 |

**图 2－19**

注意：如过账期间创建错误，可点击黄色箭头进入该过账期间，在空白处点击“移除”，即可逐一删除该月份的过账期间。

# 实验二　科目维护

财务科目表是按照国家会计准则规定设置的。在 SAP 系统中，在确定财务期间、过账期间或科目分段之后，便可以创建科目表。科目表将列出公司所有总分类账科目，并作为报表与过账活动的基础。

SAP 系统中提供多种预定义科目表，如：企业会计制度、企业会计准则、小企业会计准则、用户定义。用户选择了某一种预定义科目表后，还可以按照公司会计核算的要求，进行科目的增加和调整。在实验一中，我们已将科目表选为“用户定义”。

## 一、科目表导入

在初始化和设置过程中可通过预定义科目表或者科目表导入，设置大部分科目。一般而言，除非国家会计政策有重大改动，否则一级科目不能随意变动，但随着会计主体业务发生变化，二级以下科目会发生变化。例如，公司开立了新的银行账户时，需要在“银行存款”一级科目下增加新账号的明细科目；例如，公司管理层为了控制差旅成本，需要将差旅费进行详细的分类统计，原来“管理费用—差旅费”二级科目下需要增加“住宿、机票、动车票、出租车、公交车费”等三级明细科目，系统均可支持对科目表中的科目进行单独的增加、删除或者修改操作。根据新公司创建要求，本实验先对科目表进行导入。导入电子文档名称为“科目导入.csv”，具体步骤如下：

1. 安装导入工具

SAP 系统中没有导入科目表的工具，如要导入科目表，需要提前安装 Data Transfer Workbench 软件。右键点击 setup. exe 安装文件，选择“以管理员身份运行”，如图 2-20 所示。

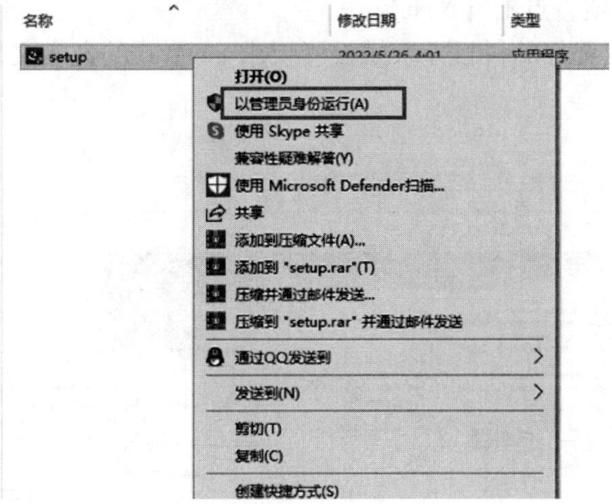


图 2-20

运行后，所有的界面均直接点击【Next】，完成后，点击【Finish】即可完成安装。

2. 登录导入界面

进入 SAP 系统后，在主菜单中选择路径【管理】—【系统初始化】—【实施中心】—【实施任务】，打开【数据管理】选项卡，选择【使用数据迁移工作台从历史系统迁移数据】，进入“SAP Business One Data Transfer Workbench”界面，在 Logon 窗口中，选中需要导入科目表的账套：会计 201 李明，按图 2-21 标注步骤登录。

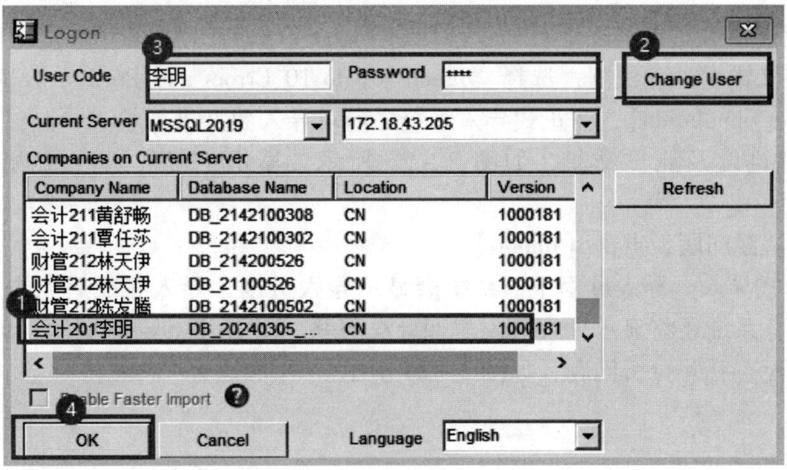


图 2-21

登录成功后，在窗口底部会显示连接成功标识、IP 地址和账套信息。

3. 执行导入

点击 Import，进入“Data Import Wizard”界面，点击界面中的【Next】，进入导入步骤：

Step1：选择数据类型为主数据，即“Master Data”选项，点击【Next】；

Step2：选择指定操作类型为添加新数据并更新现有数据，即“Add New Data and Update Existing Data”选项，点击【Next】；

Step3：选择导入业务对象为财务科目表，点击 Financial 选项左侧的“+”，选择“Chart of Accounts”选项，点击【Next】；

Step4：选择提前设置好的科目导入模板（要求 txt 格式的文本文件），点击【Next】，如图 2-22 所示。

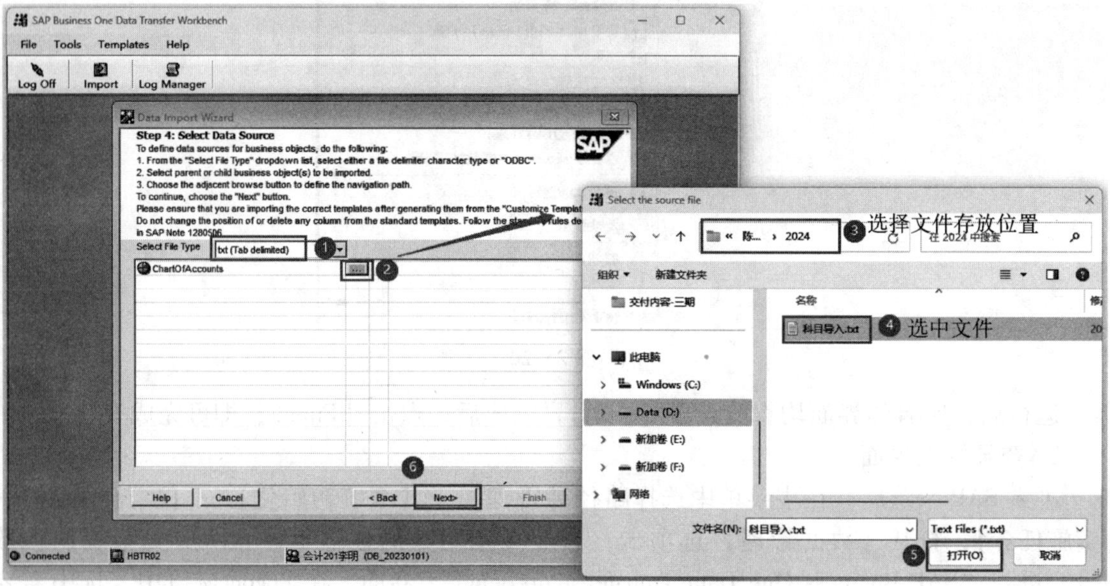


图 2-22

Step5：检查映射对象字段是否对应，其中 Target Fields 中不能存在空值，点击【Next】；

Step6：定义错误处理机制，选择“Ignore Up to 10 Errors and Process Valid Records”选项，点击【Run Simulation】，在正式导入系统之前对导入数据进行检查，测试运行过程中系统会显示测试进度及测试结果，如图 2-23 所示，显示正确导入时的测试结果，点击【Next】。

如测试确认没问题，点击【Import】。

Step7：正式导入。导入过程中，系统会显示导入进度，导入完成后点击【Finish】。数据导入成功后，系统还将显示导入日志。如果没问题，点击【Close】关闭；如果存在问题，可通过日志方便查看并分析问题，如图 2-24 所示。

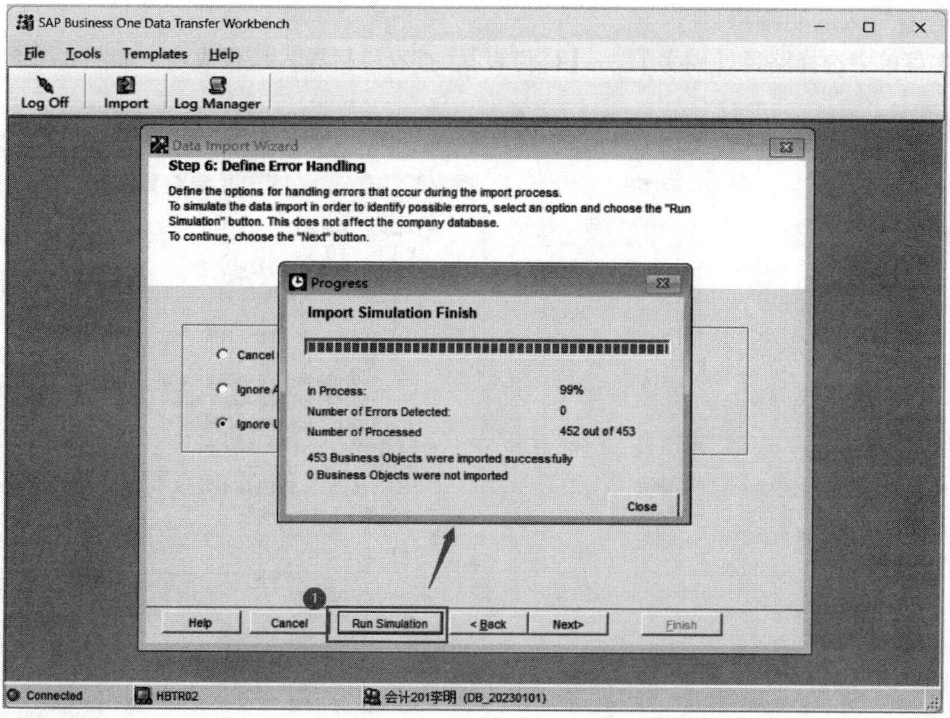
SAP Business One Data Transfer Workbench
File Tools Templates Help
Log Off
Import
Log Manager
Data Import Wizard
Step 6: Define Error Handling
Define the options for handling errors that occur during the import process.
To simulate the data import in order to identify possible errors, select an option and choose the "Run Simulation" button. This does not affect the company database.
To continue, choose the "Next" button.
Progress
Import Simulation Finish
In Process: 99%
Number of Errors Detected: 0
Number of Processed 452 out of 453
453 Business Objects were imported successfully
0 Business Objects were not imported
Close
1
Help
Cancel
Run Simulation
< Back
Next>
Finish
Connected
HBTR02
会计201李明 (DB_20230101)

图 2－23

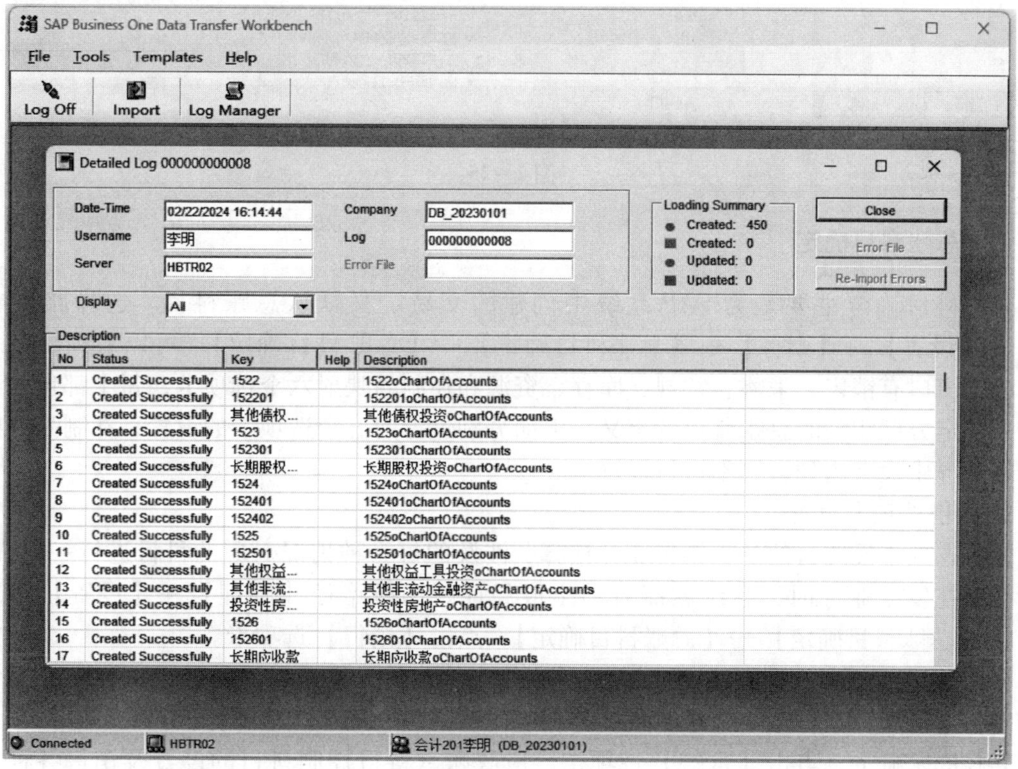
SAP Business One Data Transfer Workbench
File Tools Templates Help
Log Off
Import
Log Manager
Detailed Log 000000000008
Date-Time 02/22/2024 16:14:44
Company DB_20230101
Username 李明
Log 000000000008
Server HBTR02
Error File
Loading Summary
Created: 450
Created: 0
Updated: 0
Updated: 0
Close
Error File
Re-Import Errors
Display All
Description
No Status Key Help Description
1 Created Successfully 1522 1522oChartOfAccounts
2 Created Successfully 152201 152201oChartOfAccounts
3 Created Successfully 其他债权… 其他债权投资oChartOfAccounts
4 Created Successfully 1523 1523oChartOfAccounts
5 Created Successfully 152301 152301oChartOfAccounts
6 Created Successfully 长期股权… 长期股权投资oChartOfAccounts
7 Created Successfully 1524 1524oChartOfAccounts
8 Created Successfully 152401 152401oChartOfAccounts
9 Created Successfully 152402 152402oChartOfAccounts
10 Created Successfully 1525 1525oChartOfAccounts
11 Created Successfully 152501 152501oChartOfAccounts
12 Created Successfully 其他权益… 其他权益工具投资oChartOfAccounts
13 Created Successfully 其他非流… 其他非流动金融资产oChartOfAccounts
14 Created Successfully 投资性房… 投资性房地产oChartOfAccounts
15 Created Successfully 1526 1526oChartOfAccounts
16 Created Successfully 152601 152601oChartOfAccounts
17 Created Successfully 长期应收款 长期应收款oChartOfAccounts
Connected
HBTR02
会计201李明 (DB_20230101)

图 2－24

4. 查看导入的明细科目

在主菜单中选择路径【财务】—【科目表】，查看科目导入是否成功。如图 2－25 所示。

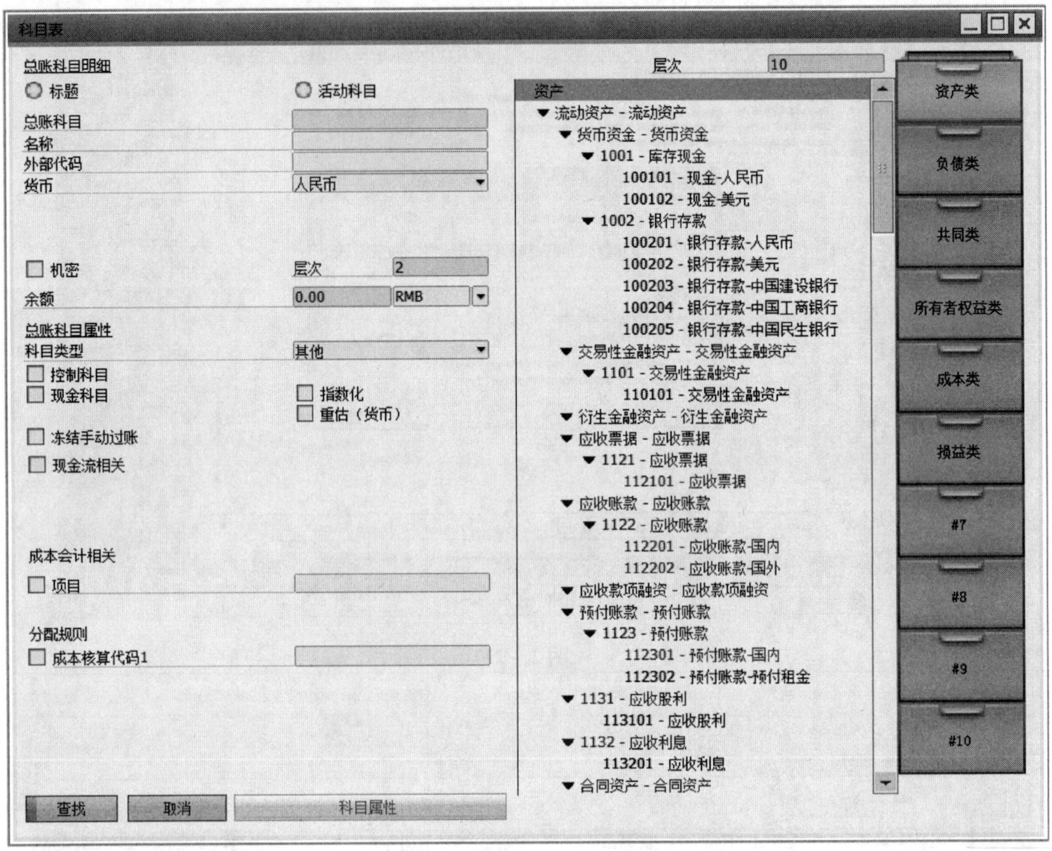


**图 2－25**

## 二、总账科目确定

总账科目确定主要是为 SAP 系统中创建的交易定义默认总账科目。选择路径【管理】—【设置】—【财务】—【总账科目确定】—【总账科目确定】，可以看到，在总账科目确定窗口有销售、采购、常规、库存、资源和在制品映射六个选项卡，每个都包含与业务活动特定方面相关的总账科目的定义。下面分别进行前五个选项卡的设置，在制品映射选项卡在业务中没有用到，可不进行设置。

1. 销售选项卡设置

销售选项卡设置目的是将销售业务核算所涉及的每一种情况对应的科目进行一一确认，这样今后在发生业务时，系统就能自动生成凭证。选择路径【管理】—【设置】—【财务】—【总账科目确定】—【总账科目确定】，点击【销售】选项卡。

（1）设置常规科目。在 SAP 系统中，应收账款科目为控制科目，即根据客户分类设置明细科目进行核算，在生成分录时直接与相应的客户关联形成相应业务伙伴的往来账款。在上述路径的基础上，点击【常规】选项卡。应收账款科目控制科目的设置及销售各种常规情况科目设置如图 2－26 所示。

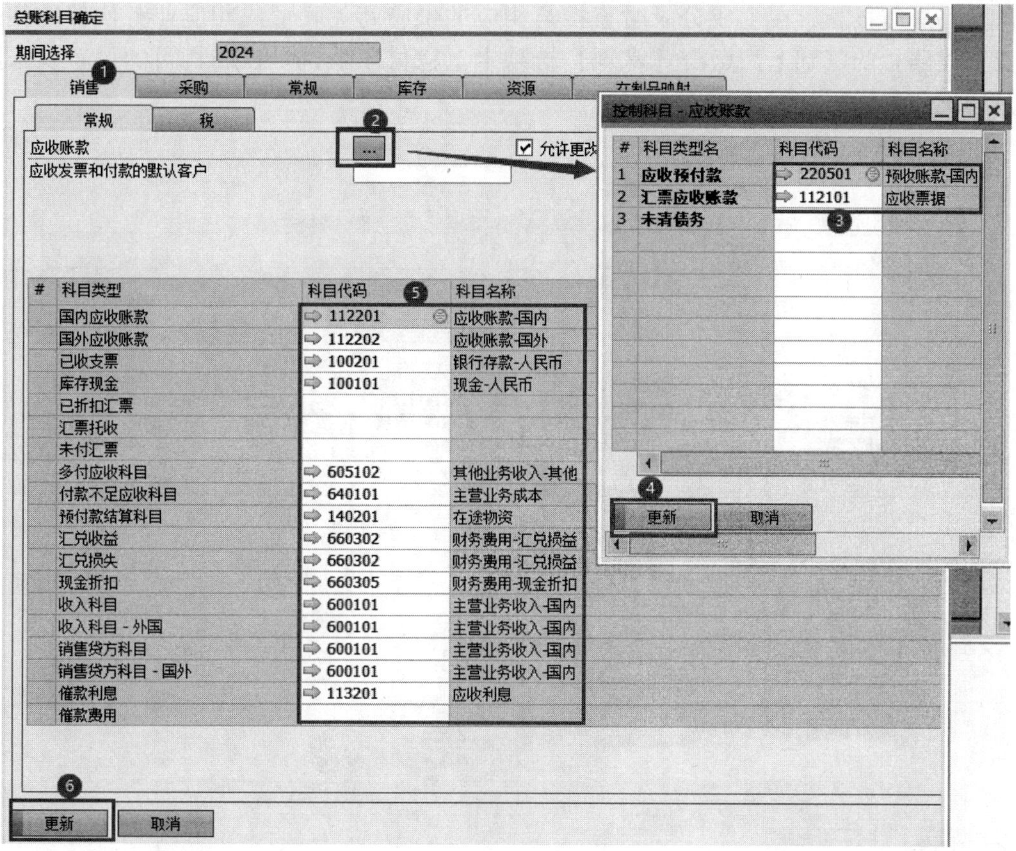


**图 2－26**

（2）设置销项税率。在上述路径的基础上，点击【税】选项卡。本实验案例中，为简化操作，案例公司销项税率设置如图 2－27 所示。

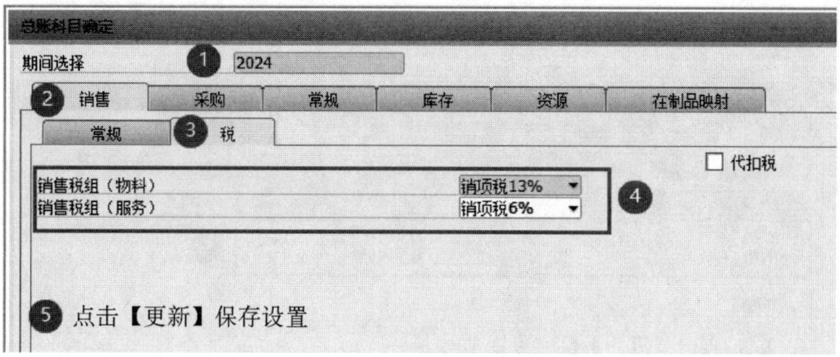


**图 2－27**

2. 采购选项卡设置

采购选项卡设置目的是将采购业务核算所涉及的每一种情况对应的科目进行一一确认，这样今后在发生业务时，系统就能自动生成凭证。选择路径【管理】—【设置】—【财务】—【总账科目确定】—【总账科目确定】，点击【采购】选项卡。

（1）设置常规科目。在 SAP 系统中，应付账款科目为控制科目，即根据供应商分类设置明细科目进行核算，在生成分录时直接与相应的供应商关联形成相应业务伙伴的往来账款。在上述路径的基础上，点击【常规】选项卡。应付账款科目控制科目的设置及采购各种常规情况科目设置如图 2－28 所示。

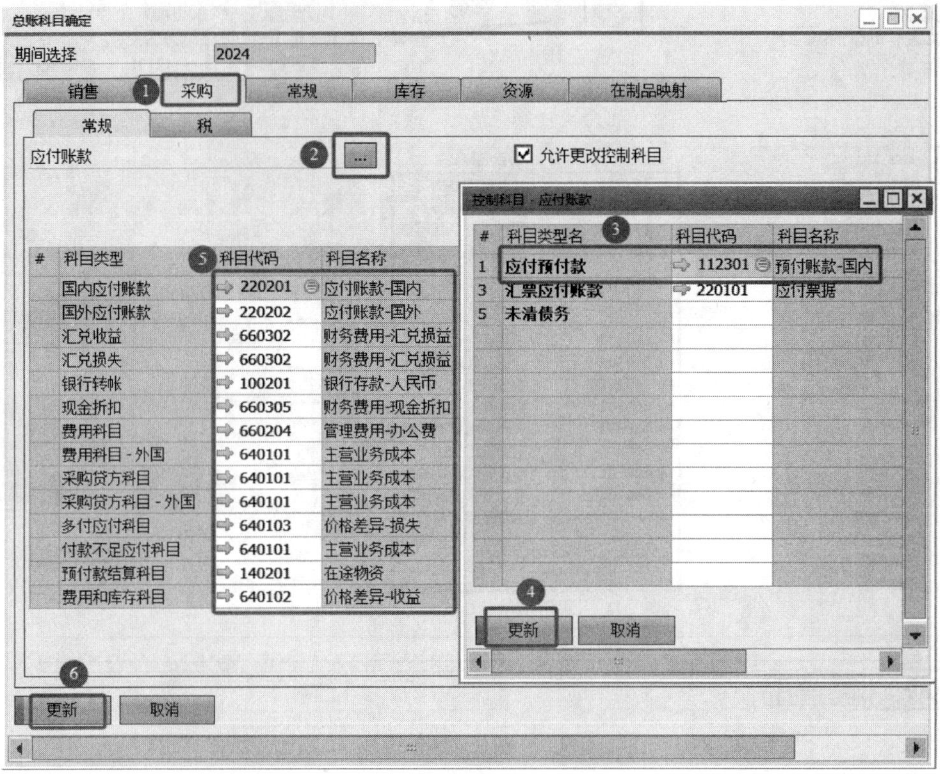


**图 2－28**

（2）设置进项税率。在上述路径的基础上，点击【税】选项卡。本实验案例中，为简化操作，案例公司进项税率设置如图 2－29 所示。

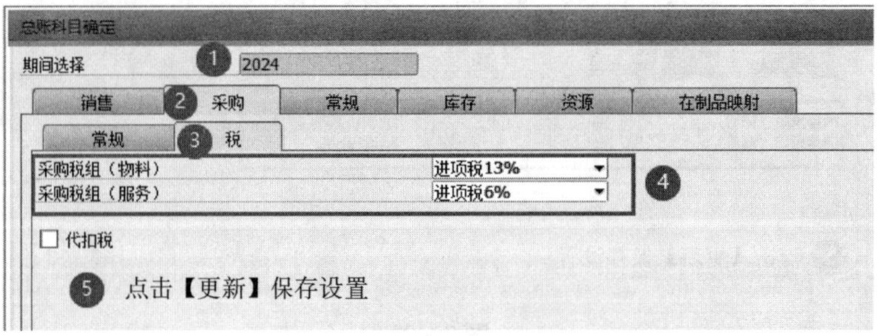


**图 2－29**

3. 常规选项卡设置

常规选项卡用于设置汇兑损益、期初过账、期末关账、银行手续费等业务科目对应的科目，由于期初过账和期末关账涉及两个年份，所以需要对本年度和上年度两个账期进行设置。选择路径【管理】—【设置】—【财务】—【总账科目确定】—【总账科目确定】，点击【常规】选项卡，按图 2－30 步骤进行设置。

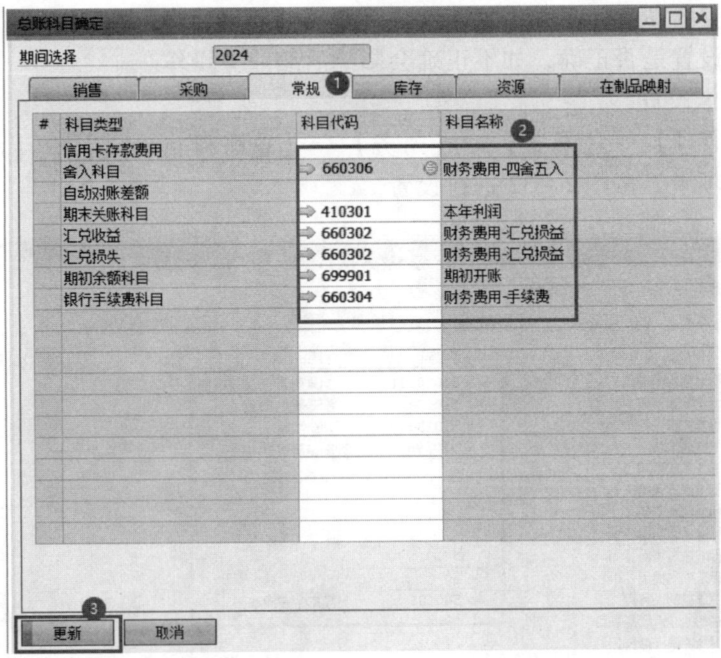


图 2－30

4. 库存选项卡设置

选择路径【管理】—【设置】—【财务】—【总账科目确定】—【总账科目确定】，点击【库存】选项卡，按图 2－31 进行设置。

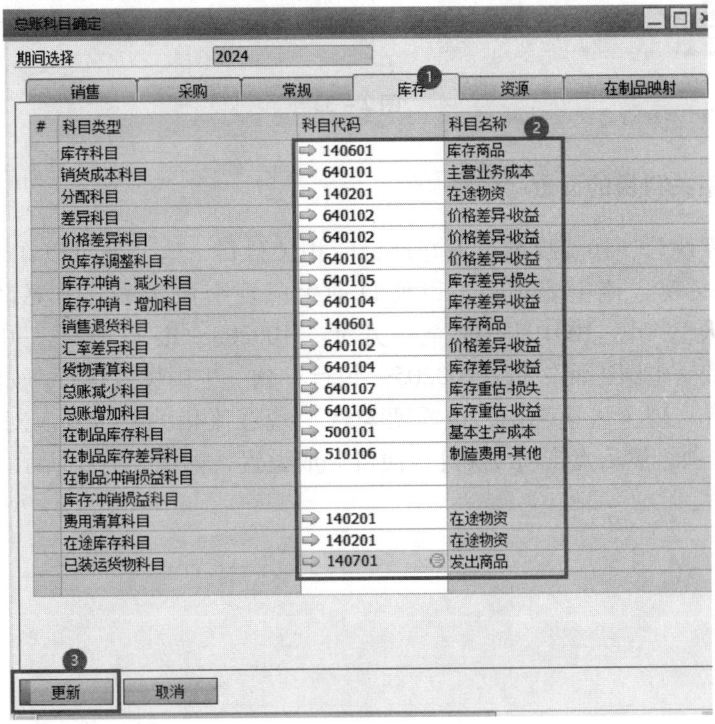


图 2－31

设置完成后应认真进行核对，尤其注意“费用清算科目”、“在途库存科目”和“已装运货物科目”的设置是否正确，如不正确会影响后续业务操作。

5. 资源选项卡设置

选择路径【管理】—【设置】—【财务】—【总账科目确定】—【总账科目确定】，点击【资源】选项卡，按图 2-32 进行设置。

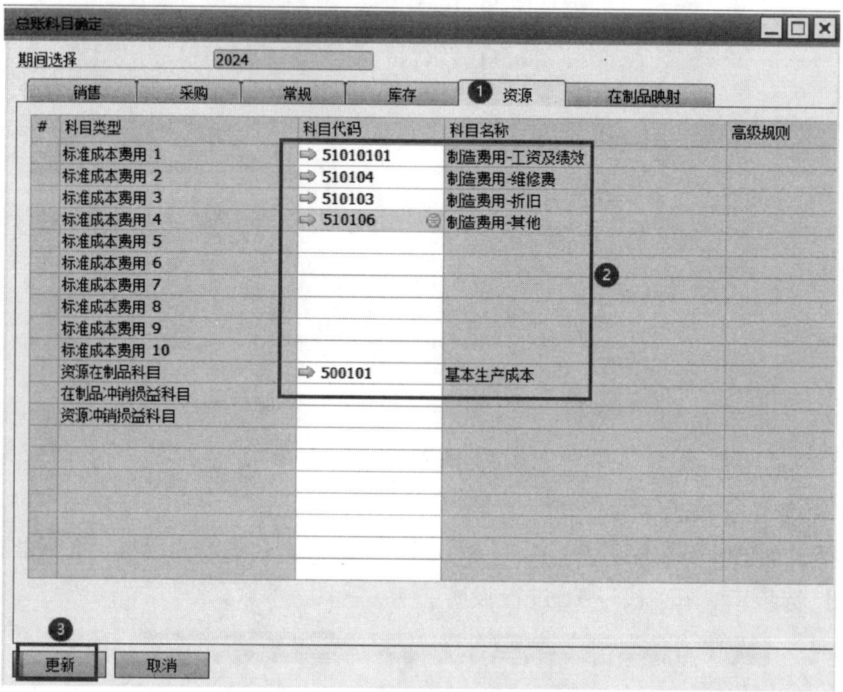


图 2-32

### 三、现金流相关科目的设置

在科目导入系统后，还要提前设置好现金流相关科目，这样便可以在现金流入流出时，对每一笔业务定义现金流主表项目，以便自动生成现金流量表。需要设置的科目包括：100101—现金—人民币、100102—现金—美元、100203—银行存款—中国建设银行、100204—银行存款—中国工商银行、100205—银行存款—中国民生银行。如某些公司交易性金融资产的变动计入现金流量表中，也需要勾选“现金流相关”选项。对需设置科目勾选“现金流相关”选项，然后点击【更新】，便可完成设置，如图 2-33 所示。

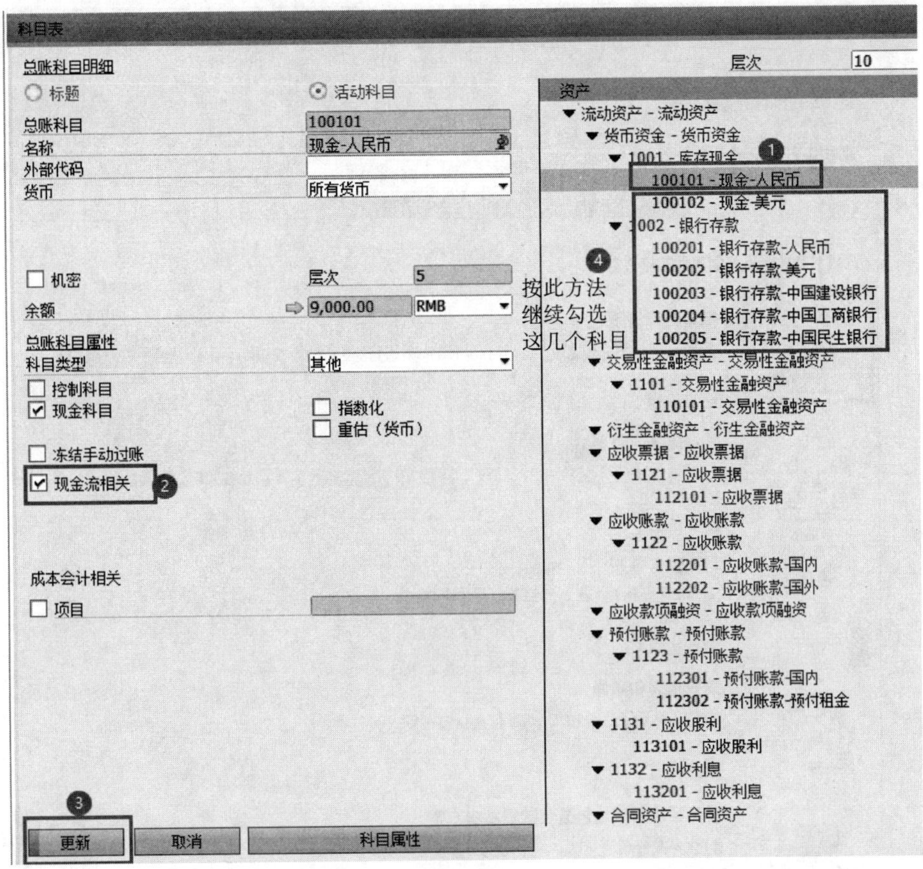


**图 2－33**

# 实验三　基础信息设置

新公司创建后，为保证在后续使用过程中不出现意外情况，在使用前需要对新建公司基础信息进行确认。主要包含系统初始化设置以及与财务相关的配置。可以通过系统中的快速配置向导，在初始化过程中为公司详细信息、会计、收付款业务、业务伙伴、销售与采购用户等项目的设置提供逐步指导。这些设置也可以单独在系统中进行配置。下面对通过“快速配置向导”功能进行讲解。

## 一、快速配置向导

进入 SAP 系统后，在主菜单中选择路径【管理】—【系统初始化】—【实施中心】—【实施任务】—【配置】—【配置公司设置】，按图 2－34 在实施任务中进行初始化配置确认和修改。

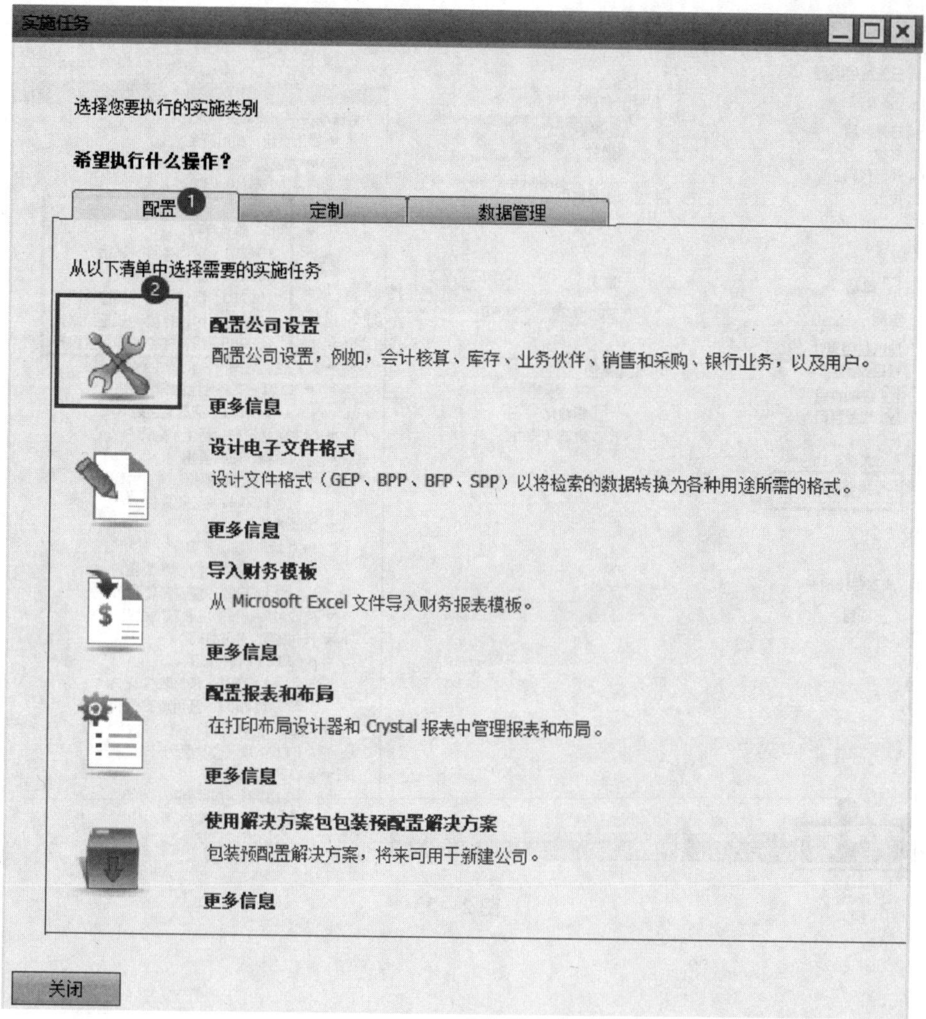
实施任务
选择您要执行的实施类别
希望执行什么操作?
配置
定制
数据管理
从以下清单中选择需要的实施任务
配置公司设置
配置公司设置，例如，会计核算、库存、业务伙伴、销售和采购、银行业务，以及用户。
更多信息
设计电子文件格式
设计文件格式（GEP、BPP、BFP、SPP）以将检索的数据转换为各种用途所需的格式。
更多信息
导入财务模板
从 Microsoft Excel 文件导入财务报表模板。
更多信息
配置报表和布局
在打印布局设计器和 Crystal 报表中管理报表和布局。
更多信息
使用解决方案包包装预配置解决方案
包装预配置解决方案，将来可用于新建公司。
更多信息
关闭

图 2-34

**（一）“欢迎”界面**

直接点击【下一步】。

**（二）“公司详细信息”界面**

1. 对公司基本信息进行确认和补充，若之前创建新公司时公司名称不正确，此处可以进行修改，确认后点击【下一步】。

2. 对新公司中需要隐藏的功能进行勾选，勾选后主菜单中将不再显示这些功能。本实验中不涉及“预算”、“付款向导”和“催款向导”功能，可以勾选对其进行隐藏，勾选后点击【下一步】。如图 2-35 所示。

**（三）“会计”界面**

1. 定义货币和汇率过账

定义货币和汇率过账的设置如图 2-36 所示，确认后点击【下一步】。注意有（!）标记的字段只能在系统初始化阶段进行设置，一旦后续发生业务交易，则无法进行修改。

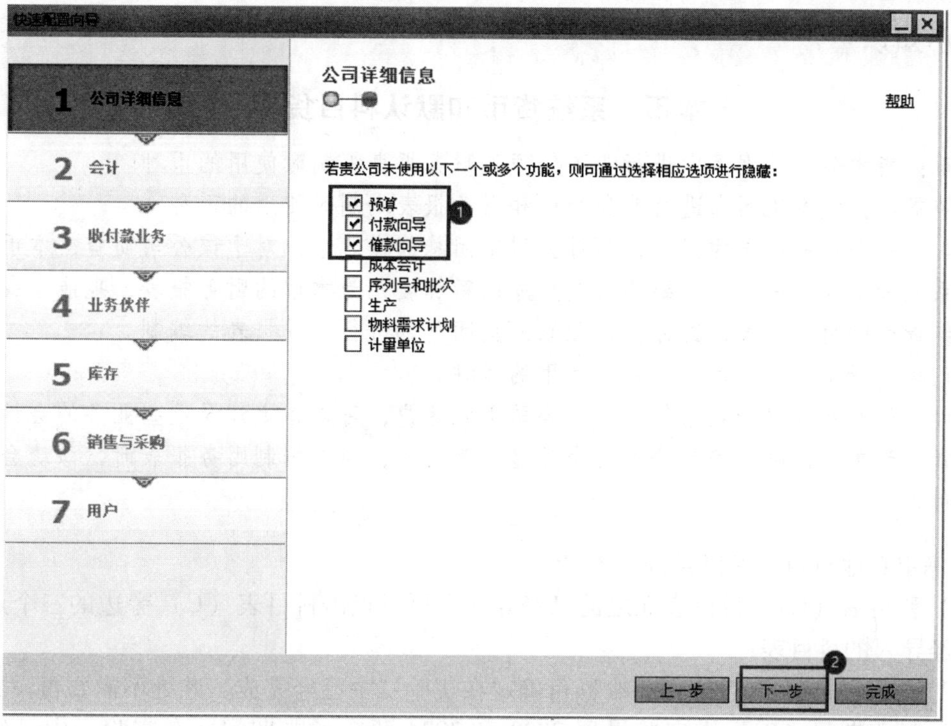
快速配置向导
1 公司详细信息
2 会计
3 收付款业务
4 业务伙伴
5 库存
6 销售与采购
7 用户
公司详细信息
帮助
若贵公司未使用以下一个或多个功能，则可通过选择相应选项进行隐藏：
预算
付款向导
催款向导
成本会计
序列号和批次
生产
物料需求计划
计量单位
上一步
下一步
完成

图 2－35

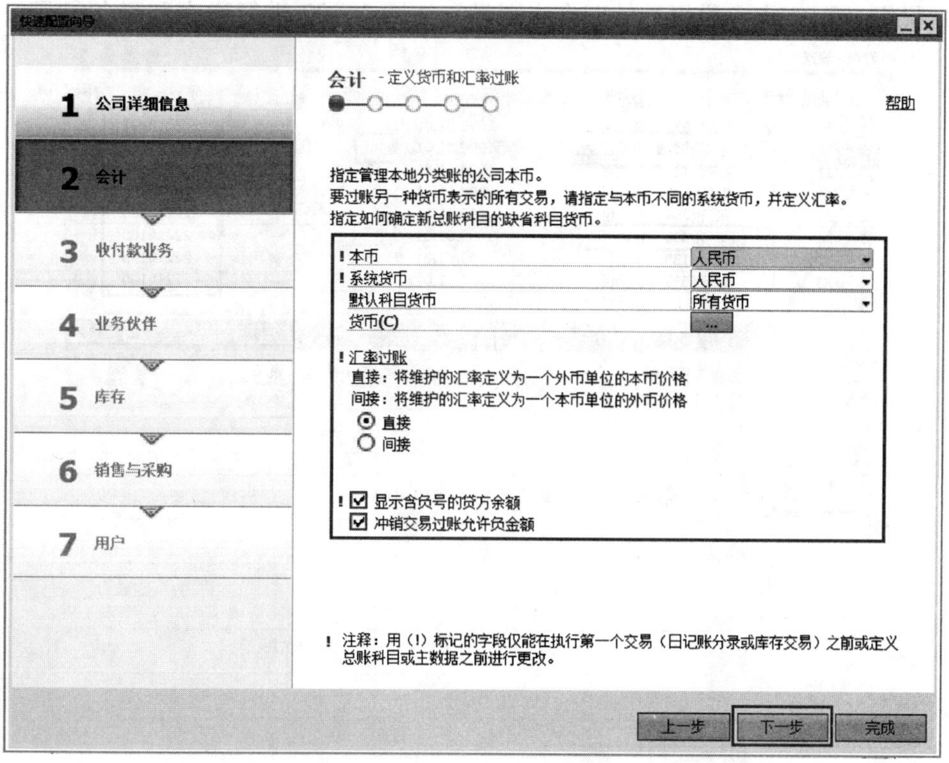
快速配置向导
1 公司详细信息
2 会计
3 收付款业务
4 业务伙伴
5 库存
6 销售与采购
7 用户
会计 - 定义货币和汇率过账
帮助
指定管理本地分类账的公司本币。
要过账另一种货币表示的所有交易，请指定与本币不同的系统货币，并定义汇率。
指定如何确定新总账科目的缺省科目货币。
! 本币 人民币
! 系统货币 人民币
默认科目货币 所有货币
货币(C)
! 汇率过账
直接：将维护的汇率定义为一个外币单位的本币价格
间接：将维护的汇率定义为一个本币单位的外币价格
直接
间接
! 显示含负号的贷方余额
冲销交易过账允许负金额
! 注释：用（!）标记的字段仅能在执行第一个交易（日记账分录或库存交易）之前或定义总账科目或主数据之前进行更改。
上一步
下一步
完成

图 2－36

## SAP 小知识

### 本币、系统货币和默认科目货币

本币：指本公司数据库内进行业务处理和财务报表编制时使用的币种。

系统货币：指本集团内进行业务处理和财务报表编制时使用的币种。

例如，一个在新加坡的公司，其母公司集团总部在北京，对于该公司而言，本币是新加坡元，系统货币是人民币。系统不仅能生成以新加坡元为本币的财务报表，也能生成以人民币为系统货币的财务报表，以方便在北京的集团总部进行合并报表的编制。

默认科目货币：指定某一科目可使用的币种。

例如，某些业务以美元结算并存入公司美元账户，可以指定涉及这些业务的会计科目默认科目货币为美元，则在编制分录时金额显示为美元；但在编制财务报表时，系统会自动换算为本币。

2. 确定总账科目、税以及固定资产

(1) 科目表(C)：科目表在之前已经导入，可以点击科目表(C)旁边的三个点图标，查看已经导入的科目表；

(2) 总账科目确定(G)：总账科目确定在实验二中已经完成，此处不需要再设置；

(3) 过账期间(P)：本实验设置 2023 和 2024 两个过账期间，在实验一中已经完成，此处不再需要设置。

(4) 税组(T)：点击税组后的三个点图标，按图 2-37 进行税率和税务科目设置。将

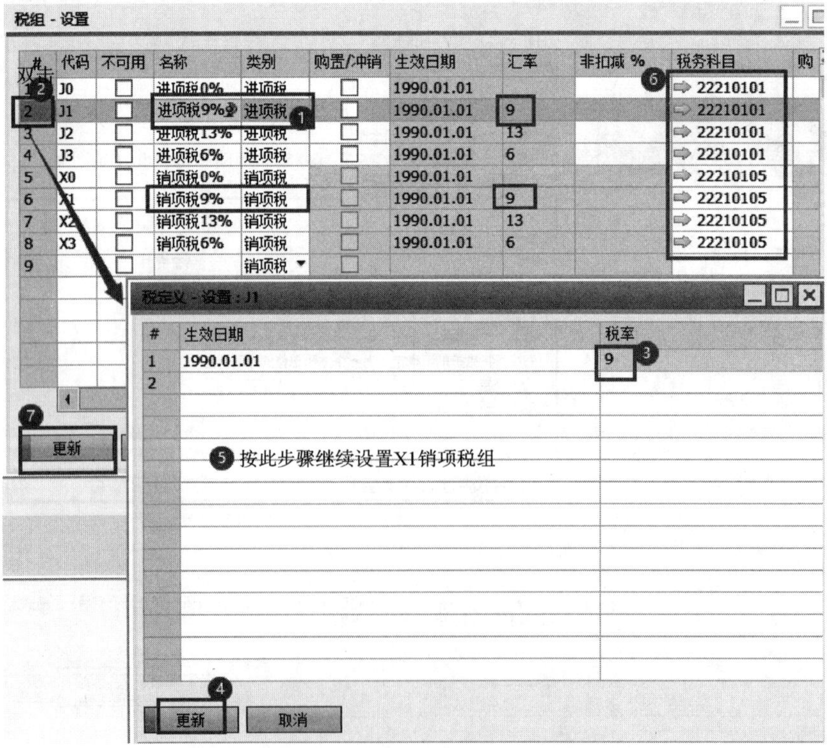


图 2-37

J1 和 X1 税组的税率修改为 9%，并将税务科目正确录入。完成后点击【更新】返回。注意：税率设置不正确，会影响销售和采购业务销项税额和进项税额；税务科目录入不正确，会影响会计分录的自动生成。

（5）勾选“启用固定资产”选项，系统消息提示“启用固定资产功能是不可撤销操作。是否继续?”，点击【是】进行确认。折旧计算周期选定为“月”，设置完成后点击【下一步】，如图 2－38 所示。

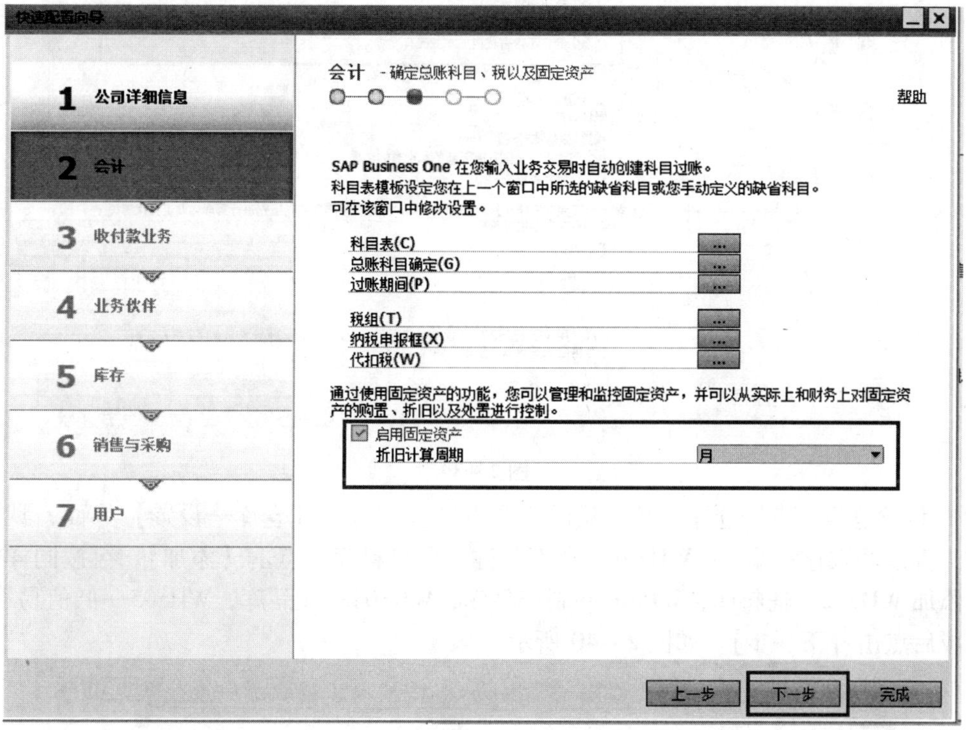


**图 2－38**

3. 定义固定资产设置

与固定资产相关的设置将在固定资产模块中进行，此处点击【下一步】跳过。

4. 定义库存系统

（1）勾选“使用永续盘存”。物料组评估方法系统中设有“移动平均、标准和先进先出”三种，此处选择“移动平均”。同时还需勾选“按仓库管理物料成本”，如图 2－39 所示。

## SAP 小知识

### 库存成本计算方式

在永续盘存制下，SAP 系统提供两种库存成本的计算方式：

（1）当勾选“按仓库管理物料成本”时，系统会实时计算某一物料在每个单独仓库的移动平均出库成本；

（2）如取消选择此选项，系统则会计算某一物料在所有仓库合计数量的移动平均出库成本。

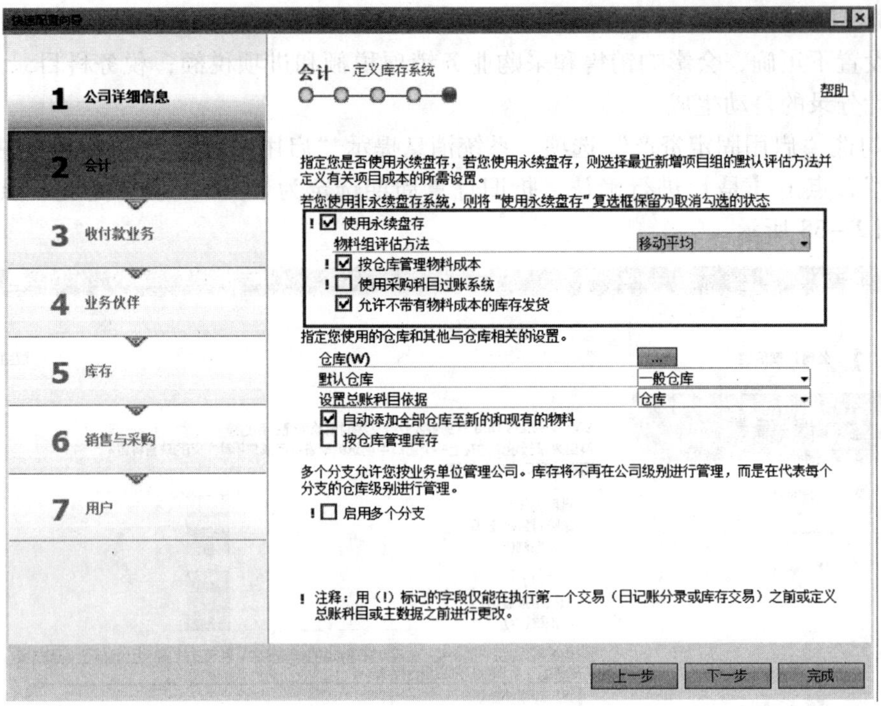


图 2－39

（2）设置仓库。点击仓库（W）后的三个点图标，打开【仓库—设置】界面，默认是添加模式，直接输入仓库编号：WHS01，仓库名称：原材料库，点击【添加】，再按同样的操作方法，添加 WHS02—辅料库，WHS03—副产品库，WHS04—成品库，WHS05—低值易耗品库，操作完成后点击【下一步】。如图 2－40 所示。

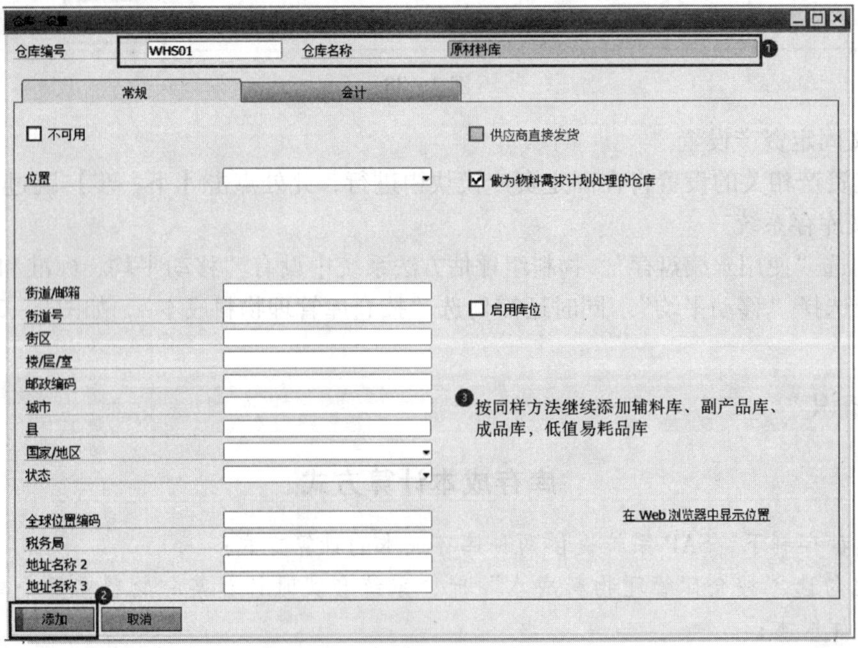


图 2－40

(3) 设置默认仓库和总账科目依据，如图 2-41 所示，将默认仓库设置为“原材料库”，总账科目依据设置为“物料组”。

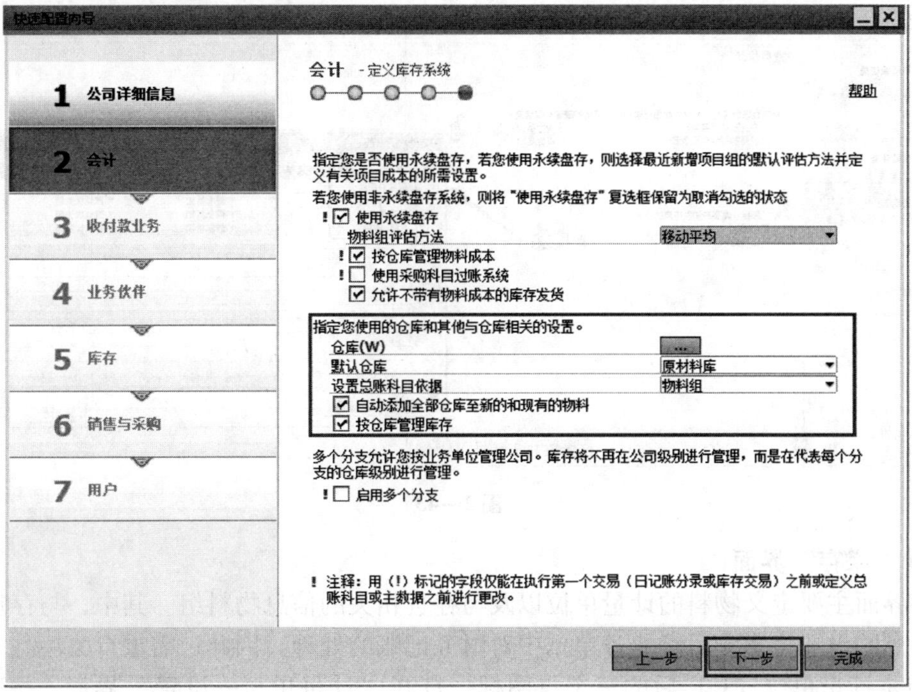


图 2-41

**(四)“收付款业务”界面**

此信息非必填设置，直接点击【下一步】跳过。

**(五)“业务伙伴”界面**

1. 客户的默认付款条款和供应商的默认付款条款均按系统默认的“现金基础”。

2. 为了便于对业务伙伴进行管理，新公司按照客户规模对客户进行分级管理，每输入一行点击【更新】保存后再输入下一行，如图 2-42 所示。

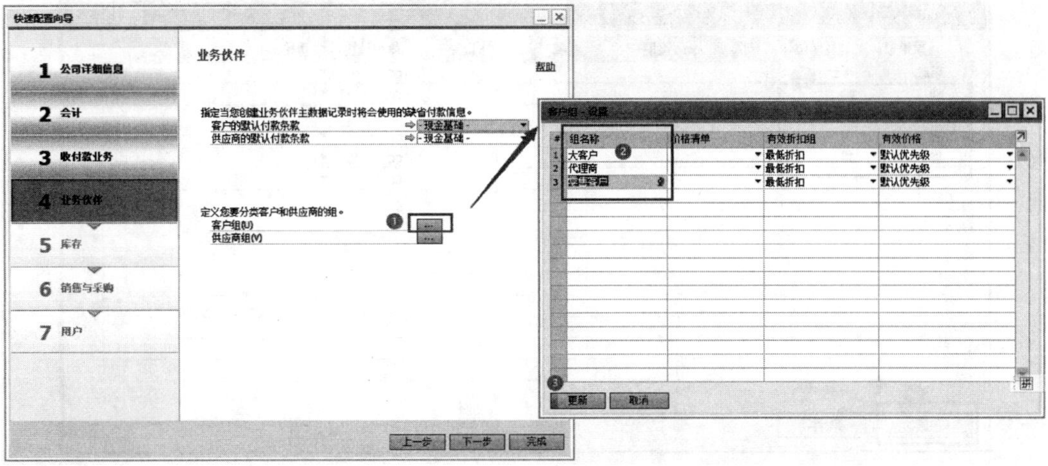


图 2-42

3. 按照供应商供货类型不同，对供应商进行分类管理，操作方法类似，如图 2 - 43 所示。

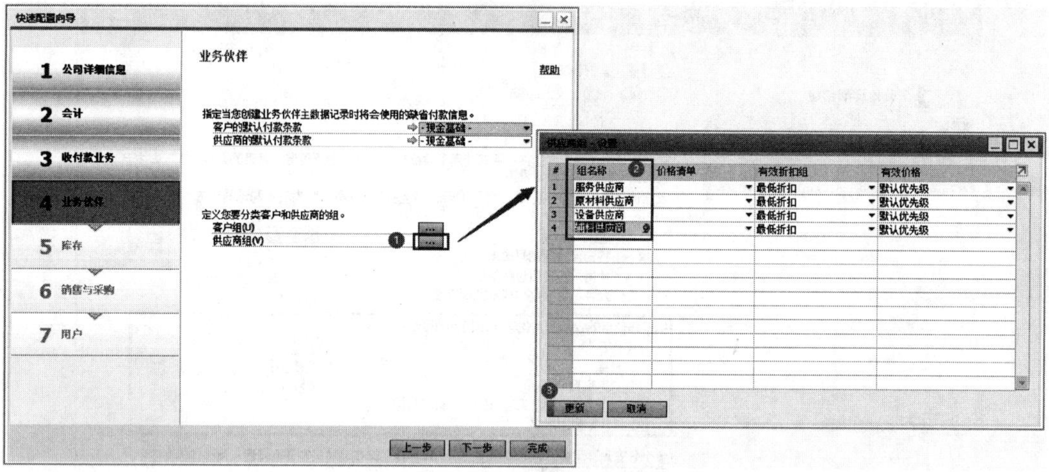


图 2 - 43

## （六）“库存”界面

库存界面主要定义物料的计量单位以及与存货相关的信息物料组。其中，与存货相关的物料组信息的设置将影响后续业务单据中对财务记账的处理，因此，需重点关注。

1. 点击计量单位（U）后的三个点图标，打开“计量单位—设置”界面，按图 2 - 44 录入计量单位代码和计量单位名称，点击【更新】保存设置。

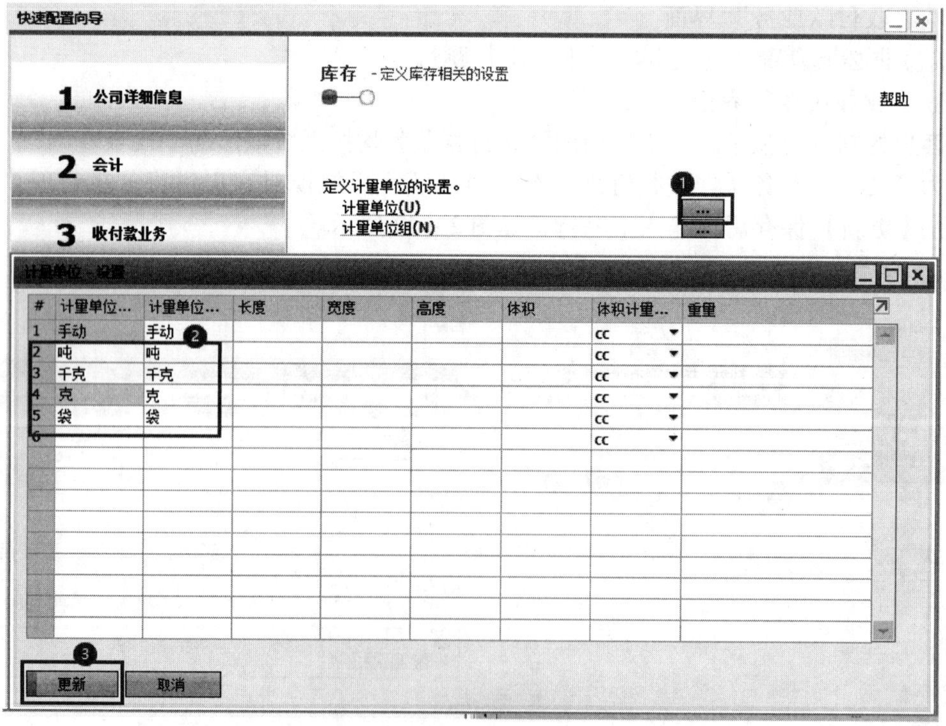


图 2 - 44

2. 点击计量单位组（N）后的三个点图标，打开“计量单位组—设置”界面，按图 2 – 45 录入计量组，并进行组定义。

打开“组定义—袋—设置”窗口，按图 2 – 45 设置数量关系：1 袋 = 50 千克，1 吨 = 20 袋，点击【更新】保存。

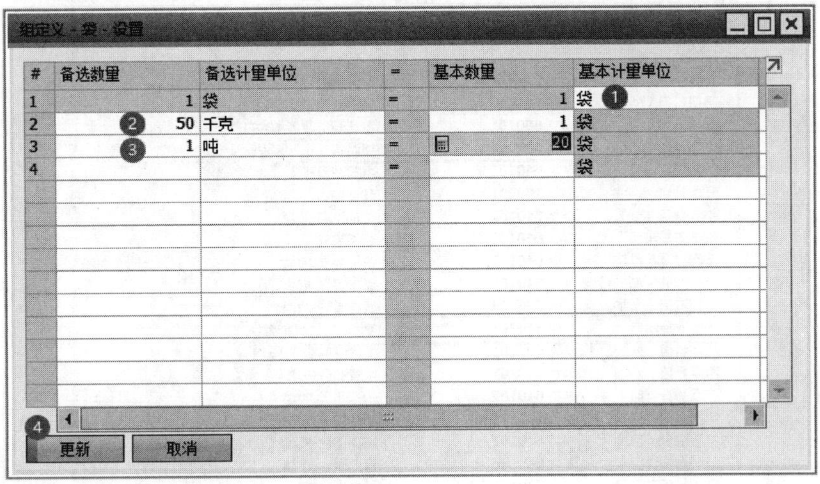


图 2 – 45

点击【确定】关闭此窗口，返回“计量单位组—设置”界面，点击【更新】保存设置，系统弹出提示信息，“更改计量单位转换规则会更新相关计量单位价格，是否继续?”点击【是】再次确认保存。如图 2 – 46 所示。

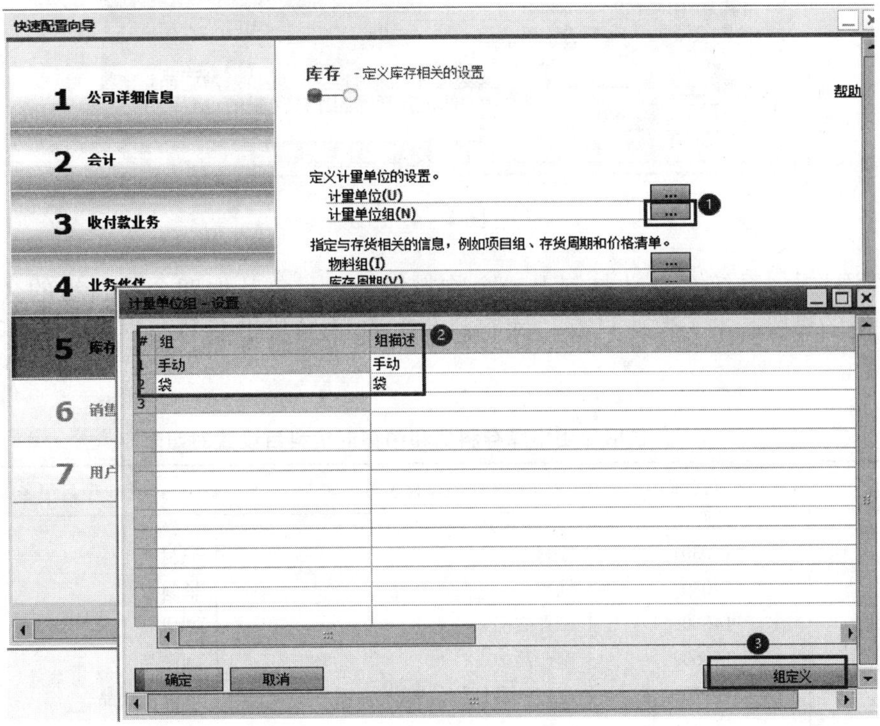


图 2 – 46

3. 点击物料组（I）后的三个点图标，打开“物料组—设置”界面，在项目组名称中输入“原材料”，在【会计】选项卡中，按照图2－47进行科目设置。

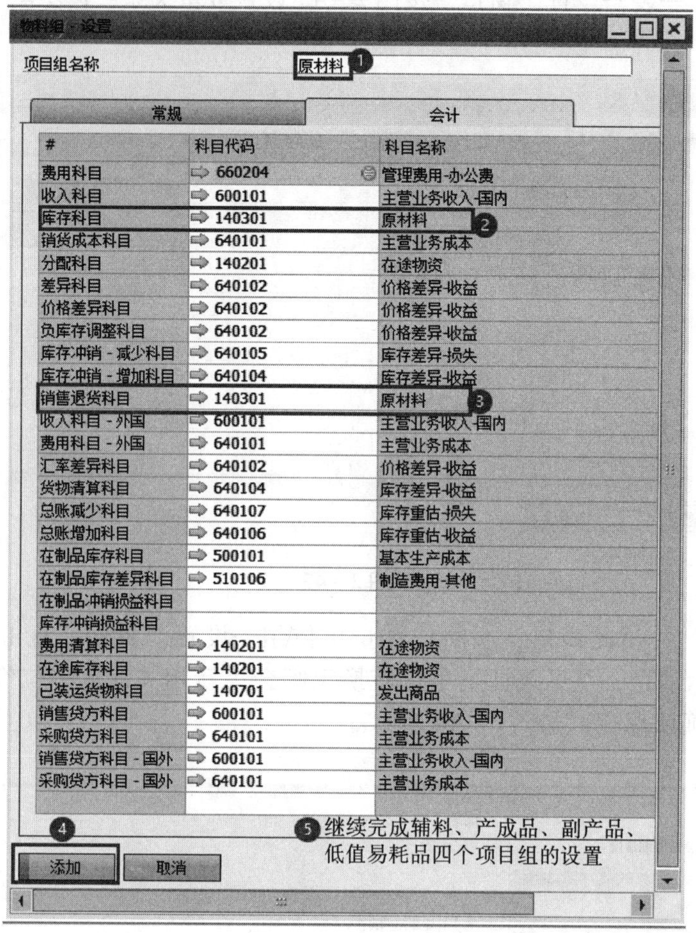


**图2－47**

点击【添加】，系统会自动复制上一个物料组的科目，其他四个物料组的会计科目与“原材料”组的设置基本一致，只有“库存科目”和“销售退货科目”不同，不同之处如表2－1所示。

**表2－1　　各项目组中库存科目和销售退货科目设置对照表**

| 科目类型 | 科目代码 | 科目名称 | 项目组名称 |
|---|---|---|---|
| 库存科目 | 140301<br>140302<br>140601<br>140602<br>141201 | 原材料<br>辅料<br>库存商品<br>副产品<br>包装物及低值易耗品 | 原材料<br>辅料<br>产成品<br>副产品<br>低值易耗品 |

续表

| 科目类型 | 科目代码 | 科目名称 | 项目组名称 |
|---|---|---|---|
| 销售退货科目 | 140301<br>140302<br>140601<br>140602<br>141201 | 原材料<br>辅料<br>库存商品<br>副产品<br>包装物及低值易耗品 | 原材料<br>辅料<br>产成品<br>副产品<br>低值易耗品 |

注意：如点击【添加】时系统显示项目组已存在，可以点击“工具栏”中的绿色箭头 前后翻动，查看该项目组是否已经存在，再点击工具栏中的添加图标 ，继续进行下一个项目组的设置。

由于物料组中的会计科目与科目表关联，如设置不正确会影响后续业务记账。因此在完成物料组科目设置后，要点击工具栏中的绿色翻页箭头，检查各个项目组的科目设置是否正确，特别关注库存科目、分配科目和销售退货科目。

4. 库存周期和价格清单可在导入物料后再定义，单击【下一步】。

5. 启用库位并定义相关设置，不需要启用库位，直接点击【下一步】。

**（七）“采购与销售”界面**

1. 单据设置

点击“单据设置（O）”后的三个点图标，打开单据设置界面。

（1）【常规】选项卡设置。按图 2－48 设置【常规】选项卡。注意：启用“负库存冻结依据”选择“仓库”，意为当库存水平低于零时，系统不允许添加单据。

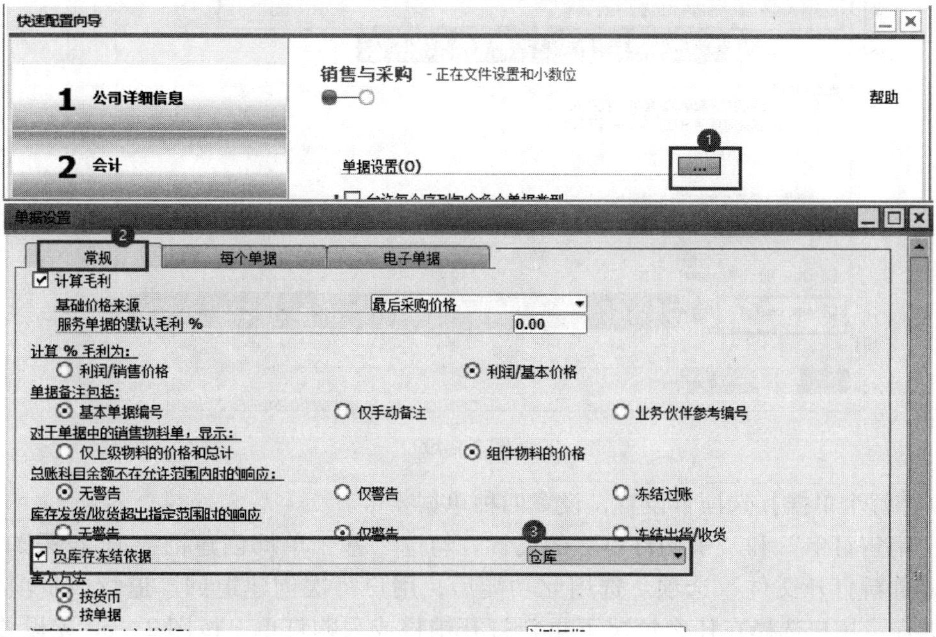


**图 2－48**

**SAP 小知识**

## 关于负库存冻结依据

当勾选“负库存冻结依据”复选框时，系统中有“公司”、“仓库”和“物料设置”三个选项。

公司选项：以物料在公司所有仓库的库存总和作为判断依据，当选择该项时，只有物料在所有仓库的库存总和低于零时，系统才会冻结，不允许该物料出库，而当其中某一仓库的库存低于零，公司所有仓库库存总和大于零时，仍可在该仓库正常出库。

仓库选项：以物料在某一仓库的库存作为判断依据，当选择该项时，物料在某一仓库中的库存低于零时，系统就会冻结该物料，不判断其他仓库的库存。

物料设置选项：当选择该项时，系统冻结公司级别或每个仓库的负库存，这取决于物料主数据中“按仓库管理库存”复选框的状态。

在日常业务操作中，为避免因操作错误导致要取消单据的情况，可按图 2－49 将“过账前或过账后取消营销单据的最大天数”设置为 999，并勾选“启用补充代码”。

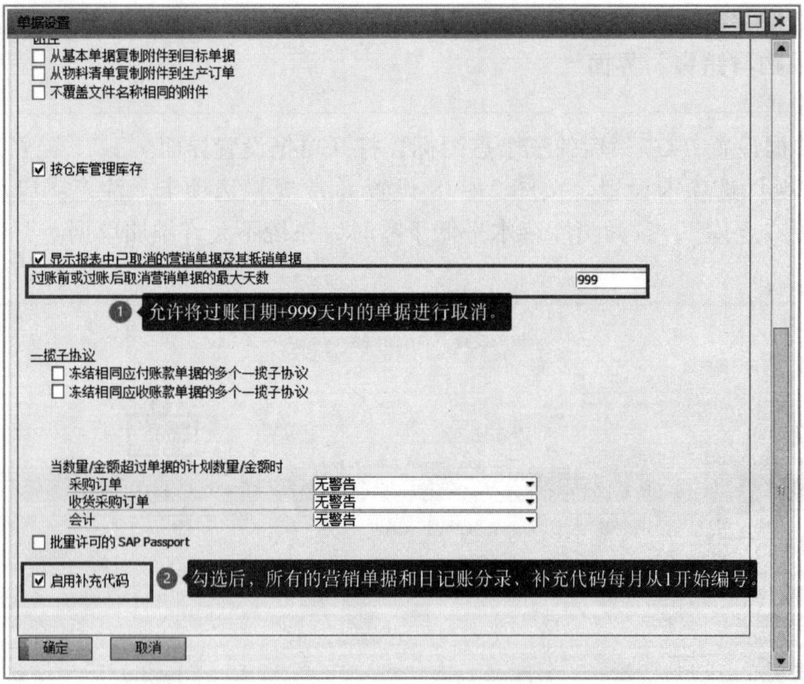


图 2－49

（2）【每个单据】选项卡设置，设置四种单据。

①“销售订单”和“采购订单”的设置。勾选“基于单据创建销售退货/采购退货/贷项凭证以重新打开文件”选项。选用此功能后，用户每次创建退回、退货或贷项凭证时，系统都会提示用户选择在什么情况下重新打开销售或采购订单。按图 2－50 先设置销售订单，再设置采购订单。

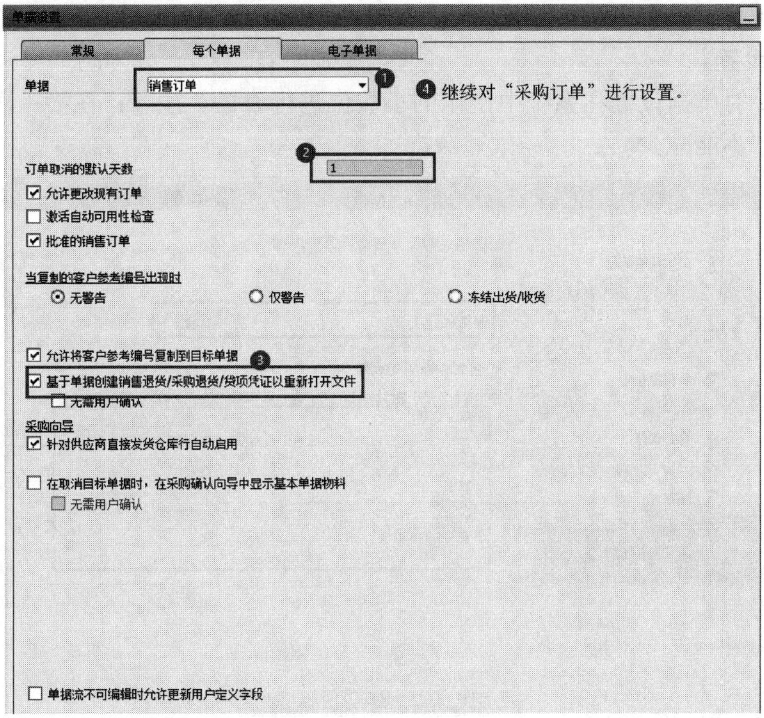


**图 2－50**

②“退货”和“应收贷项凭证”单据的设置。勾选“当单据不是基本单据时，允许设置物料成本”选项，启用该功能后，当不基于任何单据创建退货时，允许在退货单据中手动设置退货成本。按图 2－51 先设置退货，再设置应收贷项凭证。

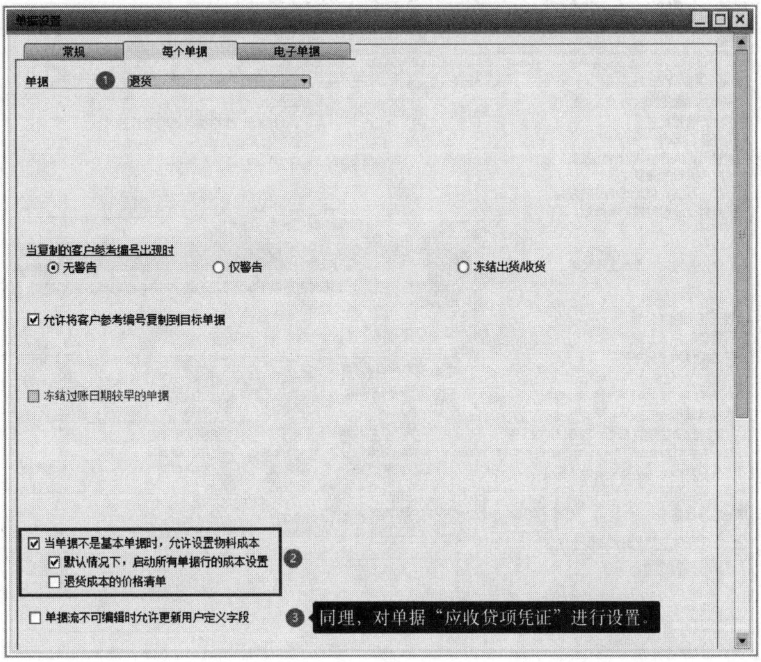


**图 2－51**

③以上四种单据设置完成后，点击【更新】。

2. 小数位设置

按图 2－52 对单据设置和系统中使用的小数位进行设置。注意：在第一次过账之后小数位数只能增加，不能减少。

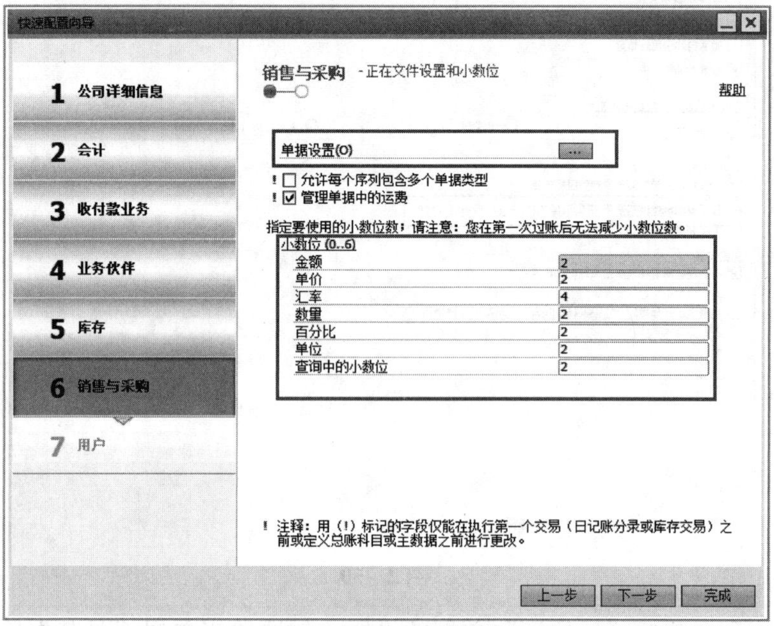


图 2－52

如出现小数位不能改动的情况，可在主菜单中选择路径【管理】—【系统初始化】—【常规设置】，点击【服务】选项卡，按图 2－53 进行设置。

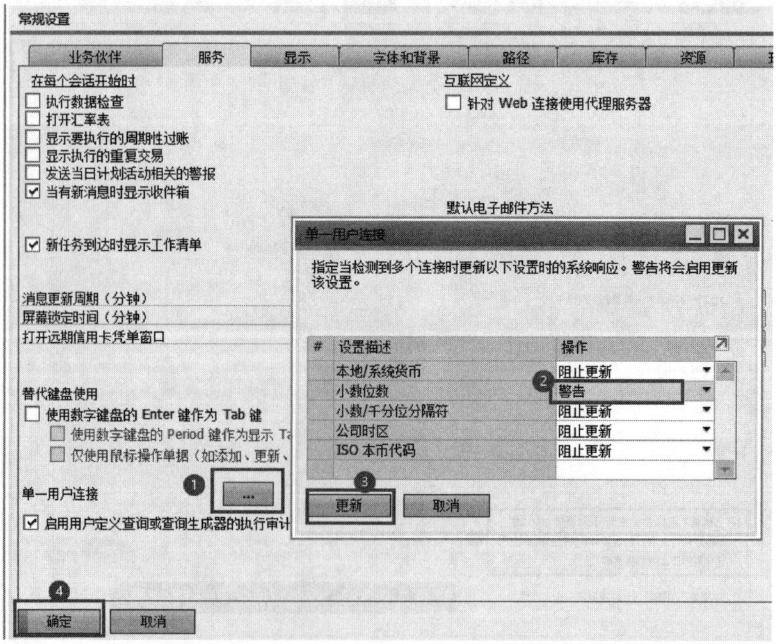


图 2－53

3. 正在定义单据编号、毛利和其他设置

按图 2－54 完成设置后，点击【下一步】。如系统提示“显示其他操作已经修改数据；要继续，需要在向导中重新加载数据或重新打开向导。“是否要在快速配置向导中重新加载数据?”则点击【是】。

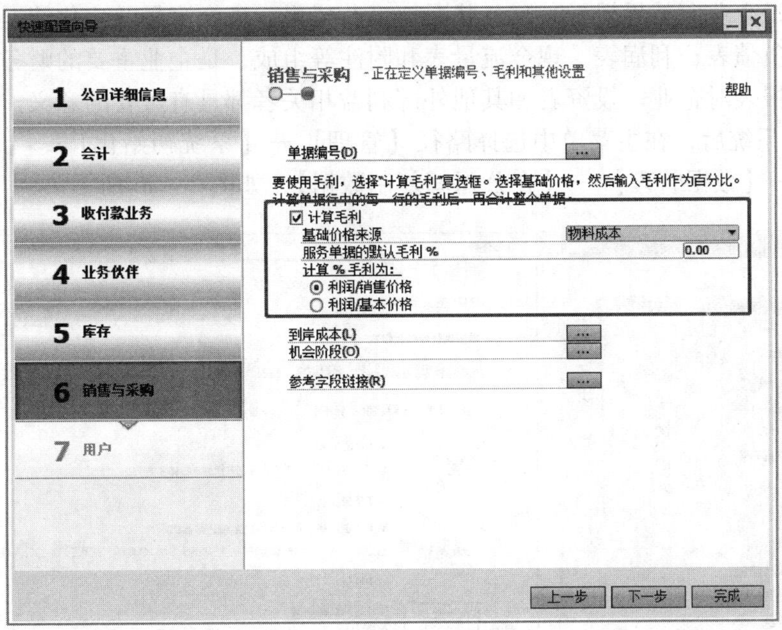


图 2－54

（八）“用户”界面

此界面中可以定义用户、销售人员或买方和员工主数据。实验一中已经完成本实验必须的用户设置，点击【下一步】。如图 2－55 所示。

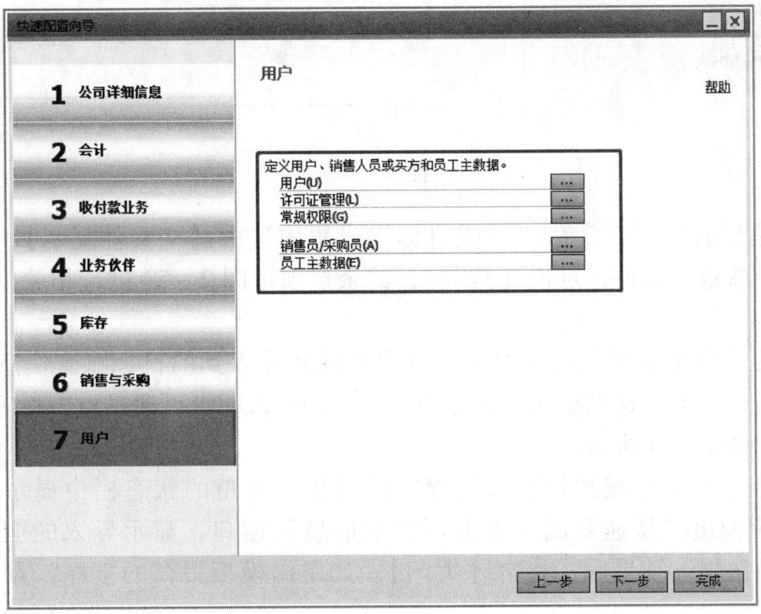


图 2－55

**（九）“完成”界面**

系统提示已完成 SAP 公司配置，点击【关闭】结束配置。

## 二、报表模板导入

财务报表是企业向外界揭示其财务状况、经营成果、现金流量及变化情况的一种财务报告。它由资产负债表、利润表、现金流量表和附注等组成，是企业重要的财务信息披露的形式之一。财务报表对企业、投资者和其他外部利益相关者都具有重要的意义。

进入 SAP 系统后，在主菜单中选择路径【管理】—【系统初始化】—【实施中心】—【实施任务】—【数据管理】—【在公司间复制数据】，如图 2－56 所示。

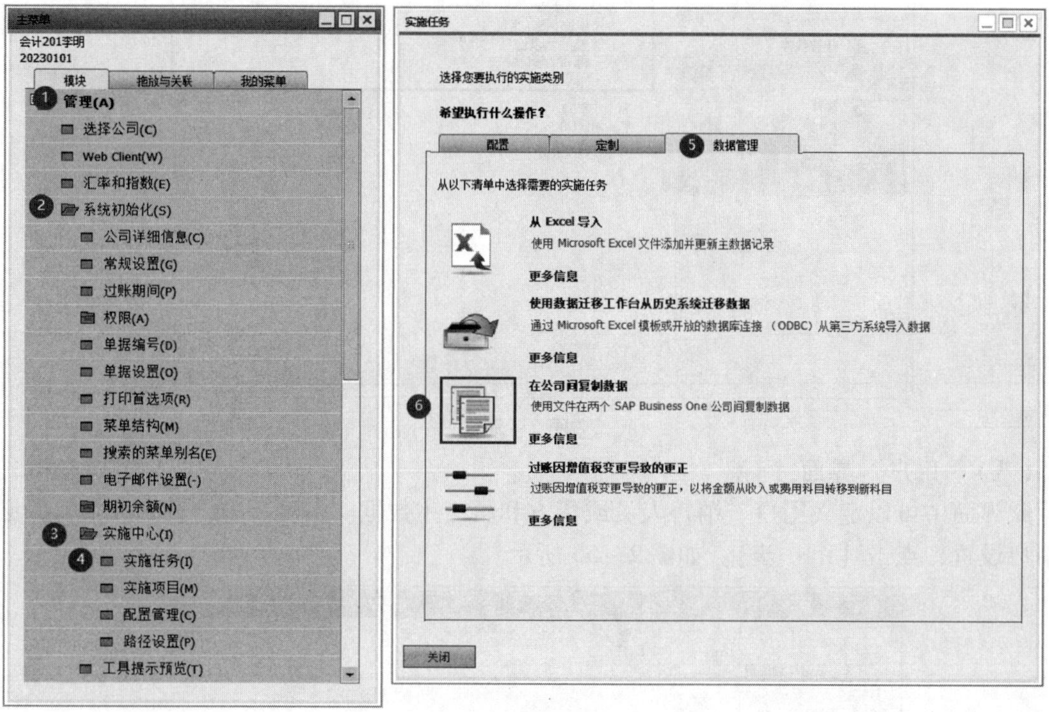


**图 2－56**

打开“快速复制”窗口，在“源或目标”设置中选中【从文件复制】，点击浏览，找到存放文件的位置选中文件，点击【打开】，其余选项按图 2－57 进行相关设置后，点击右下方的【确定】。

在新打开的“快速复制”窗口中显示数据来源和导入到的目标账套信息，在数据类别中显示本次导入的内容，这里默认全部选中，对应的导入明细可通过点击相应的行，在右侧窗口中显示。如图 2－58 所示。

点击【导入】后，系统执行导入过程，同时在左下角的状态栏中显示导入进度。导入完成后，系统弹出“快速复制日志类别详细信息”窗口，显示导入的明细信息，如图 2－59 所示，确认导入结果后，点击【关闭】。如跳出模板另存的字样，点击【取消】即可完成。

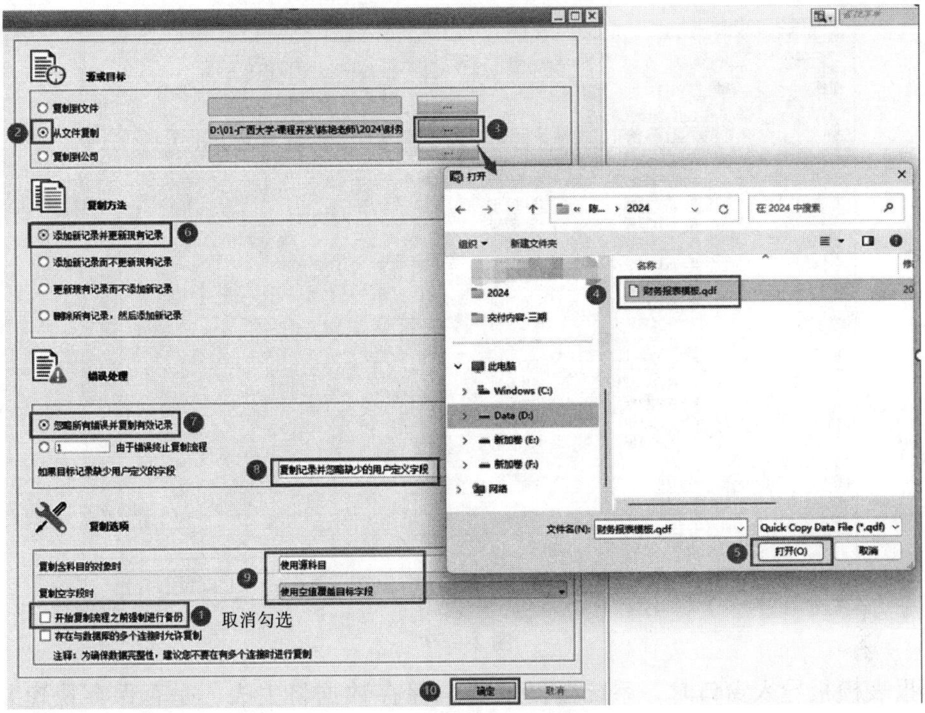
从文件复制
复制到文件
复制到公司
复制方法
添加新记录并更新现有记录
添加新记录而不更新现有记录
更新现有记录而不添加新记录
删除所有记录，然后添加新记录
错误处理
忽略所有错误并复制有效记录
由于错误终止复制流程
如果目标记录缺少用户定义的字段
复制记录并忽略缺少的用户定义字段
复制选项
复制含科目的对象时
使用源科目
复制空字段时
使用空值覆盖目标字段
开始复制流程之前强制进行备份
取消勾选
存在与数据库的多个连接时允许复制
注释：为确保数据完整性，建议您不要在有多个连接时进行复制
确定
取消
打开
2024
交付内容-三期
此电脑
Windows (C:)
Data (D:)
新加卷 (E:)
新加卷 (F:)
网络
名称
财务报表模板.qdf
文件名(N):
Quick Copy Data File (*.qdf)
打开(O)
取消

图 2－57

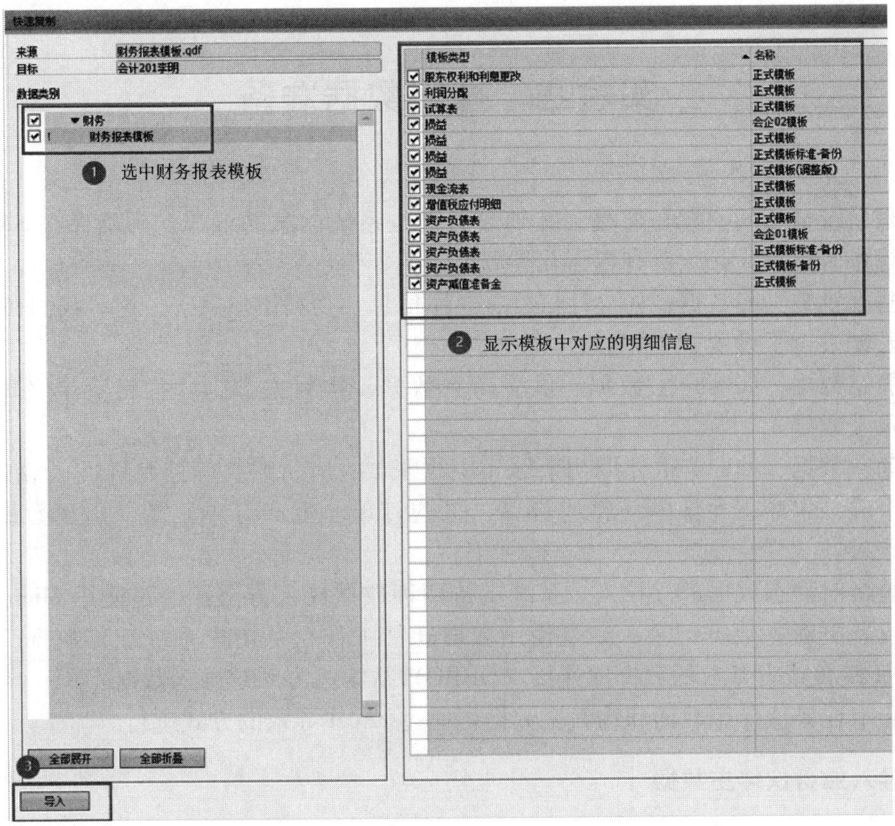
快速复制
来源
财务报表模板.qdf
目标
会计201李明
数据类别
财务
财务报表模板
选中财务报表模板
模板类型
名称
股东权利和利息更改
利润分配
试算表
损益
现金流表
增值税应付明细
资产负债表
资产减值准备金
正式模板
会企02模板
正式模板标准-备份
正式模板(调整版)
会企01模板
正式模板-备份
显示模板中对应的明细信息
全部展开
全部折叠
导入

图 2－58

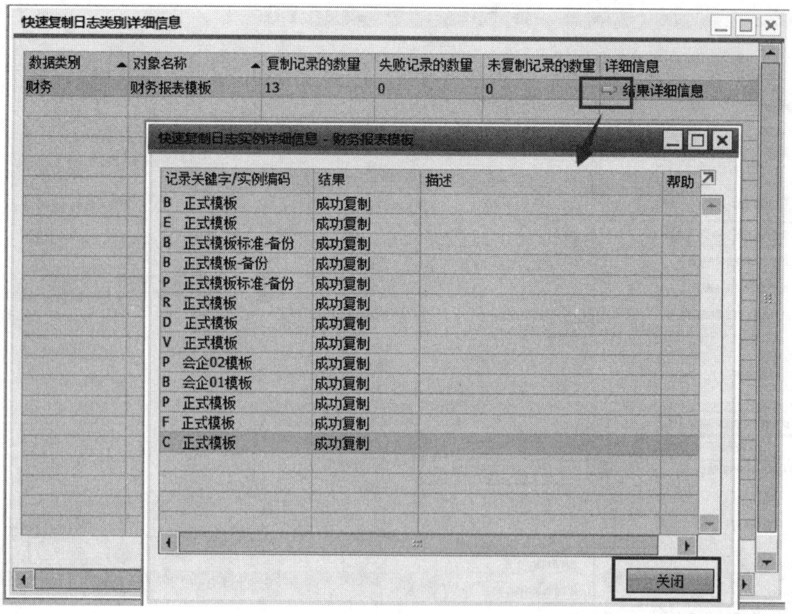


图 2 – 59

关闭报表模板导入窗口时，系统会提示“未保存数据将丢失，是否保存快速复制项目文件?”点击【取消】。

# 实验四　基础数据准备

数据是系统运行的支撑和前提，基础数据则是系统信息的根源。为确保在 SAP 系统中顺利地进行账务核算，必须要有以下几类数据：

一是基础设置类的数据，如会计科目、仓库信息、物料组信息等，这些我们在实验二和实验三中已经进行了设置。

二是静态数据，如客户主数据、供应商主数据、物料主数据、物料清单（BOM）等，需要进行录入或导入。

三是动态数据，如业务伙伴期初余额（应收账款、应付账款等控制科目）、总账期初余额、库存余额，未结三大订单（销售订单、采购订单、生产订单）等，由于数据量较大，一般进行导入。

本实验将对静态数据进行导入。系统支持两种数据导入方法：一是使用 Microsoft Excel 文件添加或者更新主数据记录；二是使用数据迁移工作台从历史系统迁移数据，通过 Microsoft Excel 模板或者开放的数据库连接（ODBC）从第三方系统导入数据。

本实验中业务伙伴主数据和物料主数据将通过 Excel 导入的方式进行。

## 一、导入业务伙伴主数据

将榕江制糖有限公司现有客户和供应商信息导入 SAP 系统中。具体操作如下：

1. 制作导入模板

在主菜单中选择路径【管理】—【数据导入/导出】—【数据导入】—【从 Excel 导入】，打开“从 Excel 导入”界面。在“从 Excel 导入”窗口中，按图 2－60 设置“对象中的字段”，应认真核对，以确保选择的字段顺序与图中完全一致，如果映射字段与实验准备的导入文档不一致，数据将无法导入。

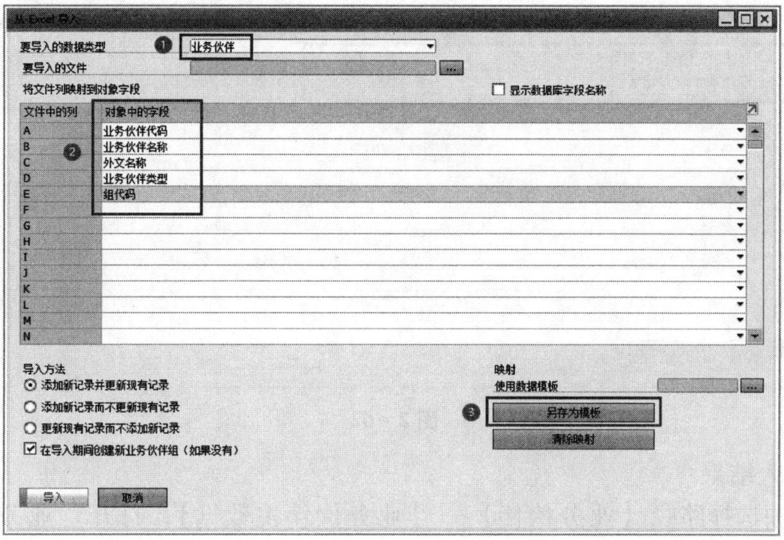


图 2－60

在“另存为数据导入模板”窗口中按图 2－60 录入模板代码“OCRD”和模板名称“业务伙伴导入模版”，点击【保存】。系统会提示“是否保存更改”，点击【是】。

2. 导入业务伙伴主数据

点击“要导入的文件”后的三个点图标，选择预先准备好的 TXT 文档。按图 2－61 选择导入方法，点击左下角【导入】执行导入。

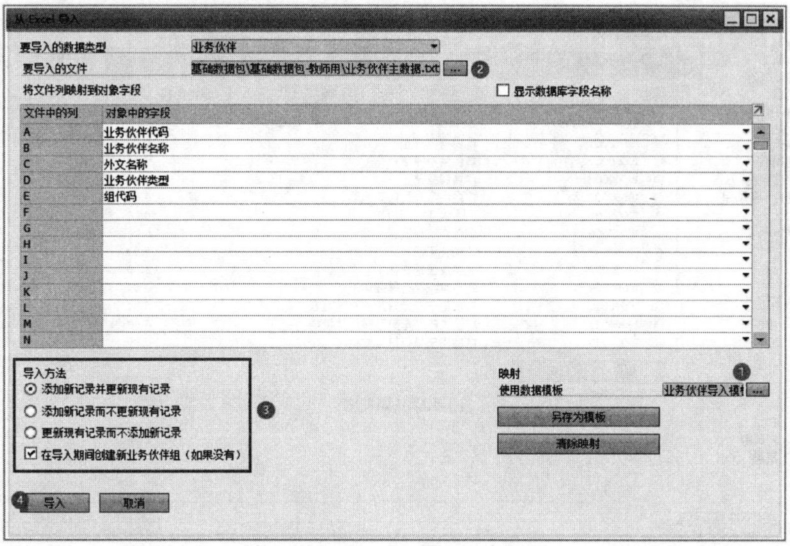


图 2－61

导入完成后，系统弹出“从 Excel 导入—结果”窗口，显示导入的具体信息。其中，第一行中显示系统自动增加业务伙伴组“包材供应商”，第二行显示成功导入的记录数量，确认后点击【取消】关闭。如图 2－62 所示。

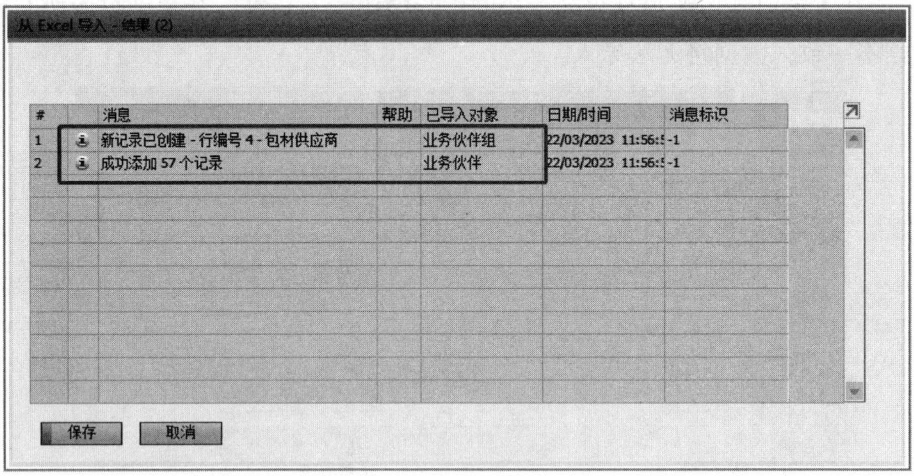


图 2－62

3. 查看导入结果

在主菜单中选择路径【业务伙伴】—【业务伙伴主数据】，打开“业务伙伴主数据”窗口，在代码中输入“＊”（星号），点击左下角的【查找】，打开“清单业务伙伴”窗口，可查看所有导入的业务伙伴主数据信息，如图 2－63 所示。

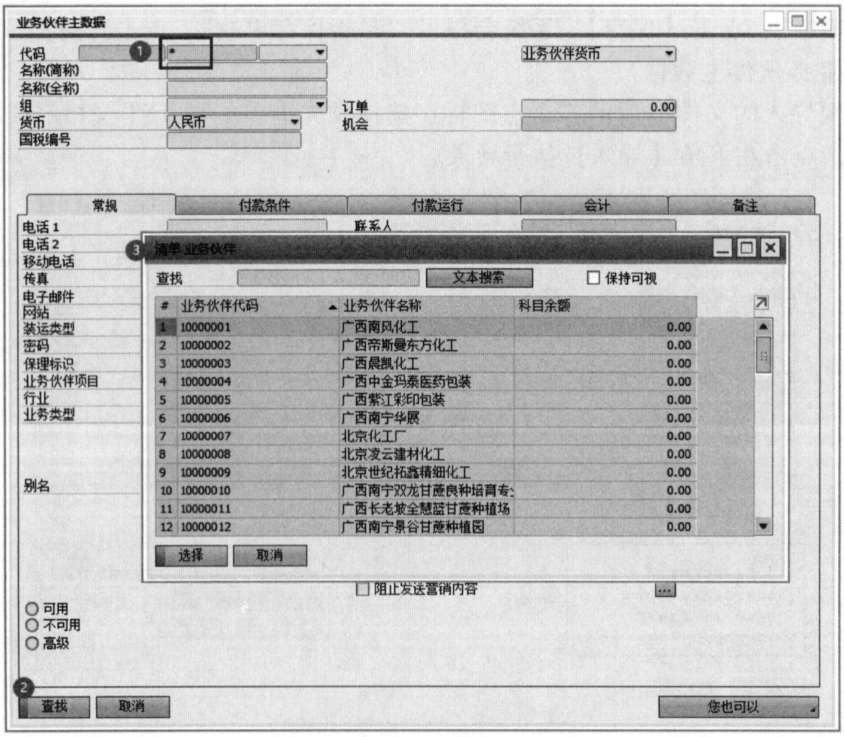


图 2－63

如果要查看其中一个业务伙伴，直接选中双击或者点击【选择】，该业务伙伴就自动显示在业务伙伴主数据中。如图 2 -64 所示。

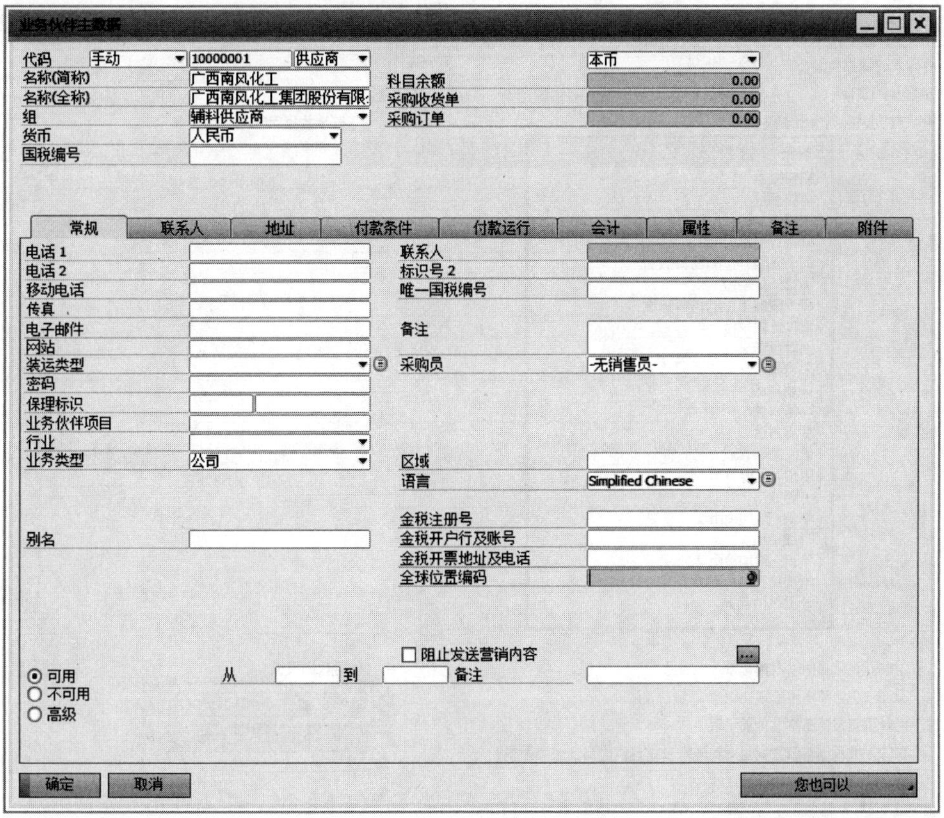


**图 2 -64**

## SAP 小知识

### 制作业务伙伴主数据

（1）打开 Microsoft Excel 创建电子表格，Excel 文件中字段列的顺序需要和 OCRD 模板中的顺序一致。

（2）在电子表格中输入数据，移除标题，仅保留需要导入的数据，将 Excel 电子表格另存为 TXT 文件，即：保存类型（T）选择“文本文件（制表符分隔）”便可用于导入。

## 二、导入物料主数据

导入物料主数据与导入业务伙伴主数据方法相同，具体操作如下：

1. 制作导入模板

（1）在主菜单中选择路径【管理】—【数据导入/导出】—【数据导入】—【从 Excel 导入】，打开“从 Excel 导入”界面。“要导入的数据类型”选择“物料”。

（2）在“从 Excel 导入”窗口中，按图 2 -65 设置“对象中的字段”。选完后应认真核对，以确保选择的字段顺序与图中完全一致，如果映射字段与实验准备的导入文档不一致，数据将无法导入。

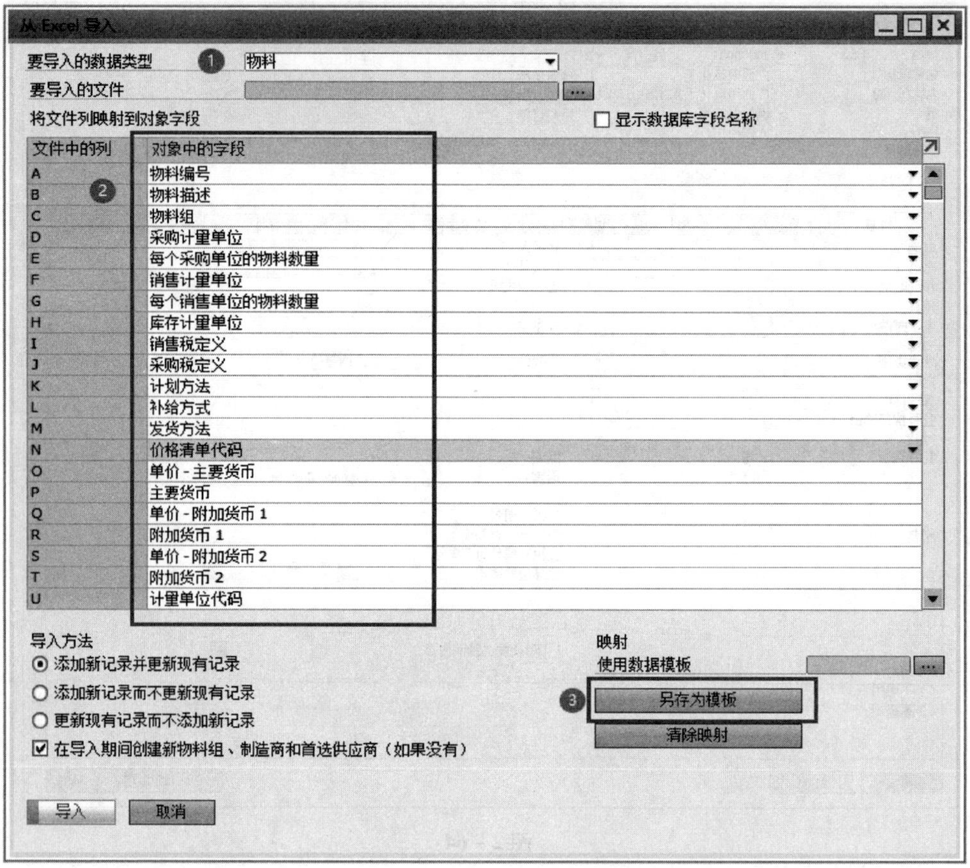


**图 2－65**

（3）点击【另存为模板】，在“另存为数据导入模板”窗口中录入模板代码“OITM”和模板名称“物料主数据导入模版”，点击【保存】。系统弹出提示信息“是否保存更改?”点击【是】确认。

2. 导入物料主数据

点击“要导入的文件”后的三个点图标，选择预先准备好的 TXT 文档。按图 2－66 选择导入方法，点击左下角【导入】执行导入。

导入成功后，页面下方的状态栏中显示为绿色，并显示成功添加的记录数量。如不成功，则会显示为红色，并显示失败的原因。

3. 查看导入结果

在主菜单中选择路径【库存】—【物料主数据】，打开“物料主数据”窗口，在代码中输入“＊”，点击左下角【查找】，打开“清单物料”窗口，可查看所有导入的物料主数据信息，如果要查看某一个物料，直接选中双击或者点击【选择】，该物料信息就会自动显示在物料主数据中。如果要继续查看其他物料的信息，在“清单物料”窗口中，勾选“保持可视”。如图 2－67 所示。

从 Excel 导入
要导入的数据类型
物料
要导入的文件
将文件列映射到对象字段
显示数据库字段名称
文件中的列
对象中的字段
物料编号
物料描述
物料组
采购计量单位
每个采购单位的物料数量
销售计量单位
每个销售单位的物料数量
库存计量单位
销售税定义
采购税定义
计划方法
补给方式
发货方法
价格清单代码
单价 - 主要货币
主要货币
单价 - 附加货币 1
附加货币 1
单价 - 附加货币 2
附加货币 2
计量单位代码
导入方法
添加新记录并更新现有记录
添加新记录而不更新现有记录
更新现有记录而不添加新记录
在导入期间创建新物料组、制造商和首选供应商（如果没有）
映射
使用数据模板
另存为模板
清除映射
导入
取消

图 2－66

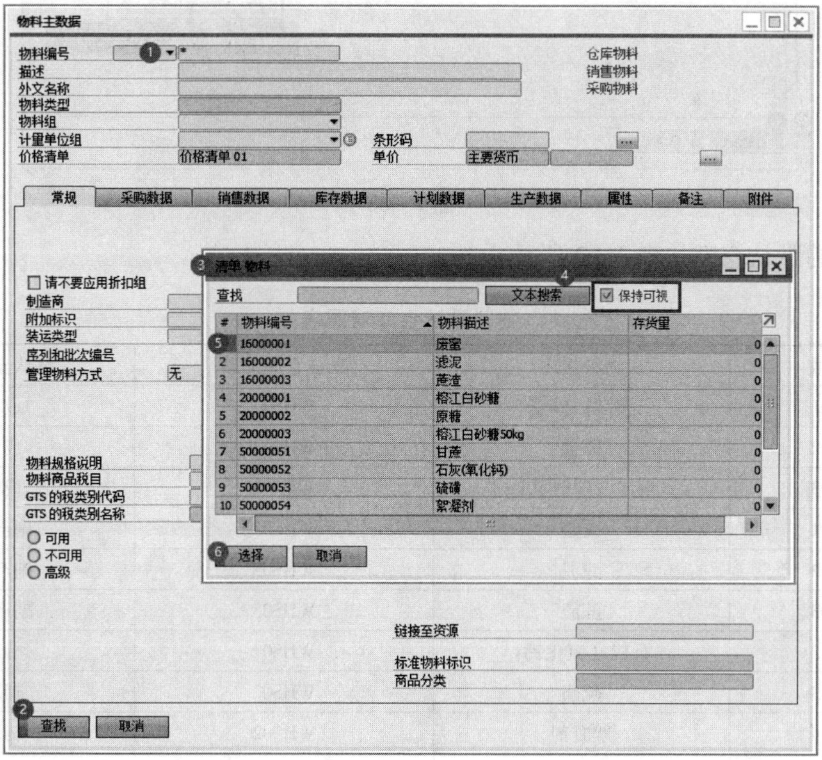
物料主数据
物料编号
描述
外文名称
物料类型
物料组
计量单位组
价格清单
价格清单 01
条形码
单价
主要货币
仓库物料
销售物料
采购物料
常规
采购数据
销售数据
库存数据
计划数据
生产数据
属性
备注
附件
清单 物料
查找
文本搜索
保持可视
物料编号
物料描述
存货量
16000001 废蜜
16000002 滤泥
16000003 蔗渣
20000001 榕江白砂糖
20000002 原糖
20000003 榕江白砂糖50kg
50000051 甘蔗
50000052 石灰(氧化钙)
50000053 硫磺
50000054 絮凝剂
选择
取消
请不要应用折扣组
制造商
附加标识
装运类型
序列和批次编号
管理物料方式
物料规格说明
物料商品税目
GTS 的税类别代码
GTS 的税类别名称
可用
不可用
高级
链接至资源
标准物料标识
商品分类
查找
取消

图 2－67

4. 设置默认仓库

上述导入的所有物料默认仓库是原材料库，导入后需要打开每一个物料，在【库存数据】选项卡中设置默认仓库。在主菜单中选择路径【库存】—【物料主数据】，打开“物料主数据”窗口，点击工具栏中的翻页查找 图标，逐一按图 2－68 设置默认仓库，当选择的仓库代码和仓库名称显示为黑色粗体时，表明设置成功，点击【更新】保存。

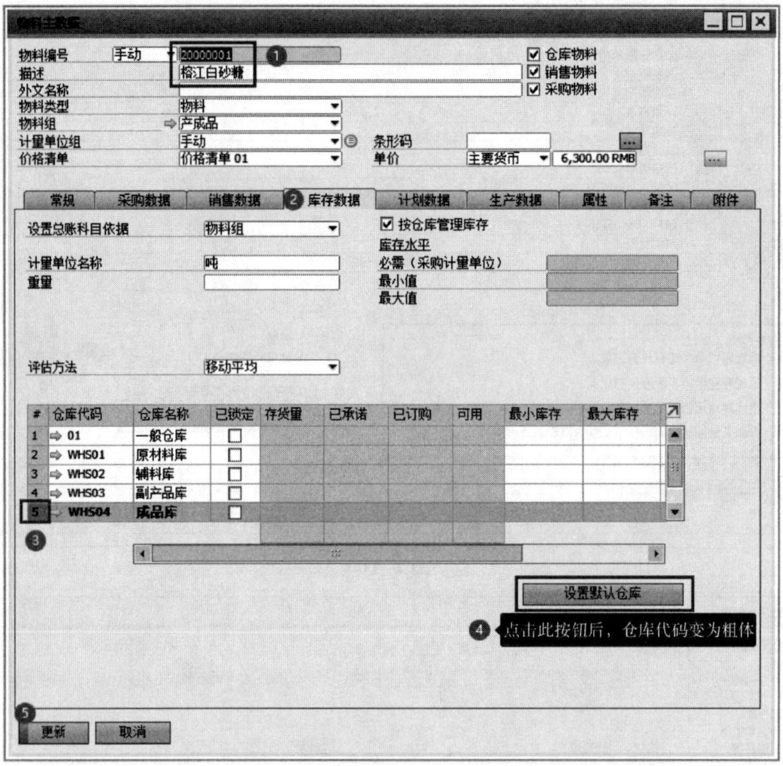


**图 2－68**

各物料的默认仓库如表 2－2 所示。

**表 2－2　　物料默认仓库对照表**

| 物料编号 | 物料描述 | 默认仓库编码 | 默认仓库名称 |
|---|---|---|---|
| 20000001 | 榕江白砂糖 | WHS04 | 成品库 |
| 20000002 | 原糖 | WHS04 | 成品库 |
| 20000003 | 榕江白砂糖 50kg | WHS04 | 成品库 |
| 16000001 | 废蜜 | WHS03 | 副产品库 |
| 16000002 | 滤泥 | WHS03 | 副产品库 |
| 16000003 | 蔗渣 | WHS03 | 副产品库 |
| 50000052 | 石灰（氧化钙） | WHS02 | 辅料库 |
| 50000053 | 硫磺 | WHS02 | 辅料库 |
| 50000054 | 絮凝剂 | WHS02 | 辅料库 |
| 50000055 | 滤布 | WHS02 | 辅料库 |

续表

| 物料编号 | 物料描述 | 默认仓库编码 | 默认仓库名称 |
| --- | --- | --- | --- |
| 50000056 | 二氧化碳 | WHS02 | 辅料库 |
| 50000057 | 磷酸 | WHS02 | 辅料库 |
| 60000001 | 大包装袋 50kg 用 | WHS05 | 低值易耗品库 |
| 60000002 | 小包装袋 20g 用 | WHS05 | 低值易耗品库 |

5. 设置默认计量单位组

在物料主数据中，由于物料“20000003—榕江白砂糖 50kg”的单位有三种：吨、袋和千克，因此需要设置默认的计量单位，以便在采购、销售以及仓库保管时方便使用。一般将企业经常使用到的单位设置为默认计量单位。如该白砂糖在采购的时候时是按“袋”来采购的，而销售时却经常是按千克来销售的，则采购和库存默认单位设置为“袋”，销售单位设置为“千克”。具体设置过程如下：

（1）选择【库存】—【物料主数据】，打开“物料主数据”窗口，在“物料编号”中输入 20000003，（也可以简写为“2 * 3”）点击左下角的【查找】，系统跳出“20000003—榕江白砂糖 50kg”的物料信息，可以看到计量单位组显示为“手动”，点击下三角清单中选择“袋”，弹出系统提示“更改计量单位组将会移除物料的所有相关销售计量单位、采购计量单位、包装类型和计量单位价格。是否继续？”点击【是】进行确认。如图 2 - 69 所示。

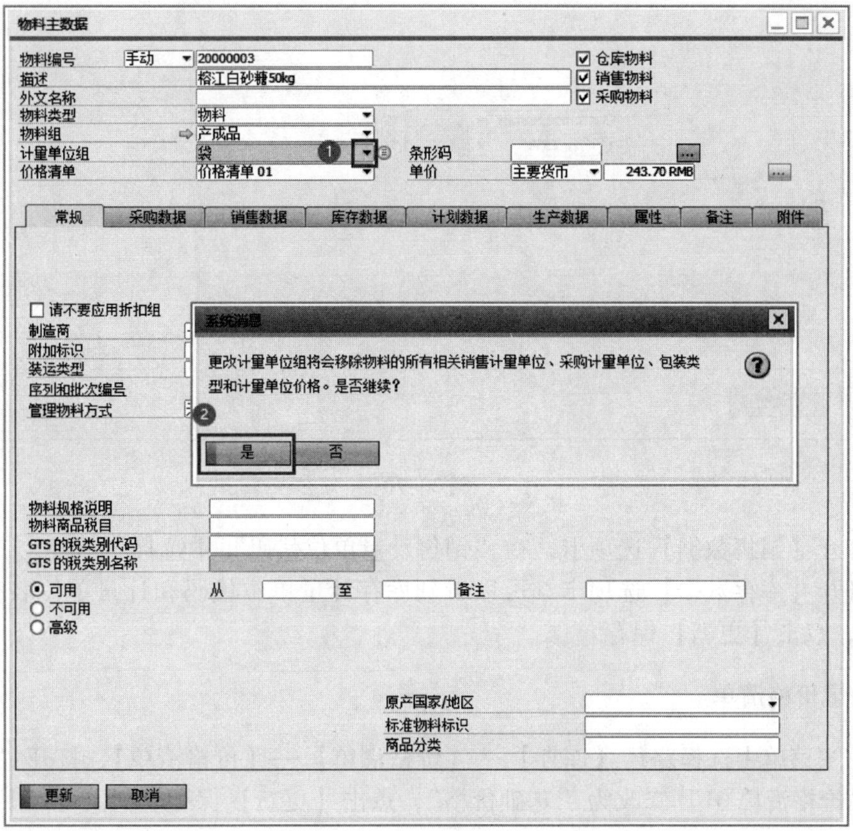


图 2 - 69

（2）系统消息确认后，在物料主数据中的“价格清单”后的定价单位系统自动调整，打开“采购数据”，在“采购计量单位代码”中选择“袋”，如图 2－70 所示，并点击【更新】。

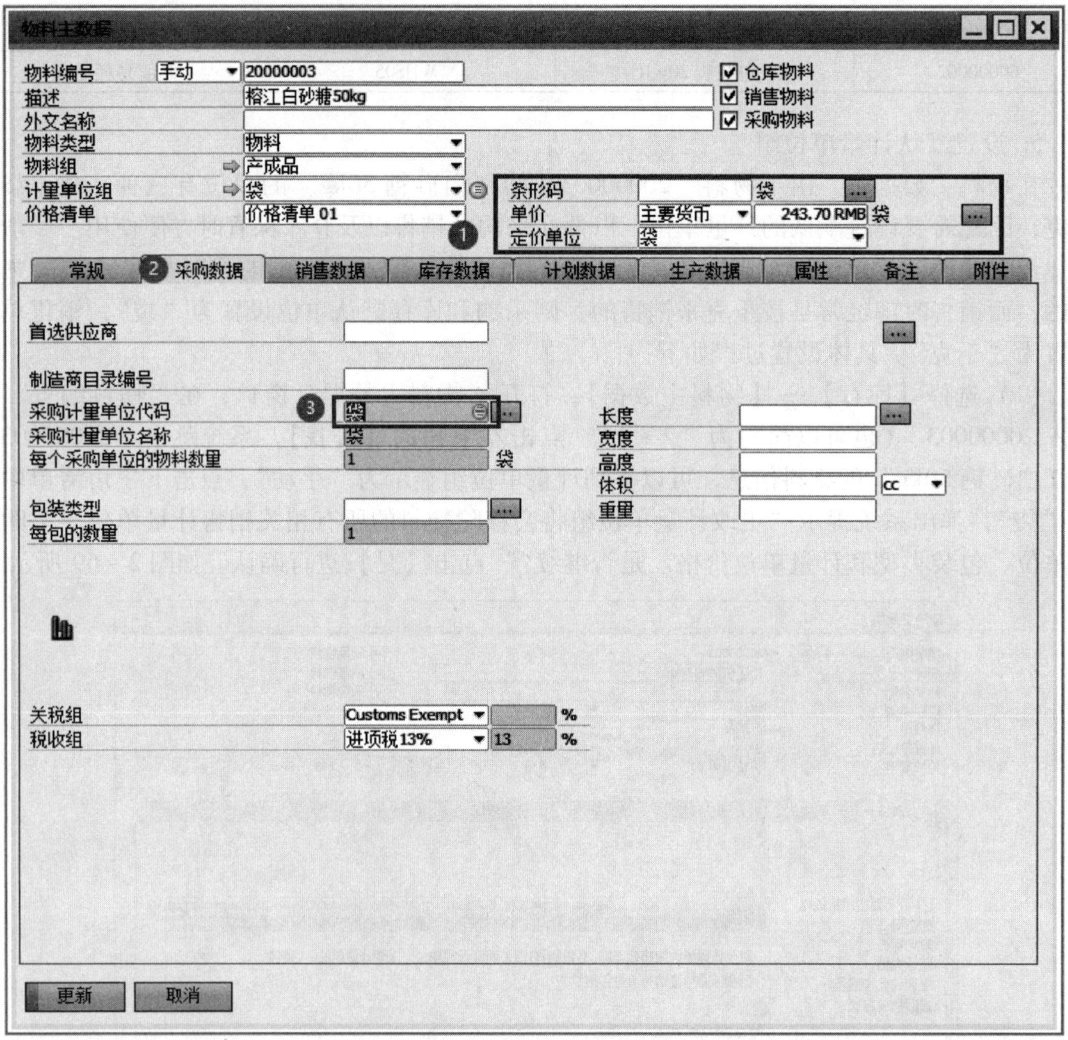


图 2－70

（3）打开【销售数据】选项卡，在“销售计量单位代码”中选择“千克”。

（4）打开【库存数据】选项卡，可以看到库存计量单位代码和计量单位名称已自动设置为“袋”，点击【更新】保存。

## 三、设置价格清单

（1）在主菜单中选择路径【库存】—【价格清单】—【价格清单】，打开“价格清单”界面，将“价格清单 01”修改为“基础价格”，点击【更新】保存。如图 2－71 所示。

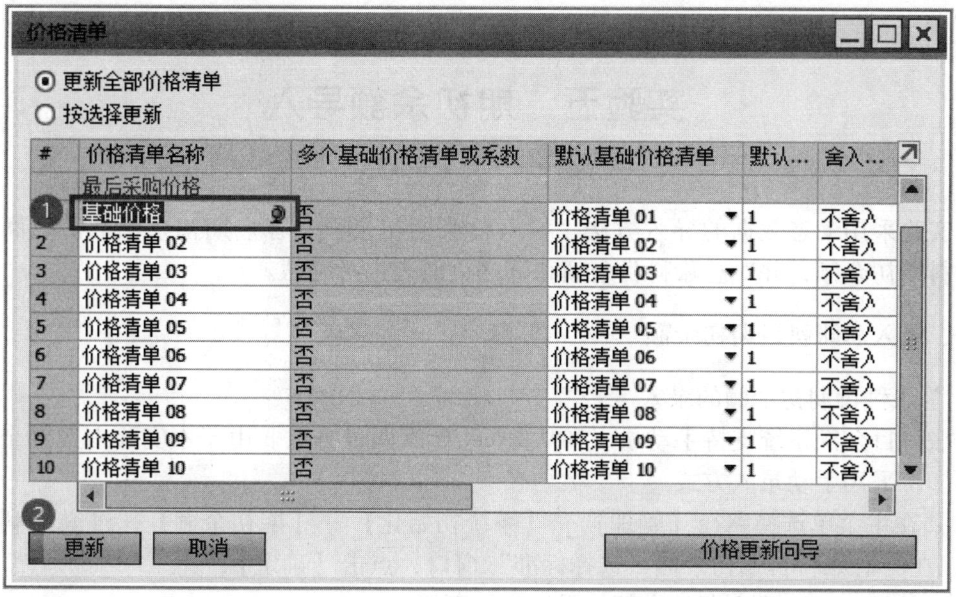


图 2－71

（2）双击“基础价格”前面的数字 1，打开基础价格清单。如图 2－72 所示。

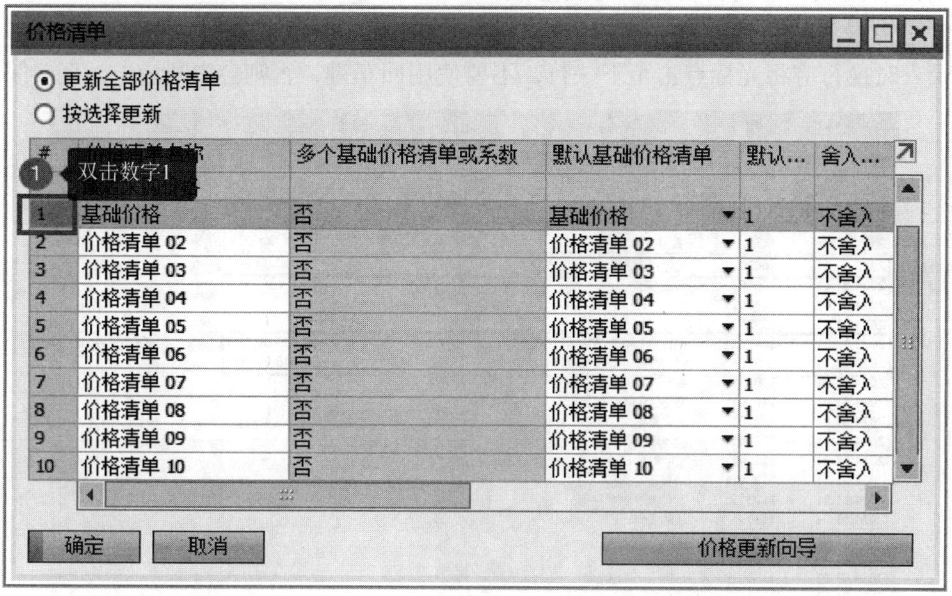


图 2－72

（3）将价格模式修改为“含税”模式，点击【更新】保存。

（4）点击【确定】返回价格清单界面，再次对价格清单的修改进行确认，点击【更新】保存。

# 实验五　期初余额导入

本实验采用动态数据的导入方法，导入总账期初余额、客户期初余额、供应商期初余额、物料期初余额，并对总账科目余额和资产负债表进行确认。

## 一、录入总账科目期初余额

1. 总账科目期初余额的录入

总账科目余额系统支持手动录入和从 Excel 导入两种方式。由于本实验中案例企业期初余额不多，采用手动录入方式。

（1）在主菜单选择路径【管理】—【系统初始化】—【期初余额】—【总账科目期初余额】，在“总账科目期初余额—选择标准”窗口，点击【确定】。

（2）按图 2－73 录入期初余额，需注意如下要点：

①每一个有数据的科目，“到期日期”均要改为 2023 年 12 月 31 日，简单录入“231231”，系统便可以识别。没有金额的科目不用修改日期。

②期初余额在贷方的科目，录入负金额。

③为避免录入的金额出错，建议录入数据从余额表中复制粘贴。

④录入时换行应将光标点击至下一行，不要使用回车键，否则会中断录入，直接保存退出。

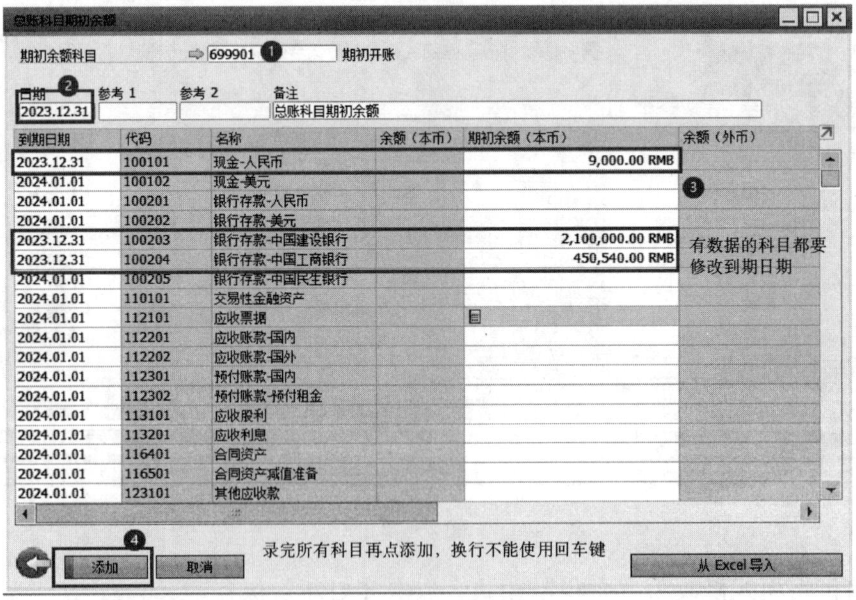


图 2－73

⑤录入完成后，双击“期初余额（本币）”列的顶部，系统会将已录入的金额按数字大小进行排序，方便核对科目余额。确认无误后单击【添加】保存，即可关闭“总账科目期初余额”窗口。

各科目期初余额如表 2－3 所示。

**表 2－3**　　**各科目期初余额**

| 科目名称 | 期初余额（本币） | 科目名称 | 期初余额（本币） |
|---|---|---|---|
| 现金—人民币 | 9000.00 | 累计摊销—土地使用权 | －200000.00 |
| 银行存款—中国建设银行 | 2100000.00 | 短期借款 | －1200000.00 |
| 银行存款—中国工商银行 | 450540.00 | 应付职工薪酬—工资及绩效 | －205500.00 |
| 固定资产—房屋和建筑物 | 13800000.00 | 应付职工薪酬—社会保险 | －65965.50 |
| 固定资产—机器设备 | 15660000.00 | 应付职工薪酬—住房公积金 | －20550.00 |
| 固定资产—运输设备 | 840000.00 | 应交税费—应交增值税—转出未交增值税 | －352500.00 |
| 固定资产—办公设备 | 56700.00 | 长期借款—本金 | －2000000.00 |
| 累计折旧—房屋和建筑物 | －1565916.67 | 股本 | －10000000.00 |
| 累计折旧—机器设备 | －5330924.98 | 资本公积—股本溢价 | －20000000.00 |
| 累计折旧—运输设备 | －266000.00 | 盈余公积—法定盈余公积 | －250000.00 |
| 累计折旧—办公设备 | －40635.00 | 盈余公积—任意盈余公积 | －20000.00 |
| 无形资产—土地使用权 | 3000000.00 | 利润分配—未分配利润 | －696367.85 |

2. 核对录入数据及更正差错

（1）完成录入后，再次打开“总账科目期初余额”窗口，会发现日期变成了“2024.01.01”，前面在“期初余额（本币）中录入的金额，此时改为显示在“余额（本币）”列中。双击“余额（本币）”列的顶部，再次核对科目余额后，点击【取消】，即可以关闭窗口。如图 2－74 所示。

| 到期日期 | 代码 | 名称 | 余额（本币） | 期初余额（本币） |
|---|---|---|---|---|
| 2024.01.01 | 160102 | 固定资产-机器设备 | 15,660,000.00 RMB | |
| 2024.01.01 | 160101 | 固定资产-房屋和建筑物 | 13,800,000.00 RMB | |
| 2024.01.01 | 170101 | 无形资产-土地使用权 | 3,000,000.00 RMB | |
| 2024.01.01 | 100203 | 银行存款-中国建设银行 | 2,100,000.00 RMB | |
| 2024.01.01 | 160103 | 固定资产-运输设备 | 840,000.00 RMB | |
| 2024.01.01 | 100204 | 银行存款-中国工商银行 | 450,540.00 RMB | |
| 2024.01.01 | 160104 | 固定资产-办公设备 | 56,700.00 RMB | |
| 2024.01.01 | 100101 | 现金-人民币 | 9,000.00 RMB | |
| 2024.01.01 | 410102 | 盈余公积-任意盈余公积 | -20,000.00 RMB | |
| 2024.01.01 | 221103 | 应付职工薪酬-住房公积金 | -20,550.00 RMB | |
| 2024.01.01 | 160204 | 累计折旧-办公设备 | -40,635.00 RMB | |
| 2024.01.01 | 221102 | 应付职工薪酬-社会保险 | -65,965.50 RMB | |
| 2024.01.01 | 170201 | 累计摊销-土地使用权 | -200,000.00 RMB | |
| 2024.01.01 | 221101 | 应付职工薪酬-工资及绩效 | -205,500.00 RMB | |
| 2024.01.01 | 410101 | 盈余公积-法定盈余公积 | -250,000.00 RMB | |
| 2024.01.01 | 160203 | 累计折旧-运输设备 | -266,000.00 RMB | |
| 2024.01.01 | 22210103 | 应交税费-应交增值税-转出未交增值税 | -352,500.00 RMB | |
| 2024.01.01 | 410415 | 利润分配-未分配利润 | -696,367.85 RMB | |
| 2024.01.01 | 200101 | 短期借款 | -1,200,000.00 RMB | |
| 2024.01.01 | 160201 | 累计折旧-房屋和建筑物 | -1,565,916.67 RMB | |
| 2024.01.01 | 250101 | 长期借款-本金 | -2,000,000.00 RMB | |
| 2024.01.01 | 160202 | 累计折旧-机器设备 | -5,330,924.98 RMB | |
| 2024.01.01 | 400101 | 股本 | -10,000,000.00 RMB | |
| 2024.01.01 | 400201 | 资本公积-股本溢价 | -20,000,000.00 RMB | |
| 2024.01.01 | 100102 | 现金-美元 | | |

**图 2－74**

（2）如发现总账科目期初余额录错需要更正，可以打开“总账科目期初余额”窗口，将顶部的“日期”改为 2023. 12. 31；找到录错科目，将“到期日期”改为 2023. 12. 31，在“期初余额（本币）”栏录入正确金额与错误金额的差额；点击【添加】，即可进行修正并退出。退出后，可再次打开“总账科目期初余额”窗口进行检查。

3. 查看日记账分录

（1）录入总账期初余额后，系统会自动生成多笔日记账分录。在主菜单选择路径【财务】—【日记账分录】，点击工具栏中的查找图标，切换到【查找】模式，在“过账日期”中输入 231231，点击【查找】，系统弹出“清单日记账分录”窗口，勾选“保持可视”，选中清单中的任何一行，点击【选择】，即可查看对应的日记账分录。如图 2 – 75 所示。

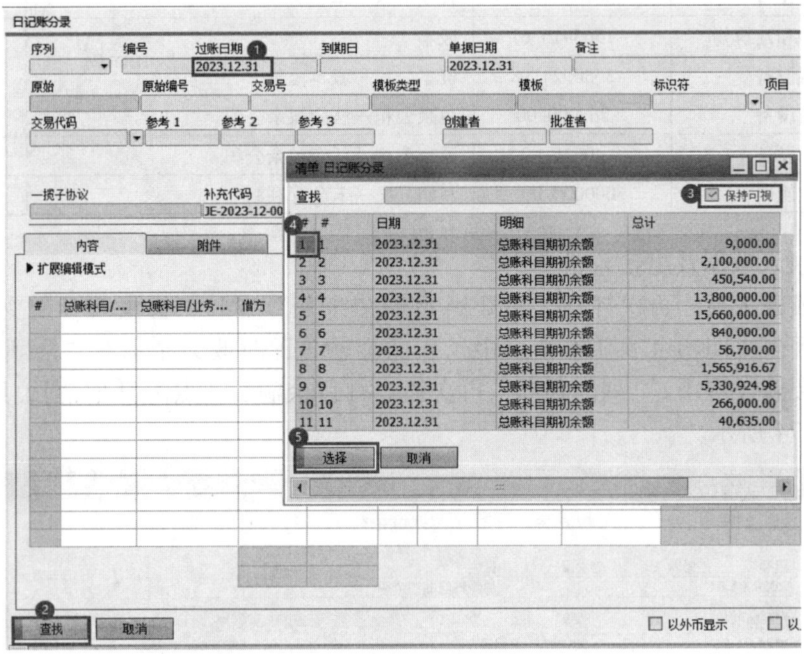


图 2 – 75

例如：光标点击在第一行的最左侧，点击【选择】，便可看到这笔 9000 元的日记账分录，如图 2 – 76 所示。

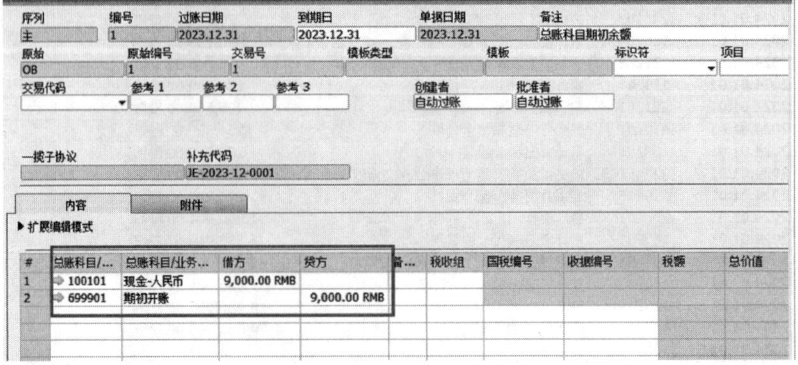


图 2 – 76

## SAP 小知识

### 期初余额录入产生的会计分录

录入或导入期初余额时，SAP 系统也会自动生成日记账分录。

余额在借方的科目，分录为：

借：×××科目（资产类科目）

　　贷：期初开账

余额在贷方的科目，分录为：

借：期初开账

　　贷：×××科目（负债及所有者权益类科目）

（2）系统也支持通过报表查询系统生成的日记账分录。在主菜单窗口选择路径【财务】—【财务报表】—【会计】—【交易日记账报表】，打开“交易日记账报表—选择标准”窗口，在“原始日记账”中选择“期初余额”，“过账日期从”和“至”中均录入 231231，点击【确定】后，查询结果如图 2－77 所示。

交易日记账报表

原始日记账　期初余额　开始日期　2023.12.31　日期到　2023.12.31

货币　本币　从交易　到交易

| 日期 | 序列 | 编号 | 类型 | 交... | 创建者 | 总账科目/... | 总账科目/业务... | 借方 | 贷方 |
|---|---|---|---|---|---|---|---|---|---|
| | | | | | | 699901 | 期初开账 | | 15,660,000.00 RMB |
| 2023.12.31 | 主 | 2 | OB | 2 | 2142100209 | | | | |
| | | | | | | 160101 | 固定资产-房屋和 | 13,800,000.00 R | |
| | | | | | | 699901 | 期初开账 | | 13,800,000.00 RMB |
| 2023.12.31 | 主 | 3 | OB | 3 | 2142100209 | | | | |
| | | | | | | 170101 | 无形资产-土地使 | 3,000,000.00 RM | |
| | | | | | | 699901 | 期初开账 | | 3,000,000.00 RMB |
| 2023.12.31 | 主 | 4 | OB | 4 | 2142100209 | | | | |
| | | | | | | 100203 | 银行存款-中国建 | 2,100,000.00 RM | |
| | | | | | | 699901 | 期初开账 | | 2,100,000.00 RMB |
| 2023.12.31 | 主 | 5 | OB | 5 | 2142100209 | | | | |
| | | | | | | 160103 | 固定资产-运输设 | 840,000.00 RMB | |
| | | | | | | 699901 | 期初开账 | | 840,000.00 RMB |
| 2023.12.31 | 主 | 6 | OB | 6 | 2142100209 | | | | |
| | | | | | | 100204 | 银行存款-中国工 | 450,540.00 RMB | |
| | | | | | | 699901 | 期初开账 | | 450,540.00 RMB |
| 2023.12.31 | 主 | 7 | OB | 7 | 2142100209 | | | | |
| | | | | | | 160104 | 固定资产-办公设 | 56,700.00 RMB | |
| | | | | | | 699901 | 期初开账 | | 56,700.00 RMB |
| 2023.12.31 | 主 | 8 | OB | 8 | 2142100209 | | | | |
| | | | | | | 100101 | 现金-人民币 | 9,000.00 RMB | |
| | | | | | | 699901 | 期初开账 | | 9,000.00 RMB |
| 2023.12.31 | 主 | 9 | OB | 9 | 2142100209 | | | | |
| | | | | | | 410102 | 盈余公积-任意盈 | | 20,000.00 RMB |
| | | | | | | 699901 | 期初开账 | 20,000.00 RMB | |
| 2023.12.31 | 主 | 10 | OB | 10 | 2142100209 | | | | |
| | | | | | | 221103 | 应付职工薪酬-住 | | 20,550.00 RMB |
| | | | | | | 699901 | 期初开账 | 20,550.00 RMB | |
| | | | | | | | | 78,130,600.00 R | 78,130,600.00 RMB |

确定　序列

图 2－77

## 二、导入业务伙伴期初余额

对于客户的应收账款和供应商的应付账款科目期初余额，在基础数据量少时，可以直接手工录入，录入时如果科目余额在贷方，则录入负数，也可以将数据从 Excel 表格直接导入系统。下面实验采用导入方式。

1. 业务伙伴期初余额导入

在主菜单选择路径【管理】—【系统初始化】—【期初余额】—【业务伙伴期初余额】:

（1）在“业务伙伴期初余额—选择标准”窗口直接点击【确定】。

（2）在“业务伙伴期初余额”窗口，更改“日期”为 2023. 12. 31，点击【从 Excel 导入】。如图 2－78 所示。

**图 2－78**

（3）在“从 Excel 导入”窗口中，要导入的数据类型为：业务伙伴的期初余额，按图 2－79 顺序选择“对象中的字段”，并在要导入的文件中选择导入的文件。单击【导入】，即可完成导入。

注意：系统的提示“仅支持一种导入方法：添加新记录而不更新现有记录”，这说明如果不小心多次点击【导入】，导入的记录会出现重复，不会覆盖原有的记录。因此在操作时务必小心，不可重复导入。

（4）等待导入完成后，业务伙伴的期初余额数据填充到“期初余额（本币）”列中，双击“期初余额（本币）”列的顶部，可对该列数据进行排序，如图 2－80 所示，确认导入数据无误后，点击【添加】，系统将自动关闭当前窗口。

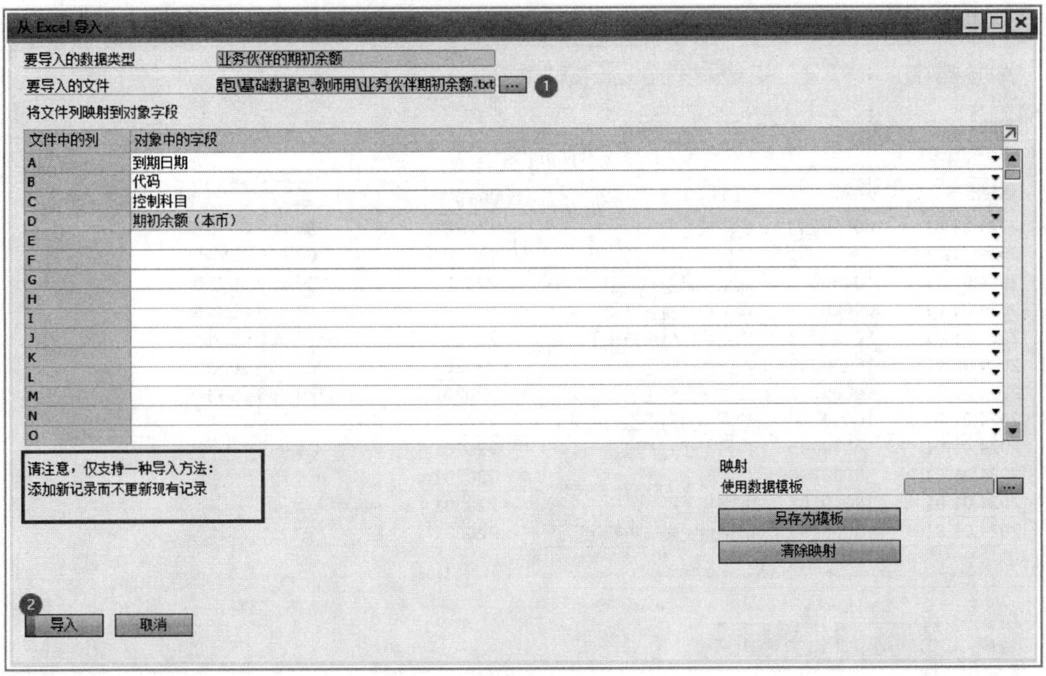


图 2－79

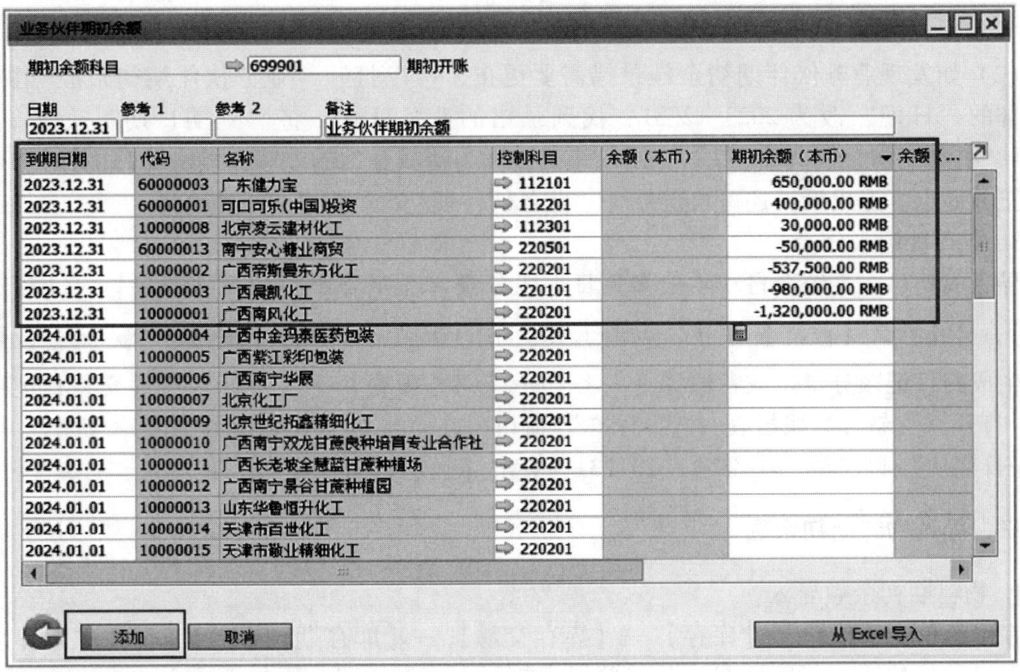


图 2－80

2. 核对导入数据及更正差错

(1) 再次打开“业务伙伴期初余额”窗口，可以发现导入的业务伙伴的期初余额已出现在“余额（本币）”列中，点击【取消】关闭当前窗口。如图 2－81 所示。

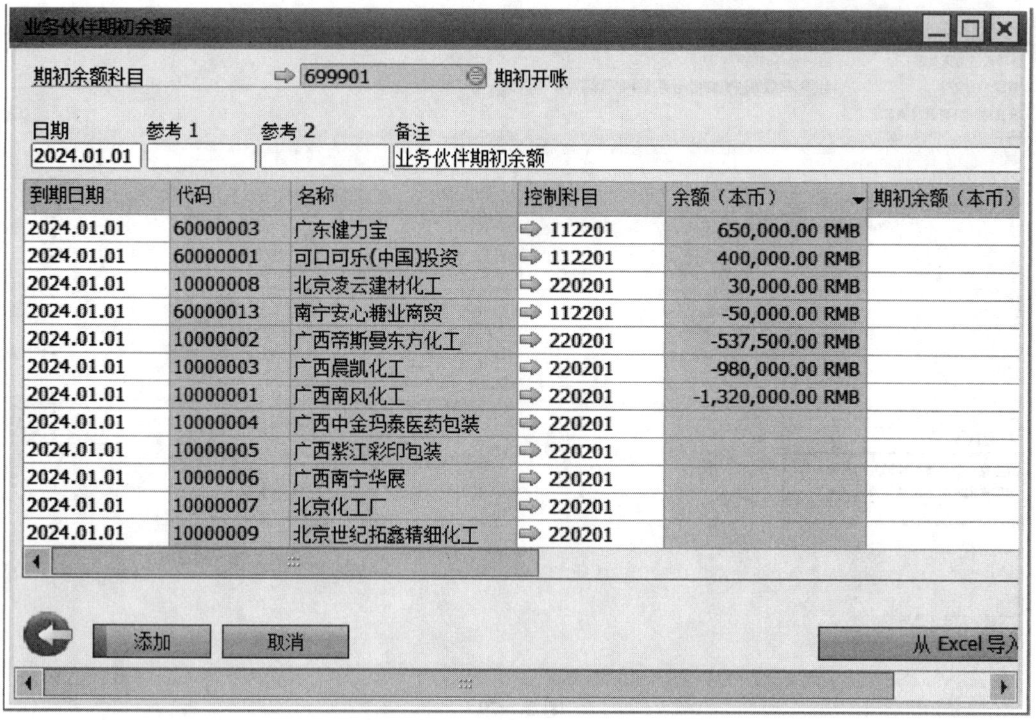


图 2－81

（2）如发现业务伙伴期初余额录错需要更正，可以打开“业务伙伴期初余额”窗口，将顶部的“日期”改为 2023.12.31；找到录错的业务伙伴，将“到期日期”改为 2023.12.31，在“期初余额（本币）”栏录入正确金额与错误金额的差额，点击【添加】，即可进行修正并退出。退出后，还可再次打开“业务伙伴期初余额”窗口进行检查。

3. 查看日记账分录

导入成功后，系统会自动生成多笔日记账分录。在主菜单中打开【财务】—【日记账分录】，打开默认【添加】模式，点击工具栏中的查找记录图标 ，查看系统生成的日记账分录。或者选择【财务】—【财务报表】—【会计】—【交易日记账报表】，打开“交易日记账报表—选择标准”窗口，在“原始日记账”中选择“期初余额”，“过账日期从”和“至”中都输入 231231，点击【确定】后，查询结果。

## 三、导入物料期初余额

1. 物料期初余额导入

在主菜单中选择路径【库存】—【库存交易】—【库存期初余额】，打开“库存期初余额”窗口，修改“过账日期”和“单据日期”为 2023 年 12 月 31 日，单击右下角的【添加物料—导入物料】，如图 2－82 所示。

打开“从 Excel 导入”窗口，按图 2－83 设置对象中的字段，在要导入的文件中选择正确的导入文件，点击【导入】。

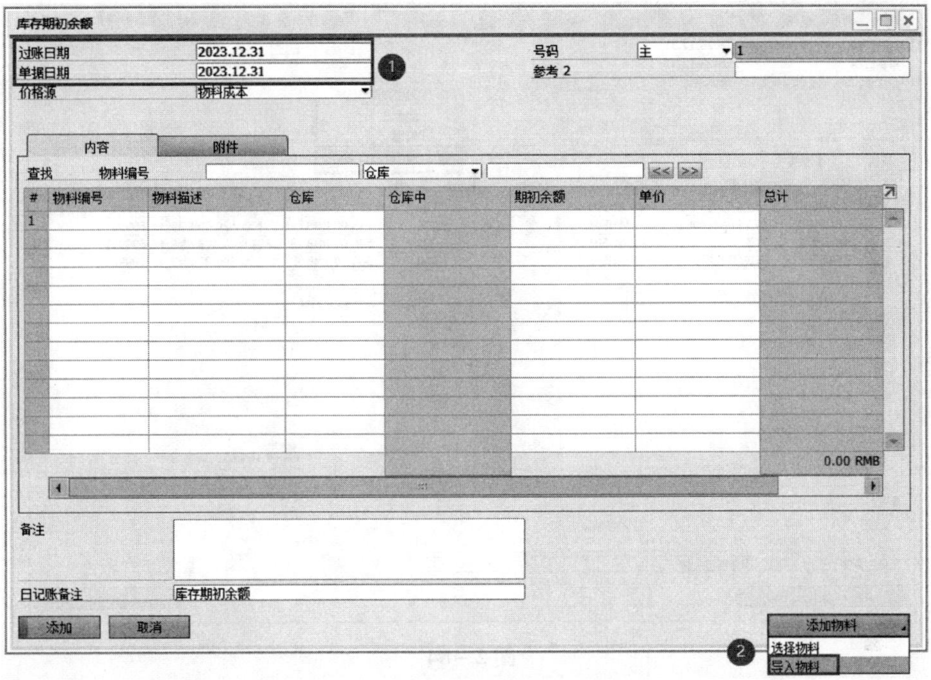


图 2－82

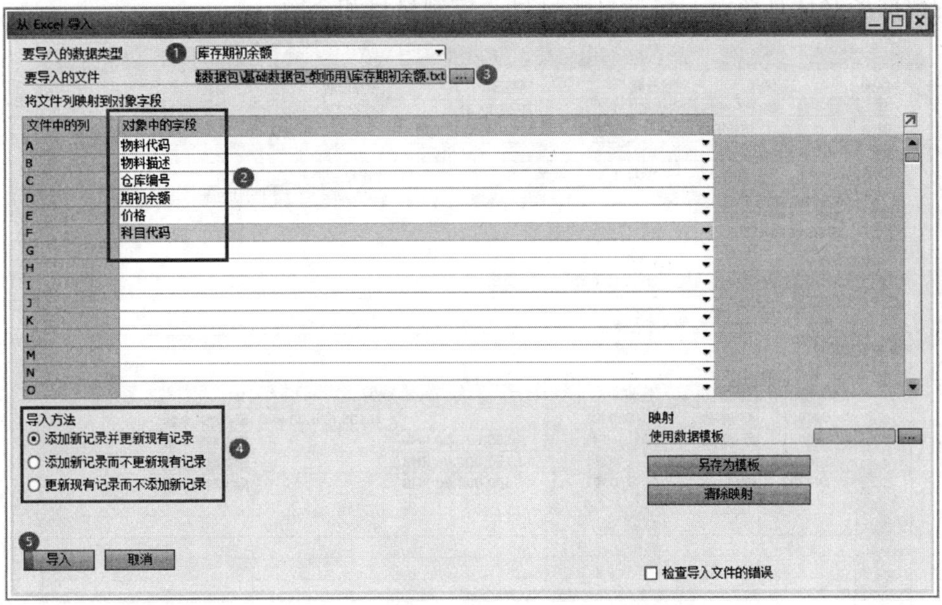


图 2－83

导入完成后，所有的物料信息自动填充到“库存期初余额”窗口中。

在实际业务中，导入的库存期初余额合计应与上年资产负债表中“存货”一栏的金额进行核对，确保数据的一致性。

为保证财务记账正确，在点击【添加】之前先预览日记账分录，在单据的空白位置右击打开清单，选择“日记账分录预览”，如图 2－84 所示。

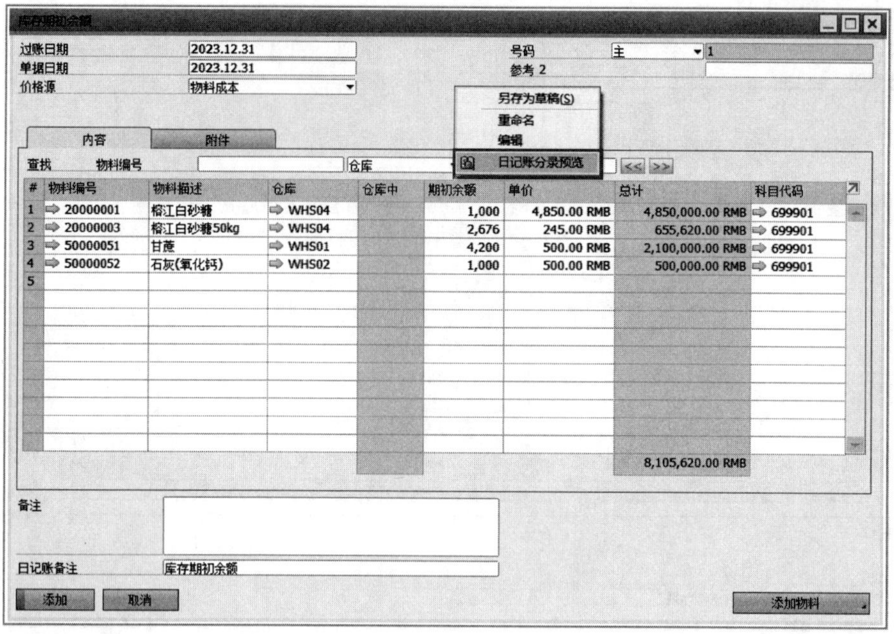


图 2－84

打开“日记账分录预览”窗口，查看将要生成的日记账分录，如图 2－85 所示。日记账分录的数据务必认真核对，包括总账科目、控制科目和金额。

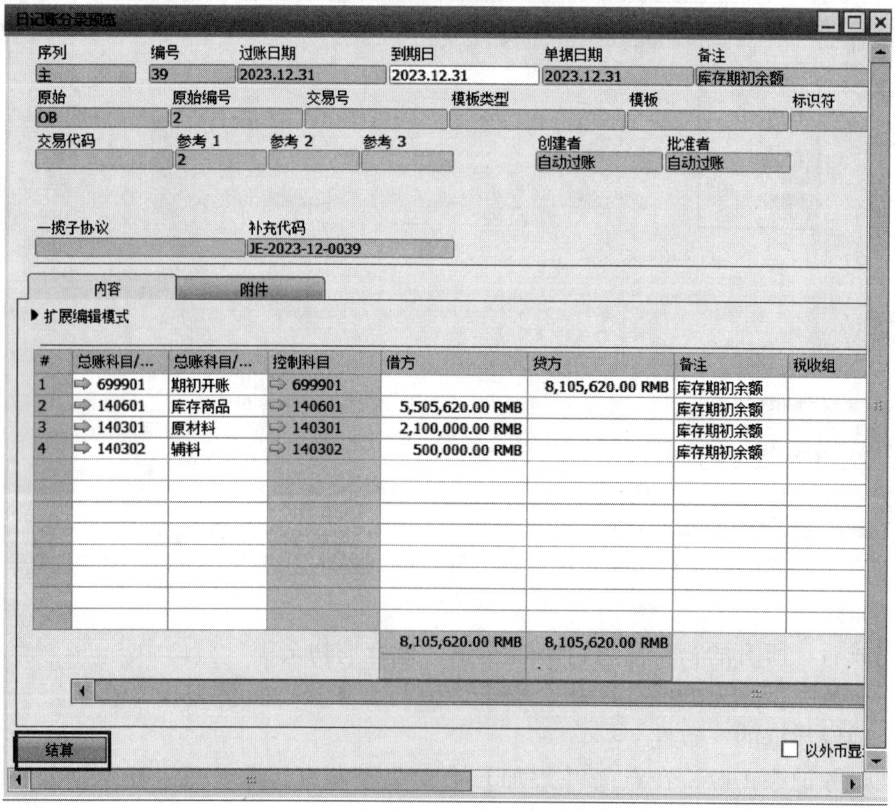


图 2－85

如发现科目或数据有误，应先关闭日记账分录预览窗口，查找如下两个方面的设置是否正确：

（1）总账科目确定设置是否正确。选择路径【管理】—【设置】—【财务】—【总账科目确定】—【总账科目确定】，核对每个选项卡的科目设置是否正确。详见实验二。

（2）物料组会计科目设置是否正确。选择路径【管理】—【设置】—【库存】—【物料组】—【会计】选项卡。点击工具栏上的绿色翻页箭头，查看每个物料组的科目设置是否正确。详见实验三。

修改后，再次打开日记账分录预览窗口，核对无误后，点击【结算】关闭日记账分录预览窗口。

关闭日记账分录预览窗口后，返回到“库存期初余额”窗口，点击【添加】保存单据，系统自动关闭退出。注意：【添加】一旦点击，库存期初余额就会生成日记账凭证，此凭证不能删除，也不能导入负数冲减，如出错无法进行修改，因此【添加】务必在检查好日记账分录预览后再点击。

2. 查看日记账分录

在主菜单选择路径【库存】—【库存交易】—【库存期初余额】，点击工具栏中的“最后一个数据记录” ➡▌，打开保存的库存期初余额单据，点击日记账备注后的箭头，打开“日记账分录”查看记账凭证，如图 2－86 所示。

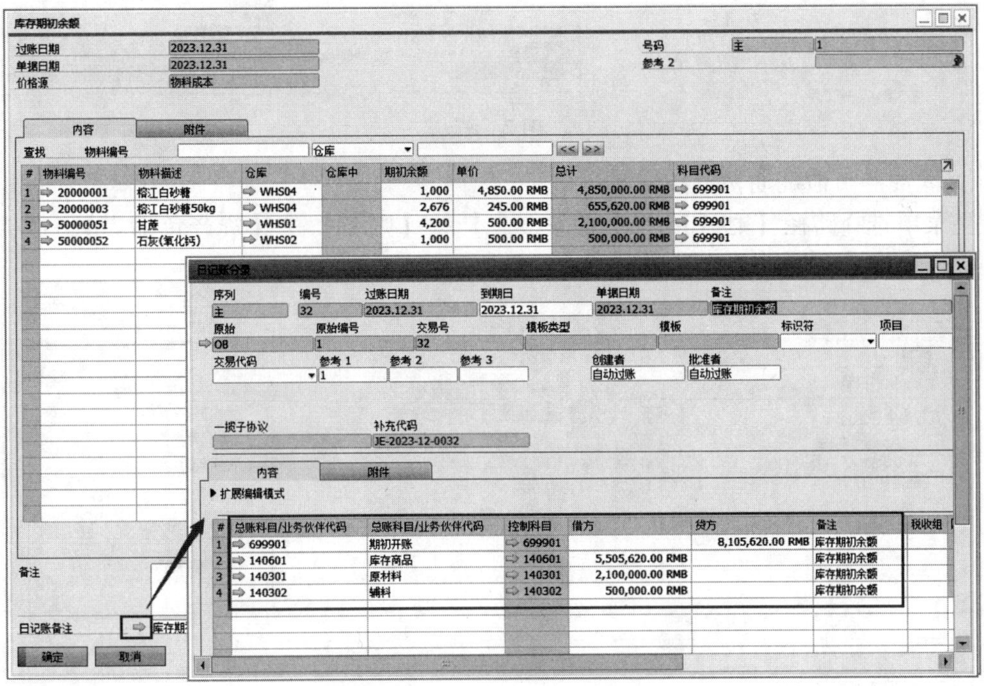


**图 2－86**

## 四、资产负债表确认

所有数据导入后，可以通过资产负债表，核对期初数据的准确性。

1. 核对财务报表模板

在查询之前，首先要检查【财务】—【财务报表模板】，在主菜单中，选择【财务】—【财务报表模板】，打开财务报表模板窗口，在模板明细中，报表选择“资产负债表”，模板选择“正式模板”，在右侧窗口中显示模板中的详细信息，选中“库存现金”行，双击打开【科目类别 - 明细】窗口，如图 2 - 87 所示。如果在总账科目列和科目名称列中显示对应的总账科目，则说明模板正确，否则，报表无法按照要求格式显示。

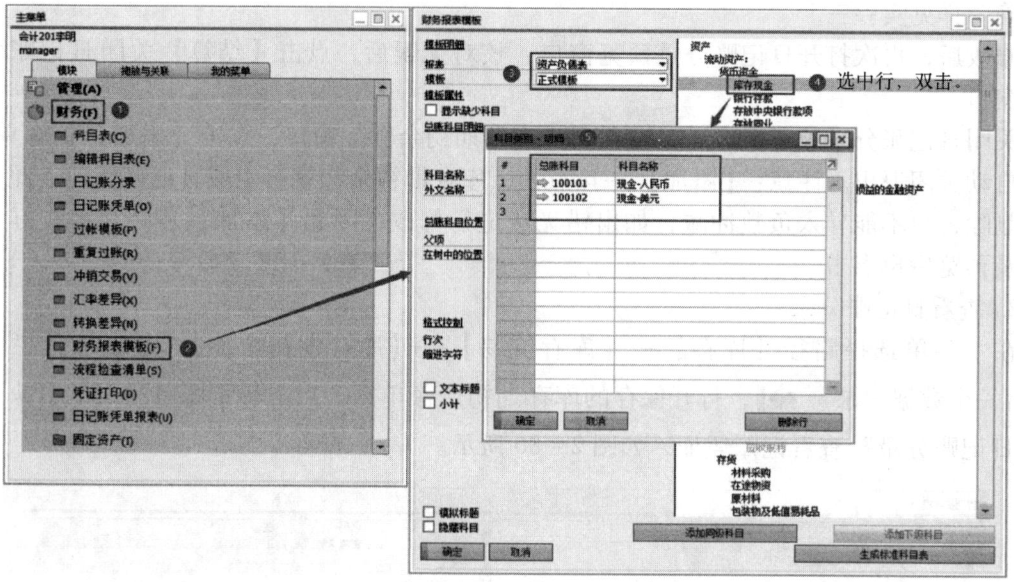


图 2 - 87

2. 查询资产负债表期初余额

在主菜单选择路径【财务】—【财务报表】—【财务】—【资产负债表】，在“资产负债表—选择标准”窗口中，按图 2 - 88 步骤进行操作。

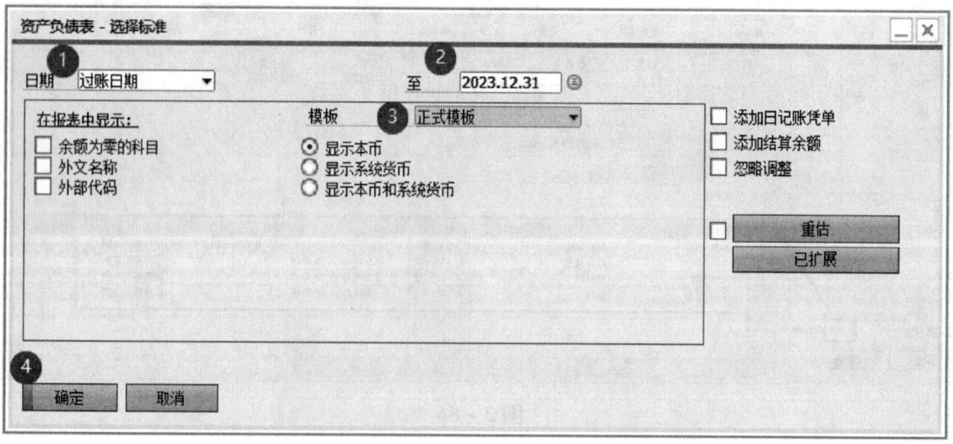


图 2 - 88

打开资产负债表后，为方便期初数据核对，可先将等级调整为 1，如图 2 - 89 所示，查看资产是否等于负债和所有者权益的合计数，如不相等，说明数据的录入或导入过程中可能存在问题，可以进一步查看。

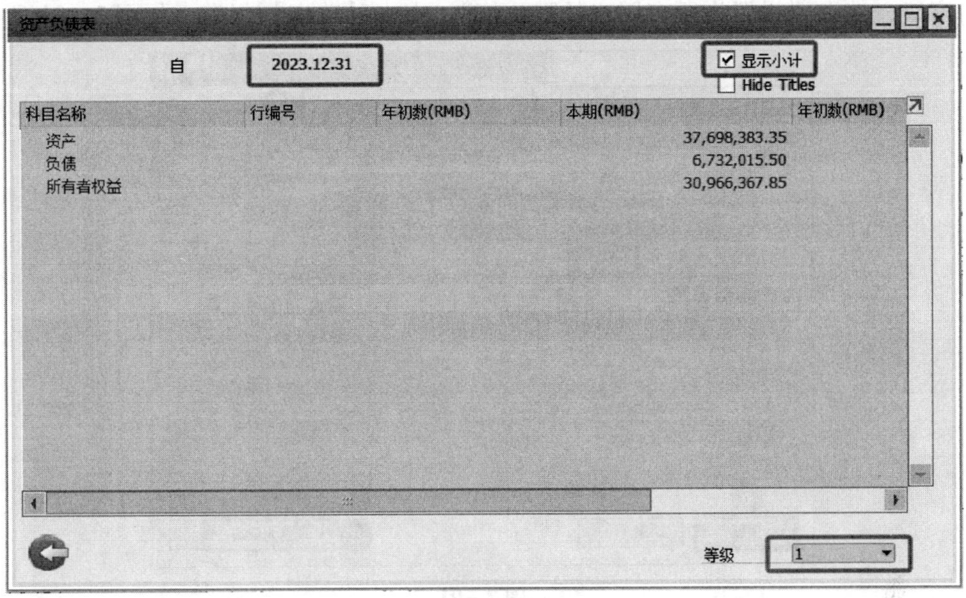


图 2－89

3. 调整打印格式

为方便查阅和打印，需要对资产负债表的打印模板进行设置。保持当前窗口是资产负债表，点击工具栏中的“布局设计器”（形状为一支笔），打开“系统消息”窗口，选择“资产负债表”，点击【确定】。如图 2－90 所示。

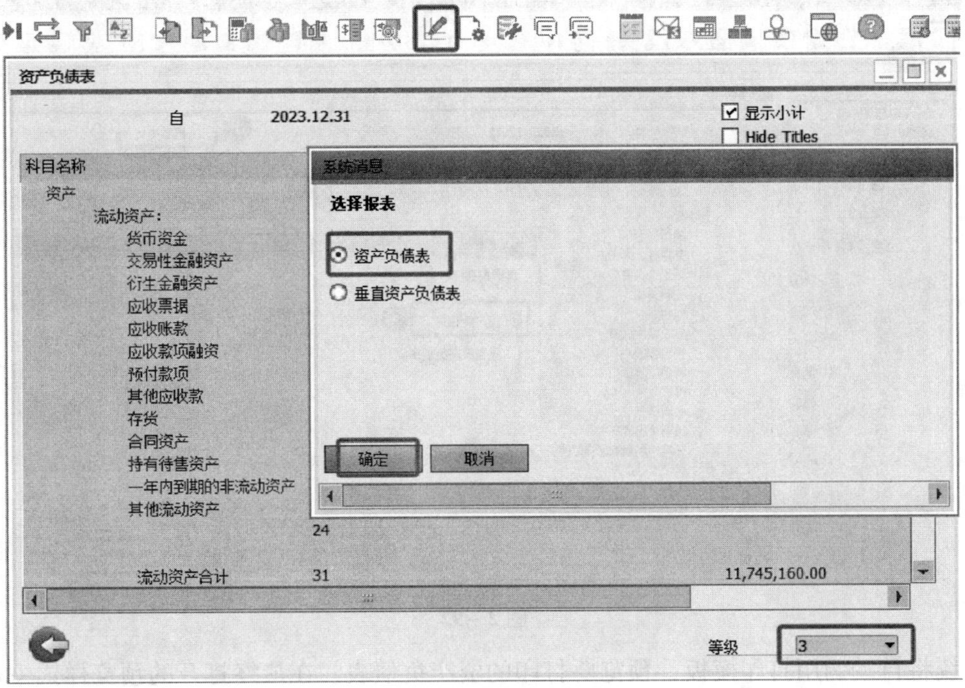


图 2－90

在打开的“布局和顺序”窗口中，选中第二行，点击【设置为缺省】，系统打开“默认布局”窗口，选中“设置为所有用户的默认值”，点击【确定】保存。如图2-91所示。

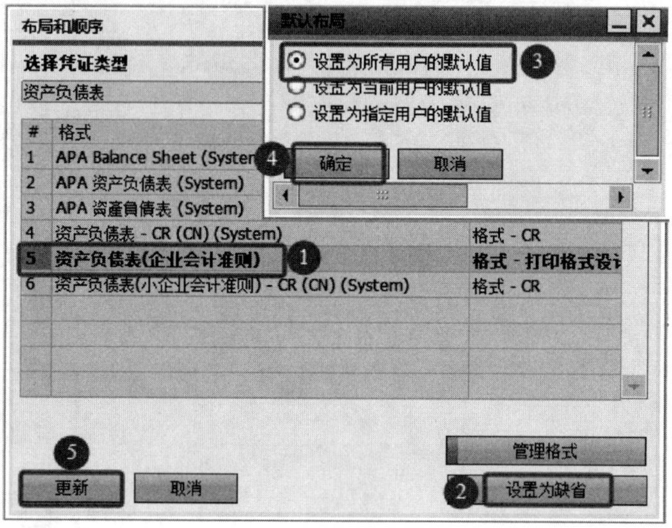


图2-91

4. 核对资产负债表

将资产负债表中的等级调整为3，取消勾选“显示小计”，点击工具栏中的“预览”图标，打开“系统消息”窗口，选中报表中默认选中“资产负债表”，点击【确定】，如图2-92所示。

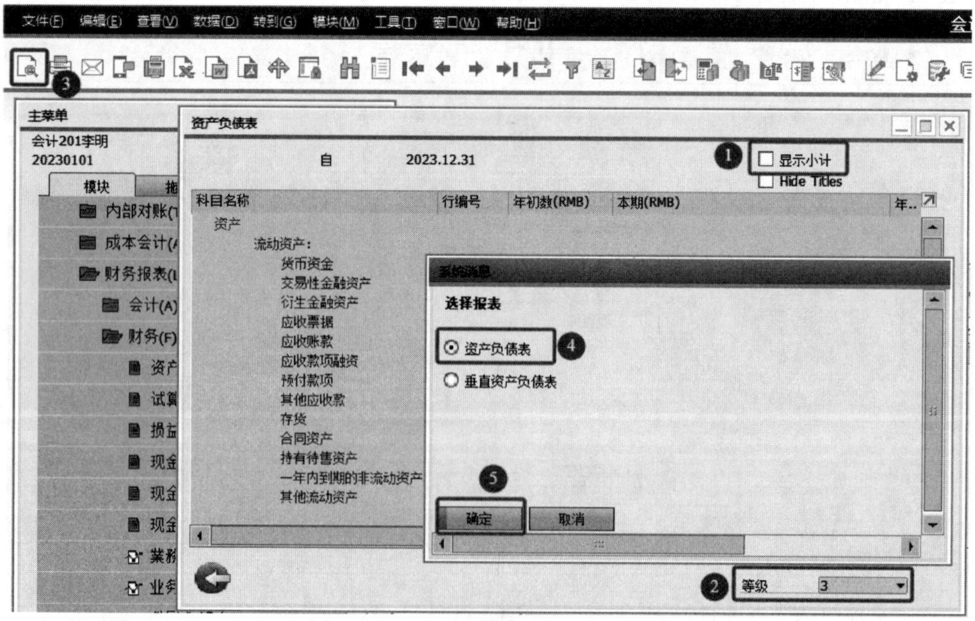


图2-92

系统将自动调用打印模板，预览要打印的资产负债表。在最终打开的预览样式中核对数据，查看资产总额、负债和所有者权益的金额。如发现资产不等于负债与所有者权益之和，将表中数据与图 2－93 进行比对，查看哪些项目存在问题，返回本实验的 1、2、3 步查找原因。

资产负债表(企业会计准则)

Page 1 of 1

**资产负债表**

会企01表

编制单位：　会计201李明　　　　2023 年 12 月 31 日　　　　单位：元

| 资产 | 期末余额 | 年初余额 | 负债和股东权益 | 期末余额 | 年初余额 |
|---|---|---|---|---|---|
| 流动资产： | | | 流动负债： | | |
| 货币资金 | 2,559,540.00 | | 短期借款 | 1,200,000.00 | |
| 交易性金融资产 | | | 交易性金融负债 | | |
| 衍生金融资产 | | | 衍生金融负债 | | |
| 应收票据 | 650,000.00 | | 应付票据 | 980,000.00 | |
| 应收账款 | 400,000.00 | | 应付账款 | 1,857,500.00 | |
| 应收款项融资 | | | 预收款项 | 50,000.00 | |
| 预付款项 | 30,000.00 | | 合同负债 | | |
| 其他应收款 | | | 应付职工薪酬 | 292,015.50 | |
| 存货 | 8,105,620.00 | | 应交税费 | 352,500.00 | |
| 合同资产 | | | 其他应付款 | | |
| 持有待售资产 | | | 持有待售负债 | | |
| 一年内到期的非流动资产 | | | 一年内到期的非流动负债 | | |
| 其他流动资产 | | | 其他流动负债 | | |
| 流动资产合计 | 11,745,160.00 | | 流动负债合计 | 4,732,015.50 | |
| | | | | | |
| 非流动资产： | | | 非流动负债： | | |
| 债权投资 | | | 长期借款 | 2,000,000.00 | |
| 其他债权投资 | | | 应付债券 | | |
| 长期应收款 | | | 租赁负债 | | |
| 长期股权投资 | | | 长期应付款 | | |
| 其他权益工具投资 | | | 预计负债 | | |
| 其他非流动金融资产 | | | 递延收益 | | |
| 投资性房地产 | | | 递延所得税负债 | | |
| 固定资产 | 23,153,223.35 | | 其他非流动负债 | | |
| 在建工程 | | | 非流动负债合计 | 2,000,000.00 | |
| 生产性生物资产 | | | 负债总计 | 6,732,015.50 | |
| 油气资产 | | | | | |
| 使用权资产 | | | 股东权益： | | |
| 无形资产 | 2,800,000.00 | | 股本 | 10,000,000.00 | |
| 开发支出 | | | 其他权益工具 | | |
| 商誉 | | | 资本公积 | 20,000,000.00 | |
| 长期待摊费用 | | | 减:库存股 | | |
| 递延所得税资产 | | | 其他综合收益 | | |
| 其他非流动资产 | | | 专项储备 | | |
| 非流动资产合计 | 25,953,223.35 | | 盈余公积 | 270,000.00 | |
| | | | 未分配利润 | 696,367.85 | |
| | | | 股东权益合计 | 30,966,367.85 | |
| | | | | | |
| 资产总计 | 37,698,383.35 | | 负债和股东权益总计 | 37,698,383.35 | |
| | | | | | |
| | | | | | |

会计主管：　　主管会计工作负责人：　　会计机构负责人：　　填表人：

**图 2－93**

5. 核对期初开账科目余额

为确保期初资产类与权益类的科目金额平衡，除了查看资产负债表中资产与负债和所有者权益之和是否相等外，还需要查看“699901—期初开账”科目余额是否为零，如果该科目余额不为零，则说明期初数据有问题，需要重新核对。

选择路径【财务】—【科目表】，打开“科目表”窗口，点击右侧的【损益类】抽屉，找到科目“699901—期初开账”，查看左侧的科目明细，其中余额中金额为 0，如图 2－94

所示。

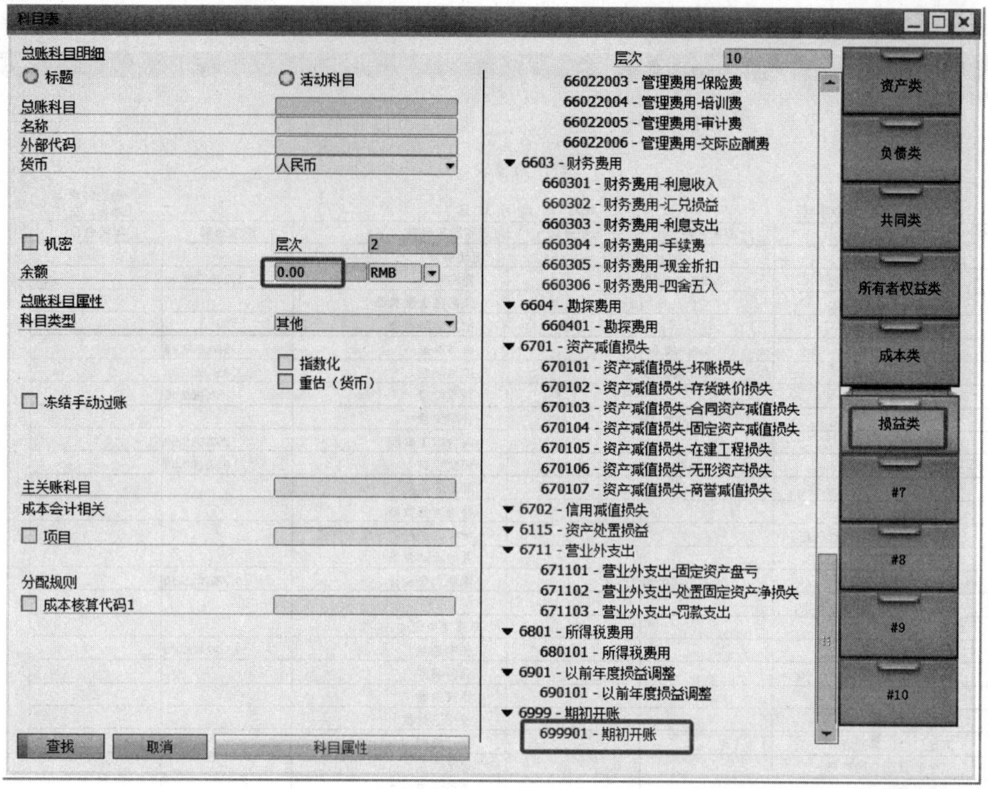


图 2－94

## 五、查看交易日记账报表

每一个期初余额数据录入或导入 SAP 系统，均会自动生成会计分录，可以使用交易日记账报表查询本章全部交易生成的会计分录。选择路径【财务】—【财务报表】—【会计】—【交易日记账报表】。按图 2－95 录入后，点击【确定】。

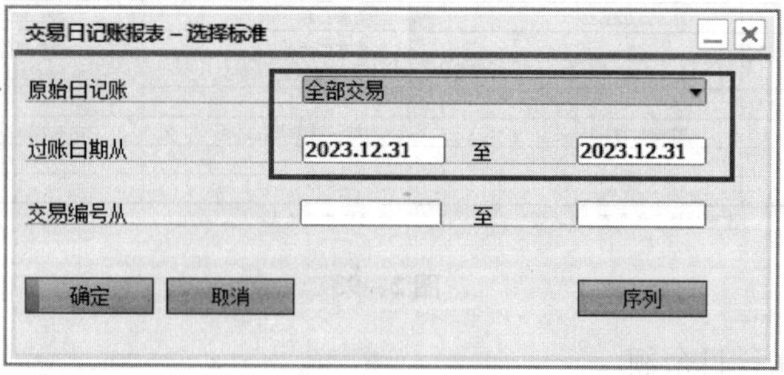


图 2－95

期初余额导入后，生成的日记账可以在“交易日记账报表”窗口中查看。如果图 2－96 中的“控制科目”及“控制科目名称”列不显示，则通过工具栏中的“表单设置”，打开“表单设置—交易日记账报表”窗口，将这两项勾选即可显示。如图 2－96 所示。

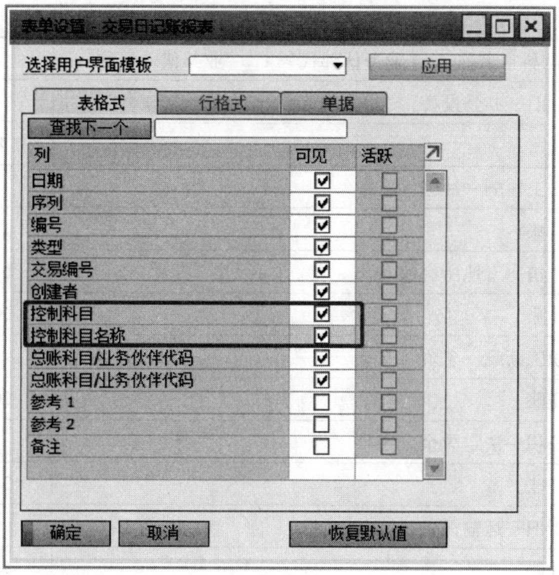


图 2－96

本章全部交易日记账如表 2－4 所示。

**表 2－4**　　　　　　　　　　　　**交易日记账明细**

| 交易编号 | 控制科目 | 控制科目名称 | 业务伙伴代码 | 业务伙伴名称 | 借方 | 贷方 |
|---|---|---|---|---|---|---|
| 1 | 160102 | 固定资产—机器设备 | | | 15660000.00 | |
| | 699901 | 期初开账 | | | | 15660000.00 |
| 2 | 160101 | 固定资产—房屋和建筑物 | | | 13800000.00 | |
| | 699901 | 期初开账 | | | | 13800000.00 |
| 3 | 170101 | 无形资产 | | | 3000000.00 | |
| | 699901 | 期初开账 | | | | 3000000.00 |
| 4 | 100203 | 银行存款—中国建设银行 | | | 2100000.00 | |
| | 699901 | 期初开账 | | | | 2100000.00 |
| 5 | 160103 | 固定资产—运输设备 | | | 840000.00 | |
| | 699901 | 期初开账 | | | | 840000.00 |
| 6 | 100204 | 银行存款—中国工商银行 | | | 450540.00 | |
| | 699901 | 期初开账 | | | | 450540.00 |
| 7 | 160104 | 固定资产—办公设备 | | | 56700.00 | |
| | 699901 | 期初开账 | | | | 56700.00 |
| 8 | 100101 | 现金—人民币 | | | 9000.00 | |
| | 699901 | 期初开账 | | | | 9000.00 |
| 9 | 410102 | 盈余公积—任意盈余公积 | | | | 20000.00 |
| | 699901 | 期初开账 | | | 20000.00 | |
| 10 | 221103 | 应付职工薪酬—住房公积金 | | | | 20550.00 |
| | 699901 | 期初开账 | | | 20550.00 | |

续表

| 交易编号 | 控制科目 | 控制科目名称 | 业务伙伴代码 | 业务伙伴名称 | 借方 | 贷方 |
|---|---|---|---|---|---|---|
| 11 | 160204 | 累计折旧—办公设备 | | | | 40635.00 |
| | 699901 | 期初开账 | | | 40635.00 | |
| 12 | 221102 | 应付职工薪酬—社会保险 | | | | 65965.50 |
| | 699901 | 期初开账 | | | 65965.50 | |
| 13 | 170201 | 累计摊销—土地所有权 | | | | 200000.00 |
| | 699901 | 期初开账 | | | 200000.00 | |
| 14 | 221101 | 应付职工薪酬—工资 | | | | 205500.00 |
| | 699901 | 期初开账 | | | 205500.00 | |
| 15 | 410101 | 盈余公积—法定盈余公积 | | | | 250000.00 |
| | 699901 | 期初开账 | | | 250000.00 | |
| 16 | 160203 | 累计折旧—运输设备 | | | | 266000.00 |
| | 699901 | 期初开账 | | | 266000.00 | |
| 17 | 22210103 | 应交税费—应交增值税—转出未交增值税 | | | | 352500.00 |
| | 699901 | 期初开账 | | | 352500.00 | |
| 18 | 410415 | 利润分配—未分配利润 | | | | 696367.85 |
| | 699901 | 期初开账 | | | 696367.85 | |
| 19 | 200101 | 短期借款 | | | | 1200000.00 |
| | 699901 | 期初开账 | | | 1200000.00 | |
| 20 | 160201 | 累计折旧—房屋和建筑物 | | | | 1565916.67 |
| | 699901 | 期初开账 | | | 1565916.67 | |
| 21 | 250101 | 长期借款—本金 | | | | 2000000.00 |
| | 699901 | 期初开账 | | | 2000000.00 | |
| 22 | 160202 | 累计折旧—机器设备 | | | | 5330924.98 |
| | 699901 | 期初开账 | | | 5330924.98 | |
| 23 | 400101 | 股本 | | | | 10000000.00 |
| | 699901 | 期初开账 | | | 10000000.00 | |
| 24 | 400201 | 资本公积—股本溢价 | | | | 20000000.00 |
| | 699901 | 期初开账 | | | 20000000.00 | |
| 25 | 112101 | 应收票据 | 60000003 | 广东健力宝 | 650000.00 | |
| | 699901 | 期初开账 | | | | 650000.00 |
| 26 | 112201 | 应收账款—国内 | 60000001 | 可口可乐（中国） | 400000.00 | |
| | 699901 | 期初开账 | | | | 400000.00 |
| 27 | 112301 | 预付账款—国内 | 10000008 | 北京凌云 | 30000.00 | |
| | 699901 | 期初开账 | | | | 30000.00 |
| 28 | 220501 | 预收账款—国内 | 60000013 | 南宁安心 | | 50000.00 |
| | 699901 | 期初开账 | | | 50000.00 | |

续表

| 交易编号 | 控制科目 | 控制科目名称 | 业务伙伴代码 | 业务伙伴名称 | 借方 | 贷方 |
|---|---|---|---|---|---|---|
| 29 | 220201 | 应付账款—国内 | 10000002 | 帝斯曼 | | 537500.00 |
| | 699901 | 期初开账 | | | 537500.00 | |
| 30 | 220101 | 应付票据 | 10000003 | 广西晨凯 | | 980000.00 |
| | 699901 | 期初开账 | | | 980000.00 | |
| 31 | 220201 | 应付账款—国内 | 10000001 | 南风化工 | | 1320000.00 |
| | 699901 | 期初开账 | | | 1320000.00 | |
| 32 | 699901 | 期初开账 | | | | 8105620.00 |
| | 140601 | 库存商品 | | | 5505620.00 | |
| | 140301 | 原材料 | | | 2100000.00 | |
| | 140302 | 辅料 | | | 500000.00 | |
| 总计 | | | | | 90203720.00 | 90203720.00 |

## 六、打开/关闭过账期间

期初数据确认完毕后，在正式录入业务数据之前，还需要对过账期间 2023 年 12 月账期进行锁定，对 2024 年 1 月账期进行解锁。

在主菜单中选择路径【管理】—【系统初始化】—【过账期间】，打开“过账期间”窗口，将 2023 年 12 月的期间状态修改为“已锁定”，2024 年 1 月的期间状态修改为“已解锁”，如图 2－97 所示。

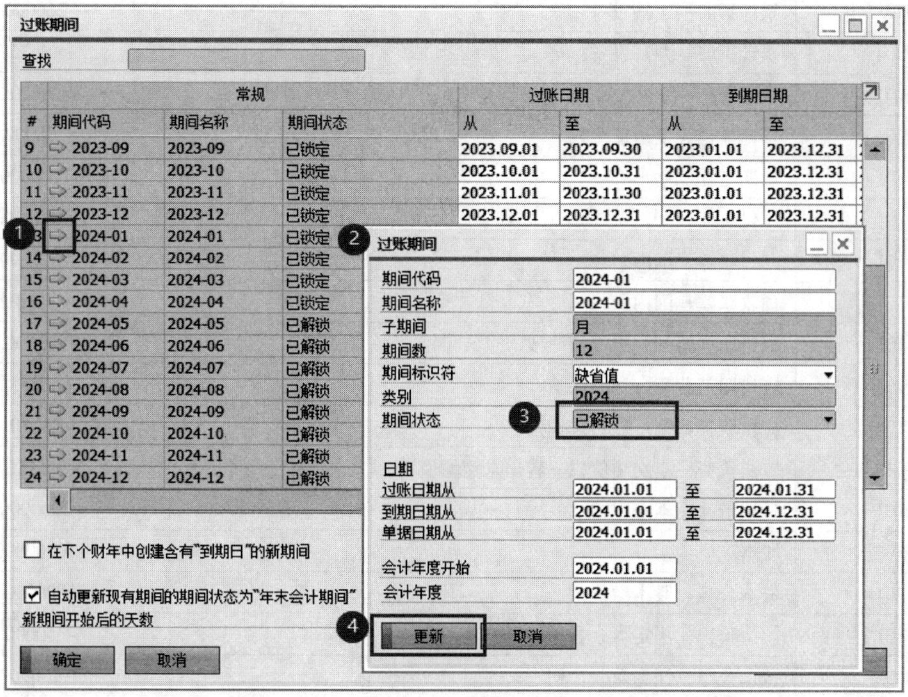


图 2－97

## 本章科目余额表

截至2023年12月31日的余额表如表2－5所示。

表2－5　　科目余额表

| 科目代码 | 科目名称 | 科目余额 |
|---|---|---|
| 100101 | 现金—人民币 | 9000.00 |
| 100203 | 银行存款—中国建设银行 | 2100000.00 |
| 100204 | 银行存款—中国工商银行 | 450540.00 |
| 112101 | 应收票据 | 650000.00 |
| 112201 | 应收账款—国内 | 400000.00 |
| 112301 | 预付账款—国内 | 30000.00 |
| 140301 | 原材料 | 2100000.00 |
| 140302 | 辅料 | 500000.00 |
| 140601 | 库存商品 | 5505620.00 |
| 160101 | 固定资产—房屋和建筑物 | 13800000.00 |
| 160102 | 固定资产—机器设备 | 15660000.00 |
| 160103 | 固定资产—运输设备 | 840000.00 |
| 160104 | 固定资产—办公设备 | 56700.00 |
| 160201 | 累计折旧—房屋和建筑物 | －1565916.67 |
| 160202 | 累计折旧—机器设备 | －5330924.98 |
| 160203 | 累计折旧—运输设备 | －266000.00 |
| 160204 | 累计折旧—办公设备 | －40635.00 |
| 170101 | 无形资产—土地使用权 | 3000000.00 |
| 170201 | 累计摊销—土地使用权 | －200000.00 |
| 200101 | 短期借款 | －1200000.00 |
| 220101 | 应付票据 | －980000.00 |
| 220201 | 应付账款—国内 | －1857500.00 |
| 220501 | 预收账款—国内 | －50000.00 |
| 221101 | 应付职工薪酬—工资及绩效 | －205500.00 |
| 221102 | 应付职工薪酬—社会保险 | －65965.50 |
| 221103 | 应付职工薪酬—住房公积金 | －20550.00 |
| 22210103 | 应交税费—应交增值税—转出未交增值税 | －352500.00 |
| 250101 | 长期借款—本金 | －2000000.00 |
| 400101 | 股本 | －10000000.00 |
| 400201 | 资本公积—股本溢价 | －20000000.00 |
| 410101 | 盈余公积—法定盈余公积 | －250000.00 |
| 410102 | 盈余公积—任意盈余公积 | －20000.00 |
| 410415 | 利润分配—未分配利润 | －696367.85 |

每章结束后的科目余额是系统评分的依据，需要认真进行核对，核对方法为选择路径【财务】—【科目表】，将光标放在选定科目上，查看左侧的余额。如余额不对，可点击余额前的黄色箭头，打开该科目的明细账，与身边同学或与老师的标准账套逐笔进行核对。如图 2－98 所示。

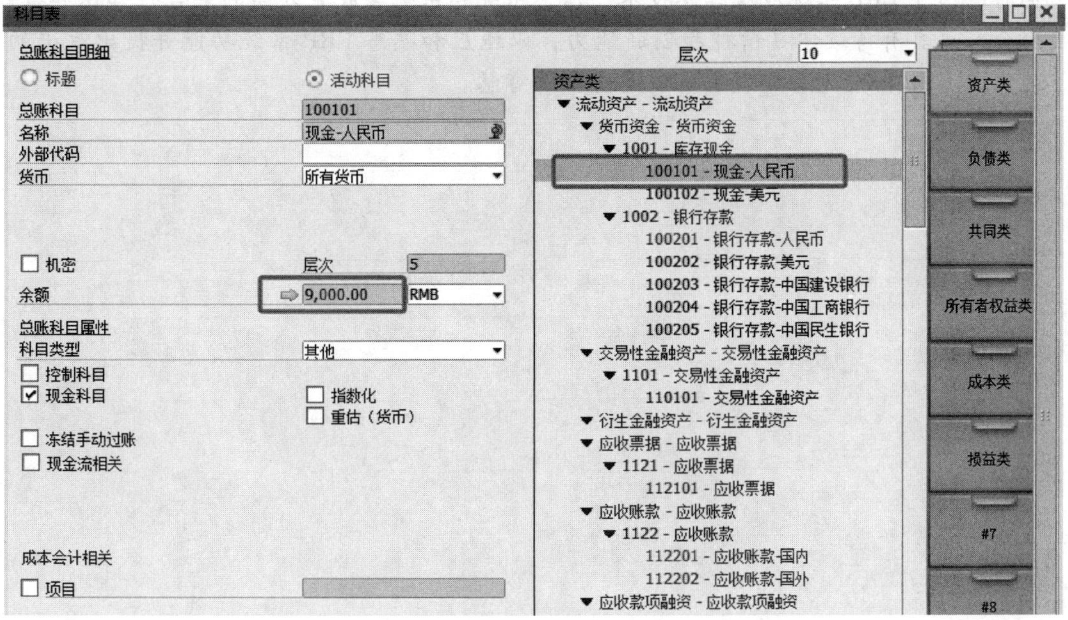


**图 2－98**

## 思政课堂

### 千里之行　始于足下

ERP 系统初始化设置是 ERP 实施过程中的重要和关键环节，它需要在基于企业战略的业务流程重组的基础上，结合企业管理模式、特点和要求，以及未来发展需要，统筹规划 ERP 系统实现所需要的初始数据的整理、核对、重构和编码等一系列基础工作，这些基础工作事关 ERP 后期运行的成败，基础初始数据必须保证真实、准确、合法和合理，因此有必要对基础初始数据进行审核。如果存在历史遗留的错误或舞弊，必须按照国家的法律法规进行相应的调整和处理，否则将影响系统数据的真实性、准确性、合法性和合理性。

ERP 系统要长期有效地发挥成效，必须从初始化数据抓起，犹如“千里之行，始于足下”，否则舞弊风险长期嵌入 ERP 系统，危害及损失极大。2024 年 8 月 5 日，复旦复华收到了中国证监会的《立案告知书》，立案调查因隐瞒负债、虚假平账、不当会计确认等行为，直接导致复旦复华披露的 2013 年至 2023 年的定期财务报告存在虚假记载。

ERP 初始化涉及系统参数配置、基础数据输入、用户权限分配等关键环节，在初始化过程中要严格遵守“坚持诚信，守法奉公”、“坚持准则，守责敬业”、“坚持学习，守正创新”会计人员职业道德，把守好 ERP 系统的初始数据安全底线。

ERP 系统本身无法解决财务舞弊问题，因此财会人员在职业活动中必须遵循会计准则和法律法规，认真履行职责。在 ERP 系统初始化及后续的数据导入中，财会人员应保证数据的真实、准确、合法和合理，运用法律武器与财务造假行为进行斗争，保护国家的财产安全，为企业会计信息质量保驾护航，保护利益相关者的利益。

同时，由于 ERP 系统涉及信息技术、信息系统和系统集成等方面的综合性知识和技能，需要财会人员具有持续学习精神和创新能力，以适应和熟悉 ERP 系统功能并提出改进的建议，为促进 ERP 系统完善和发展贡献财会人的智慧。

# 第三章

# 采购与应付账款

## 学习目标

通过本章学习，掌握如何在 SAP 系统中完成采购与应付账款业务。

## 实验内容

1. 物料采购业务实验。
2. 劳务采购业务实验。

## 章前学习

1. 控制科目

企业在发生销售/采购行为时，通常会使用到应收/应付科目。在之前学过的会计相关课程中我们知道，销售或采购活动的会计分录不能直接写“应收账款”或者“应付账款”等总账科目，必须要对应到明细科目中，所以在应收应付款的总账科目下，应为供应商或者客户设置明细科目，以满足核算的要求。在 SAP 系统中不需要在科目表中为应收应付款的总账科目设置下级明细科目，它是通过将应收应付总账科目设置为控制科目，然后将业务伙伴（含供应商和客户）的明细账户对应到控制科目上来实现的。当相关业务发生时，只需要将信息记录到业务伙伴的明细账户中，就可以自动汇总到相应总账的控制科目中，根据控制科目与明细账户间的对应关系查询到实时的信息。同一个业务伙伴，既可以对应到应收类的控制科目，也可以对应到应付类的控制科目，不用重复设置，管理上比直接设置明细科目更为灵活方便。因此，在进行核算时，如果在科目表中没有设置明细科目，也不能直接使用总账控制科目编制分录，必须将业务数据记录到业务伙伴明细账户并生成会计分录。

2. 采购业务的五个环节

制造企业一般的经营过程划分为采购环节、生产环节和销售环节。其中，采购是为生产和销售做准备的过程。采购对象不仅包括为生产做准备的原材料、运输及维修等劳务费用，也包括为销售做准备的广告活动、市场拓展活动、场地租赁等，还可以是厂房、机器设备等固定资产。

采购的过程一般包括以下几个环节：

（1）请购、报价比价；

（2）采购订单确认；

（3）产品收货入库及劳务交付；

（4）收到对方发票，确认应付；

（5）支付款项等过程。

在上述五个环节中，前两个环节不会产生会计分录，后三个环节当业务单据确认添加后，系统会自动产生会计分录。

在会计信息系统中，采购与应付两个业务模块通常要搭配使用，才能完成一个完整的采购业务流程，也有些会计信息系统将这两个业务模块合二为一，例如，本书中使用的SAP系统，使用“采购—应付账款”模块涵盖整个采购流程，并且通过该模块管理供应链中的采购凭证及其相应数据的流程。

在SAP采购流程中，从购买请求到采购报价、采购订单、收货单以及最后创建应付发票的过程，也可以执行退货，形成应付贷项凭证。所有这些单据互相关联，形成一个完整的单据链，通过使用SAP系统中的“关系映射图”，就可以查看完整的业务流程，还可以非常方便地从流程后端单据一键追溯到流程中间和前面的单据，具有较好的可见性和追溯性。采购—应付账款模块也与SAP系统中的其他许多模块关联，常见的如业务伙伴主数据模块和物料主数据模块等。

3. 采购业务的主要单据

采购流程适用于绝大多数企业的日常采购业务，提供从采购申请（可选）、采购订单、采购到货、应付发票、付款全流程管理。根据企业业务不同，还会存在先款后货的情况，在这种情况下，采购流程是从采购订单到预付款发票、支付预付款，再进行采购收货单、应付发票的处理，最后到供应商付款。每个企业的采购流程有所不同，用户可以根据企业自身的业务应用情况，进行灵活配置以适应不同公司销售流程的变化。以下为采购业务涉及的主要业务单据。

（1）采购申请。采购申请是企业内各部门向采购部门提出采购需求，采购部门根据各部门采购需求进行审核确认，并将从供应商处获取的所需物品或者服务的价格和交货信息反馈给申请者，审核通过后将采购申请复制到采购订单，生成SAP系统正式的采购订单。虽然采购申请可以用于公司的所有采购活动，但对于超过一定金额的特殊物品，如生产设备、机器设备等，需要高层管理者审批。

（2）采购一揽子协议。采购一揽子协议用于公司采购组织和供应商之间签订的长期协议，目的是规定在一段时间内根据预定义的条款与条件来供应物料或提供服务，可以根据一揽子协议来执行预计收入预测和制订产能计划，可以向供应商采购商品或者服务，而无需确定交货日期。以后，按照交付情况绑定包含交货日期的采购订单。在SAP系统中，可以创建常规的和特定的两种一揽子协议。其中，常规的一揽子协议用于跟踪采购交易的执行情况，便于规划采购达到一定数量或达到一定金额，在年末获得返利或特殊优惠；特定的一揽子协议用于跟踪采购货物数量和条款，以获得特定物料或服务的特殊折扣或者价格。

采购一揽子协议也用来确定交货计划，例如，定义货物的交付周期、交付数量等。此外，采购一揽子协议可以根据物料方法（详细信息中指定具体物料）或货币方法（详细信息中指定计划金额）与供应商商榷协议或条款。货币方法用于根据购买总额提供价格折扣的供应商。

一旦创建采购一揽子协议，并将状态更改为“已批准”状态，则SAP系统中的采购单据将自动与该一揽子协议相关联。还可以选择移除连接，并创建不受采购一揽子协议约束的采购单据。

(3) 采购报价单。采购报价单又称采购报价请求，用于在采购过程中，从一个或多个供应商询问价格和交货信息，以获得所需货物或服务的最佳报价。在采购报价单中，需要指定物料或服务的详细信息，如要求的数量、所需日期等，并转发给供应商，以便他们可以使用该信息提供报价。

当收到定价等货物信息后，将更新采购报价中的单价、报价数量以及供应商提供的其他信息。然后使用“采购报价比较报表”查看并比较收到的报价，据此选择要购买货物或服务的供应商。

(4) 采购订单。采购订单是指企业与供应商签订采购合同或采购协议，确定所要求的物品、数量、商定的价格以及交货日期、付款条款等信息。供应商根据采购订单要求安排发货，企业根据采购订单进行验收入库。

(5) 采购收货单。采购收货是接收通过采购订单购买的产品或服务的环节。此环节一般是由接收部门或者仓库人员执行。使用此单据可以快速地将供应商的送货单与实际采购订单进行比较。当收到的产品是库存物料时，采购收货单将自动更新货物的库存且影响库存成本。如果是服务类型的采购收货单，则不影响库存，但是在收到供应商的发票时，采购收货单将用于审核和创建应付发票。

(6) 采购退货。采购退货用于将所购买的货物或服务因质量或其他原因需要退还给供应商的业务中。如果设置为库存物料，货物退回交易将自动扣减仓库中的货物库存量。

(7) 应付发票。应付发票用于创建从供应商处收到的货物和服务的付款凭证，当收到供应商的发票时，可以针对最初创建的采购收货单，通过采购收货单界面的右下角选择“复制到”按钮创建应付发票，或者在应付发票界面中使用“复制从”按钮，选择采购收货单来创建应付发票。

(8) 预付款发票。在供应商尚未发货或者提供服务之前，收到供应商的付款发票时，将使用预付款发票。预付款发票过账会产生日记账分录，影响供应商的控制科目余额，但不会影响库存。

(9) 应付贷项凭证。应付贷项凭证是应付发票的清算凭证。如果需要退回从供应商处收到的产品或服务，或者需要部分或者全部撤销应付发票的交易，可以通过创建应付贷项凭证部分或全部冲销此项交易。SAP系统中按照贷项凭证中指定的数量减少物料的库存量，并影响供应商控制科目余额。

(10) 应付预留发票。在收到货物之前就收到供应商发票并且支付购买费用时，将使用应付预留发票。此单据使用时，将会在会计中创建日记账分录，但不会影响库存。应付预留发票仅与物料有关，不可用于服务。通过创建付款，可以关闭应付预留发票。

(11) 采购退货请求。如公司需要将已经入库的货物部分或者全部退货给供应商，并需要主管审批时，采购退货请求将是不可或缺的功能。系统一旦添加采购退货请求，物料主数据中“库存数据”选项卡中的已承诺量将会增加。

4. 采购费用的入账处理

根据《企业会计准则第1号——存货》规定，“存货的采购成本，包括购买价款、相关税费、运输费、装卸费、保险费以及其他可归属于存货采购成本的费用。”“企业（商品流通）在采购商品过程中发生的运输费、装卸费、保险费以及其他可归属于存货采购成本的费用等进货费用，应当计入存货采购成本，也可以先进行归集，期末再根据所购商品的存销情况进行分摊。对于已售商品的进货费用，计入当期损益；对于未售商品的进货费用，计入期末存货成本。企业采购商品的进货费用金额较小的，也可以在发生时直接计入当期损益。”企业采购部门发生的费用如果能够明确对象，可以直接计入或者通过合理方式分配计入所采购的存货成本中，如果无法明确对象的，则计入管理费用。在本章实验中，入库前的采购费用通过“在途物资”科目归集后计入存货成本；入库后产生的采购费用，通过库存重估的方式计入存货成本。

# 实验一　物料采购业务

**业务场景一　标准采购业务**

**业务描述：**

1 月 3 日，榕江制糖有限公司采购员向供应商广西南宁景谷甘蔗种植园（10000012）采购以下物料，物料增值税税率 13%，运费增值税税率 9%。

| 物料编号 | 物料描述 | 含税单价 | 数量 | 采购单位 | 到货日期 | 含税运费 |
|---|---|---|---|---|---|---|
| 50000051 | 甘蔗 | 565 元/吨 | 10000 | 吨 | 1 月 4 日 | 43.6 元/吨 |

1 月 4 日，收到供应商广西南宁景谷甘蔗种植园运送的甘蔗 9980 吨，损耗 20 吨，并验收入库。

1 月 5 日，采购部收到该笔货物的专用发票并提交财务部，财务部确认此业务对应的供应商和采购信息，并生成应付账款。

1 月 6 日，财务部称公司资金不足，经采购部与供应商协商，供应商同意先结货款 100 万元。出纳于当天通过中国建设银行账户支付 100 万元。

本业务的订单中有运费，运费属于采购费用，我们需要先对运费进行设置，以便在以后所有采购单据中对运费进行分摊。在主菜单中选择路径【管理】—【系统初始化】—【单据设置】，在【常规】选项卡上勾选“管理单据中的运费”，点开旁边【运费—设置】黄色按钮，按图 3 - 1 进行设置。

1. 创建采购订单

（1）选择路径【采购—应付账款（P）】—【采购订单】，打开“采购订单”窗口，录入供应商，调整过账日期、交货日期、单据日期。

（2）在【内容】选项卡中，选择要采购的物料编号，系统自动带出描述、计量单位名称、默认仓库等信息。

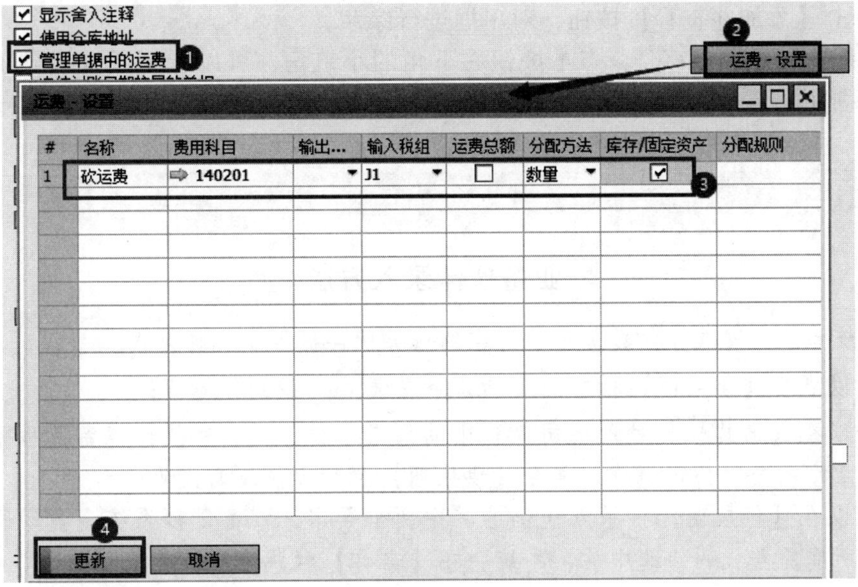


图 3－1

按图 3－2 所示步骤录入采购订单，如果表单样式与图 3－2 不同，可点击工具栏上的“表单设置”图标进行表单格式的设置。

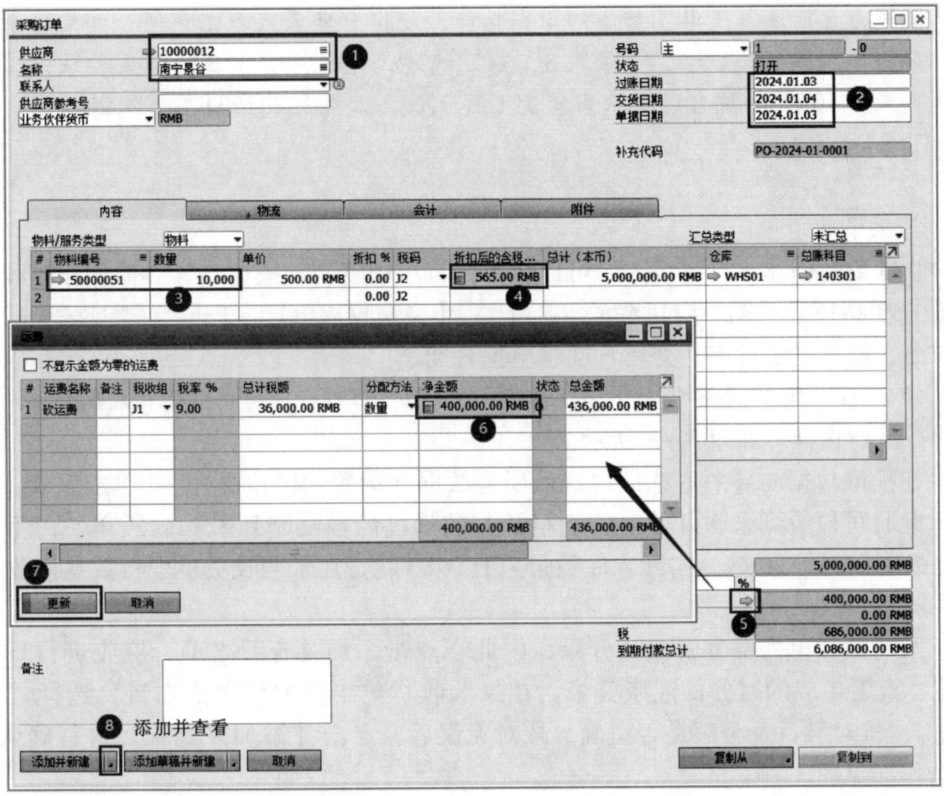


图 3－2

（3）单击【添加并查看】按钮，对单据进行保存。

在对单据进行添加保存时，点击按钮右下角的小三角，可以看到系统提供了“添加并新建”、“添加并查看”、“添加并关闭”三种添加形式，选择【添加并查看】进行保存。

**SAP 小知识**

## 业务伙伴录入方法

SAP 系统为录入、选择主数据中已存在的业务伙伴提供了三种方式：

（1）可以点击【供应商】栏中的清单选择按钮，找到供应商；

（2）可以在【名称】栏录入公司简称中的两个字进行模糊查找，停留 2 秒系统会自动跳出包含搜索字的全部公司简称，并在【供应商】栏带出供应商代码；

（3）可以在【供应商】栏录入代码的其中两个数字，停留 2 秒系统会自动跳出包含这两个数字的所有完整代码，选中后，系统会在【名称】栏跳出对应的简称。

**SAP 小知识**

## 日期的录入方法

SAP 系统为日期录入提供了智能的识别功能，使得日期录入非常简便。如果要录入当月的某天，则直接录入日期数字，如录入 3，则系统默认为当月的 3 日，如果要录入其他月份的某日，则录入 103，系统自动显示当年的 1 月 3 日，如录入 231231，系统则自动显示 2023 年 12 月 31 日。

2. 创建采购收货单

采购收货单的创建不需要录入，可以从采购订单中复制相关信息，具体操作过程如下：

（1）选择路径【采购—应付账款（P）】—【采购收货单】，打开“采购收货单”窗口，录入供应商，调整过账日期、交货日期、单据日期。

（2）单击右下角的【复制从】按钮选择“采购订单”，打开“清单采购订单”窗口，双击选中行进行选择。如图 3-3 所示。

（3）在提取单据向导中，选择“提取所有数据（运费和代扣税）”并单击完成。

（4）此时可以看到采购订单上的物料及其数量已经被复制到采购收货单。由于这批物料在运输途中损耗了 20 吨，实际入库数量只有 9980 吨，在采购收货单中将数量修改为 9980 吨。

（5）采购收货单需要生成会计分录，因此在点击添加并查看之前，应先进行日记账分录的预览，查看生成的财务日记账分录。在采购收货单中空白位置点右键，选择“日记账分录预览”，核对科目及金额是否正确，核对无误后，点击【添加并查看】进行确认。（4）（5）步操作详见图 3-4。

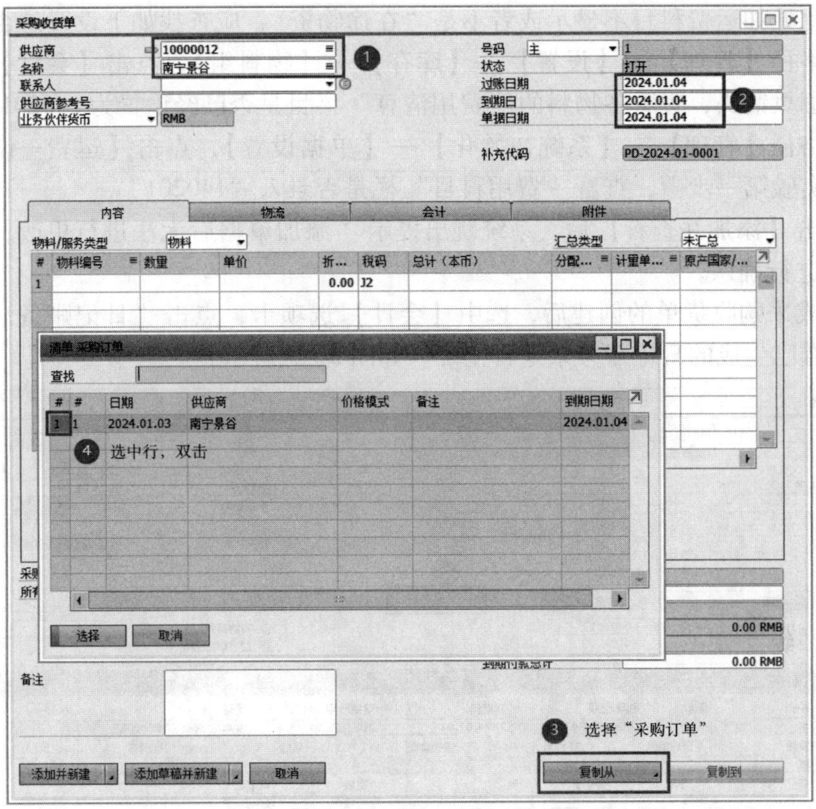
采购收货单
供应商
10000012
名称
南宁景谷
联系人
供应商参考号
业务伙伴货币
RMB
号码
主
1
状态
打开
过账日期
2024.01.04
到期日
2024.01.04
单据日期
2024.01.04
补充代码
PD-2024-01-0001
内容
物流
会计
附件
物料/服务类型
物料
汇总类型
未汇总
清单 采购订单
查找
日期
供应商
价格模式
备注
到期日期
2024.01.03
南宁景谷
2024.01.04
选中行，双击
选择
取消
0.00 RMB
备注
选择“采购订单”
添加并新建
添加草稿并新建
取消
复制从
复制到

图 3－3

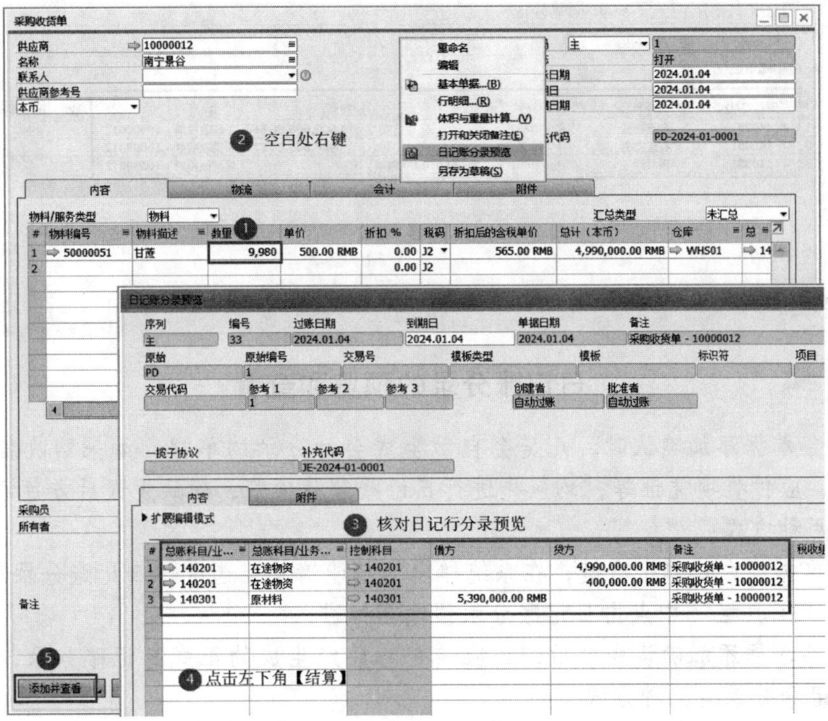
采购收货单
供应商
10000012
名称
南宁景谷
重命名
编辑
基本单据...(B)
行明细...(R)
体积与重量计算...(V)
打开和关闭备注(E)
日记账分录预览
另存为草稿(S)
空白处右键
PD-2024-01-0001
内容
物流
会计
附件
物料/服务类型
物料
汇总类型
未汇总
50000051
甘蔗
9,980
500.00 RMB
565.00 RMB
4,990,000.00 RMB
WHS01
日记账分录预览
序列
编号
过账日期
到期日
单据日期
备注
主
33
2024.01.04
采购收货单 - 10000012
原始
原始编号
交易号
模板类型
模板
标识符
项目
PD
交易代码
参考 1
参考 2
参考 3
创建者
批准者
自动过账
一揽子协议
补充代码
JE-2024-01-0001
内容
附件
扩展编辑模式
核对日记行分录预览
总账科目/业...
总账科目/业务...
控制科目
借方
贷方
备注
140201
在途物资
4,990,000.00 RMB
采购收货单 - 10000012
400,000.00 RMB
140301
原材料
5,390,000.00 RMB
采购员
所有者
备注
添加并查看
点击左下角【结算】

图 3－4

注意：此处如运费科目不显示或者不是“在途物资”，应查找如下设置是否正确：

①选择路径【管理】—【设置】—【库存】—【物料组】，点击【会计】选项卡，点击工具栏中翻页箭头，查看各物料的“费用清算”科目是否已经设置为140201。

②选择路径【管理】—【系统初始化】—【单据设置】，点击【运费—设置】黄色按钮，参照本实验第一步骤，查看“费用科目”栏是否录入“140201”。

（6）点击【添加并查看】后，系统跳出提示“添加单据后无法进行更改，是否继续”，点击【是】进行确认。

（7）完成采购收货单的创建后，选中【会计】选项卡，点击“日记账备注”旁的黄色小箭头，查看已生成的日记账分录是否正确。如图3－5所示。

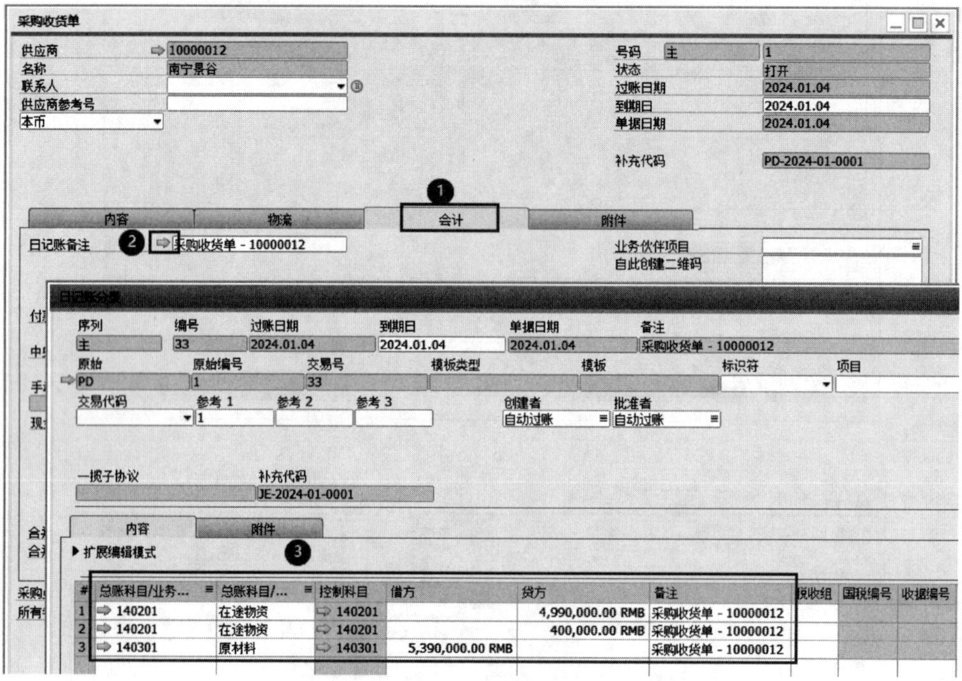


**图3－5**

## SAP小知识

### 日记账分录的预览和查看

1. 在业务单据添加确认时，凡是会自动生成会计分录的单据，如采购收货单、应付发票、付款单、应付贷项凭证等，均应先进行日记账分录预览，确认无误后方可添加。日记账分录预览有两种方式：

（1）在单据空白处单击右键，在系统弹出的功能清单里选中“日记账分录预览”进入；

（2）在“工具栏”中点击日记账分录预览图标进入。

2. 在业务单据添加确认成功后，还应该查看已经生成的正式日记账分录，再次进行核对。查看日记账分录有三种方式：

（1）在单据的空白处单击右键，在系统弹出的功能清单里选中“日记账分录”。如果此时系统弹出的功能清单里没有“日记账分录”选项，只有“日记账分录预览”，说明单据没有添加成功；

（2）在“工具栏”中点击日记账分录查看图标进入。

（3）选中单据的【会计】选项卡，点击“日记账备注”栏旁的黄色小箭头进入。

3. 创建应付发票

（1）选择路径【采购—应付账款（P）】—【应付发票】，打开“应付发票”窗口，录入供应商，调整过账日期、到期日、单据日期。

（2）使用【复制从】按钮，将“采购收货单”的信息复制到“应付发票”。在“清单采购收货单”窗口，选中“南宁景谷”。如图3－6所示。

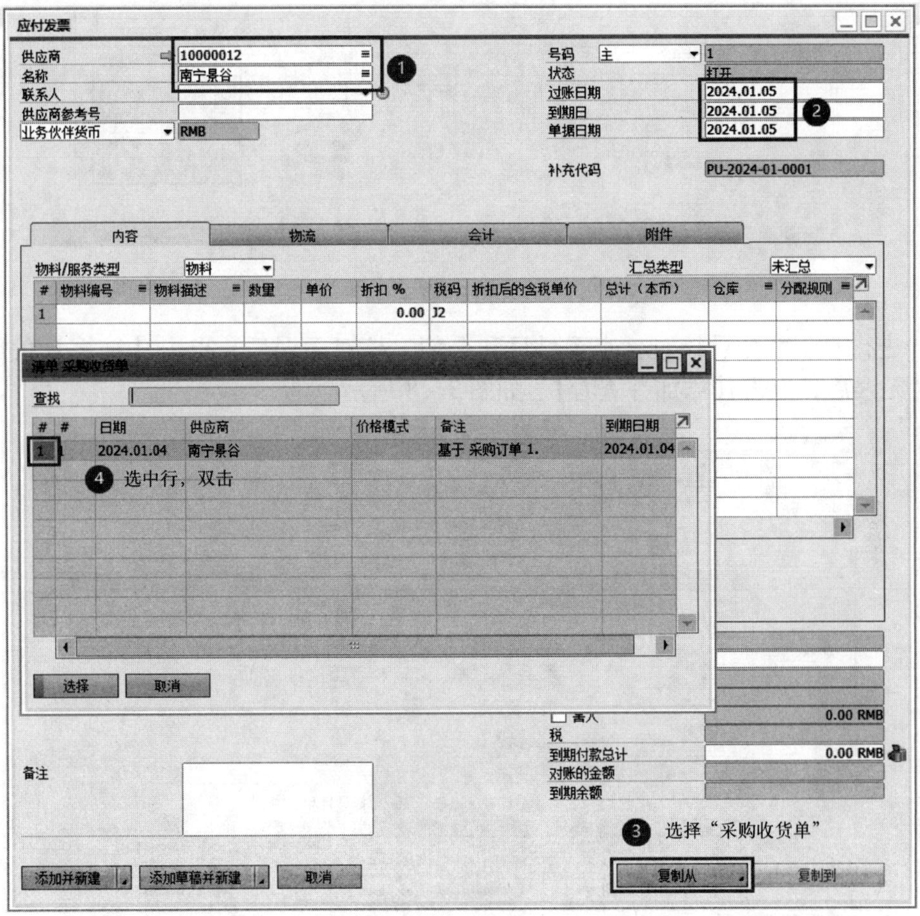


图3－6

（3）在提取单据向导中，选择“提取所有数据（运费和代扣税）”并单击完成。

（4）系统将采购收单的全部数据复制到应付账款发票。由于运输过程中发生损耗20吨，入库数量为9980吨，但发票总金额是在合同中约定的，不能改变，因此在填写发票时需将“单价”清空，在“总计（本币）”中手动录入发票不含税总金额5000000.00元，系统会重新计算单价和税额等内容。注意核对页面左下角金额的变化。如图3－7所示。

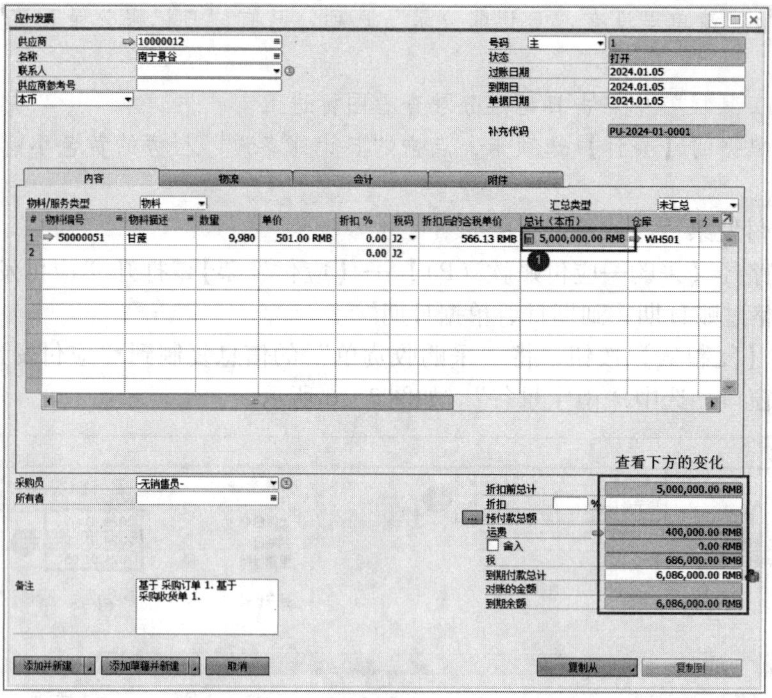


图 3－7

（5）进行日记账分录核对，查看科目和金额，核对无误后，点击【结算】关闭预览窗口。核对无误后，点击【添加并查看】。如图 3－8 所示。

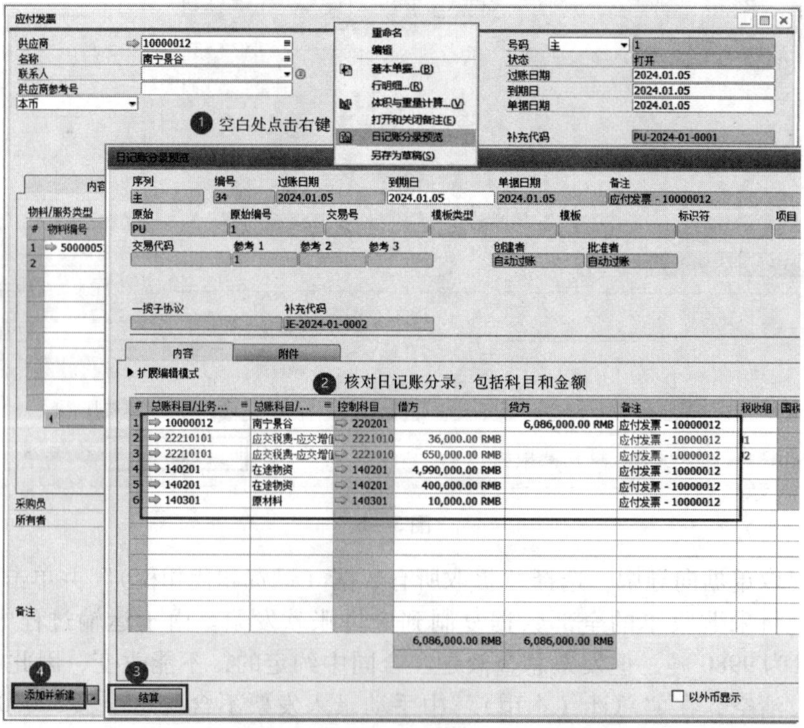


图 3－8

（6）系统给出信息提示，“添加单据后无法进行更改。是否继续?”点击【添加】确认保存。

（7）保存成功后，查看已生成的日记账分录是否正确。如图 3－9 所示。

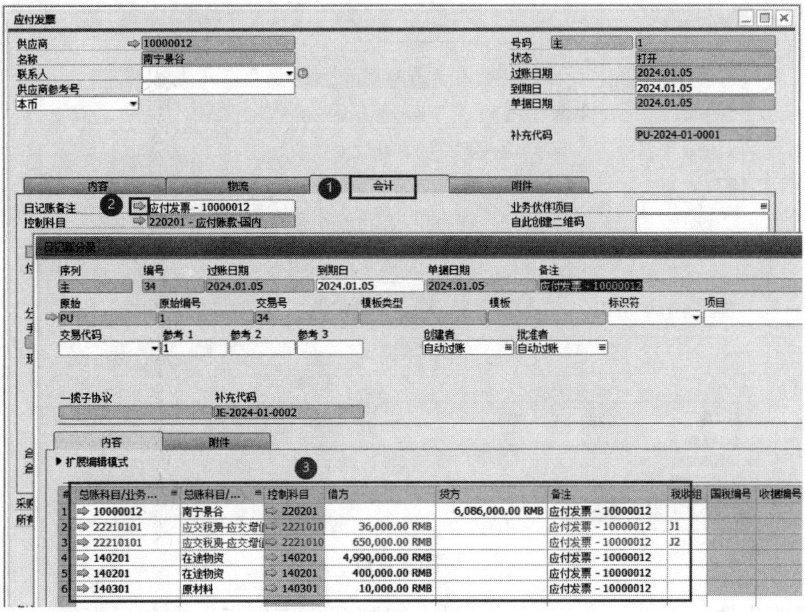


**图 3－9**

4. 创建付款单

（1）选择路径【收付款业务】—【付款】，进入“付款”窗口，录入供应商，调整过账日期、到期日和单据日期。在【内容】选项卡中，勾选要付款的相应的应付账款发票，将“总计付款”的金额修改为 1000000 元，点击付款方式图标，如图 3－10 所示。

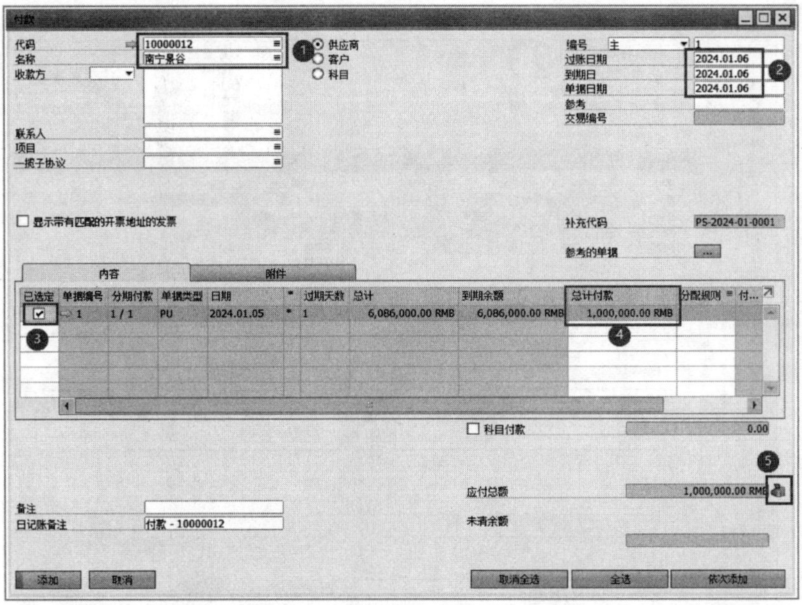


**图 3－10**

（2）在“付款方式”窗口，打开【银行转账】选项卡，修改总账科目为 100203，并录入转账日期 1 月 6 日，总计金额则通过同时按下 Ctrl + B 组合键录入，也可直接录入金额，系统将自动填入“总金额”和“到期余额”栏数值。如图 3 - 11 所示。

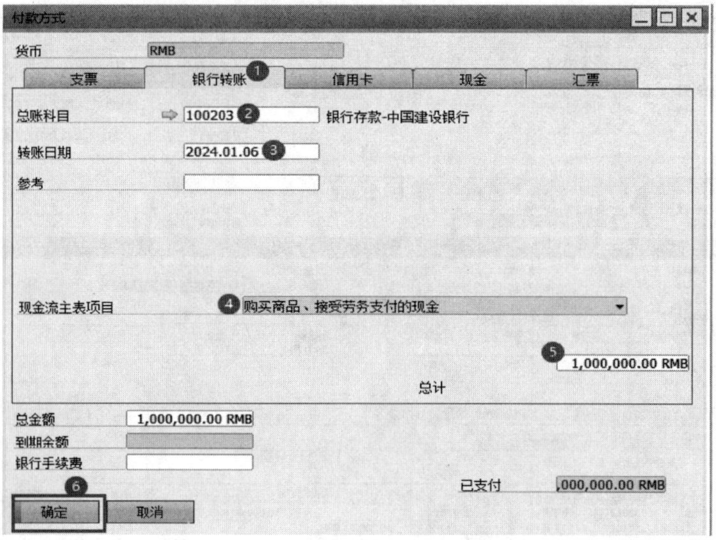


**图 3 - 11**

注意：第四步选择现金流主表项目，是为编制现金流量表做准备。当每一笔涉及现金收付的业务发生时，均确认现金流量项目，到期末系统便能自动汇总，生成现金流量表的主表。

（3）返回到“付款”窗口，单击【添加】按钮，系统弹出提示信息“添加单据后无法进行更改。是否继续?”点击【是】确认并关闭付款窗口。

（4）点击工具栏中的“最后一个数据记录”的绿色箭头，回到刚保存的收款单，点击“交易编号”后的黄色箭头，查看生成的日记账分录。如图 3 - 12 所示。

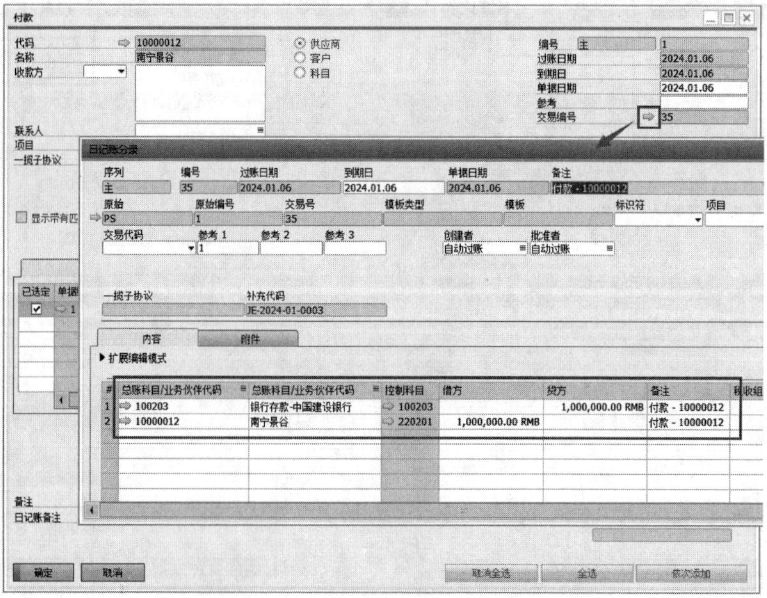


**图 3 - 12**

5. 查看关系映射

业务完成后，选择路径【采购—应付账款（P）】—【应付发票】，通过工具栏上的绿色翻页图标找到本业务的应付发票，在空白处点击右键，在弹出的功能清单中选中“关系映射”，查看本业务完整的关系映射。如图 3-13 所示。

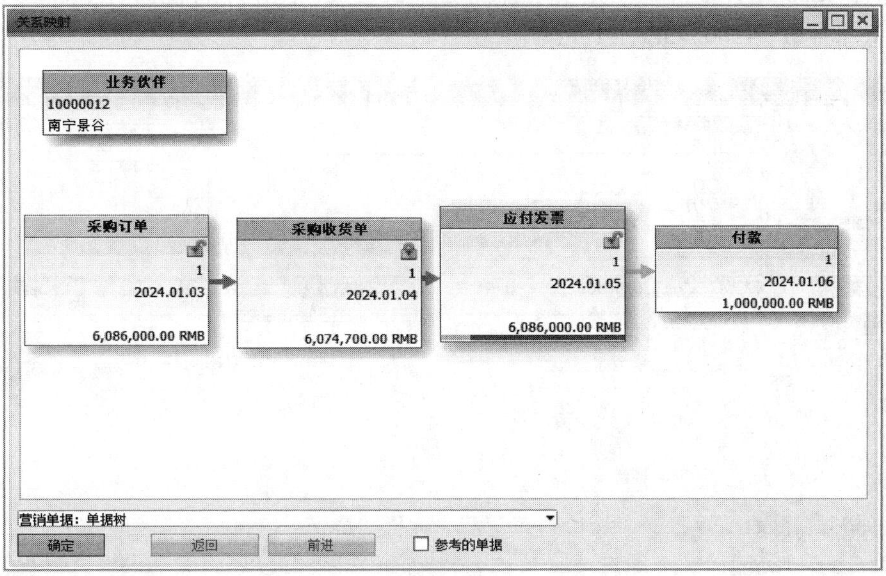


**图 3-13**

在本业务中，由于采购订单中存在未清数量，应付发票单据存在未结项，因此，采购订单和应付发票中的小锁均为打开状态。

## SAP 小知识

### 查看关系映射

SAP 系统为业务单据查询提供了强大的单据树功能，可以清晰地看到某一笔业务从第一张业务单据到最后一张的执行过程。虽然单据的经办人不是同一人，如采购订单一般由采购人员录入，采购收货单一般由仓管人员录入，应付发票和付款单一般由财务人员录入，但只要在应付发票的空白位置点击右键，在功能清单中选中“关系映射”选项，就可以查看到这一笔业务完整的信息流。

在上述标准采购业务中，业务信息从采购订单进入采购收货单，再进入应付发票，最后再进入付款单，双击任何一个单据块都可以跳转到相应的单据明细，对于业务信息查找和差错订正十分友好。在单据树中，每一个单据块有一把锁，如果单据未完结，则锁头呈打开状态，单据完结或被关闭后，锁头呈关闭状态。

6. 核对库存

业务完成后，核对存货量和物料成本。在应付发票界面点击物料编号左侧的黄色箭头，跳转到甘蔗的物料主数据，点击【库存数据】选项卡，可以看到存货量和物料成本已经发生了改变。如图 3－14 所示。

业务发生前存货量为 4200 吨，物料成本为 500 元/吨，业务发生后存货量为 14180 吨，物料成本为 528.91 元/吨。可采用移动平均法计算一下金额是否正确。

（原库存 4200 吨 × 单价 500 元 + 不含税货款 5000000 元 + 不含税运费 400000 元）/业务发生后的总库存数 14180 = 528.91 元/吨

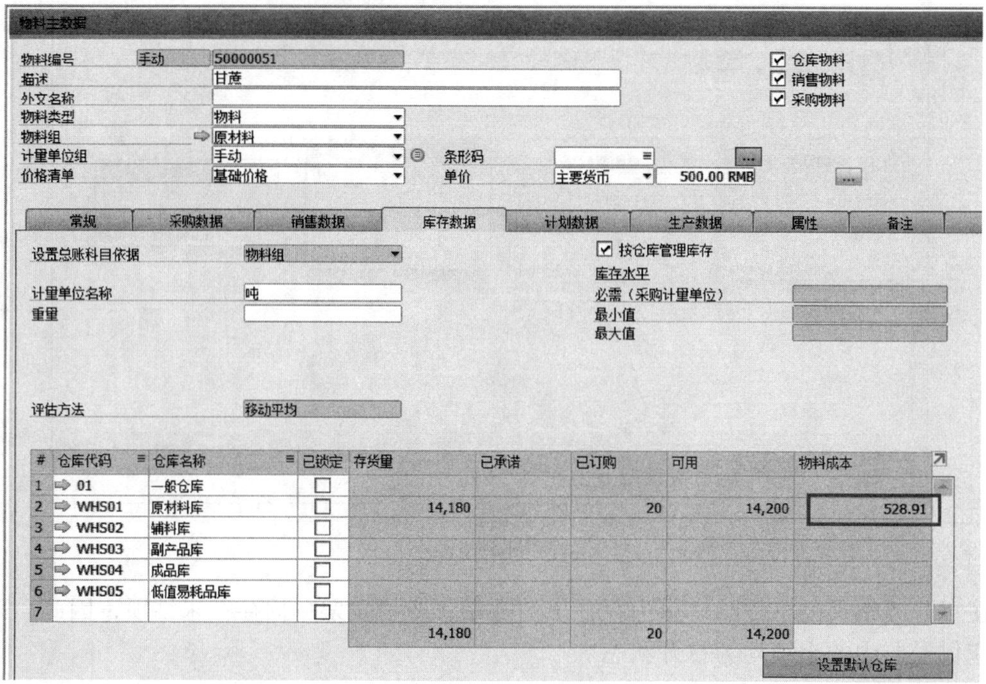


**图 3－14**

## 业务场景二　先票后货业务（全额付款）

公司在日常经营过程中，有时候进行采购时会出现材料尚未验收入库，先收到发票的情况，此时如果已经全额付款，应先确认应付账款和在途物资，等完成收货手续并入库后再确认库存。

**业务描述：**

1 月 4 日，榕江制糖有限公司从供应商广西南风化工集团股份有限公司（10000001）订购以下物料，物料增值税税率 13%。

| 物料编号 | 物料描述 | 含税单价 | 数量 | 采购单位 | 到货日期 |
|---|---|---|---|---|---|
| 50000053 | 硫磺 | 3390 元/吨 | 10 | 吨 | 1 月 6 日 |
| 50000054 | 絮凝剂 | 9605 元/吨 | 10 | 吨 | 1 月 6 日 |

1 月 5 日，从供应商处收到预付款发票，财务进行预付账款确认，出纳通过银行转账进行付款处理。

1 月 6 日，供应商交付物料，仓库人员检查已交付的物料并验收入辅料库。

1 月 6 日，财务根据到货情况，对采购订单、采购收货单及预付账款进行确认，并创建应付发票。

1. 创建采购订单

（1）选择路径【采购—应付账款（P）】—【采购订单】，打开“采购订单”窗口。录入供应商，调整过账日期、交货日期、单据日期。

（2）在【内容】选项卡中，选择要采购的物料编号，系统自动带出描述、计量单位名称、默认仓库等信息，录入本次采购数量、折扣后含税单价等，如果价格清单中已维护，系统可自动带出。图 3－15 表格中某些字段不能显示，可点击工具栏中“表格设置”按钮勾选或者删除相关字段。

（3）单击【添加并查看】按钮，对单据进行保存。如图 3－15 所示。

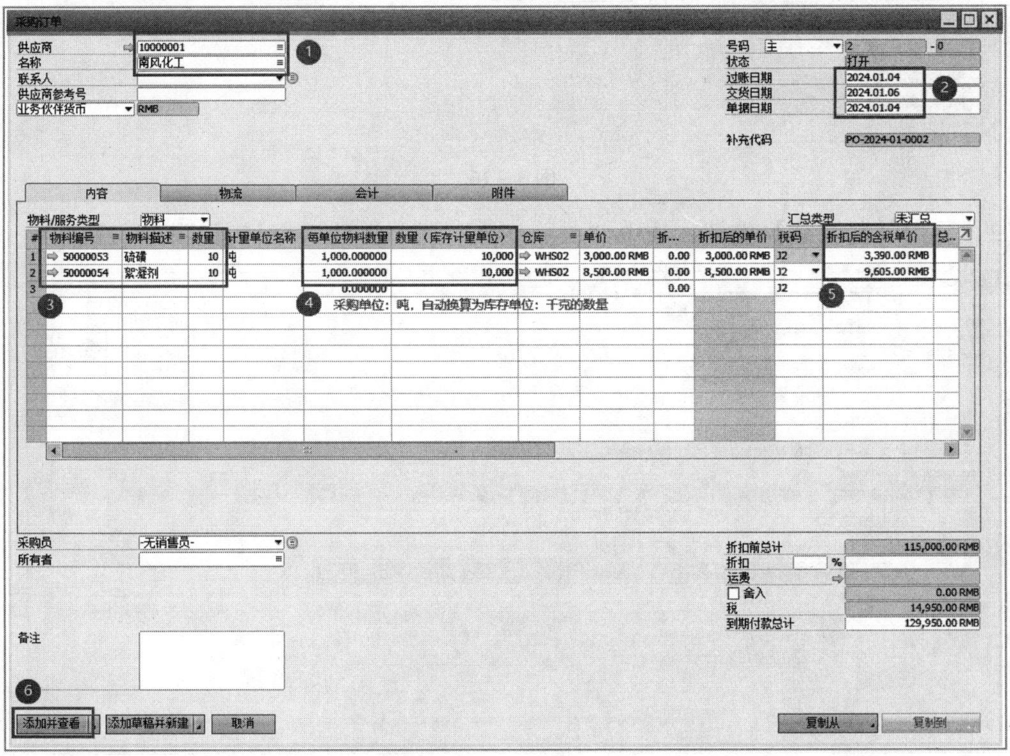


**图 3－15**

2. 创建预付款发票

（1）选择路径【采购—应付账款（P）】—【预付款发票】，打开“预付款发票”窗口，录入供应商，调整过账日期、交货日期、单据日期。

注意：如果在【采购—应付账款（P）】中没有“预付款发票”，需要单击工具栏中的表单设置图标，打开“表单设置—主菜单”窗口，在菜单项目列中，单击【全部展开】按钮，找到【采购—应付账款（P）】模块，勾选“预付款发票”，单击【更新】按钮保存。保存后，在主菜单中【采购—应付账款（P）】模块下就能看到预付款发票。如图 3－16 所示。

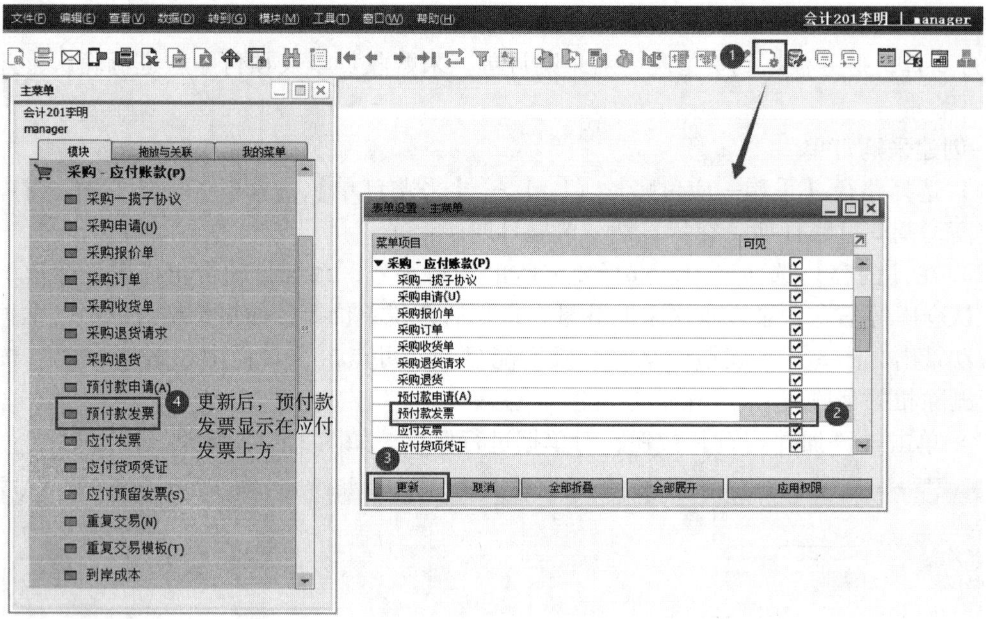


图 3 – 16

（2）使用【复制从】按钮，选中“采购订单”后单击【选择】。如图 3 – 17 所示。

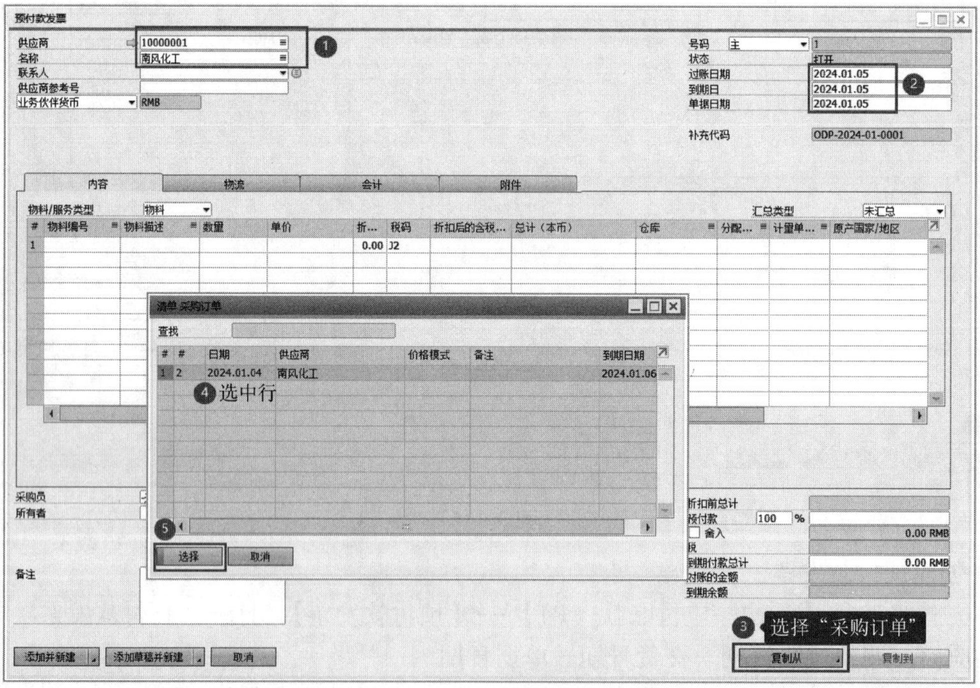


图 3 – 17

（3）在提取单据向导中，选择“提取所有数据（运费和代扣税）”并单击完成。

（4）系统从采购订单将全部数据复制到预付款发票。进行确认后，单击【添加并查看】按钮对单据进行保存。如图 3 – 18 所示。

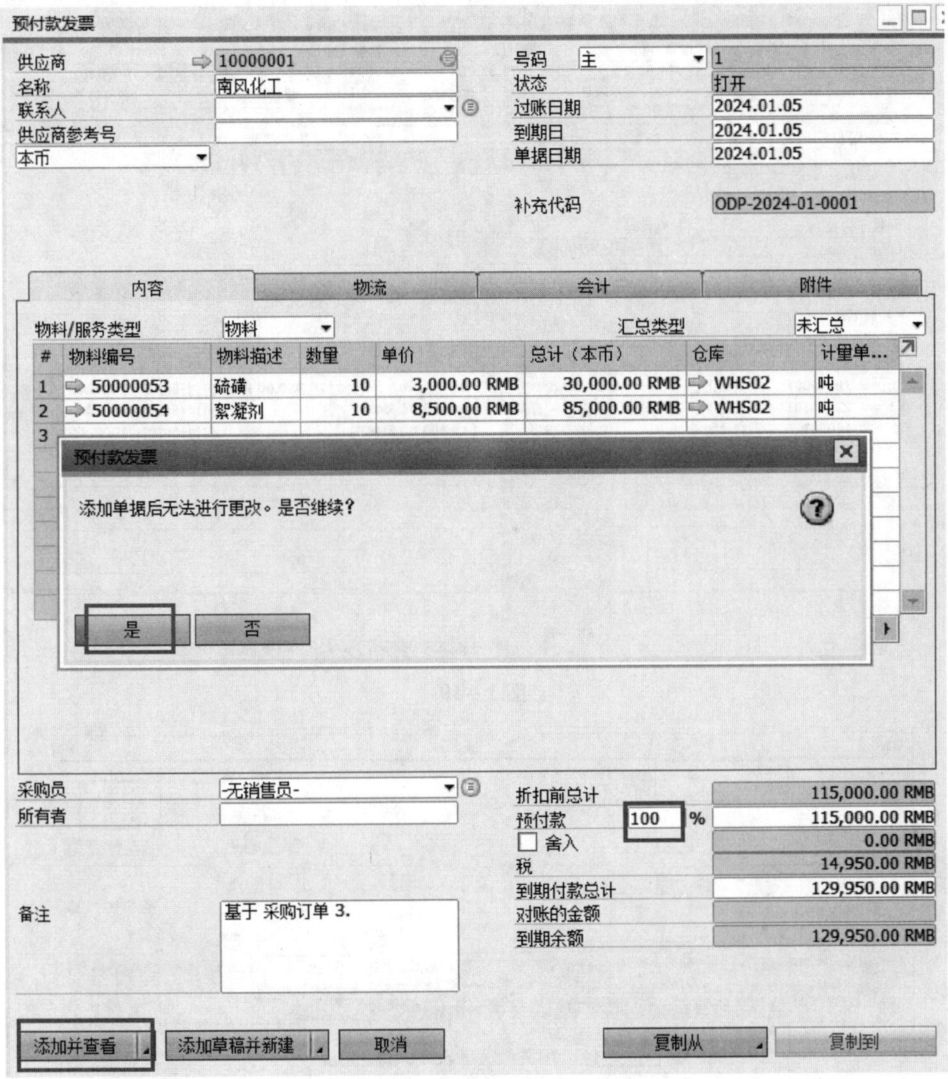


**图 3 – 18**

（5）查看已生成的日记账分录，如图 3 – 19 所示。

注意：如果预付款发票做错需要冲销，可打开新添加的预付款发票单据点击右下角【复制到】按钮，选择“应付贷项凭证”，系统会自动打开“应付贷项凭证”窗口，修改过账日期、到期日，点击【添加并查看】按钮保存。

3. 创建付款单

（1）选择路径【收付款业务】—【付款】，进入“付款”窗口，录入供应商，调整过账日期、到期日、单据日期，选中相应的预付款申请。

（2）单击应付总额后的付款方式图标  打开“付款方式”窗口。选择银行转账进行付款，总账科目选择 100203，录入转账日期 1 月 5 日，在总计中通过按 Ctrl + B 组合键录入付款总计，系统将自动填入“总金额”和“到期余额”栏数值，单击【确定】按钮。如图 3 – 20 所示。

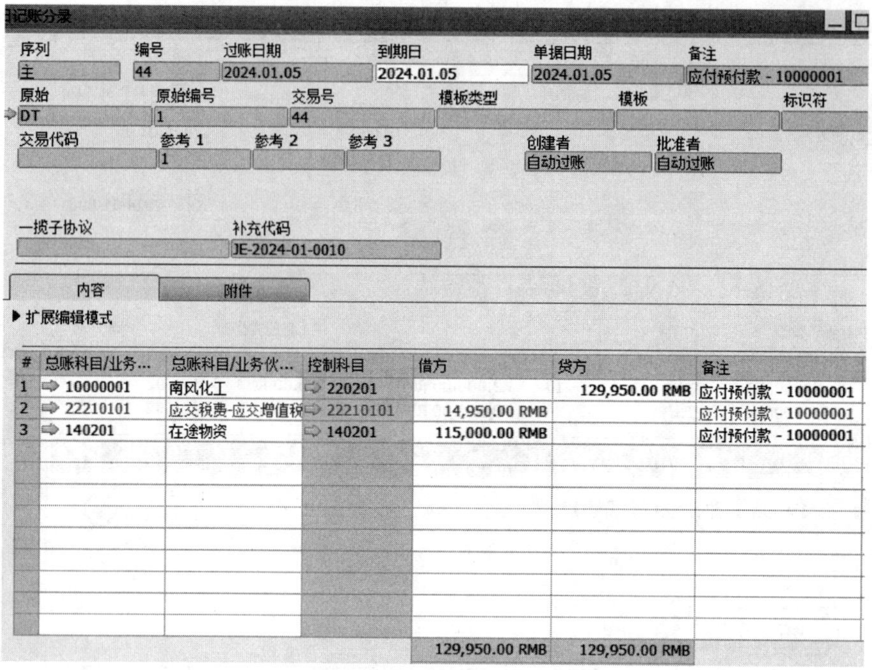


图 3-19

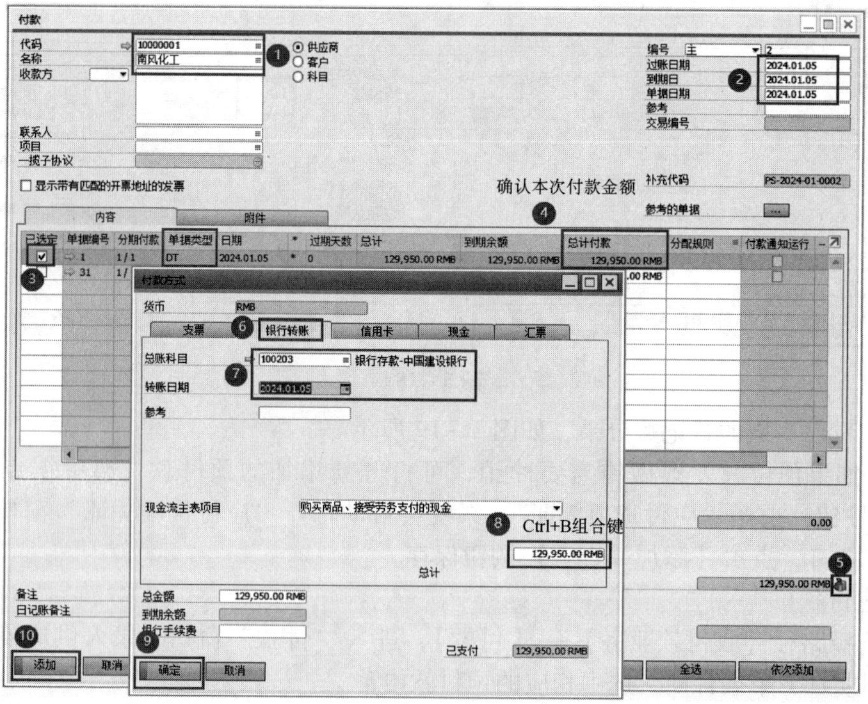


图 3-20

（3）系统出现提示信息“此类型单据包含较晚过账日期”，点击【继续】按钮，完成预付款发票的付款。

（4）系统出现提示信息“添加单据后无法进行更改。是否继续?”点击【添加】按钮。

（5）点击工具栏中的“最后一个数据记录”的绿色箭头，回到刚保存的收款单，点击“交易编号”后的黄色箭头，查看生成的日记账分录。如图 3－21 所示。

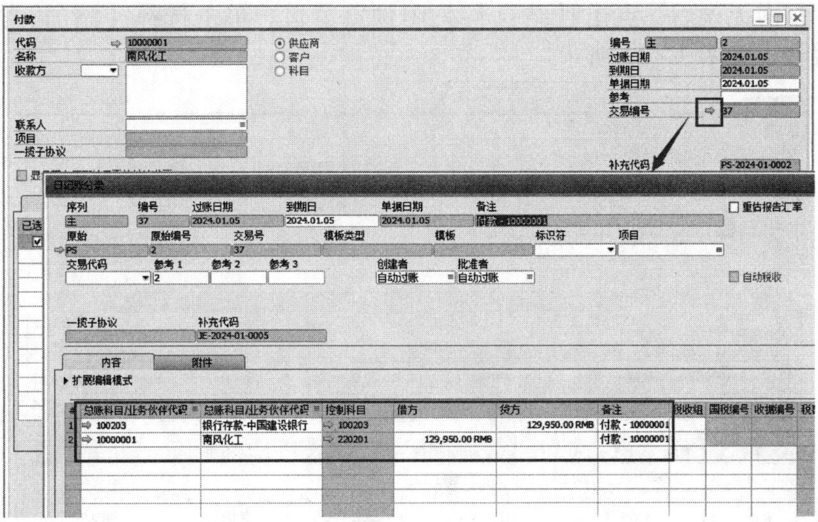


**图 3－21**

4. 创建采购收货单

（1）选择路径【采购—应付账款（P）】—【采购收货单】，打开“采购收货单”窗口。录入供应商，调整过账日期、到期日、单据日期。

（2）单击右下角的“复制从”按钮选择“采购订单”，打开“清单采购订单”窗口，选中采购订单双击单击【选择】按钮。如图 3－22 所示。

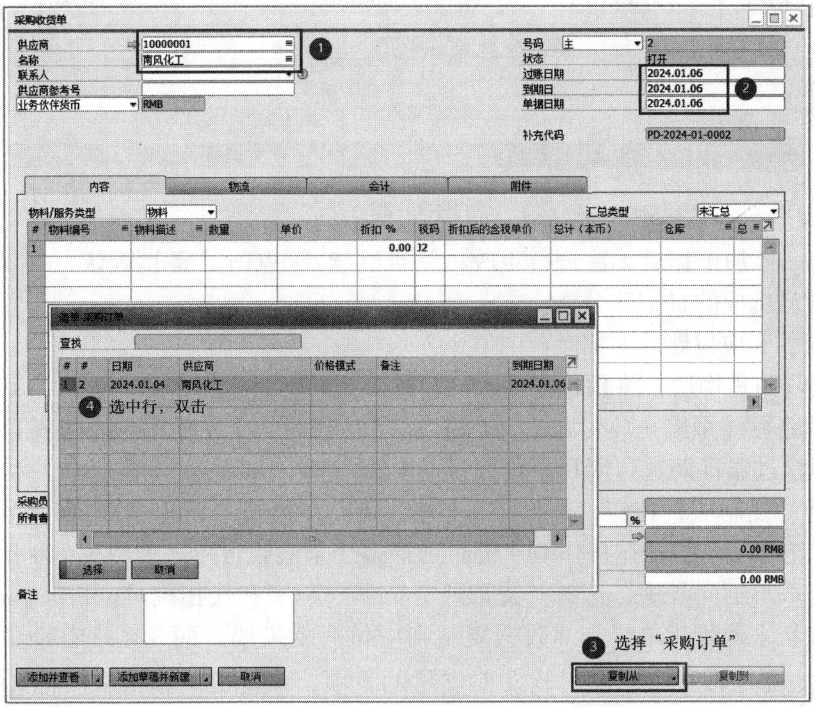


**图 3－22**

（3）在提取单据向导中，选择“提取所有数据（运费和代扣税）”并单击完成。

（4）采购订单上的物料及其数量将被复制到采购收货单，进行日记账分录核对，查看科目和金额，核对无误后，点击【结算】关闭预览窗口。单击选择【添加并查看】按钮，对单据进行保存。如图3－23所示。

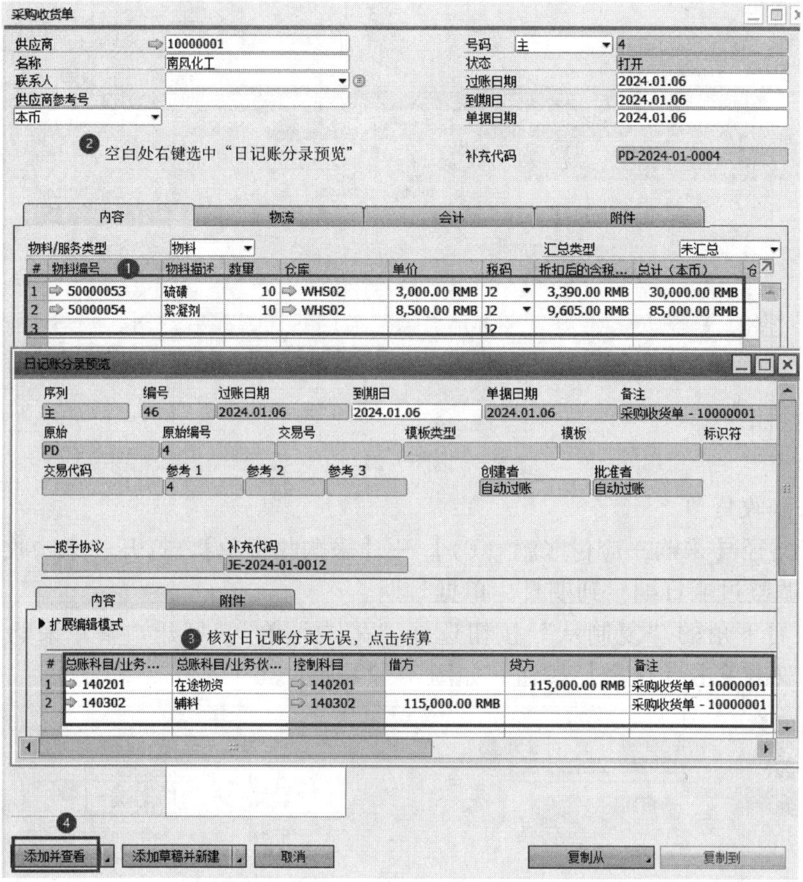


图3－23

系统提示“添加单据后无法进行更改，是否继续?”点击【是】确认。

（5）查看已生成的日记账分录。

5. 预付账款和应付账款对账

此步骤是收到货物后，将预付账款和应付账款进行对冲。

（1）选择路径【采购—应付账款（P）】—【应付发票】，打开“应付发票”窗口，录入供应商，调整过账日期、到期日、单据日期。

（2）使用【复制从】按钮，选择“采购收货单”，打开“清单 采购收货单”窗口，双击选中行进行选择。注意：在按住Ctrl键时选择多个采购收货单。如图3－24所示。

（3）在提取单据向导中，选择“提取所有数据（运费和代扣税）”并单击完成。

（4）系统从采购收货单将全部数据复制到应付账款发票，同时系统自动关联预付款金额。在预付款总额字段中显示预付款发票支付的款项，单击提取预付款图标 ...，查看预付款发票相关信息。如图3－25所示。

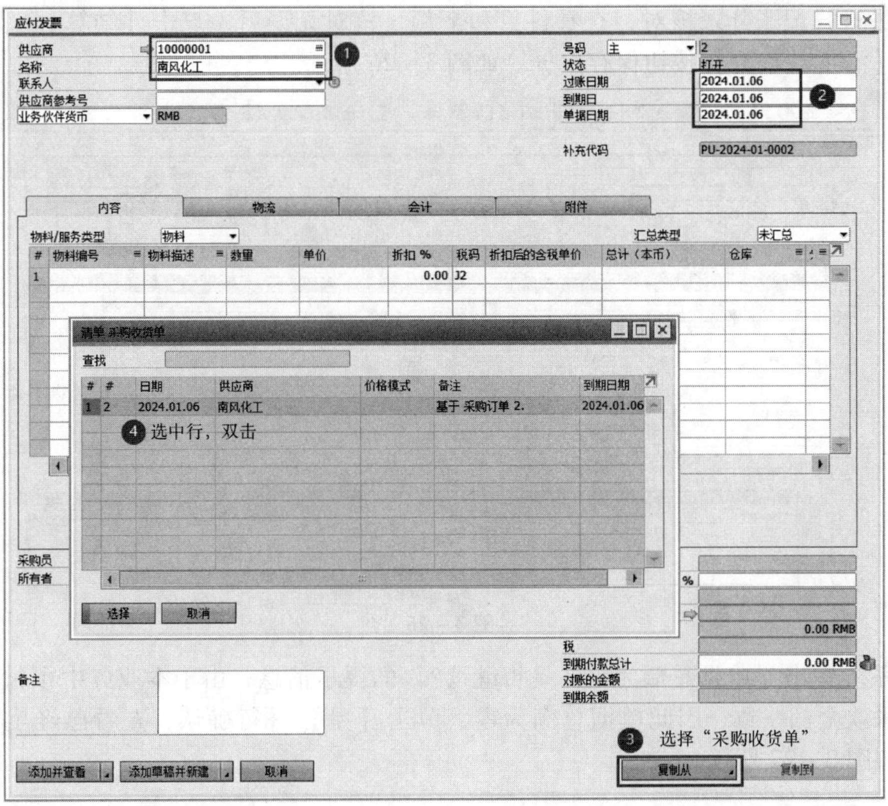
应付发票
供应商
10000001
名称
南风化工
选择“采购收货单”
复制从
选中行，双击
清单 采购收货单
2024.01.06
基于 采购订单 2.
PU-2024-01-0002

图 3－24

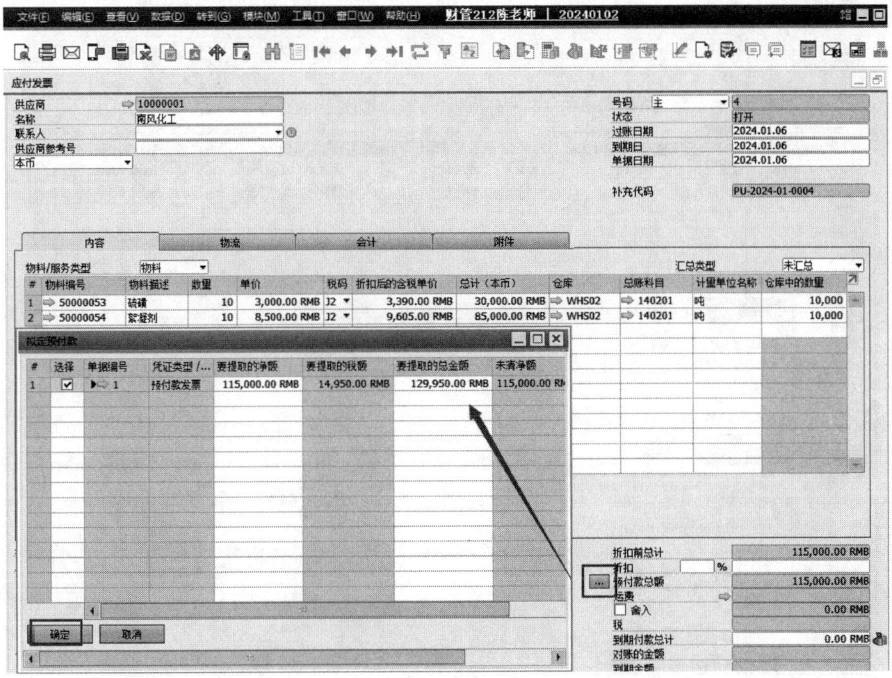
应付发票
拟定预付款
预付款发票
115,000.00 RMB
14,950.00 RMB
129,950.00 RMB
确定
取消
预付款总额

图 3－25

（5）进行日记账分录核对，查看科目和金额，核对无误后，点击【结算】关闭预览窗口。点击【添加并查看】按钮保存单据。如图 3－26 所示。

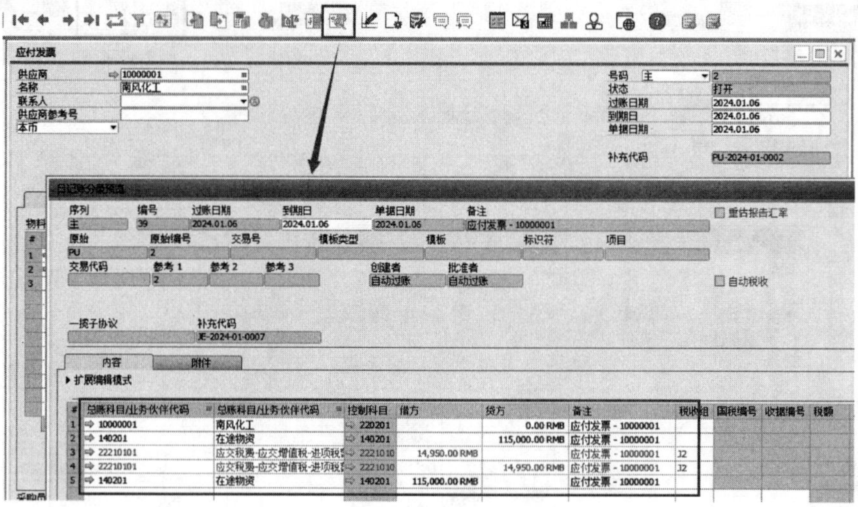


图 3－26

（6）系统弹出"单据总额为零。是否继续?"的提示信息，由于本业务中预付款发票金额与应付账款金额一致，因此单据总额为零，单击【是】进行确认，查看已经生成的日记账分录。如图 3－27 所示。

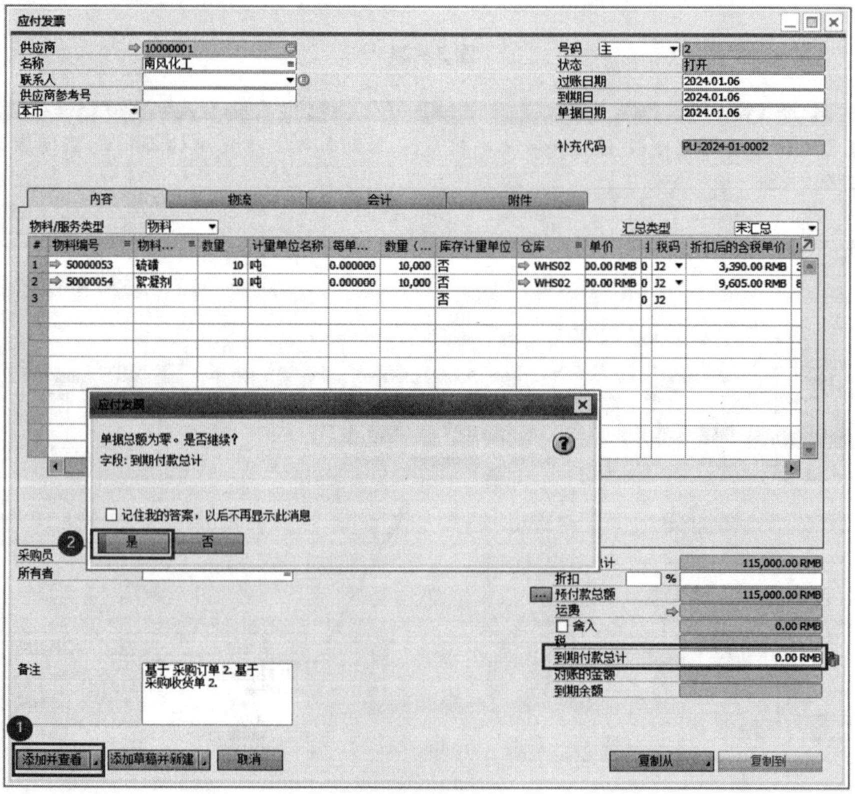


图 3－27

（7）系统弹出“添加单据后无法进行更改，是否继续?”的提示，单击【是】按钮继续保存。

6. 查看关系映射

保存成功后，点击“应付发票”窗口空白位置右击清单中选择“关系映射”，打开关系映射图，查看整个采购流程。如图 3－28 所示。

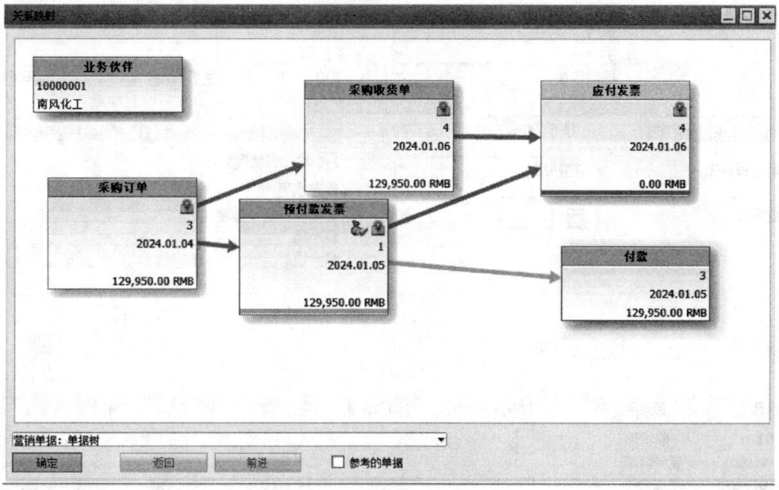


图 3－28

7. 核对库存

业务完成后，核对存货量和物料成本。在应付发票界面点击物料编号左侧的黄色箭头，跳转到硫磺物料主数据，点击【库存数据】选项卡，可以看到此时硫磺的存货量是 10000 千克，物料成本为 3 元/千克。如图 3－29 所示。

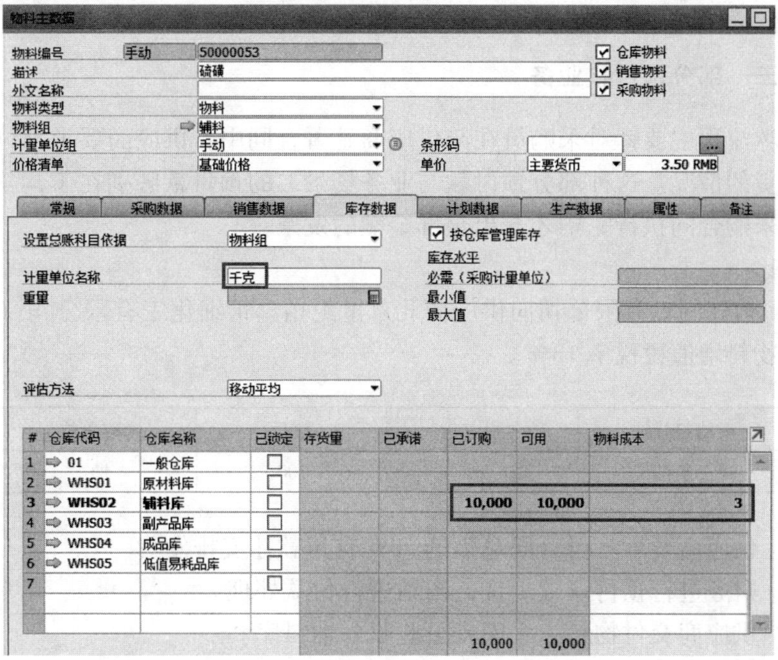


图 3－29

点击工具栏上的翻页按钮，直接翻到下一个絮凝剂的物料主数据，可以看到絮凝剂存货量为10000千克，物料成本为8.5元/千克。如图3-30所示。

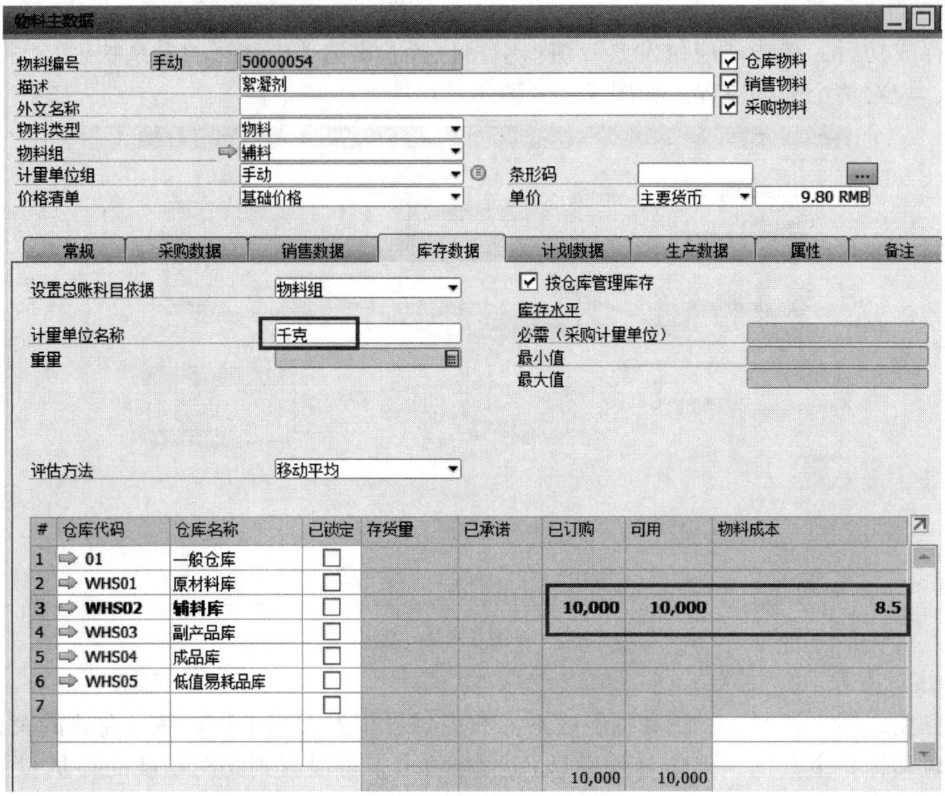

图3-30

**业务场景三 部分预付款业务**

采购预付款流程主要针对采购员在与供应商签署合同中，供应商要求预付一定金额的货款，才安排发货的情况。这种部分预付款与业务场景二的预付款区别在于，款项付出时供应商不开票，待采购合同执行完毕才开出全部金额的发票。

**业务描述：**

1月6日，榕江制糖有限公司向供应商北京世纪拓鑫精细化工有限公司（10000009）订购以下物料，物料增值税税率13%。

| 物料编号 | 物料描述 | 含税单价 | 数量 | 采购单位 | 到货日期 |
|---|---|---|---|---|---|
| 50000057 | 磷酸 | 226元/吨 | 100 | 桶 | 1月7日 |

1月6日，供应商要求支付合同总额的30%首付款才安排发货。

1月6日，财务进行预付账款确认，出纳进行付款处理。

1月7日，供应商交付物料，仓库人员验收入辅料库。

1月10日，财务收到供应商发票，根据到货情况，对采购订单、采购收货单及预付账款进行确认，并创建应付发票。

1 月 10 日，出纳支付尾款。

1. 创建采购订单

（1）选择路径【采购—应付账款（P）】—【采购订单】，打开“采购订单”窗口，录入供应商，调整过账日期、交货日期、单据日期。

（2）在【内容】选项卡中，录入物料编号，选择要采购的物料编号，系统自动带出描述、计量单位名称、默认仓库等信息。录入本次采购数量、折扣后含税单价等，如果价格清单中已维护，系统可自动带出。图 3－31 表格中某些字段不能显示，可点击工具栏中“表格设置”按钮勾选或者删除相关字段。

（3）单击【添加并查看】按钮，对单据进行保存。如图 3－31 所示。

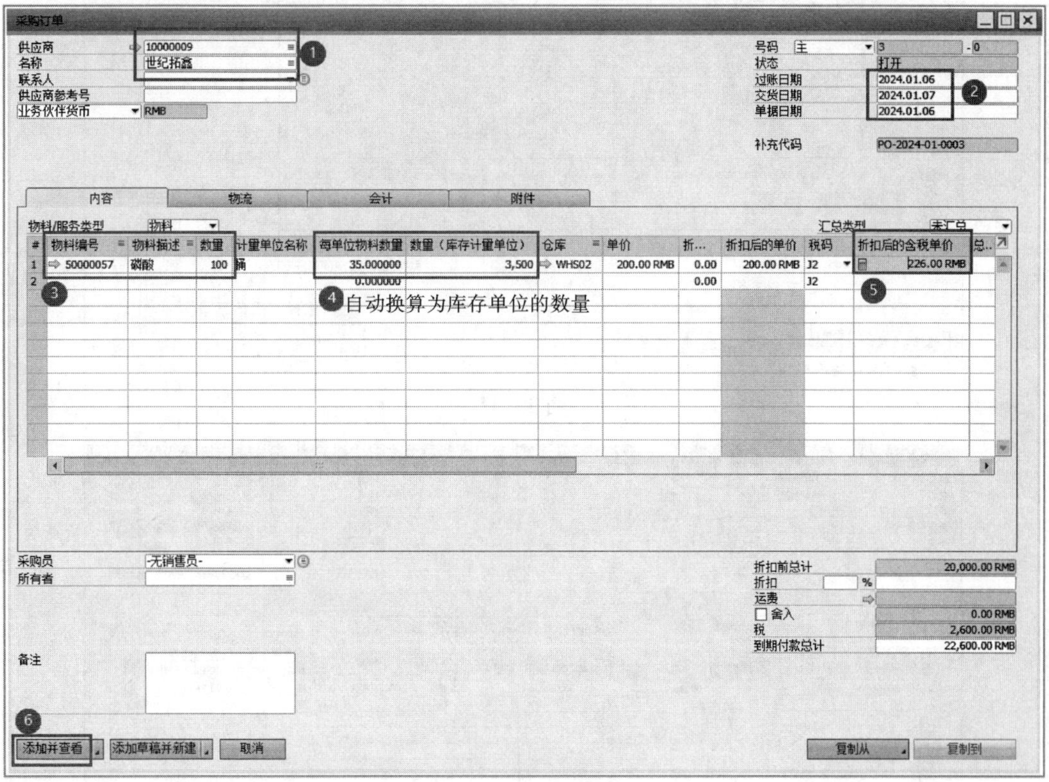


**图 3－31**

2. 创建预付款申请

（1）选择路径【采购—应付账款（P）】—【预付款申请】，打开“预付款申请”窗口，录入供应商，调整过账日期、到期日、单据日期。

（2）使用【复制从】按钮选择“采购订单”，在“清单采购订单”窗口中选中要付款的行，然后双击选择。如图 3－32 所示。

（3）在提取单据向导中，选择“提取所有数据（运费和代扣税）”并单击完成。

（4）系统从采购订单将全部数据复制到预付款申请。按照合同要求修改预付款比例为 30%，对单据进行保存。如图 3－33 所示。注意：此单据不产生日记账分录。

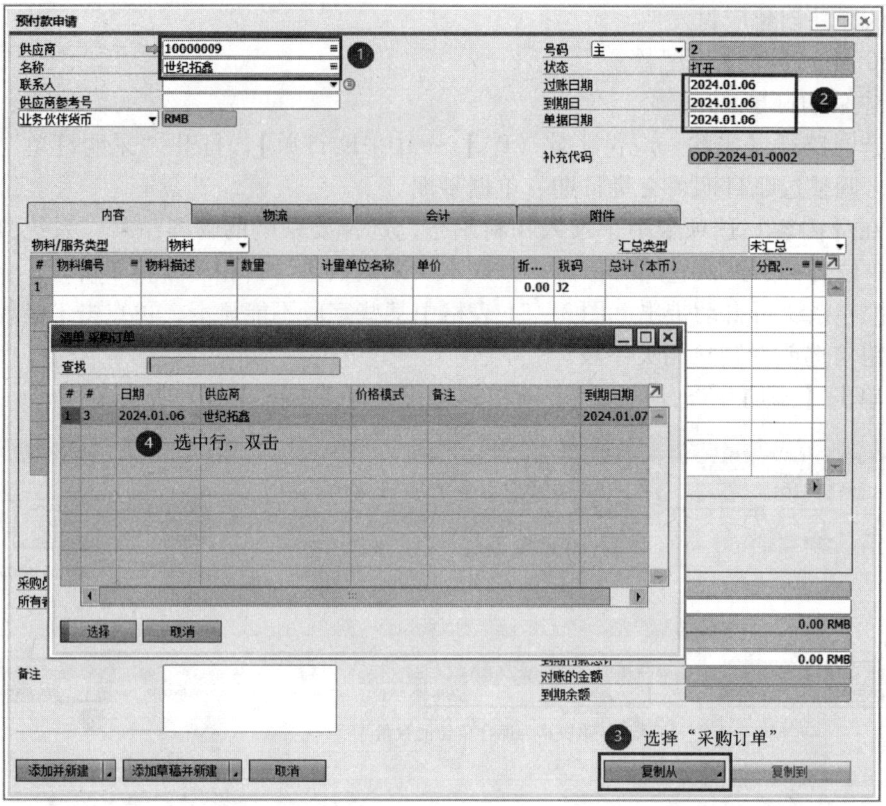
预付款申请
供应商 10000009
名称 世纪拓鑫
联系人
供应商参考号
业务伙伴货币 RMB
号码 主 2
状态 打开
过账日期 2024.01.06
到期日 2024.01.06
单据日期 2024.01.06
补充代码 ODP-2024-01-0002
内容
物流
会计
附件
物料/服务类型 物料
汇总类型 未汇总
# 物料编号 物料描述 数量 计量单位名称 单价 折... 税码 总计（本币） 分配...
1 0.00 J2
清单 采购订单
查找
# # 日期 供应商 价格模式 备注 到期日期
1 3 2024.01.06 世纪拓鑫 2024.01.07
选中行，双击
选择
取消
0.00 RMB
0.00 RMB
对账的金额
到期余额
备注
选择“采购订单”
添加并新建
添加草稿并新建
取消
复制从
复制到

图 3－32

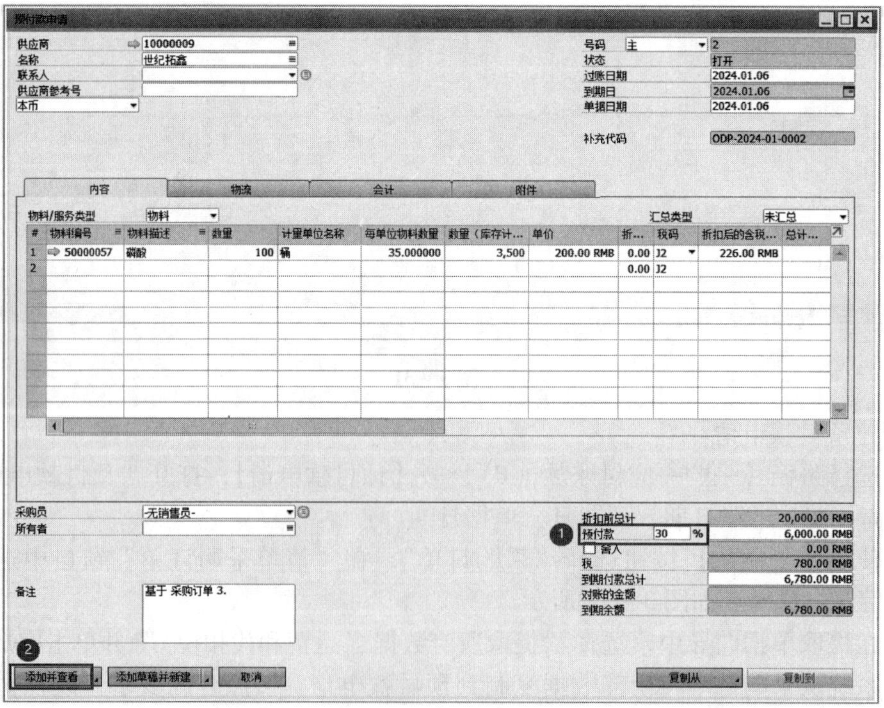
预付款申请
供应商 10000009
名称 世纪拓鑫
联系人
供应商参考号
本币
号码 主 2
状态 打开
过账日期 2024.01.06
到期日 2024.01.06
单据日期 2024.01.06
补充代码 ODP-2024-01-0002
内容
物流
会计
附件
物料/服务类型 物料
汇总类型 未汇总
# 物料编号 物料描述 数量 计量单位名称 每单位物料数量 数量（库存计... 单价 折... 税码 折扣后的含税... 总计...
1 50000057 硝酸 100 桶 35.000000 3,500 200.00 RMB 0.00 J2 226.00 RMB
2 0.00 J2
采购员 -无销售员-
所有者
备注 基于 采购订单 3.
折扣前总计 20,000.00 RMB
预付款 30 % 6,000.00 RMB
舍入 0.00 RMB
税 780.00 RMB
到期付款总计 6,780.00 RMB
对账的金额
到期余额 6,780.00 RMB
添加并查看
添加草稿并新建
取消
复制从
复制到

图 3－33

注意：如果添加时系统提示“没有定义预付款应收/应付科目”，需要打开对应的业务伙伴主数据，打开【会计】选项卡，对控制科目进行设置。如图 3－34 所示。

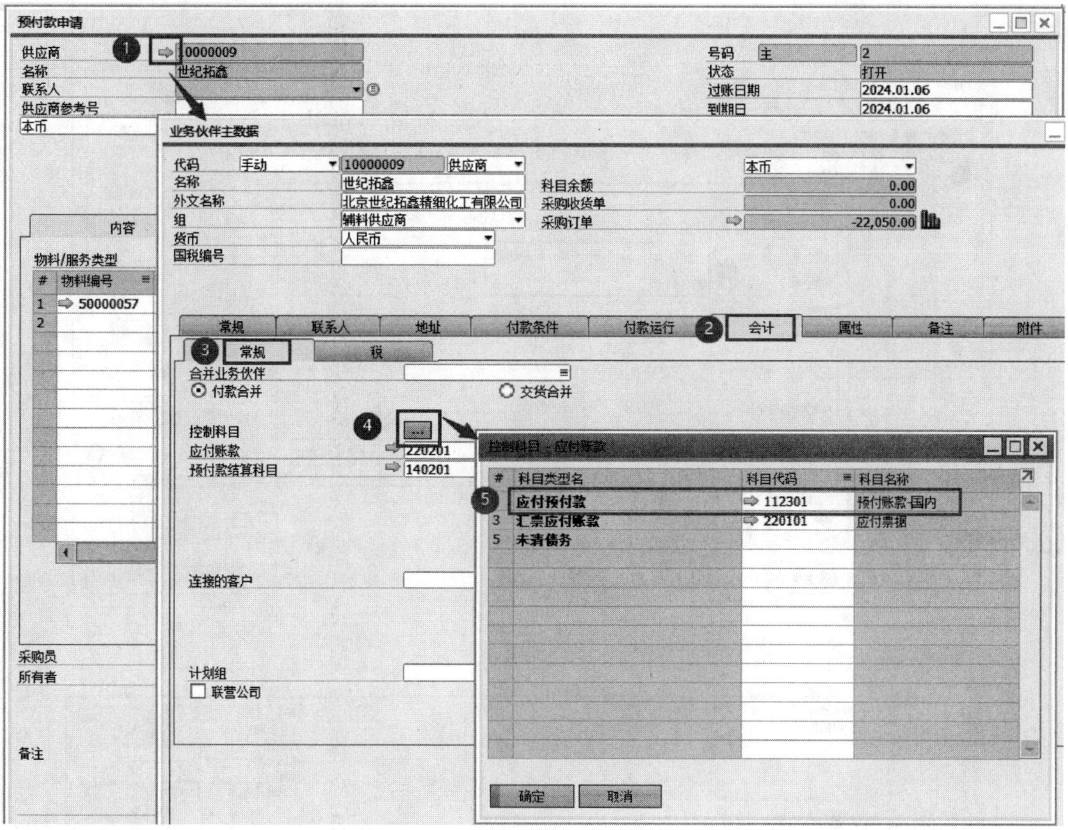


图 3－34

3. 创建付款单

（1）选择路径【收付款业务】—【付款】，进入“付款”窗口，录入供应商，调整过账日期、到期日、单据日期，选中相应的预付款申请。

（2）单击应付总额后的付款方式图标打开“付款方式”窗口。选择银行转账进行付款，总账科目选择 100203，录入转账日期 1 月 6 日，在总计中通过按 Ctrl + B 组合键录入付款总计，系统将自动填入“总金额”和“到期余额”栏数值，单击【确定】按钮。如图 3－35 所示。

（3）返回到“付款”窗口，单击【添加】按钮完成预付款申请的付款，系统弹出提示消息“添加单据后无法进行更改。是否继续?”点击【添加】进行确认。

（4）点击工具栏中的“最后一个数据记录”的绿色箭头，回到刚保存的收款单，点击“交易编号”后的黄色箭头，查看生成的日记账分录。如图 3－36 所示。

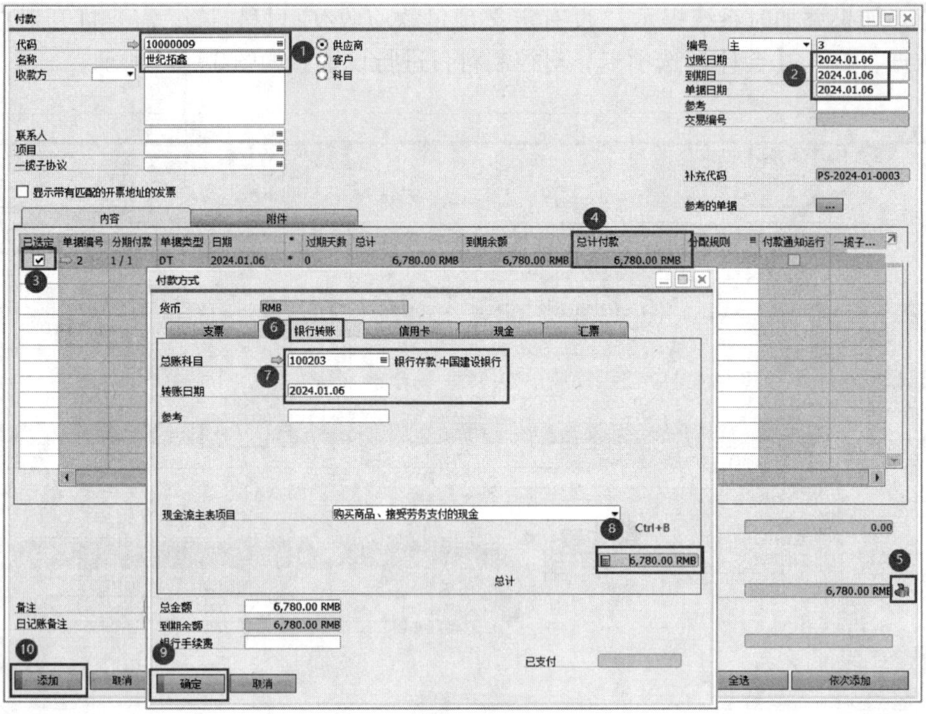

图 3 – 35

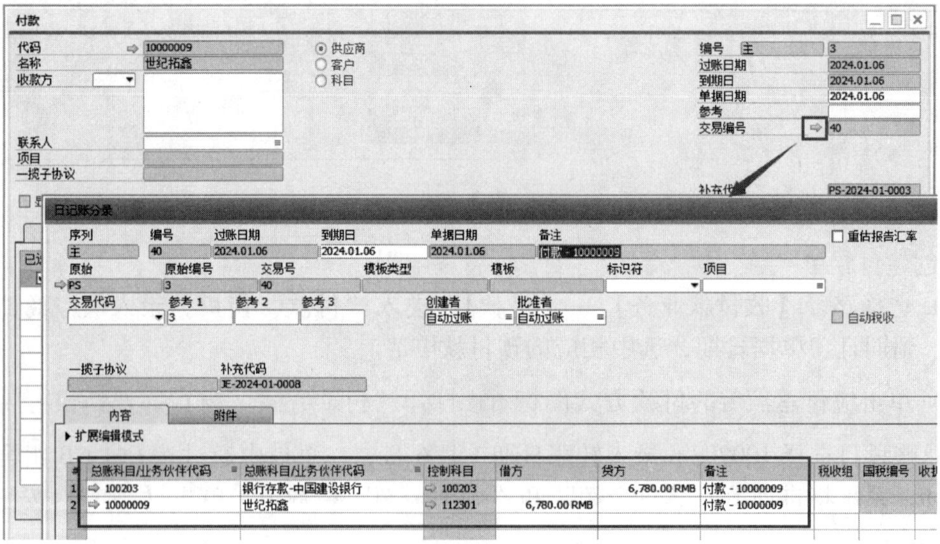

图 3 – 36

4. 创建采购收货单

（1）选择路径【采购—应付账款（P）】—【采购收货单】，打开“采购收货单”窗口，录入供应商、调整过账日期、到期日、单据日期。

（2）单击右下角的【复制从】按钮选择“采购订单”，打开“清单 采购订单”窗口，选择采购订单。

（3）在提取单据向导中，选择“提取所有数据（运费和代扣税）”并单击完成。

（4）采购订单上的物料及其数量将被复制到采购收货单，进行日记账分录核对，查看科目和金额，核对无误后，点击【结算】关闭预览窗口。如图 3－37 所示。

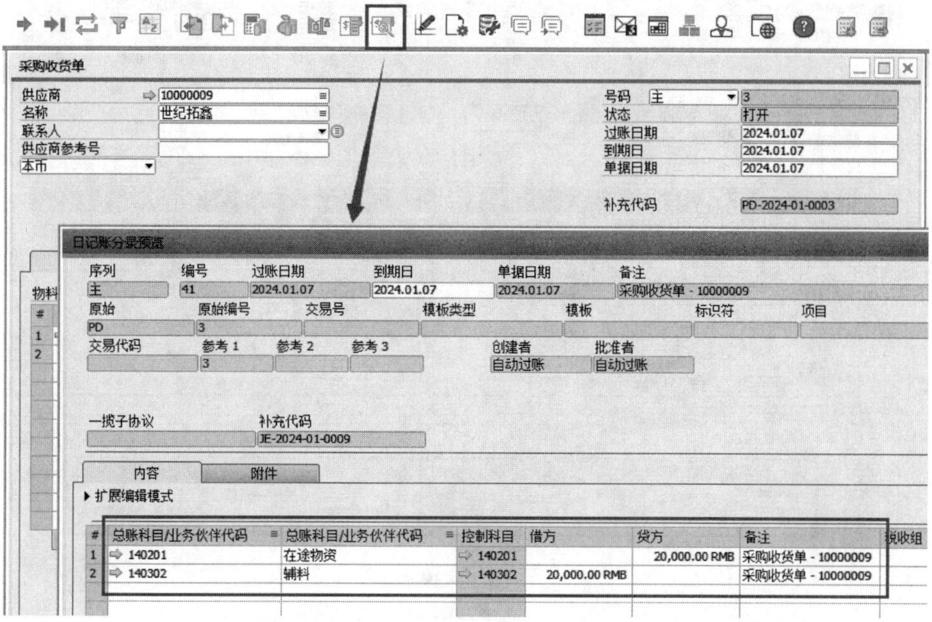

**图 3－37**

（5）核对无误后，返回采购收货单，再次确认“数量（库存计量单位）”栏数据为 3500 千克，单击【添加并查看】按钮，对单据进行保存。如图 3－38 所示。

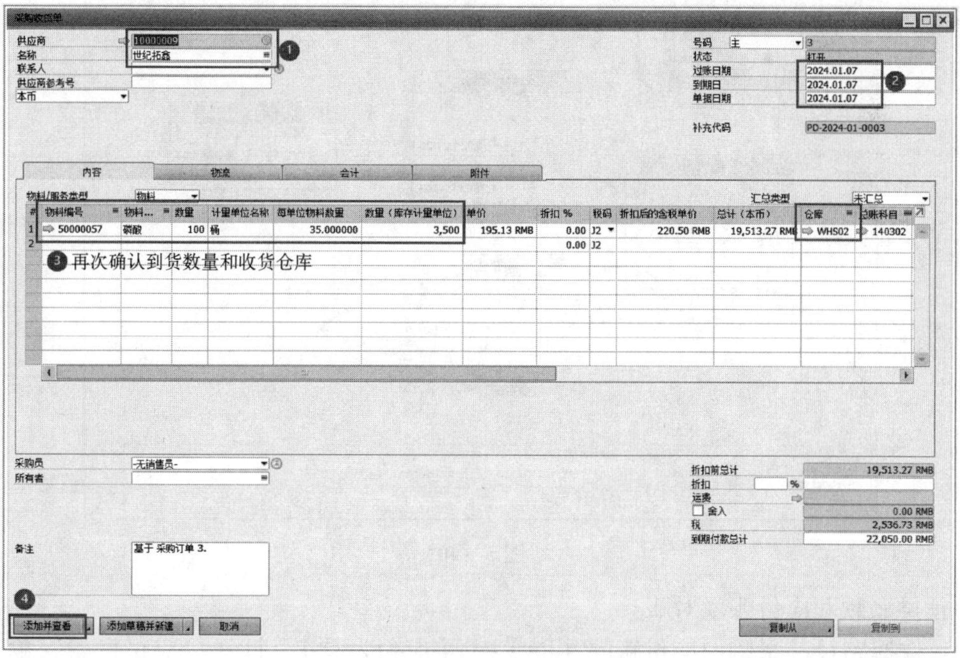
再次确认到货数量和收货仓库

**图 3－38**

（6）在“采购收货单”窗口，查看生成的日记账分录。如图 3－39 所示。

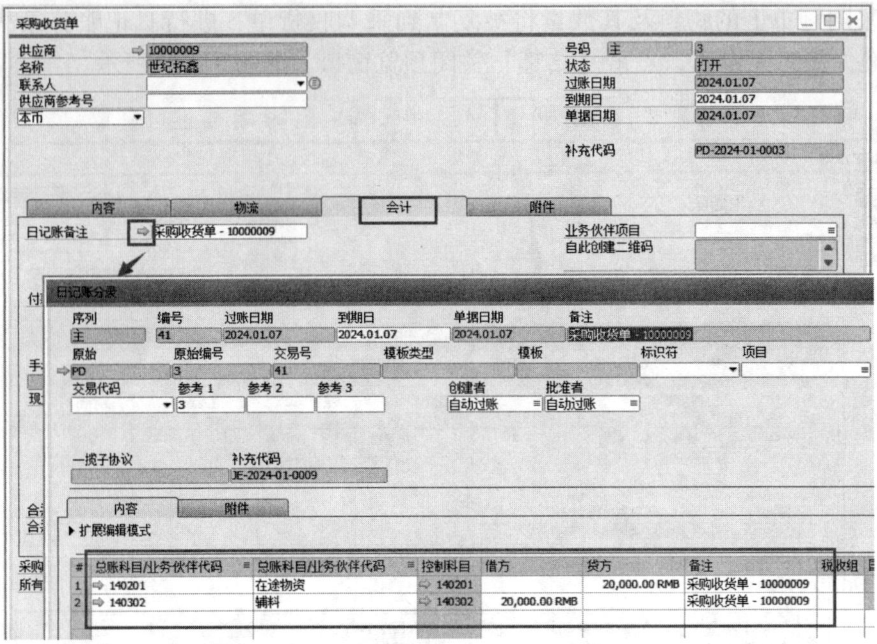


图 3－39

（7）在“采购收货单”窗口空白位置右击，在出现清单中点击“关系映射”，查看采购流程。如图 3－40 所示。

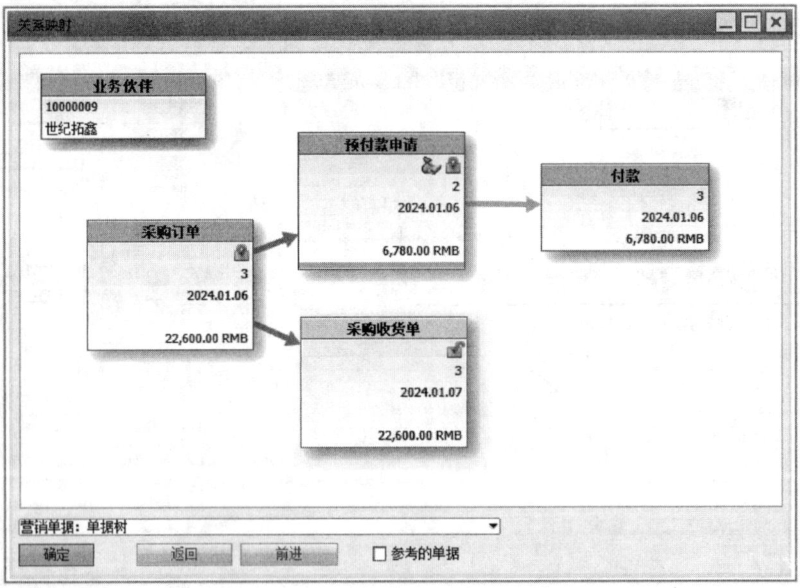


图 3－40

5. 预付账款和应付账款对账

（1）选择路径【采购—应付账款（P）】—【应付发票】，打开“应付发票”窗口，录入供应商，修改过账日期、到期日、单据日期。

（2）使用【复制从】按钮，选择“采购收货单”，在“清单 采购收货单”窗口中，选中对应行，双击【选择】。如图 3－41 所示。

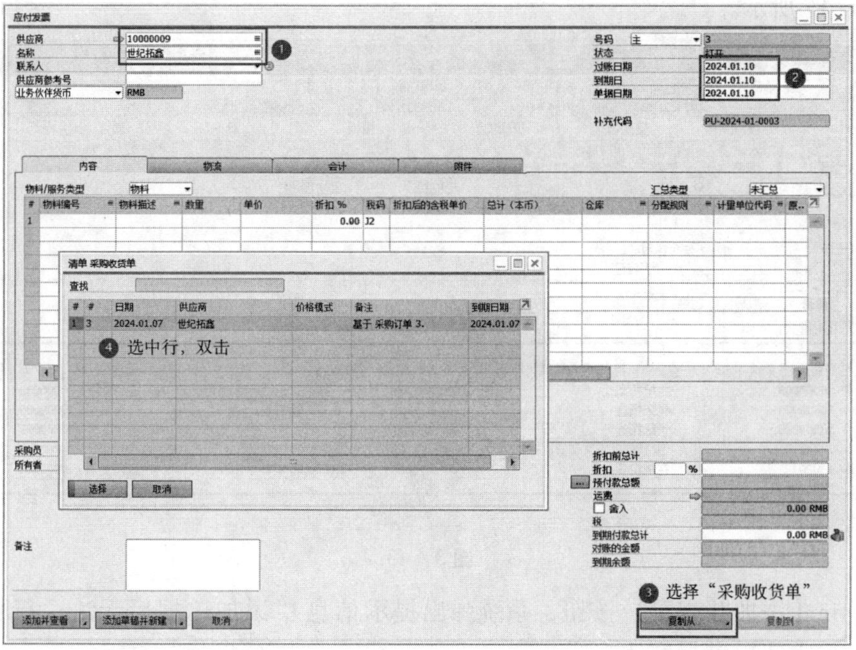


图 3－41

（3）在提取单据向导中，选择“提取所有数据（运费和代扣税）”并单击完成。

（4）系统从采购收货单将全部数据复制到应付账款发票。在预付款总额字段中显示基于预付款申请支付的款项，单击提取预付款图标 ...，查看预付款相关信息。如图 3－42 所示。

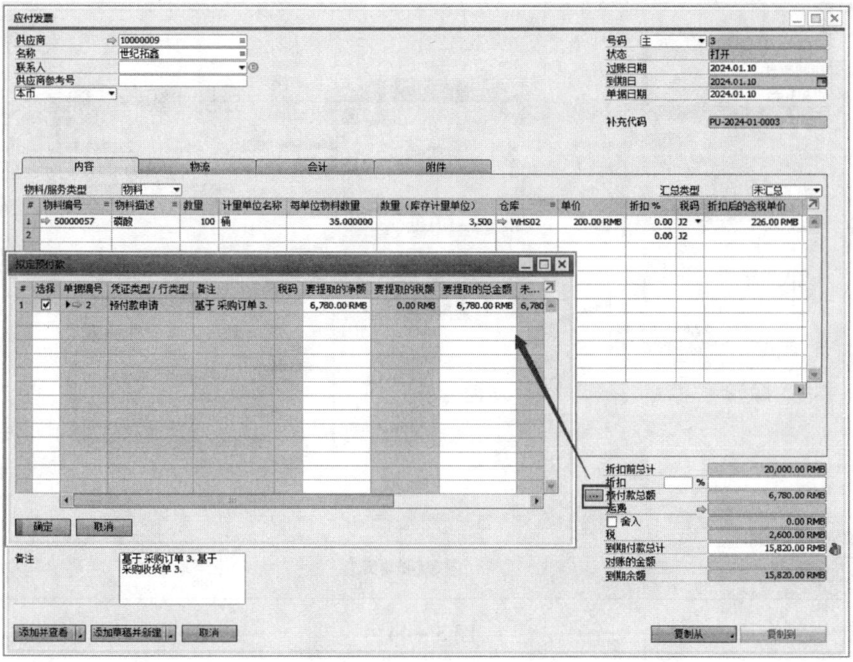


图 3－42

（5）进行日记账分录核对，查看科目和金额，核对无误后，点击【结算】关闭预览窗口。如图 3－43 所示。

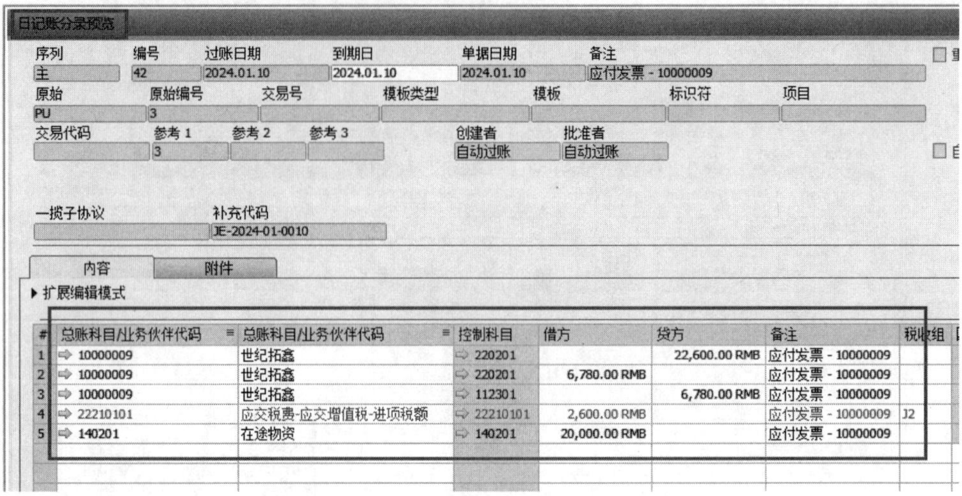


图 3－43

（6）单击【添加并查看】按钮，系统弹出提示信息“添加单据后无法进行更改。是否继续?”，单击【是】进行确认。

（7）点击应付发票空白位置，右击选择“关系映射”，打开关系映射图，查看整个采购流程。此时，应付发票为未清单据，所以锁头为打开状态，尾款支付后，系统将进行结算。如图 3－44 所示。

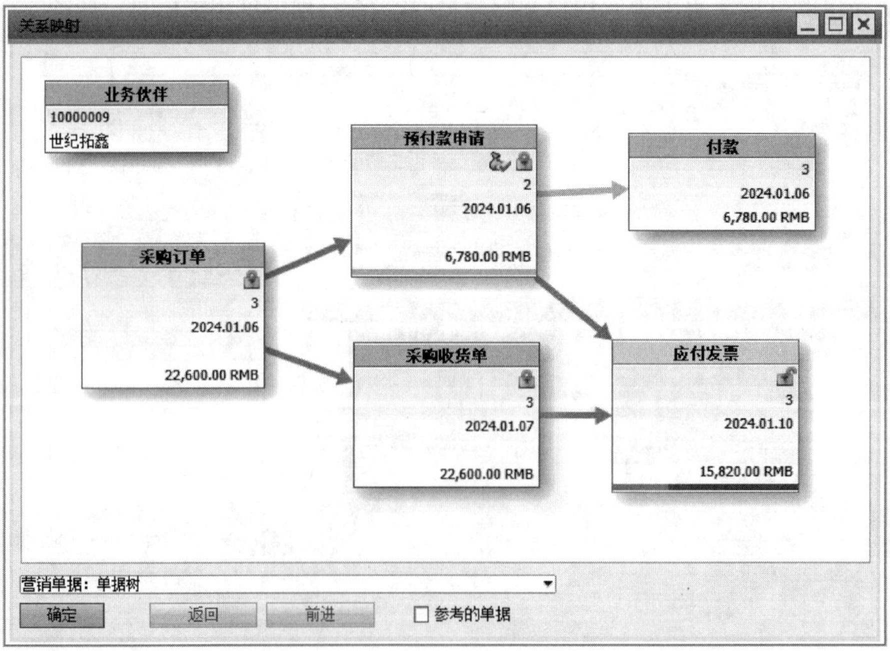


图 3－44

（8）查看已生成的日记账分录。如图 3－45 所示。

图 3－45

注意：此业务场景针对预付款时未收到供应商发票的情况。

6. 创建付款

（1）选择路径【收付款业务】，打开“付款”窗口。录入供应商，修改过账日期、到期日、单据日期。

（2）单击应付总额后的付款方式图标，打开“付款方式”窗口。通过银行转账进行付款，总账科目选择 100203，录入转账日期 110，通过按 Ctrl + B 组合键录入付款总计，系统将自动填入“总金额”和“到期余额”栏数值，单击【确定】。如图 3－46 所示。

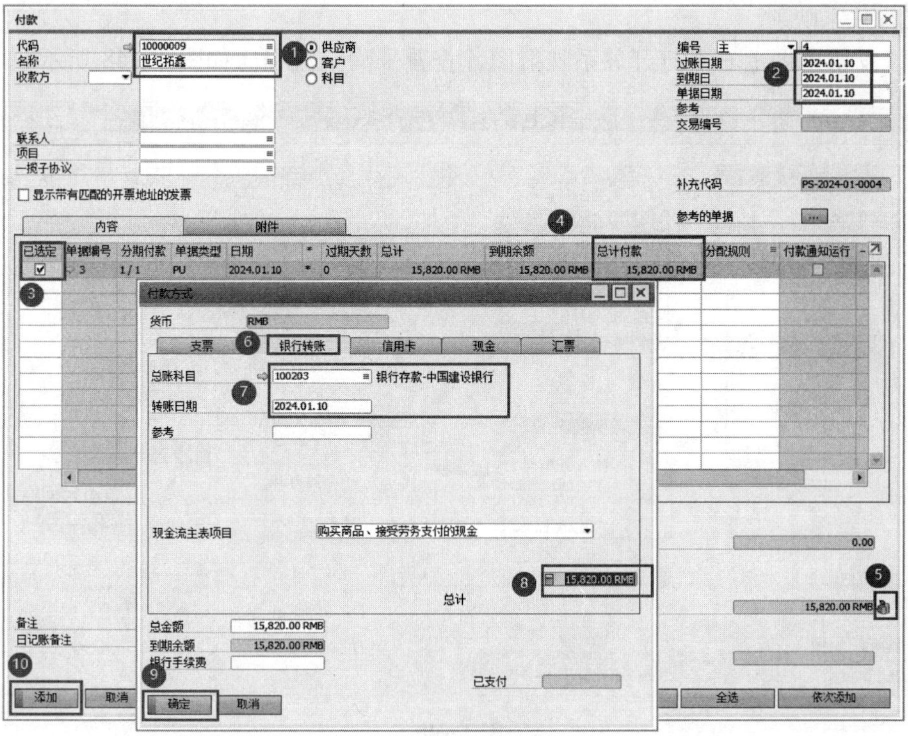


图 3－46

（3）返回到“付款”窗口，单击【添加】完成应付发票的付款，系统弹出提示信息“添加单据后无法进行更改。是否继续?”点击【添加】进行确认。

（4）点击工具栏中的“最后一个数据记录”的绿色箭头，回到刚保存的收款单，点击“交易编号”后的黄色箭头，查看生成的日记账分录。如图 3－47 所示。

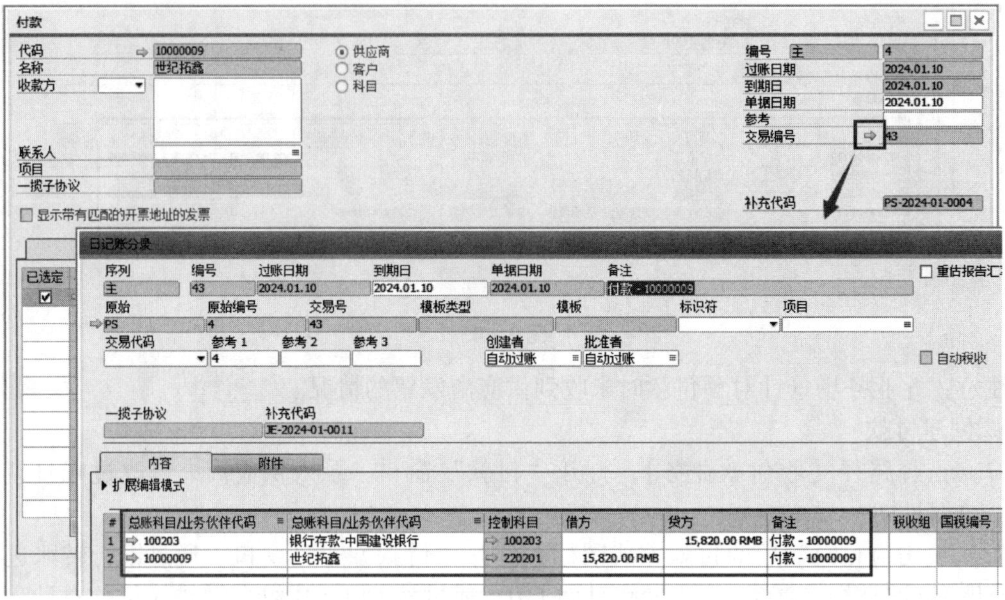


图 3－47

7. 查看关系映射

在应付发票单据上右击打开关系映射图，查看采购全流程。如图 3－48 所示。

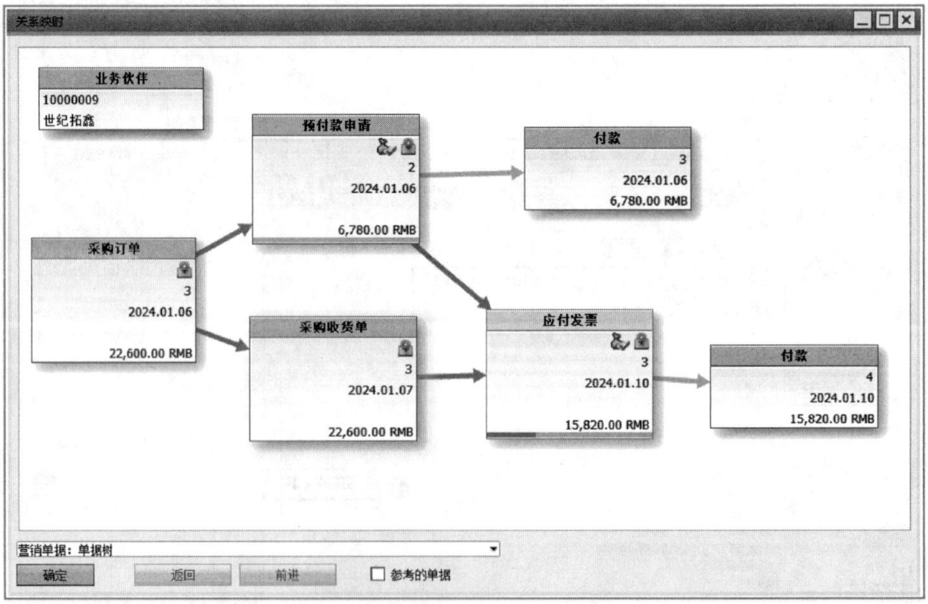


图 3－48

8. 核对库存

业务完成后，核对存货量和物料成本。在应付发票界面点击物料编号左侧的黄色箭头，跳转到磷酸的物料主数据，点击【库存数据】选项卡，可以看到此时磷酸的存货量是3500千克，物料成本为5.71元/千克。

## 业务场景四　紧急订单业务

对于紧急订单业务，为节省时间和工作量，可以省去采购申请、采购订单、采购收货单等流程，直接创建应付账款发票。系统将自动在后台过账交货并完成相关财务分录。

**业务描述：**

1月6日，采购员向供应商北京凌云建材化工有限公司（10000008）订购以下物料，并于当天收到物料及发票，物料增值税税率13%。

| 物料编号 | 物料描述 | 含税单价 | 数量 | 采购单位 | 到货日期 |
|---|---|---|---|---|---|
| 50000052 | 石灰（氧化钙） | 587.60元/吨 | 10 | 吨 | 1月6日 |

录入供应商10000008并将当前日期1月6日选为到期日。然后在应付账款发票中录入相关物料及其数量。

1. 创建应付发票

（1）选择路径【采购—应付账款（P）】—【应付发票】，打开"应付发票"窗口。录入供应商，修改过账日期、到期日、单据日期。系统如提示为非工作时间，可以点击【是】继续进行相关操作。

（2）在【内容】选项卡中，选择要采购的物料编号，系统会自动带出物料描述、默认仓库等信息，录入到货数量10，录入折扣后的含税单价，系统会自动计算总计、税额、含税总计等信息。如图3-49所示。

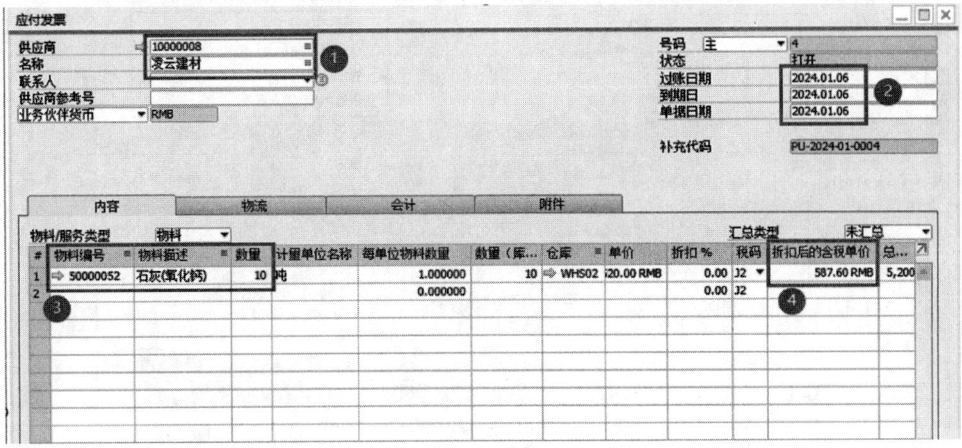

图3-49

（3）进行日记账分录核对，查看科目和金额，核对无误后，点击【结算】关闭预览窗口。

（4）单击【添加并查看】按钮，系统提示"尚未过账收货/交货。是否继续?"选择

【是】进行确认。

（5）查看已生成的日记账分录。如图 3－50 所示。

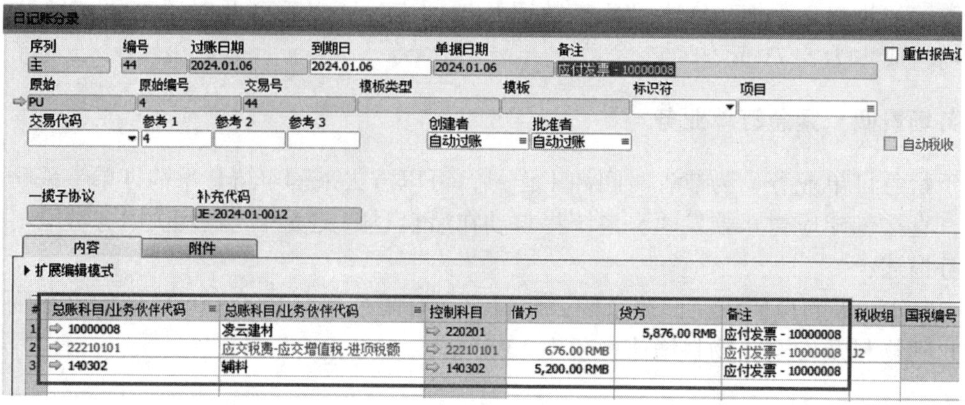


**图 3－50**

2. 进行内部对账

（1）选择路径【业务伙伴】—【业务伙伴主数据】，打开“业务伙伴主数据”窗口，在名称（简称）栏录入“＊凌云＊”，点击【查找】按钮。系统跳出凌云建材的主数据。

（2）单击科目余额处的黄色箭头，打开“科目余额”窗口，然后取消右上角所有勾选，查看明细信息。如图 3－51 所示。

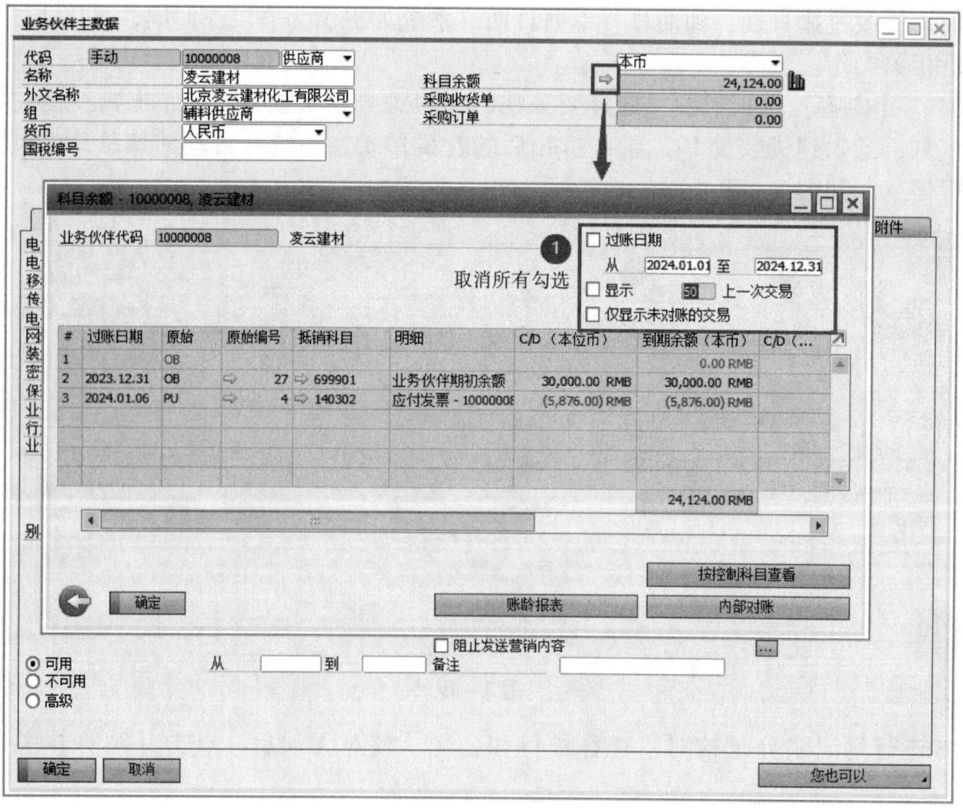


**图 3－51**

（3）单击【内部对账】按钮，打开“内部对账”窗口，由于客户期初有余额为30000元，本次对账金额为5876元，因此需要手动修改期初余额对账金额为5876，使对账金额合计为0，然后单击【对账】按钮。如图3－52所示。

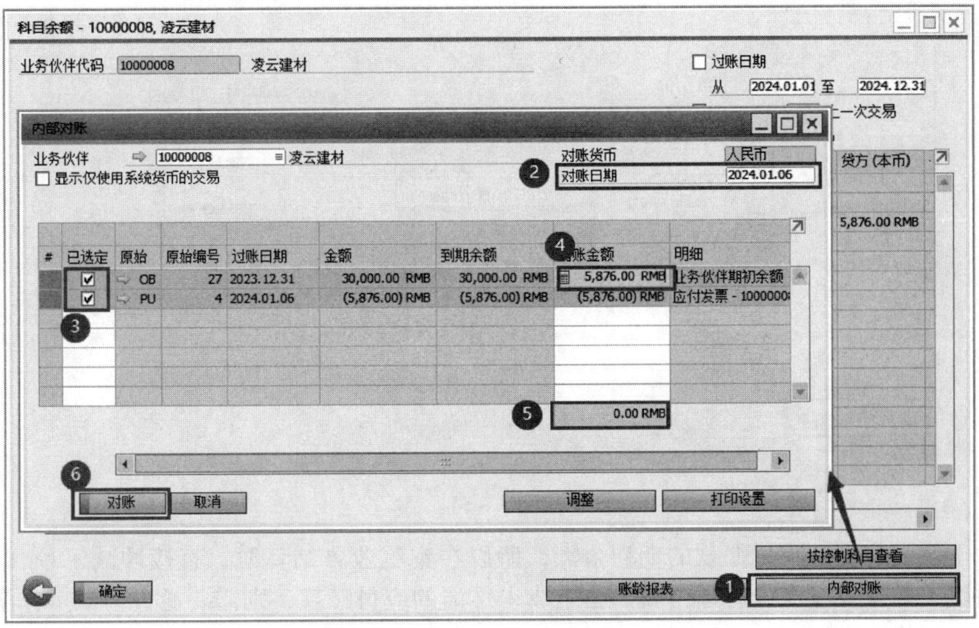


图3－52

（4）系统跳出提示信息“是否针对所选交易对账?”单击【是】完成对账。

（5）对账完成后，到期余额更改为24124元。如图3－53所示。

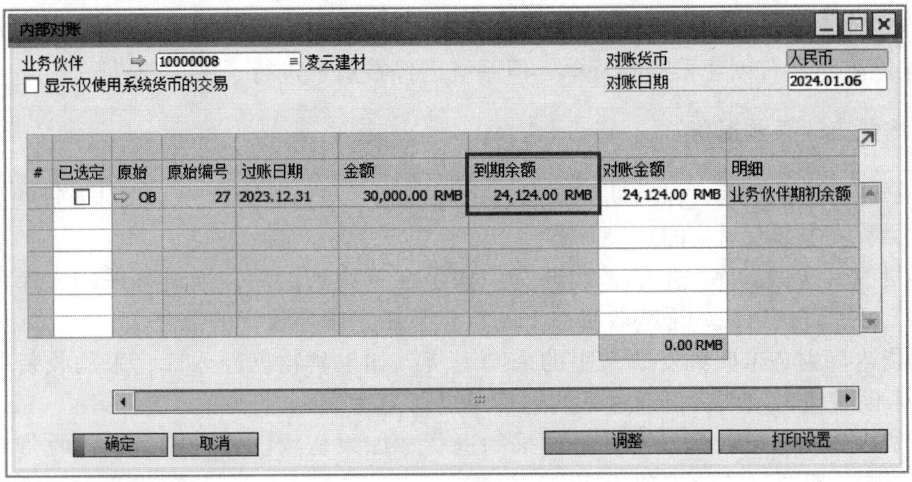


图3－53

3. 查看关系映射

在“科目余额”窗口中，通过原始编号列黄色箭头，重新打开应付发票，在“应付发票”窗口中右击打开“关系映射”，选择【营销单据：过账明细】，查看单据与内部对账之间的关联关系。如图3－54所示。

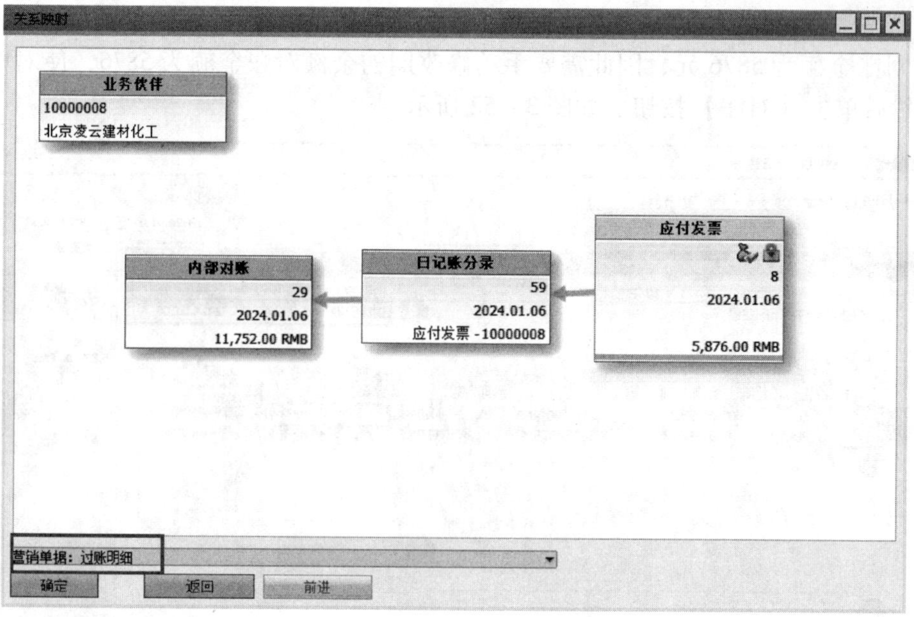


图 3－54

由于该供应商有预付账款的期初余额，所以在本笔业务结算时，直接冲减了预付账款，没有付款。如果供应商没有预付款，会生成未结清的应付账款，则需要通过付款操作实现对供应商的结算。

4. 核对库存

业务完成后，核对存货量和物料成本。在应付发票界面点击物料编号左侧的黄色箭头，跳转到石灰（氧化钙）的物料主数据，点击【库存数据】选项卡，可以看到业务发生前存货量为 1000 吨，物料成本为 500 元/吨，业务发生后存货量为 1010 吨，物料成本为 500. 20 元/吨。这笔虽然没有创建采购收货单，但系统已经在后台进行了库存的过账。

## 业务场景五　采购退货

由于原材料质量问题、保质期等原因，企业可能会发生退货业务，针对退货业务发生的不同情况，系统中都有对应的解决方案。

（1）货收到未做入库发生的采购退货。如果在货物到达后，未进行采购入库就发生了部分退货，可以直接退回，采购收货单上的数量只录入确定收货的部分。

（2）货入库财务未收到发票发生的采购退货。如果货物已经入库，采购收货单已经创建，但尚未创建应付发票，可通过采购退货单进行退货。

（3）货入库财务已收到发票发生的采购退货。如果货物已经入库，采购收货单和应付发票均已创建，可通过应付贷项凭证进行退货。

（4）货款结清后发生质量问题发生的采购退货。此情况整个采购流程已经结束，可直接发起采购退货单，进行退货。

**业务描述：**

1 月 10 日，采购员向供应商广西南宁育才药用包装材料有限公司（10000016）采购以下包装袋，物料增值税税率 13%。

| 物料编号 | 物料描述 | 含税单价 | 数量 | 采购单位 | 到货日期 |
|---|---|---|---|---|---|
| 60000001 | 大包装袋 50kg 用 | 1.13 元/个 | 80000 | 个 | 1 月 11 日 |
| 60000002 | 小包装袋 20g 用 | 0.226 元/个 | 50000 | 个 | 1 月 11 日 |

1 月 11 日，收到供应商运送的包装袋，仓库人员进行验收入库。

1 月 12 日，仓库反映有部分大包装袋存在质量问题，数量 1000 个，要求退货给供应商。

1 月 13 日，财务部收到供应商开具的专用发票，进行采购结算。

1 月 14 日，仓库在进行生产备料过程中，发现 10000 个小包装袋存在质量问题，仓库发起采购退货请求，采购部进行确认后，联系供应商协商退货。

1 月 14 日，仓库根据审批后的采购退货请求，进行退货。

1. 创建采购订单

（1）选择路径【采购—应付账款（P）】—【采购订单】，打开“采购订单”窗口，录入供应商，调整过账日期、交货日期、单据日期。

（2）在【内容】选项卡中，选择要采购的物料编号，系统自动带出描述、默认仓库等信息。录入本次采购数量、折扣后含税单价等，如果价格清单中已维护，系统可自动带出。图 3－55 表格中某些字段不能显示，可点击工具栏中“表格设置”按钮勾选或者删除相关字段。

（3）单击【添加并查看】按钮，对单据进行保存。如图 3－55 所示。

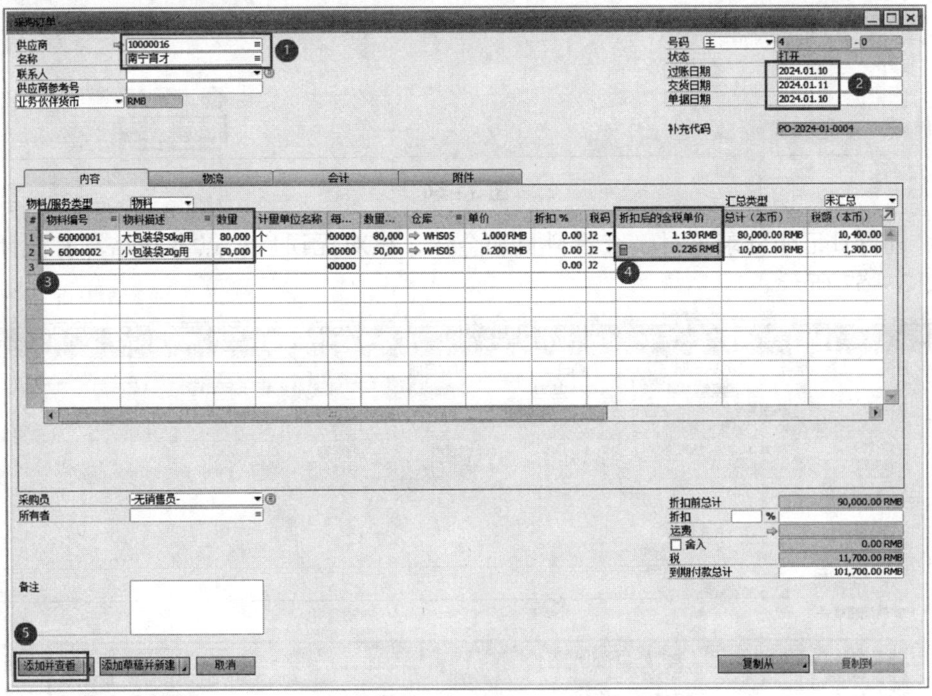


**图 3－55**

2. 创建采购收货单

（1）选择路径【采购—应付账款（P）】—【采购收货单】，打开“采购收货单”窗口。录入供应商，调整到账日期、到期日、单据日期。

（2）单击右下角的【复制从】按钮选择【采购订单】，打开“清单 采购订单”窗口，双击选中行进行选择。在提取单据向导中，选择“提取所有数据（运费和代扣税）”并单击完成。采购订单上的物料及其数量将被复制到采购收货单，之后可将其录入到系统中。如图3－56所示。

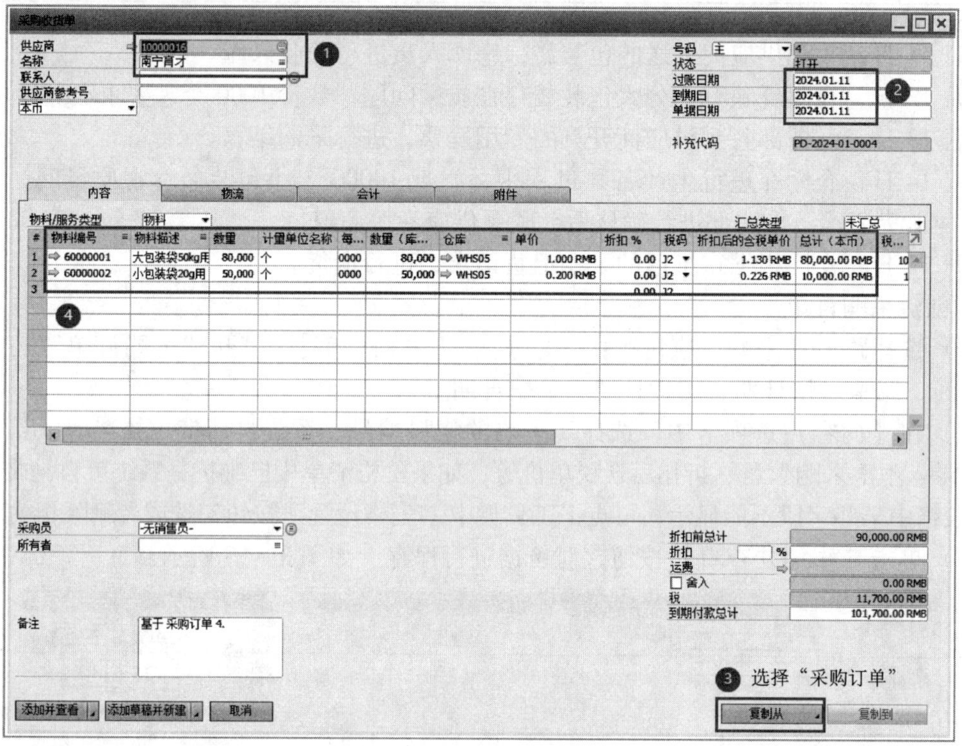


**图3－56**

（3）进行日记账分录核对，查看科目和金额，核对无误后，点击【结算】关闭预览窗口。如图3－57所示。

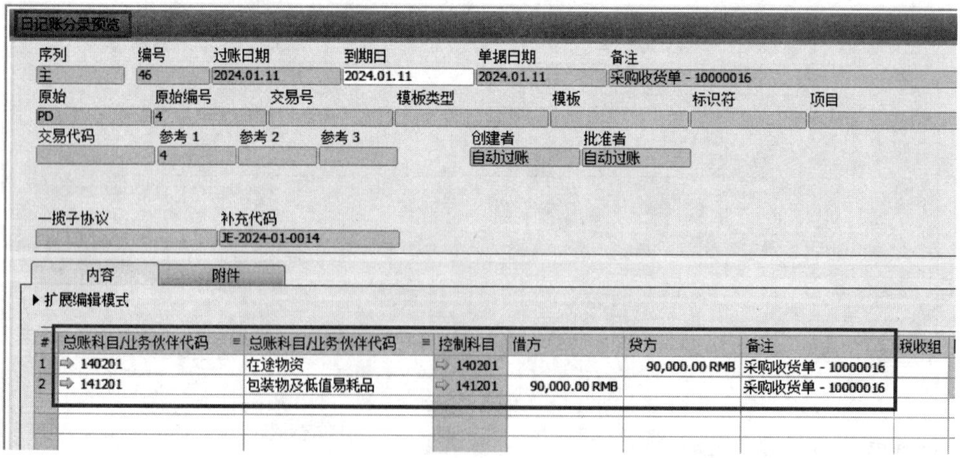


**图3－57**

（4）添加成功后，在“采购收货单”窗口中，打开【会计】选项卡，单击日记账备注后的黄色箭头查看生成的日记账。如图3－58所示。

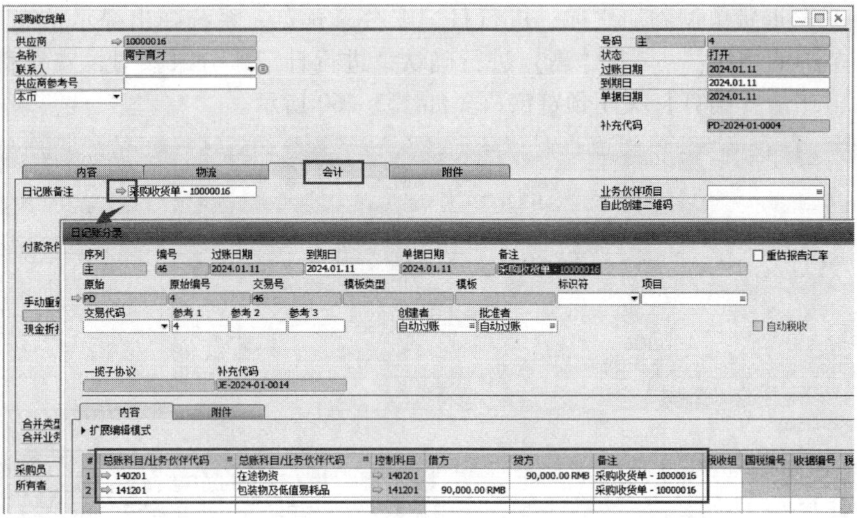


图 3－58

3. 创建采购退货单

（1）如仅创建了采购收货单，尚未创建应付发票时要退货，使用“采购退货”单进行退货。在“采购收货单”中，单击右下角的【复制到】按钮选择“退货”，系统自动打开“采购退货”窗口，且采购收货单上的物料及其数量等信息将被复制到采购退货单中。修改过账日期、到期日和单据日期。

（2）修改要退回的数量。可选中不需要退回的物料行，右击选择“删除行”进行删除。如图 3－59 所示。

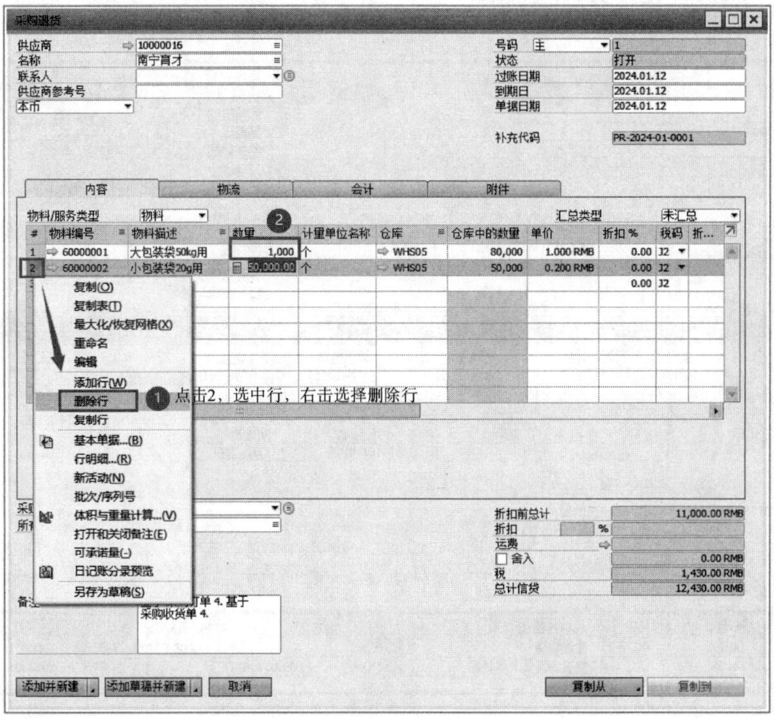


图 3－59

（3）在采购退货单据添加之前，进行日记账分录预览，系统弹出提示信息“是否重新打开原始订单中的物料?”点击【是】进行确认，进行日记账分录核对，查看科目和金额，核对无误后，点击【结算】关闭预览窗口。如图 3－60 所示。

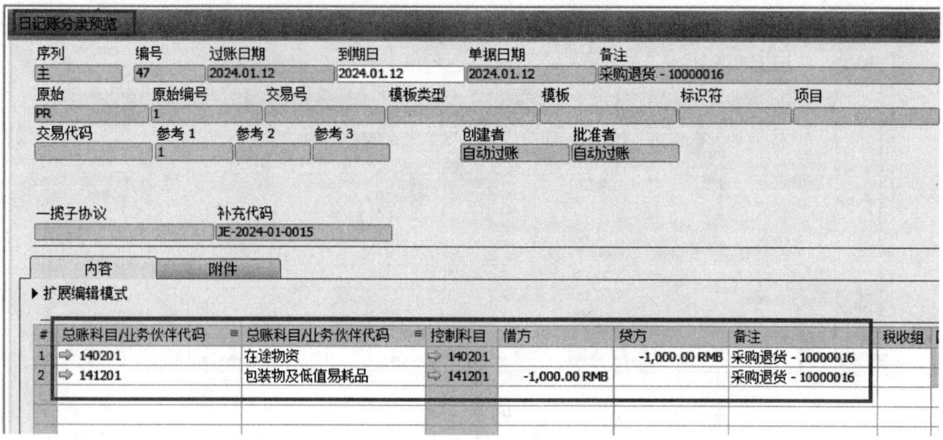


**图 3－60**

（4）单击【添加并查看】按钮，系统弹出提示信息“是否重新打开原始订单中的物料?”，点击【是】进行确认。

（5）再次对弹出信息“添加单据后无法更改。是否继续?”进行确认，点击【是】进行确认，对单据进行保存。

注意：此业务为供应商未到票时的退货。

（6）查看生成的日记账分录。如图 3－61 所示。

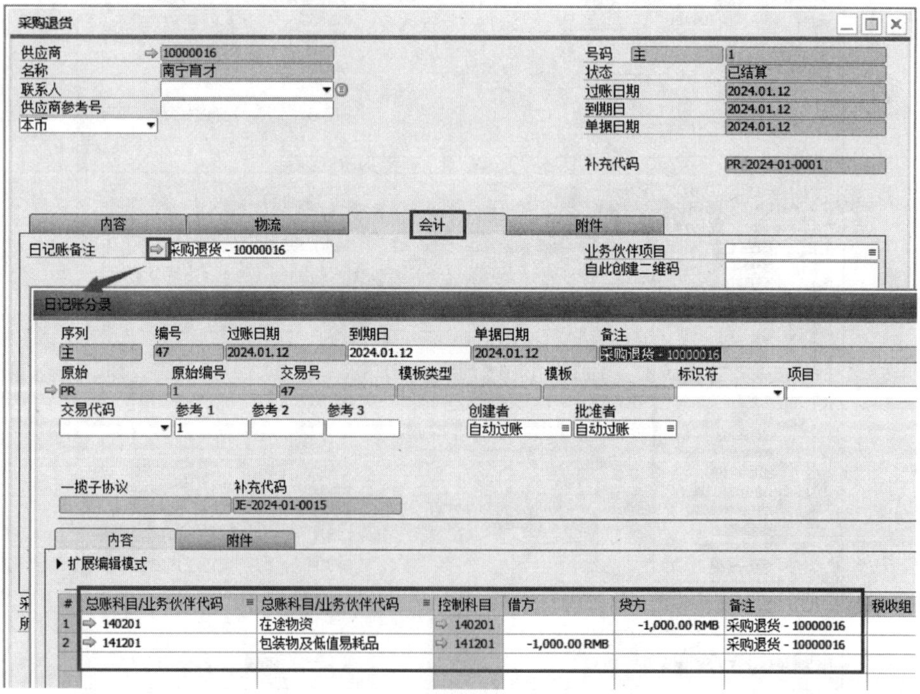


**图 3－61**

4. 创建应付发票

（1）选择路径【采购—应付账款（P）】—【应付发票】，打开“应付发票”窗口，录入供应商，调整过账日期、到期日、单据日期。

（2）使用【复制从】按钮，选择【采购收货单】，在“清单 采购收货单”中，双击选中行进行选择。按住 Ctrl 键时可选择多个采购收货单。

（3）在提取单据向导中，选择“提取所有数据（运费和代扣税）”并单击完成。

（4）在生成的应付发票中看到此时大包装袋 50kg 的数量为 79000 个，因为上述退货单退货 1000 个。确认单据信息后，单击【添加并查看】按钮，系统弹出提示信息，单击【是】进行确认，对单据进行保存。如图 3－62 所示。

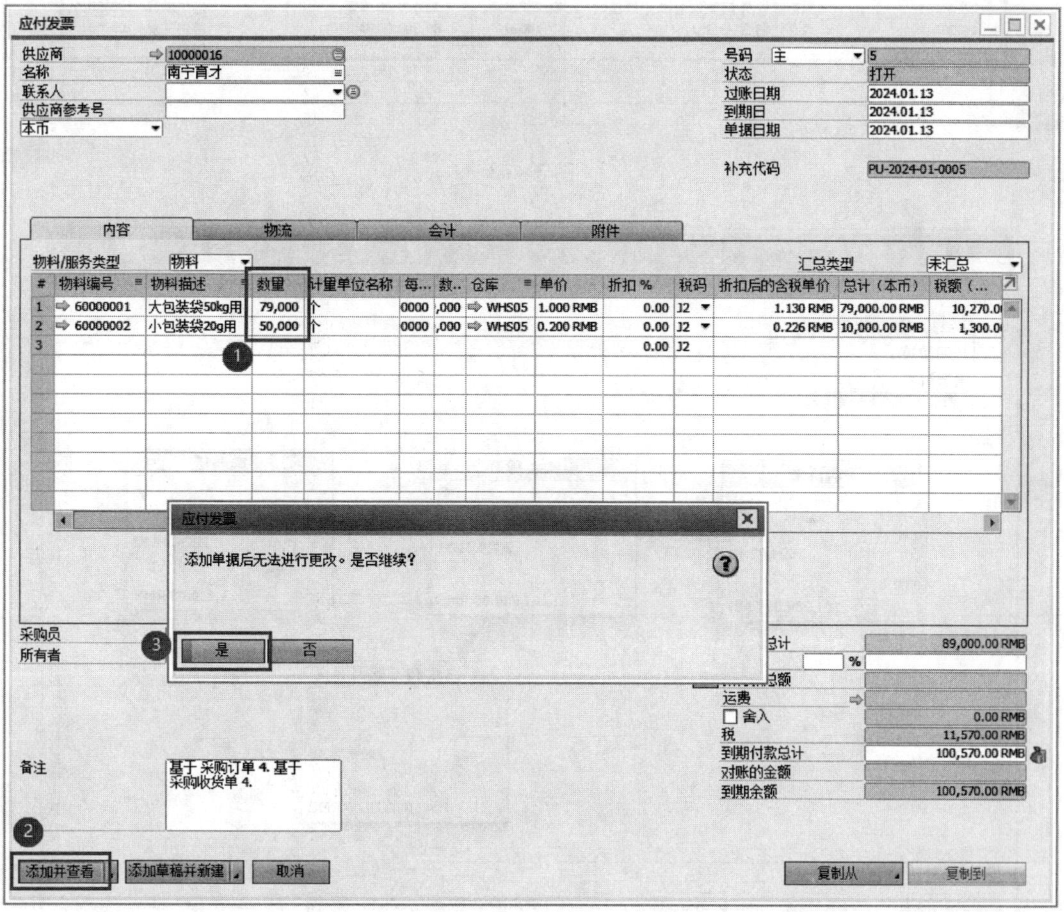


**图 3－62**

（5）进行日记账分录核对，查看科目和金额，核对无误后，点击【结算】关闭预览窗口。如图 3－63 所示。

（6）在当前单据中，点击应付发票空白位置，右击选择“关系映射”，打开关系映射图查看相应的流程。如图 3－64 所示。

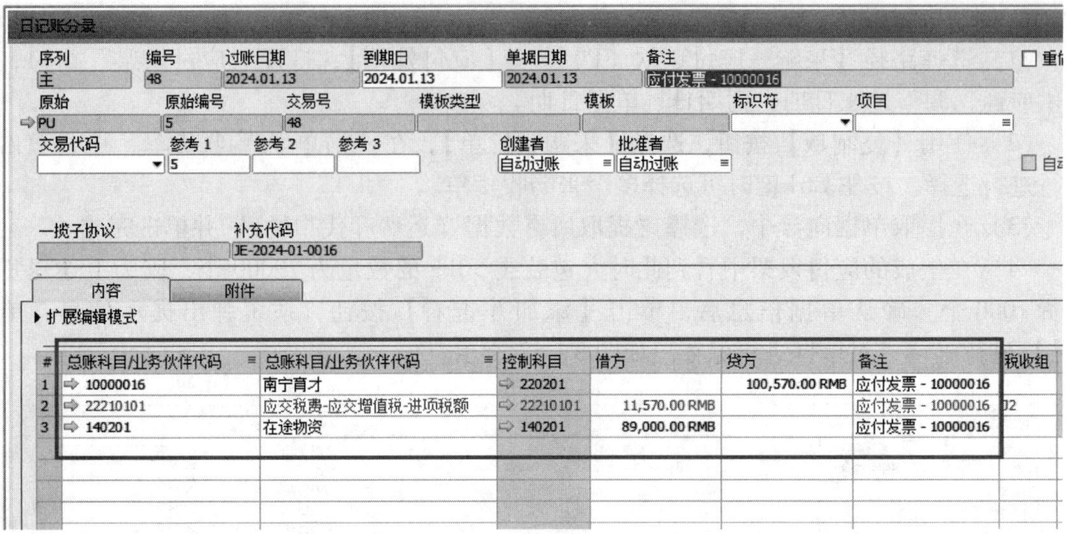


图 3 – 63

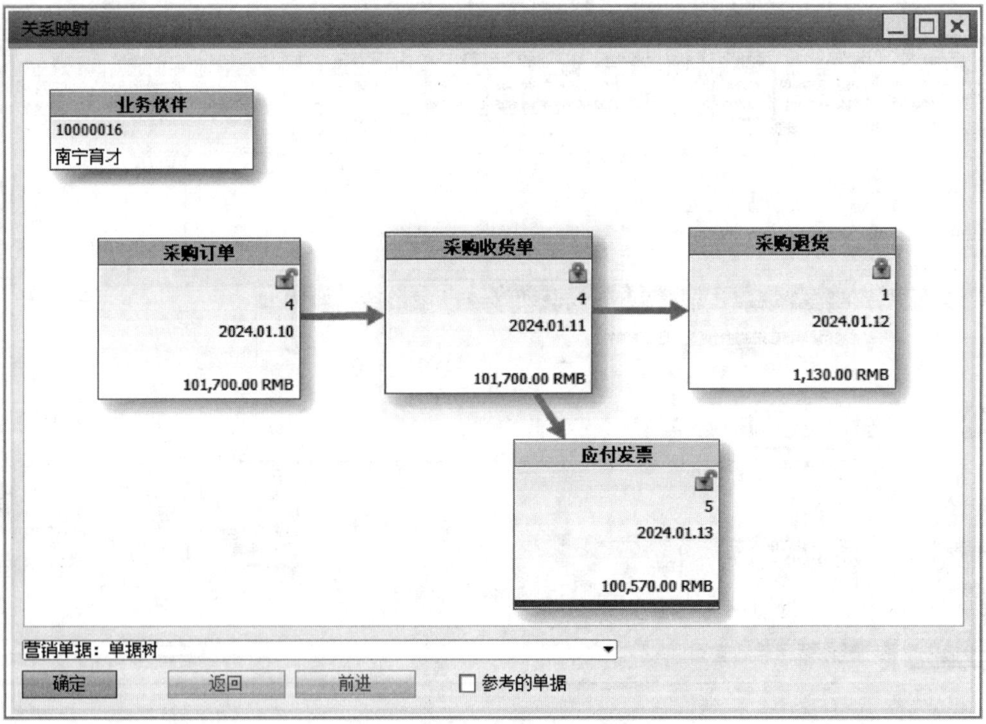


图 3 – 64

5. 创建采购退货请求

如在创建了应付发票后要退货，则需要使用“采购退货请求” + “应付贷项凭证”两个单据。

（1）单击“应付发票”右下角的【复制到】按钮选择“采购退货请求”，系统自动打开“采购退货请求”窗口，且应付发票上的物料及其数量等信息将被复制到采购退货请求中，修改要退回的数量，不需要退回的物料行可以点击右键直接删除行。

（2）录入供应商，调整过账日期、到期日和单据日期。单击【添加并查看】按钮，对单据进行保存。如图 3 – 65 所示。

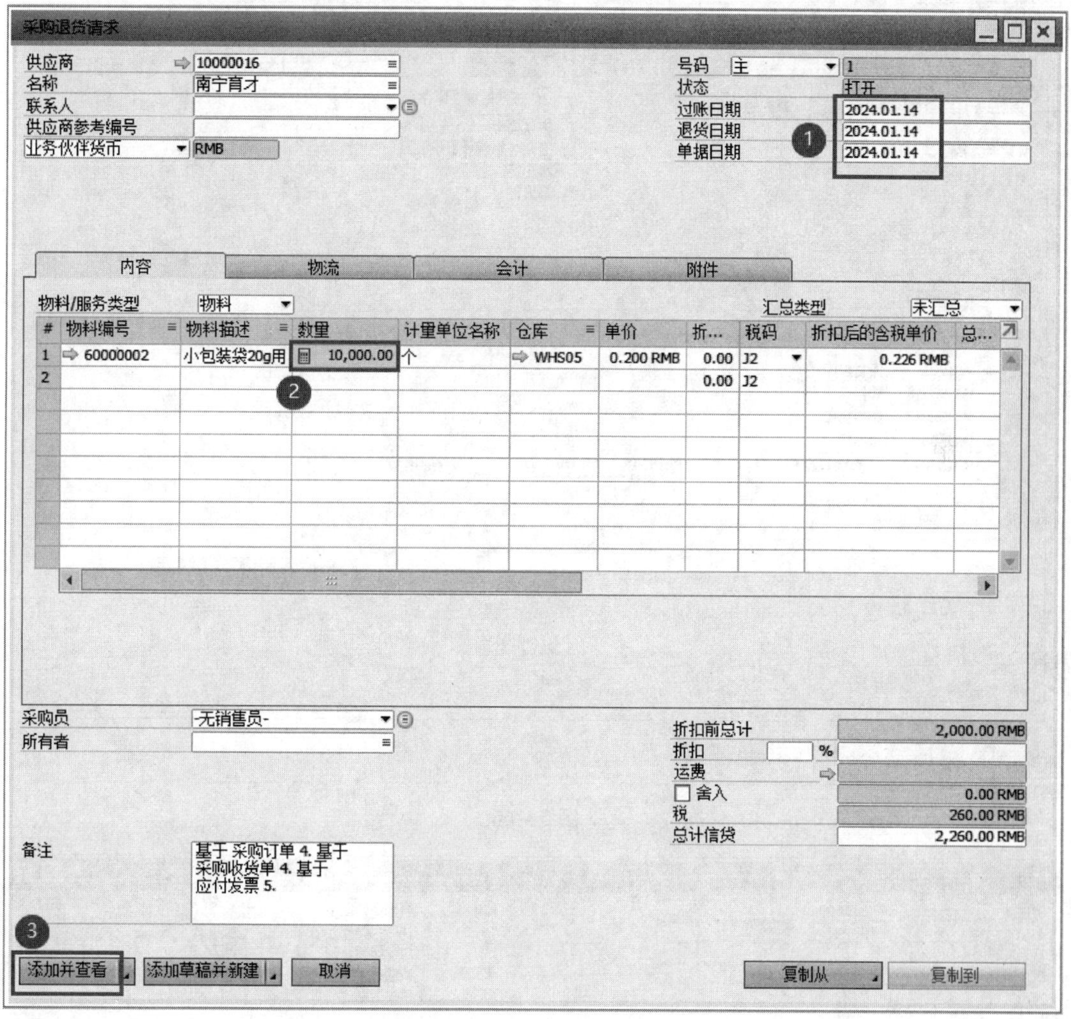


**图 3 – 65**

注意：采购退货请求单仅为退货的申请，不会产生财务凭证。

（3）选择路径【采购—应付账款（P）】—【采购退货请求】，打开“采购退货请求”窗口，单击物料编号左侧的黄色箭头，打开“物料主数据”窗口，在【库存数据】选项卡中，查看对应的仓库的“已承诺”数量变为 10000。如图 3 – 66 所示。

6. 创建应付贷项凭证

（1）单击“采购退货请求”右下角的【复制到】按钮选择“应付贷项凭证”，打开“应付贷项凭证”窗口，采购退货请求的物料及其数量信息已被复制到应付贷项凭证中。调整过账日期、到期日和单据日期。如图 3 – 67 所示。

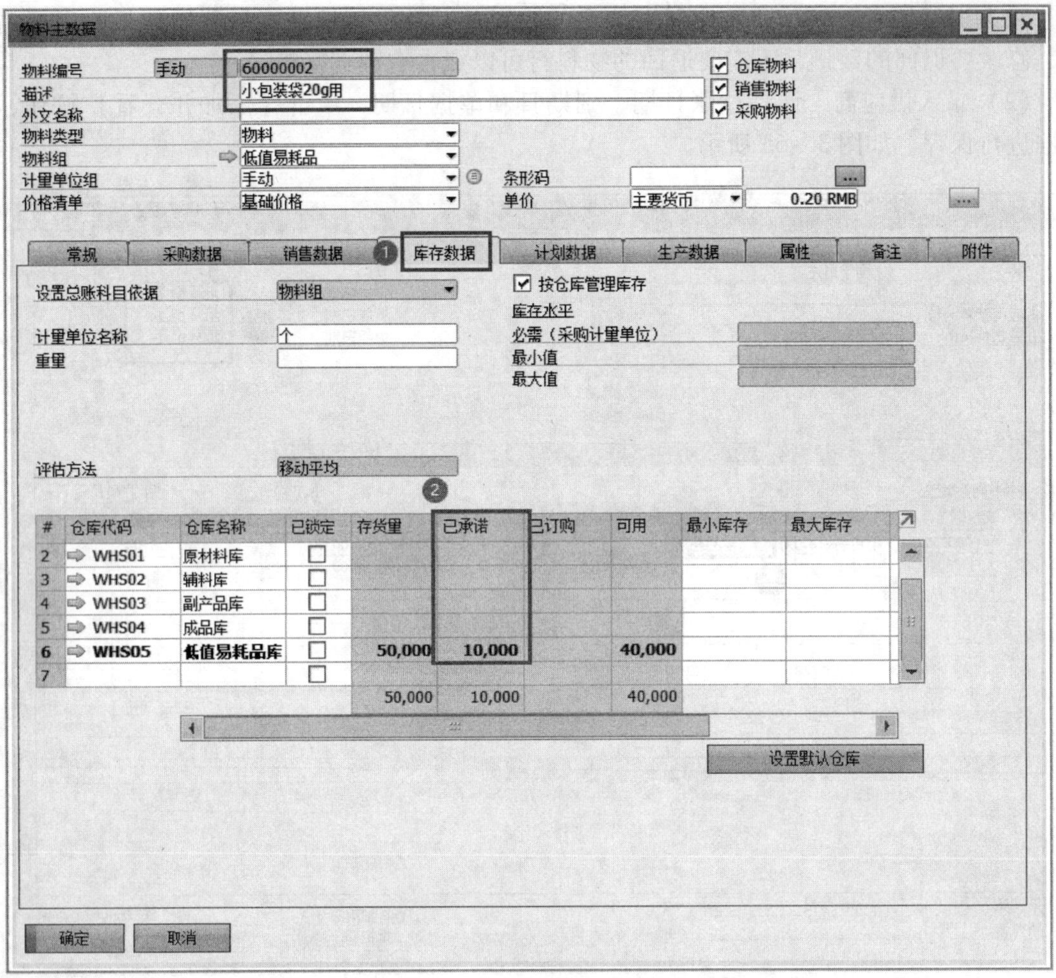


图 3-66

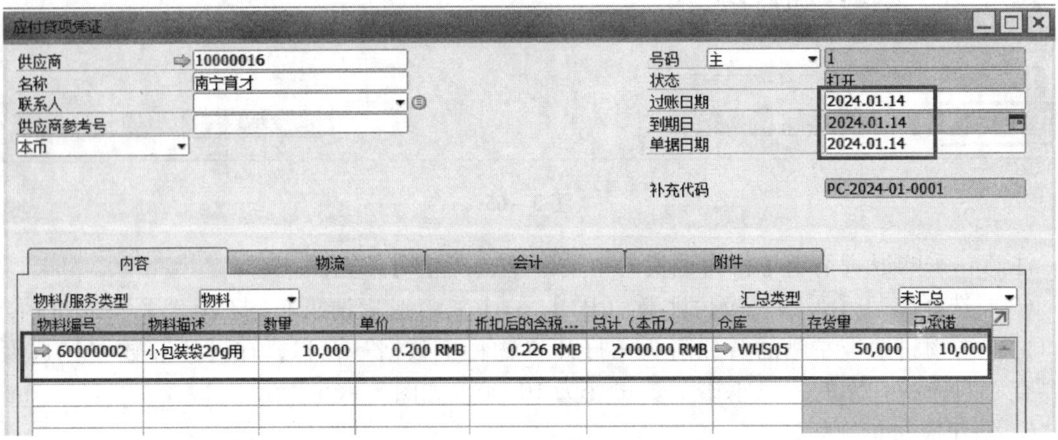


图 3-67

（2）进行日记账分录核对，查看科目和金额，核对无误后，点击【结算】关闭预览窗口。如图 3-68 所示。

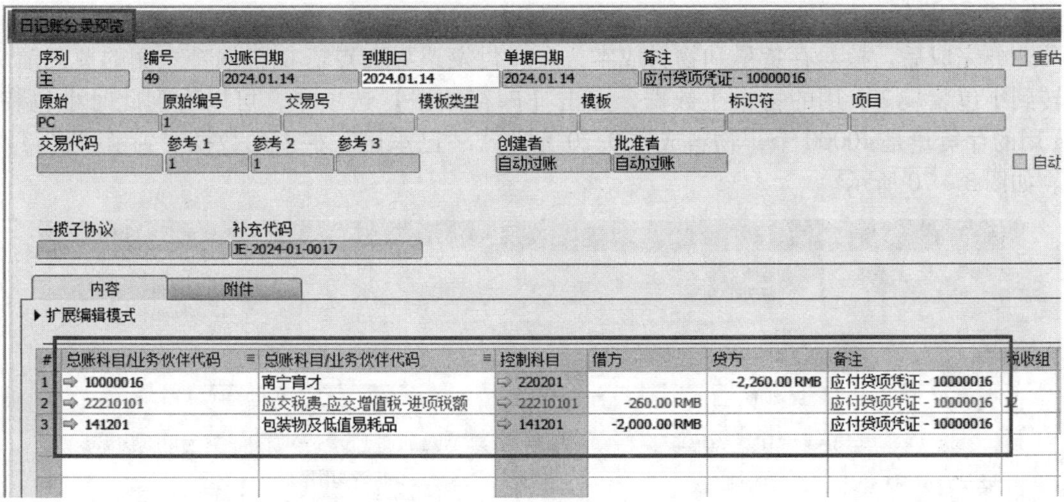


图 3-68

（3）单击【添加并查看】按钮，对信息“是否重新打开原始订单中的物料?”，点击【是】进行确认，再次对“添加单据后无法进行更改。是否继续?”点击【是】进行确认，对单据进行保存。

7. 查看关系映射

在“应付贷项凭证”窗口中，点击空白位置，右击选择“关系映射”，打开关系映射图查看相应的流程。如图 3-69 所示。

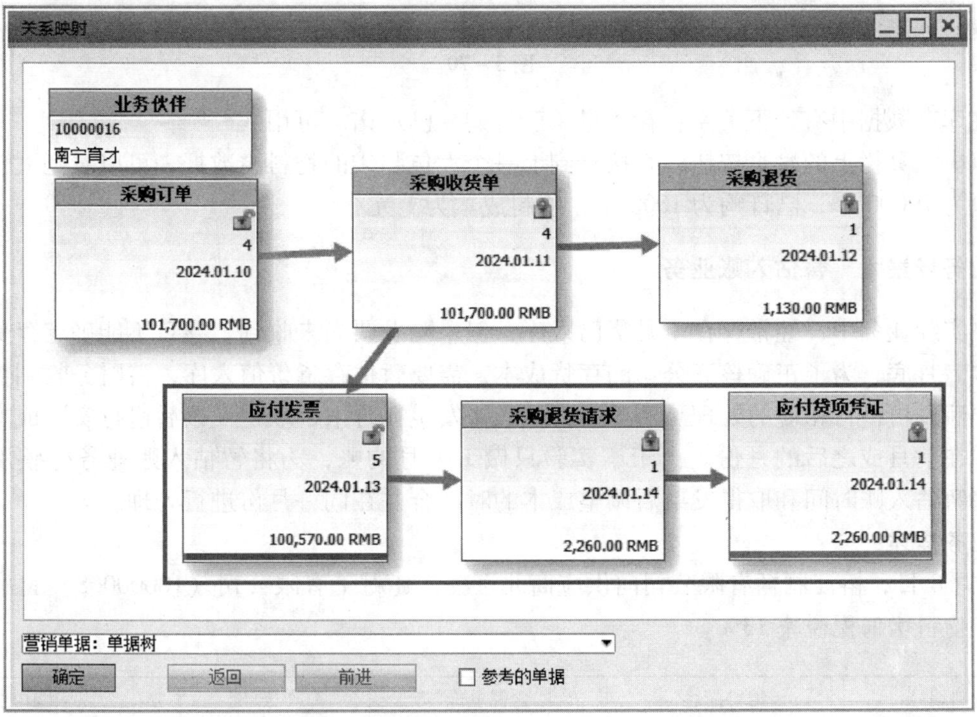


图 3-69

8. 核对库存

业务完成后，核对存货量和物料成本，在应付发票界面点击物料编号左侧的黄色箭头，跳转到小包装袋20g用的物料主数据，点击【库存数据】选项卡，可以看到此时小包装袋20g用的存货量是40000个，物料成本0. 20元/个，“已承诺”栏上的数据变到了“已订购”栏。如图3－70所示。

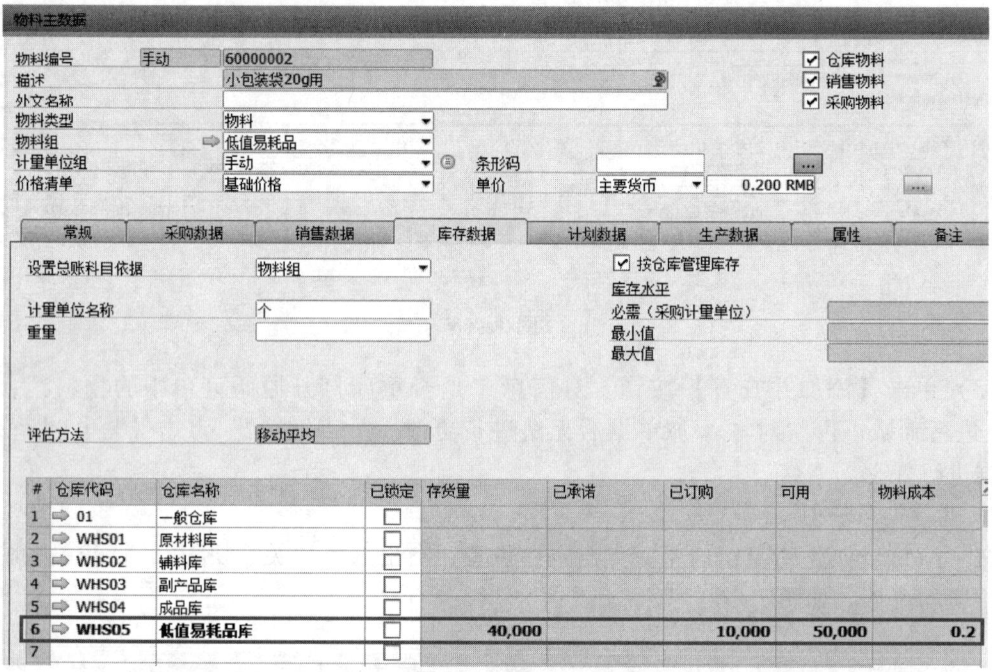

图3－70

在库存数据中有如下关系：存货量＋已订购－已承诺＝可用

点击工具栏上的翻页按钮，直接翻到上一个大包装袋的物料主数据，可以看到大包装袋存货量为79000个，已订购为1000个，物料成本为1元/个。

## 业务场景六　暂估入账业务

在实际业务中，经常存在本月货已入库，但采购发票尚未收到，导致不能确定存货的入库成本。月底，为了正确核算公司的存货成本，需要暂估存货价值入库，待财务收到供应商的发票后，再进行相应的处理。实务中暂估入账发生在月末，取得发票后进行实际成本的调整往往在下月或之后的月份。由于本实验只做1个月的账，为将暂估入账业务完整展现出来，将暂估入账时间和取得发票后调整成本的时间合并在同一月份进行处理。

**业务描述：**

1月8日，榕江制糖有限公司向供应商北京凌云建材工有限公司（10000008）订购滤布一批，物料增值税税率13%。

| 物料编号 | 物料描述 | 含税单价 | 数量 | 采购单位 |
|---|---|---|---|---|
| 50000055 | 滤布 | 169. 50元/平米 | 100 | 平米 |

1月9日，供应商交付物料，仓库人员验收入辅料库。

1月17日，财务根据供应商发票和到货情况，对采购订单、采购收货单进行确认，并创建应付发票进行暂估入账。

1月25日，财务收到供应商发票，根据到货情况，对采购订单、采购收货单进行确认，并创建应付发票。收到的增值税专用发票中含税单价为175.15元/平米（不含税单价155元/平米），高于采购订单中的含税单价169.50元/平米（不含税单价150元/平米），在计算库存成本的时候，应按照发票单价来入账（入库成本不含税）。

1. 创建采购订单

（1）选择路径【采购—应付账款（P）】—【采购订单】，打开“采购订单”窗口。录入供应商，调整过账日期、交货日期、单据日期。

（2）在【内容】选项卡中，选择要采购的物料编号，系统自动带出描述、默认仓库等信息，录入本次采购数量、折扣后含税单价等信息。如果价格清单中已维护，系统可自动带出。图3-71表格中某些字段不能显示，可点击工具栏中“表格设置”按钮勾选或者删除相关字段。

（3）单击【添加并查看】按钮，对单据进行保存。如图3-71所示。

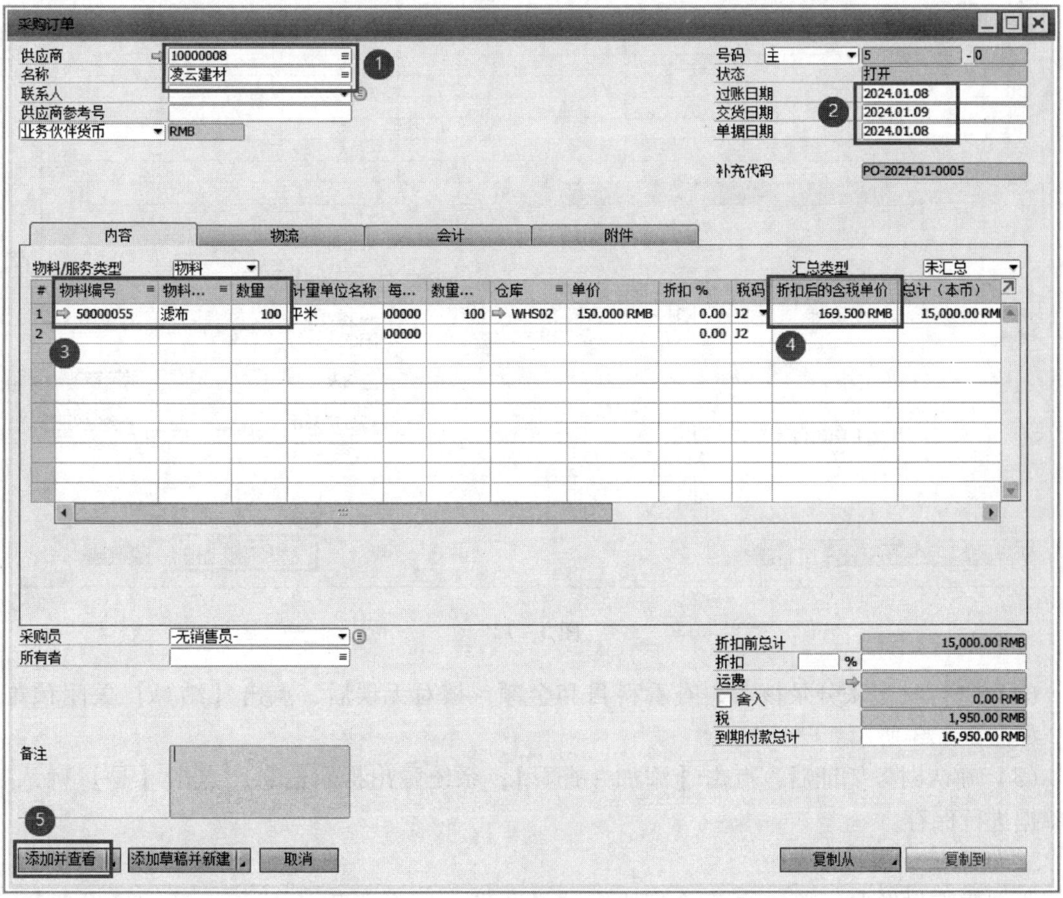


**图3-71**

2. 创建采购收货单

（1）选择路径【采购—应付账款（P）】—【采购收货单】，打开“采购收货单”窗口。录入供应商，调整过账日期、到期日、单据日期。单击右下角的【复制从】按钮选择“采购订单”，打开“清单 采购订单”窗口，双击采购订单行进行选择。在提取单据向导中，选择“提取所有数据（运费和代扣税）”并单击完成。采购订单上的物料及其数量将被复制到采购收货单，之后可将其录入到系统中。如图3－72所示。

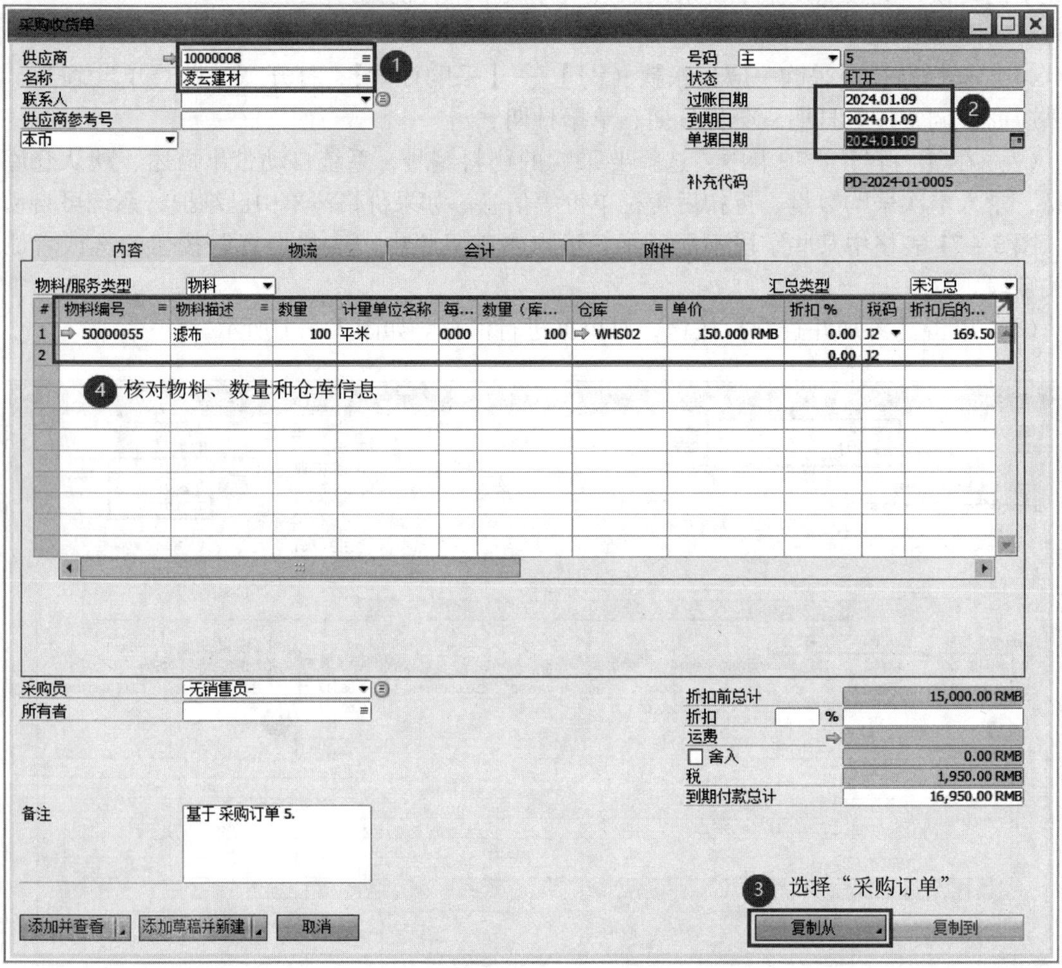


图3－72

（2）进行日记账分录核对，查看科目和金额，核对无误后，点击【结算】关闭预览窗口。如图3－73所示。

（3）确认财务凭证后，点击【添加并查看】，系统弹出提示信息，点击【是】确认后，对单据进行保存。

3. 创建暂估应付发票

要创建应付发票，单击主菜单模块中的【采购—应付账款（P）】—【应付发票】，打开“应付发票”窗口，录入供应商，修改过账日期、到期日、单据日期。

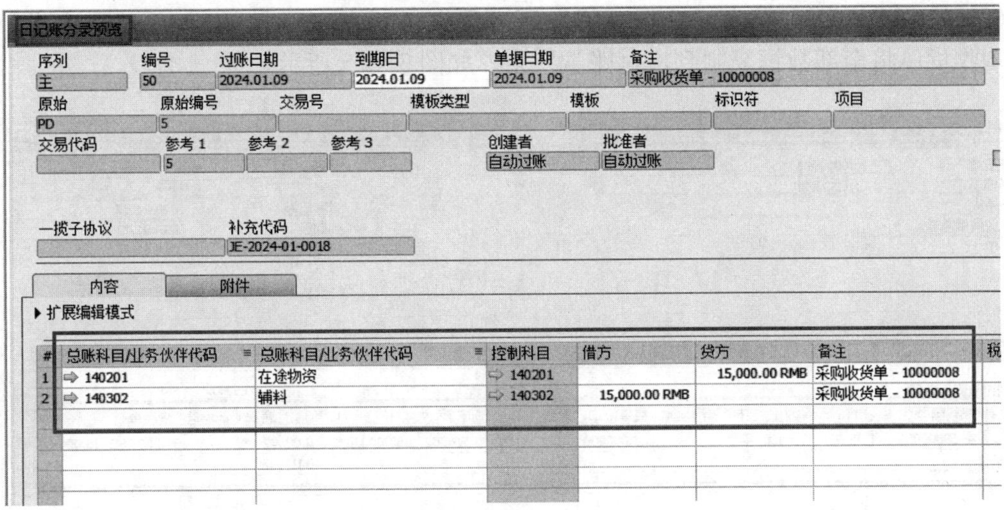


**图 3－73**

（1）使用【复制从】按钮，选择“采购收货单”，在“清单 采购收货单”中双击选中行进行选择。如图 3－74 所示。

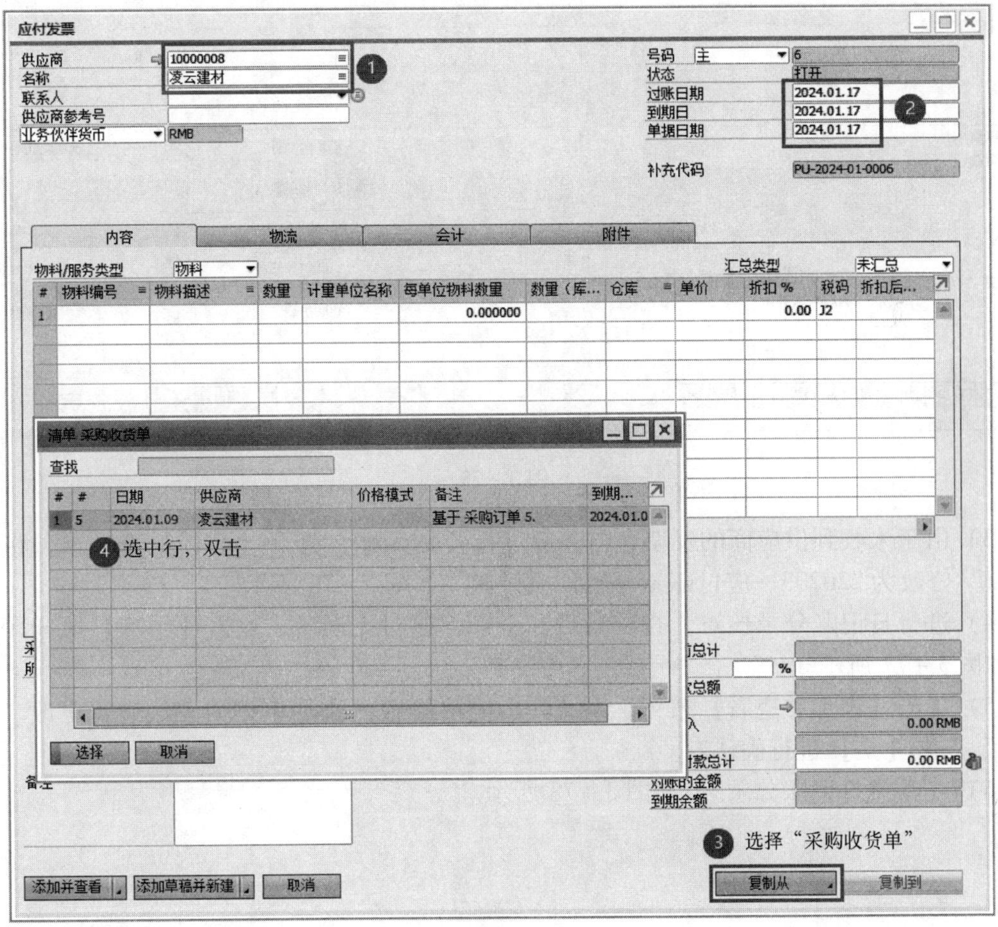


**图 3－74**

（2）在提取单据向导中，选择“提取所有数据（运费和代扣税）”并单击完成。系统从采购收货单将全部数据复制到应付账款发票。如图 3－75 所示。

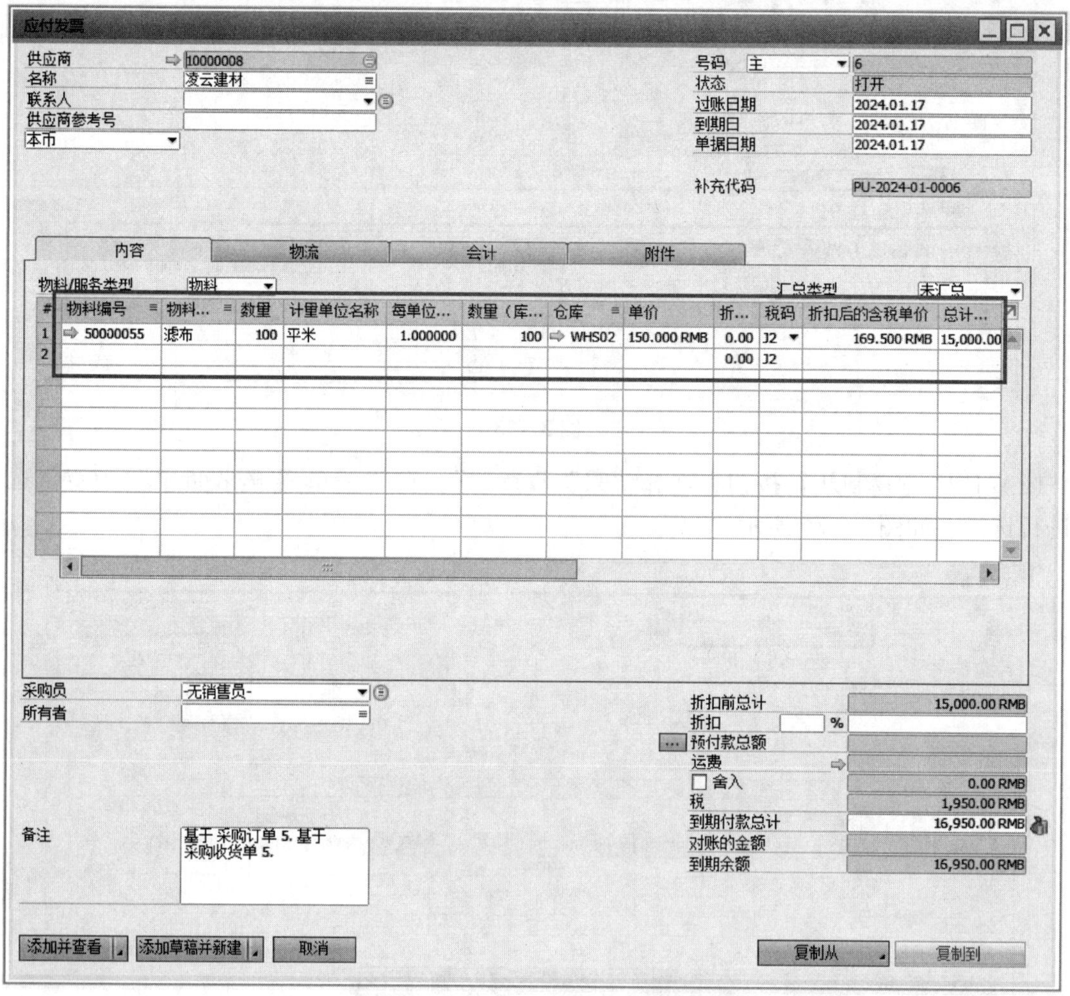


图 3－75

（3）由于未收到供应商的发票，财务部进行暂估入账，打开【会计】选项卡，将“控制科目”修改为 220203—应付账款—暂估应付款。如图 3－76 所示。

（4）进行日记账分录核对，查看科目和金额，核对无误后，点击【结算】关闭预览窗口。如图 3－77 所示。

（5）单击【添加并查看】按钮，系统弹出提示信息“添加单据后无法进行更改。是否继续？”点击【是】进行确认。

（6）查看“日记账分录”。如图 3－78 所示。

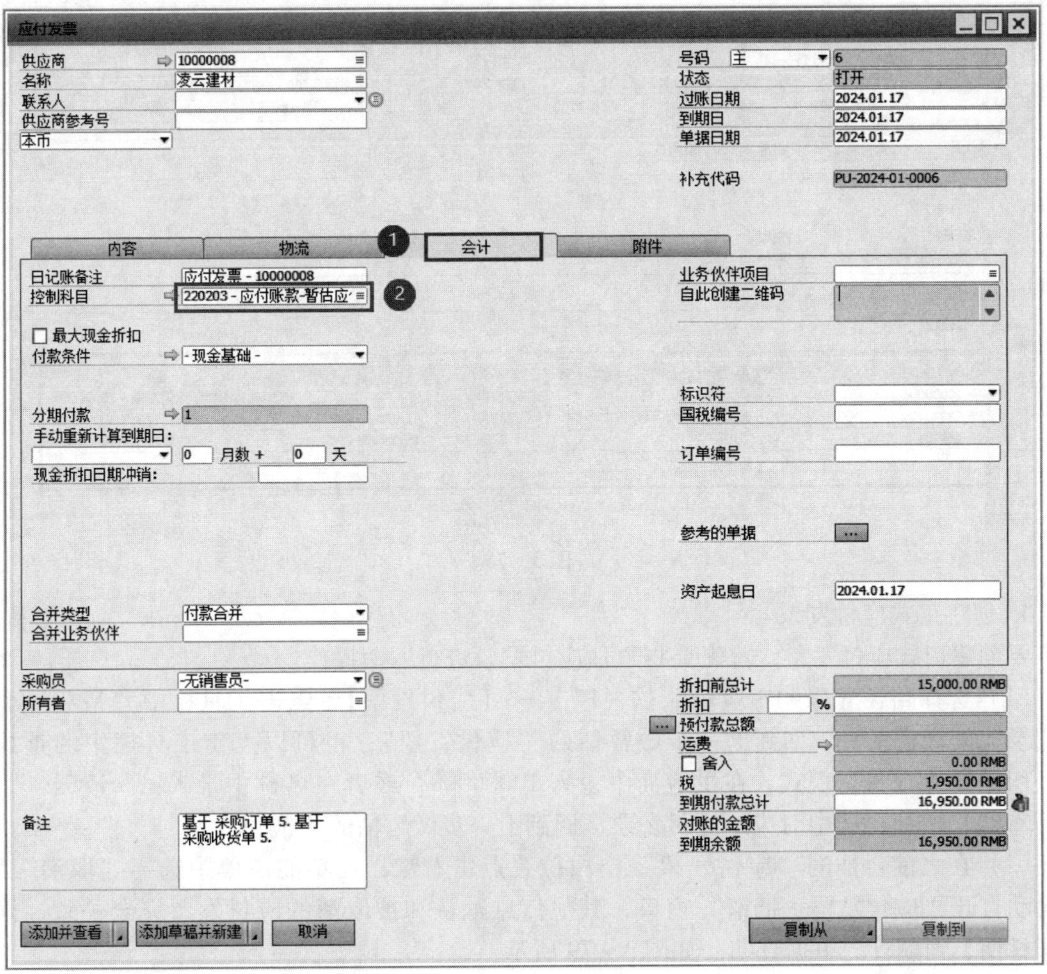

图 3－76

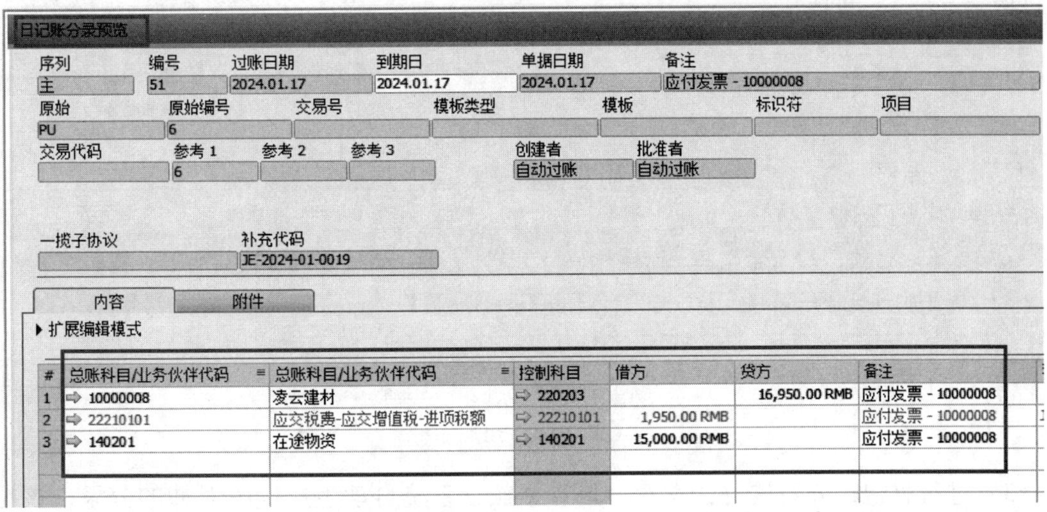

图 3－77

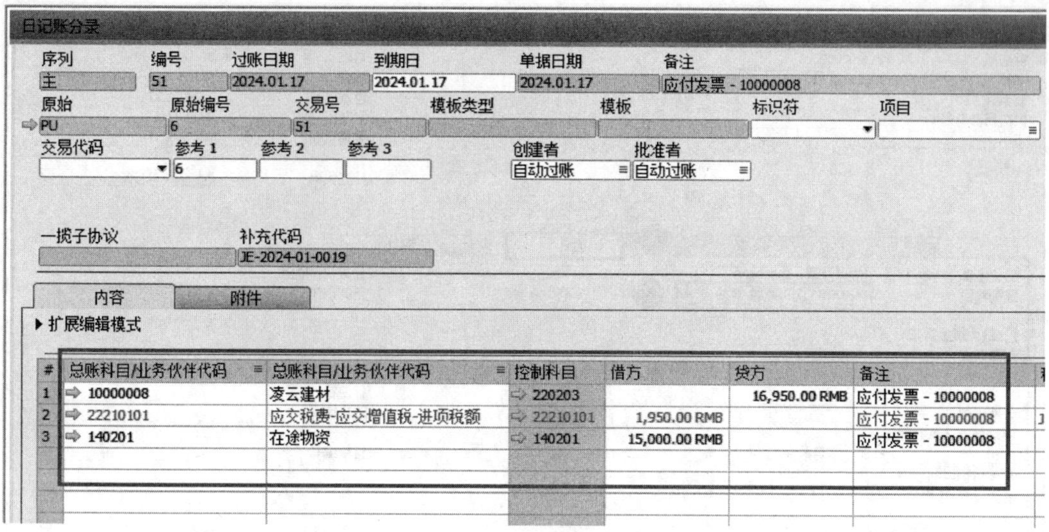


**图 3-78**

4. 创建正式应付发票

要创建正式应付发票，首先要将暂估应付发票进行取消操作。

（1）选择路径【采购—应付账款（P）】—【应付发票】，点击工具栏中“最后一个数据记录”的绿色箭头，回到上一步做暂估的“应付发票”；也可以点击工具栏中的查找图标，切换到【查找】模式，在供应商中录入 10000008，或者在名称中录入：＊凌云＊，点击【查找】按钮，选中对应的应付发票，回到上一步做暂估的“应付发票”。

（2）在之前暂估的“应付发票”空白位置点击右键，在功能清单中选择“取消”。系统自动打开“应付发票—抵销”窗口，其他信息默认和被取消的应付发票完全一致，修改过账日期、到期日、单据日期。如图 3-79 所示。

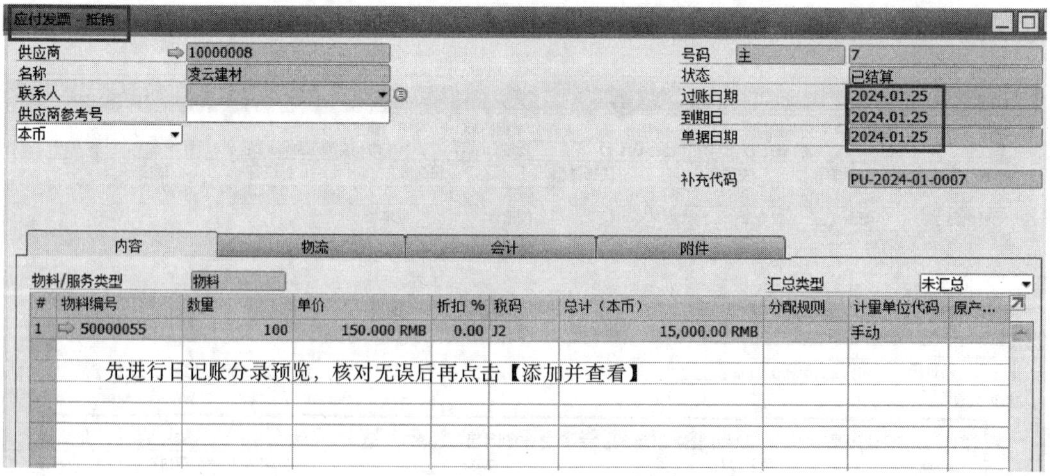


**图 3-79**

（3）进行日记账分录核对，查看科目和金额，系统自动生成一笔对冲的分录，核对无误后，点击【结算】关闭预览窗口。如图 3-80 所示。

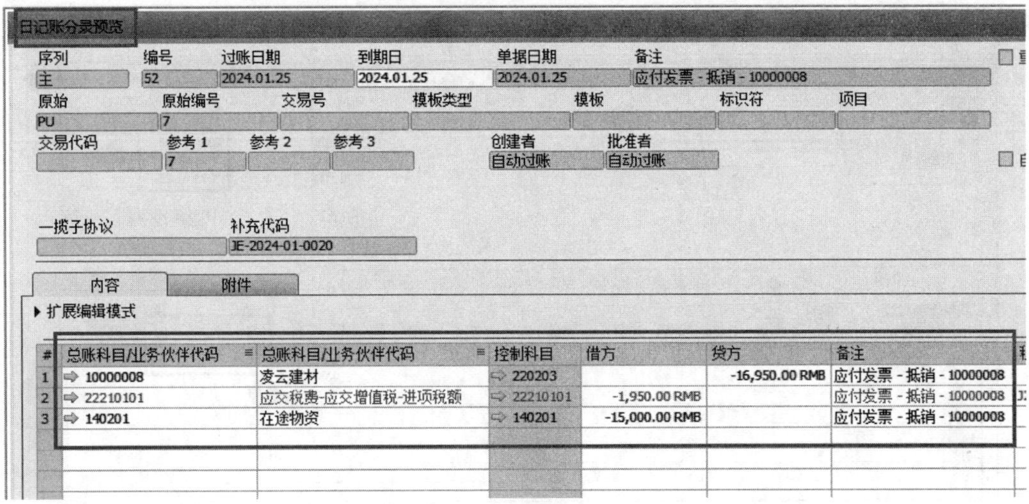


**图 3－80**

（4）点击【结算】关闭。返回到“应付发票—抵销”窗口中，点击【添加并查看】，系统弹出消息“取消单据不可撤销。添加此取消单据后，系统将过账要取消的单据的冲销交易并重新打开相关单据。是否继续?”，点击【是】进行确认。

（5）在“应付发票—抵销”窗口，右击空白位置打开“关系映射”，查看单据之前的关系。可以看到原来的应付发票中多了一个灰色的圈，旁边增加了一个有减号的应付发票，这说明应付发票已经成功取消。而之前已经锁定的采购收货单变为解锁状态，单据中显示为未清。如图 3－81 所示。

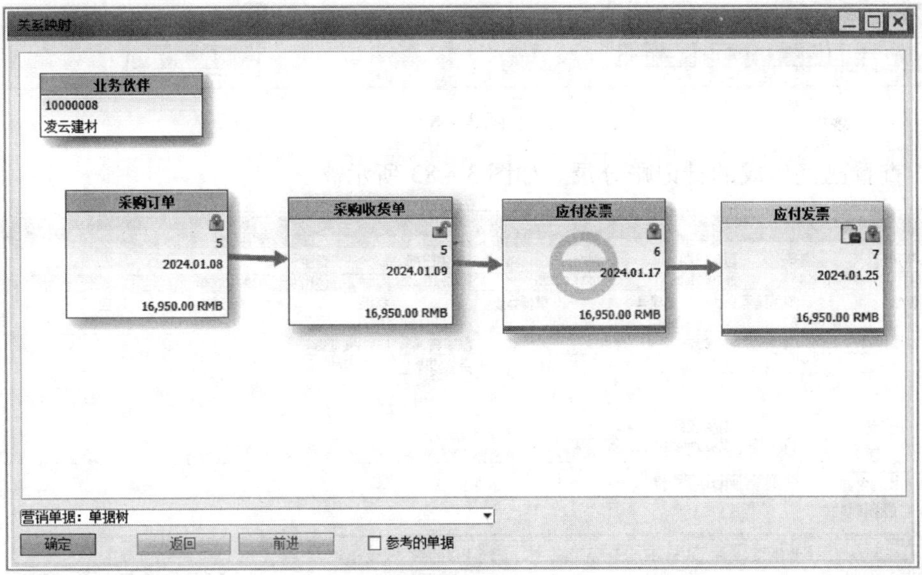


**图 3－81**

（6）重新打开“应付发票”窗口，录入供应商，调整过账日期、到期日、单据日期，点击【复制从】选择“采购收货单”，单号选择 5 号单据，将采购收货单信息复制到应付发票中。按照发票上的含税价，将折扣后的含税单价修改为：175. 15 元，点击【添加并查看】

保存单据。如图 3－82 所示。

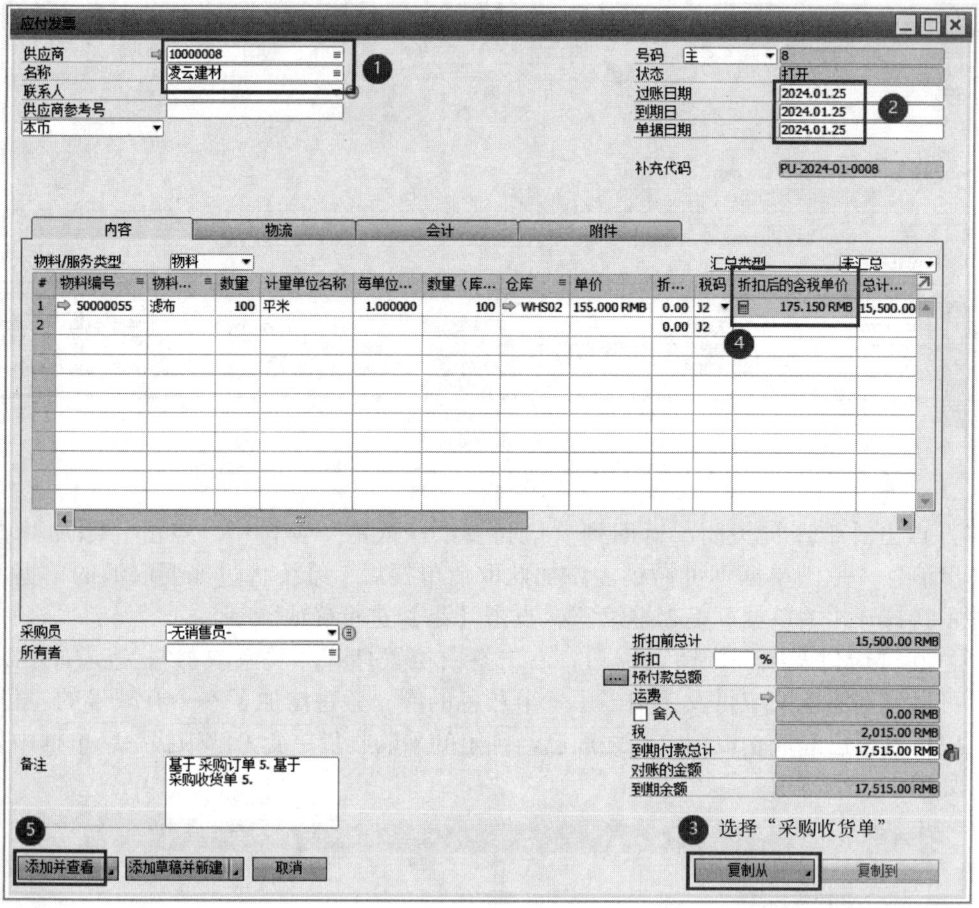

图 3－82

（7）查看已经生成的日记账分录。如图 3－83 所示。

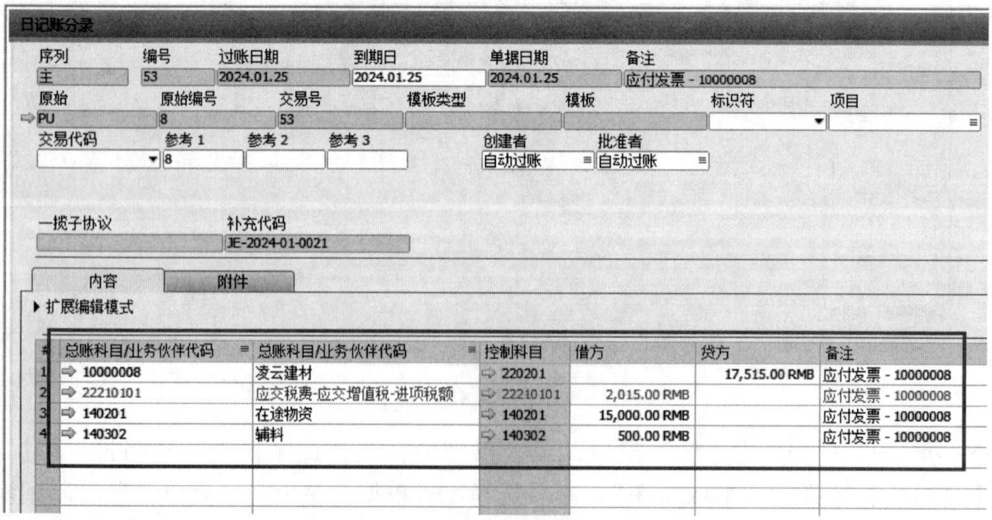

图 3－83

5. 查看关系映射

回到"应付发票"窗口，右击清单选择"关系映射"，查看单据之间的关系。如图 3-84 所示。

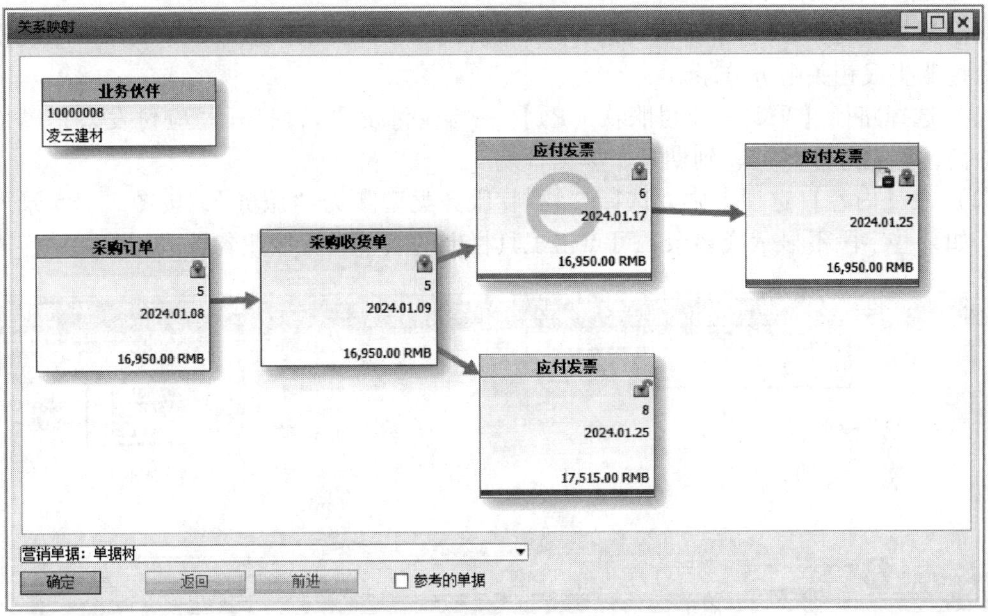


图 3-84

实际收到发票总额与暂估应付总额如有差异，产生的价格差异会自动结转到原材料价值中。如此物料已经消耗或者部分消耗，系统将自动进行材料差异分配，将消耗的部分转入损益类科目价格差异中，剩余库存的部分结转到原材料价值中。

# 实验二　劳务采购业务

采购模块不仅可以实现物料的采购，也可以实现劳务的采购。劳务采购不需要入库，所以没有采购收货单这一环节，与物料采购相比更简单，一般使用采购订单、应付发票、预付款发票、付款单等单据。在单据填写时，需注意系统默认的单据类型为"物料"，在采购劳务时应将单据类型改为"服务"。

**业务场景一　运费劳务结算**

**业务描述：**

1 月 8 日，采购员从供应商北京凌云建材化工有限公司（10000008）采购的滤布（详见业务场景六），产生了一笔第三方的运输服务费，第三方运输公司为广西中外运物流有限公司（10000020）。

1 月 30 日，财务部收到该公司发票，金额为 545 元，运费增值税税率 9%。按公司的会计政策，辅料运费也需要分摊到入库成本中。

1. 创建应付发票

对于劳务采购业务，不需要收货，可以直接创建服务类型的应付账款发票。系统将自动在后台过账生成相关财务分录。

（1）选择路径【采购—应付账款（P）】—【应付发票】，打开“应付发票”窗口，录入供应商，调整过账日期、到期日、单据日期。

（2）在【内容】选项卡中，选择“物料/服务类型”为“服务”，按图 3－85 录入相关内容。如某些字段不显示或多余，可点击工具栏上的表单设置按钮勾选或删除相关字段。

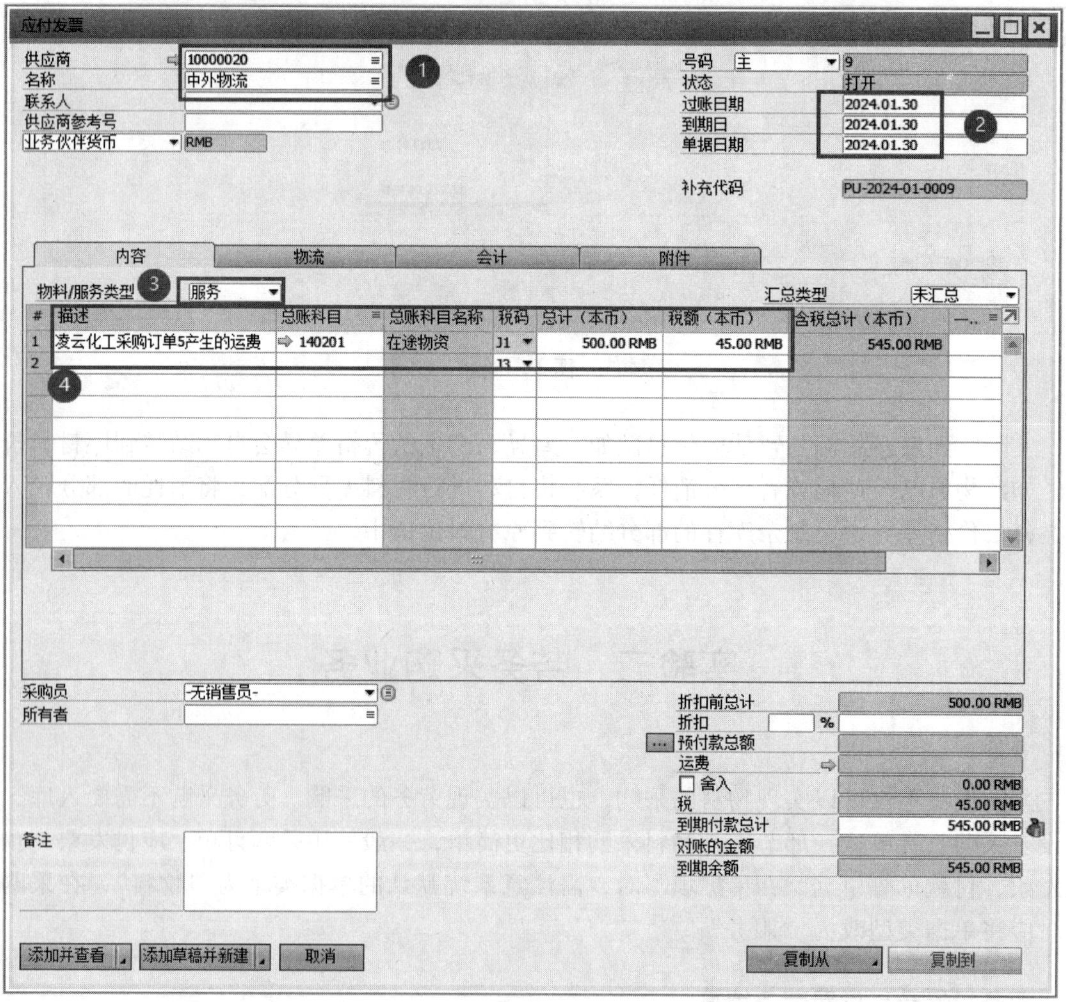


图 3－85

（3）打开【会计】选项卡，点击“参考的单据”后的三个点按钮，打开“参考信息”窗口，“交易类型”栏选择“采购订单”，“单据编号”栏需要到“采购订单”窗口找到滤布的订单编号录入，单击【更新】保存。如图 3 – 86 所示。

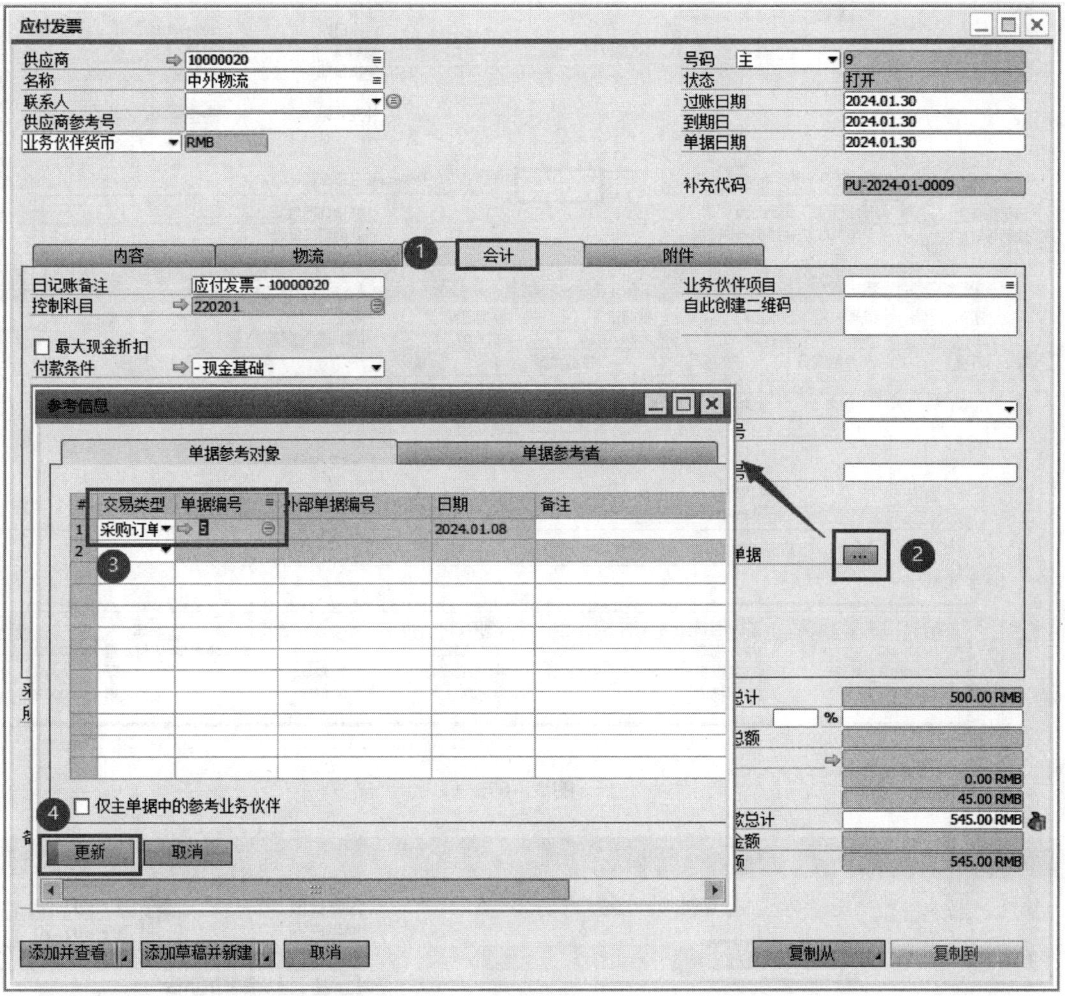

图 3 – 86

（4）单击【添加并查看】按钮，系统给出提示信息，选择【是】进行确认，对单据进行保存。

（5）保存成功后，打开【会计】选项卡，通过日记账备注后的黄色箭头，查看生成的日记账凭证。如图 3 – 87 所示。

2. 进行库存重估

库存重估指将本笔运费分摊到采购订单上的物料成本中。

（1）选择路径【库存】—【库存交易】—【库存重估】，打开“库存重估”窗口，调整过账日期、单据日期，“重估类型”栏修改为“库存借方/贷方”，按图 3 – 88 进行库存重估单的录入。

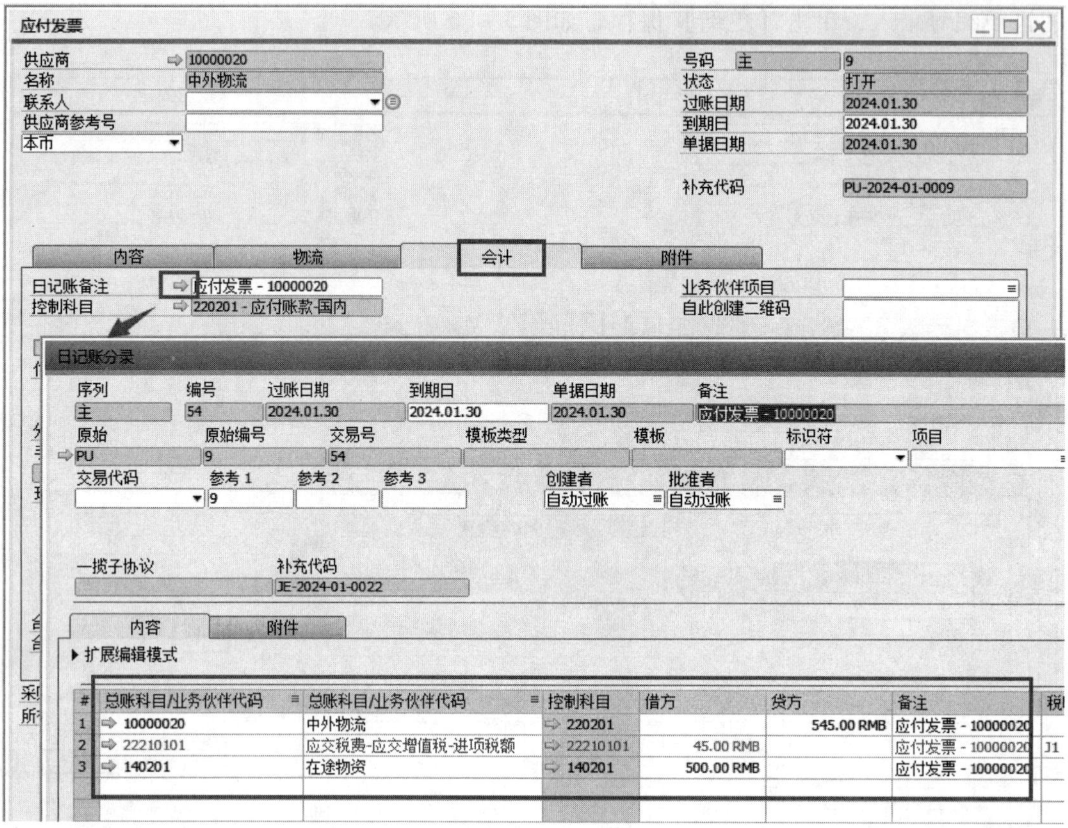


图 3－87

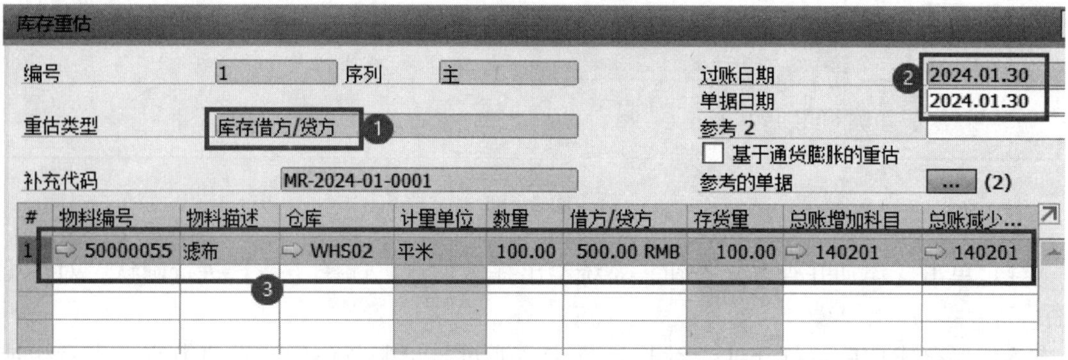


图 3－88

（2）在“参考信息”窗口中，录入需要进行分摊的滤布采购发票和运费发票。如图 3－89 所示。

（3）进行日记账分录核对，可以看到不含税运费 500 元已计入了辅料—滤布的入库成本，查看科目和余额，核对无误后，点击【结算】关闭预览窗口。点击“库存重估”单据中的【添加】按钮。日记账分录预览如图 3－90 所示。

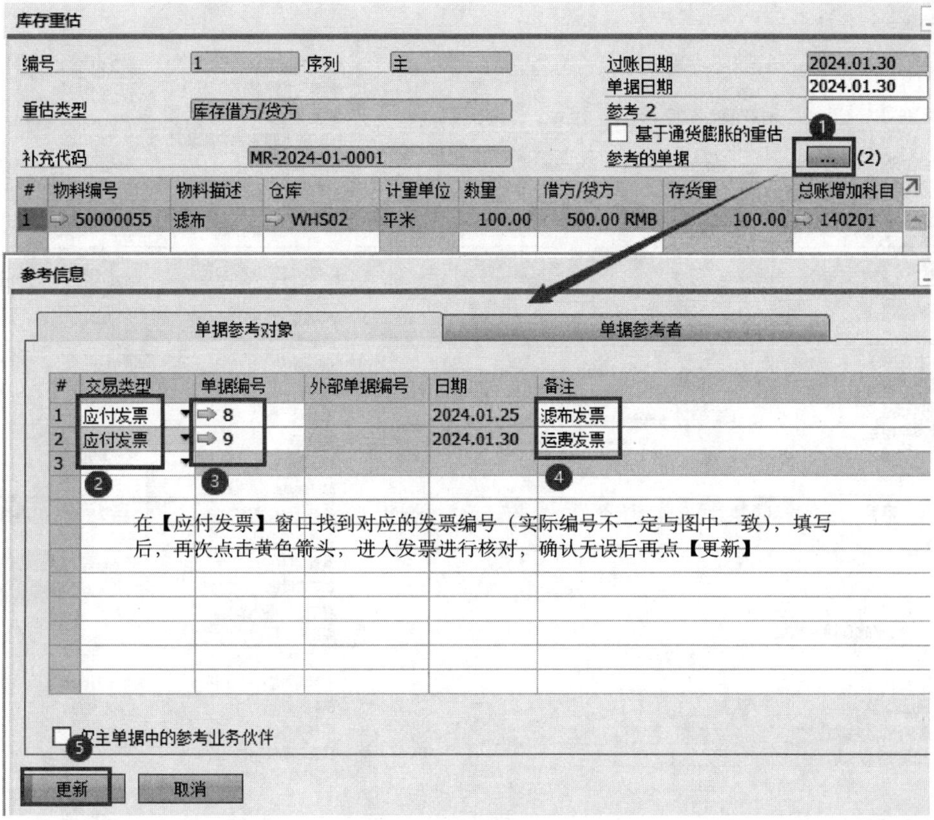


图 3-89

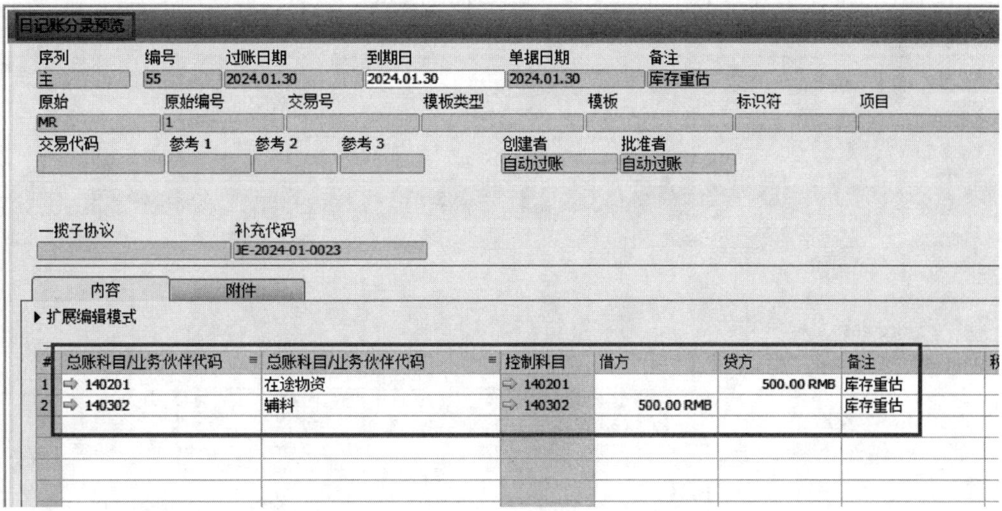


图 3-90

3. 查看重估结果

（1）点击工具栏“最后一条数据记录”的绿色图标，回到刚保存的库存重估单，点击物料编号前的黄色箭头，打开【物料主数据】。在【物料主数据】空白位置点击右键，在功能清单中，选中“库存审计报表”，打开“库存审计报表”窗口，如图 3-91 所示。

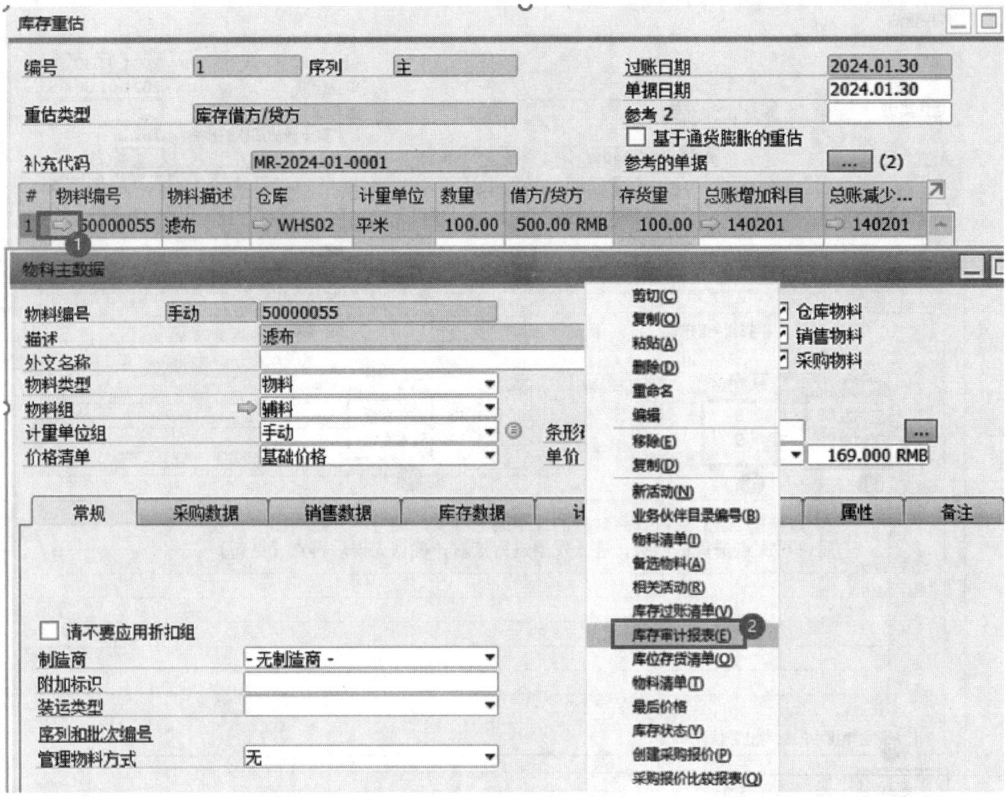

图 3－91

（2）点击“库存审计报表”右下角的【展开】按钮，如图 3－92 所示。

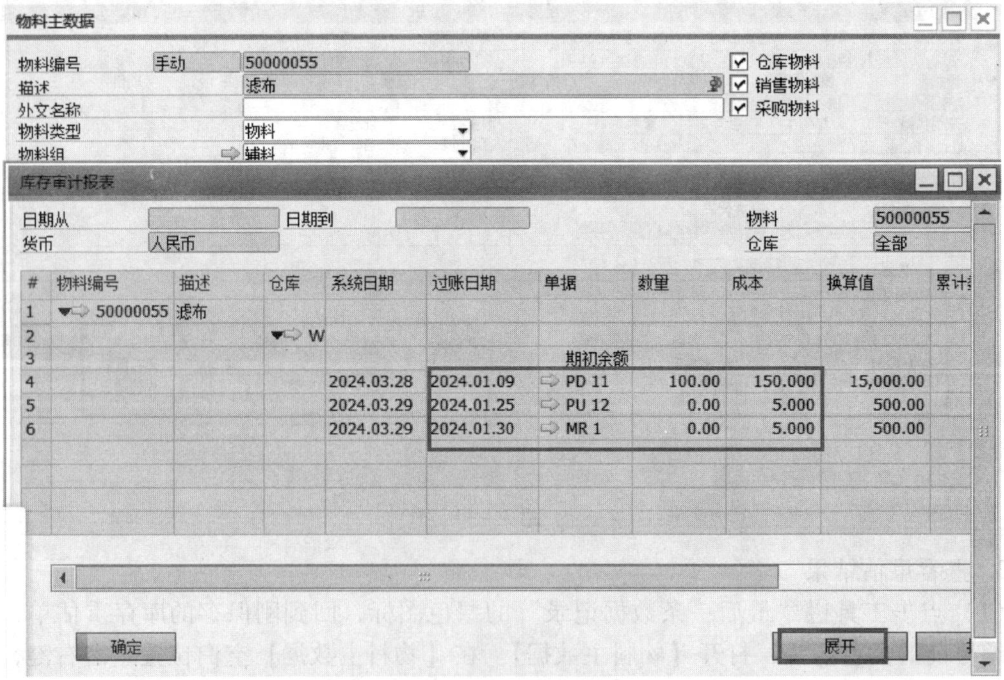

图 3－92

从图 3－92 中可以看到，1 月 9 日滤布入库时，按采购订单的价格是 150 元/平米；1 月 25 日收到正式发票后，单价增加了 5 元，变为 155 元/平米；1 月 30 日收到运费发票，运费分摊到滤布的物料成本中后，每米又增加了 5 元，变为 160 元/平米。

（3）在物料主数据【库存数据】选项卡中，也可以看到物料成本是 160 元/平米。如图 3－93 所示。

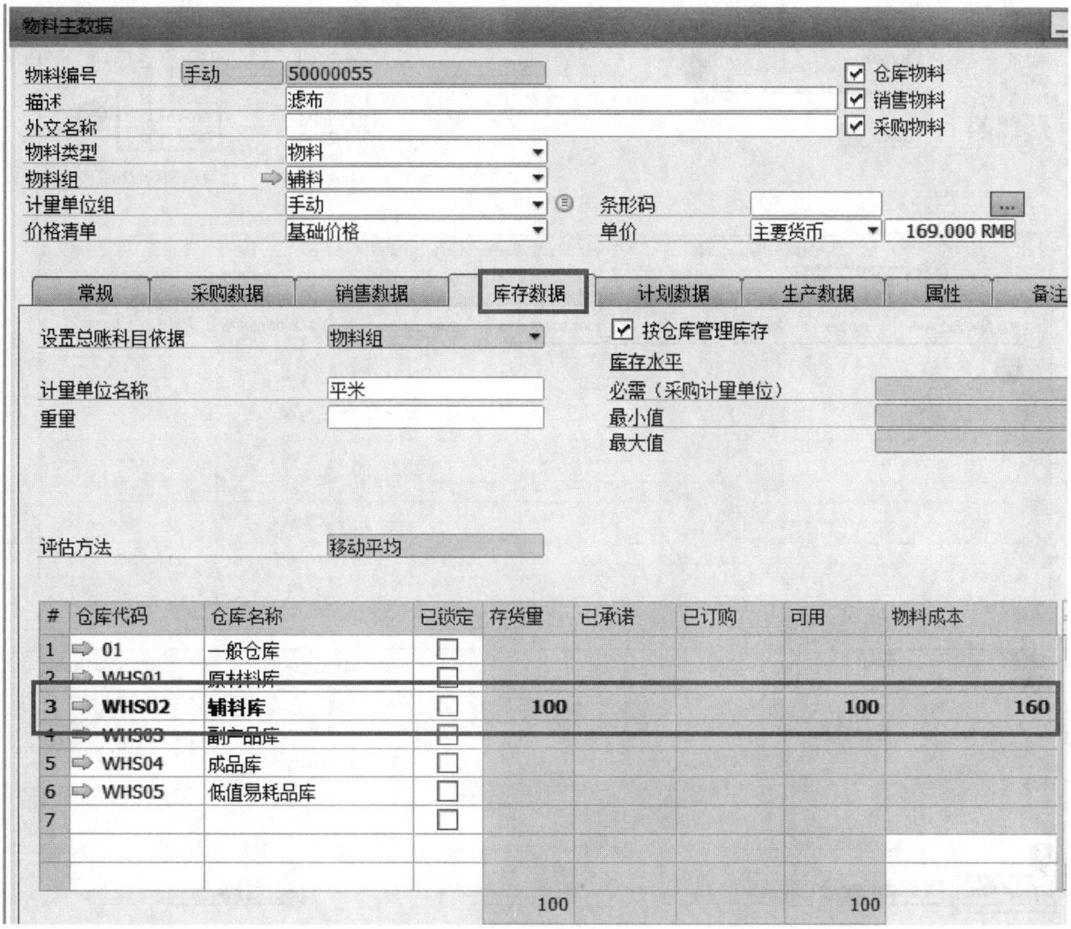


**图 3－93**

### 业务场景二　广告费劳务采购

**业务描述：**

1 月 13 日，公司与广西天创广告传媒有限公司（10000026）签订产品展销活动合同，合同总金额 21.2 万元（广告费增值税税率 6%）。

1 月 25 日，销售部申请按合同约定预付 50% 款项，出纳支付 10.6 万元。

1 月 28 日，展销活动结束，支付剩余 50% 款项 10.6 万元，于当日取得发票。

1. 创建服务类型采购订单

（1）选择路径【采购—应付账款（P）】—【采购订单】，打开“采购订单”窗口。录入供应商，调整过账日期、交货日期、单据日期。

（2）在【内容】选项卡中，将“物料/服务类型”栏选择为“服务”，内容选项卡自动更新，按图 3－94 录入采购订单内容，如字段栏与图中不符，可点击工具栏中的表单设置按钮进行设置。

（3）单击【添加并查看】按钮，对单据进行保存。如图 3－94 所示。

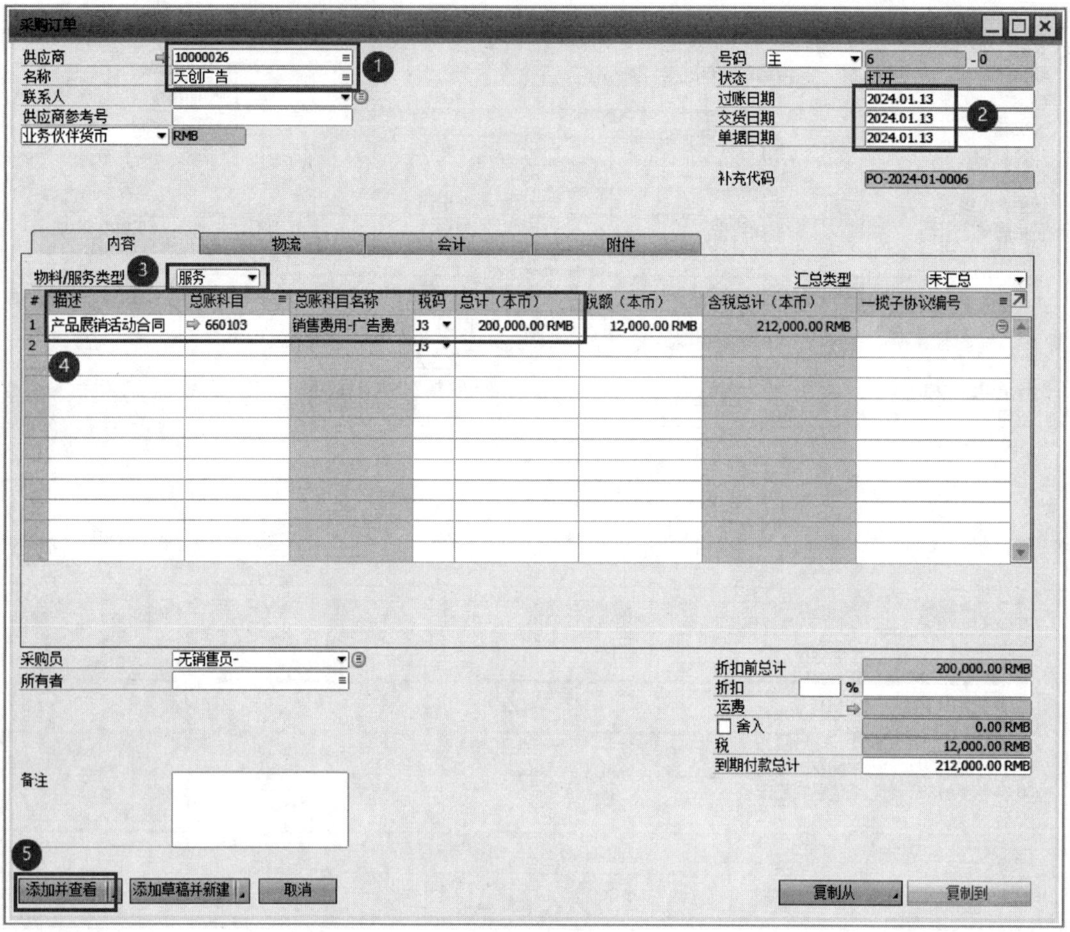


**图 3－94**

2. 创建服务类型预付款申请

（1）选择路径【采购—应付账款（P）】—【预付款申请（A）】，打开“预付款申请”窗口。录入供应商，调整过账日期、到期日、单据日期，“物料/服务类型选择”选择“服务”。

（2）使用【复制从】按钮选择“采购订单”，在“清单 采购订单”窗口中选中要付款的行，然后双击选中行进行选择。在提取单据向导中，选择“提取所有数据（运费和代扣税）”并单击完成，系统从采购订单将全部数据复制到预付款申请。

（3）按照合同要求修改预付款比例为 50%。核对金额，确认后，点击【添加并查看】对单据进行保存。预付款申请不产生日记账。如图 3－95 所示。

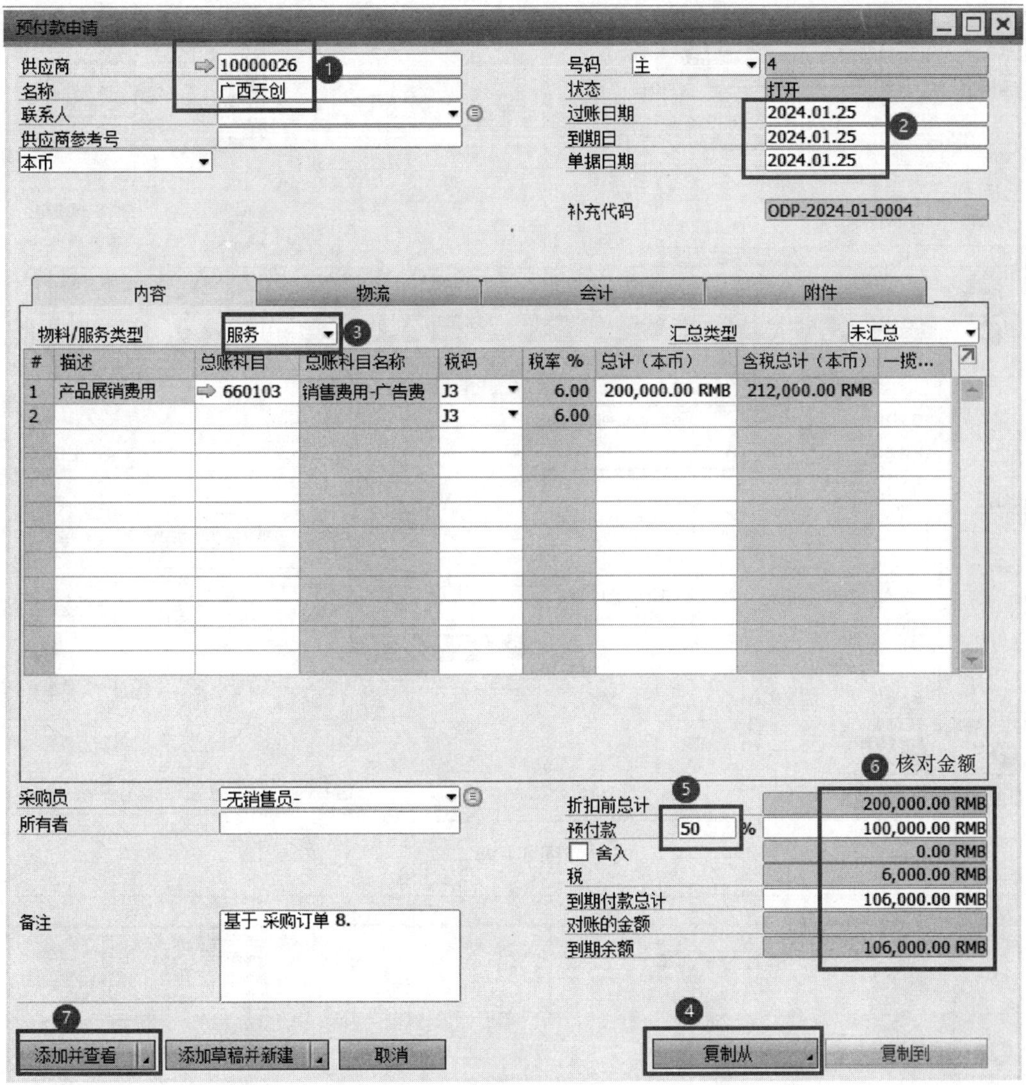


图 3－95

3. 基于预付款申请付款

（1）选择路径【收付款业务】—【付款】，打开“付款”窗口。录入供应商，修改过账日期、到期日、单据日期，勾选相应的预付款申请。

（2）单击工具栏中的付款方式图标 ，或单击“应付总额”后的付款方式图标，打开“付款方式”窗口。选择银行转账进行付款，总账科目选择 100203，录入转账日期，按 Ctrl + B 组合键录入总计栏数值，系统将自动录入总金额数值，单击【确定】按钮。如图 3－96 所示。

（3）返回到“付款”窗口，单击【添加】按钮完成预付款申请的付款。系统弹出提示信息“添加单据后无法进行更改。是否继续?”点击【添加】确认。

（4）点击工具栏中的“最后一个数据记录”的绿色箭头，回到刚保存的收款单，点击“交易编号”后的黄色箭头，查看生成的日记账分录。如图 3－97 所示。

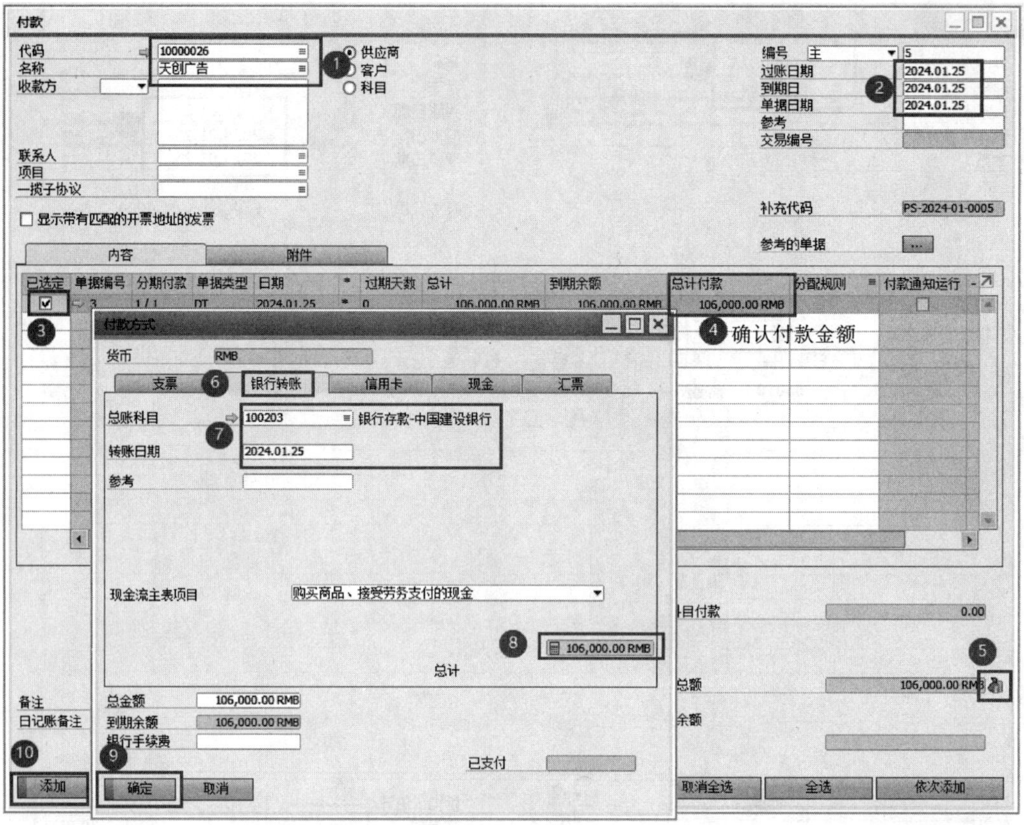
付款
代码
10000026
名称
天创广告
收款方
供应商
客户
科目
联系人
项目
一揽子协议
显示带有匹配的开票地址的发票
编号
主
5
过账日期
2024.01.25
到期日
2024.01.25
单据日期
2024.01.25
参考
交易编号
补充代码
PS-2024-01-0005
参考的单据
内容
附件
已选定
单据编号
分期付款
单据类型
日期
过期天数
总计
到期余额
总计付款
分配规则
付款通知运行
106,000.00 RMB
确认付款金额
付款方式
货币
RMB
支票
银行转账
信用卡
现金
汇票
总账科目
100203
银行存款-中国建设银行
转账日期
2024.01.25
参考
现金流主表项目
购买商品、接受劳务支付的现金
106,000.00 RMB
总计
备注
日记账备注
总金额
106,000.00 RMB
到期余额
106,000.00 RMB
银行手续费
已支付
添加
确定
取消
取消全选
全选
依次添加
1
2
3
4
5
6
7
8
9
10

图 3－96

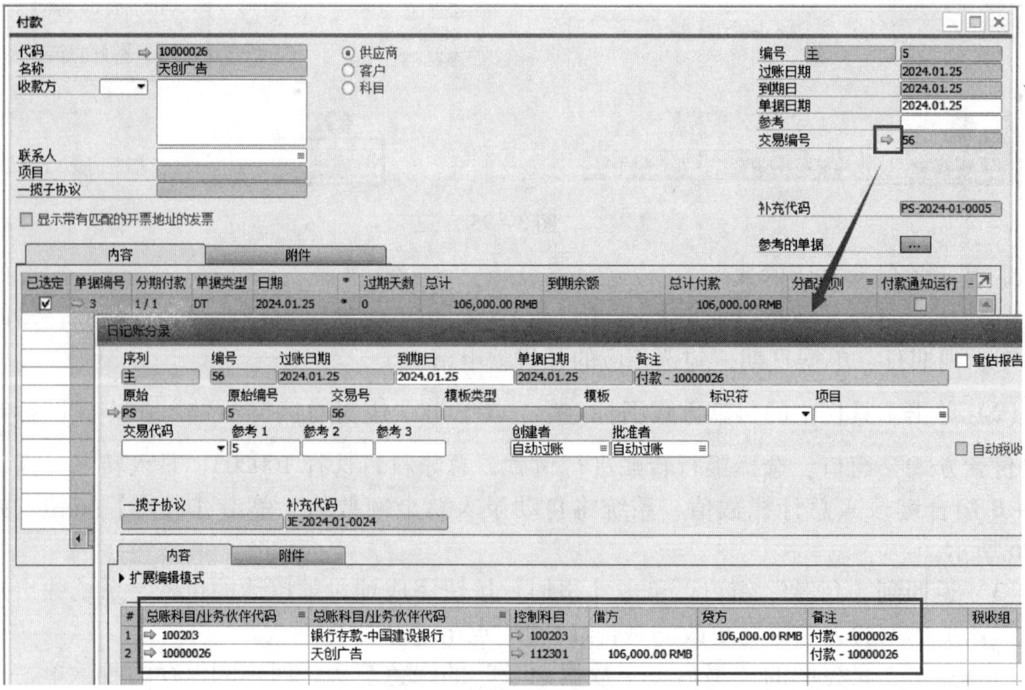
付款
代码
10000026
名称
天创广告
收款方
供应商
客户
科目
联系人
项目
一揽子协议
显示带有匹配的开票地址的发票
编号
主
5
过账日期
2024.01.25
到期日
2024.01.25
单据日期
2024.01.25
参考
交易编号
56
补充代码
PS-2024-01-0005
参考的单据
内容
附件
已选定
单据编号
分期付款
单据类型
日期
过期天数
总计
到期余额
总计付款
分配规则
付款通知运行
106,000.00 RMB
日记账分录
序列
编号
过账日期
到期日
单据日期
备注
重估报告
付款 - 10000026
原始
原始编号
交易号
模板类型
模板
标识符
项目
PS
交易代码
参考 1
参考 2
参考 3
创建者
批准者
自动过账
自动税收
一揽子协议
补充代码
JE-2024-01-0024
扩展编辑模式
总账科目/业务伙伴代码
控制科目
借方
贷方
税收组
100203
银行存款-中国建设银行
106,000.00 RMB
10000026
112301
106,000.00 RMB

图 3－97

4. 预付账款和应付账款对账并支付尾款

（1）选择路径【采购—应付账款（P）】—【应付发票】，打开“应付发票”窗口，录入供应商，调整过账日期、到期日、单据日期，“物料/服务类型”栏选择“服务”。

（2）使用【复制从】按钮，选择“采购订单”，在“清单 采购订单”窗口中，选中行双击进行选择。

（3）在提取单据向导中，选择“提取所有数据（运费和代扣税）”并单击完成。

（4）在“应付发票”窗口右下方，在“预付款总额”栏中显示基于“预付款申请”支付的金额，单击“预付款总额”左侧的三个点图标，查看“拟定预付款”信息。如图 3－98 所示。

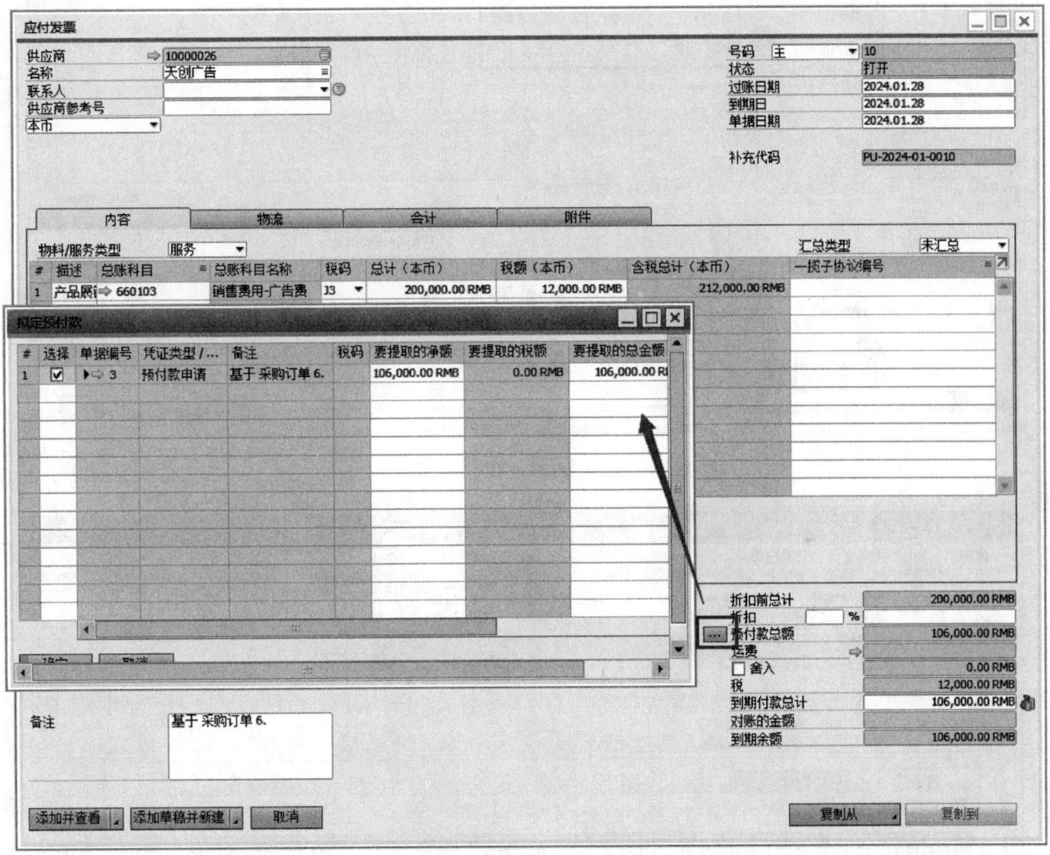


图 3－98

（5）点击“到期付款总计”后的付款方式图标 ，打开“付款方式”窗口，选择银行转账，并录入总账科目、转账日期，总计金额为本单余额，按下 Ctrl＋B，系统自动填充金额。如图 3－99 所示。

（6）返回到“应付发票”窗口，进行日记账分录核对，查看科目和金额。系统弹出提示信息“可用多个日记账分录预览；将打开 2 表单；是否继续?”，这说明下面有两张日记账分录需要预览，点击【是】进行确认。

第一张是支付尾款的日记账分录，如图 3－100 所示。

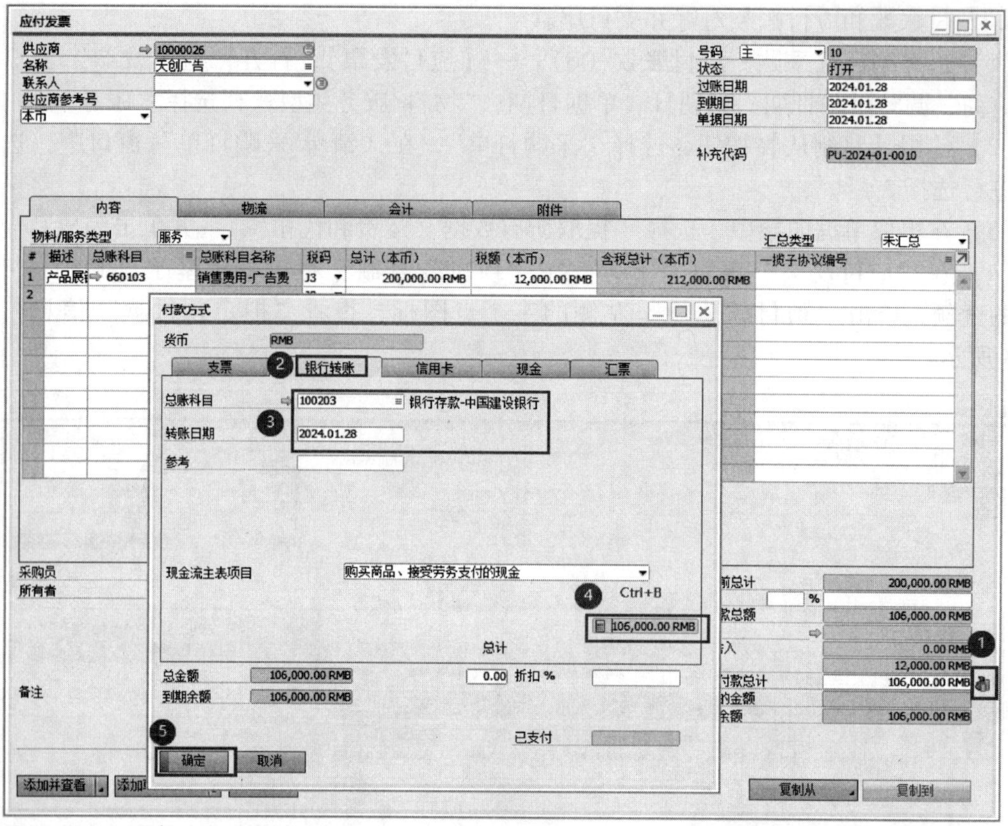


图 3 – 99

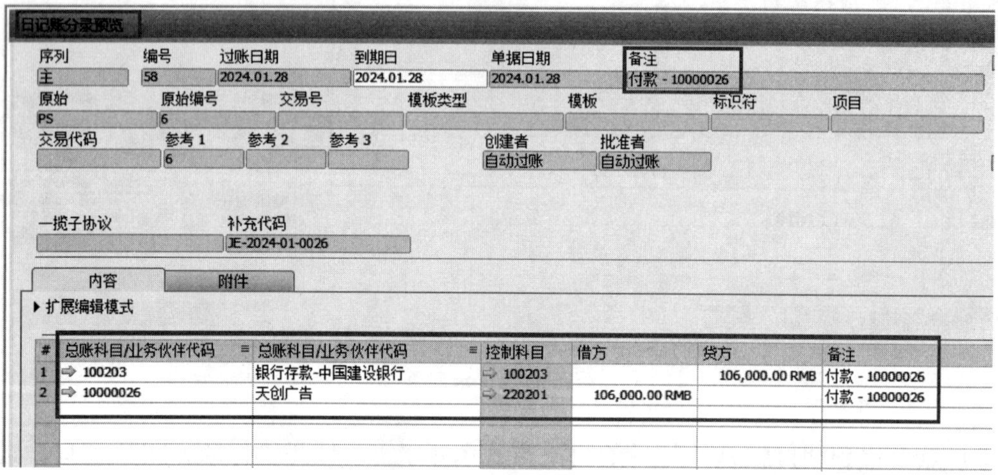


图 3 – 100

核对完成后点击【结算】，关闭第一张日记账分录，进入第二张日记账分录，第二张是确认应付账款和销售费用的日记账分录，如图 3 – 101 所示。

从图中可以看到，本笔分录是先确认业务完整的应付账款 212000 元，同时确认 200000 元销售费用和 12000 元的进项税额，然后再用 106000 元的预付账款冲销应付账款，最终应付账款只剩下 106000 元。系统将两笔日记账分录合二为一。

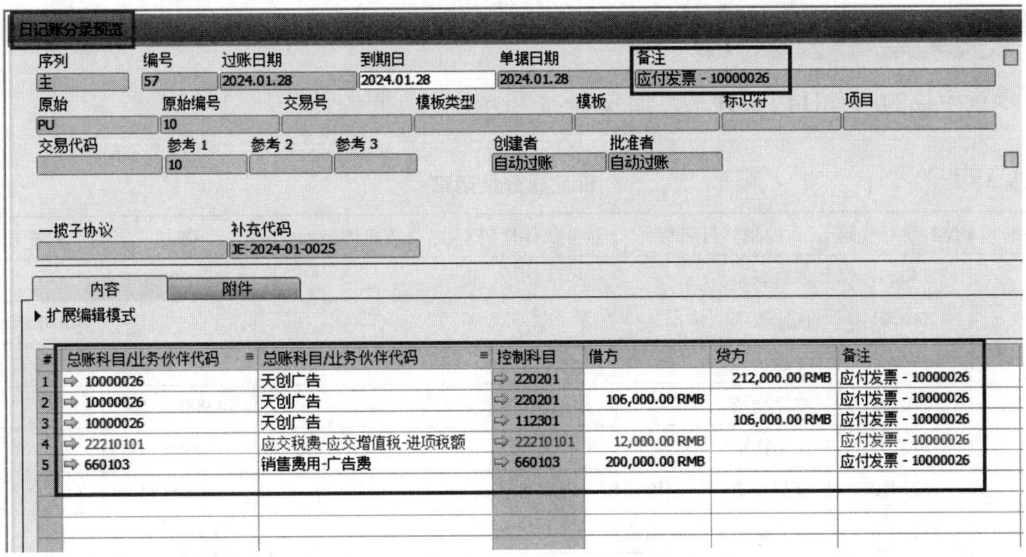


**图 3－101**

（7）日记账分录确认无误后，点击【添加并查看】保存应付发票和付款单。此时可以看到，应付发票变为“已结算”状态。

5. 查看关系映射

在“应付发票”窗口中，右击打开关系映射，看到系统自动生成了付款单。付款也可以通过【收付款业务】中的付款进行支付。如图 3－102 所示。

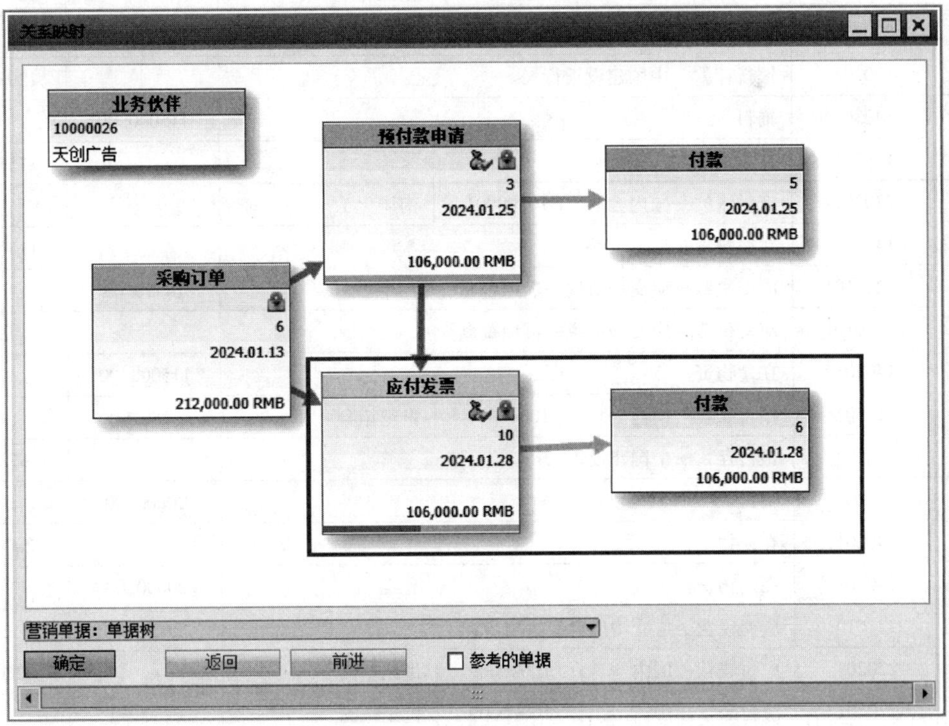


**图 3－102**

## 本章交易日记账明细

本章生成的所有日记账分录，如表 3 - 1 所示。

**表 3 - 1** 日记账分录明细

| 交易编号 | 控制科目代码 | 控制科目名称 | 业务伙伴代码 | 业务伙伴名称 | 借方 | 贷方 |
|---|---|---|---|---|---|---|
| 33 | 140201 | 原材料 | | | 5390000.00 | |
| | 140201 | 在途物资 | | | | 4990000.00 |
| | 140301 | 在途物资 | | | | 400000.00 |
| 34 | 140201 | 在途物资 | | | 4990000.00 | |
| | 140201 | 在途物资 | | | 400000.00 | |
| | 22210101 | 应交税费—应交增值税—进项税额 | | | 650000.00 | |
| | 22210101 | 应交税费—应交增值税—进项税额 | | | 36000.00 | |
| | 140301 | 原材料 | | | 10000.00 | |
| | 220201 | 应付账款—国内 | 10000012 | 南宁景谷 | | 6086000.00 |
| 35 | 220201 | 应付账款—国内 | 10000012 | 南宁景谷 | 1000000.00 | |
| | 100203 | 银行存款—中国建设银行 | | | | 1000000.00 |
| 36 | 140201 | 在途物资 | | | 115000.00 | |
| | 22210101 | 应交税费—应交增值税—进项税额 | | | 14950.00 | |
| | 220201 | 应付账款—国内 | 10000001 | 南风化工 | | 129950.00 |
| 37 | 220201 | 应付账款—国内 | 10000001 | 南风化工 | 129950.00 | |
| | 100203 | 银行存款—中国建设银行 | | | | 129950.00 |
| 38 | 140302 | 辅料 | | | 115000.00 | |
| | 140201 | 在途物资 | | | | 115000.00 |
| 39 | 220201 | 应付账款—国内 | 10000001 | 南风化工 | | 0 |
| | 140201 | 在途物资 | | | | 115000.00 |
| | 22210101 | 应交税费—应交增值税—进项税额 | | | 14950.00 | |
| | 22210101 | 应交税费—应交增值税—进项税额 | | | | 14950.00 |
| | 140201 | 在途物资 | | | 115000.00 | |
| 40 | 112301 | 预付账款—国内 | 10000009 | 世纪拓鑫 | 6780.00 | |
| | 100203 | 银行存款—中国建设银行 | | | | 6780.00 |
| 41 | 140302 | 辅料 | | | 20000.00 | |
| | 140201 | 在途物资 | | | | 20000.00 |
| 42 | 140201 | 在途物资 | | | 20000.00 | |
| | 22210101 | 应交税费—应交增值税—进项税额 | | | 2600.00 | |
| | 220201 | 应付账款—国内 | 10000009 | 世纪拓鑫 | | 22600.00 |
| | 220201 | 应付账款—国内 | 10000009 | 世纪拓鑫 | 6780.00 | |
| | 112301 | 预付账款—国内 | 10000009 | 世纪拓鑫 | | 6780.00 |

续表

| 交易编号 | 控制科目代码 | 控制科目名称 | 业务伙伴代码 | 业务伙伴名称 | 借方 | 贷方 |
|---|---|---|---|---|---|---|
| 43 | 220201 | 应付账款—国内 | 10000009 | 世纪拓鑫 | 15820.00 | |
| | 100203 | 银行存款—中国建设银行 | | | | 15820.00 |
| 44 | 140302 | 辅料 | | | 5200.00 | |
| | 22210101 | 应交税费—应交增值税—进项税额 | | | 676 | |
| | 220201 | 应付账款—国内 | 10000008 | 凌云建材 | | 5876.00 |
| 45 | 220201 | 应付账款—国内 | 10000008 | 凌云建材 | 5876.00 | |
| | 112301 | 预付账款 | 10000008 | 凌云建材 | | 5876.00 |
| 46 | 141201 | 包装物及低值易耗品 | | | 90000.00 | |
| | 140201 | 在途物资 | | | | 90000.00 |
| 47 | 141201 | 包装物及低值易耗品 | | | -1000.00 | |
| | 140201 | 在途物资 | | | | -1000.00 |
| 48 | 140201 | 在途物资 | | | 89000.00 | |
| | 22210101 | 应交税费—应交增值税—进项税额 | | | 11570.00 | |
| | 220201 | 应付账款—国内 | 10000016 | 南宁育才 | | 100570.00 |
| 49 | 141201 | 包装物及低值易耗品 | | | -2000.00 | |
| | 22210101 | 应交税费 应交增值税 进项税额 | | | -260 | |
| | 220201 | 应付账款—国内 | 10000016 | 南宁育才 | | -2260.00 |
| 50 | 140302 | 辅料 | | | 15000.00 | |
| | 140201 | 在途物资 | | | | 15000.00 |
| 51 | 140201 | 在途物资 | | | 15000.00 | |
| | 22210101 | 应交税费—应交增值税—进项税额 | | | 1950.00 | |
| | 220203 | 应付账款—暂估应付款 | 10000008 | 凌云建材 | | 16950.00 |
| 52 | 140201 | 在途物资 | | | -15000.00 | |
| | 22210101 | 应交税费—应交增值税—进项税额 | | | -1950.00 | |
| | 220203 | 应付账款—暂估应付款 | 10000008 | 凌云建材 | | -16950.00 |
| 53 | 140302 | 辅料 | | | 500 | |
| | 140201 | 在途物资 | | | 15000.00 | |
| | 22210101 | 应交税费—应交增值税—进项税额 | | | 2015.00 | |
| | 220201 | 应付账款—国内 | 10000008 | 凌云建材 | | 17515.00 |
| 54 | 22210101 | 应交税费—应交增值税—进项税额 | | | 45 | |
| | 140201 | 在途物资 | | | 500 | |
| | 220201 | 应付账款—国内 | 10000020 | 中外物流 | | 545 |
| 55 | 140302 | 辅料 | | | 500 | |
| | 140201 | 在途物资 | | | | 500 |

续表

| 交易编号 | 控制科目代码 | 控制科目名称 | 业务伙伴代码 | 业务伙伴名称 | 借方 | 贷方 |
|---|---|---|---|---|---|---|
| 56 | 112301 | 预付账款—国内 | 10000026 | 天创广告 | 106000.00 | |
| | 100203 | 银行存款—中国建设银行 | | | | 106000.00 |
| 57 | 660103 | 销售费用—广告费 | | | 200000.00 | |
| | 22210101 | 应交税费—应交增值税—进项税额 | | | 12000.00 | |
| | 220201 | 应付账款—国内 | 10000026 | 天创广告 | | 212000.00 |
| | 220201 | 应付账款—国内 | 10000026 | 天创广告 | 106000.00 | |
| | 112301 | 预付账款—国内 | 10000026 | 天创广告 | | 106000.00 |
| 58 | 220201 | 应付账款—国内 | 10000026 | 天创广告 | 106000.00 | |
| | 100203 | 银行存款—中国建设银行 | | | | 106000.00 |

## 本章科目余额表

本章所有业务完成后，科目余额表如表 3 - 2 所示。

**表 3 - 2　　科目余额表**

| 科目代码 | 科目名称 | 科目余额 |
|---|---|---|
| 100101 | 现金—人民币 | 9000.00 |
| 100203 | 银行存款—中国建设银行 | 735450.00 |
| 100204 | 银行存款—中国工商银行 | 450540.00 |
| 112101 | 应收票据 | 650000.00 |
| 112201 | 应收账款—国内 | 400000.00 |
| 112301 | 预付账款—国内 | 24124.00 |
| 140301 | 原材料 | 7500000.00 |
| 140302 | 辅料 | 656200.00 |
| 140601 | 库存商品 | 5505620.00 |
| 141201 | 包装物及低值易耗品 | 87000.00 |
| 160101 | 固定资产—房屋和建筑物 | 13800000.00 |
| 160102 | 固定资产—机器设备 | 15660000.00 |
| 160103 | 固定资产—运输设备 | 840000.00 |
| 160104 | 固定资产—办公设备 | 56700.00 |
| 160201 | 累计折旧—房屋和建筑物 | -1565916.67 |
| 160202 | 累计折旧—机器设备 | -5330924.98 |
| 160203 | 累计折旧—运输设备 | -266000.00 |
| 160204 | 累计折旧—办公设备 | -40635.00 |
| 170101 | 无形资产—土地使用权 | 3000000.00 |

续表

| 科目代码 | 科目名称 | 科目余额 |
|---|---|---|
| 170201 | 累计摊销—土地使用权 | -200000.00 |
| 200101 | 短期借款 | -1200000.00 |
| 220101 | 应付票据 | -980000.00 |
| 220201 | 应付账款—国内 | -7059870.00 |
| 220501 | 预收账款—国内 | -50000.00 |
| 221101 | 应付职工薪酬—工资及绩效 | -205500.00 |
| 221102 | 应付职工薪酬—社会保险 | -65965.50 |
| 221103 | 应付职工薪酬—住房公积金 | -20550.00 |
| 22210101 | 应交税费—应交增值税—进项税额 | 729596.00 |
| 22210103 | 应交税费—应交增值税—转出未交增值税 | -352500.00 |
| 250101 | 长期借款—本金 | -2000000.00 |
| 400101 | 股本 | -10000000.00 |
| 400201 | 资本公积—股本溢价 | -20000000.00 |
| 410101 | 盈余公积—法定盈余公积 | -250000.00 |
| 410102 | 盈余公积—任意盈余公积 | -20000.00 |
| 410415 | 利润分配—未分配利润 | -696367.85 |
| 660103 | 销售费用—广告费 | 200000.00 |

# 附录：错误单据修改举例

实验中，学生们经常出现录错数字、录错单位，没有使用【复制从】【复制到】功能造成库存错误等情况。在SAP系统中如果要修改一张错误的单据，需要使用“关系映射”打开将该业务的单据链，将错误单据之后所发生的单据全部删除，才能修改这笔错误单据。扫描以下二维码，即可看到业务场景一采购订单错误的修改视频。

## 思政课堂

### 供应链中的诚信与合规性

在全球化的经济环境下，供应链的诚信与合规性对于企业来说至关重要。它们不仅直接影响企业的声誉和市场地位，还关系到企业的长期发展和社会责任。供应链管理要能够确保企业在采购、生产、销售等各个环节中遵守法律法规，维护公平竞争的市场环境，保护消费者权益，促进社会和谐。同时，我们还要保障企业在国际贸易中遵循国际规则和标准，避免法律风险和经济损失。因此，加强供应链中的诚信与合规性，是企业实现可持续发展、树立良好企业形象和提升国际竞争力的关键。

中国石油化工集团公司作为全球领先的石油和化工企业，是供应链管理中体现诚信与合规性的典范。通过实施 ERP 系统，中国石油化工集团公司加强了对供应商的评估和选择，确保了合作伙伴的诚信和合规性。ERP 系统对合同的签订、执行和变更能进行全程管理，保障了合同执行的合规性，并内嵌反腐败监控机制，有效预防和打击腐败现象。此外，系统充分的透明度确保了所有采购流程和数据的可追溯性和可审计性，增强了市场的信任度。中国石油化工集团公司还重视员工的诚信教育和合规培训，强化了员工的诚信意识和合规操作，营造了良好的企业文化氛围。

中国石油化工集团公司的实践不仅提升了企业的管理水平，也为整个行业树立了诚信与合规经营的标杆，体现了国有企业在推动社会诚信体系建设中的示范作用。这一案例向我们证明，在信息化时代，企业可以通过信息化手段加强诚信与合规性，提升供应链管理的效率和透明度。

中国石化：http：//www. sinopec. com/

# 第四章

# 固定资产管理

## 学习目标

通过本章学习，掌握如何在 SAP ERP 系统中完成对固定资产的管理业务。

## 实验内容

1. 进行固定资产初始化。
2. 进行固定资产期初数据导入。
3. 固定资产清理业务实验。

## 章前学习

固定资产管理模块主要用于完成企业固定资产的日常核算和管理，包括建立固定资产卡片，按月反映固定资产的增加、减少、报废和其他引起原值变化的变动，按月自动计提折旧，反映单项固定资产的价值变动情况，从而最终汇总反映全部固定资产的账面净值。在 SAP 系统中，固定资产的基本设置包括资产类别设置、折旧类型设置、折旧范围设置等内容。

对于单项固定资产的管理，在实际工作中是通过固定资产卡片来实现的。每一项固定资产对应一张卡片，固定资产卡片上记录了该项资产从购入（建成）到出售报废的过程中的全部信息，既包括管理信息，如：资产编号、资产描述、资产存放地点、使用部门、责任人、调拨记录等，也包括核算信息，如：如账面原值、残值、累计折旧、账面净值、月折旧额等。过去的固定资产卡片就是一张张的纸质卡片和粘贴在资产上的标签，实现信息化以后，就变成了系统中的电子卡片。在 SAP 系统中，固定资产卡片就是固定资产主数据。

购置或自行建造新的固定资产后，需要在 SAP 系统中新增固定资产卡片。购置不需安装的设备时，可以直接在系统中创建一张新的卡片，系统会自动进行固定资产的资本化。购置需安装设备或自行建造固定资产时，通过“在建工程”科目核算，在完成固定资产验收后，系统通过在建工程转入固定资产，自动生成固定资产卡片，不需要自行录入。

固定资产卡片创建后，后续资产相关业务，如：增值、减值、计提折旧、出售、报废等，都会影响固定资产卡片中记录的相关数据及其折旧参数概览。

# 实验一　固定资产初始化

1. 科目确定

科目确定是为固定资产相关业务的核算提前设置好核算科目。

选择路径【管理】—【设置】—【财务】—【固定资产】—【科目确定】，打开“科目确定—设置”窗口，在添加模式下，分别创建对应的资产类别，设置相应的科目。有些时候同样的资产，使用的部门不同，折旧科目也不同。例如，汽车的折旧，在管理部门使用，折旧计入管理费用；销售部门使用，折旧计入销售费用；车间在仓库和生产线之间运送材料使用，折旧计入生产成本；工程建设部门使用，折旧计入在建工程。

由于固定资产业务的情况比较复杂，对于不同的业务情况，要设置不同的核算科目，以下分为十种情况进行核算科目的设置。图 4－1 为第一种情况的设置，其后九种按表 4－1、表 4－2 进行设置。

**图 4－1**

**表 4－1　　　　固定资产科目明细（1）**

| | | | | | |
|---|---|---|---|---|---|
| 代码 | 160101—房屋和建筑物—管理用 | 160101—房屋和建筑物—车间用 | 160102—机器设备—管理用 | 160102—机器设备—车间用 | 160103—运输设备—管理用 |
| 描述 | 房屋和建筑物—管理用 | 房屋和建筑物—车间用 | 机器设备—管理用 | 机器设备—车间用 | 运输设备—管理用 |
| 资产负债科目 | 160101 | 160101 | 160102 | 160102 | 160103 |

续表

| 代码 | 160101—房屋和建筑物—管理用 | 160101—房屋和建筑物—车间用 | 160102—机器设备—管理用 | 160102—机器设备—车间用 | 160103—运输设备—管理用 |
| --- | --- | --- | --- | --- | --- |
| 描述 | 房屋和建筑物—管理用 | 房屋和建筑物—车间用 | 机器设备—管理用 | 机器设备—车间用 | 运输设备—管理用 |
| 购置清算科目 | 220204 | 220204 | 220204 | 160401 | 220204 |
| 重估科目 | | | | | |
| 重估准备金 | | | | | |
| 重估准备金清算 | | | | | |
| 普通折旧 | 660202 | 510103 | 660202 | 510103 | 660202 |
| 累计普通折旧 | 160201 | 160201 | 160202 | 160202 | 160203 |
| 计划外折旧 | 660202 | 510103 | 660202 | 510103 | 660202 |
| 累计计划外折旧 | 160201 | 160201 | 160202 | 160202 | 160203 |
| 特殊折旧 | 660202 | 510103 | 660202 | 510103 | 660202 |
| 累计的特殊折旧 | 160201 | 160201 | 160202 | 160202 | 160203 |
| 资产销售收入（净值） | 160601 | 160601 | 160601 | 160601 | 160601 |
| 报废支出（净值） | | | | | |
| 报废收入（净值） | | | | | |
| 账面净值报废支出（总额） | 160601 | 160601 | 160601 | 160601 | 160601 |
| 账面净值报废收入（总额） | 160601 | 160601 | 160601 | 160601 | 160601 |
| 资产处置收入科目 | 160601 | 160601 | 160601 | 160601 | 160601 |
| 收入清算科目 | 160601 | 160601 | 160601 | 160601 | 160601 |

**表 4-2　　固定资产科目明细（2）**

| 代码 | 160103—运输设备—销售用 | 160104—办公设备—管理用 | 160105—家具—管理用 | 160106—电子设备—管理用 | 170101—土地使用权 |
| --- | --- | --- | --- | --- | --- |
| 描述 | 运输设备—销售用 | 办公设备—管理用 | 家具—管理用 | 电子设备—管理用 | 土地使用权 |
| 资产负债科目 | 160103 | 160104 | 160105 | 160106 | 170101 |
| 购置清算科目 | 220204 | 220204 | 220204 | 220204 | |
| 重估科目 | | | | | |
| 重估准备金 | | | | | |
| 重估准备金清算 | | | | | |
| 普通折旧 | 660102 | 660202 | 660202 | 660202 | 660213 |
| 累计普通折旧 | 160203 | 160204 | 160205 | 160206 | 170201 |
| 计划外折旧 | 660102 | 660202 | 660202 | 660202 | 660213 |
| 累计计划外折旧 | 160203 | 160204 | 160205 | 160206 | 170201 |
| 特殊折旧 | 660102 | 660202 | 660202 | 660202 | 660213 |
| 累计的特殊折旧 | 160203 | 160204 | 160205 | 160206 | 170201 |

续表

| 代码 | 160103—运输设备—销售用 | 160104—办公设备—管理用 | 160105—家具—管理用 | 160106—电子设备—管理用 | 170101—土地使用权 |
|---|---|---|---|---|---|
| 描述 | 运输设备—销售用 | 办公设备—管理用 | 家具—管理用 | 电子设备—管理用 | 土地使用权 |
| 资产销售收入（净值） | 160601 | 160601 | 160601 | 160601 | |
| 报废支出（净值） | | | | | |
| 报废收入（净值） | | | | | |
| 账面净值报废支出（总额） | 160601 | 160601 | 160601 | 160601 | |
| 账面净值报废收入（总额） | 160601 | 160601 | 160601 | 160601 | |
| 资产处置收入科目 | 160601 | 160601 | 160601 | 160601 | 630106 |
| 收入清算科目 | 160601 | 160601 | 160601 | 160601 | |

注意：由于无形资产摊销和固定资产折旧类似，SAP B1 系统里没有单独的无形资产管理模块，无形资产视同固定资产一并进行管理，特此说明。

2. 折旧类型设置

为了满足各种折旧核算需求，SAP 系统中主要配备有直线法和余额递减法，还支持各种情况的特殊操作，如多级计算、立即增记、特殊折旧、手动折旧等，企业可选择不同类型的折旧方法。在本章实验中采用系统自动的直线折旧法。

选择路径【管理】—【设置】—【财务】—【固定资产】—【折旧类型】，打开“折旧类型—设置”窗口，点击工具栏上的【添加】图标，设置“直线折旧 0”和“直线折旧 5”两种类型。其中，“直线折旧 0”是按直线法计算折旧，无残值；“直线折旧 5”也是用直线法计算折旧，残值率为 5%。

第一种类型：“直线折旧 0”，注意：【常规】选项卡和【计算】选项卡都有设置内容，两个设置完成后再点击【添加】。

【常规】选项卡的设置如图 4－2 所示。

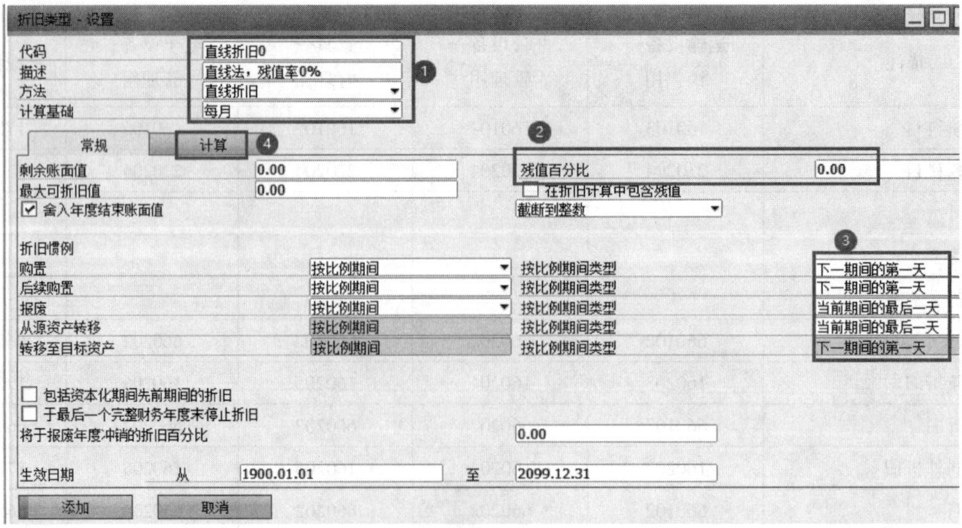


图 4－2

图4－2中步骤3为设置折旧计提时间点。为正确地计提折旧，需要约定固定资产折旧计提的时间点。SAP系统中，折旧计提的时间点遵循如下原则：

（1）当月新增的固定资产下月月末计提折旧；

（2）当月增值的固定资产，增值部分下月计提折旧；

（3）当月报损的固定资产当月仍需计提折旧；

（4）当月减值的固定资产，减值部分当月仍需计提折旧。

注意：步骤3的各选项如选择错误，后面计提折旧时计算金额会出错，所以需要认真进行核对。

【计算】选项卡按图4－3所示设置，将计算方法选择为：账面净值/剩余使用期。

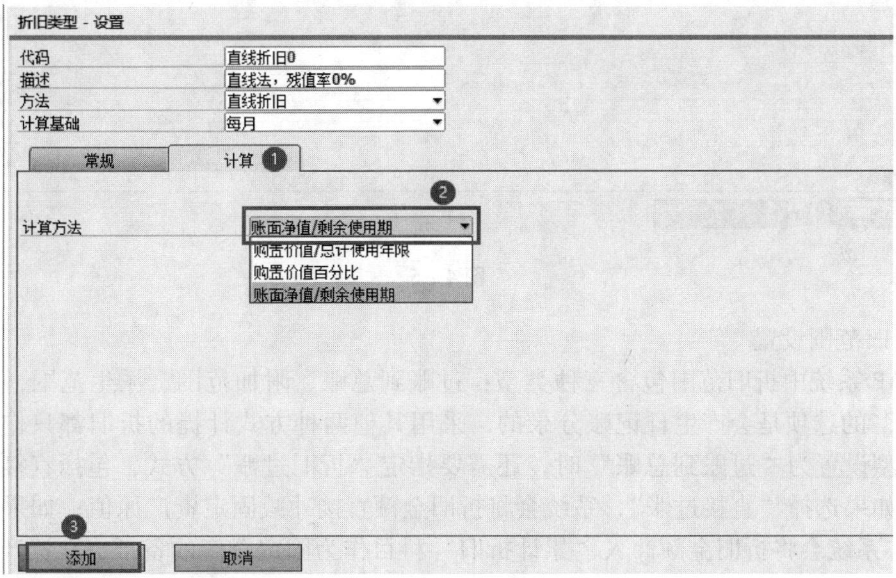


图4－3

按相同方法设置“直线折旧5”类型，如图4－4和图4－5所示。

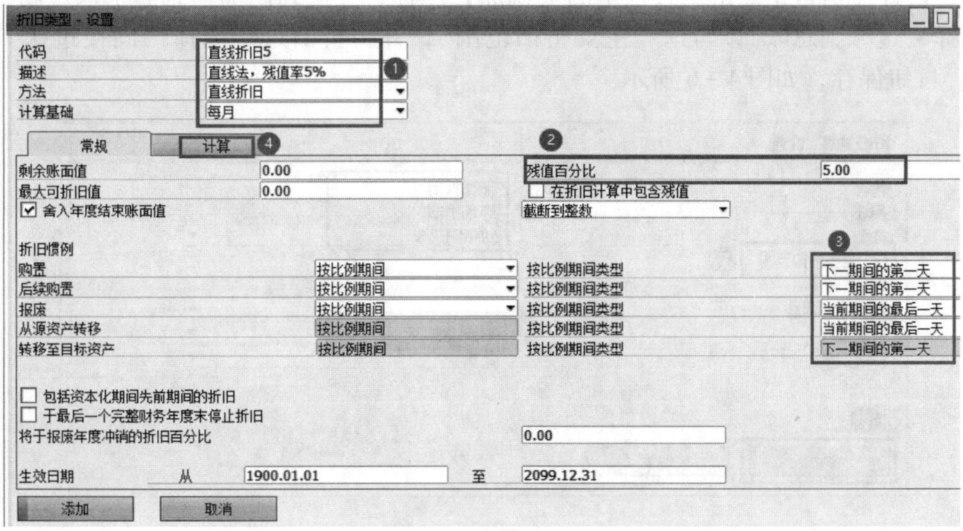


图4－4

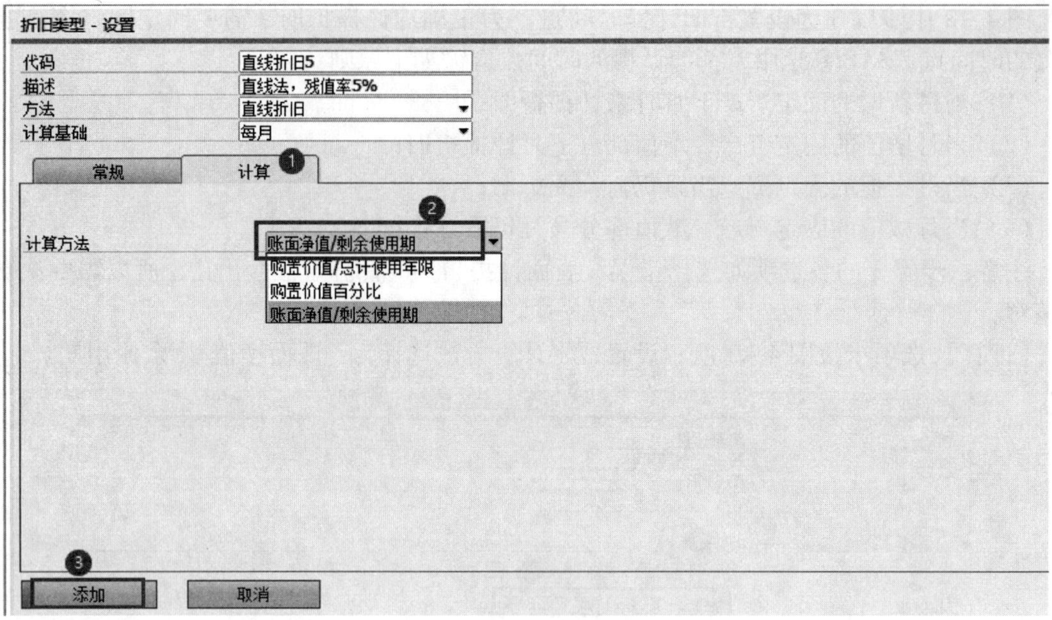


图 4 – 5

3. 折旧范围设置

在 SAP 系统中折旧范围包含三种类型：过账到总账、附加范围、派生范围，只有“过账到总账”的选项是会产生日记账分录的，采用其他两种方式计提的折旧都只作为参考数据。当类型设置为“过账到总账”时，还需要指定“折旧过账”方式，包括直接过账和间接过账。如果选择“直接过账”，系统会将折旧金额直接冲减固定资产原值；如果选择“间接过账”，系统会将折旧金额计入“累计折旧”科目作为固定资产的备抵，在资产出售、报废时转出。本实验遵循目前国内的会计准则，“折旧过账”方式采用“间接过账”。

选择路径【管理】—【设置】—【财务】—【固定资产】—【折旧范围】，打开“折旧范围—设置”窗口，点击工具栏中的【添加】图标，切换到添加模式。录入代码、描述，类型选择“过账到总账”，勾选“主要折旧范围”，并将折旧过账选择“间接过账”，点击【添加】按钮保存，如图 4 – 6 所示。

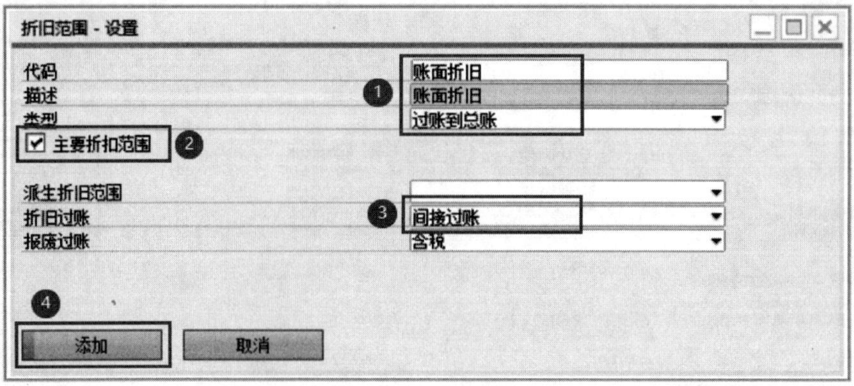


图 4 – 6

4. 资产类别设置

在 SAP 系统中，可以通过不同类别来定义固定资产。每个资产类别可以设置多个折旧范围和折旧方法。通过指定资产类别，便可将折旧范围和折旧方法对应到具体的某项资产上。本实验中的资产类别、折旧范围和折旧方法如表 4－3 所示，由于无形资产的摊销与固定折旧计算方法完全一致，可适用无残值的直线折旧类型，所以本实验中在资产类别中增加一个“无形资产”的类别，将期初余额中 300 万元的土地使用权纳入固定资产进行管理。

（1）选择路径【管理】—【设置】—【财务】—【固定资产】—【资产类别】，打开“资产类别—设置”窗口，点击工具栏上的【添加】图标，切换到添加状态。

（2）输入“代码”栏和“描述”栏信息，资产类型默认“常规”。设置折旧范围，设置折旧类型、科目确定以及使用年限（月），点击【添加】按钮保存。如图 4－7 所示。

**图 4－7**

**表 4－3　资产类别明细表**

| 代码 | 描述 | 折旧范围 | 科目确定 | 折旧类型 | 使用年限(月) |
|---|---|---|---|---|---|
| 房屋和建筑物—管理用 | 房屋和建筑物—管理用 | 账面折旧 | 160101—房屋和建筑物—管理用 | 直线折旧 5 | 360 |
| 房屋和建筑物—车间用 | 房屋和建筑物—车间用 | 账面折旧 | 160101—房屋和建筑物—车间用 | 直线折旧 5 | 360 |
| 机器设备—管理用 | 机器设备—管理用 | 账面折旧 | 160102—机器设备—管理用 | 直线折旧 5 | 120 |
| 机器设备—车间用 | 机器设备—车间用 | 账面折旧 | 160102—机器设备—车间用 | 直线折旧 5 | 120 |
| 运输设备—管理用 | 运输设备—管理用 | 账面折旧 | 160103—运输设备—管理用 | 直线折旧 0 | 36 |
| 运输设备—销售用 | 运输设备—销售用 | 账面折旧 | 160103—运输设备—销售用 | 直线折旧 0 | 36 |
| 办公设备 | 办公设备—管理用 | 账面折旧 | 160104—办公设备—管理用 | 直线折旧 0 | 48 |
| 家具 | 家具—管理用 | 账面折旧 | 160105—家具—管理用 | 直线折旧 0 | 60 |
| 电子设备 | 电子设备—管理用 | 账面折旧 | 160106—电子设备—管理用 | 直线折旧 0 | 36 |
| 无形资产 | 土地使用权 | 账面折旧 | 170101—土地使用权 | 直线折旧 0 | 300 |

注意：完成固定资产初始化设置后，务必对每一项设置进行检查，如发现错误，在该设置的空白处点击右键，在弹出的功能菜单中选择“移除”，即可取消该项设置，再重新录入正确

的设置即可。进行到后面实验后，由于有业务单据的录入，就不能再执行“移除”功能了。

# 实验二 固定资产主数据导入

固定资产主数据字段较多，一般采用导入模式。启用固定资产后，可以将固定资产主数据从 Excel 导入到 SAP 系统中。导入之前，可以在 Excel 工作表中准备资产相关值。所有资产值必须为本会计年度的初始值。导入期间，可以指定会计年度，然后系统会将所有值传输到 SAP 系统的资产主数据中作为指定的会计年度的初始值。

1. 导入期初数据

固定资产期初数据的导入操作方法与财务期初数据的导入类似。

（1）选择路径【管理】—【数据导入/数据导出】—【数据导入】—【从 Excel 导入固定资产主数据】，打开“从 Excel 导入固定资产主数据”窗口。

（2）在“从 Excel 导入固定资产主数据”窗口中，选择要导入资产相关值的会计年度。

（3）按图 4-8 选择“对象中的字段”。

（4）在“要导入的文件”位置选择要导入的资产主数据文件，在 Excel 中整理的资产数据需要另存为文本文件（制表符分隔）的 TXT 文件进行导入，然后点击【导入】按钮，完成资产主数据导入。如图 4-8 所示。

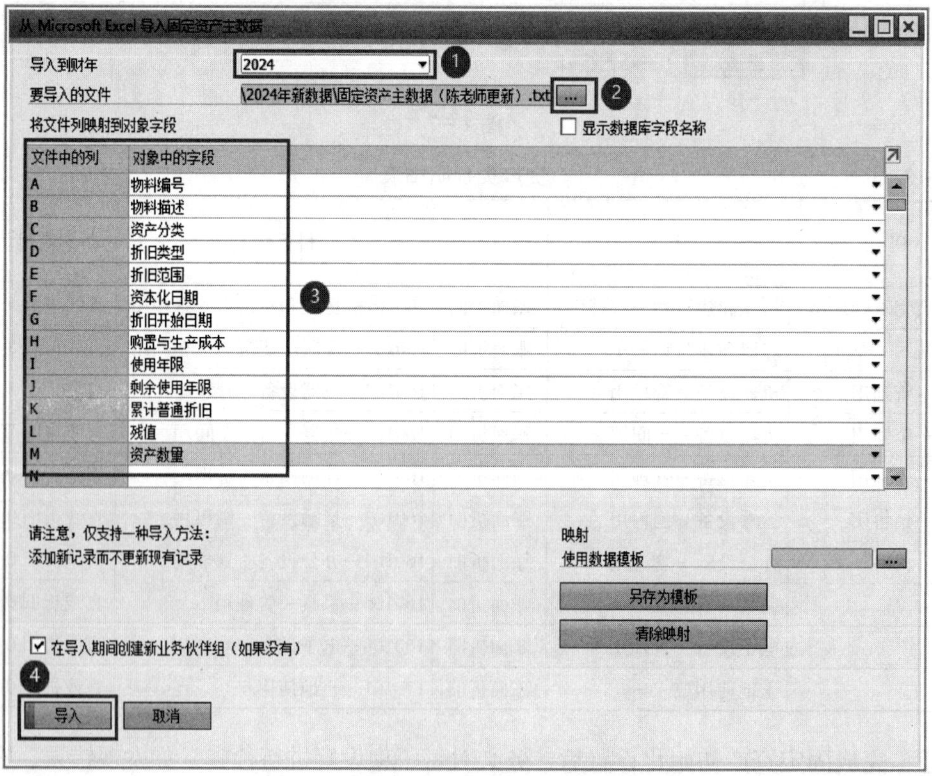


图 4-8

（5）导入成功后，左下角状态栏显示为绿色，并提示“已经成功导入 33 个记录”的字样。

2. 查看导入结果

（1）完成导入后，选择路径【财务】—【固定资产】—【资产主数据】，在资产主数据中查看导入的全部资产。如图 4－9 所示。

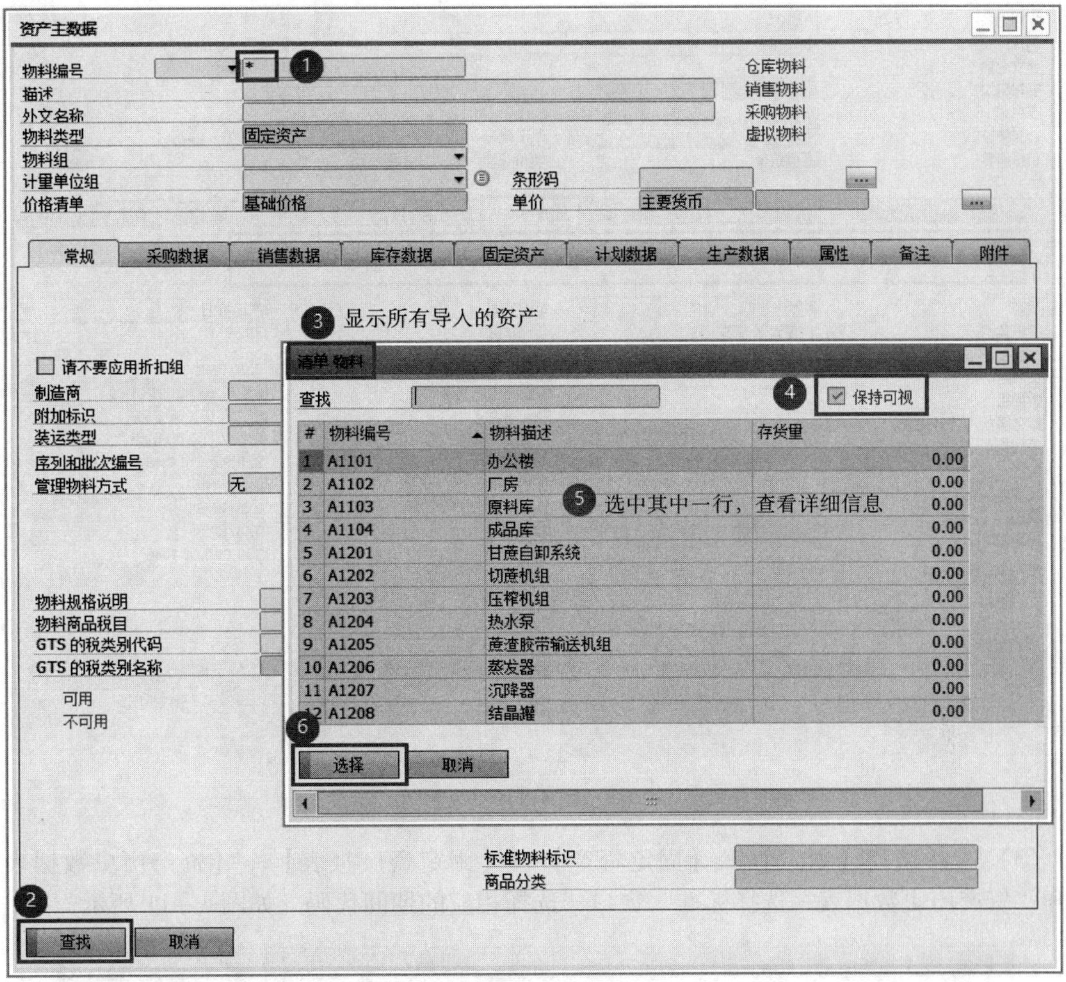


**图 4－9**

（2）例如：查看资产“A1101—办公楼”的详细信息。还可使用工具栏上的绿色翻页箭头，查看其他固定资产的详细信息。

【概览】选项卡如图 4－10 所示。

在【值】选项卡中，选择不同的会计年度，会出现该年度固定资产的价值，显示该资产从年初到年末发生各种变动的金额。

在【折旧】选项卡中，系统显示所选会计年度期间内发生或将发生的所有计划折旧、过账折旧、自动折旧（指系统自动执行折旧）和手动折旧（指使用“手动折旧”功能手动执行的所有折旧）四种折旧信息。其中，过账折旧 = 自动折旧 + 手动折旧。

在【成本会计】选项卡中，可以按照财务核算要求将项目号和成本中心与固定资产相关联。为了便于日记账分录上折旧费用与项目号或成本中心关联，还可以定义财务项目号和成本中心与固定资产关联的日期范围。例如，当资产所属部门发生变化时，相关折旧费用的成本中心也将发生变化。

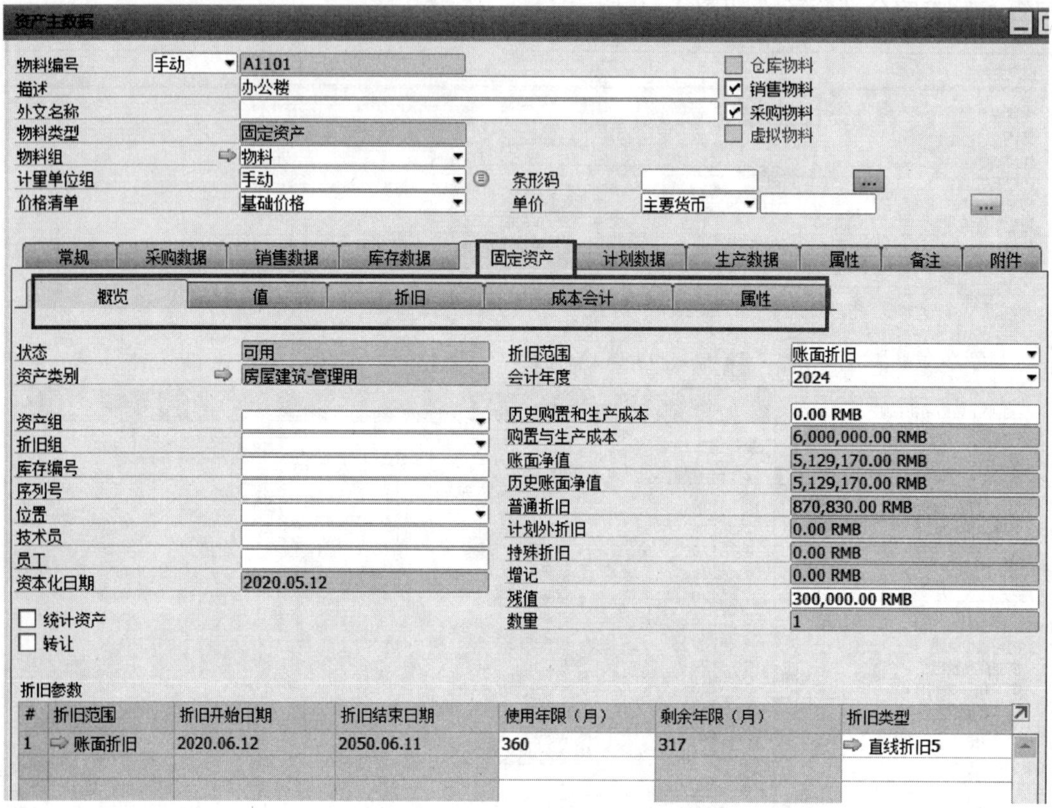


图 4 – 10

（3）选择路径【财务】—【固定资产】—【固定资产报表】—【资产历史数据表】，打开“资产历史数据表—选择标准”窗口，选择相应的期间代码。如图 4 – 11 所示。

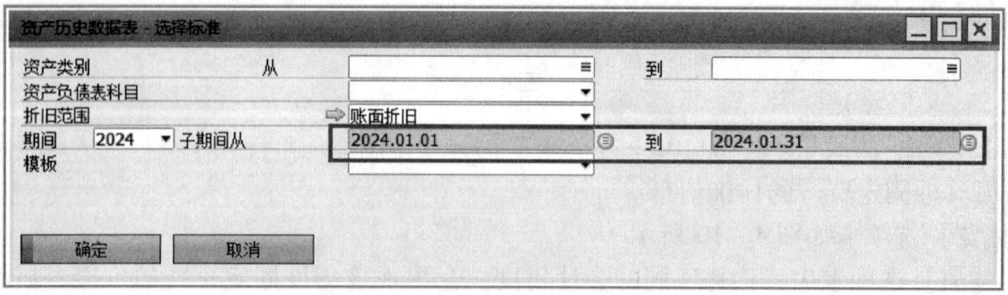


图 4 – 11

（4）查看导入的所有资产的购置成本、累计折旧及账面净值等信息，并与总账科目中的“固定资产”和“累计折旧”科目余额进行核对。如图 4 – 12 所示。

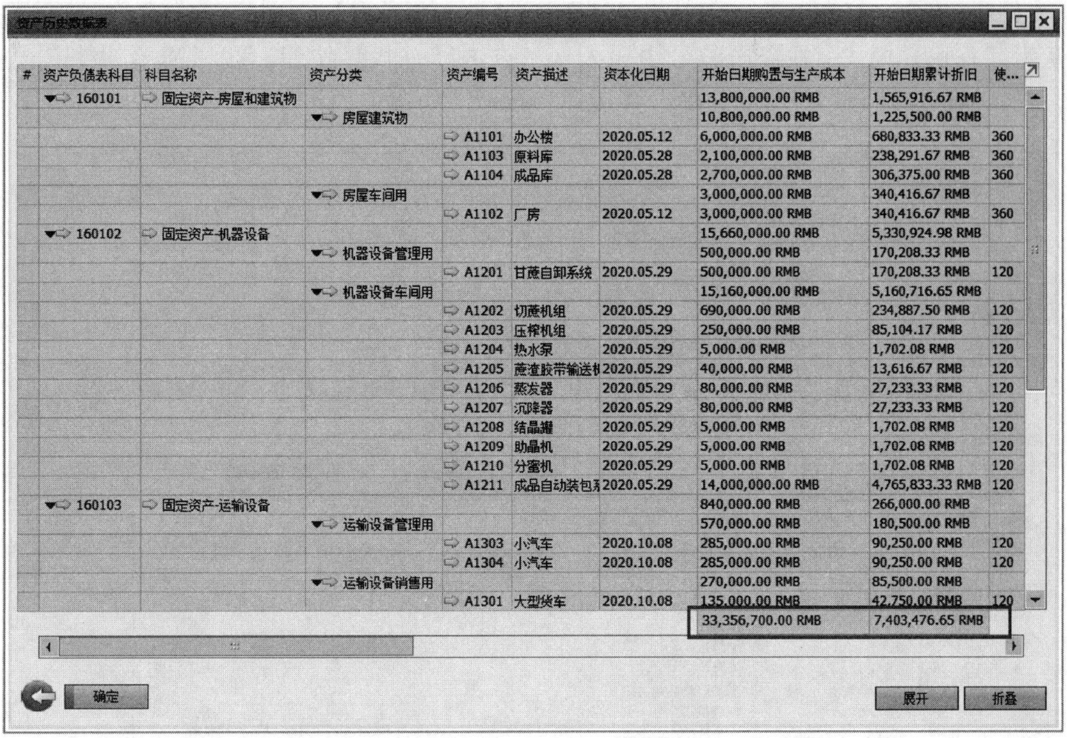


| # | 资产负债表科目 | 科目名称 | 资产分类 | 资产编号 | 资产描述 | 资本化日期 | 开始日期购置与生产成本 | 开始日期累计折旧 | 使… |
|---|---|---|---|---|---|---|---|---|---|
| | 160101 | 固定资产-房屋和建筑物 | | | | | 13,800,000.00 RMB | 1,565,916.67 RMB | |
| | | | 房屋建筑物 | | | | 10,800,000.00 RMB | 1,225,500.00 RMB | |
| | | | | A1101 | 办公楼 | 2020.05.12 | 6,000,000.00 RMB | 680,833.33 RMB | 360 |
| | | | | A1103 | 原料库 | 2020.05.28 | 2,100,000.00 RMB | 238,291.67 RMB | 360 |
| | | | | A1104 | 成品库 | 2020.05.28 | 2,700,000.00 RMB | 306,375.00 RMB | 360 |
| | | | 房屋车间用 | | | | 3,000,000.00 RMB | 340,416.67 RMB | |
| | | | | A1102 | 厂房 | 2020.05.12 | 3,000,000.00 RMB | 340,416.67 RMB | 360 |
| | 160102 | 固定资产-机器设备 | | | | | 15,660,000.00 RMB | 5,330,924.98 RMB | |
| | | | 机器设备管理用 | | | | 500,000.00 RMB | 170,208.33 RMB | |
| | | | | A1201 | 甘蔗自卸系统 | 2020.05.29 | 500,000.00 RMB | 170,208.33 RMB | 120 |
| | | | 机器设备车间用 | | | | 15,160,000.00 RMB | 5,160,716.65 RMB | |
| | | | | A1202 | 切蔗机组 | 2020.05.29 | 690,000.00 RMB | 234,887.50 RMB | 120 |
| | | | | A1203 | 压榨机组 | 2020.05.29 | 250,000.00 RMB | 85,104.17 RMB | 120 |
| | | | | A1204 | 热水泵 | 2020.05.29 | 5,000.00 RMB | 1,702.08 RMB | 120 |
| | | | | A1205 | 蔗渣胶带输送机 | 2020.05.29 | 40,000.00 RMB | 13,616.67 RMB | 120 |
| | | | | A1206 | 蒸发器 | 2020.05.29 | 80,000.00 RMB | 27,233.33 RMB | 120 |
| | | | | A1207 | 沉降器 | 2020.05.29 | 80,000.00 RMB | 27,233.33 RMB | 120 |
| | | | | A1208 | 结晶罐 | 2020.05.29 | 5,000.00 RMB | 1,702.08 RMB | 120 |
| | | | | A1209 | 助晶机 | 2020.05.29 | 5,000.00 RMB | 1,702.08 RMB | 120 |
| | | | | A1210 | 分蜜机 | 2020.05.29 | 5,000.00 RMB | 1,702.08 RMB | 120 |
| | | | | A1211 | 成品自动装包系 | 2020.05.29 | 14,000,000.00 RMB | 4,765,833.33 RMB | 120 |
| | 160103 | 固定资产-运输设备 | | | | | 840,000.00 RMB | 266,000.00 RMB | |
| | | | 运输设备管理用 | | | | 570,000.00 RMB | 180,500.00 RMB | |
| | | | | A1303 | 小汽车 | 2020.10.08 | 285,000.00 RMB | 90,250.00 RMB | 120 |
| | | | | A1304 | 小汽车 | 2020.10.08 | 285,000.00 RMB | 90,250.00 RMB | 120 |
| | | | 运输设备销售用 | | | | 270,000.00 RMB | 85,500.00 RMB | |
| | | | | A1301 | 大型货车 | 2020.10.08 | 135,000.00 RMB | 42,750.00 RMB | 120 |
| | | | | | | | 33,356,700.00 RMB | 7,403,476.65 RMB | |

**图 4－12**

# 实验三　固定资产相关业务

## 业务场景一　固定资产购置（不需安装设备）

**业务描述：**

1 月 20 日，公司从供应商柳州五菱汽车工业有限公司（10000037）采购荣光小卡一辆，含税总价 50850 元，增值税税率 13%。

1 月 23 日，财务部根据采购部提供的供应商发票，全款支付。

运输设备的采购一般不会产生运输费和安装费，账务处理上直接计入固定资产，对于此类不需要通过在建工程进行费用归集，然后再转为固定资产的设备，系统会自动进行资本化。

1. 创建固定资产卡片

在进行应付发票单据录入之前，应先创建固定资产卡片。物料编号 A1305，资产类代码 160103—运输设备。

固定资产的创建有两种方式：一是参考创建，即参考同类资产创建，对个别参数进行修改；二是新建，所有参数均自行输入。本业务场景采用参考创建方式。

（1）选择路径【财务】—【固定资产】—【资产主数据】，打开“资产主数据”窗口，默认为【查找】模式，在资产编号中输入 *，点击【查找】按钮。在“清单 物料”窗口中，将光标移动到同类资产上，单击【选择】按钮。如图 4－13 所示。

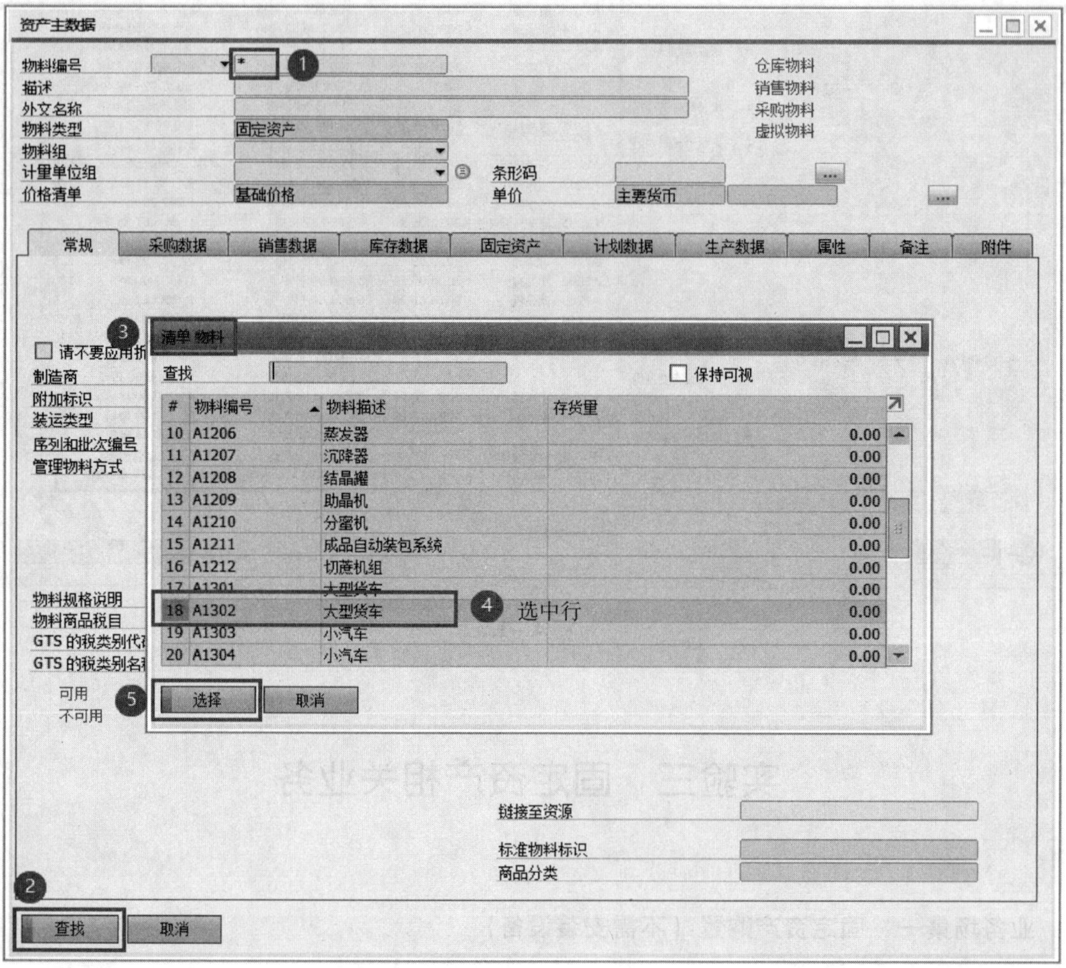


图 4－13

（2）弹出选中资产的资产主数据，在空白位置右击，打开上下文菜单，选择“复制”。如图 4－14 所示。

（3）将“物料编号”栏修改为“A1305”，“描述”栏修改为“小型卡车”，打开【固定资产】选项卡确认资产类别和折旧范围等信息，点击【添加】按钮，对主数据进行保存。如图 4－15 所示。

2. 创建应付发票

（1）选择路径【采购—应付账款（P）】—【应付发票】，打开“应付发票”窗口。在供应商的名称中输入关键字：五菱，点 Enter 回车键，打开“清单 业务伙伴”窗口，如该供应商已存在系统中，可直接选择。如在明细中未查到该供应商，则点击【新建】按钮，新建供应商，如图 4－16 所示。

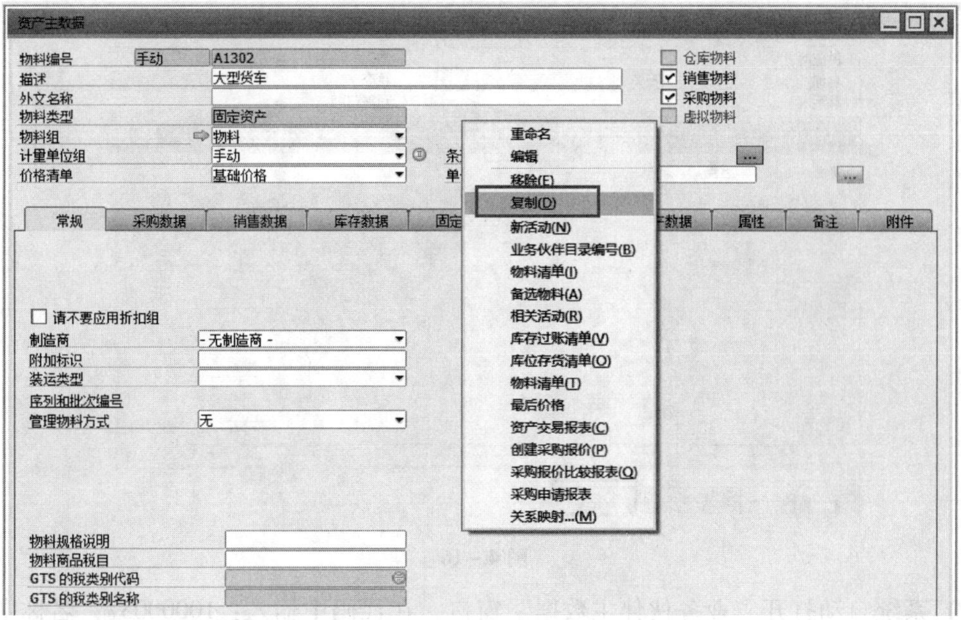
资产主数据
物料编号 手动 A1302
描述 大型货车
外文名称
物料类型 固定资产
物料组 物料
计量单位组 手动
价格清单 基础价格
仓库物料
销售物料
采购物料
虚拟物料
重命名
编辑
移除(E)
复制(D)
新活动(N)
业务伙伴目录编号(B)
物料清单(I)
备选物料(A)
相关活动(R)
库存过账清单(V)
库位存货清单(O)
物料清单(T)
最后价格
资产交易报表(C)
创建采购报价(P)
采购报价比较报表(Q)
采购申请报表
关系映射...(M)
常规 采购数据 销售数据 库存数据 属性 备注 附件
请不要应用折扣组
制造商 - 无制造商 -
附加标识
装运类型
序列和批次编号
管理物料方式 无
物料规格说明
物料商品税目
GTS 的税类别代码
GTS 的税类别名称

图 4－14

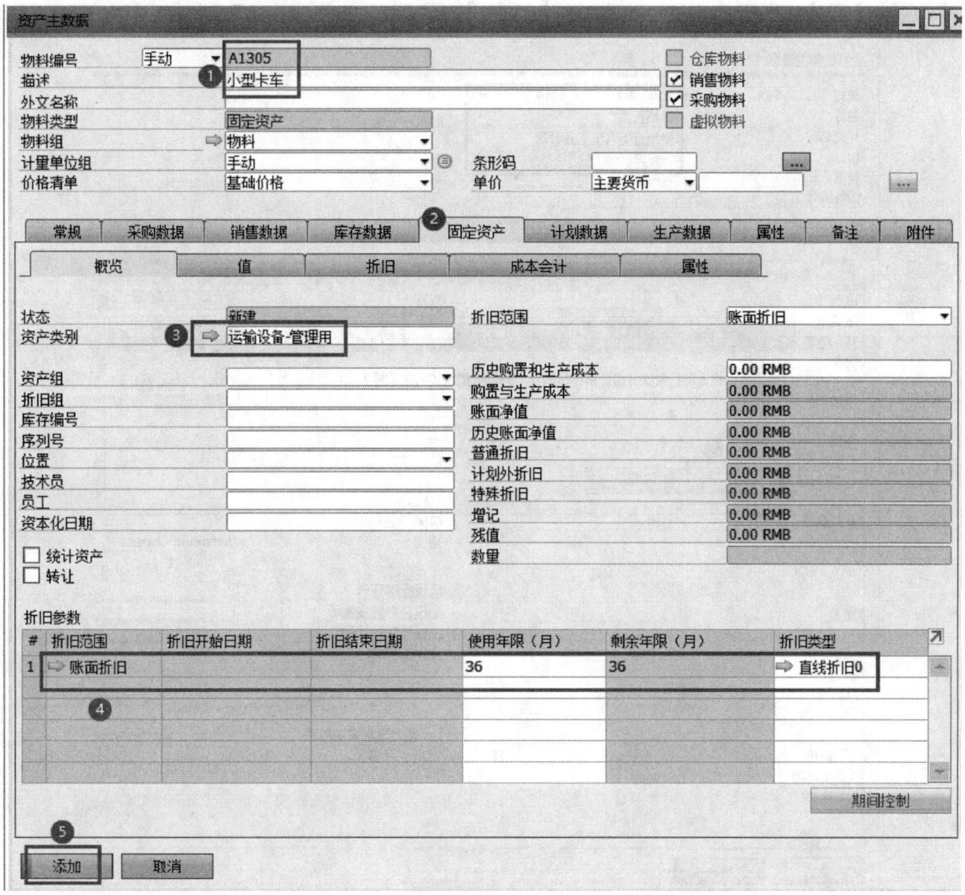
资产主数据
物料编号 手动 A1305
描述 小型卡车
外文名称
物料类型 固定资产
物料组 物料
计量单位组 手动
价格清单 基础价格
仓库物料
销售物料
采购物料
虚拟物料
条形码
单价 主要货币
常规 采购数据 销售数据 库存数据 固定资产 计划数据 生产数据 属性 备注 附件
概览 值 折旧 成本会计 属性
状态 新建
资产类别 运输设备-管理用
资产组
折旧组
库存编号
序列号
位置
技术员
员工
资本化日期
统计资产
转让
折旧范围 账面折旧
历史购置和生产成本 0.00 RMB
购置与生产成本 0.00 RMB
账面净值 0.00 RMB
历史账面净值 0.00 RMB
普通折旧 0.00 RMB
计划外折旧 0.00 RMB
特殊折旧 0.00 RMB
增记 0.00 RMB
残值 0.00 RMB
数量
折旧参数
# 折旧范围 折旧开始日期 折旧结束日期 使用年限（月） 剩余年限（月） 折旧类型
1 账面折旧 36 36 直线折旧0
期间控制
添加 取消

图 4－15

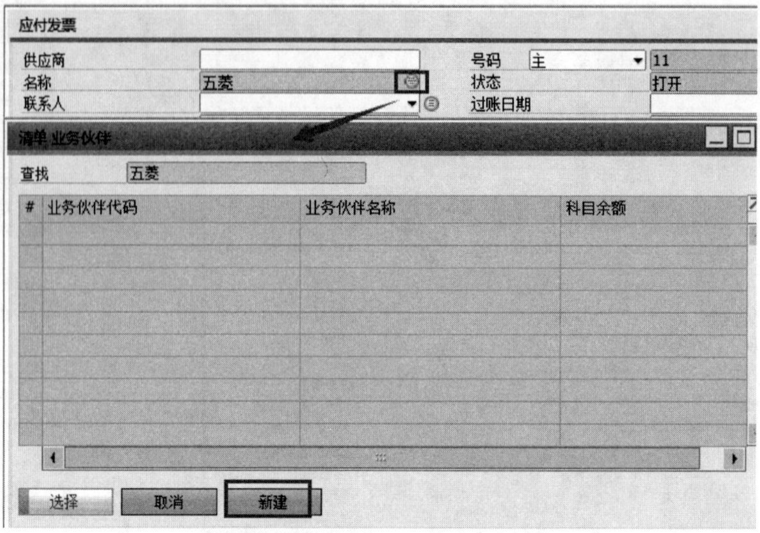


图 4－16

（2）系统自动打开“业务伙伴主数据”窗口，在代码中输入：10000037，名称中输入：柳州五菱，外文名称中输入：柳州五菱汽车工业公司，供应商组选择“设备供应商”，系统弹出消息点击【是】进行确认后，点击【添加】保存。如图 4－17 所示。

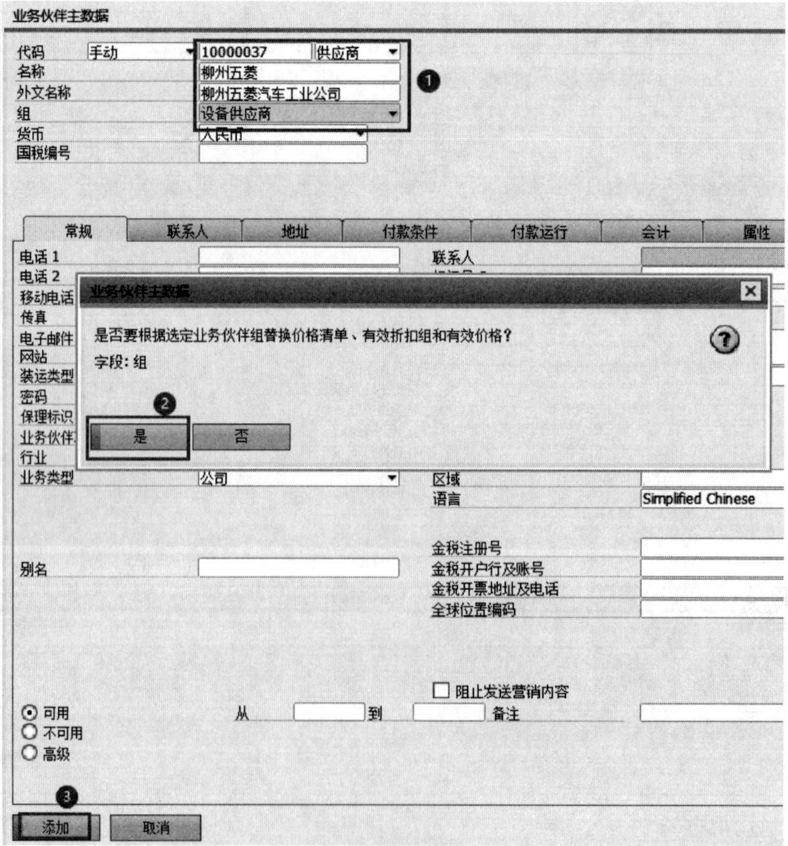


图 4－17

（3）新建完成后，供应商编码和名称会自动填充到“应付发票”窗口，按图4－18所示录入相应信息并添加保存。如“考虑数量”列不显示，则点击工具栏中的“表单设置”按钮，进行表单设置。

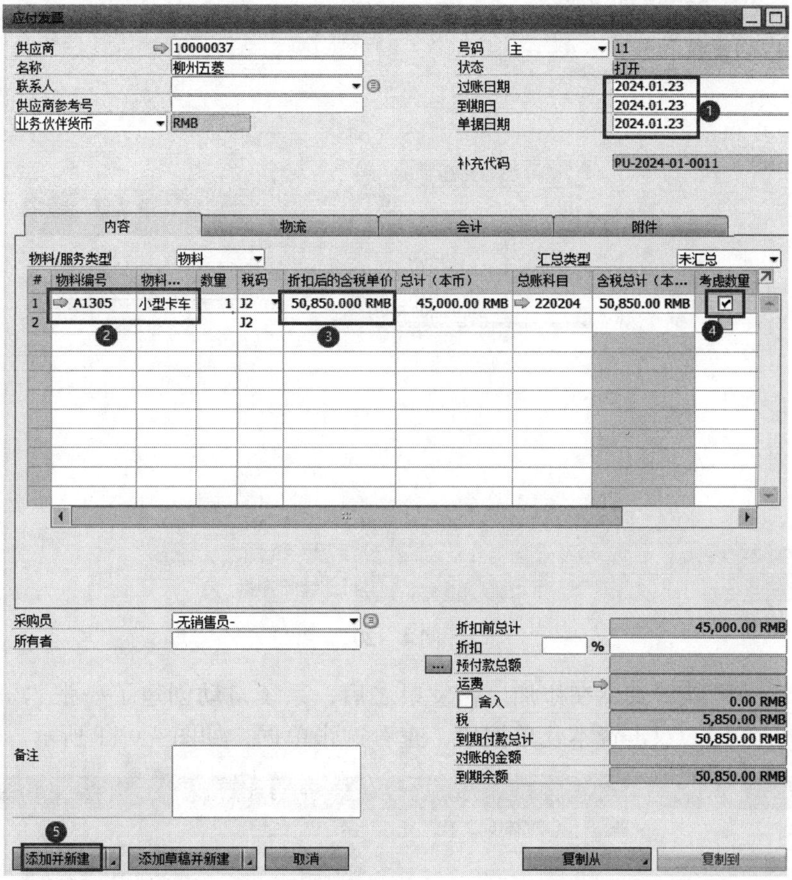


图4－18

（4）进行日记账分录核对，查看科目和金额，核对无误后，点击【结算】关闭预览窗口。如图4－19所示。

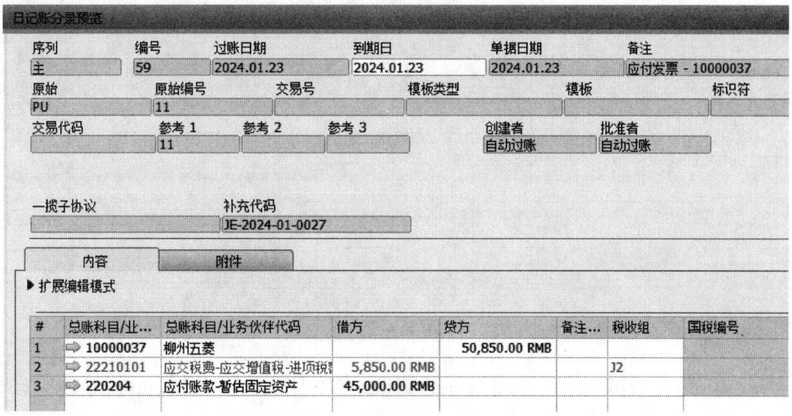


图4－19

（5）在应付发票空白位置点击右键，选择“关系映射”窗口。如图 4－20 所示。

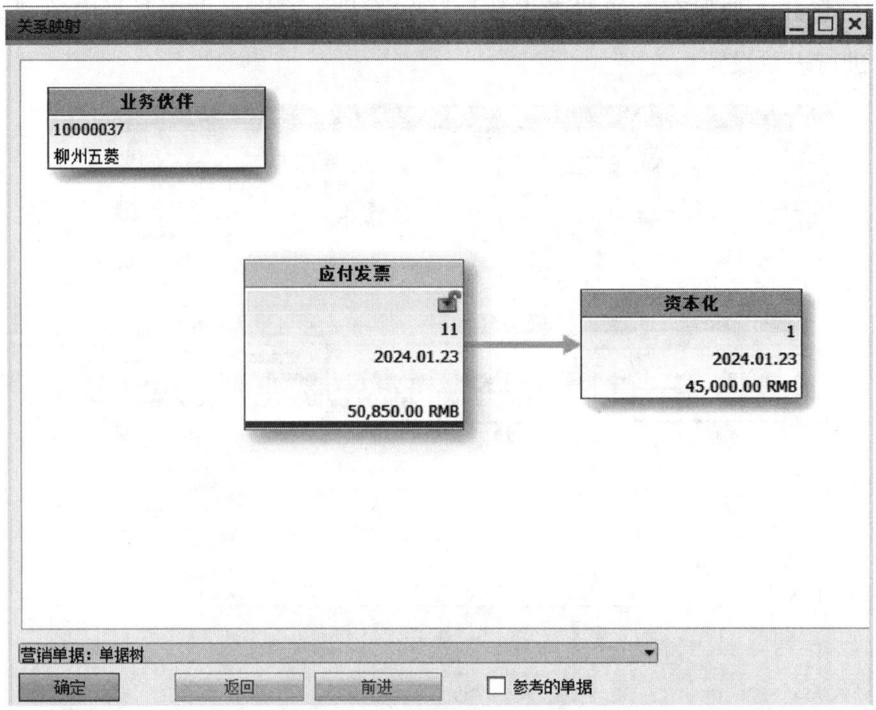


**图 4－20**

从图 4－20 中可以看到，在添加应付发票之后，系统自动创建了一张“资本化”单据，对该卡车进行资本化，双击资本化单据块，查看这张单据，如图 4－21 所示。

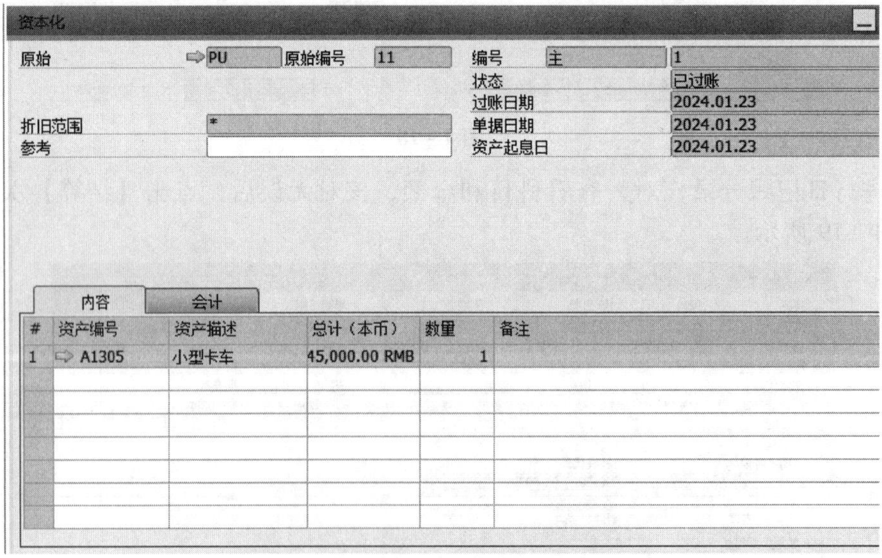


**图 4－21**

（6）在资本化单据空白处点击右键，在功能清单中选中“日记账分录”，查看这张资本化日记账分录。如图 4－22 所示。

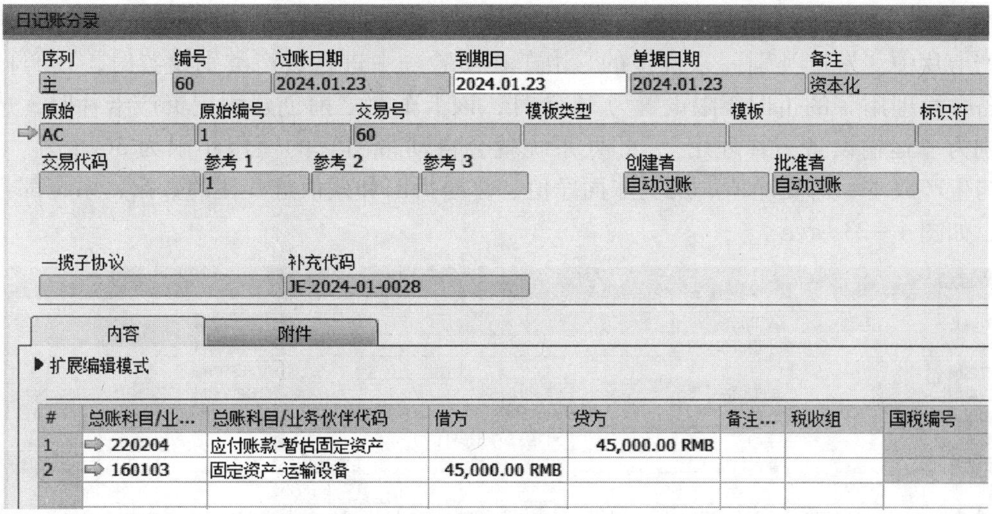


**图 4－22**

注意：系统自动生成的资本化单据不能直接取消，如要取消资本化单据，应取消应付发票，资本化单据就会随之自动取消。

## SAP 小知识

### 固定资产购置的中转科目

在传统的会计核算中，不需安装设备购置的会计分录为：

借：固定资产—运输设备

　　应交税费—应交增值税（进项税额）

　　贷：应付账款— ** 公司

而在 SAP 系统中，需要使用到“应付账款—暂估固定资产”这个中转科目，多做一笔分录，这是为什么呢？

在企业实务中，固定资产采购是由采购部门相关人员执行的，采购单据填写完成后，系统会自动生成一笔日记账分录来描述采购业务；而结转固定资产是由财务部门相关人员执行的，财务部门需要对设备购置合同、使用部门、责任人、账面价值、残值、月折旧额等数据进行核对后，才能进行转固，所以系统还要生成一张资本化的单据来描述转固业务。在传统的会计核算中，业务单据与会计分录没有关联，设备购置和转固均由财务部门完成，一笔分录就能表述。SAP 系统实现了业财融合，购置和转固分为两个动作，由两个部门来执行，需要有两张单据、两笔分录来描述，因此就会使用到“应付账款—暂估固定资产”这个中转科目。

3. 查看资产主数据

（1）在资本化单据中，点击“资产编号”左侧的黄色箭头打开资产主数据。在【概览】选项卡中可以看到，该资产的“状态”栏显示为可用，“资本化日期”是购置发票的日期，在“折旧参数”列表中，“折旧开始日期”为次月 1 日；“使用年限（月）”是根据固定资产卡片中“资产类别”来确定的。由于在实验一中进行资产类别设置时，我们将“运输设备—管理用”的折旧年限设置为 36 个月，该卡车在之前创建固定资产卡片时，选定资产类别为“运输设备—管理用”，此处系统就会自动带出它的使用年限为 36 个月。另外，购置与生产成本、历史净值、历史账面净值、普通折旧和残值这些栏的数据，系统都会自动填充，如图 4－23 所示。

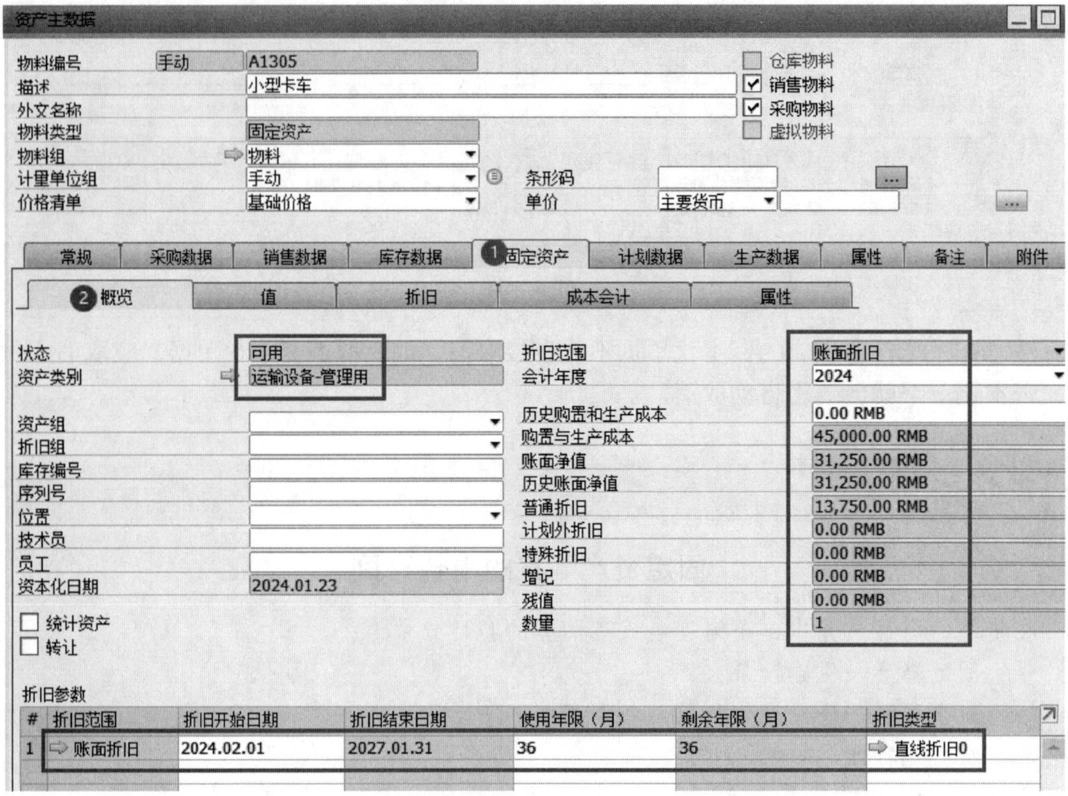


**图 4－23**

（2）在【值】选项卡中，会显示该辆小卡全年的折旧额以及年末的账面净值，如图 4－24 所示。

核对其折旧计算如下：

月折旧额的计算公式：原值 ×（1－残值率）/使用年限（月）

该卡车的月折旧额＝45000/36＝1250（元/月）

全年累计折旧额＝1250 元/月 ×11 月＝13750 元

年末账面净值＝45000－13750＝31250（元）

（注意：如月折旧额出现小数点，系统会自动舍弃小数点后面的数值，剩余尾差在最后一年的第一个月入账）

（3）在【折旧】选项卡中，显示所选会计年度期间内每个月发生或将发生的所有计划折旧、过账折旧、自动折旧和手动折旧四种折旧信息。该小型卡车是 1 月购置，2 月开始计提折旧。如图 4－25 所示。

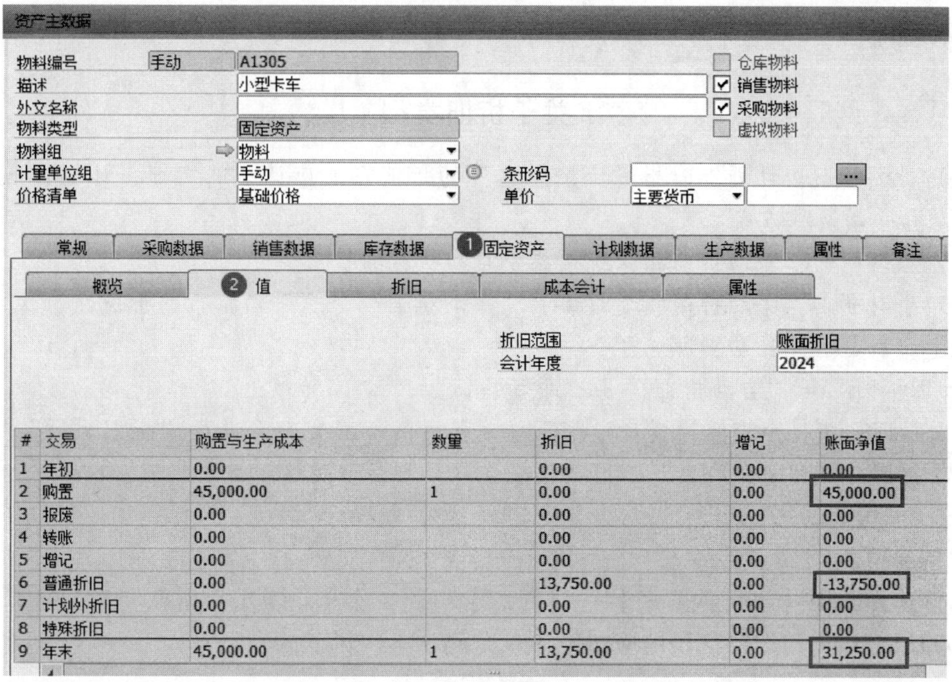
资产主数据
物料编号 手动 A1305
描述 小型卡车
外文名称
物料类型 固定资产
物料组 物料
计量单位组 手动
价格清单 基础价格
仓库物料
销售物料
采购物料
虚拟物料
条形码
单价 主要货币
常规 采购数据 销售数据 库存数据 1 固定资产 计划数据 生产数据 属性 备注
概览 2 值 折旧 成本会计 属性
折旧范围 账面折旧
会计年度 2024
# 交易 购置与生产成本 数量 折旧 增记 账面净值
1 年初 0.00 0.00 0.00 0.00
2 购置 45,000.00 1 0.00 0.00 45,000.00
3 报废 0.00 0.00 0.00 0.00
4 转账 0.00 0.00 0.00 0.00
5 增记 0.00 0.00 0.00 0.00
6 普通折旧 0.00 13,750.00 0.00 -13,750.00
7 计划外折旧 0.00 0.00 0.00 0.00
8 特殊折旧 0.00 0.00 0.00 0.00
9 年末 45,000.00 1 13,750.00 0.00 31,250.00

图 4－24

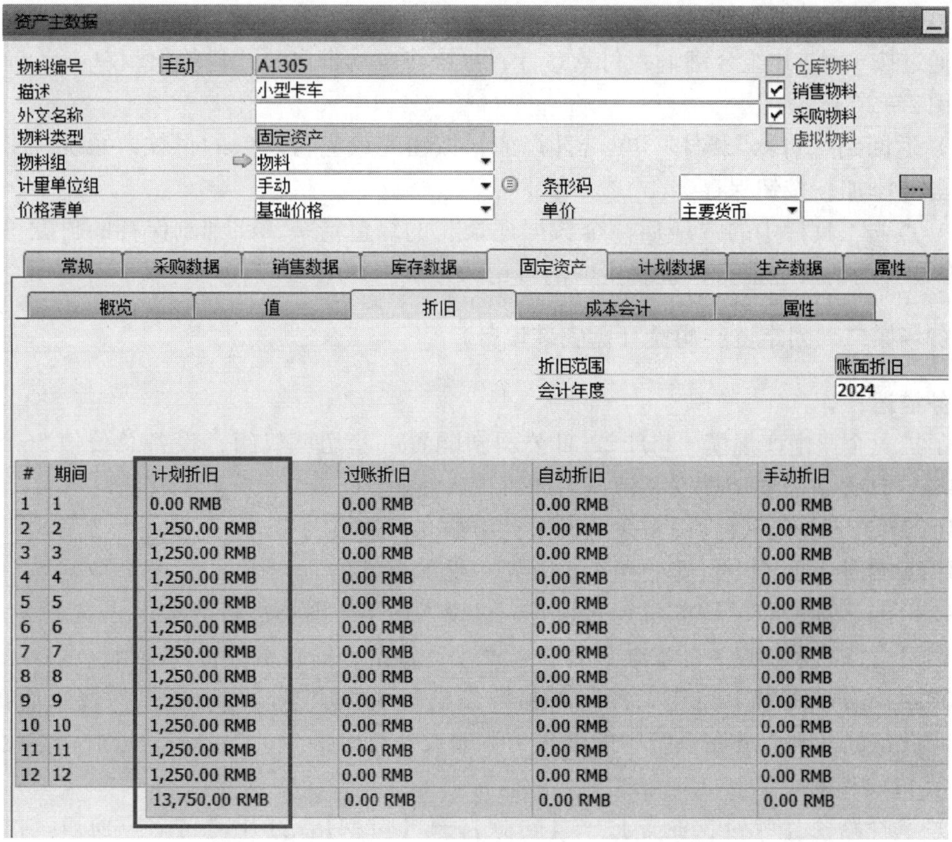
资产主数据
物料编号 手动 A1305
描述 小型卡车
外文名称
物料类型 固定资产
物料组 物料
计量单位组 手动
价格清单 基础价格
仓库物料
销售物料
采购物料
虚拟物料
条形码
单价 主要货币
常规 采购数据 销售数据 库存数据 固定资产 计划数据 生产数据 属性
概览 值 折旧 成本会计 属性
折旧范围 账面折旧
会计年度 2024
# 期间 计划折旧 过账折旧 自动折旧 手动折旧
1 1 0.00 RMB 0.00 RMB 0.00 RMB 0.00 RMB
2 2 1,250.00 RMB 0.00 RMB 0.00 RMB 0.00 RMB
3 3 1,250.00 RMB 0.00 RMB 0.00 RMB 0.00 RMB
4 4 1,250.00 RMB 0.00 RMB 0.00 RMB 0.00 RMB
5 5 1,250.00 RMB 0.00 RMB 0.00 RMB 0.00 RMB
6 6 1,250.00 RMB 0.00 RMB 0.00 RMB 0.00 RMB
7 7 1,250.00 RMB 0.00 RMB 0.00 RMB 0.00 RMB
8 8 1,250.00 RMB 0.00 RMB 0.00 RMB 0.00 RMB
9 9 1,250.00 RMB 0.00 RMB 0.00 RMB 0.00 RMB
10 10 1,250.00 RMB 0.00 RMB 0.00 RMB 0.00 RMB
11 11 1,250.00 RMB 0.00 RMB 0.00 RMB 0.00 RMB
12 12 1,250.00 RMB 0.00 RMB 0.00 RMB 0.00 RMB
13,750.00 RMB 0.00 RMB 0.00 RMB 0.00 RMB

图 4－25

## SAP 小知识

### 关于折旧类型

(1) 计划折旧：计划折旧指资产按所选用的折旧方法应计提的折旧，计划折旧的执行包括自动和手动两种方式。

(2) 自动折旧：自动折旧指系统按指令自动执行的折旧。

(3) 手动折旧：手动折旧指通过填制“手动折旧”单据手动执行的折旧。

上述三个类型折旧关系为：

“计划折旧” = “自动折旧” + “手动折旧”

过账折旧：指每个期间的资产过账至总账科目的折旧金额。进行“折旧运行”后操作，就可以将折旧过账到总账科目，折旧数据就会从计划折旧转移到过账折旧。

4. 创建付款

(1) 选择路径【收付款业务】—【付款】—【付款】，打开“付款”窗口。录入供应商 10000037，然后勾选要支付的应付发票，并确认本次付款的金额。

(2) 单击工具栏中的付款方式图标，或单击“应付总额”后的付款方式图标，打开“付款方式”窗口。选择银行转账进行付款，总账科目选择 100203，录入转账日期，在总计中通过按 Ctrl + B 组合键输入付款总计，系统将自动带出总计付款值，单击【确定】按钮。如图 4 – 26 所示。

(3) 返回到“付款”窗口，单击【添加】按钮完成应付发票的付款，系统跳出提示信息，点击【添加】按钮保存。

(4) 点击工具栏中的“最后一个数据记录”的绿色箭头，回到刚保存的付款单，点击“交易编号”后的黄色箭头，查看生成的日记账分录。如图 4 – 27 所示。

**业务场景二 固定资产购置（需安装设备）**

**业务描述：**

为了扩大企业生产规模，1 月 22 日公司新购置一套切蔗机组，设备总价值 56.5 万元，税率 13%。该设备需要经过安装调试后才可投入使用。

1 月 22 日，财务部收到设备采购发票，出纳支付款项。

1 月 26 日，财务部支付安装费 5.3 万元，税率 6%。

1 月 30 日，新购置的切蔗机组安装完毕，投入使用。财务进行资本化。

生产用设备的采购多为需安装设备，会产生运输费、安装费等费用项目，账务处理中不能直接转固，需要使用“在建工程”科目归集设备采购成本，待设备投入使用后再转固，因此生产设备的采购业务在系统中的处理与运输设备有所不同，需要手动进行资本化。

1. 支付设备款

(1) 选择路径【收付款业务】—【付款】—【付款】，打开“付款”窗口，付款类型选择“科目”付款，调整过账日期、到期日和单据日期，在【内容】选项卡中总账科目选

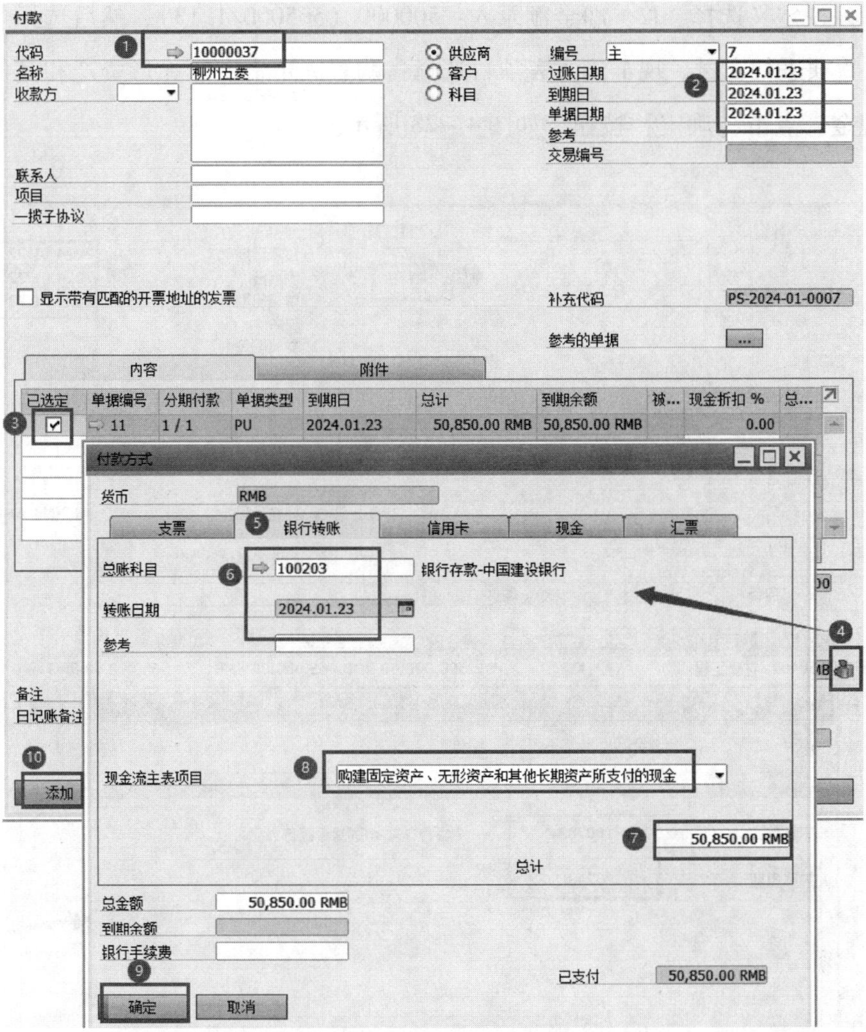
付款
代码 10000037
名称 柳州五菱
收款方
供应商
客户
科目
编号 主 7
过账日期 2024.01.23
到期日 2024.01.23
单据日期 2024.01.23
参考
交易编号
联系人
项目
一揽子协议
显示带有匹配的开票地址的发票
补充代码 PS-2024-01-0007
参考的单据
内容
附件
已选定 单据编号 分期付款 单据类型 到期日 总计 到期余额 现金折扣 %
11 1 / 1 PU 2024.01.23 50,850.00 RMB 50,850.00 RMB 0.00
付款方式
货币 RMB
支票
银行转账
信用卡
现金
汇票
总账科目 100203 银行存款-中国建设银行
转账日期 2024.01.23
参考
备注
日记账备注
现金流主表项目 购建固定资产、无形资产和其他长期资产所支付的现金
50,850.00 RMB
总计
总金额 50,850.00 RMB
到期余额
银行手续费
已支付 50,850.00 RMB
确定
取消
添加

图 4－26

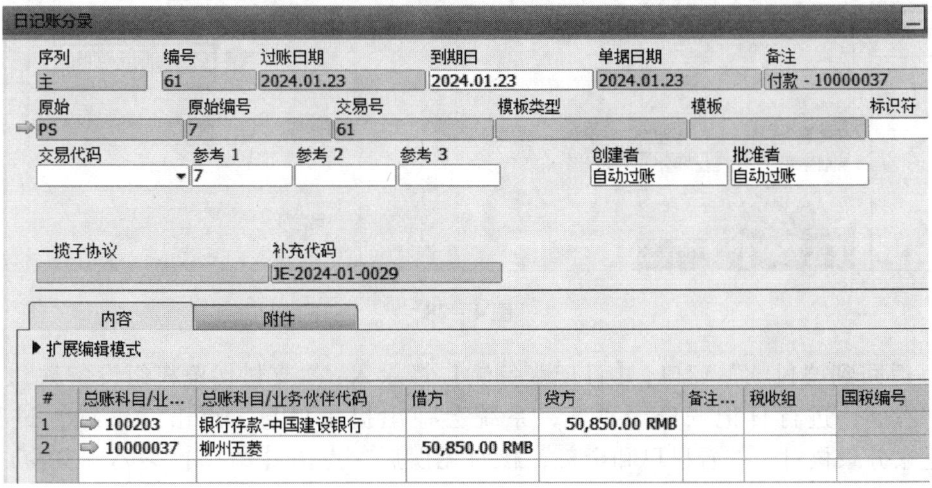
日记账分录
序列 主
编号 61
过账日期 2024.01.23
到期日 2024.01.23
单据日期 2024.01.23
备注 付款 - 10000037
原始 PS
原始编号 7
交易号 61
模板类型
模板
标识符
交易代码
参考 1 7
参考 2
参考 3
创建者 自动过账
批准者 自动过账
一揽子协议
补充代码 JE-2024-01-0029
内容
附件
扩展编辑模式
# 总账科目/业... 总账科目/业务伙伴代码 借方 贷方 备注... 税收组 国税编号
1 100203 银行存款-中国建设银行 50,850.00 RMB
2 10000037 柳州五菱 50,850.00 RMB

图 4－27

择：160401，税定义选择：J2，净金额录入：500000（565000/1.13），然后选择付款方式图标，对款项进行支付。现金流主表项目选择：购置固定资产、无形资产和其他长期资产所支付的现金。点击【确定】按钮。如图4－28所示。

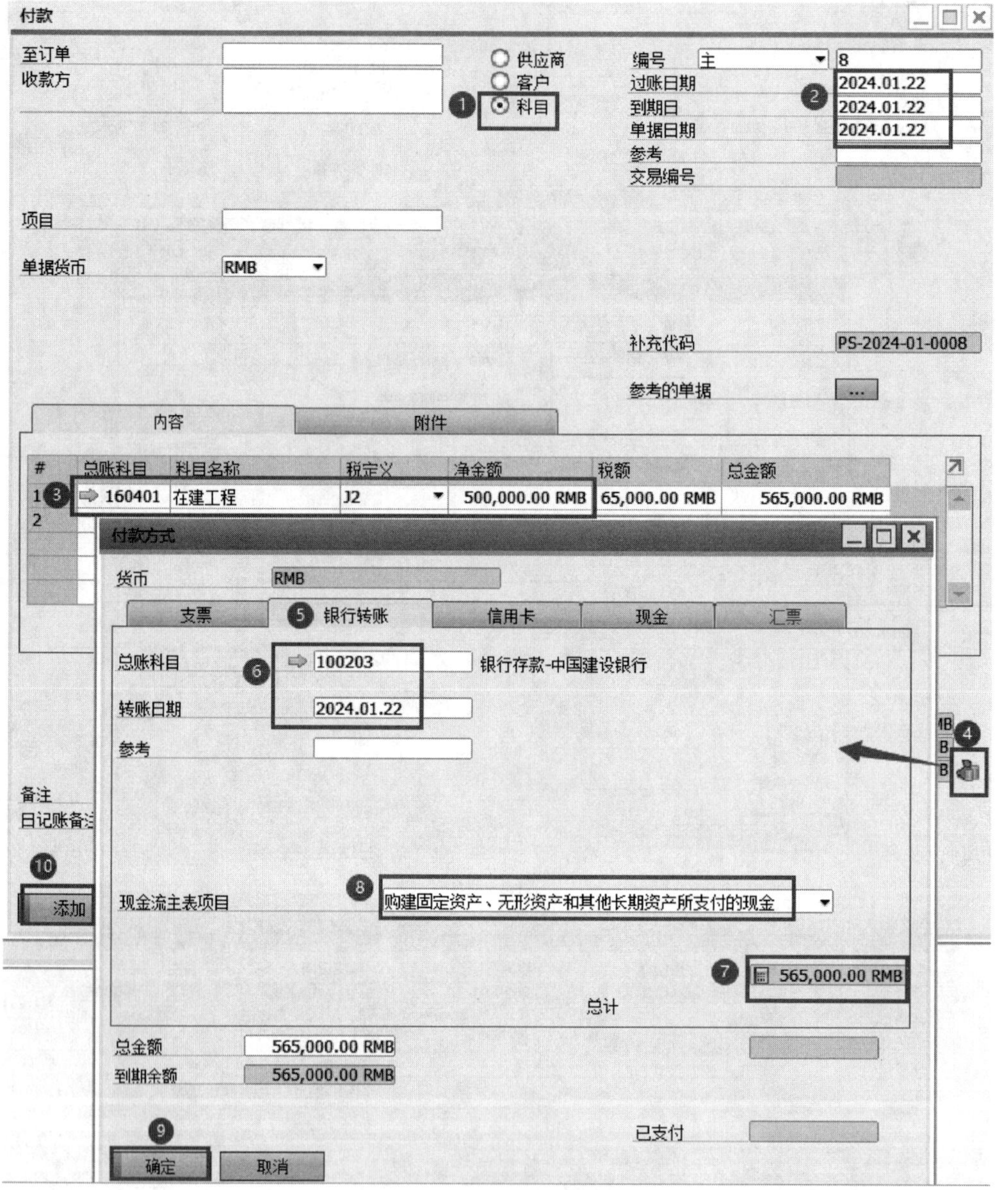


图4－28

（2）返回到“付款”窗口，【日记账备注】栏录入：“支付切蔗机组设备款”，在空白位置点击右键，进行日记账分录预览，系统会弹出提示信息，点击【继续】进行确认，进行日记账分录核对，查看科目和金额，核对无误后，点击【结算】关闭预览窗口。如图4－29所示。

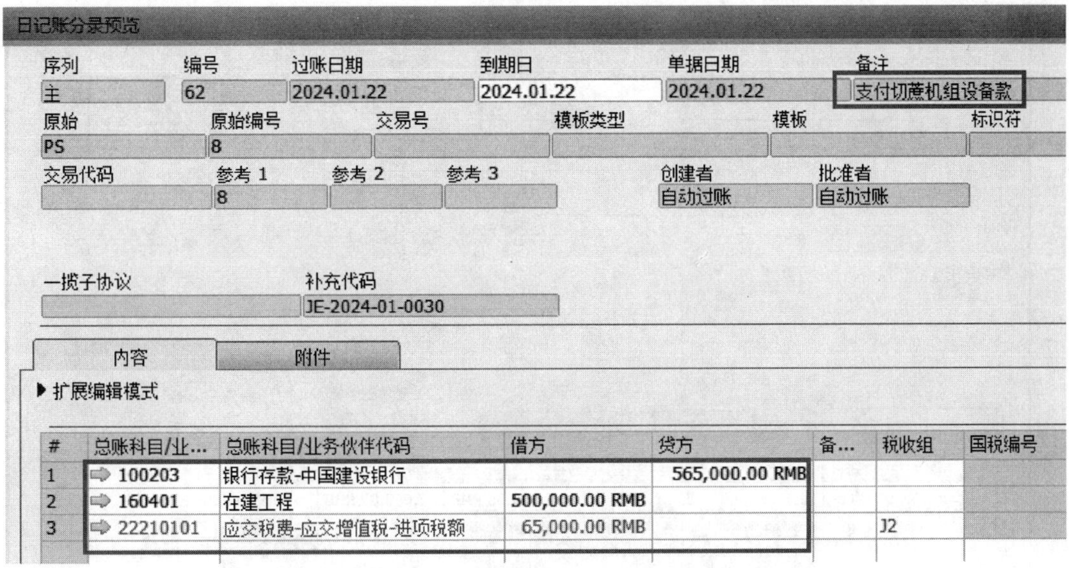


**图 4-29**

（3）点击【添加】按钮系统弹出消息“此类型单据包含较晚过账日期”，单击【继续】后，系统再次提示“添加单据后无法进行更改。是否继续?”，点击【添加】对付款单进行保存。保存成功后，在状态栏中绿色字体显示“操作已经完成”。

（4）点击工具栏中的“最后一个数据记录”的绿色箭头，回到刚保存的付款单，点击“交易编号”后的黄色箭头，查看生成的日记账分录。如图 4-30 所示。

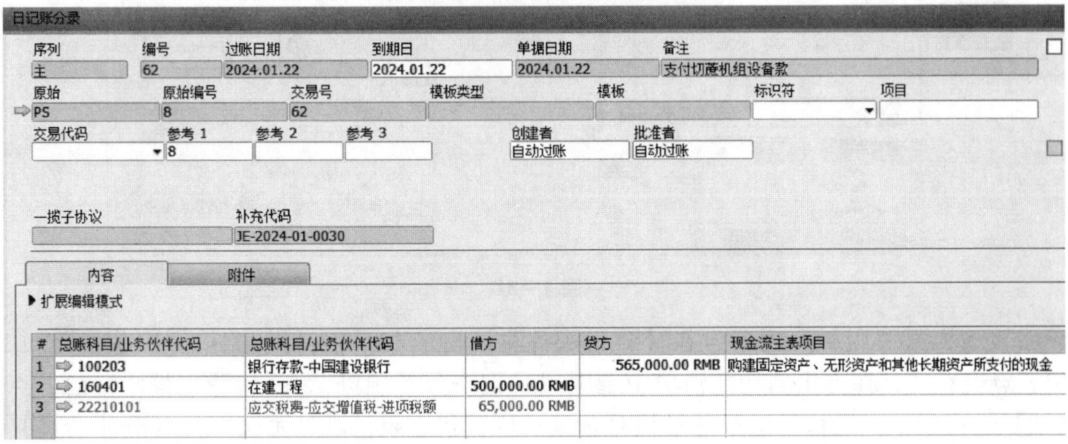


**图 4-30**

2. 支付设备安装费

（1）选择路径【收付款业务】—【付款】—【付款】，打开“付款”窗口，付款类型选择“科目”付款，调整过账日期、到期日和单据日期，在【内容】选项卡中总账科目选择：160401，税定义选择：J3，净金额输入：50000（53000/1.06），然后选择付款方式图标 ，如图 4-31 所示。

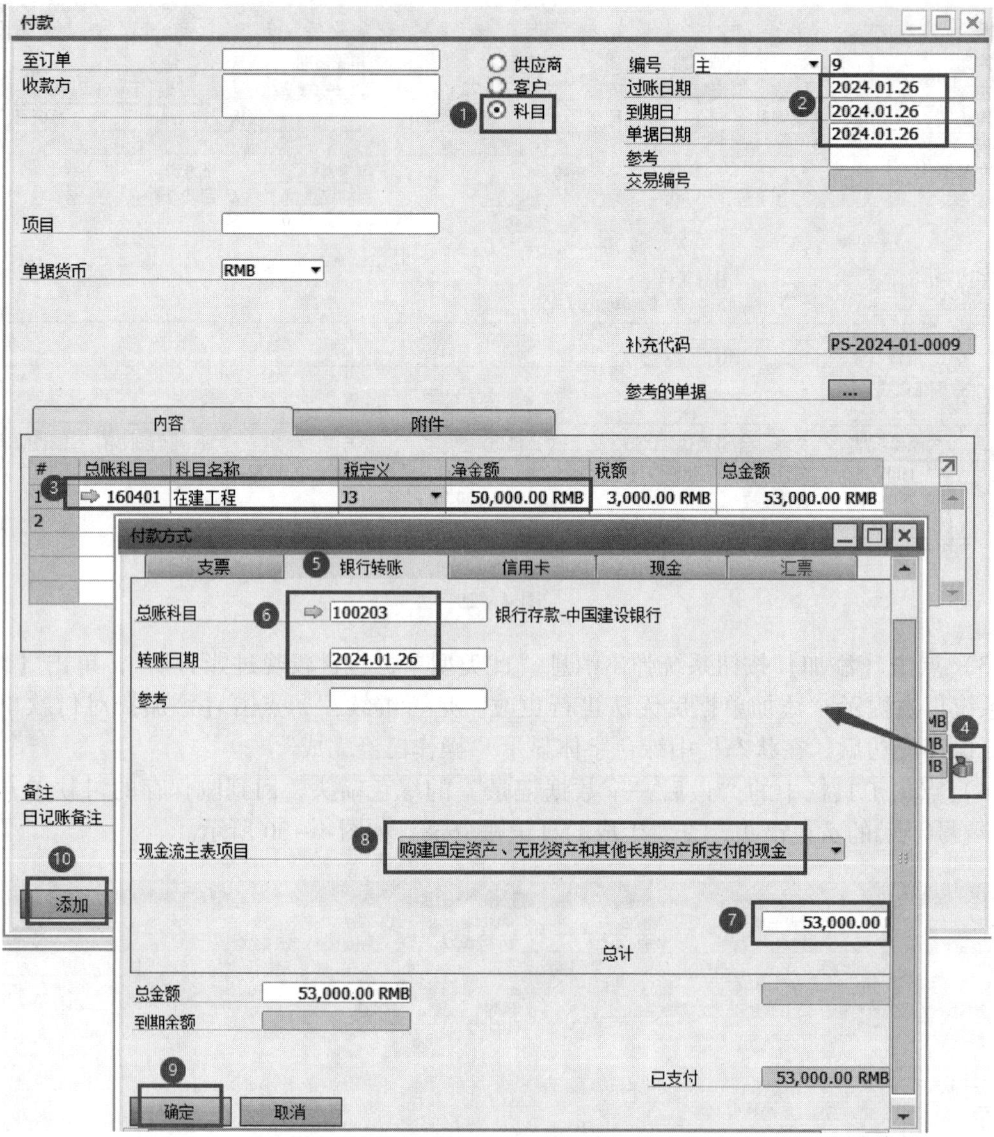


**图 4－31**

（2）返回到“付款”窗口，在【日记账备注】栏录入：“支付切蔗机组安装费”。在空白位置点击右键，在弹出的功能清单中选中“日记账分录预览”，系统弹出提示信息，点击【继续】进行确认，进行日记账分录核对，查看科目和金额，核对无误后，点击【结算】关闭预览窗口。如图 4－32 所示。

（3）点击【添加】按钮，系统弹出消息“此类型单据包含较晚过账日期”，单击【继续】后，系统再次提示“添加单据后无法进行更改。是否继续?”，点击【添加】对付款单进行保存。保存成功后，在状态栏中绿色字体显示“操作已经完成”。

3. 创建固定资产卡片

在进行在建工程转固之前，新增固定资产：A1212—切蔗机组。参照“固定资产卡片创建”流程。

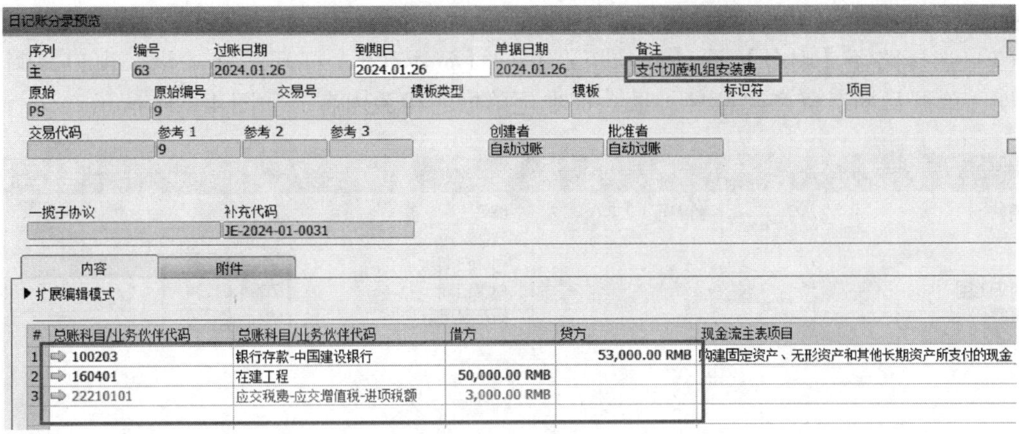


图 4 – 32

（1）选择路径【财务】—【固定资产】—【资产主数据】，打开“资产主数据”窗口，在资产编号中输入＊，点击【查找】按钮。在“清单 物料”窗口中，将光标移动到同类资产 A1202—切蔗机组，点击【选择】按钮。

（2）弹出选中资产的资产主数据，在空白位置右击，打开上下文菜单选择“复制”。

（3）系统自动切换到【添加】模式，将资产编码修改为 A1212，资产名称不变，打开“固定资产”选项卡确认资产类别和折旧范围等信息，点击【添加】按钮，对主数据进行保存。如图 4 – 33 所示。

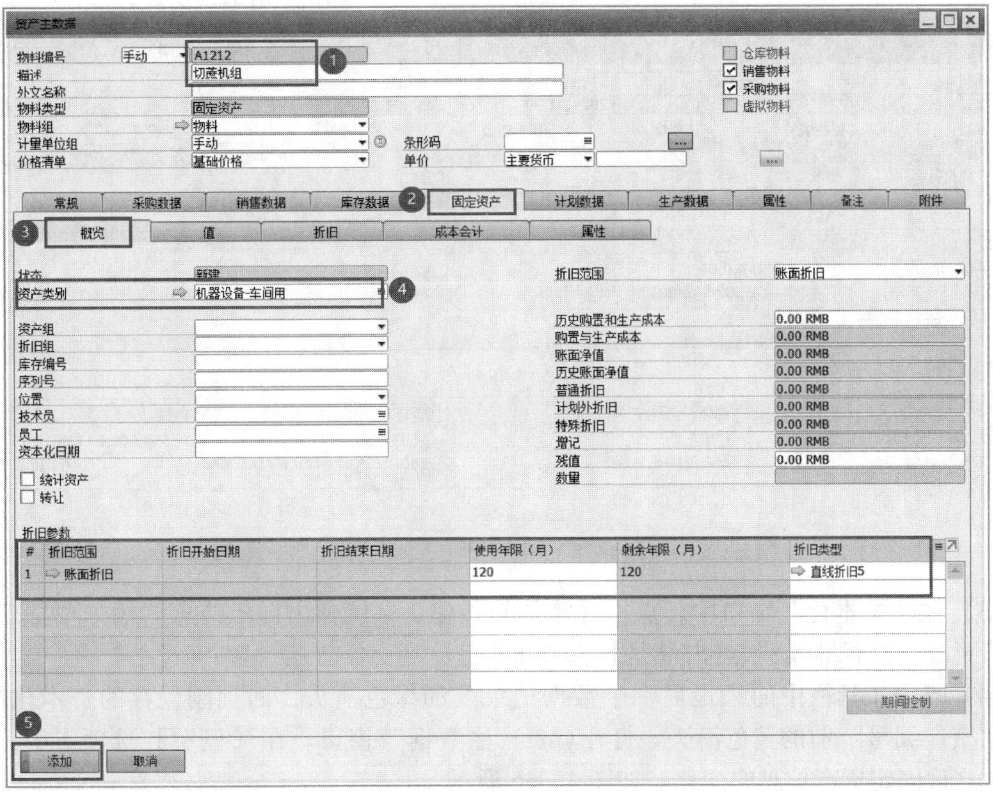


图 4 – 33

4. 进行资本化

(1) 选择路径【财务】—【固定资产】—【资本化】，打开“资本化”窗口，调整过账日期、单据日期、资产起息日，录入资本化单据的相关内容，如图 4 – 34 所示。

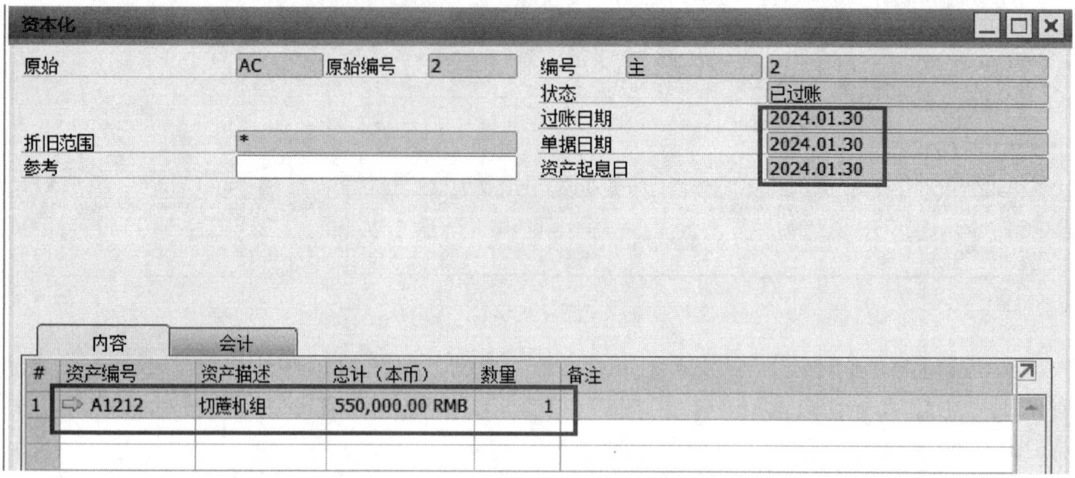


图 4 – 34

(2) 在添加单据之前，进行日记账分录预览，查看科目和金额是否正确，核对无误后，点击【结算】关闭日记账分录预览窗口，如图 4 – 35 所示。

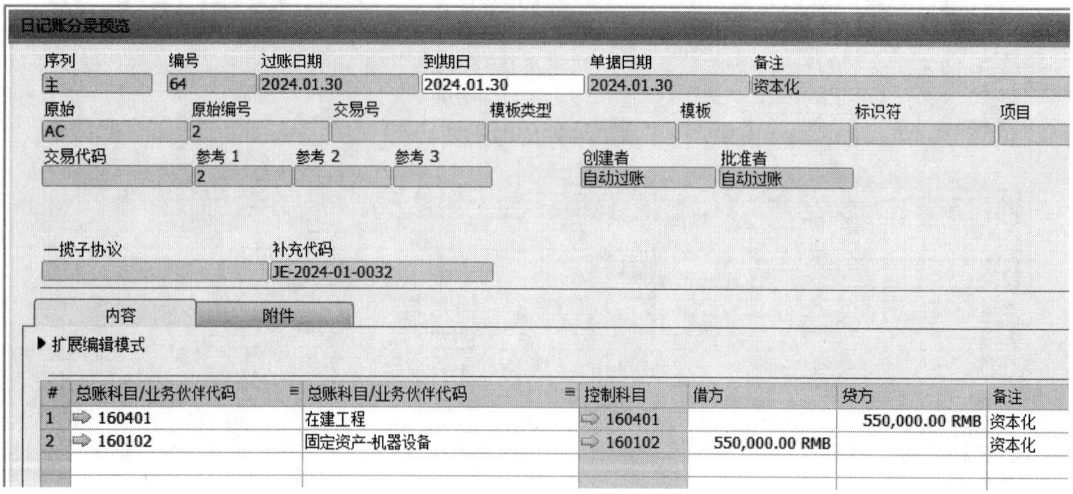


图 4 – 35

(3) 在“资本化”窗口中，点击【添加】按钮，系统弹出提示信息“添加单据后便无法进行更改。是否继续？”点击【是】保存单据。

(4) 点击工具栏中的“最后一个数据记录”的绿色箭头，回到刚保存的资本化单据。点击“资产编号”前的黄色箭头，打开“资产主数据”窗口。在【概览】选项卡中，查看资本化之后固定资产信息的变化。如图 4 – 36 所示。

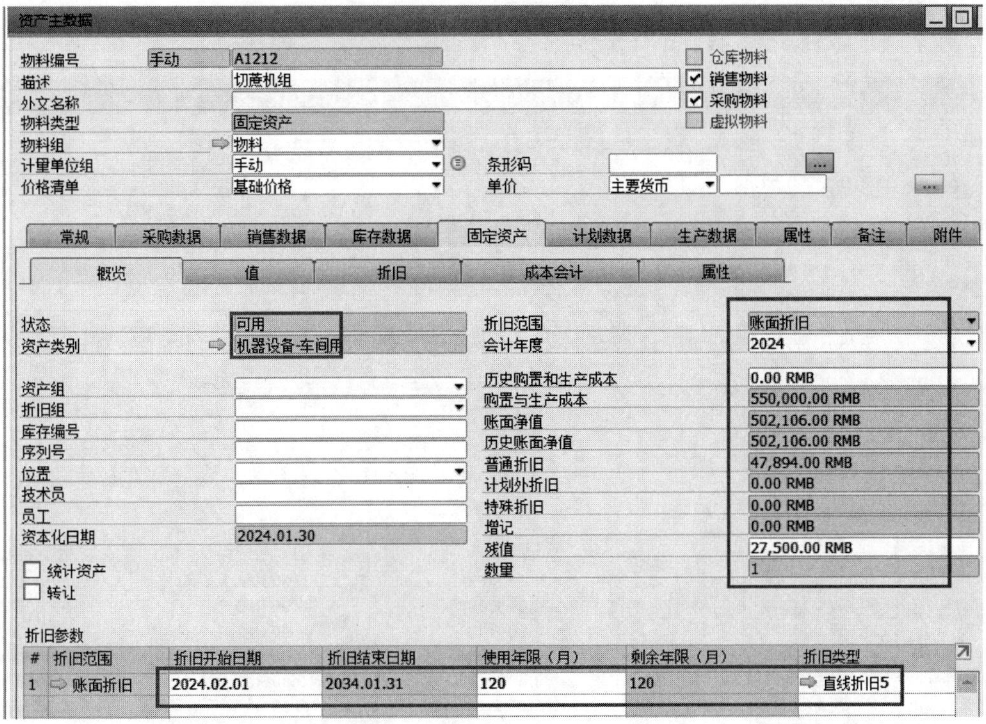


**图 4-36**

（5）在【值】选项卡中，查看该切蔗机组全年的折旧额以及年末的账面净值，如图 4-37 所示。

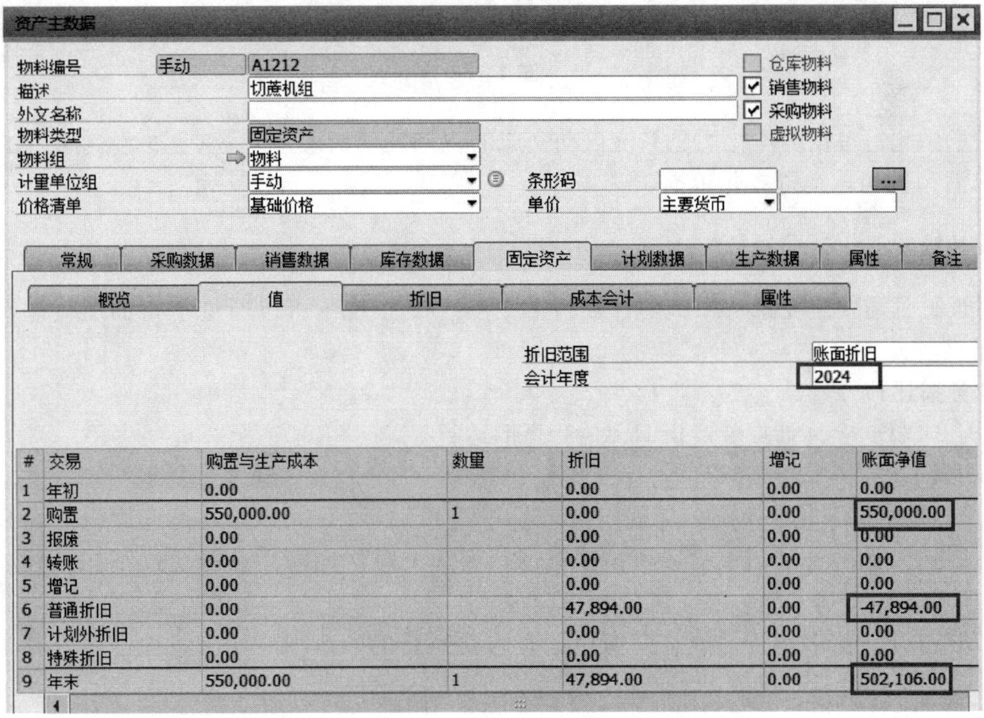


**图 4-37**

（6）在【折旧】选项卡中查看该资产每个月的计划折旧额，如图 4－38 所示。

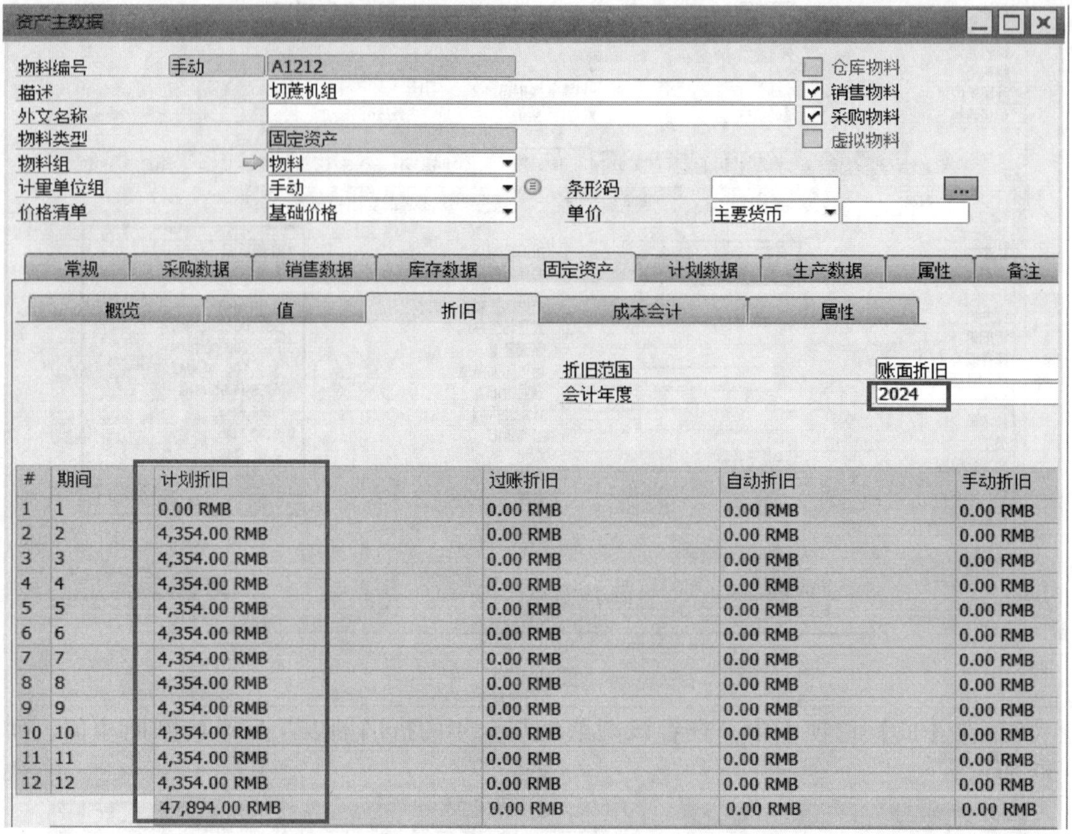


**图 4－38**

注意：此笔单据资本化不是系统自动完成的，如发现错误，只需要进入资本化单据，点击“取消”即可取消资本化单据。

### 业务场景三　折旧运行

对于每月需要重复执行一次的计提折旧，在 SAP 系统中可以通过“折旧运行”功能自动实现。

**业务描述：**

1 月 31 日，会计计提资产折旧，执行折旧运行。

1. 折旧运行

（1）选择路径【财务】—【固定资产】—【折旧运行】，打开“折旧运行”窗口，点击“折旧到”后的【从清单中选择】按钮选择要求的过账期间，点击【预览】按钮。如图 4－39 所示。

（2）打开“折旧运行—预览”窗口，查看要执行的资产卡片明细。通过展开和折叠按钮查看每个资产分类下的明细资产折旧信息。如图 4－40 所示。

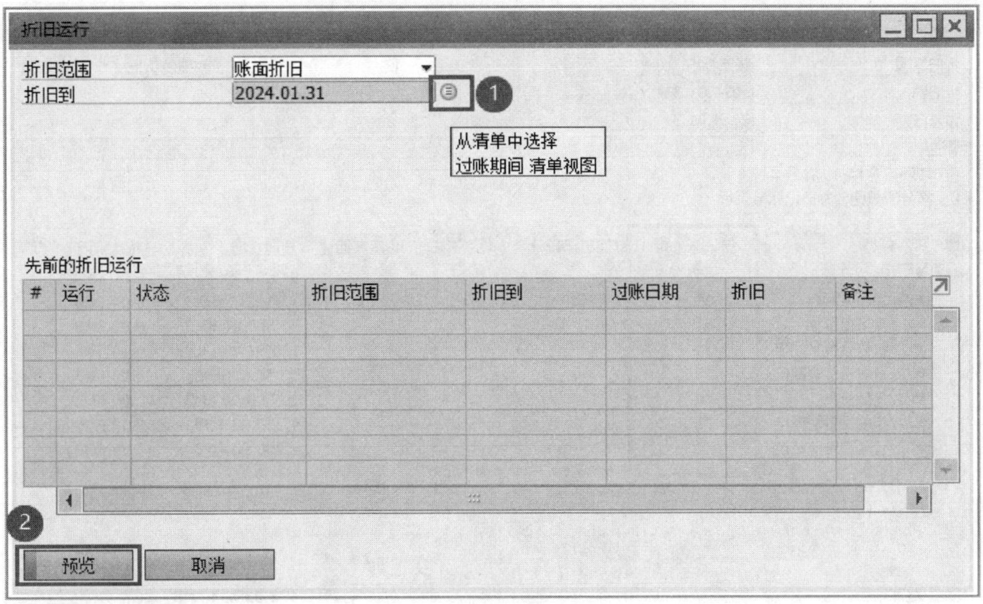


图 4－39

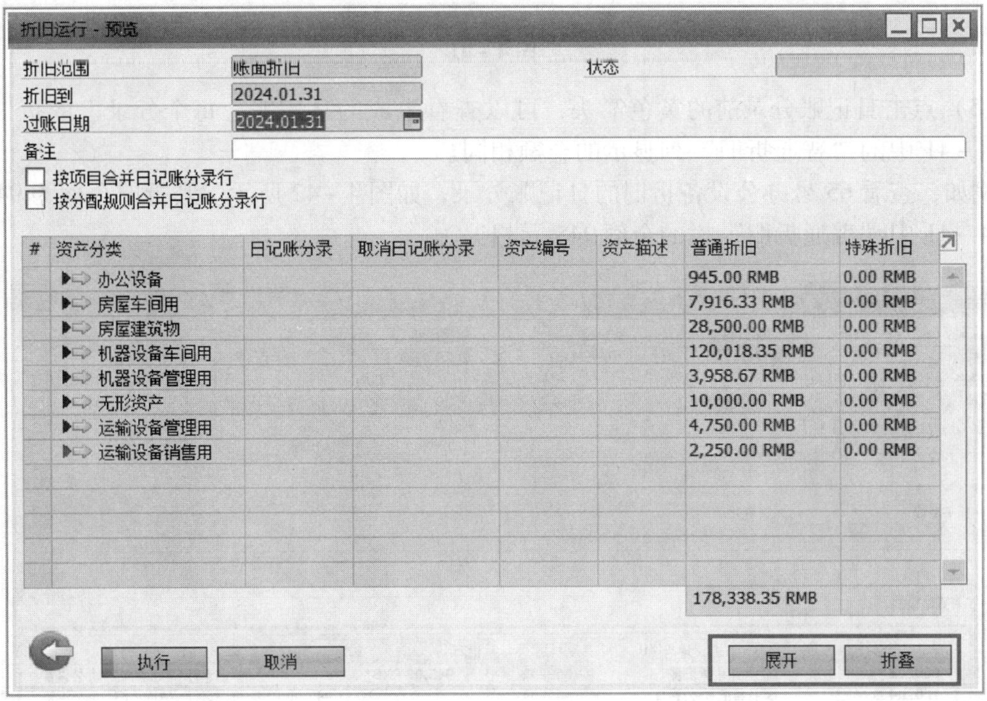


图 4－40

（3）单击【执行】按钮，系统提示“是否在折旧范围‘账面折旧’中启动折旧运行直到 2024—01 期间?”点击【继续】按钮。

（4）折旧运行执行成功后，系统直接显示运行结果，同时按照资产分类生成日记账分录。如图 4－41 所示。

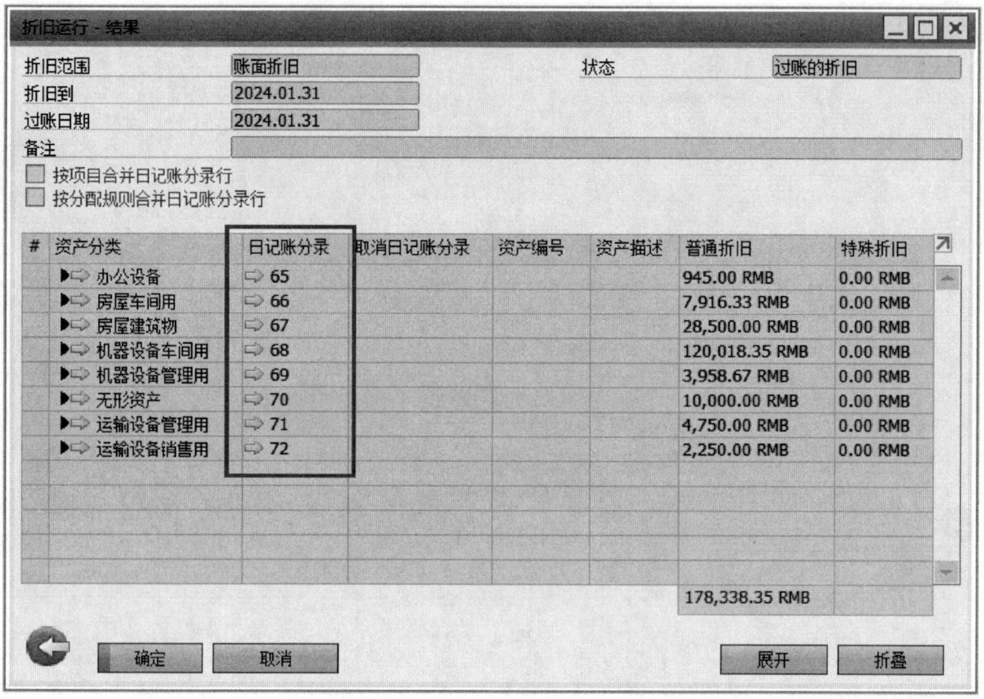


图 4－41

（5）点击日记账分录前的黄色箭头，可以查看生成的日记账。每个分录上的折旧金额与图 4－41 中的“普通折旧”列显示的金额相同。

例如，查看 65 号办公设备折旧的日记账分录，如图 4－42 所示。其折旧金额为 945 元，与图 4－41 中“普通折旧”栏的金额 945 元相等。

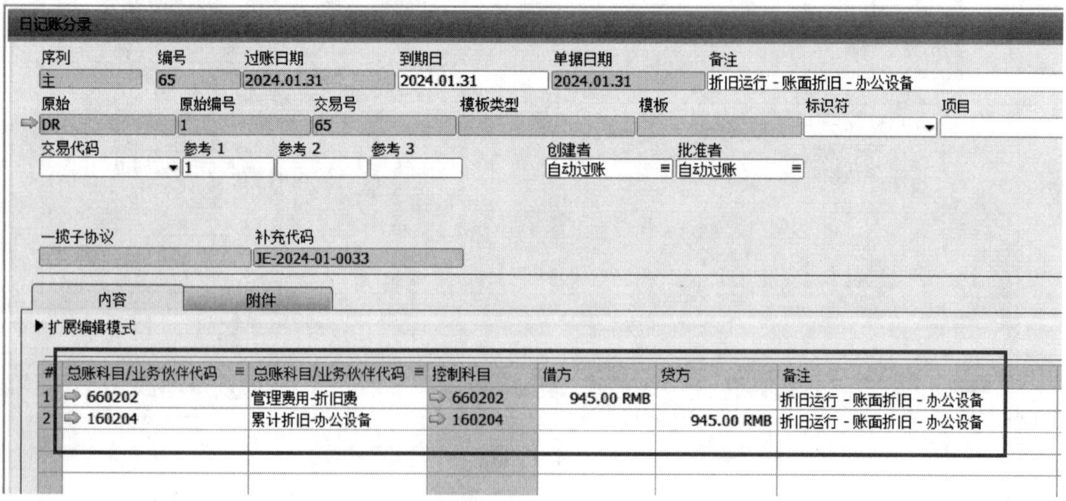


图 4－42

又如，查看 66 号房屋—车间用折旧的日记账分录，如图 4－43 所示。其折旧金额为 7916.33 元，与图 4－41 中“普通折旧”栏的金额也相等。

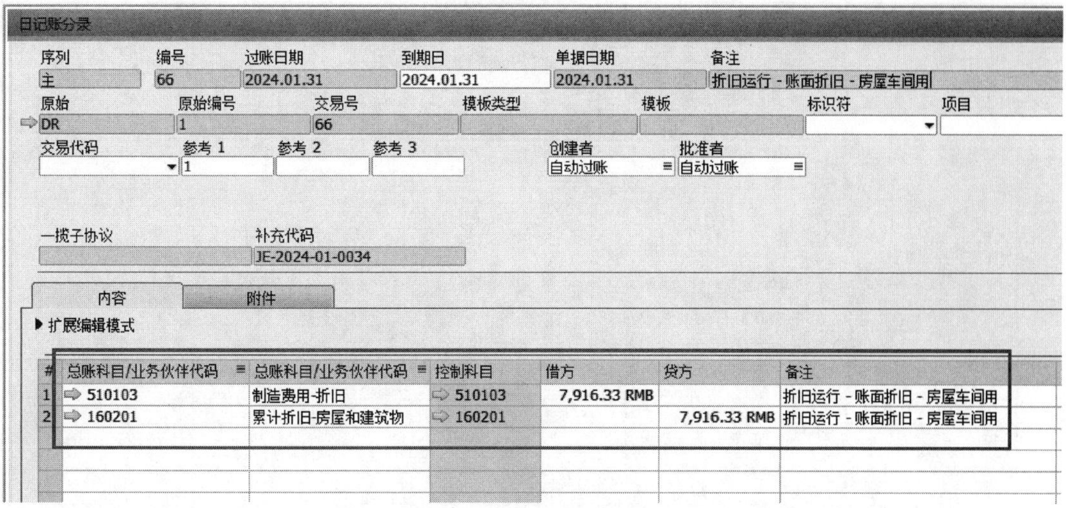


**图 4－43**

2. 取消折旧运行

如发现折旧的前期设置有问题，需要修改，可以取消折旧运行。

（1）选择路径【财务】—【固定资产】—【折旧运行】，在先前的“折旧运行”窗口中，选中要取消的月份，右击选择“取消”。以 1 月折旧运行为例。如图 4－44 所示。

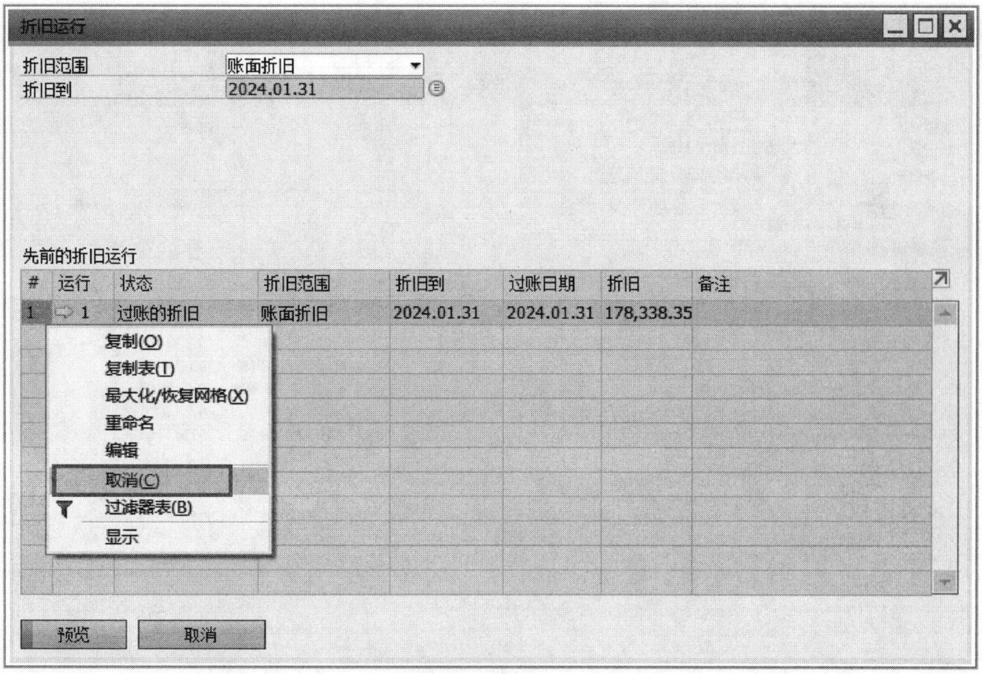


**图 4－44**

（2）系统弹出提示信息“取消单据后无法撤销，是否继续?”直接单击【是】进行确认。

（3）取消后，运行 1 状态由“过账的折旧”改为“已取消”。如图 4－45 所示。

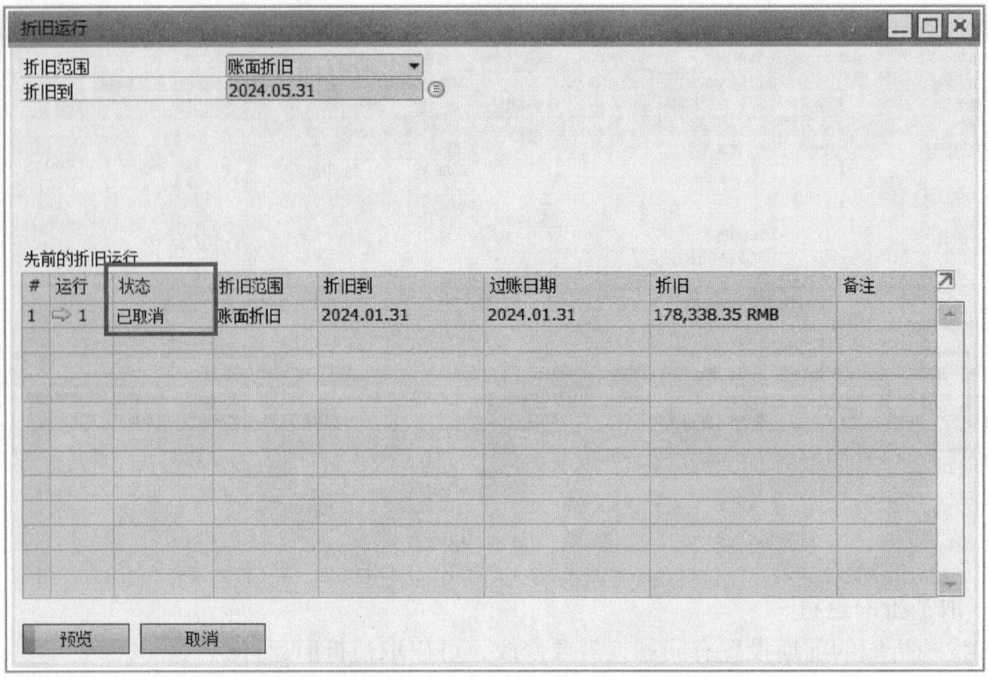


图 4 – 45

（4）点击运行前的黄色箭头，打开“折旧运行—结果”窗口，可查看取消日记账分录。如图 4 – 46 所示。

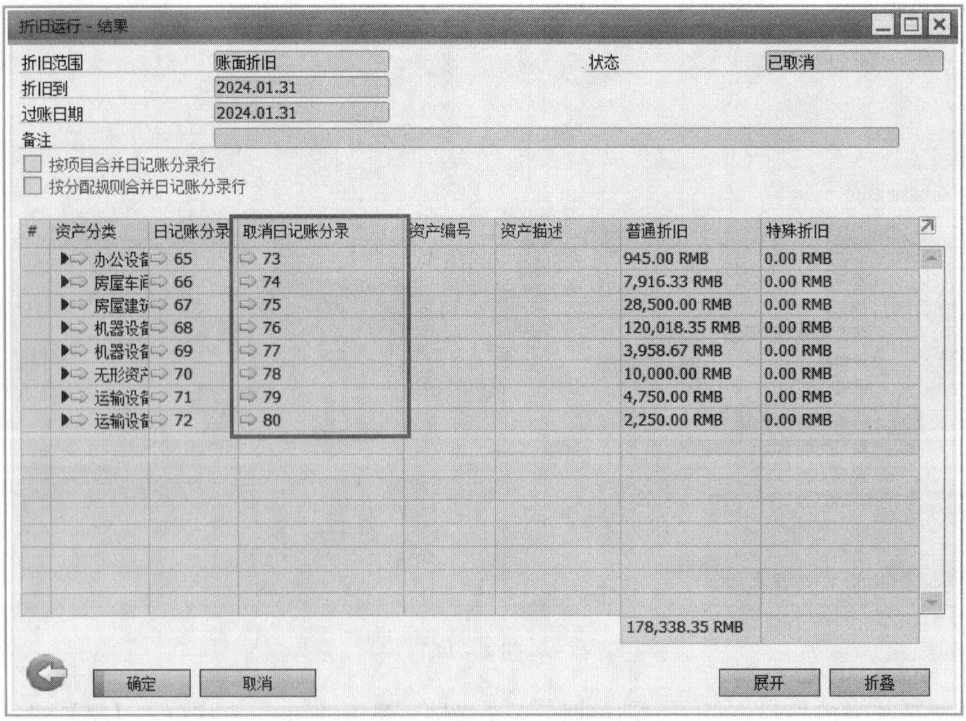


图 4 – 46

（5）点击取消日记账分录列的链接箭头，可查看相应的取消凭证。如图 4－47 所示。

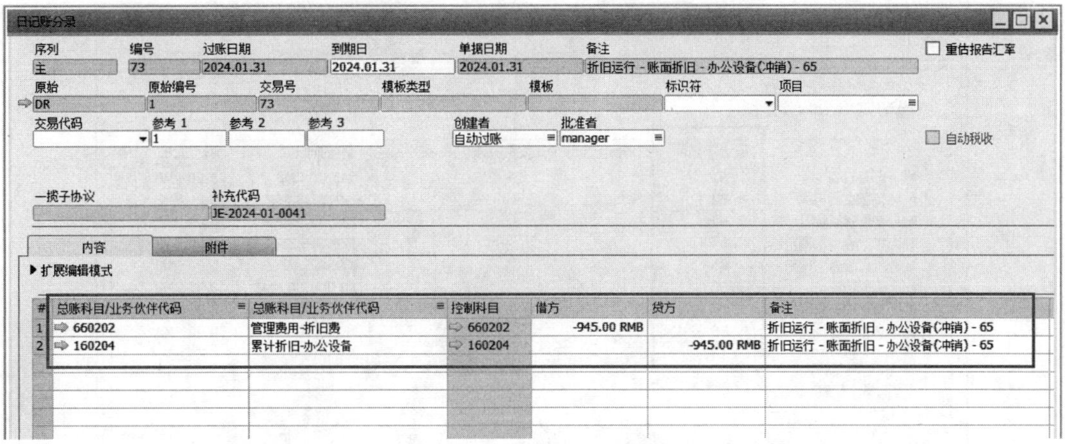


**图 4－47**

（6）如果要重新执行折旧，则按照折旧运行的操作步骤再操作一遍即可。操作结果如图 4－48 所示。

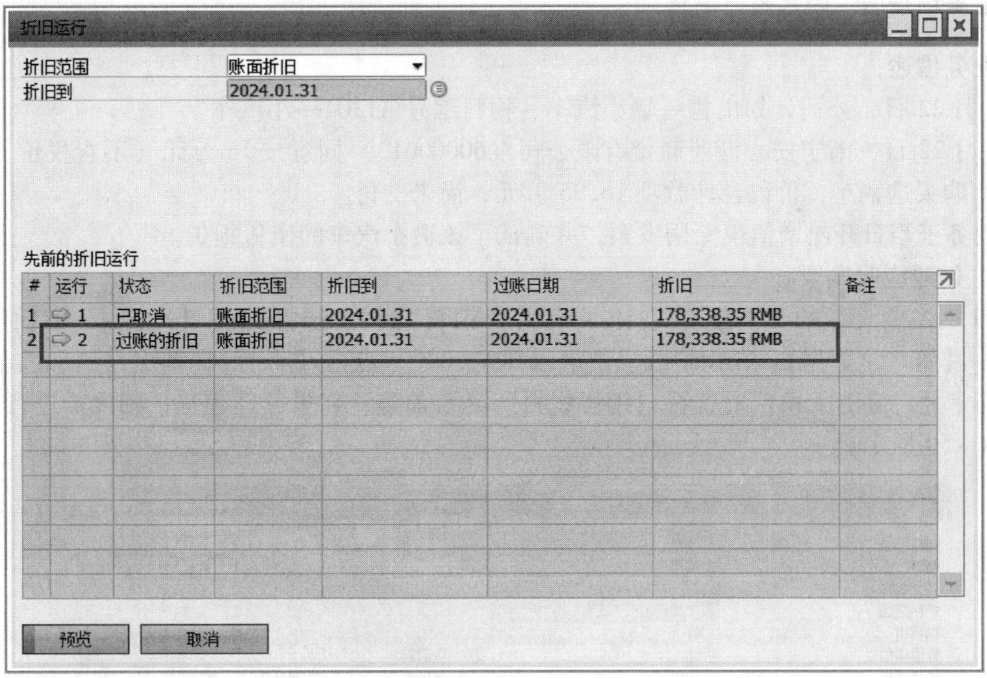


**图 4－48**

（7）折旧运行执行后，会再次生成新的分录。如图 4－49 所示。

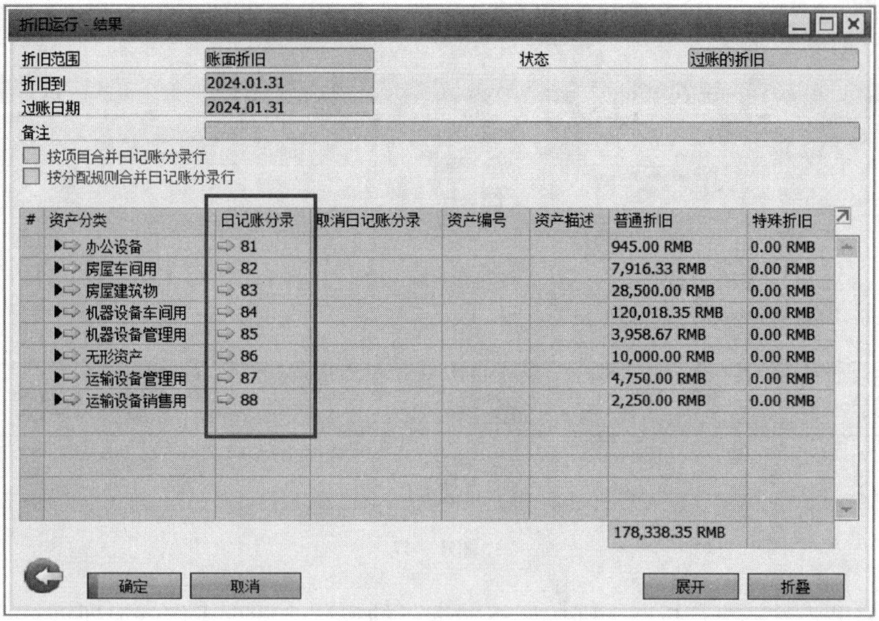


图 4－49

## 业务场景四　固定资产出售

**业务描述：**

1 月 22 日，公司计划出售一辆小汽车，物料编号 A1304—小汽车。

1 月 22 日，南宁安心糖业商贸有限公司（60000013）同意按 15 万元（不含税价，税率 13%）购买这辆车，价税合计款项 16.95 万元，尚未支付。

财务于当日开出增值税专用发票，并确认了该辆小汽车的出售损失。

1. 创建应收发票

（1）将小汽车的资产主数据记录定义为销售物料。选择路径【财务】—【固定资产】—【资产主数据】，在物料编号中录入“A1304”，点击【查看】，调出这辆小汽车的固定资产卡片，在右上角位置查看“销售物料”是否勾选，如果已经勾选，则无需进行修改。如图 4－50 所示。

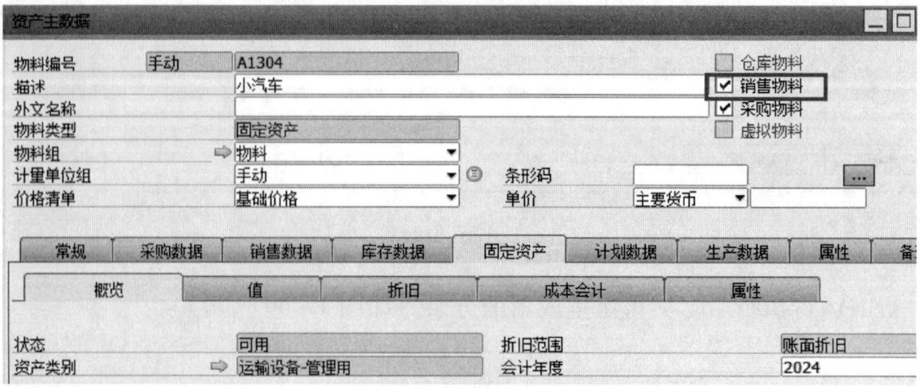


图 4－50

（2）在开具应收账款发票之前，对该资产的历史数据进行确认。选择路径【财务】—【固定资产】—【固定资产报表】—【资产历史数据表】，在“资产历史数据表—选择标准”窗口中，资产类别选择：“运输设备—管理用”，子期间从本年度1月1日至1月31日，单击【确定】按钮。如图4－51所示。

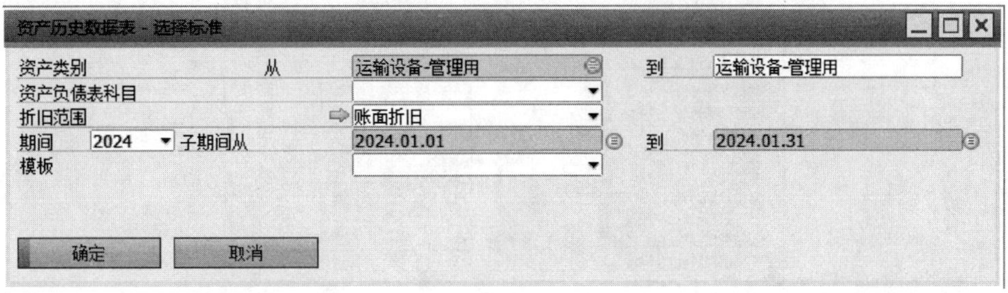


**图4－51**

打开资产历史数据表，找到A1304—小汽车，查看截止到本年度1月，该资产的账面净值等信息。可以看到该小汽车原值是285000元，账面净值是192375元，累计折旧是92625元。如图4－52所示。

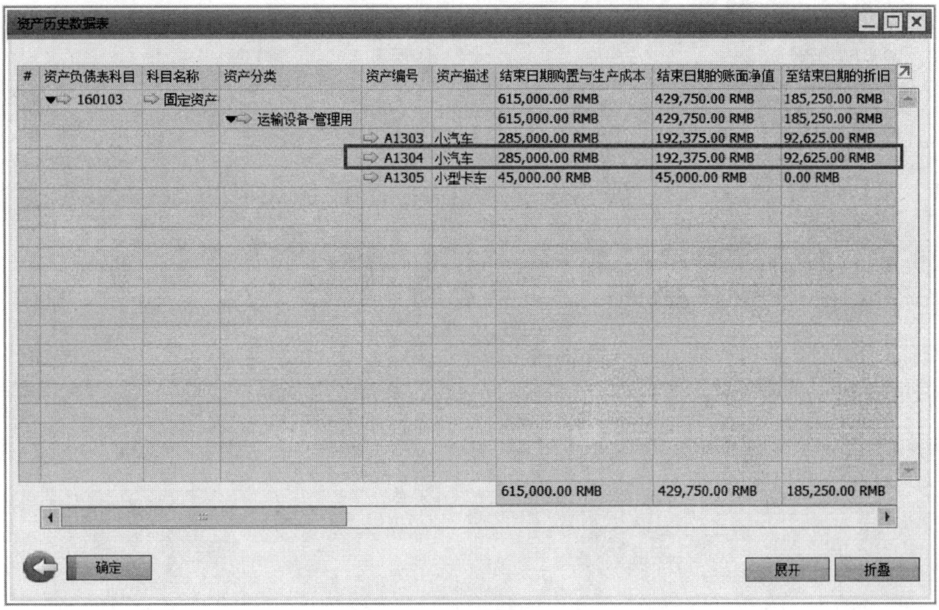


| # | 资产负债表科目 | 科目名称 | 资产分类 | 资产编号 | 资产描述 | 结束日期购置与生产成本 | 结束日期的账面净值 | 至结束日期的折旧 |
|---|---|---|---|---|---|---|---|---|
| | 160103 | 固定资产 | | | | 615,000.00 RMB | 429,750.00 RMB | 185,250.00 RMB |
| | | | 运输设备-管理用 | | | 615,000.00 RMB | 429,750.00 RMB | 185,250.00 RMB |
| | | | | A1303 | 小汽车 | 285,000.00 RMB | 192,375.00 RMB | 92,625.00 RMB |
| | | | | A1304 | 小汽车 | 285,000.00 RMB | 192,375.00 RMB | 92,625.00 RMB |
| | | | | A1305 | 小型卡车 | 45,000.00 RMB | 45,000.00 RMB | 0.00 RMB |
| | | | | | | 615,000.00 RMB | 429,750.00 RMB | 185,250.00 RMB |

**图4－52**

如果发现数据不对，应先核对图4－52的字段名称是否与系统相符，如图中的列不显示，则通过拖动下边的滚动条，或者打开工具栏中的“表单设置”按钮，打开“表单设置—资产历史数据报表”窗口，将部分列取消可见。如图4－53所示。

（3）创建应收发票并检查日记账分录。选择路径【销售—应收账款（S）】—【应收发票】，打开“应收发票”窗口，录入客户，调整过账日期、到期日期、单据日期，在【内容】选项卡中选择要销售的资产编码，然后输入单价信息。点击【添加并查看】按钮，弹出系统信息后点击【是】按钮确认，以保存应收账款发票。如图4－54所示。

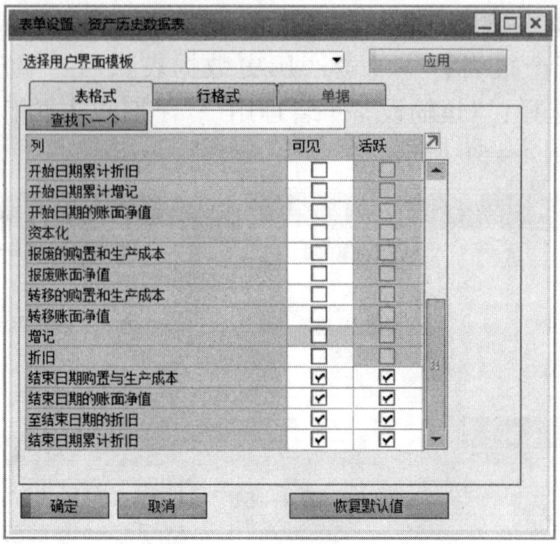
表单设置 - 资产历史数据表
选择用户界面模板
应用
表格式
行格式
单据
查找下一个
列
可见
活跃
开始日期累计折旧
开始日期累计增记
开始日期的账面净值
资本化
报废的购置和生产成本
报废账面净值
转移的购置和生产成本
转移账面净值
增记
折旧
结束日期购置与生产成本
结束日期的账面净值
至结束日期的折旧
结束日期累计折旧
确定
取消
恢复默认值

图 4－53

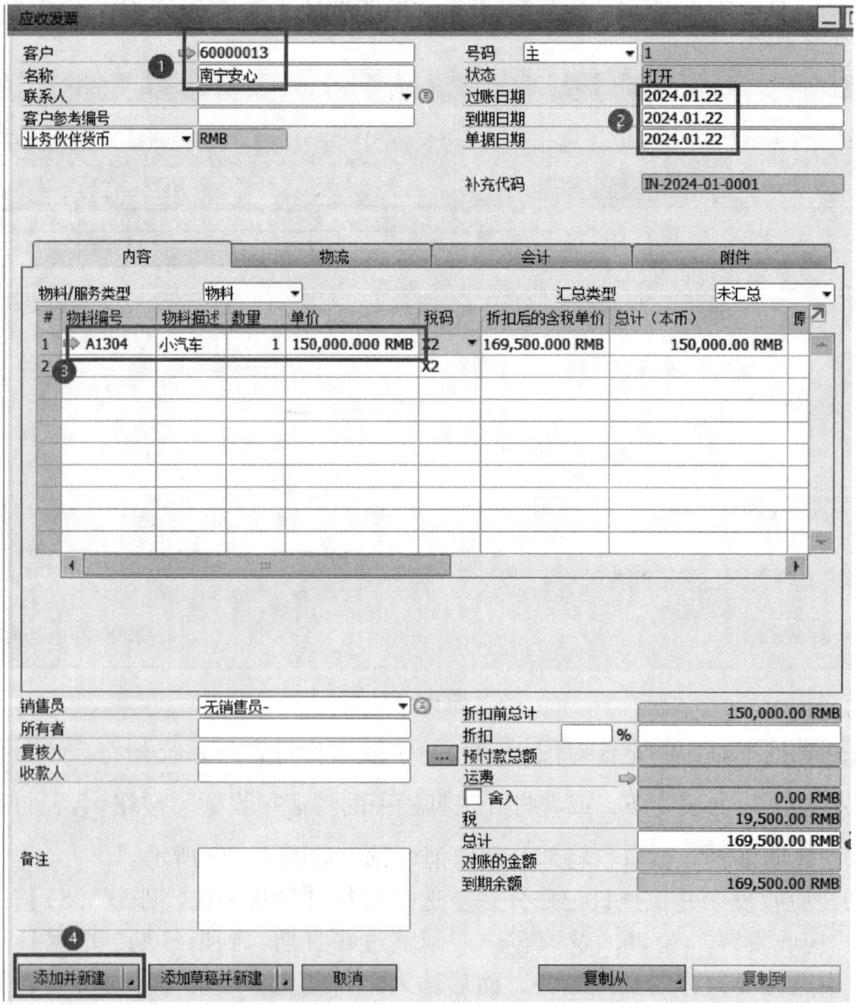
应收发票
客户
60000013
名称
南宁安心
联系人
客户参考编号
业务伙伴货币
RMB
号码
主
1
状态
打开
过账日期
2024.01.22
到期日期
2024.01.22
单据日期
2024.01.22
补充代码
IN-2024-01-0001
内容
物流
会计
附件
物料/服务类型
物料
汇总类型
未汇总
#
物料编号
物料描述
数量
单价
税码
折扣后的含税单价
总计（本币）
1
A1304
小汽车
1
150,000.000 RMB
X2
169,500.000 RMB
150,000.00 RMB
2
X2
销售员
-无销售员-
所有者
复核人
收款人
备注
折扣前总计
150,000.00 RMB
折扣
%
预付款总额
运费
舍入
0.00 RMB
税
19,500.00 RMB
总计
169,500.00 RMB
对账的金额
到期余额
169,500.00 RMB
添加并新建
添加草稿并新建
取消
复制从
复制到

图 4－54

（4）在应收发票空白处点击右键，查看已生成的日记账分录。如图 4－55 所示。

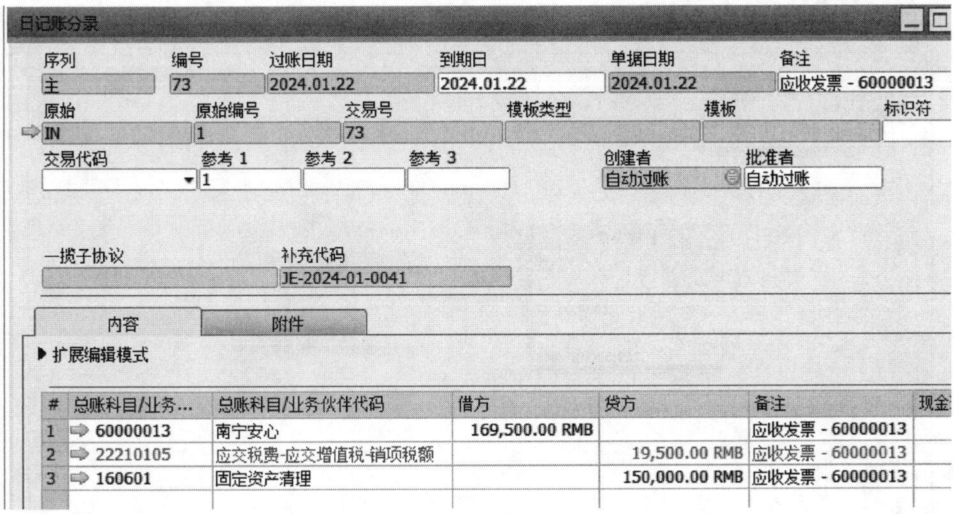


**图 4－55**

2. 确认出售损失

该小汽车出售的损失 42375 元（账面净值 192375 元－售价 150000 元），计入“营业外支出—处置固定资产净损失”，此笔分录系统不能自动生成，需要在总账模块中手动编制日记账分录。

选择路径【财务】—【日记账分录】，打开“日记账分录”窗口，调整过账日期、到期日、单据日期，摘要（即备注）修改为：固定资产出售损失—A1304 小汽车。如图 4－56 所示。

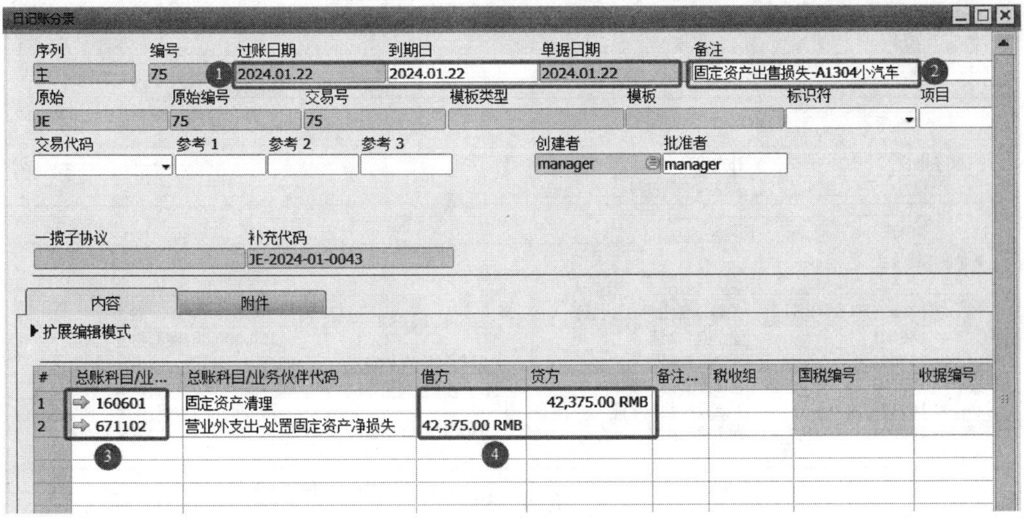


**图 4－56**

3. 创建报废单

（1）选择路径【销售—应收账款（S）】—【应收发票】，打开“应收发票”窗口，点击工具栏中“最后一条数据记录”的绿色图标，回到出售小汽车的应收发票，在空白处点击右键，在功能清单中选择“关系映射”。如图 4－57 所示。

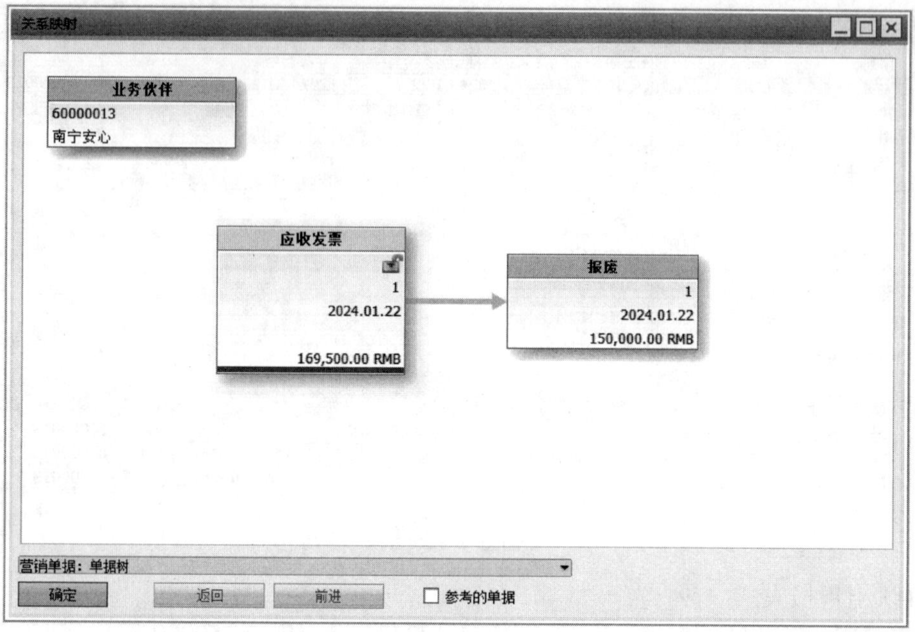


**图 4－57**

从图 4－57 可见，系统自动创建了一张报废单。双击报废单据块，打开报废单据，在空白处点击右键，查看日记账分录，如图 4－58 所示。

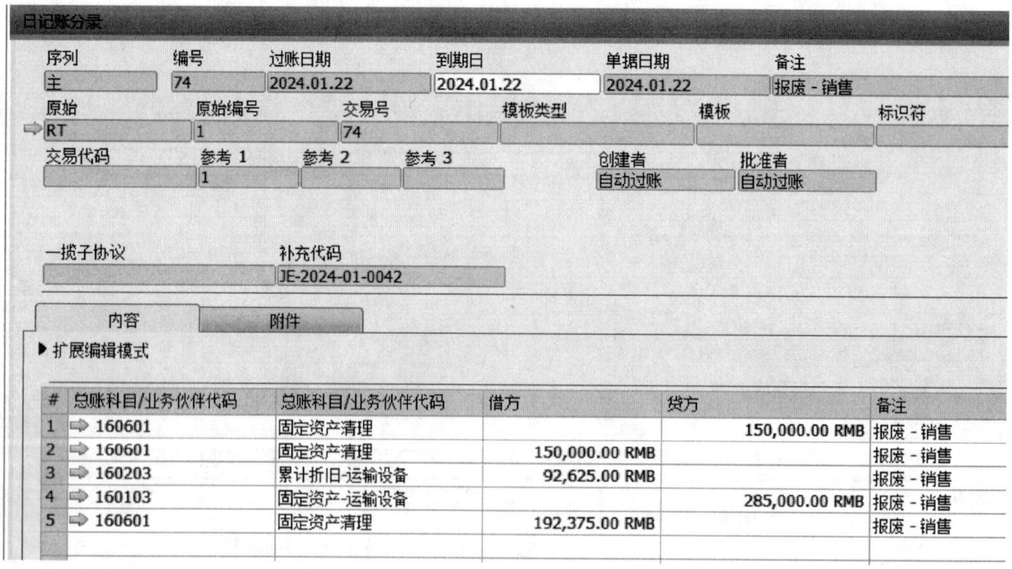


**图 4－58**

（2）在报废单据的【内容】选项卡中，点击“资产编号”字段中的链接箭头查看资产的状态和账面净值。如图 4－59 所示。

注意：由于该报废单是系统自动生成，如果发现错误，应取消应收发票，报废单也会随之自动取消。

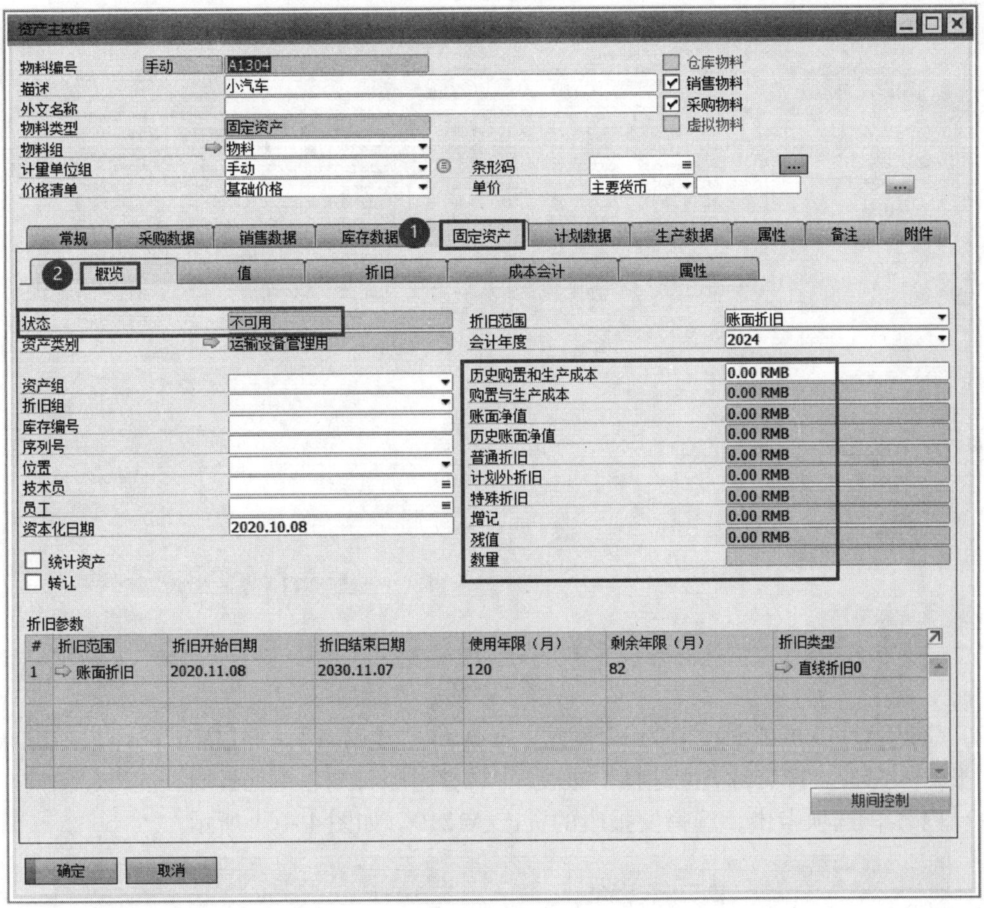

图 4－59

**业务场景五　固定资产报废**

固定资产的报废分为两种交易类型：有残值报废和无残值报废。

有残值报废如果不需要指定客户信息，使用报废单，系统会自动将资产价值转入固定资产清理，如需要指定客户信息，则使用应收发票，再通过总账系统录入报废分录。

无残值报废没有收入，直接在总账系统中录入报废分录。在 SAP 系统中，在资产报废时将资产剩余账面净值过账为费用。

**业务描述：**

1 月 25 日，固定资产编号 A1210—分蜜机因设备故障原因无法继续用于生产，需要进行报废处理。

1. 创建报废单

在开具报废单之前，同样需要对资产历史数据进行确认。

（1）选择路径【财务】—【固定资产】—【固定资产报表】—【资产历史数据表】，选择资产类别："机器设备—车间用"，子期间从本年度 1 月 1 日至 1 月 31 日，单击【确定】按钮，打开资产历史数据表，找到资产编号 A1210，查看截止到本年度 1 月该资产的账面净值等信息。如图 4－60 所示。

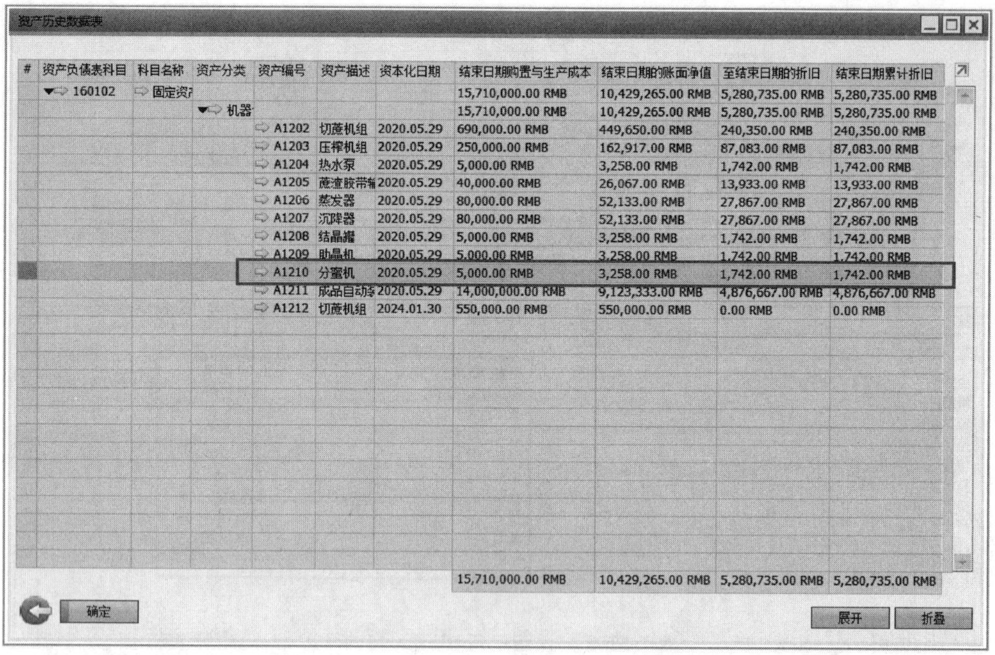


**图 4－60**

（2）资产 A1210 的账面净值为 3258 元。选择路径【财务】—【固定资产】—【报废】，打开“报废”窗口。将交易类型选择“报废”，调整过账日期、单据日期、资产起息日。

在【内容】选项卡中，选择要报废的资产 A1210。如图 4－61 所示。

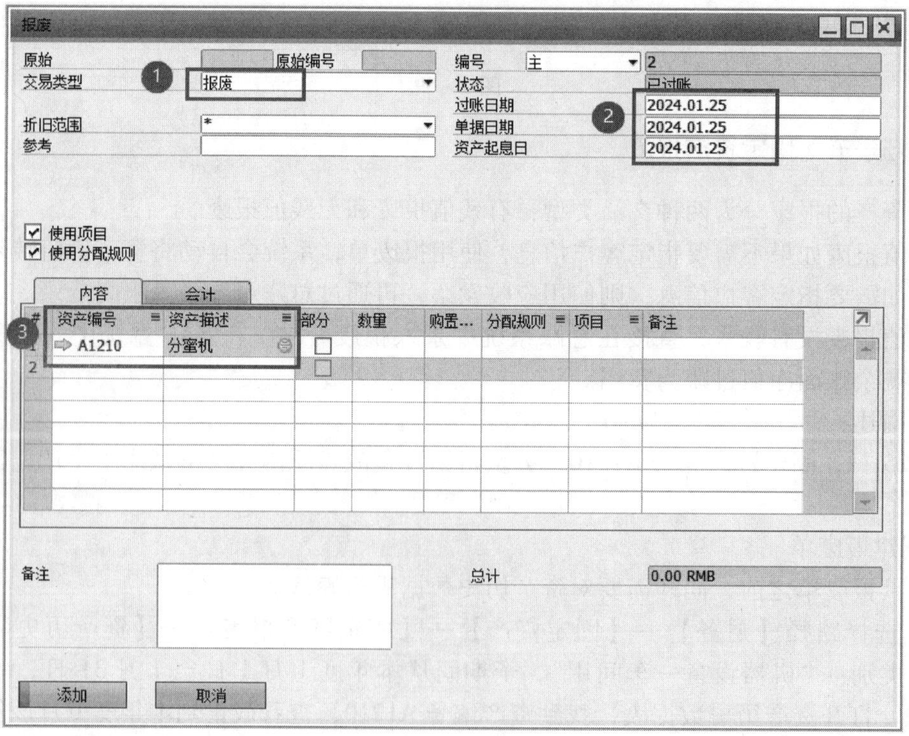


**图 4－61**

（3）进行日记账分录核对，查看科目和金额，核对无误后，点击【结算】关闭预览窗口。如图 4－62 所示。

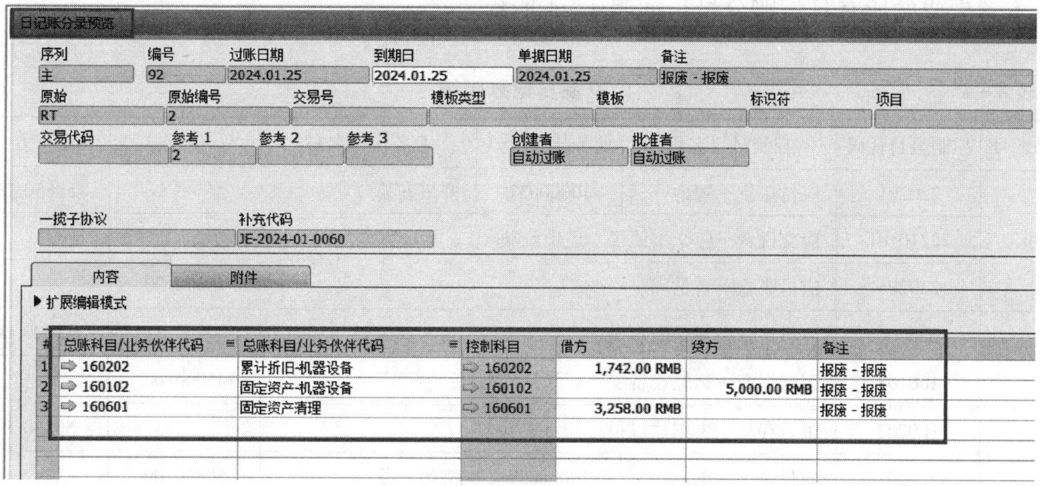


图 4－62

（4）点击【添加并查看】按钮，系统给出提示信息，单击【是】进行确认后完成。此报废单不是系统自动生成的，如发现错误，进入单据，在空白处右击“取消”即可。

2. 确认报废损失

确认报废损失的日记账分录系统不能自动生成，需要手工记账，与前业务中固定资产出售方式相同。

（1）选择路径【财务】—【日记账分录】，打开“日记账分录”窗口，调整过账日期、到期日、单据日期，摘要（即备注）修改为：固定资产报废—A1210 分蜜机。如图 4－63 所示。

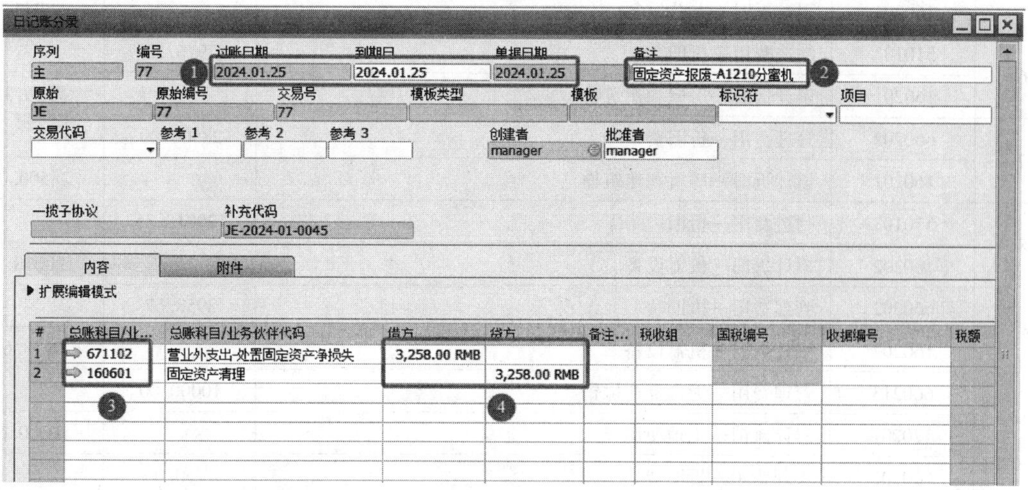


图 4－63

（2）点击【添加】按钮即可完成报废损失的确认，报废损失确认使用“营业外支出—处置固定资产净损失”科目。

## 本章交易日记账明细

本章生成的所有日记账分录，如表4-4所示。

表4-4 交易日记账明细

| 交易编号 | 控制科目代码 | 控制科目名称 | 业务伙伴代码 | 业务伙伴名称 | 借方 | 贷方 |
|---|---|---|---|---|---|---|
| 59 | 220201 | 应付账款—国内 | 10000037 | 柳州五菱 | | 50850.00 |
| | 22210101 | 应交税费—应交增值税—进项税额 | | | 5850.00 | |
| | 220204 | 应付账款—暂估固定资产 | | | 45000.00 | |
| 60 | 220204 | 应付账款—暂估固定资产 | | | | 45000.00 |
| | 160103 | 固定资产—运输设备 | | | 45000.00 | |
| 61 | 100203 | 银行存款—中国建设银行 | | | | 50850.00 |
| | 220201 | 应付账款—国内 | 10000037 | 柳州五菱 | 50850.00 | |
| 62 | 100203 | 银行存款—中国建设银行 | | | | 565000.00 |
| | 160401 | 在建工程 | | | 500000.00 | |
| | 22210101 | 应交税费—应交增值税—进项税额 | | | 65000.00 | |
| 63 | 100203 | 银行存款—中国建设银行 | | | | 53000.00 |
| | 160401 | 在建工程 | | | 50000.00 | |
| | 22210101 | 应交税费—应交增值税—进项税额 | | | 3000.00 | |
| 64 | 160401 | 在建工程 | | | | 550000.00 |
| | 160102 | 固定资产—机器设备 | | | 550000.00 | |
| 65 | 660202 | 管理费用—折旧费 | | | 945 | |
| | 160204 | 累计折旧—办公设备 | | | | 945 |
| 66 | 510103 | 制造费用—折旧 | | | 7916.33 | |
| | 160201 | 累计折旧—房屋和建筑物 | | | | 7916.33 |
| 67 | 660202 | 管理费用—折旧费 | | | 28500.00 | |
| | 160201 | 累计折旧—房屋和建筑物 | | | | 28500.00 |
| 68 | 510103 | 制造费用—折旧 | | | 120018.35 | |
| | 160202 | 累计折旧—机器设备 | | | | 120018.35 |
| 69 | 660202 | 管理费用—折旧费 | | | 3958.67 | |
| | 160202 | 累计折旧—机器设备 | | | | 3958.67 |
| 70 | 660213 | 管理费用—无形资产摊销 | | | 10000.00 | |
| | 170201 | 累计摊销—土地使用权 | | | | 10000.00 |
| 71 | 660202 | 管理费用—折旧费 | | | 4750.00 | |
| | 160203 | 累计折旧—运输设备 | | | | 4750.00 |
| 72 | 660102 | 销售费用—折旧费 | | | 2250.00 | |
| | 160203 | 累计折旧—运输设备 | | | | 2250.00 |

续表

| 交易编号 | 控制科目代码 | 控制科目名称 | 业务伙伴代码 | 业务伙伴名称 | 借方 | 贷方 |
|---|---|---|---|---|---|---|
| 73 | 112201 | 应收账款—国内 | | | 169500.00 | |
| | 22210105 | 应交税费—应交增值税—销项税额 | | | | 19500.00 |
| | 160601 | 固定资产清理 | | | | 150000.00 |
| 74 | 160601 | 固定资产清理 | | | | 150000.00 |
| | 160601 | 固定资产清理 | | | 150000.00 | |
| | 160203 | 累计折旧—运输设备 | | | 92625.00 | |
| | 160103 | 固定资产—运输设备 | | | | 285000.00 |
| | 160601 | 固定资产清理 | | | 192375.00 | |
| 75 | 160601 | 固定资产清理 | | | | 42375.00 |
| | 671102 | 营业外支出—处置固定资产净损失 | | | 42375.00 | |
| 76 | 160202 | 累计折旧—机器设备 | | | 1742.00 | |
| | 160102 | 固定资产—机器设备 | | | | 5000.00 |
| | 160601 | 固定资产清理 | | | 3258.00 | |
| 77 | 671102 | 营业外支出—处置固定资产净损失 | | | 3258.00 | |
| | 160601 | 固定资产清理 | | | | 3258.00 |

## 五、本章科目余额表

本章所有业务完成后，科目余额表如表4－5所示。

**表4－5　　科目余额表**

| 科目代码 | 科目名称 | 科目余额 |
|---|---|---|
| 100101 | 现金—人民币 | 9000.00 |
| 100203 | 银行存款—中国建设银行 | 66600.00 |
| 100204 | 银行存款—中国工商银行 | 450540.00 |
| 112101 | 应收票据 | 650000.00 |
| 112201 | 应收账款—国内 | 569500.00 |
| 112301 | 预付账款—国内 | 24124.00 |
| 140301 | 原材料 | 7500000.00 |
| 140302 | 辅料 | 656200.00 |
| 140601 | 库存商品 | 5505620.00 |
| 141201 | 包装物及低值易耗品 | 87000.00 |
| 160101 | 固定资产—房屋和建筑物 | 13800000.00 |
| 160102 | 固定资产—机器设备 | 16205000.00 |
| 160103 | 固定资产—运输设备 | 600000.00 |

续表

| 科目代码 | 科目名称 | 科目余额 |
| --- | --- | --- |
| 160104 | 固定资产—办公设备 | 56700.00 |
| 160201 | 累计折旧—房屋和建筑物 | -1602333.00 |
| 160202 | 累计折旧—机器设备 | -5453160.00 |
| 160203 | 累计折旧—运输设备 | -180375.00 |
| 160204 | 累计折旧—办公设备 | -41580.00 |
| 170101 | 无形资产—土地使用权 | 3000000.00 |
| 170201 | 累计摊销—土地使用权 | -210000.00 |
| 200101 | 短期借款 | -1200000.00 |
| 220101 | 应付票据 | -980000.00 |
| 220201 | 应付账款—国内 | -7059870.00 |
| 220501 | 预收账款—国内 | -50000.00 |
| 221101 | 应付职工薪酬—工资及绩效 | -205500.00 |
| 221102 | 应付职工薪酬—社会保险 | -65965.50 |
| 221103 | 应付职工薪酬—住房公积金 | -20550.00 |
| 22210101 | 应交税费—应交增值税—进项税额 | 803446.00 |
| 22210103 | 应交税费—应交增值税—转出未交增值税 | -352500.00 |
| 22210105 | 应交税费—应交增值税—销项税额 | -19500.00 |
| 250101 | 长期借款—本金 | -2000000.00 |
| 400101 | 股本 | -10000000.00 |
| 400201 | 资本公积—资本溢价 | -20000000.00 |
| 410101 | 盈余公积—法定盈余公积 | -250000.00 |
| 410102 | 盈余公积—任意盈余公积 | -20000.00 |
| 410415 | 利润分配—未分配利润 | -696367.85 |
| 510103 | 制造费用—折旧 | 127934.68 |
| 660102 | 销售费用—折旧费 | 2250.00 |
| 660103 | 销售费用—广告费 | 200000.00 |
| 660202 | 管理费用—折旧费 | 38153.67 |
| 660213 | 管理费用—无形资产摊销 | 10000.00 |
| 671102 | 营业外支出—处置固定资产净损失 | 45633.00 |

## 思政课堂

### 财务人员是企业财产的守护者

在本章的实验中，我们了解了企业固定资产采购、收货、资本化、建立卡片、计提折旧、报废、报损全过程的业务操作。我们更应该理解的是，固定资产管理是企业管理中的重要环节，它直接关系到企业的经济效益和可持续发展。确保企业资产安全是财务部门和财务人员的基本职能，也是不可推卸的责任。要保证企业固定资产安全，应该注重做好以下几方面的工作：

一、建立健全固定资产管理制度

企业应制定详细的固定资产采购、使用、维护、盘点、处置等管理制度，确保固定资产管理的每一个环节都有章可循；还应明确保管人和管理责任人的职责，将资产保值增值纳入领导经济责任评价，确保每项固定资产都有明确的责任主体。

二、加强固定资产的登记与监管

建立资产管理登记系统（俗称固定资产卡片），将所有固定资产纳入台账管理，详细记录资产的名称、规格型号、数量、原值、净值、使用部门、使用人、存放地点等信息；并实现资产的动态管理，根据资产的变动情况及时调整系统信息，避免账实不符的情况发生，确保资产信息的准确性和及时性。

三、强化固定资产的盘点与清查

根据企业规模、资产种类和数量，制定合理的盘点周期和计划，如年度、半年度或季度盘点。采用实地盘点、抽样盘点等方法，确保盘点数据的准确性和完整性；及时识别出闲置资产，并对其价值和使用状况进行评估，优先在企业内部进行闲置资产的调剂利用，提高资产使用效率。

四、规范固定资产的处置程序

制定报废资产处置程序，明确处置流程、审批权限和责任部门。对批准报废的资产进行处置，包括拍卖、回收、销毁等方式，确保资产处置的合法性和安全性。

五、引入信息化管理手段

企业应建立固定资产管理系统，利用先进的信息化技术，实现固定资产信息的实时更新和共享。应使用条形码、RFID 等技术，对固定资产进行标识和管理，提高盘点效率和准确性。同时，通过对固定资产数据的分析，发现管理中存在的问题和漏洞，为决策提供支持。

以上这些工作在公司日常运行过程中，都是由财务部门牵头组织全公司人员共同完成的。因此，财务人员应充分认识到自己就是企业财产的守护者，只有明确知道自己肩负的责任，才能为确保企业的资产安全尽职尽责、勤勉工作。

# 第五章

# 生产管理

## 学习目标

通过本章学习，掌握如何在 SAP ERP 系统中完成生产管理与维护等业务。

## 实验内容

1. 进行资源物料等科目维护。
2. 生产数据相关维护业务与物料清单编制。
3. 生产基本流程。

## 章前学习

1. SAP 系统生产模块的功能

生产管理是 SAP 系统的重要组成部分，是企业信息化管理的核心。在 SAP 系统中提供了一种简单而强大的计划系统，可帮助生产计划人员或采购员根据各种规则管理生产或采购项目。SAP 中的生产模块可实现以下几个功能：

（1）生产和物料需求计划（MRP）：创建和维护多级物料清单（BOM），以手动方式或倒冲方式发料，下达生产订单，并全局维护物料清单的价格。

（2）生产订单执行与进度跟踪：从销售订单自动生成生产订单，进行生产领料，可随时进行生产进度的跟踪。

（3）高效报告：利用最新数据生成报表，并通过多种报表格式进行显示。

2. 生产模块的几个基本概念

使用 SAP 系统进行生产流程管理，必须创建物料清单和生产订单。物料清单的创建必须有资源模块的配合，“资源”作为“生产”模块的扩展，为 SAP 系统中管理轻型制造流程提供基础平台。

（1）物料清单（BOM）：指定产品所需零部件明细表及其结构，具体而言，物料清单是构成父项装配件的所有子装配件、零件和原材料的清单，也是制造一个装配件所需要每种零部件数量的清单。“物料”包括了所有产品、半成品、在制品、原材料、毛坯、配套件等与生产有关的物品。BOM 包含了品种、数量和结构关系，是 MRP 中最重要的概念之一。

（2）生产订单：计划和组装生产物料的一套指令。它跟踪生产流程所涉及的所有物料交易和成本，以及附加成本（如人工费）。

（3）资源：是一种机器、劳动力等，用于生产商品和服务。它可以监控完整的标准生产成本核算，并分析实际生产差异。

在生产组织过程中，需要利用劳动力和生产设备等资源，这些资源将体现在物料清单上，通过物料清单的配置，能准确地统计产品的全部成本，SAP 通过“资源主数据”来管理与资源相关的信息。为了方便产品成本的统计，将其员工和机器定义为系统中的资源，并将资源分配至生产订单，来统计在生产过程中消耗。

3. 案例企业的生产工艺流程

在本章学习中，我们以制糖行业中的白砂糖生产为例进行讲解。根据糖厂的制糖工艺不同，白砂糖分为硫化糖和碳化糖。硫化糖保质期较长，质量较好，生产成本相对较高，市场价格较为昂贵。目前我国大部分糖厂生产的多是硫化糖。在进行生产流程之前，我们可以先学习甘蔗制糖工艺的一些知识，以便更好地理解甘蔗生产的核算。常规的甘蔗制糖工艺大概分以下几个过程：

（1）甘蔗采摘及原料入库。当甘蔗的蔗茎甜度值达到 20 或糖分比达到 13.00% 以上时即可砍收，削去叶、梢和根等杂质，送到糖厂加工，作为制糖的原料。

（2）甘蔗的预处理。甘蔗在进入压榨机或渗出器之前必须先进行破碎，工艺上称为预处理。预处理的目的是将条状的甘蔗破碎成片状或丝状的蔗料，使甘蔗的纤维组织撕裂，糖分细胞充分破裂。

（3）甘蔗的压榨。甘蔗压榨就是将预处理过的蔗料用压榨机进行压榨，压出蔗汁的过程。

（4）蔗汁的清净。压榨出来的蔗汁含有很多杂质，必须经过多道工序来进行蔗汁的处理，才能保证下道工序的顺利进行。这些工序包括：亚硫酸法清净（或其他方法的清净）、加灰和加热工序、蔗汁的硫熏中和、蔗汁的沉降、蔗汁的过滤等。

（5）蔗汁的蒸发。蔗汁经过清净处理后得到的清汁浓度为 12°，含水率 14°（糖锤度 = 86% - 88%）。如果将含大量水分的稀汁直接送去结晶，将要消耗大量的蒸汽，这样既消耗能源，又延长煮糖的时间。因此，清汁必须经过蒸发工段，除去大量的水分，浓缩成糖锤度为 60°左右的粗糖浆，在蒸发时，仪器中会沉积出一部分积垢。

（6）煮糖。经过蒸发后的粗糖浆仍然微带混浊，必须再经硫熏，有时还需再进行过滤处理，得到清净糖浆，才能作为煮炼白砂糖的原料。煮糖就是将糖浆煮沸，继续蒸发其中的水分，留下含蔗糖的固溶物，制成片糖（糖块）及糖粉。

（7）砂糖的干燥。煮糖过后生成的固态蔗糖仍有 0.5%—1.5% 的水分，需经过离心机继续脱水，充分干燥及冷却，才能装包和贮存。

（8）砂糖过筛、称重、包装和成品入库。

硫化糖的制糖工艺流程如图 5 - 1 所示。

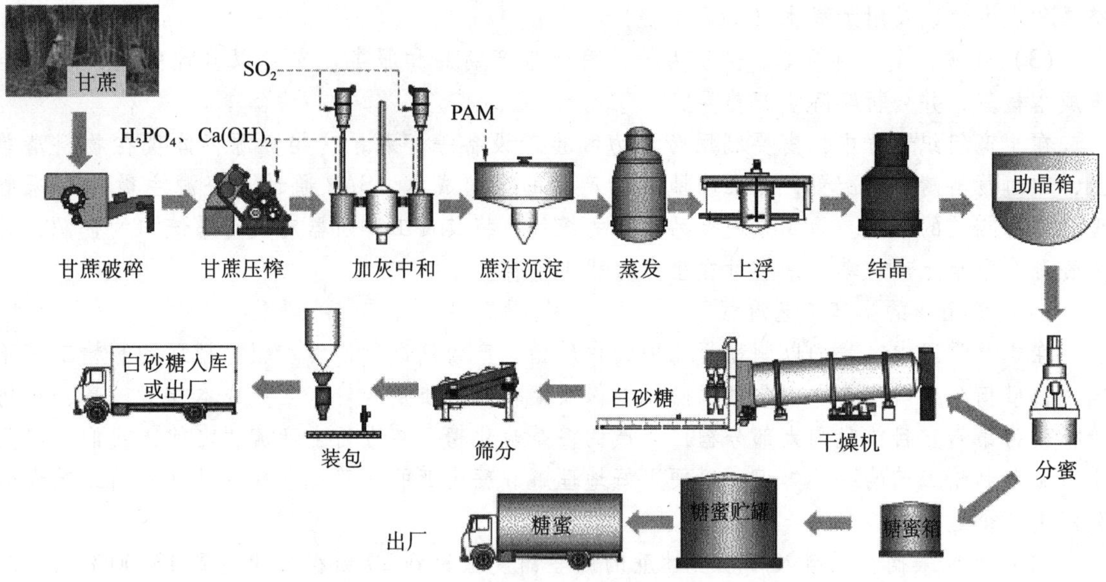


**图5-1 一步法甘蔗制糖生产工艺流程简图**

# 实验一 生产模块基本设置

**（一）检查并维护物料组科目**

与生产相关的科目检查，如表5-1所示。

**表5-1 生产相关科目对照表**

| 科目 | 科目说明 | 科目设置 |
| --- | --- | --- |
| 在制品库存科目 | 此科目核算生产过程中物料—价值变化的过程，即从生产开始到完工入库的价值变化 | 500101—基本生产成本 |
| 在制品库存差异科目 | 此科目核算生产过程中部分物料的差异金额 | 510106—制造费用—其他 |

选择路径【管理】—【设置】—【库存】—【物料组】，打开“物料组—设置”窗口，使用工具栏上的绿色翻页箭头，点击原材料的【会计】选项卡，按图5-2设置“在制品库存科目”和“在制品库存差异科目”。

完成后，翻动工具栏上的绿色翻页箭头，继续对产成品、辅料、副产品、低值易耗品项目的“在制品库存科目”和“在制品库存差异科目”分别进行检查和设置。

**（二）维护生产相关数据**

1. 编辑资源组

根据章前学习内容，在SAP系统中，资源分为三种类型：人工（人工小时）、机器（机器小时）、其他（人工或机器以外的资源，如运输或仓库资源），并且可以通过资源组，将具有类似成本要素的机器、人工等组合在一起。资源组还可以用于资源报表和分析，与物料和业务伙伴使用的组类似。因此，在开始生产之前，要先编辑资源组：

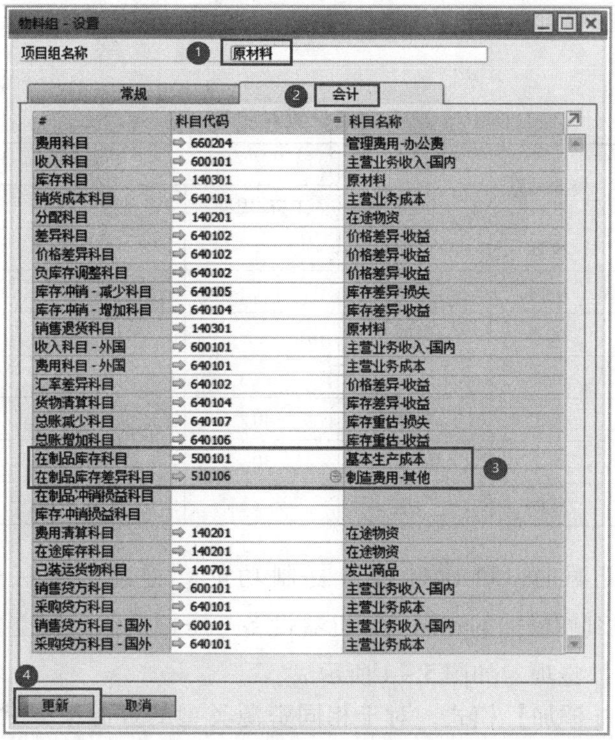


图 5 – 2

（1）选择路径【管理】—【设置】—【资源】—【资源组】，打开“资源组—设置”窗口，输入资源组名称：机器设备—压榨机组，选择资源类型：机器，输入计量单位文本：周期，并将资产标准成本修改为用户可定义的名称，输入资源组默认标准成本金额，然后单击【添加】按钮，如图 5 – 3 所示。

图 5 – 3

按照上述方法，继续对切蔗机组、分离机组、包装系统、人工、生产用房等资源组进行设置，如表 5－2 所示。

**表 5－2　　资源组设置对照表**

| 资源组名称 | 资源类型 | 计量单位文本 | 资产标准成本 | | | |
|---|---|---|---|---|---|---|
| | | | 工资/周期 | 设备维修费 | 设备折旧 | 其他费用 |
| 机器设备—压榨机组 | 机器 | 周期 | | 2 | 2 | |
| 机器设备—切蔗机组 | 机器 | 周期 | | 2 | 5 | |
| 机器设备—分离机组 | 机器 | 周期 | | 2 | 1.8 | |
| 机器设备—包装系统 | 机器 | 周期 | | | 110 | |
| 人工—高级技工组 | 人工 | 周期 | 40 | | | |
| 人工—中级技工组 | 人工 | 周期 | 30 | | | |
| 生产用厂房 | 其他 | 周期 | | | | 8 |

（2）创建其他资源时，可通过参考复制功能。通过工具栏中的记录查询按钮 |⇐ ⇐ ⇒ ⇒|，找到新添加的资源组：机器设备—压榨机组，在空白位置右击打开上下文菜单，点击【复制】选项，如图 5－4 所示。

系统自动切换到【添加】模式，对于相同资源类型的资源组，只修改“资源组名称”和“默认标准成本”对应的信息，单击【添加】保存。

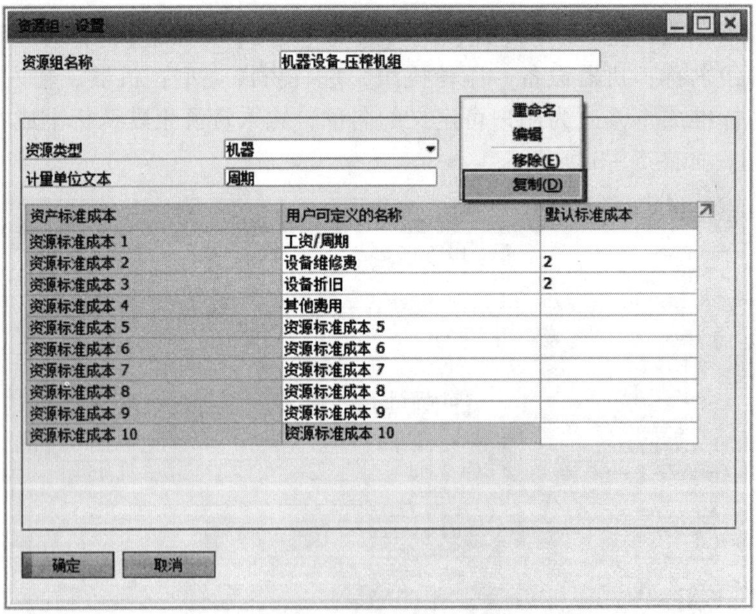


图 5－4

2. 导入资源主数据

为后续生产数据提供资源产能，必须提前准备以下资源主数据。

（1）选择路径【资源】—【资源主数据】，打开“资源主数据”窗口，默认是【查找】模式，点击工具栏中的添加按钮，切换到【添加】模式。输入资源编号、资源名称，选择资源类型、资源组，定义资源计量单位和运行时间以及产能数据。资源主数据中的缺省标准成本清单获取自资源组定义。可以为每个资源主数据手动更改这些成本。最后点击【添加】按钮保存。如图5-5所示。

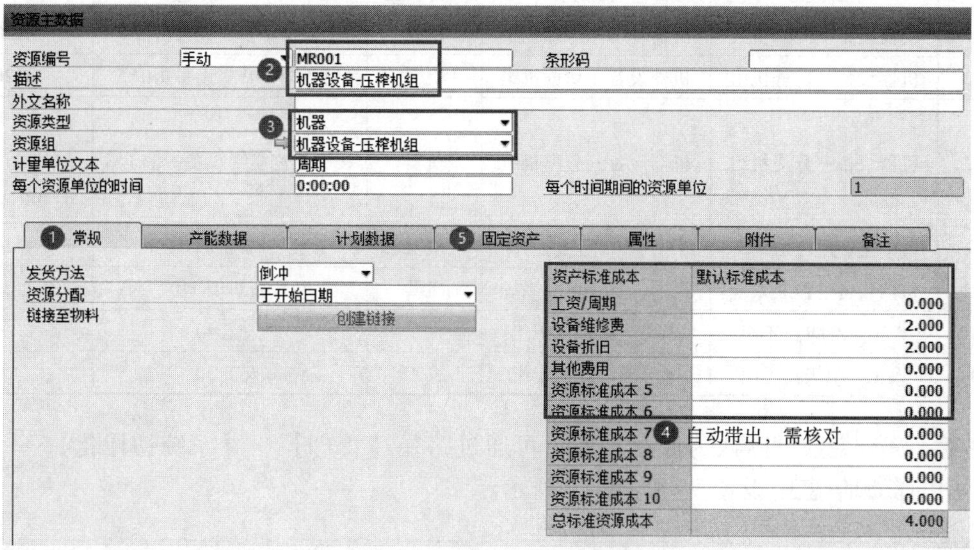


图5-5

（2）将系统中已经导入固定资产与资源进行绑定。如图5-6所示。

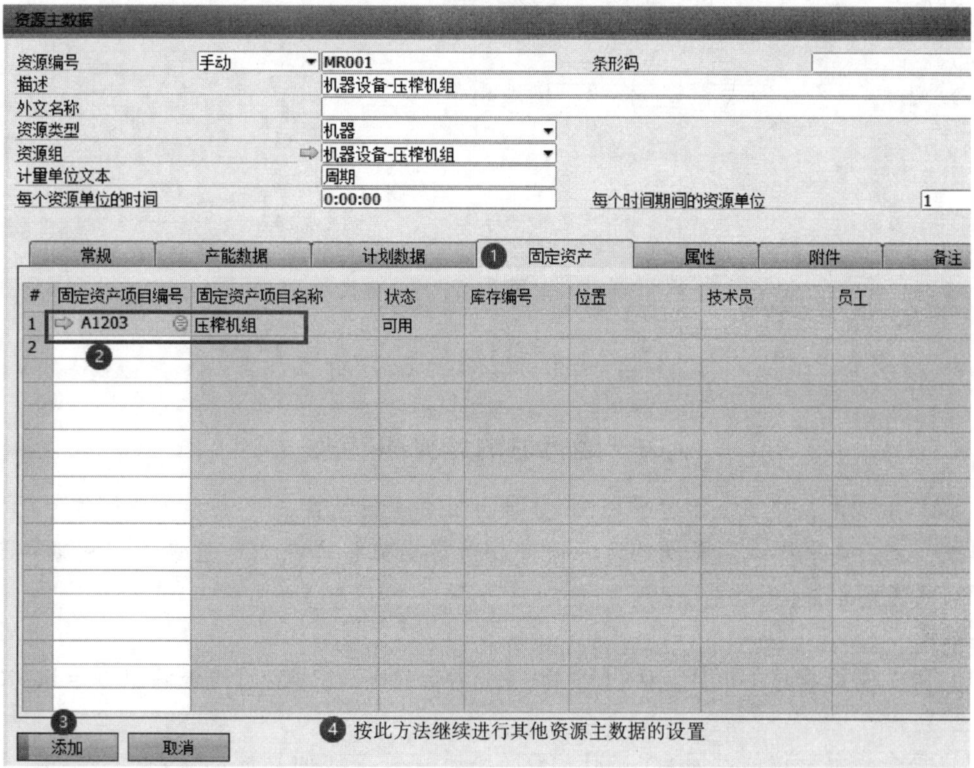


图5-6

（3）按上述方法，完成表 5 - 3 资源主数据的设置。

**表 5 - 3　　　　　　　　　　　　　资源主数据设置对照表**

| 资源编号 | 描述 | 资源组 | 资源类型 | 标准资源成本 | 绑定固定资产 |
|---|---|---|---|---|---|
| MR001 | 机器设备—压榨机组 | 机器设备—压榨机组 | 机器 | 设备维修费 2 设备折旧 2 | A1203 |
| MR002 | 机器设备—切蔗机组 | 机器设备—切蔗机组 | 机器 | 设备维修费 2 设备折旧 5 | A1202 |
| MR003 | 机器设备—分离机组 | 机器设备—分离机组 | 机器 | 设备维修费 2 设备折旧 1.8 | A1204、A1205<br>A1206、A1207<br>A1208、A1209 |
| MR004 | 生产用厂房 | 生产用厂房 | 机器 | 设备折旧 8 | A1102 |
| MR005 | 机器设备—包装系统 | 机器设备—包装系统 | 机器 | 设备折旧 110 | A1211 |
| R - 001 | 人工—高级技工组 | 人工—高级技工组 | 人工 | 人工 40 | |
| R - 002 | 人工—中级技工组 | 人工—中级技工组 | 人工 | 人工 30 | |

注意：资源主数据默认为原材料库，可通过路径【管理】—【系统初始化】—【常规设置】中的资源信息中设置。如图 5 - 7 所示。

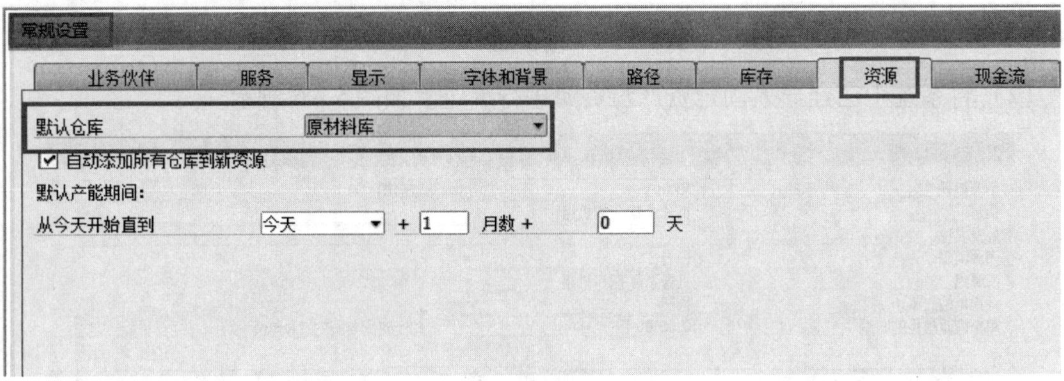


**图 5 - 7**

## SAP 小知识

### 关于运行时的计算和转换

在 SAP 系统中，机器资源通常以 15 分钟为 1 个运行周期，资源的计量单位为周期在生产订单中，我们如果要设置资源的运行时间，需要提前将资源的计量单位“周期”转换为时间期间的资源单位。

例如：

（1）每个资源单位的时间 =0∶15∶00（分钟）每个时间期间的资源单位 =1，15 分钟为 1 个周期。

（2）每个资源单位的时间 =1∶00∶00（小时）每个时间期间的资源单位 =4、每 1 小时为 4 个周期。

**（三）物料清单**

在 SAP 系统中，物料清单有四种类型：销售、装配、模板和生产。其中，生产物料清单（BOM）描述了由不同库存组件（下级组件）构成的成品（上级组件）。生产就是将这些物料组件变成成本的过程。

生产物料清单中的组件可以是实物，如螺丝、木板、按计量单位计量的润滑油或油漆），也可以是虚拟的对象，如一个工作小时或一个机器运行周期等。

（1）选择路径【生产】—【物料清单】，打开“物料清单”窗口。默认是【查找】模式，通过单击工具栏中的新增图标或者按下 Ctrl + A 组合键，切换到【添加】模式。如图 5 - 8 所示。

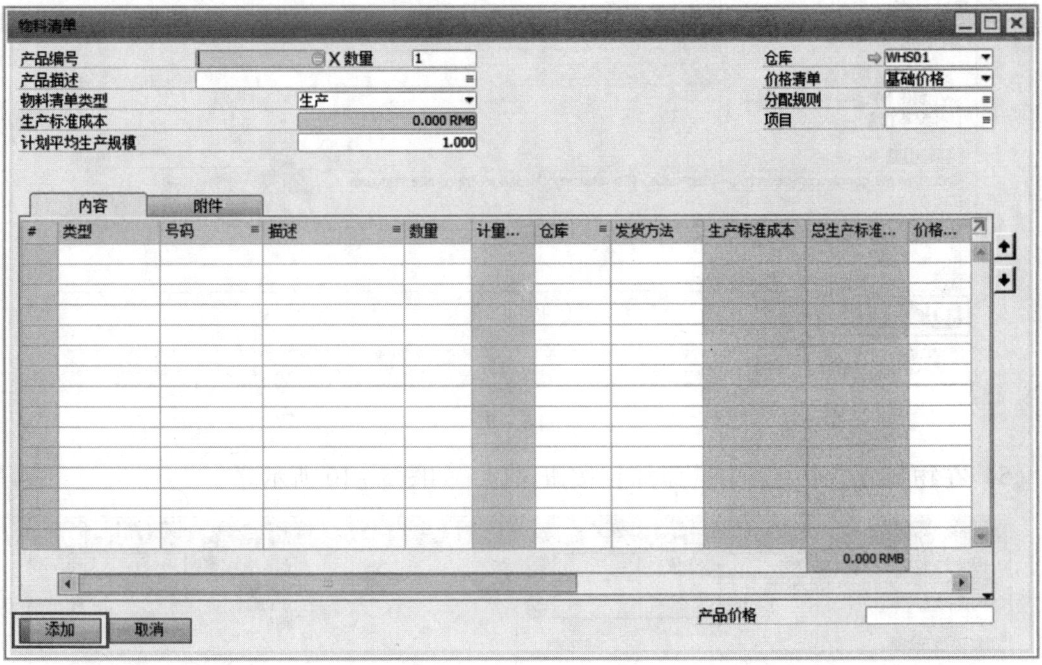


**图 5 - 8**

（2）在【添加】模式下，物料编号选择产成品编号 20000001，自动带出产品描述。数量默认 1，代表生产 1 吨白砂糖需要的下级物料构成。物料清单类型选择“生产”，仓库自动带出 WHS04—产成品库。

注意：如在物料主数据中“榕江白砂糖”没有指定默认仓库，则不会自动带出。此时应复查物料主数据有无按第二章相关要求来设置。

（3）生产过程中的副产品，如：废蜜和蔗渣属于产出物，在 BOM 清单中数量以负数体现，在生产收货时，可收货入库。

（4）对于辅料：絮凝剂，数量是 0.005 千克，需要对系统的小数位进行修改。选择路径【管理】—【系统初始化】—【常规设置】，打开“常规设置”窗口，选择【显示】选项卡，将小数位中的数量调整为：3。如图 5 - 9 所示。系统提示“增加小数位数是不可撤销的操作，是否继续?”，点击【是】完成操作。

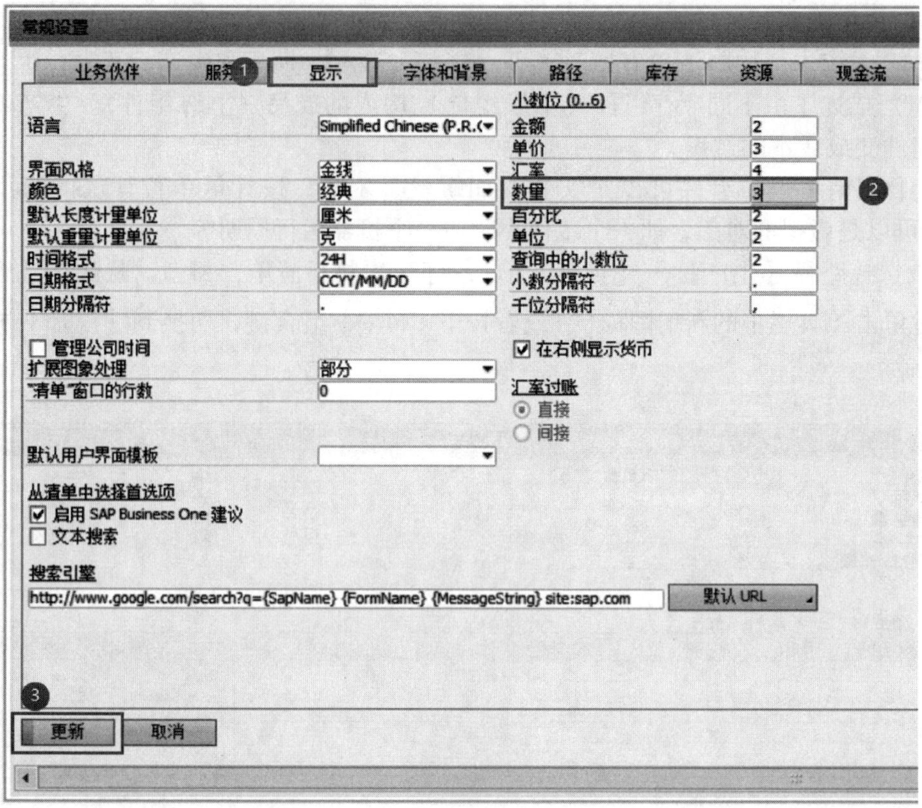


图 5－9

（5）在物料清单中，点击【添加】按钮保存。如图 5－10 所示。

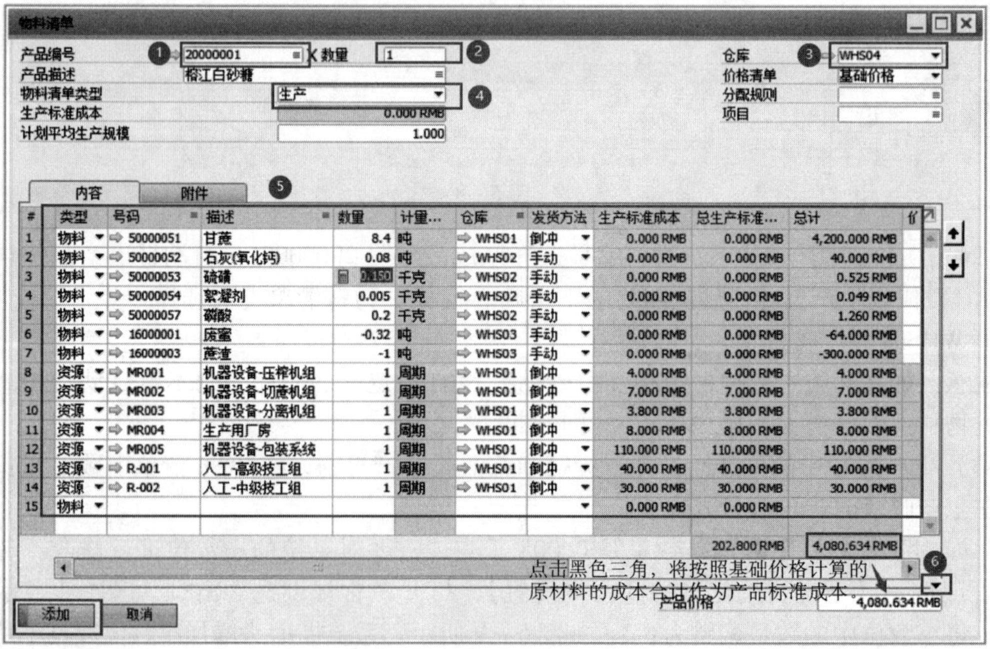


| # | 类型 | 号码 | 描述 | 数量 | 计量… | 仓库 | 发货方法 | 生产标准成本 | 总生产标准… | 总计 |
|---|---|---|---|---|---|---|---|---|---|---|
| 1 | 物料 | 50000051 | 甘蔗 | 8.4 | 吨 | WHS01 | 倒冲 | 0.000 RMB | 0.000 RMB | 4,200.000 RMB |
| 2 | 物料 | 50000052 | 石灰(氧化钙) | 0.08 | 吨 | WHS02 | 手动 | 0.000 RMB | 0.000 RMB | 40.000 RMB |
| 3 | 物料 | 50000053 | 磷 | 0.150 | 千克 | WHS02 | 手动 | 0.000 RMB | 0.000 RMB | 0.525 RMB |
| 4 | 物料 | 50000054 | 絮凝剂 | 0.005 | 千克 | WHS02 | 手动 | 0.000 RMB | 0.000 RMB | 0.049 RMB |
| 5 | 物料 | 50000057 | 磷酸 | 0.2 | 千克 | WHS02 | 手动 | 0.000 RMB | 0.000 RMB | 1.260 RMB |
| 6 | 物料 | 16000001 | 废蜜 | -0.32 | 吨 | WHS03 | 手动 | 0.000 RMB | 0.000 RMB | -64.000 RMB |
| 7 | 物料 | 16000003 | 蔗渣 | -1 | 吨 | WHS03 | 手动 | 0.000 RMB | 0.000 RMB | -300.000 RMB |
| 8 | 资源 | MR001 | 机器设备-压榨机组 | 1 | 周期 | WHS01 | 倒冲 | 4.000 RMB | 4.000 RMB | 4.000 RMB |
| 9 | 资源 | MR002 | 机器设备-切蔗机组 | 1 | 周期 | WHS01 | 倒冲 | 7.000 RMB | 7.000 RMB | 7.000 RMB |
| 10 | 资源 | MR003 | 机器设备-分离机组 | 1 | 周期 | WHS01 | 倒冲 | 3.800 RMB | 3.800 RMB | 3.800 RMB |
| 11 | 资源 | MR004 | 生产用厂房 | 1 | 周期 | WHS01 | 倒冲 | 8.000 RMB | 8.000 RMB | 8.000 RMB |
| 12 | 资源 | MR005 | 机器设备-包装系统 | 1 | 周期 | WHS01 | 倒冲 | 110.000 RMB | 110.000 RMB | 110.000 RMB |
| 13 | 资源 | R-001 | 人工-高级技工组 | 1 | 周期 | WHS01 | 倒冲 | 40.000 RMB | 40.000 RMB | 40.000 RMB |
| 14 | 资源 | R-002 | 人工-中级技工组 | 1 | 周期 | WHS01 | 倒冲 | 30.000 RMB | 30.000 RMB | 30.000 RMB |
| 15 | 物料 | | | | | | | 0.000 RMB | 0.000 RMB | |

图 5－10

# 实验二　生产流程

**业务描述：**

客户可口可乐（中国）投资有限公司（60000001）1 月 7 日提交了 1000 吨白砂糖的订单，并于当日完工。

1. 创建生产订单

（1）选择路径【生产】—【生产订单】，打开“生产订单”窗口。此时单据默认是添加模式。

（2）录入产品编号，系统自动带出产品描述和组件信息；修改计划数量为订单数量；修改订单日期、开始日期和到期日，修改日期时，系统提示“是否要将新的开始日期和结束日期更新到现有表中的行?”点击【是】进行确认。如果此生产订单是专为某销售订单生产，则此处可选择相应的销售订单。

在【组件】选项卡中，系统自动根据 BOM 中的基础数量，计算生产 1000 吨白砂糖的所需量，即系统中的计划数量。

（3）单击【添加】按钮，对单据进行保存。添加生产订单时注意“可用的”和“仓库中的数量”列，如果“仓库中的数量”不足，则无法生产。如图 5－11 所示。

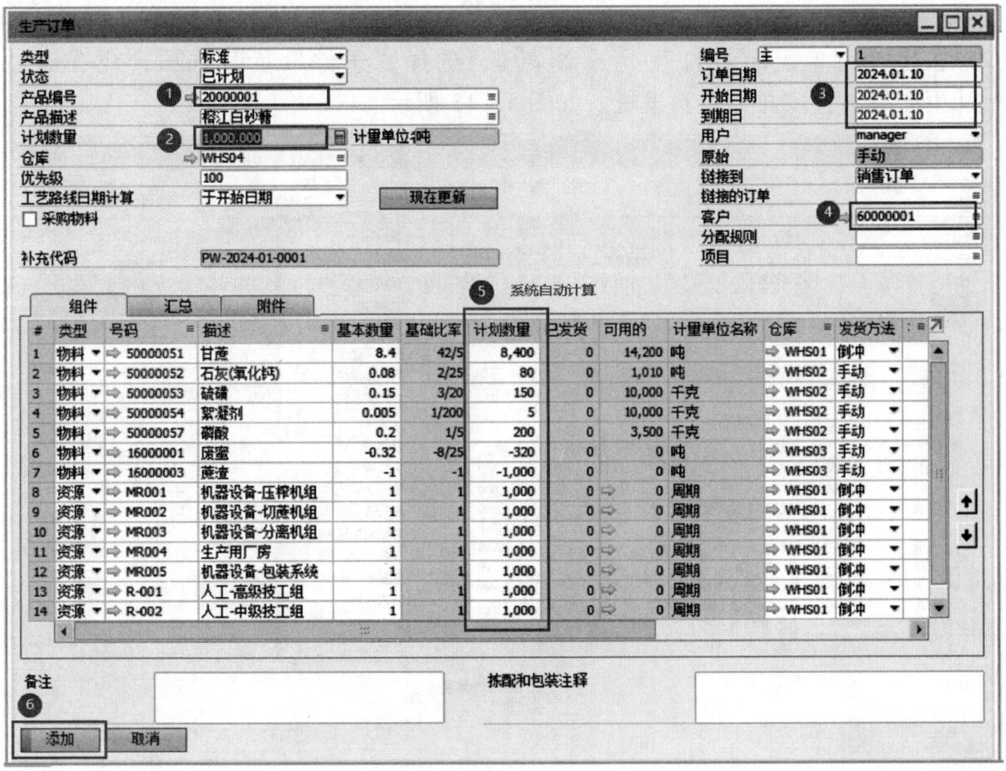


**图 5－11**

2. 创建生产发料

（1）将生产订单的状态从“已计划”更改为“已下达”，点击【更新】按钮，如图 5－12 所示。

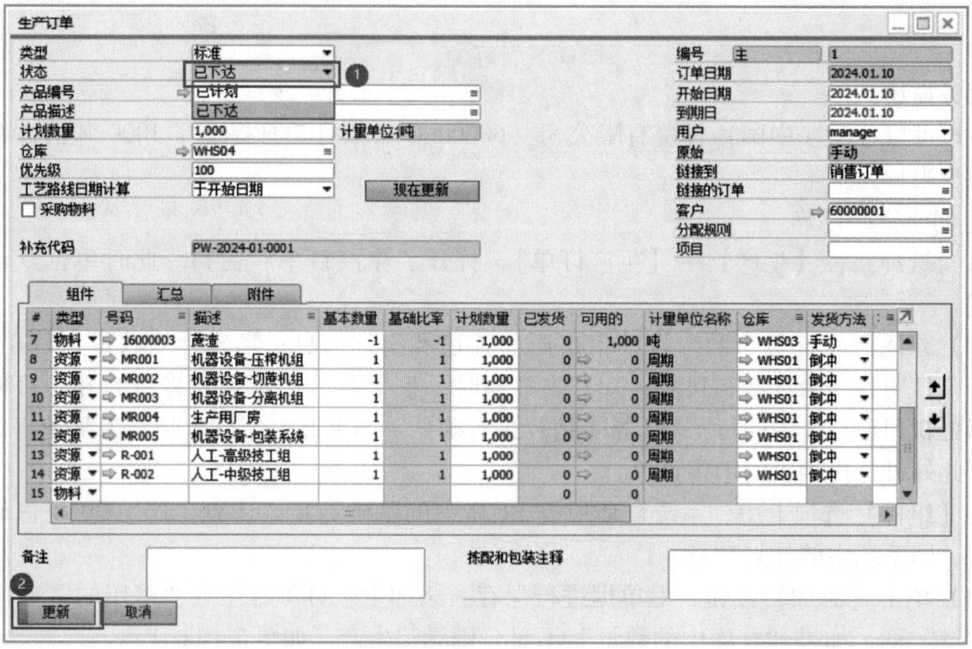

图 5－12

（2）在生产订单上右击打开上下文菜单，选择“子件发货”选项，或者通过【生产】—【生产发料】安排原材料发货。如图 5－13 所示。

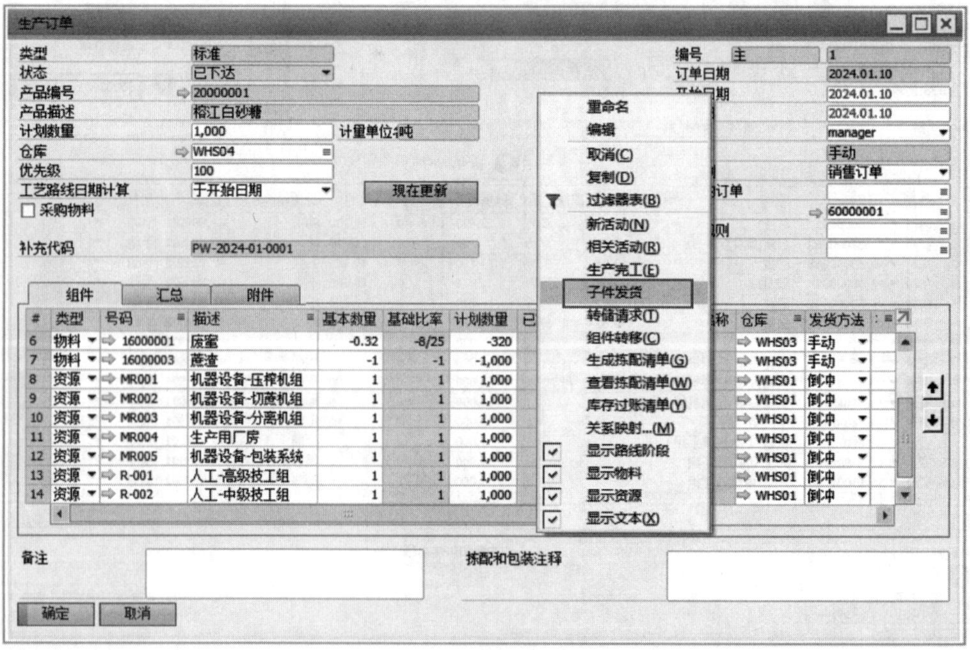

图 5－13

（3）在“问题组件—选择条件”中，类型默认“物料和资源”，点击【确定】按钮。如图 5－14 所示。

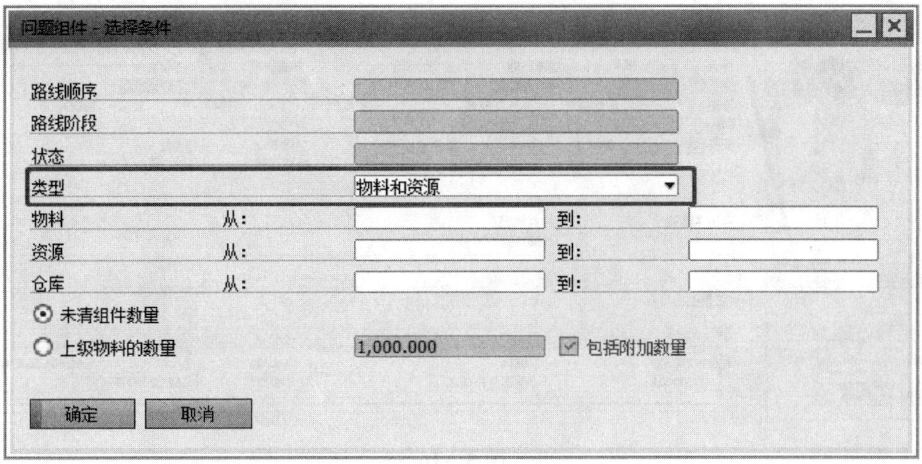


**图 5－14**

（4）打开“生产发料”窗口，确定组件领用的数量，默认生产订单的计划数量，调整过账日期，点击【添加】按钮。如图 5－15 所示。

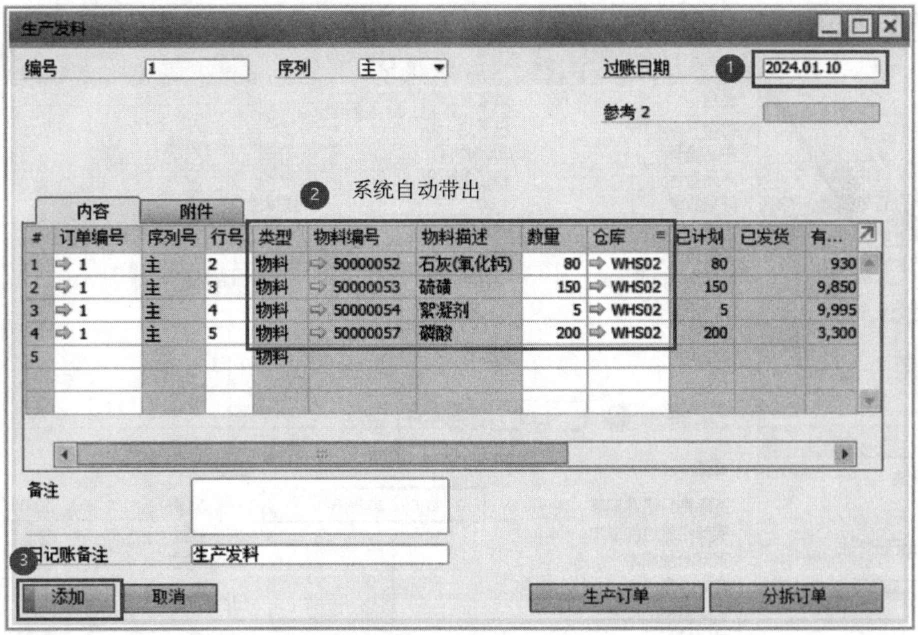


**图 5－15**

（5）系统提示“添加单据后无法进行更改，是否继续?”点击【是】按钮。

（6）生产发料单添加成功后，通过工具栏中的最后一条记录按钮➡▌，打开生产发料单，通过左下角的“日记账备注”后的黄色箭头打开日记账分录。如图 5－16 所示。

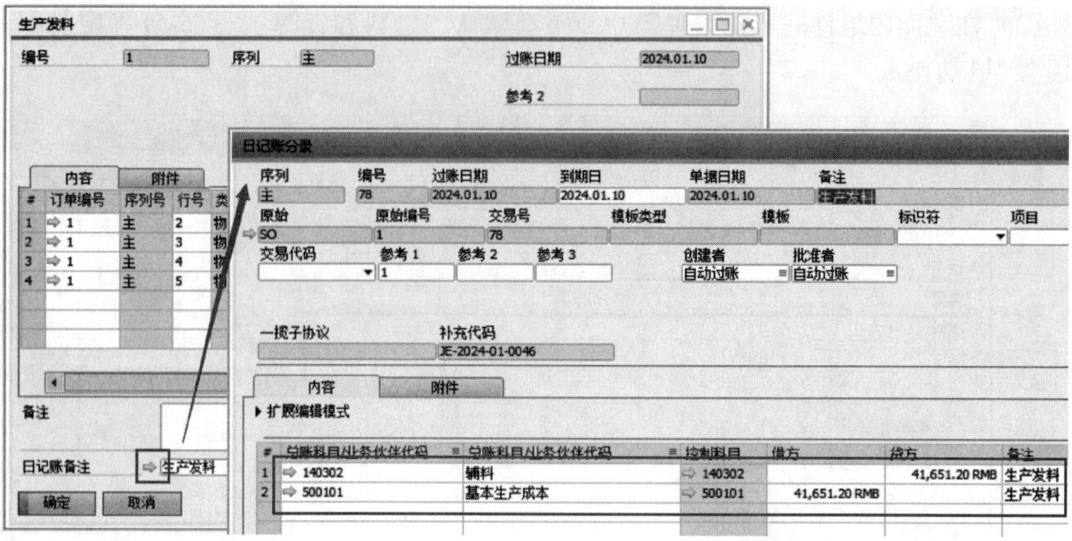


图 5 – 16

（7）生产发料的成本还体现在生产订单的【汇总】选项卡中。点击生产发料单中【内容】选项卡的订单编号列中的黄色箭头打开生产订单。如图 5 – 17 所示。

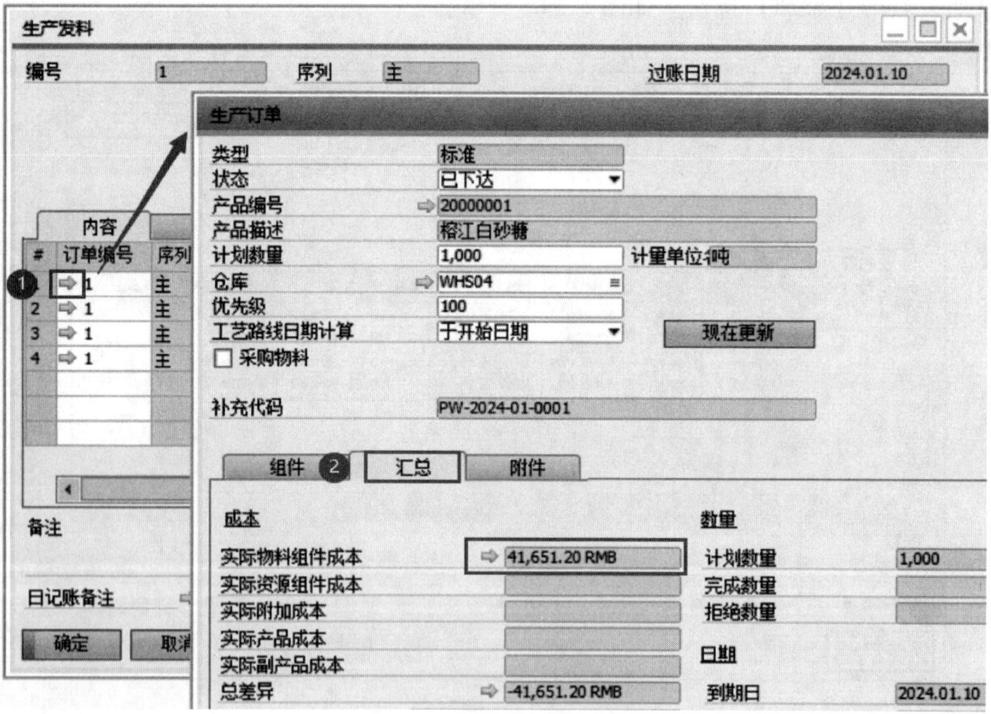


图 5 – 17

3. 创建生产收货

（1）在生产订单空白位置右击打开上下文菜单，选择“生产完工”，或者选择路径【生产】—【生产收货】，打开“生产收货”窗口。如图 5 – 18 所示。

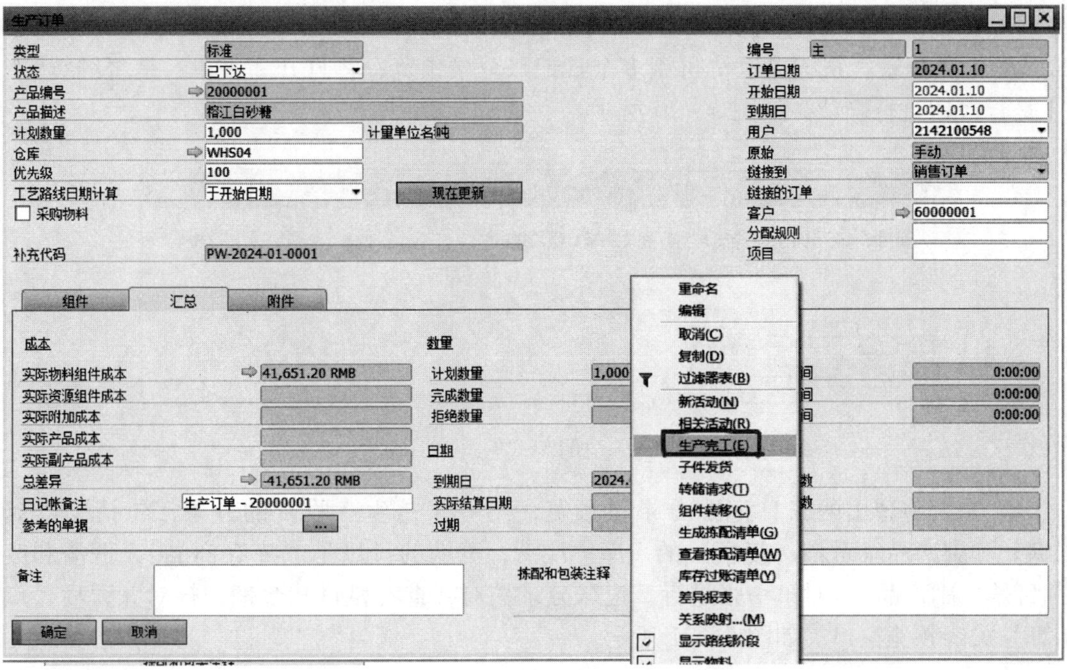


图 5－18

（2）确认完工数量，在物料清单和生产订单中以负数量输入组件物料，系统自动勾选副产品。注意：副产品单价需手动输入，否则入库成本为零。调整过过账日期。如图 5－19 所示。

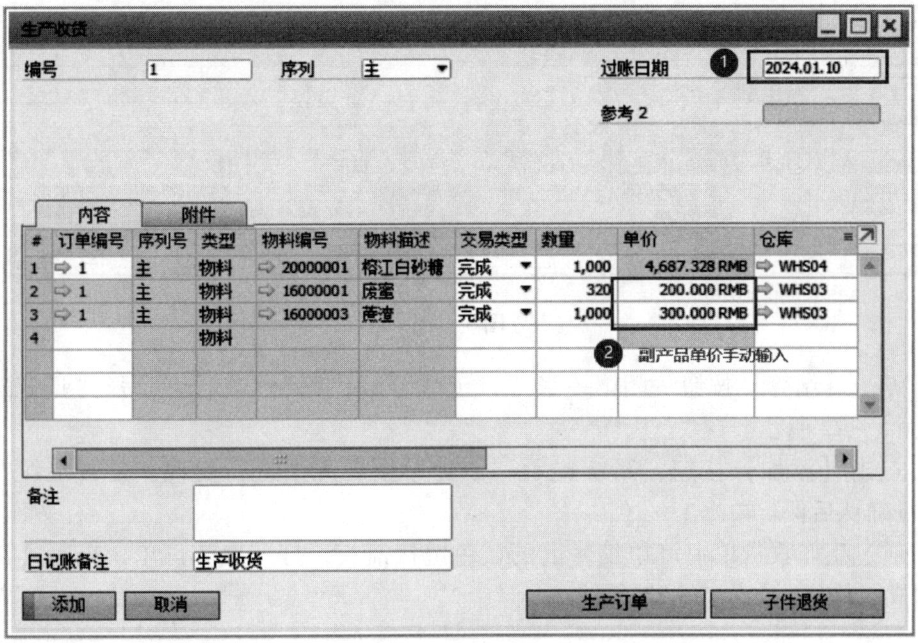


图 5－19

（3）在生产收货单点击【添加】之前，通过工具栏中的日记账分录预览，查看将要生成的日记账分录。系统提示“可用多个日记账分录预览；将打开 2 表单；是否继续？”点击【是】按钮进行确认。如图 5－20 所示。

图 5－20

（4）系统将弹出两张日记账分录供预览，第一张是生产收货的分录，包括了产成品（蔗糖）和副产品（蔗渣、废蜜）的入库。注意，蔗糖的科目是“库存商品”，蔗渣和废蜜的科目是“副产品”。对第一张进行日记账分录核对，查看科目和金额，核对无误后，点击【结算】关闭预览窗口。如图 5－21 所示。

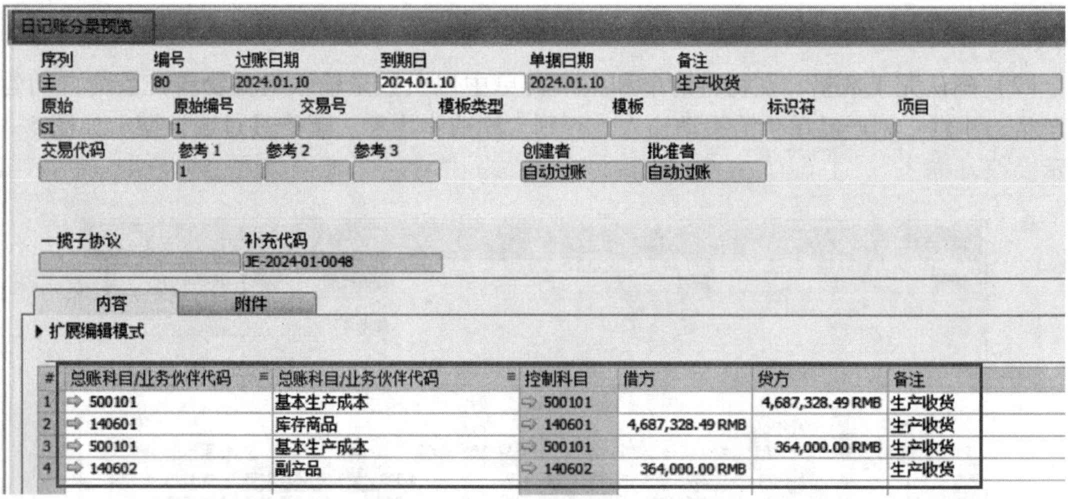


图 5－21

（5）点击【结算】按钮关闭第一张“日记账分录预览”，核对第二张“日记账分录预览”。如图 5－22 所示。

（6）点击【添加】按钮，系统提示“添加单据后无法进行更改。是否继续?”，点击【是】进行确认后保存单据。

（7）通过生产收货单中订单编号前的黄色链接箭头，打开生产订单，查看【汇总】选项卡中的成本构成。如图 5－23 所示。

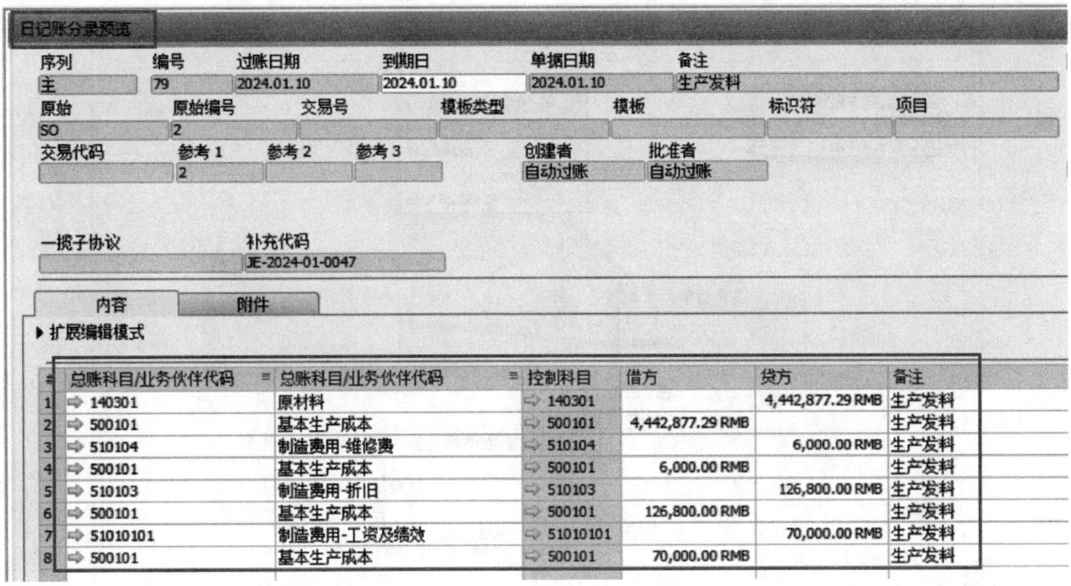


图 5－22

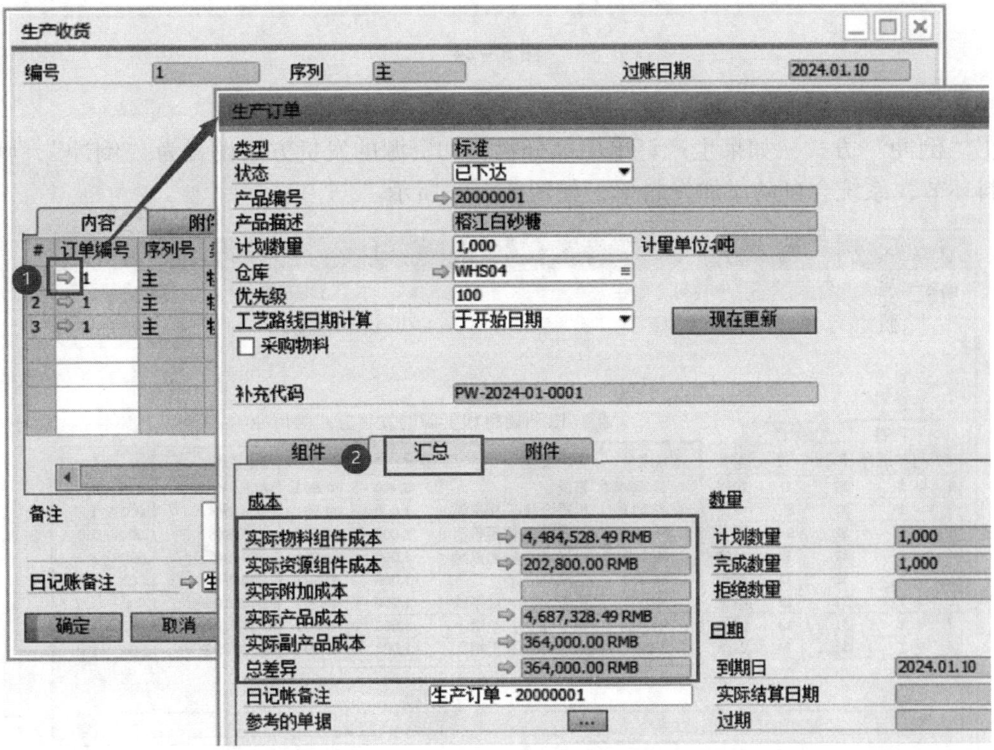


图 5－23

（8）在图 5－23 的生产订单界面中，右击清单选择关系映射，查看生产流程。如图 5－24 所示。

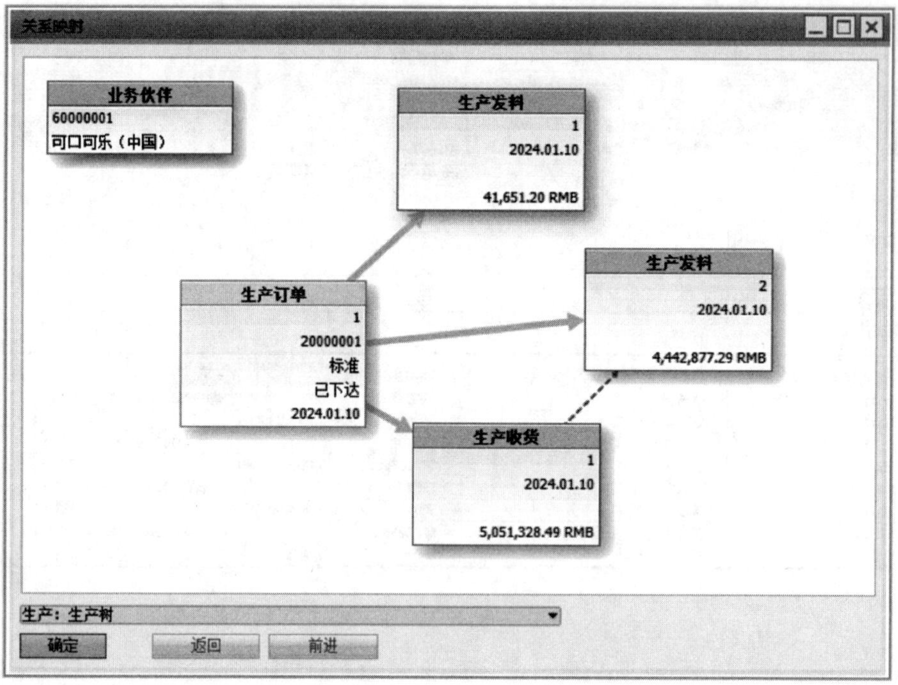


图 5－24

注意："倒冲"和"手动"发货的区别：

①"倒冲"方式：如果生产订单中部分物料和资源的发货方法设置为"倒冲"，则在生产发料环节，系统会自动添加发料单，如图 5－25 所示。

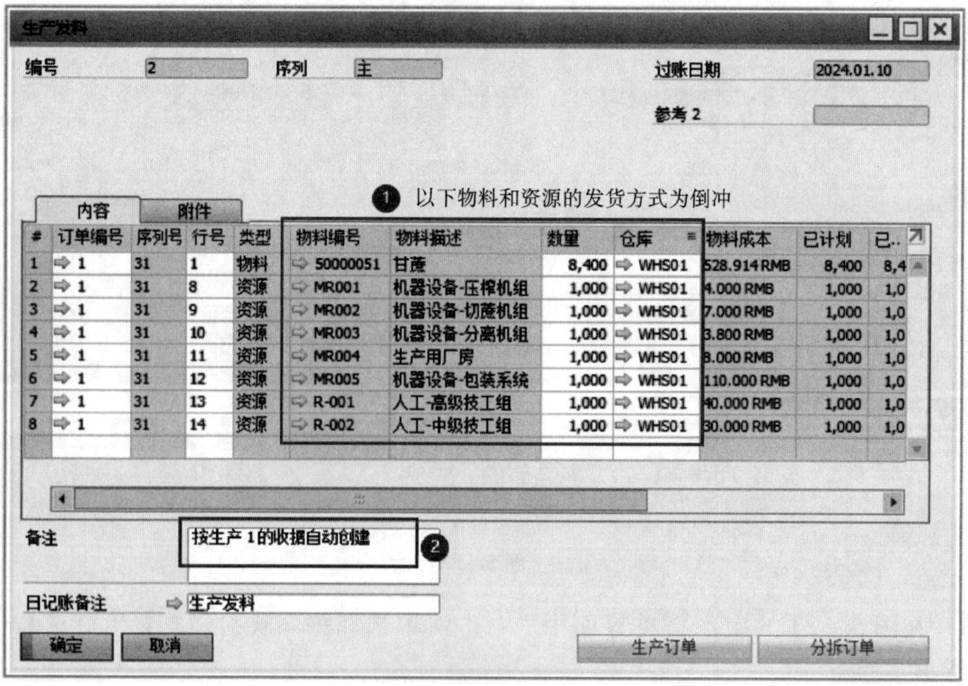


| # | 订单编号 | 序列号 | 行号 | 类型 | 物料编号 | 物料描述 | 数量 | 仓库 | 物料成本 | 已计划 | 已.. |
|---|---|---|---|---|---|---|---|---|---|---|---|
| 1 | 1 | 31 | 1 | 物料 | 50000051 | 甘蔗 | 8,400 | WHS01 | 528.914 RMB | 8,400 | 8,4 |
| 2 | 1 | 31 | 8 | 资源 | MR001 | 机器设备-压榨机组 | 1,000 | WHS01 | 4.000 RMB | 1,000 | 1,0 |
| 3 | 1 | 31 | 9 | 资源 | MR002 | 机器设备-切蔗机组 | 1,000 | WHS01 | 7.000 RMB | 1,000 | 1,0 |
| 4 | 1 | 31 | 10 | 资源 | MR003 | 机器设备-分离机组 | 1,000 | WHS01 | 3.800 RMB | 1,000 | 1,0 |
| 5 | 1 | 31 | 11 | 资源 | MR004 | 生产用厂房 | 1,000 | WHS01 | 8.000 RMB | 1,000 | 1,0 |
| 6 | 1 | 31 | 12 | 资源 | MR005 | 机器设备-包装系统 | 1,000 | WHS01 | 110.000 RMB | 1,000 | 1,0 |
| 7 | 1 | 31 | 13 | 资源 | R-001 | 人工-高级技工组 | 1,000 | WHS01 | 40.000 RMB | 1,000 | 1,0 |
| 8 | 1 | 31 | 14 | 资源 | R-002 | 人工-中级技工组 | 1,000 | WHS01 | 30.000 RMB | 1,000 | 1,0 |

图 5－25

②“手动”方式：如果生产订单中某些物料和资源的发货方法设置为“手动”，则需要在生产订单页面上调出“子件发货”，进入“生产发料”窗口进行数据的确认。当产品生产周期较长或用户管理中需要实时看到精确的库存水平，通常使用手动方法。

4. 结算关闭生产订单

（1）将生产订单状态从“已下达”更改为“已结算”，录入实际结算日期。如图5－26所示。

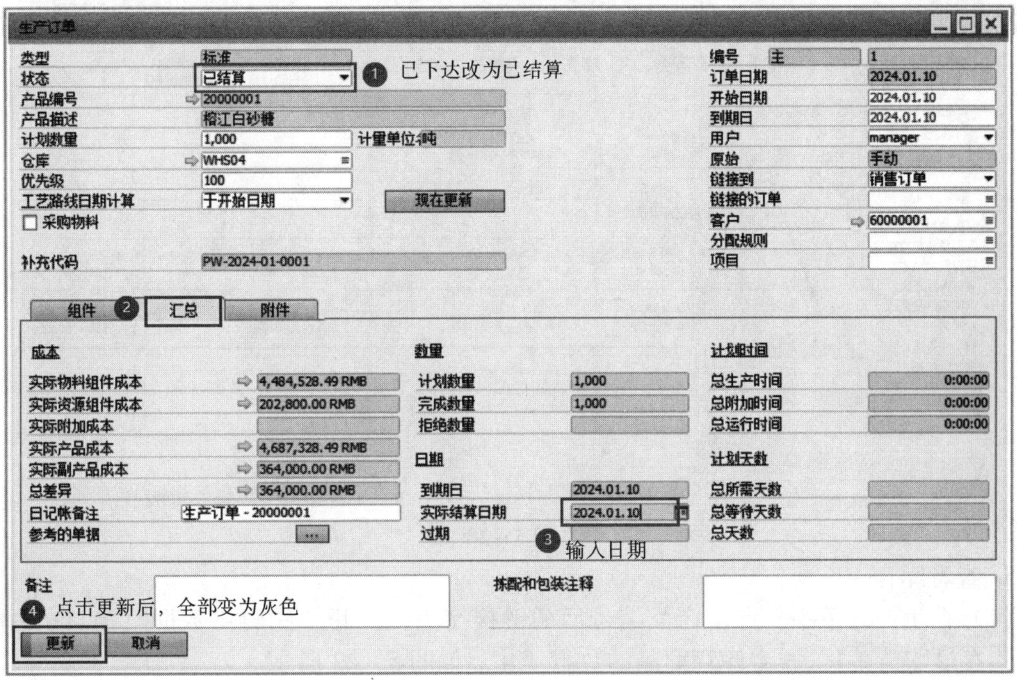


图5－26

（2）进行日记账分录核对，查看科目和金额，核对无误后，点击【结算】关闭预览窗口。如图5－27所示。

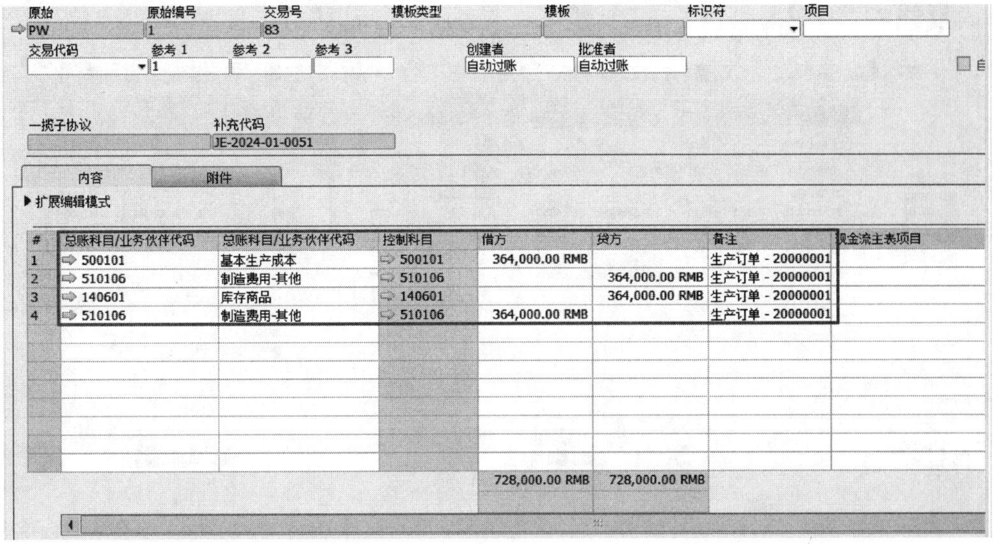


图5－27

（3）点击【更新】按钮保存。点击“日记账备注”旁的黄色箭头，查看系统针对总差异生成的调整分录，如图 5－28 所示。

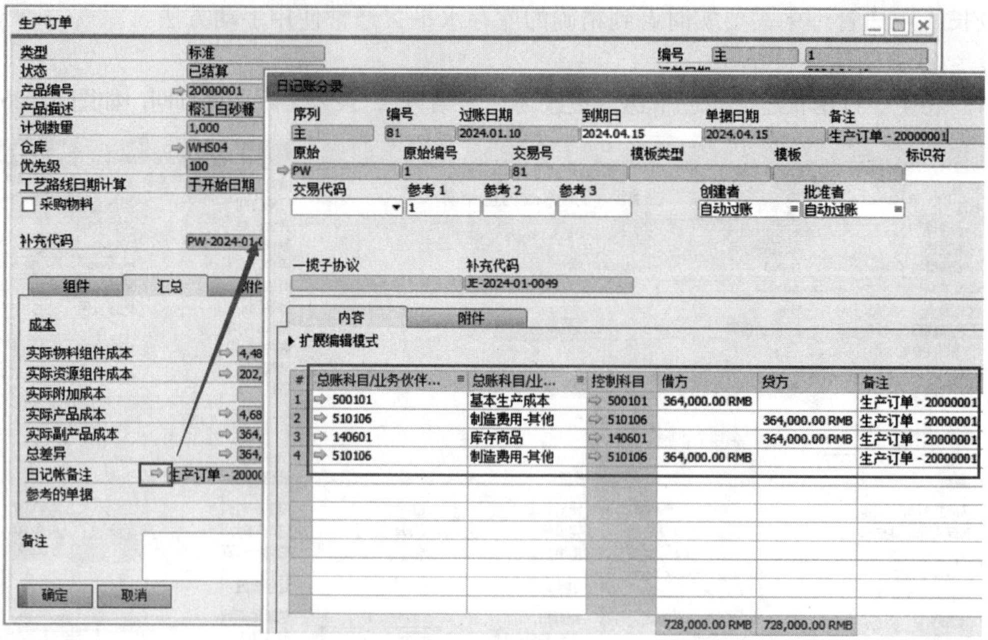

图 5－28

5. 查看库存

（1）在生产订单中，点击产品编号后的链接箭头，打开“物料主数据”窗口。右击打开“库存过账清单”，查看库存商品的数量变化。如图 5－29 所示。

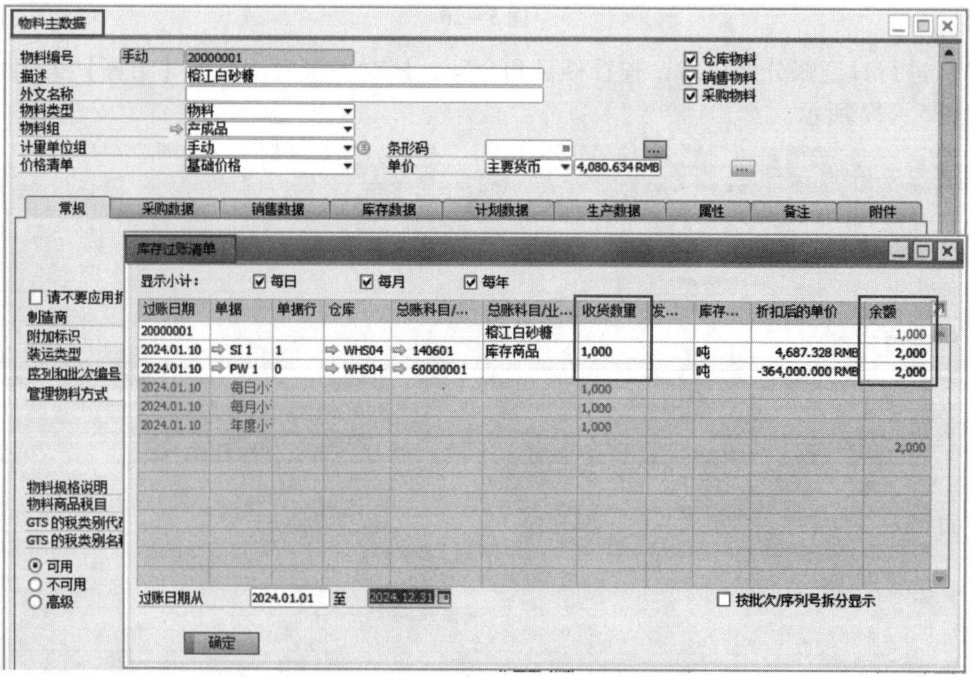

图 5－29

（2）在物料主数据空白位置右击打开上下文菜单，选择“库存审计报表”打开，查看物料出入库加权平均后的成本变化，点击▶⇨黑色三角形，可展开查看物料成本计算的明细数据。如图5－30所示。

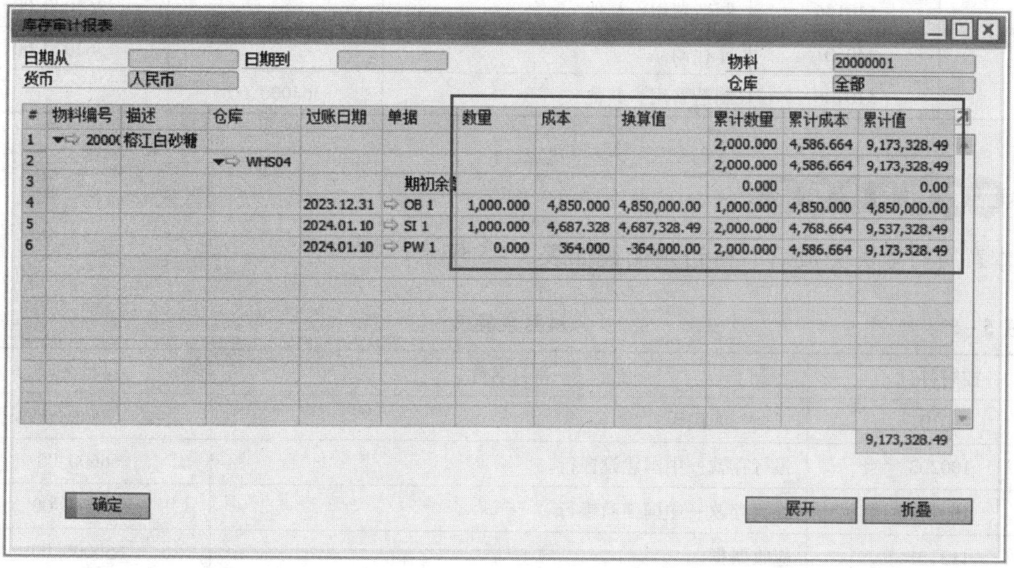


图5－30

## 本章交易日记账明细

本章生成的所有日记账分录，如表5－4所示。

表5－4 交易日记账明细

| 交易编号 | 控制科目 | 控制科目名称 | 借方 | 贷方 |
|---|---|---|---|---|
| 78 | 140302 | 辅料 | | 41651.20 |
| | 500101 | 基本生产成本 | 41651.20 | |
| 79 | 140301 | 原材料 | | 4442877.29 |
| | 500101 | 基本生产成本 | 4442877.29 | |
| | 510104 | 制造费用—维修费 | | 6000.00 |
| | 500101 | 基本生产成本 | 6000.00 | |
| | 510103 | 制造费用—折旧 | | 126800.00 |
| | 500101 | 基本生产成本 | 126800.00 | |
| | 51010101 | 制造费用—工资及绩效 | | 70000.00 |
| | 500101 | 基本生产成本 | 70000.00 | |
| 80 | 500101 | 基本生产成本 | | 4687328.49 |
| | 140601 | 库存商品 | 4687328.49 | |
| | 500101 | 基本生产成本 | | 364000.00 |
| | 140602 | 副产品 | 364000.00 | |

续表

| 交易编号 | 控制科目 | 控制科目名称 | 借方 | 贷方 |
|---|---|---|---|---|
| 81 | 500101 | 基本生产成本 | 364000.00 | |
| | 510106 | 制造费用—其他 | | 364000.00 |
| | 140601 | 库存商品 | | 364000.00 |
| | 510106 | 制造费用—其他 | 364000.00 | |

## 本章科目余额表

本章所有业务完成后，科目余额表如表 5 –5 所示。

**表 5 –5　　科目余额表**

| 控制科目 | 科目名称 | 科目余额 |
|---|---|---|
| 100101 | 现金—人民币 | 9000.00 |
| 100203 | 银行存款—中国建设银行 | 66600.00 |
| 100204 | 银行存款—中国工商银行 | 450540.00 |
| 112101 | 应收票据 | 650000.00 |
| 112201 | 应收账款—国内 | 569500.00 |
| 112301 | 预付账款—国内 | 24124.00 |
| 140301 | 原材料 | 3057122.71 |
| 140302 | 辅料 | 614548.80 |
| 140601 | 库存商品 | 9828948.49 |
| 140602 | 副产品 | 364000.00 |
| 141201 | 包装物及低值易耗品 | 87000.00 |
| 160101 | 固定资产—房屋和建筑物 | 13800000.00 |
| 160102 | 固定资产—机器设备 | 16205000.00 |
| 160103 | 固定资产—运输设备 | 600000.00 |
| 160104 | 固定资产—办公设备 | 56700.00 |
| 160201 | 累计折旧—房屋和建筑物 | –1602333.00 |
| 160202 | 累计折旧—机器设备 | –5453160.00 |
| 160203 | 累计折旧—运输设备 | –180375.00 |
| 160204 | 累计折旧—办公设备 | –41580.00 |
| 170101 | 无形资产—土地使用权 | 3000000.00 |
| 170201 | 累计摊销—土地使用权 | –210000.00 |
| 200101 | 短期借款 | –1200000.00 |
| 220101 | 应付票据 | –980000.00 |
| 220201 | 应付账款—国内 | –7059870.00 |

续表

| 控制科目 | 科目名称 | 科目余额 |
| --- | --- | --- |
| 220501 | 预收账款—国内 | -50000.00 |
| 221101 | 应付职工薪酬—工资及绩效 | -205500.00 |
| 221102 | 应付职工薪酬—社会保险 | -65965.50 |
| 221103 | 应付职工薪酬—住房公积金 | -20550.00 |
| 22210101 | 应交税费—应交增值税—进项税额 | 803446.00 |
| 22210103 | 应交税费—应交增值税—转出未交增值税 | -352500.00 |
| 22210105 | 应交税费—应交增值税—销项税额 | -19500.00 |
| 250101 | 长期借款—本金 | -2000000.00 |
| 400101 | 股本 | -10000000.00 |
| 400201 | 资本公积—资本溢价 | -20000000.00 |
| 410101 | 盈余公积—法定盈余公积 | -250000.00 |
| 410102 | 盈余公积—任意盈余公积 | -20000.00 |
| 410415 | 利润分配—未分配利润 | -696367.85 |
| 51010101 | 制造费用—工资及绩效 | -70000.00 |
| 510103 | 制造费用—折旧 | 1134.68 |
| 510104 | 制造费用—维修费 | -6000.00 |
| 660102 | 销售费用—折旧费 | 2250.00 |
| 660103 | 销售费用—广告费 | 200000.00 |
| 660202 | 管理费用—折旧费 | 38153.67 |
| 660213 | 管理费用—无形资产摊销 | 10000.00 |
| 671102 | 营业外支出—处置固定资产净损失 | 45633.00 |

# 第六章

# 销售与应收账款

## 学习目标

通过本章学习，掌握如何在 SAP ERP 系统中完成销售与应收款业务。

## 实验内容

1. 客户信息的维护。
2. 物料销售业务实验。

## 章前学习

1. 销售业务的六个环节

SAP 系统中的销售—应收账款模块，涵盖了从为客户和相关方创建报价单开始，到开票、创建凭证草稿和打印为止的整个销售过程。SAP 系统中提供了大量的销售单据，每个销售单据都涉及销售流程的不同阶段。更重要的是，它与客户主数据完全集成，确保相关的 CRM 信息都在掌握之中。

公司为了实现利润最大化，需要积极开展销售业务。在处理销售业务时，大体都会经历以下几个阶段：

（1）售前准备阶段；

（2）下达销售订单；

（3）进行物料可用性检查；

（4）根据销售订单准备拟销售产品，进行销售产品的拣配出库；

（5）给客户开出发票；

（6）向客户收取货款。

在上述六个环节中，前三个环节不会产生会计分录，后三个环节当业务单据添加后，系统会自动产生会计分录。

在会计信息系统中，销售与应收两项业务模块通常要搭配使用，才能完成一个完整的销售业务流程，有的会计信息系统是将这两项业务模块合二为一，如本书中使用的 SAP 系统，使用“销售—应收账款”模块涵盖整个销售流程，并且通过该模块管理供应链中的销售凭证及其相应数据的流程。

销售流程和采购流程在 SAP 系统中非常类似，从销售报价到销售订单、交货单以及创建应收发票和收款的过程都与采购流程接近，也可以执行退货，形成应收贷项凭证。所有这些单据互相关联，形成一个完整的单据链，通过使用 SAP 系统中的“关系映射图”，就可以查看完整的业务流程。销售—应收账款模块也与 SAP 系统中的许多其他模块关联，常见的如业务伙伴主数据模块和物料主数据模块等。

2. 销售业务的主要单据

销售流程适用于大多数企业的日常销售业务，提供对销售报价、销售订单（也称为销售合同）、销售交货、销售开票（开票同时确认应收账款，并结转主营业务成本）、销售收款清算全流程的管理。每个企业的销售流程有所不同，用户可以根据自身的业务应用情况，进行灵活配置以适应不同公司销售流程的变化。以下为采购业务涉及的主要业务单据。

（1）销售一揽子协议。销售一揽子协议是和客户之间的虚拟交易，它用于记录在一段时间内达成一致意见的协议。它与采购模块中的采购一揽子协议一样，可以记录将向客户销售的产品以及数量、价格和期限等详细信息。销售一览子协议可与其他销售单据协同，以追踪协议履行情况。这些信息随后可以用于根据以前协议的完成情况与客户协商未来的合同。

（2）销售报价单。销售报价单是面向客户的文件，可以使用它来向客户提供可用的物料或服务的价格、结算方式等信息。双方达成协议后，销售报价单可以转为有效力的销售订单。销售报价单不影响库存，也不影响总账科目余额。一旦添加到 SAP 系统中，在没有审核的情况下，可以修改销售报价信息。在销售流程中，销售报价环节可省略。

（3）销售订单。销售订单用于实现客户购买指定产品的承诺，实际业务中相当于销售合同。该订单中包含承诺的产品价格、数量和交货日期等信息。在此单据之前，可能的销售需求由销售一揽子协议或者销售报价单产生，但需求变为真实行为由销售订单进行管理。如果已经签署了一揽子协议或销售报价单，可以通过简单地使用“复制从”、“复制到”功能轻松地基于销售一揽子协议或者销售报价单创建销售订单。如果客户经常采购某产品，或客户是我们的大客户或代理商，则销售部无须经过销售报价环节，直接录入销售订单。

销售订单添加后，将对库存中该物料的已承诺数量作出更新，但并不意味着现在库存中有此物料的数量。此外，如果没有足够的库存满足当前销售订单上交货日期承诺内的产品时，系统则会提示可用性检查。

（4）交货单。交货单用于准备好要根据销售订单交付产品或服务时使用。添加交货单据后，系统将减少原销售订单“内容”选项卡中任何库存物料的数量信息。同时，主营业务成本通常在此单据中记录，但与交易相关的收入则由应收发票产生。

对于存在实体产品交付的公司，所需的提货单与交货单据非常类似。可以从交货单包含的信息中生成提货单、货运单或装箱单。还可以对销售订单进行部分交货或者销售订单整单交货，通过多个交货单合并开具一张发票或一个交货单开具一张或多张发票。

（5）退货单。退货单用于客户可能由于各种原因将产品退货或者在输入单据发现错误时，需要扭转交货单据完成的库存转移。请注意，如果已经为已交付的产品创建了应收发票，则无法使用退货单据，在这种情况下，需要使用应收贷项凭证，因为应收发票所产生的收入必须冲回。

如果是从交货单中创建的退货单，则交货单添加后，系统会将所交付的金额减去所返回的金额。通过右击任何营销单据，选择“关系映射”，跟踪所有的相关信息。

（6）预收款申请。在实际交付产品或服务之前，需要对订单进行全额或部分收款时，则需要使用预收款申请。预收款申请并不产生财务日记账分录。预收款申请支付后，在应收发票时会冲减应收款项。

(7) 预收款发票。在实际交付产品或服务之前，需要对订单进行全额或部分收款时，如果客户要求开具发票并要求见票付款，则需要使用预收款发票。预收款发票会产生财务日记账分录，但不影响库存价值或永续盘存。预收款发票支付后，在应收发票时会冲减应收款项。

(8) 应收发票。应收发票是销售流程中唯一不可缺少的销售单据。即使销售流程中不包含销售报价单、销售订单或交货单，销售也需要应收发票来确认销售收入。例如，如果在销售流程中没有使用交货凭证，则应收发票不仅可以确认收入，还可以减少库存并计入货物销售成本。

(9) 应收发票 + 付款。“应收发票 + 付款”是一种特殊的应收发票形式，有助于自动创建快速交易的单据，同时生成发票和收款。

“应收发票 + 付款”通常在柜台销售时使用，例如，客户购买商品时同时支付货款，但不需要记录客户的名称，仅作为一次零售业务。

(10) 应收贷项凭证。在创建应收发票后，如果有产品或服务的退回，通常会使用应收贷项凭证而不是退货单。应收贷项凭证可以将应收发票作为基础凭证，也可以不基于应收发票创建。

注意：如果在创建应收贷项凭证时，没有与之相关联的基础单据，如交货单或应收发票，可以指定退货到库存中的物料成本。如果退货或应收贷项凭证有基础凭证，则基础凭证的成本将应用于物料库存值，前提是在单据设置【每个单据】选项卡中，应收贷项凭证的“当单据不是基本单据时，允许设置物料成本”选项已勾选。

(11) 应收预留发票。应收预留发票是应收发票的特殊形式，允许在产品或服务交付之前进行确认收入和付款。

(12) 销售退货请求。销售退货请求是当客户因为质量、产品种类、数量等原因不符合规定要求要退回货物时，业务人员发起的退货申请。在 SAP 系统中，销售退货请求可以从销售交货单“复制到”功能中生成，也可以打开销售退货请求在“复制从”中选择交货单和应收发票，销售退货请求还可以在“复制到”中选择退货或应收贷项凭证，将信息复制出去。销售退货请求一旦添加，物料主数据中的“库存数据”选项卡中的已订购量会增加。

3. 销售的账务处理

在 SAP 系统的标准销售流程中，创建交货单时系统确认商品出库，同时确认主营业务成本，会计分录为：

借：主营业务成本

　　贷：库存商品

在创建应收发票时系统确认应收账款，同时确认主营业务收入，会计分录为：

借：应收账款—** 公司

　　贷：应交税费—应交增值税（销项税额）

　　　　主营业务收入

也就是说，标准销售流程中系统先确认主营业务成本，再确认主营业务收入。

在企业实际中，财务部门往往希望能到确认收入的时候再同时确认主营业务成本。因此，SAP 系统还提供了一个“发出商品”的销售流程。要达到此核算要求，就需要增加一个“发出商品”的中间科目。在交货时确认为发出商品而不是主营业务成本，会计分录为：

借：发出商品

　　贷：库存商品

在创建应收发票时系统确认应收账款，并同时确认主营业务收入和主营业务成本，会计分录为：

借：应收账款—** 公司

　　主营业务成本

　　贷：发出商品

　　　　应交税费—应交增值税（销项税额）

　　　　主营业务收入

# 实验　销售流程

## 业务场景一　客户信息维护

**业务描述：**

1 月 15 日，榕江制糖有限公司的销售经理接到广西鑫祥进出口贸易有限公司的电话，要求提供以下规格产品的销售报价单。

| 物料编号 | 物料描述 | 数量 |
|---|---|---|
| 20000003 | 榕江白砂糖 50kg | 1000 袋 |

1. 查询客户信息

在向客户销售产品之前，需要对客户信息进行查询，以确保相关信息的正确性。

（1）进入 SAP 系统，选择路径【业务伙伴】—【业务伙伴主数据】，打开“业务伙伴主数据”界面，在名称字段中输入：“＊鑫祥＊”，或点击【查找】按钮，如图 6－1 所示。

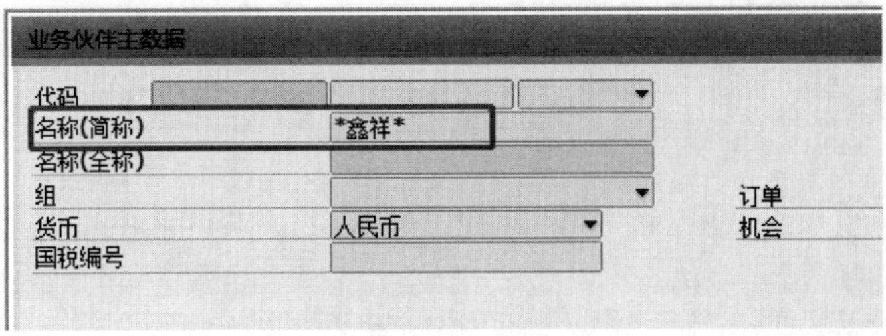


**图 6－1**

（2）如果在左下角状态栏提示“未找到匹配记录‘业务伙伴’（OCRD）（ODBC－2028）［消息 131－183］”信息，则说明当前系统中不存在此客户信息，需要添加。如图6－2 所示。

**图 6－2**

2. 添加客户信息

（1）在“业务伙伴主数据”界面，单击工具栏中的添加图标或者 Ctrl + A 组合键，切换到【添加】模式，在“业务伙伴主数据”窗口中输入业务伙伴代码：60000022，名称中输入简称：广西鑫祥，外文名称中输入全称：广西鑫祥进出口贸易有限公司。客户类型选择：潜在客户，客户组选择：代理商。系统弹出消息“是否要根据选定业务伙伴组替换价格清单、有效折扣组和有效价格？字段：组”点击【是】进行确认。可根据了解的客户情况选择【常规】选项卡对基本信息进行录入。如图 6－3 所示。

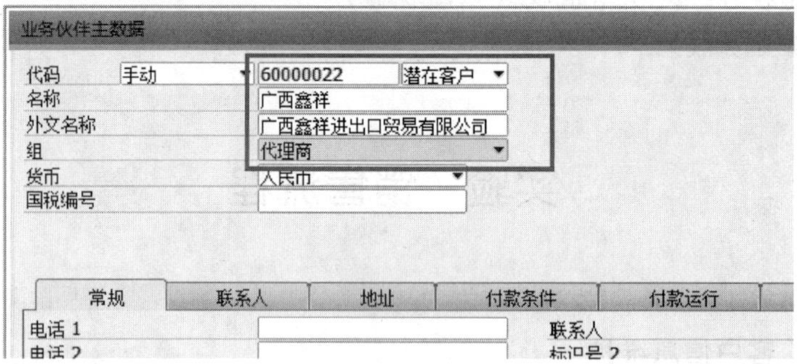


**图 6－3**

（2）在【联系人】选项卡中，使用“新建定义”按钮输入选择的客户联系人信息，如：联系人标识、头衔、电话等信息。如果联系人为多个时，可以通过点击【设置为默认值】定义默认主要联系人。如图 6－4 所示。

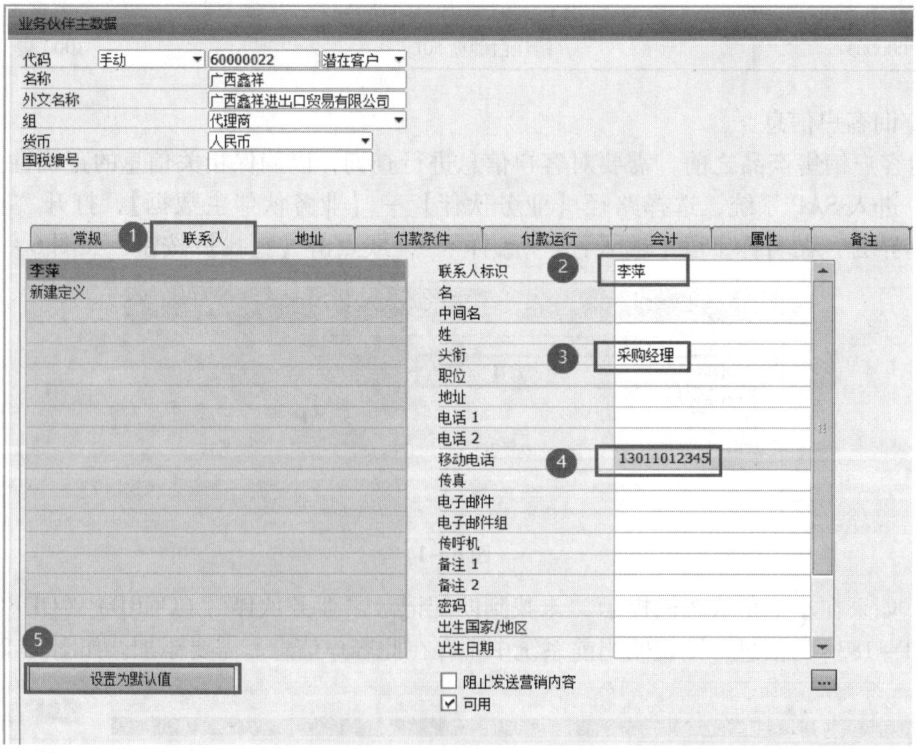


**图 6－4**

（3）在【地址】选项卡中，输入收票地址和收货地址。为收票地址选择“新建定义”，输入相应的信息。在输入收票地址数据后，可以使用【复制地址到“收货方”】图标 >> ，将收票地址复制为收货地址。如图 6－5 所示。

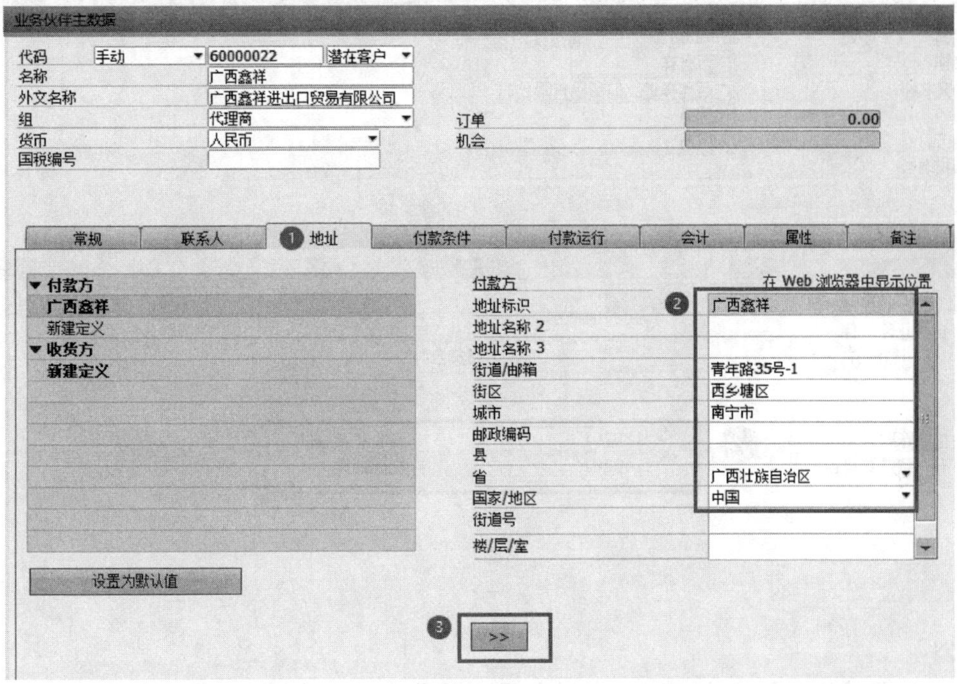


图 6－5

（4）在【付款条件】选项卡中确定销售单据的定价方式，默认为基础价格。如图 6－6 所示。

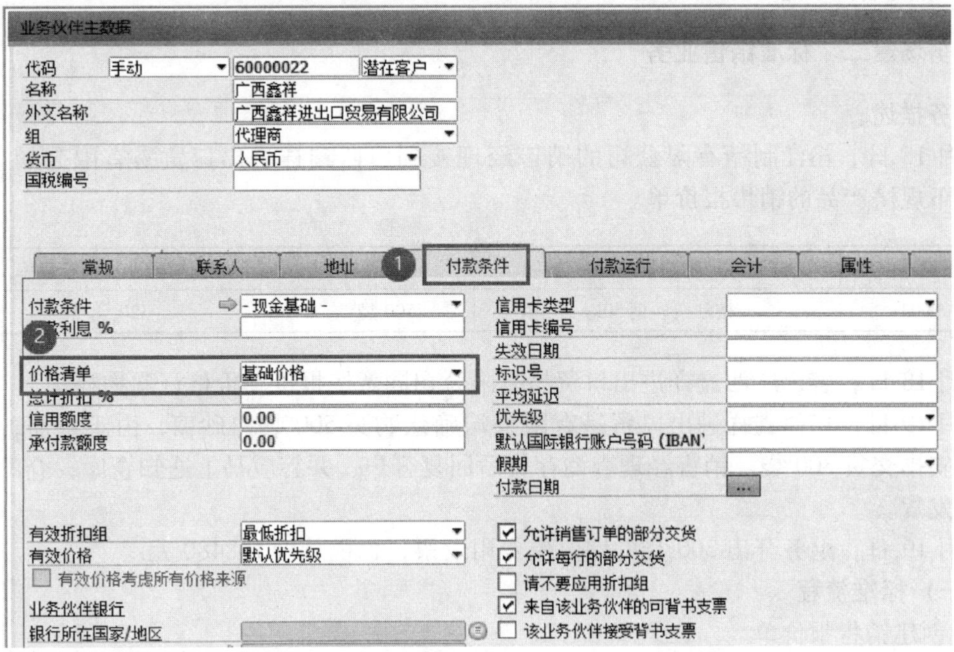


图 6－6

（5）在【会计】选项卡中，确认应收账款科目为 112201（应收账款—国内），保证后续业务发生时，产生正确的财务凭证。如图 6－7 所示。

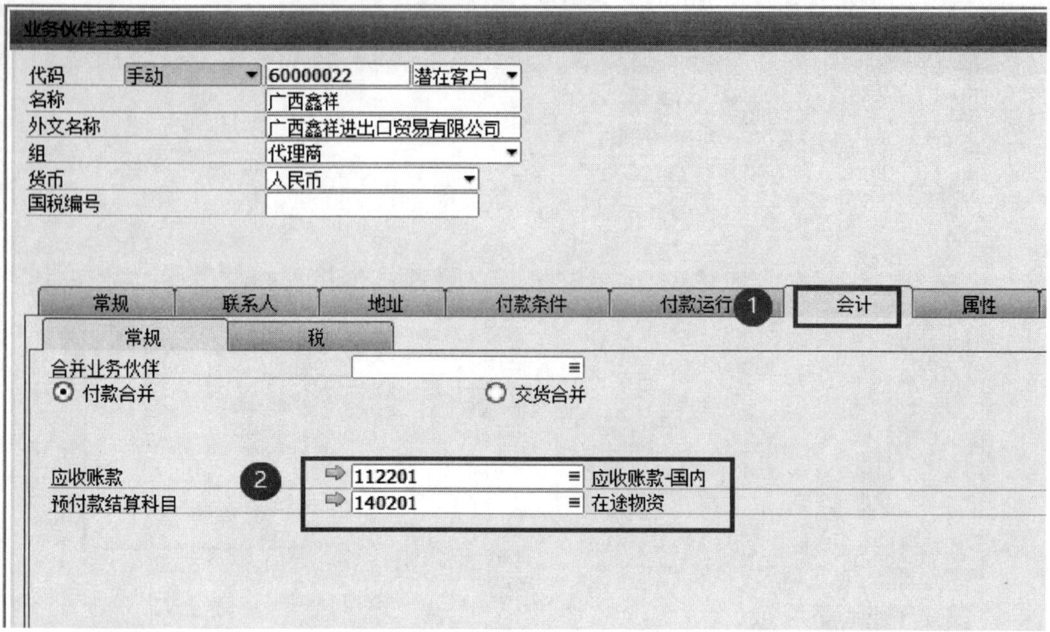


**图 6－7**

（6）单击【添加】保存，在状态栏中系统提示"已成功创建 60000022"。

注意：对于类型为潜在客户的业务伙伴，只能创建销售报价单和销售订单。要创建其他单据，业务伙伴类型必须更改为客户。

### 业务场景二　标准销售业务

**业务描述：**

1 月 15 日，榕江制糖有限公司的销售经理接到广西鑫祥进出口贸易有限公司的电话，要求以下规格产品的销售报价单。

| 物料编号 | 物料描述 | 数量 | 不含税单价（增值税税率 13%） |
|---|---|---|---|
| 20000003 | 榕江白砂糖 50kg | 500 袋 | 320 元/袋 |

1 月 18 日，客户广西鑫祥进出口贸易有限公司同意按报价单价格订购物料。

1 月 19 日，广西鑫祥进出口贸易有限公司确认购买 500 袋白砂糖，由于急需，客户要求提前安排交货 300 袋。销售经理查询存货后回复客户，并答应马上通知仓库，仓库当日立即安排发货。

1 月 19 日，财务开出 300 袋的增值税专用发票，含税总价 108480 元。

**（一）标准流程**

1. 创建销售报价单

注意：对于类型为潜在客户的业务伙伴，只能创建销售报价单和销售订单。要创建其他单据，业务伙伴类型必须更改为客户。

（1）选择路径【销售—应收账款（S）】—【销售报价单】，打开“销售报价单”窗口，录入客户。调整过账日期、有效期至和单据日期。

（2）在【内容】选项卡中，选择要销售的物料编号，系统自动带出描述、默认仓库等信息，输入数量，录入单价，点击计量单位代码下的清单选择按钮，将计量单位从“千克”改为“袋”。按图 6－8 所示核对无误后，点击【添加并查看】。

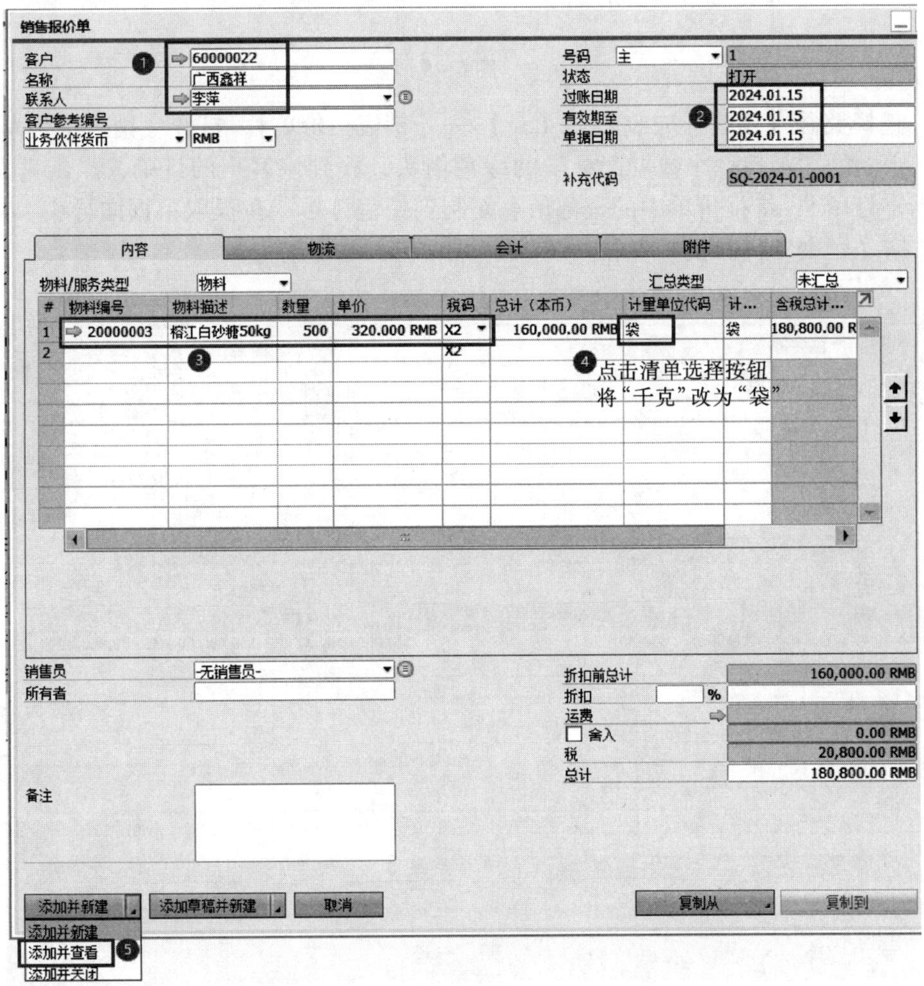


**图 6－8**

2. 创建销售订单

潜在客户可以创建销售报价单，一旦进入销售订单环节，就需要将客户从潜在客户变成正式客户，此时需要先进行客户类型的修改，否则无法录入订单。

选择路径【业务伙伴】—【业务伙伴主数据】，打开“业务伙伴主数据”窗口，默认是查找模式，直接在名称（简称）字段中输入客户名称的关键字：＊鑫祥＊，点击【查找】按钮。将业务伙伴类型字段从潜在客户更改为客户，点击【更新】，该客户便从潜在客户变成了正式客户，如图 6－9 所示。有些公司潜在客户的编码和正式客户编码不同，此时也可以按正式客户的编码规则修改代码。

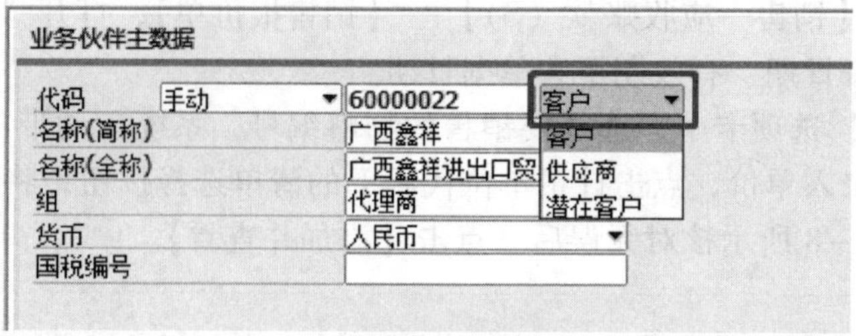


图 6－9

（1）选择路径【销售—应收账款（S）】—【销售报价单】，打开“销售报价单”界面，点击工具栏中的“最后一个数据记录”的绿色箭头，找到该客户的订单，点击【复制到】，选择“销售订单”，将报价单中的全部信息复制到销售订单。在提取单据向导中，选择“提取所有数据（运费和代扣税）”并单击完成。如图 6－10 所示。

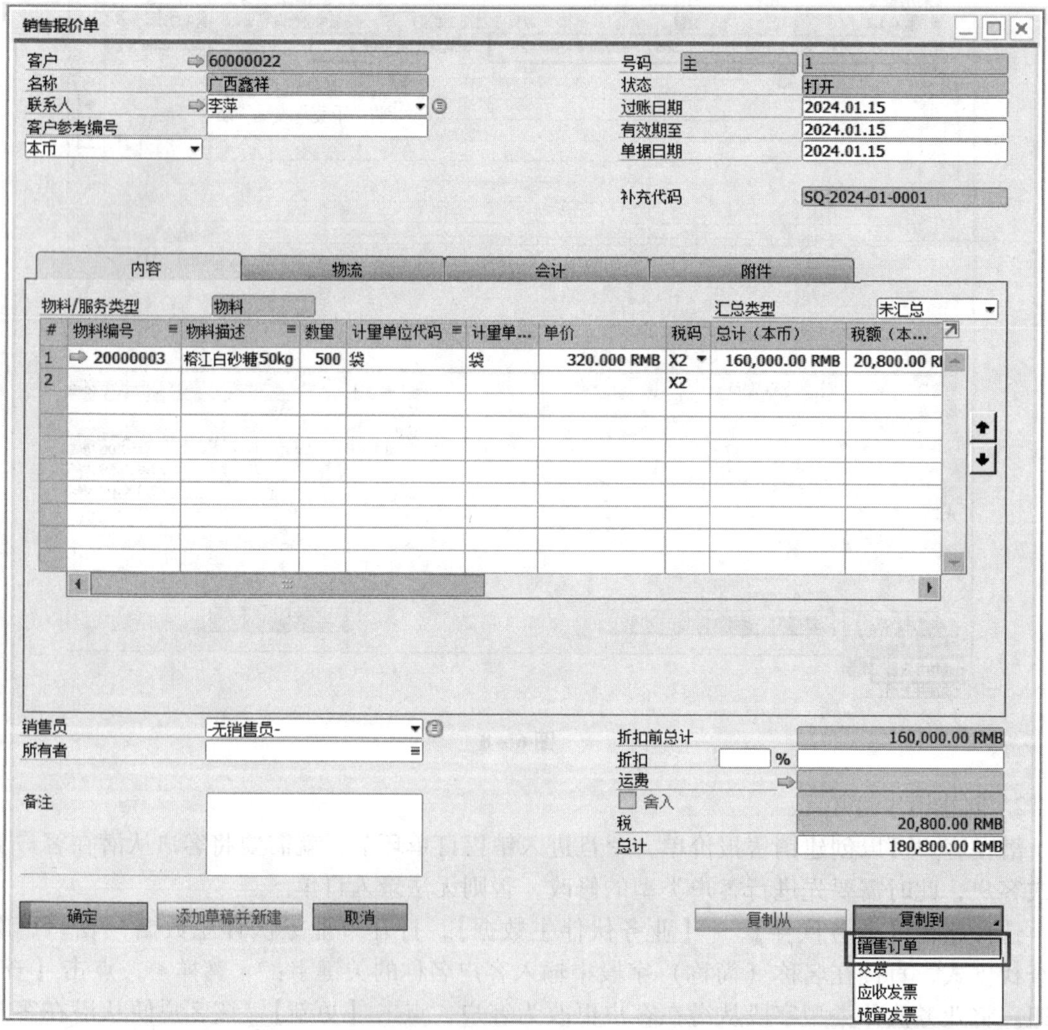


图 6－10

（2）在“销售订单”界面中，调整过账日期、交货日期、单据日期，系统跳出提示“是否通过新交货日期更新现有表行?”点击【是】进行确认，无需进行其他更改，直接点击【添加并查看】按钮，保存单据。如图 6－11 所示。

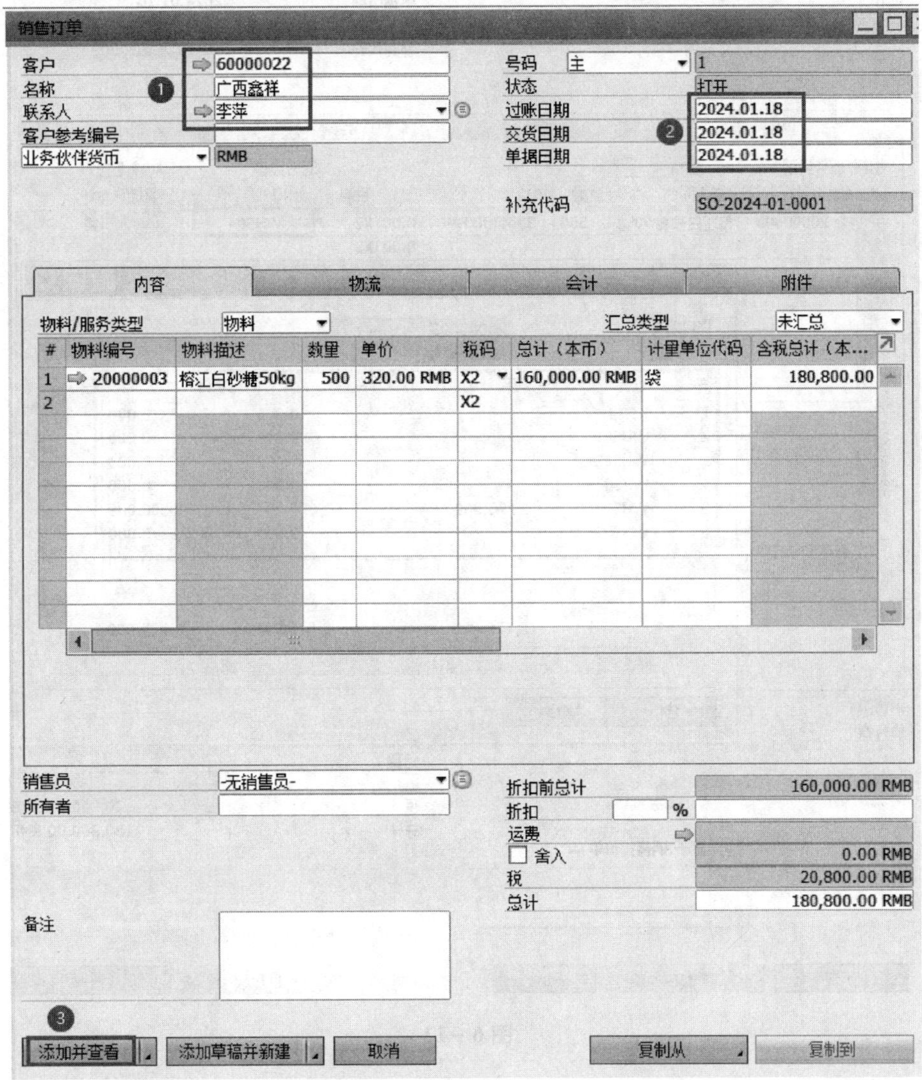


**图 6－11**

为确保供货，需要在销售订单中查看白砂糖的库存分布情况。

在“销售订单”中，将光标拖动找到【仓库】字段中，按下组合 Ctrl＋Tab，打开“按照仓库分的物料”窗口，查看该产品当前库存分布。如图 6－12 所示。

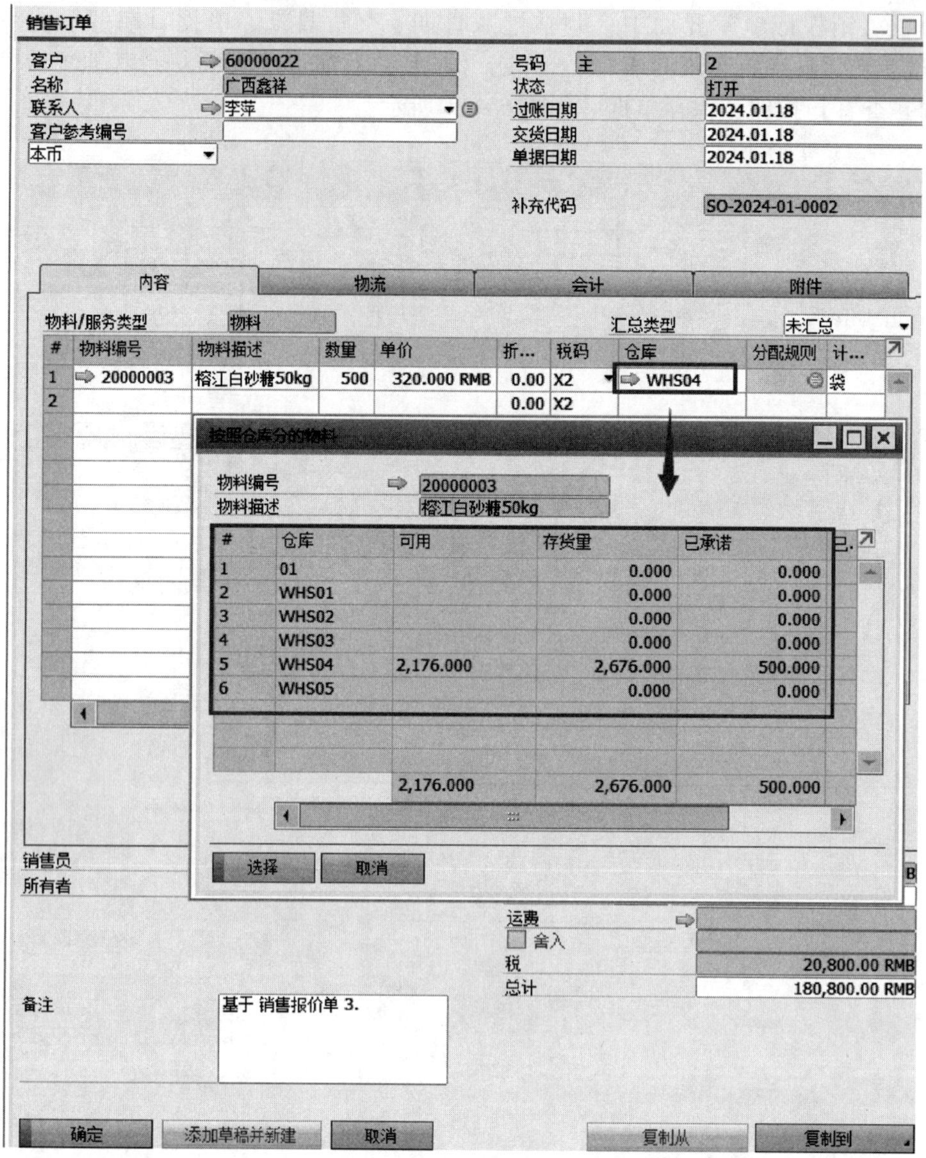


图 6－12

3. 创建交货单

（1）选择路径【销售—应收账款（S）】—【交货】，打开“交货”窗口，录入客户，调整过账日期、交货日期、单据日期。

（2）单击【复制从】选择“销售订单”，打开“清单 销售订单”，选中要交货的销售订单，在提取单据向导中，选择“提取所有数据（运费和代扣税）”并单击完成。销售订单中的所有行复制到销售交货中。在“销售交货单”窗口，将交货数量修改为 300 袋，如图 6－13 所示。

（3）进行日记账分录核对，查看科目和金额，核对无误后，点击【结算】关闭预览窗口。如图 6－14 所示。

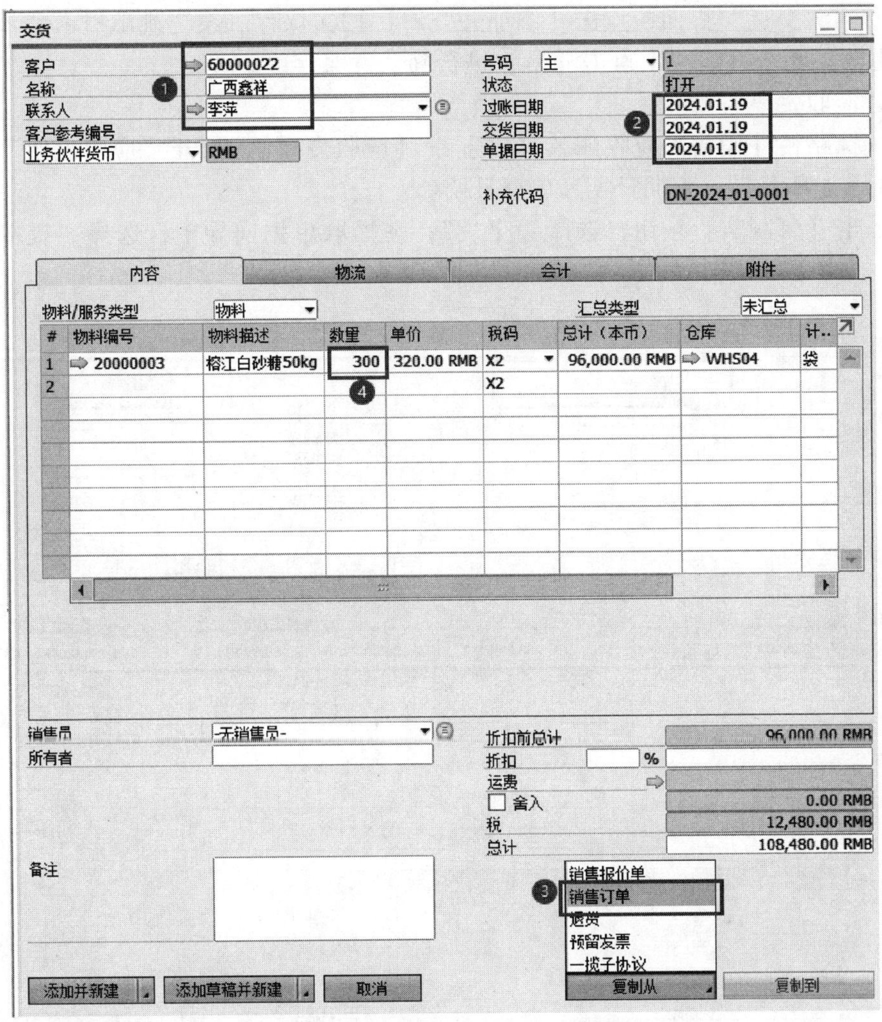
交货
客户 60000022
名称 广西鑫祥
联系人 李萍
客户参考编号
业务伙伴货币 RMB
号码 主 1
状态 打开
过账日期 2024.01.19
交货日期 2024.01.19
单据日期 2024.01.19
补充代码 DN-2024-01-0001
内容
物流
会计
附件
物料/服务类型 物料
汇总类型 未汇总
# 物料编号 物料描述 数量 单价 税码 总计（本币） 仓库
1 20000003 榕江白砂糖50kg 300 320.00 RMB X2 96,000.00 RMB WHS04 袋
2 X2
销售员 -无销售员-
所有者
折扣前总计 96,000.00 RMB
折扣 %
运费
舍入 0.00 RMB
税 12,480.00 RMB
总计 108,480.00 RMB
备注
销售报价单
销售订单
退货
预留发票
一揽子协议
添加并新建
添加草稿并新建
取消
复制从
复制到

图 6－13

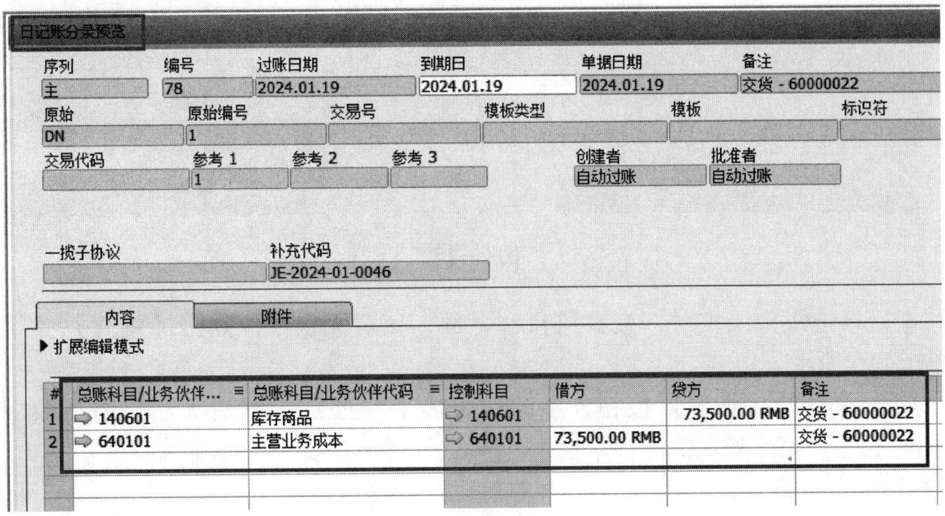
日记账分录预览
序列 主
编号 78
过账日期 2024.01.19
到期日 2024.01.19
单据日期 2024.01.19
备注 交货 - 60000022
原始 DN
原始编号 1
交易号
模板类型
模板
标识符
交易代码
参考 1 1
参考 2
参考 3
创建者 自动过账
批准者 自动过账
一揽子协议
补充代码 JE-2024-01-0046
内容
附件
扩展编辑模式
# 总账科目/业务伙伴... 总账科目/业务伙伴代码 控制科目 借方 贷方 备注
1 140601 库存商品 140601 73,500.00 RMB 交货 - 60000022
2 640101 主营业务成本 640101 73,500.00 RMB 交货 - 60000022

图 6－14

（4）回到“交货”界面，点击【添加并查看】按钮保存。系统跳出提示“添加单据后无法进行更改。是否继续?”，点击【是】进行确认，保存单据。

4. 创建应收发票

（1）选择路径【销售—应收账款（S）】—【应收发票】，打开“应收发票”窗口，录入客户，调整过账日期、到期日期和单据日期。

（2）点击【复制从】按钮，选择“交货”，在提取单据向导中，选择“提取所有数据（运费和代扣税）”并单击完成。如图6－15所示。

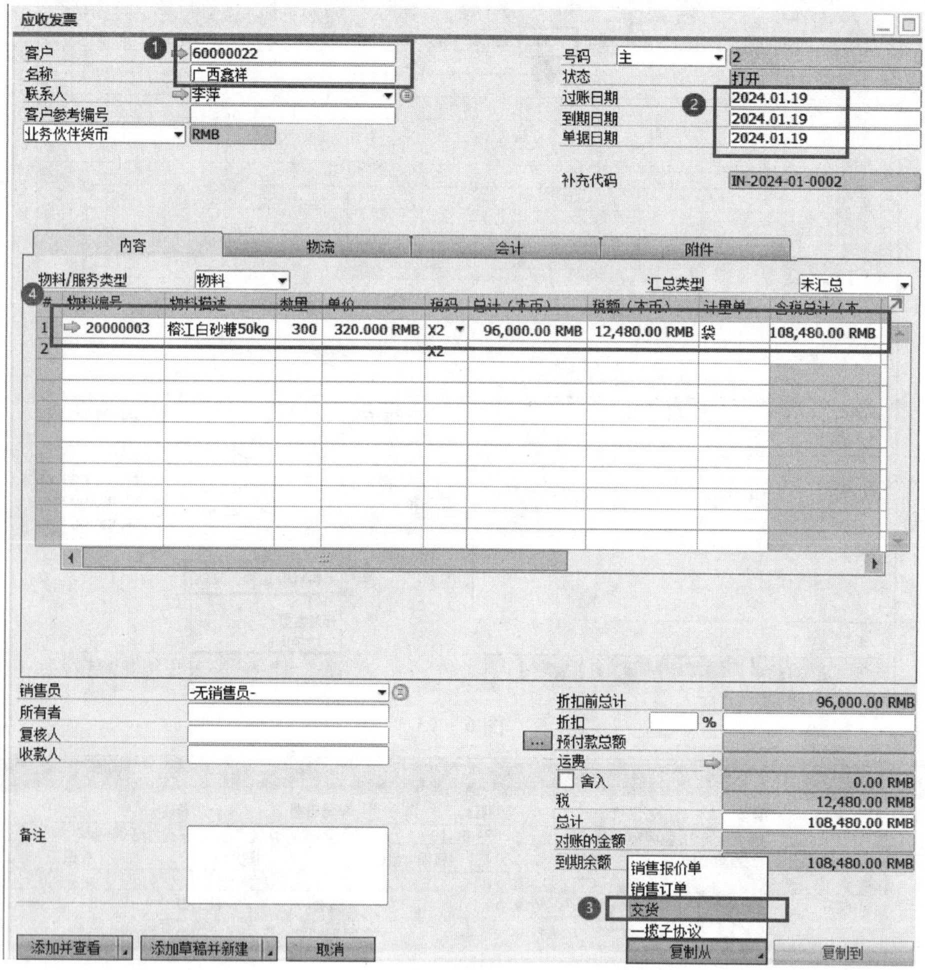


图6－15

（3）进行日记账分录核对，查看科目和金额，核对无误后，点击【结算】关闭预览窗口。如图6－16所示。

（4）点击【添加并查看】按钮，系统跳出提示“添加单据后无法进行更改。是否继续?”，点击【是】进行确认，保存单据。

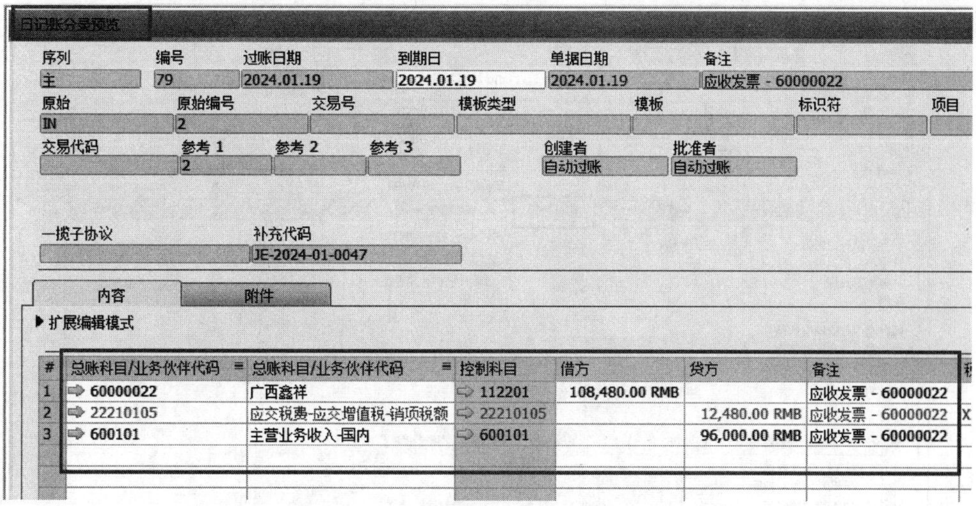


图 6－16

5. 查看完整关系映射

业务完成后，在“应收发票”界面空白处点击右键，在弹出的功能清单中选中“关系映射”，查看本业务完整的关系映射。如图 6－17 所示。

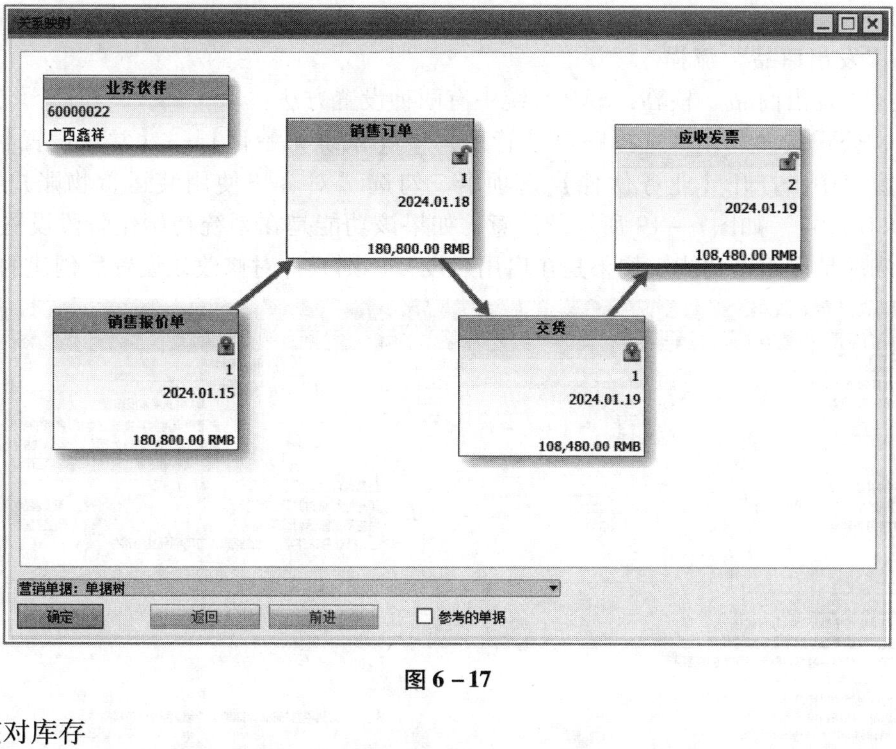


图 6－17

6. 核对库存

业务完成后，核对存货量和物料成本。在应收发票界面点击物料编号左侧的黄色箭头，跳转到榕江白砂糖 50kg 的物料主数据，点击【库存数据】选项卡，可以看到其存货量为 2376 袋，物料成本 245 元/袋；其中，已承诺数量 200 袋，指销售订单剩余未交货数量。如图 6－18 所示。

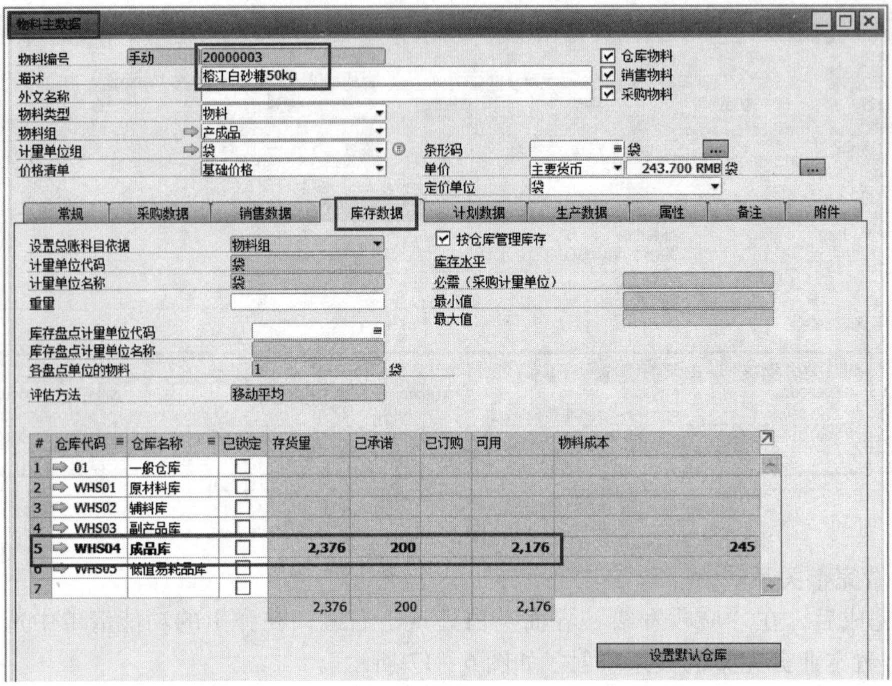


图 6－18

## （二）“发出商品”流程

要通过“发出商品”核算，SAP 系统中有两种设置方法：

（1）在公司层面启用。选择路径【管理】—【系统初始化】—【常规设置】，在“常规设置”窗口中，打开【业务伙伴】选项卡，勾选“对客户使用装运货物账户”并点击【更新】保存设置，如图 6－19 所示。注意：如果该功能是在系统初始化阶段设置，则所有的客户默认都是启用该功能。如果是在启用后设置，则只针对修改该设置后创建的客户。

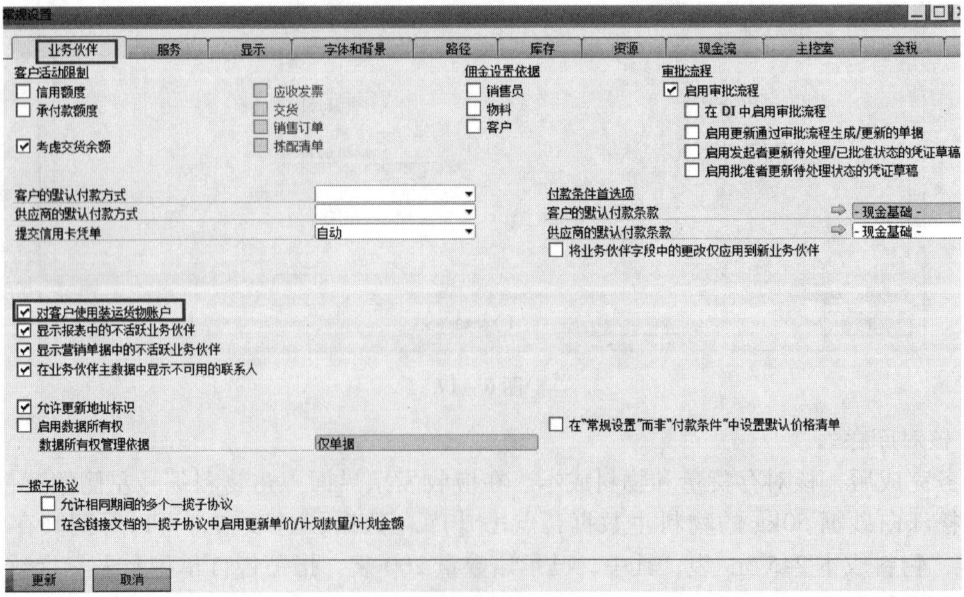


图 6－19

（2）在业务伙伴层面启用。选择路径【业务伙伴】—【业务伙伴主数据】，找到某一客户，在【会计】选项卡中勾选“使用已装运货物科目”选项。

为更好地了解“发出商品”模式的核算，我们在系统中重新执行本案例业务流程，选择在业务伙伴层面进行设置，来查看系统财务日记账分录的变化。具体设置如下：选择路径【业务伙伴】—【业务伙伴主数据】，打开“业务伙伴主数据”窗口，找到该客户，在【会计】选项卡中勾选“使用已装运货物科目”，点击【更新】保存设置。如图6－20所示。

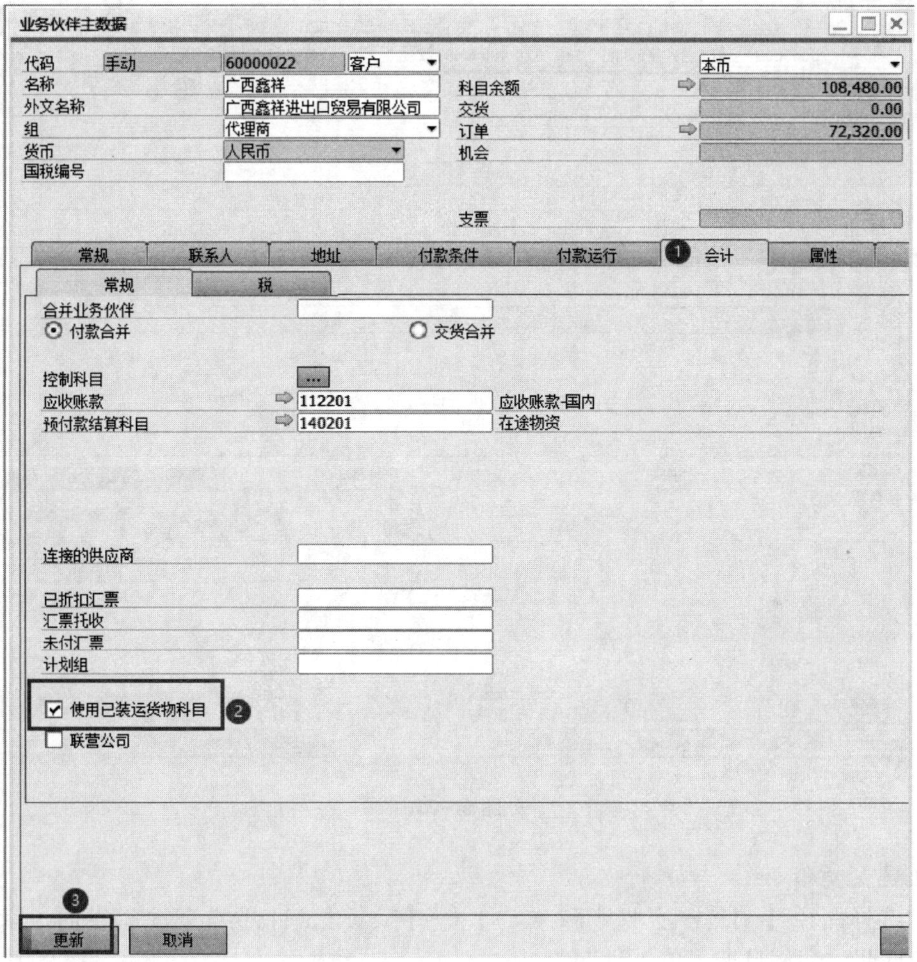


**图6－20**

1. 创建销售订单

（1）选择路径【销售—应收账款（S）】—【销售订单】，打开“销售订单”窗口，调整过账日期、交货日期和单据日期。

（2）在【内容】选项卡中，选择要销售的物料编号，系统自动带出描述、默认仓库等信息，输入数量，调整单价，系统自动带出其他信息。

（3）点击【添加并查看】保存单据，如图6－21所示。

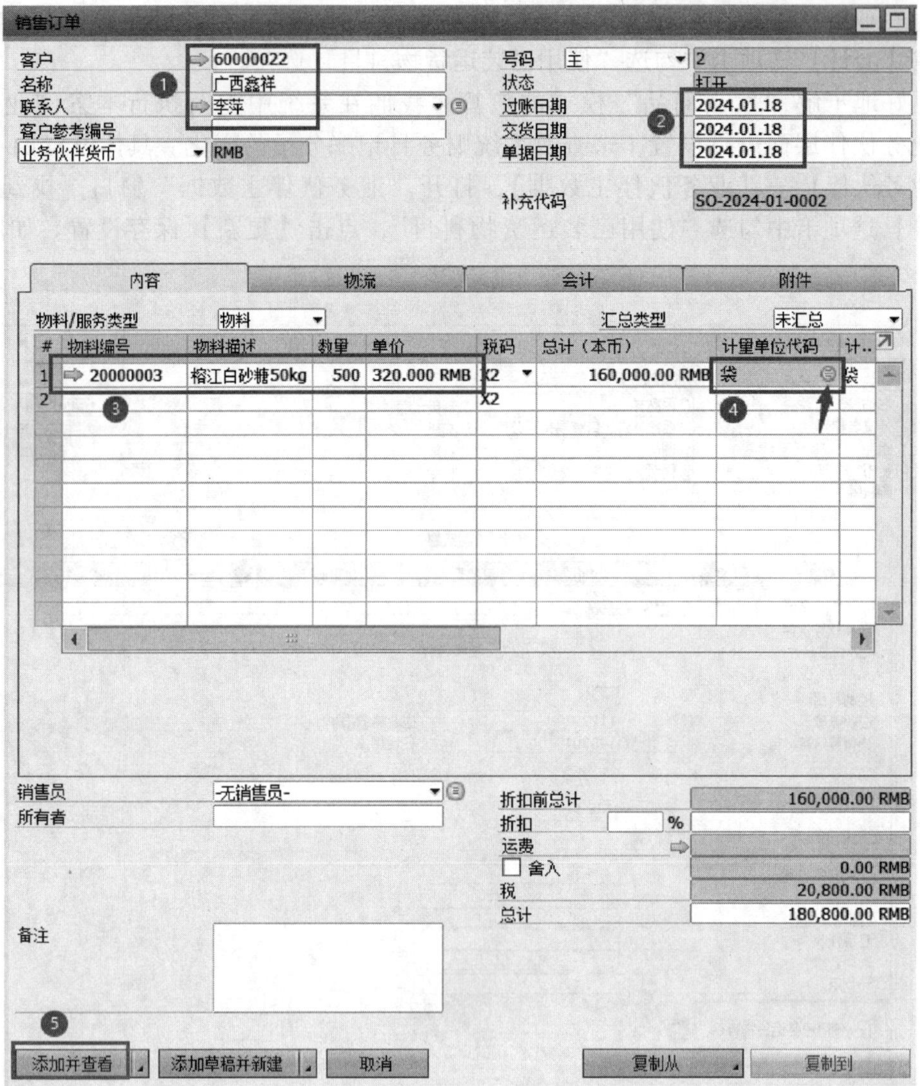


图 6－21

2. 创建交货单

（1）选择路径【销售—应收账款（S）】—【交货】，打开“交货”界面，录入客户，调整过账日期、交货日期、单据日期。

（2）点击【复制从】选择“销售订单”，打开“清单 销售订单”，选中要交货的销售订单。在提取单据向导中，选择“提取所有数据（运费和代扣税）”并单击完成，销售订单中的所有行复制到销售交货单。将交货数量修改为 300 袋，其他信息不变。如图 6－22 所示。

（3）进行日记账分录核对，查看科目和金额，核对无误后，点击【结算】关闭预览窗口。如图 6－23 所示。

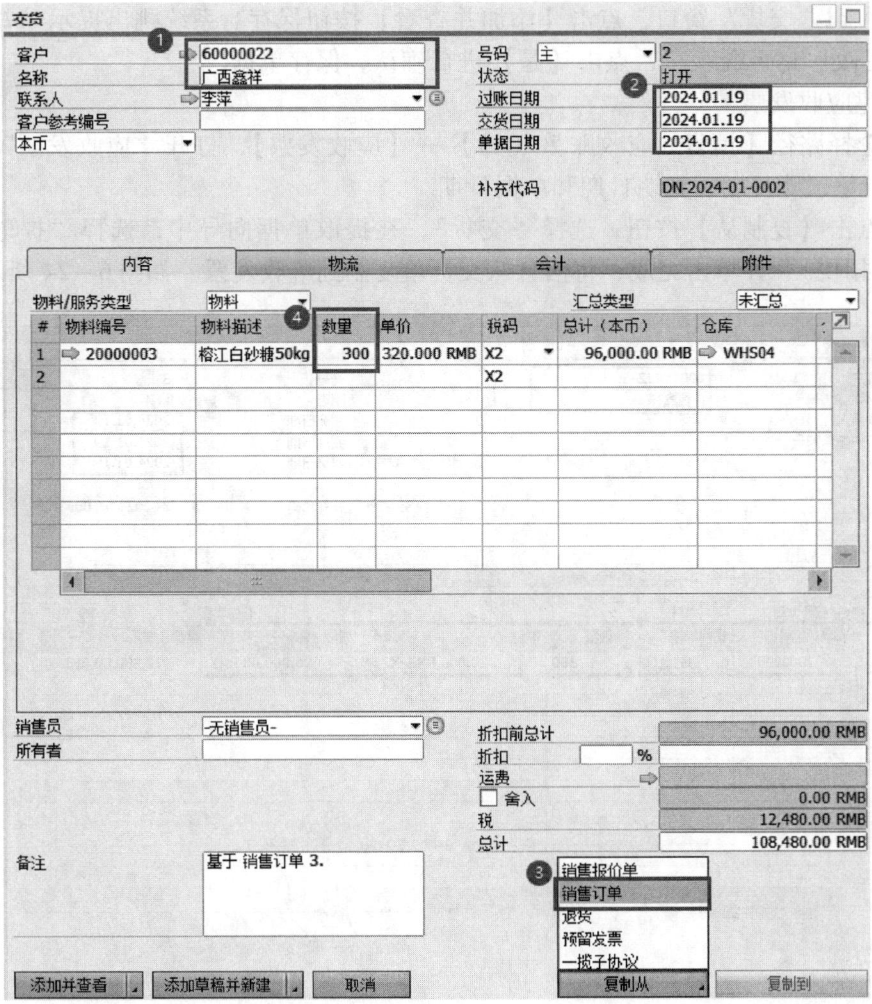
交货
客户 60000022
名称 广西鑫祥
联系人 李萍
客户参考编号
本币
号码 主 2
状态 打开
过账日期 2024.01.19
交货日期 2024.01.19
单据日期 2024.01.19
补充代码 DN-2024-01-0002
内容
物流
会计
附件
物料/服务类型 物料
汇总类型 未汇总
# 物料编号 物料描述 数量 单价 税码 总计（本币） 仓库
1 20000003 榕江白砂糖50kg 300 320.000 RMB X2 96,000.00 RMB WHS04
2 X2
销售员 -无销售员-
所有者
折扣前总计 96,000.00 RMB
折扣 %
运费
舍入 0.00 RMB
税 12,480.00 RMB
总计 108,480.00 RMB
备注 基于 销售订单 3.
销售报价单
销售订单
退货
预留发票
一揽子协议
添加并查看
添加草稿并新建
取消
复制从
复制到

图 6－22

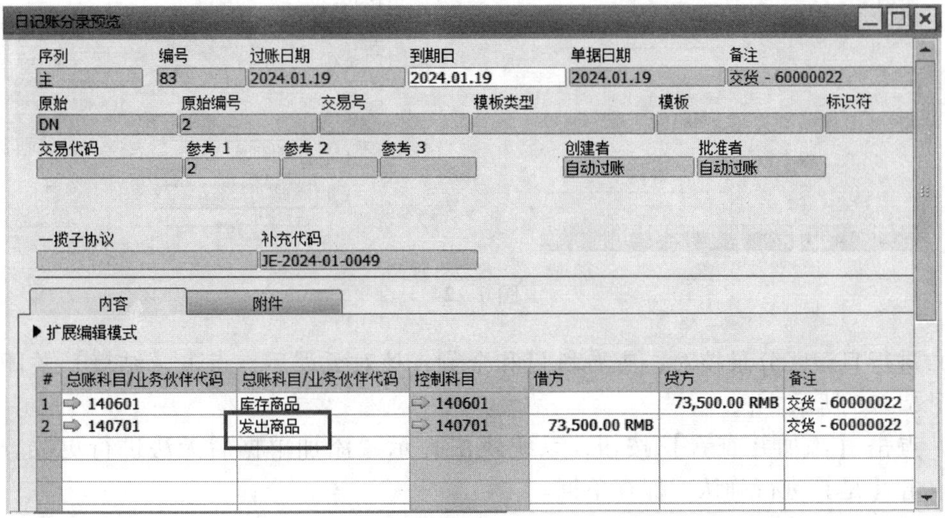
日记账分录预览
序列 主
编号 83
过账日期 2024.01.19
到期日 2024.01.19
单据日期 2024.01.19
备注 交货 - 60000022
原始 DN
原始编号 2
交易号
模板类型
模板
标识符
交易代码
参考 1 2
参考 2
参考 3
创建者 自动过账
批准者 自动过账
一揽子协议
补充代码 JE-2024-01-0049
内容
附件
扩展编辑模式
# 总账科目/业务伙伴代码 总账科目/业务伙伴代码 控制科目 借方 贷方 备注
1 140601 库存商品 140601 73,500.00 RMB 交货 - 60000022
2 140701 发出商品 140701 73,500.00 RMB 交货 - 60000022

图 6－23

（4）回到“交货”窗口，点击【添加并查看】按钮保存。系统跳出提示“添加单据后无法进行更改。是否继续?”，点击【是】进行确认，保存单据。

3. 创建应收发票

（1）选择路径【销售—应收账款（S）】—【应收发票】，打开“应收发票”窗口，录入客户，调整过账日期、到期日期和单据日期。

（2）点击【复制从】按钮，选择“交货”，在提取单据向导中，选择“提取所有数据（运费和代扣税）”并单击完成，将信息从交货单复制到应收发票。如图6－24所示。

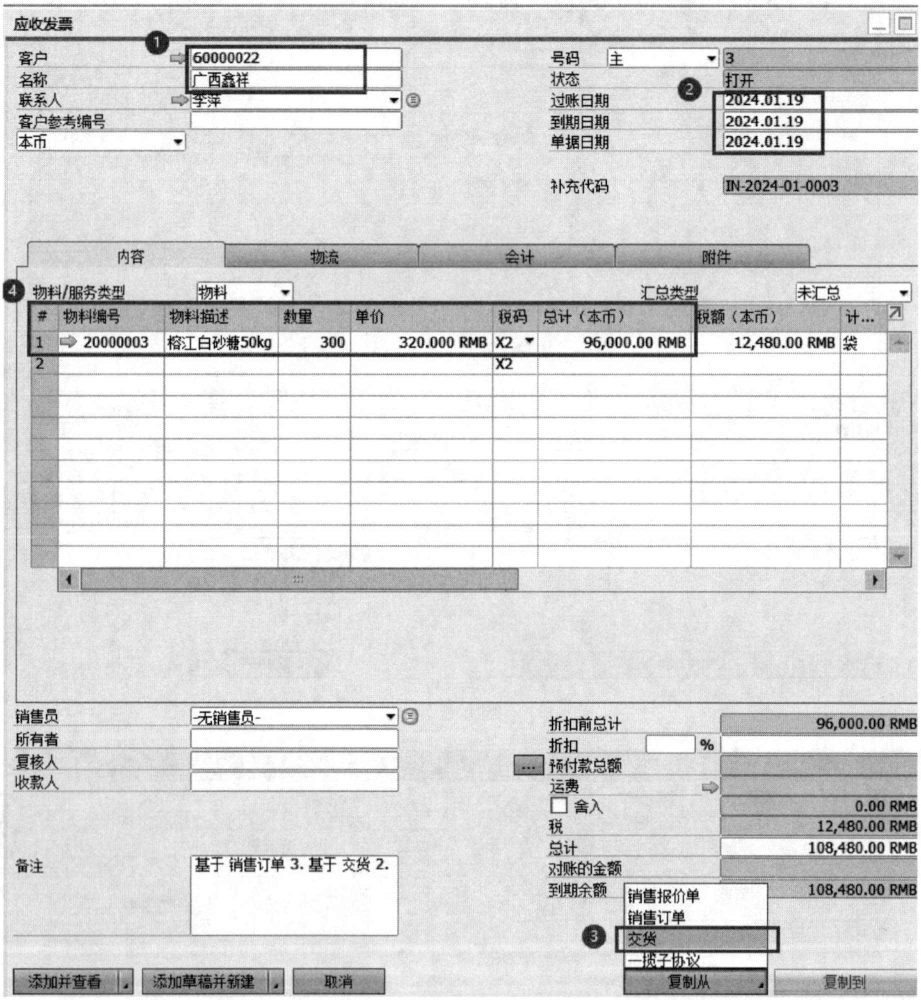


图6－24

（3）进行日记账分录核对，查看科目和金额，核对无误后，点击【结算】关闭预览窗口。如图6－25所示。

（4）点击【添加并查看】按钮，系统跳出提示“添加单据后无法进行更改。是否继续?”，点击【是】进行确认，保存单据。

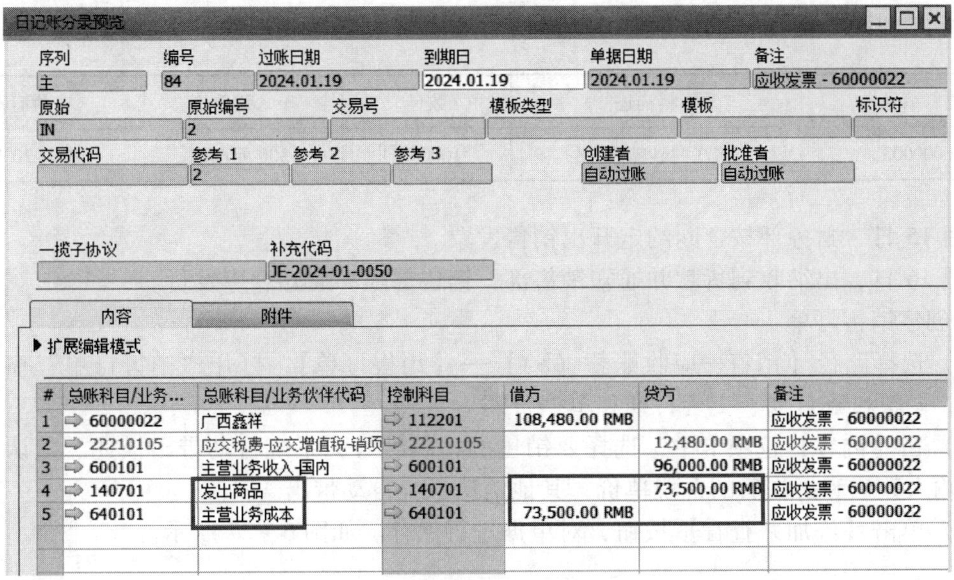


图 6－25

4. 查看完整关系映射

业务完成后，在“应收发票”界面空白处点击右键，在弹出的功能清单中选中“关系映射”，查看本业务完整的关系映射。如图 6－26 所示。

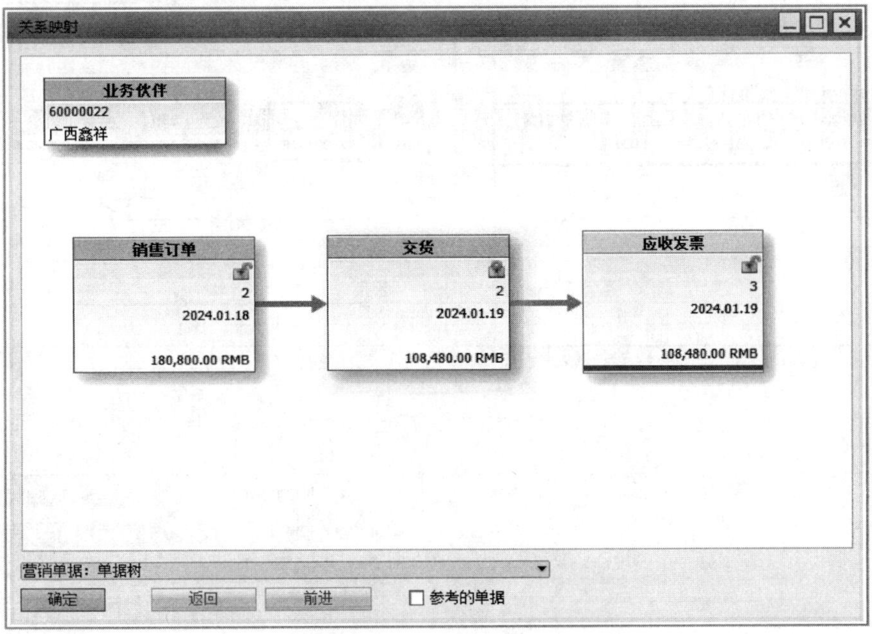


图 6－26

## 业务场景三　先票后货业务

**业务描述：**

1 月 15 日，公司的销售经理接到大客户百事（中国）有限公司北京分公司订单订购以下产品，合同约定先付款再发货。

| 物料编号 | 物料描述 | 数量 | 不含税单价 | 交货日期 |
| --- | --- | --- | --- | --- |
| 20000003 | 榕江白砂糖 50kg | 1000 袋 | 300 元/袋 | 1 月 20 日 |

1 月 15 日，财务部按合同约定开出销售发票。

1 月 16 日，出纳收到货款并通知销售部，销售部随即通知仓库发货。

1. 创建销售订单

（1）选择路径【销售—应收账款（S）】—【销售订单】，打开“销售订单”窗口。录入客户，调整过账日期、交货日期和单据日期。

（2）在【内容】选项卡中，选择要销售的物料编号，系统自动带出描述、默认仓库等信息，输入数量和折扣后的含税单价，其他信息系统自动带出。

（3）单击【添加并查看】按钮，对单据进行保存。如图 6－27 所示。

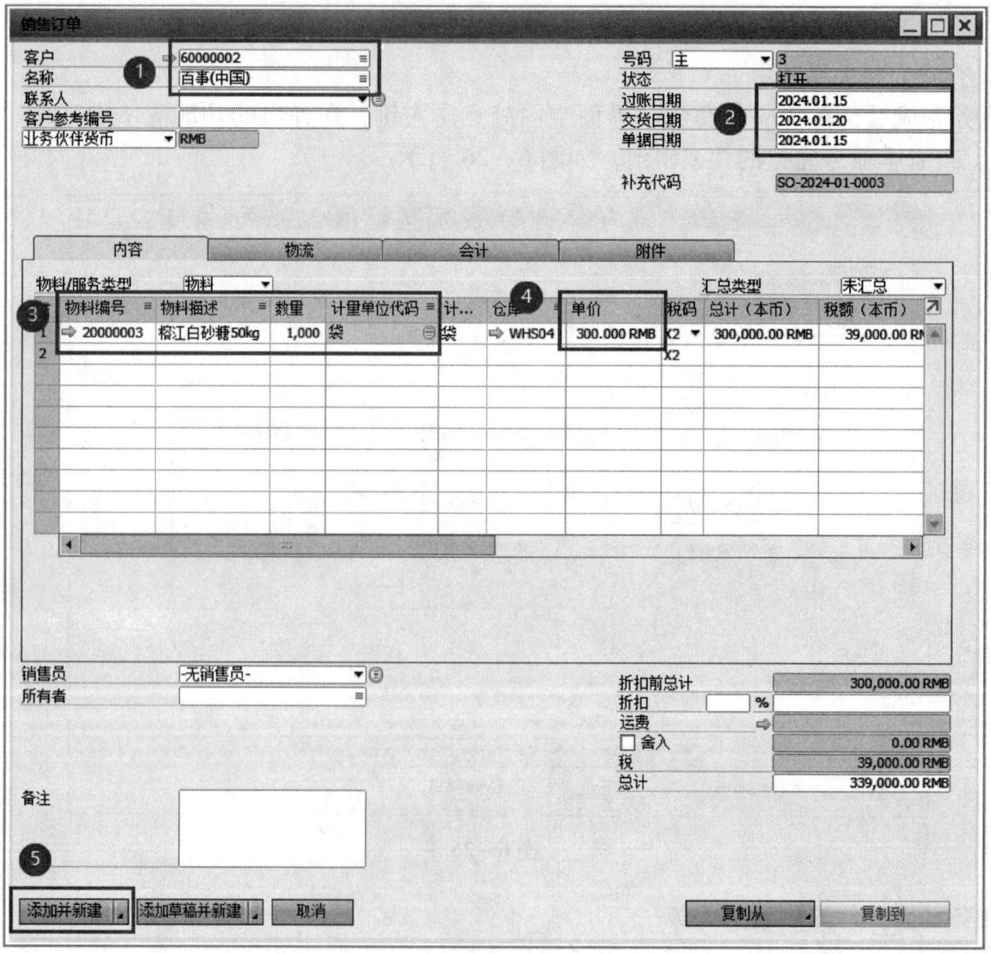


图 6－27

2. 创建应收预留发票

（1）选择路径【销售—应收账款（S）】—【应收预留发票】，打开“应收预留发票”窗口，录入客户，调整过账日期、到期日、单据日期。

（2）使用【复制从】按钮，选择销售订单。在提取单据向导中，选择“提取所有数据（运费和代扣税）”并单击完成，系统从销售订单将全部数据复制到应收预留发票。如图6－28所示。

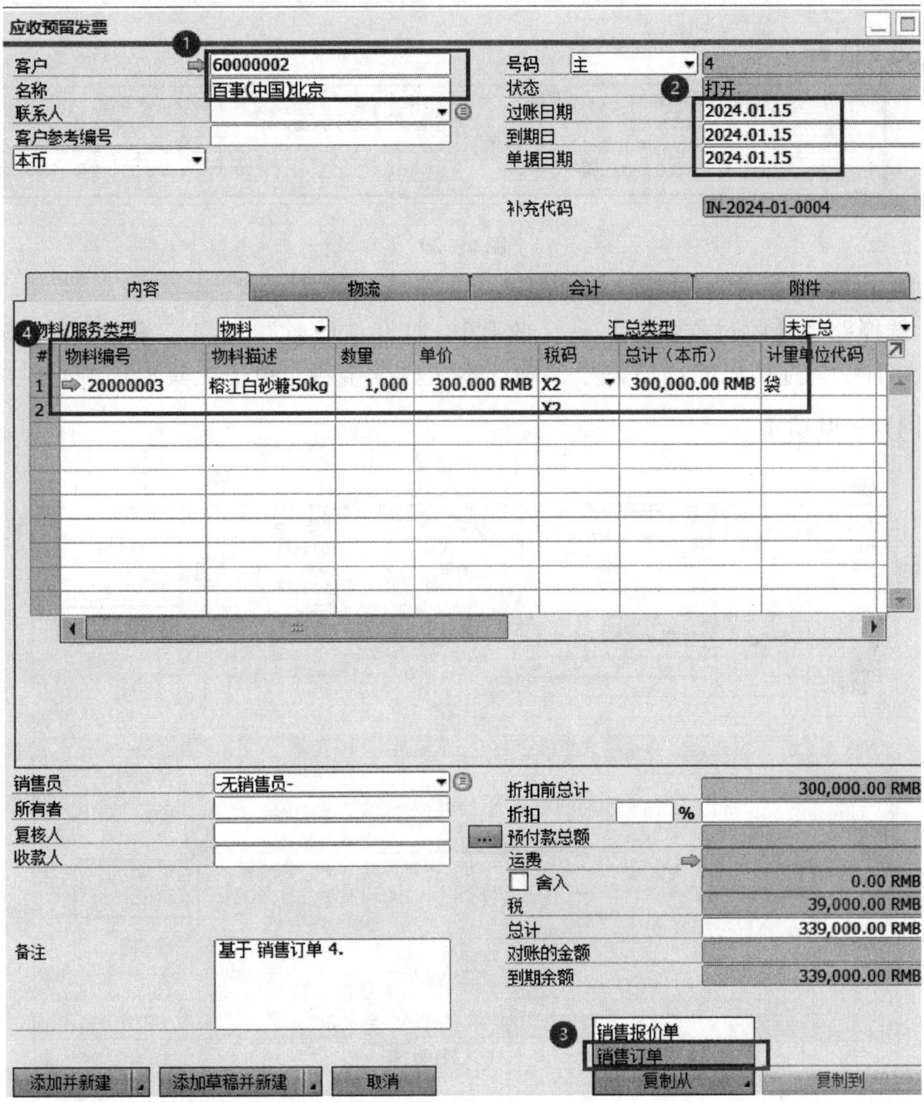


图6－28

（3）进行日记账分录预览，查看科目和金额无误，确认无误后，点击【结算】关闭预览窗口。回到“应收预留发票”，点击【添加并查看】按钮，系统跳出提示“添加单据后无法进行更改。是否继续?”，点击【是】进行确认，保存单据。如图6－29所示。

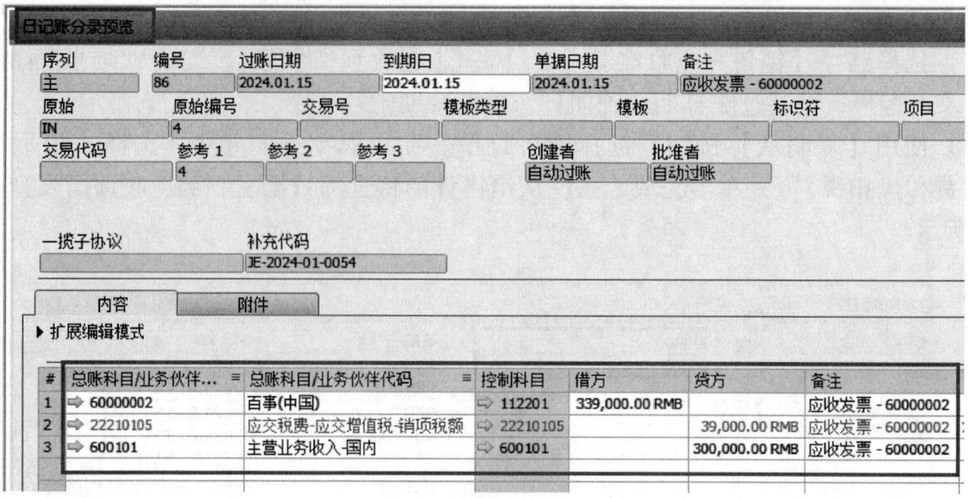


图 6－29

3. 创建收款单

（1）选择路径【收付款业务】—【收款】，打开“收款”窗口，输入客户，调整过账日期和到期日。勾选相应的预留发票，确认本次收款金额。单击工具栏中的付款方式图标。如图 6－30 所示。

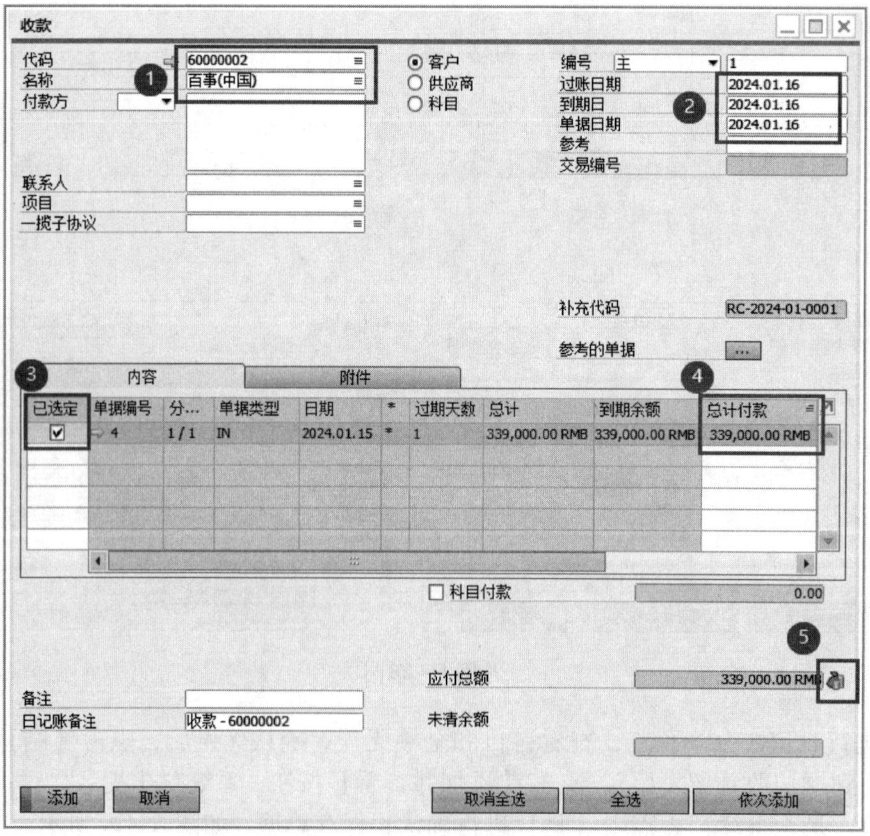


图 6－30

（2）打开“付款方式”窗口，通过银行转账进行收款，录入收款相关信息，点击【确定】按钮。如图 6 – 31 所示。

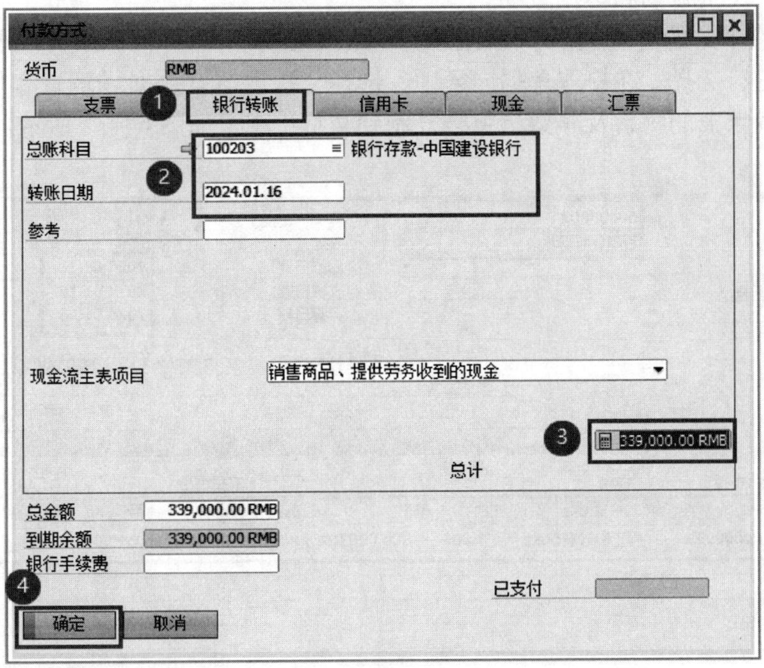


图 6 – 31

（3）返回“收款”窗口，单击【添加】按钮，保存应收预留发票的收款，系统跳出提示信息，点击【添加】进行确认，保存单据。

（4）点击工具栏中的“最后一个数据记录”的绿色箭头，回到刚保存的收款单，点击“交易编号”后的黄色箭头，查看生成的日记账分录。如图 6 – 32 所示。

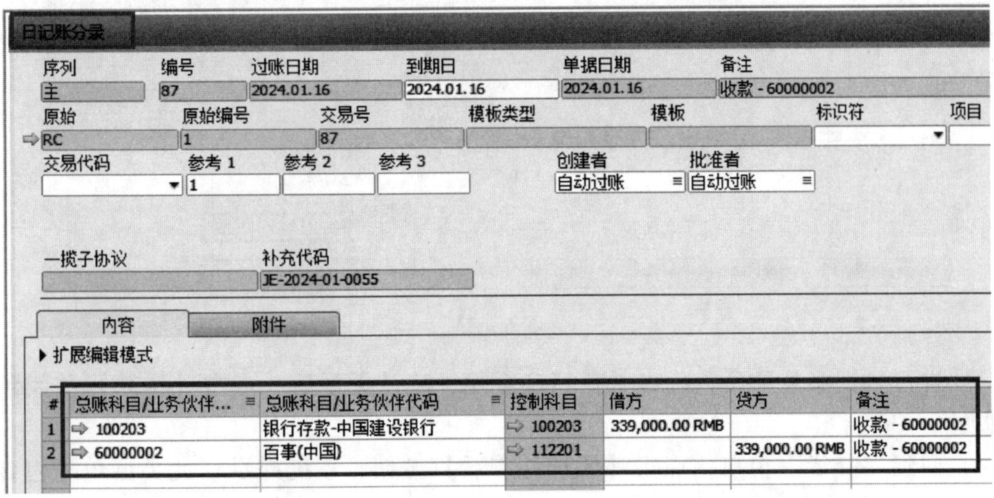


图 6 – 32

4. 创建销售交货单

（1）选择路径【销售—应收账款（S)】—【交货】，打开“交货”窗口，录入客户，调整过账日期、交货日期和单据日期。

（2）单击右下角的【复制从】按钮选择“预留发票”，打开“清单 应收发票”窗口，双击预留发票进行选择。在提取单据向导中，选择“提取所有数据（运费和代扣税)”并单击完成，预留发票上的物料及其数量将被复制到交货单中。如图 6－33 所示。

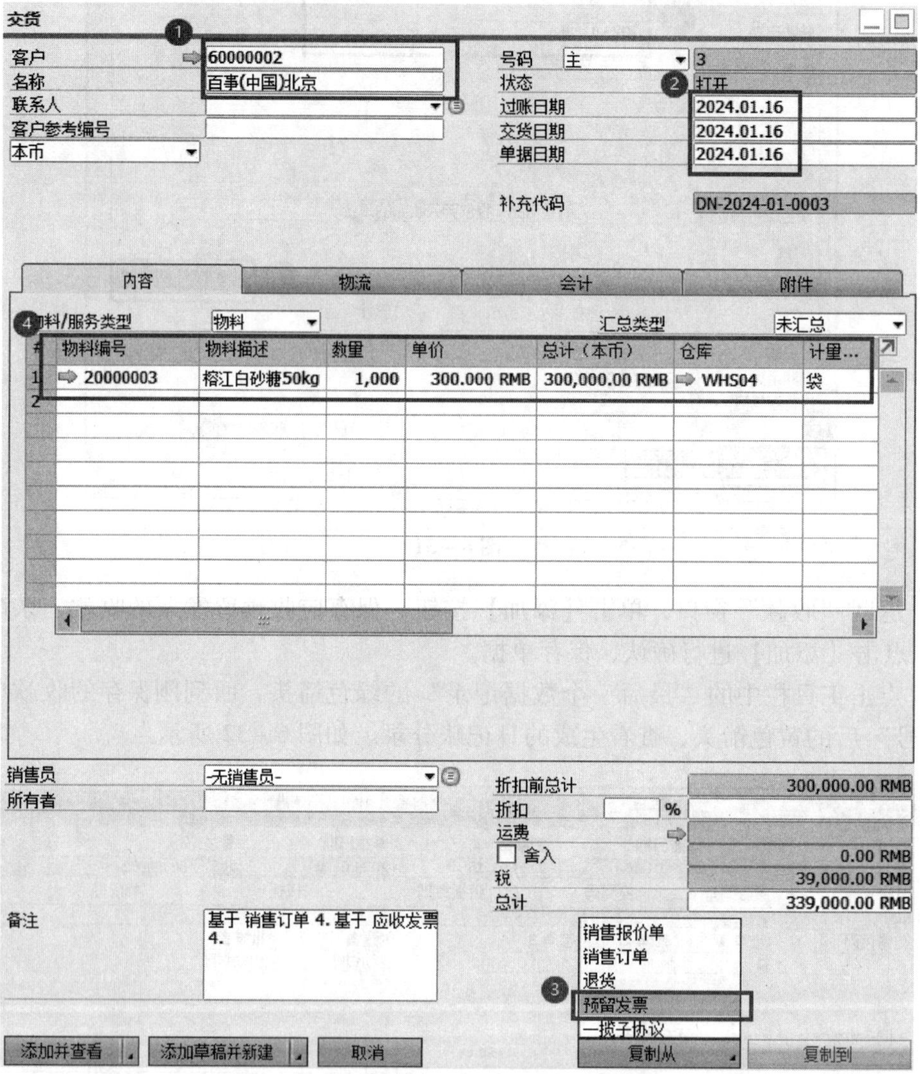


图 6－33

（3）进行日记账分录预览，查看科目和金额，确认无误后，点击【结算】关闭预览窗口，如图 6－34 所示。

（4）回到“交货”窗口，点击【添加并查看】按钮，系统提示“此类型单据包含较晚过账日期”，点击【确定】按钮，再次对系统提示信息“添加单据后无法进行更改。是否继续?”点击【是】进行确认，保存单据。

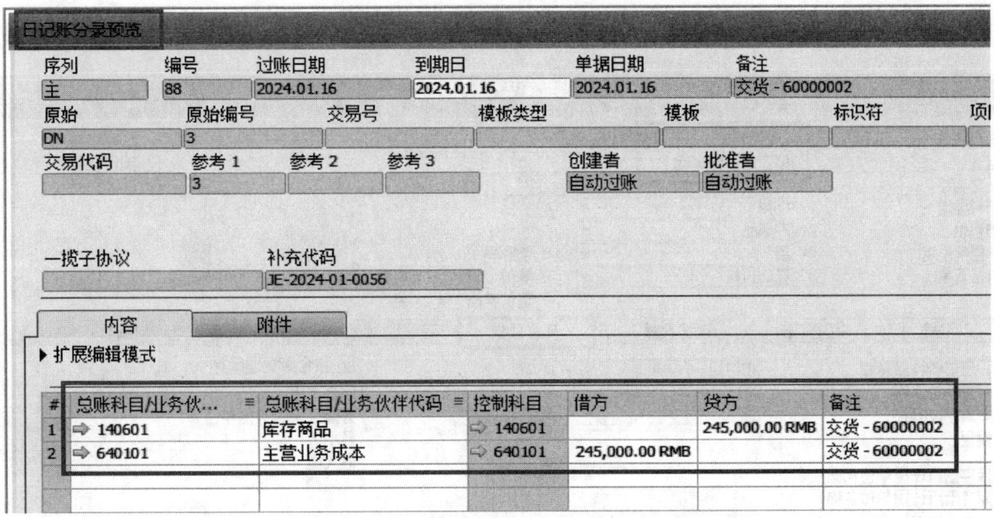


**图 6－34**

5. 查看完整关系映射

业务完成后，查看本业务完整的关系映射。如图 6－35 所示。

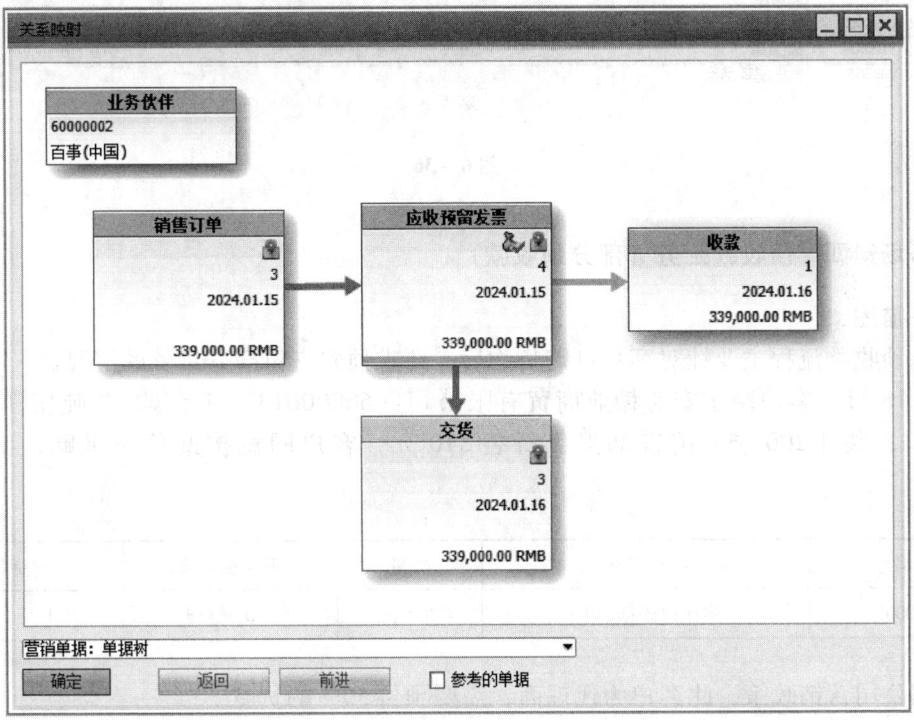


**图 6－35**

6. 核对库存

业务完成后，核对存货量和物料成本。在应收发票界面点击物料编号左侧的黄色箭头，跳转到榕江白砂糖 50kg 的物料主数据，点击【库存数据】选项卡，可以看到其存货量为

1076 袋，物料成本 245 元/袋；其中，已承诺数量为 400 袋。如图 6－36 所示。

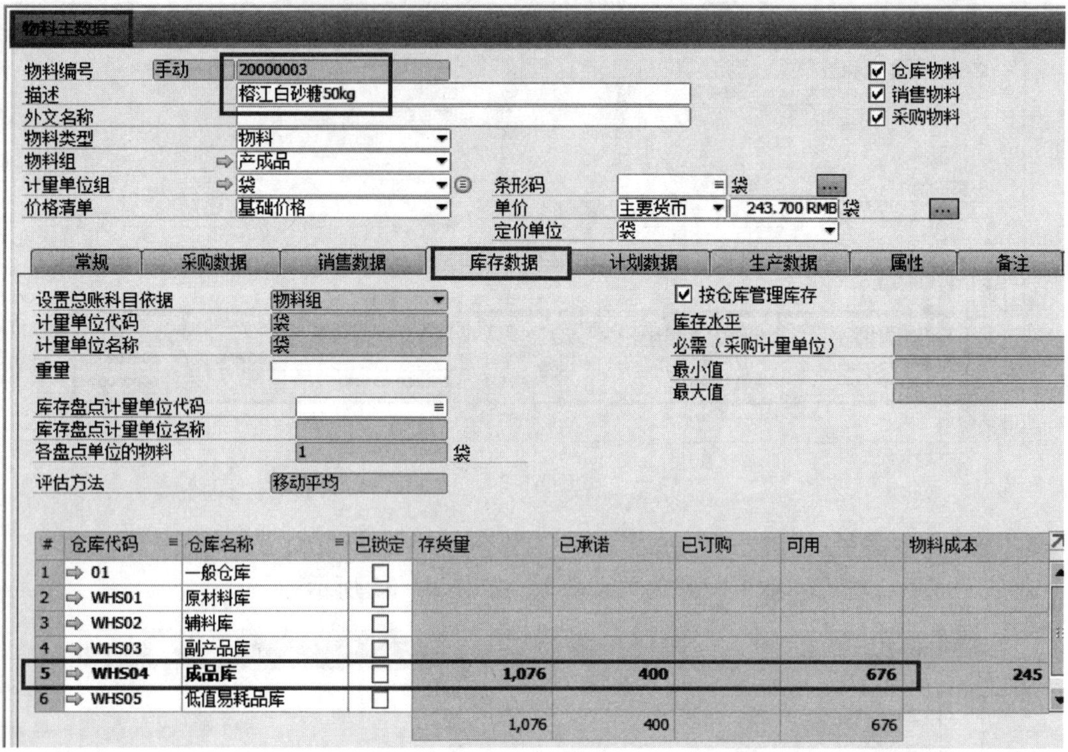

图 6－36

### 业务场景四　预收款业务（部分预收款）

**业务描述：**

销售预收款流程主要针对客户订购货物后，要求预先支付部分货款的情况。

1 月 18 日，客户南宁安心糖业商贸有限公司（60000013）欲订购 10 吨榕江白砂糖，每袋 50kg，共计 200 袋。销售部报价每袋 310 元，客户同意按此价格采购，要求当日发货。

| 物料编号 | 物料描述 | 数量 | 不含税单价 | 发货日期 |
|---|---|---|---|---|
| 20000003 | 榕江白砂糖 50kg | 200 袋 | 310 元/袋 | 1 月 18 日 |

根据公司营销政策，此客户为代理商，需要预付 50% 的货款。

1 月 18 日，客户预付 50% 的货款，销售部通知仓库发货，并开具销售发票。

1 月 20 日，财务部收到客户支付的剩余 50% 的货款。

1. 创建销售订单

（1）选择路径【销售—应收账款（S）】—【销售订单】，打开“销售订单”窗口。录入客户，调整过账日期、交货日期、单据日期。

（2）在【内容】选项卡中，选择要销售的物料编号，系统自动带出描述、默认仓库等信息，输入数量、单价等信息。

（3）单击选择【添加并查看】按钮，对单据进行保存。如图 6－37 所示。

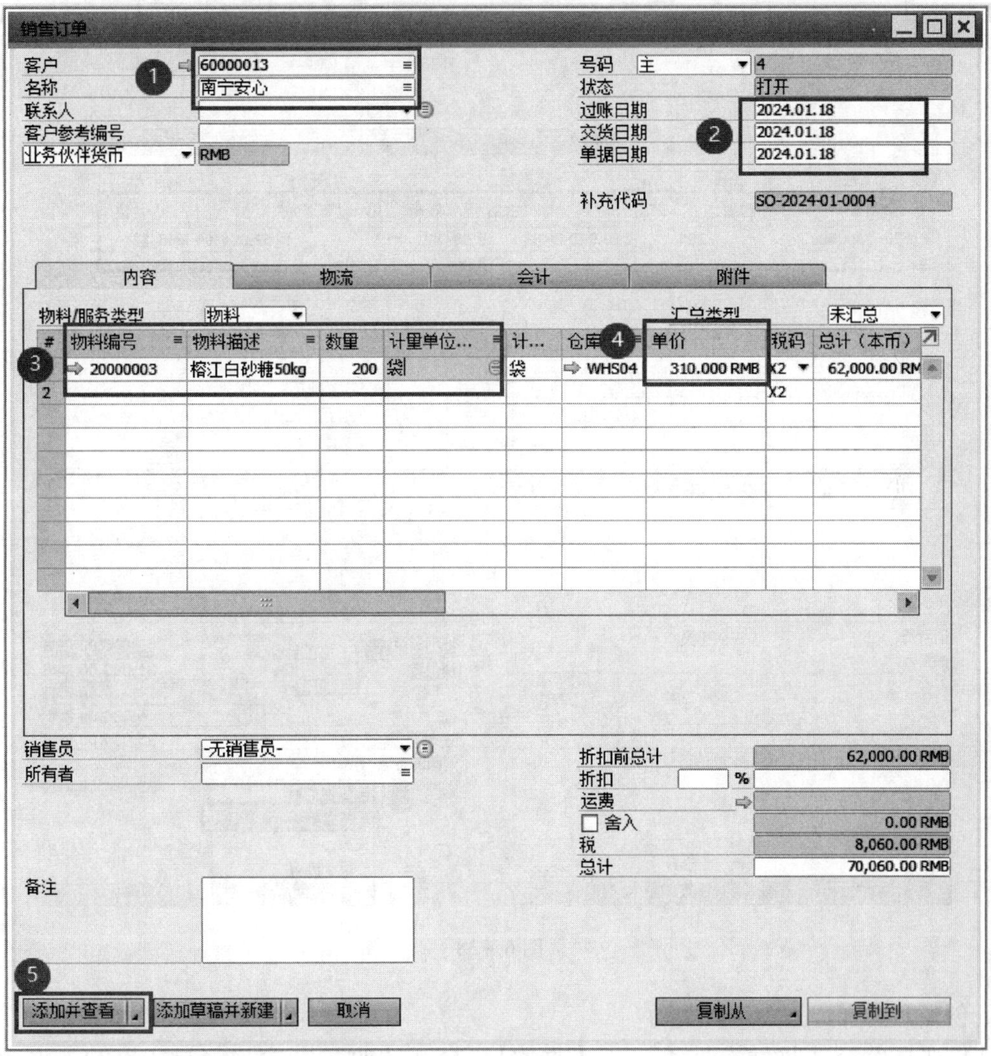


图 6－37

2. 创建预收款申请

（1）选择路径【销售—应收账款（S）】—【预收款申请】，打开“预收款申请”窗口，录入客户，调整过账日期、到期日、单据日期。

（2）使用【复制从】按钮，选择销售订单，在单据提取向导中，选中“提取所有数据（运费和代扣税）”并单击完成，系统自动从销售订单将全部数据复制到预收款申请。按照合同要求修改预收款比例为 50%。如图 6－38 所示。

（3）进行确认后，单击【添加并查看】按钮对单据进行保存。此单据不影响财务数据，不产生日记账分录。

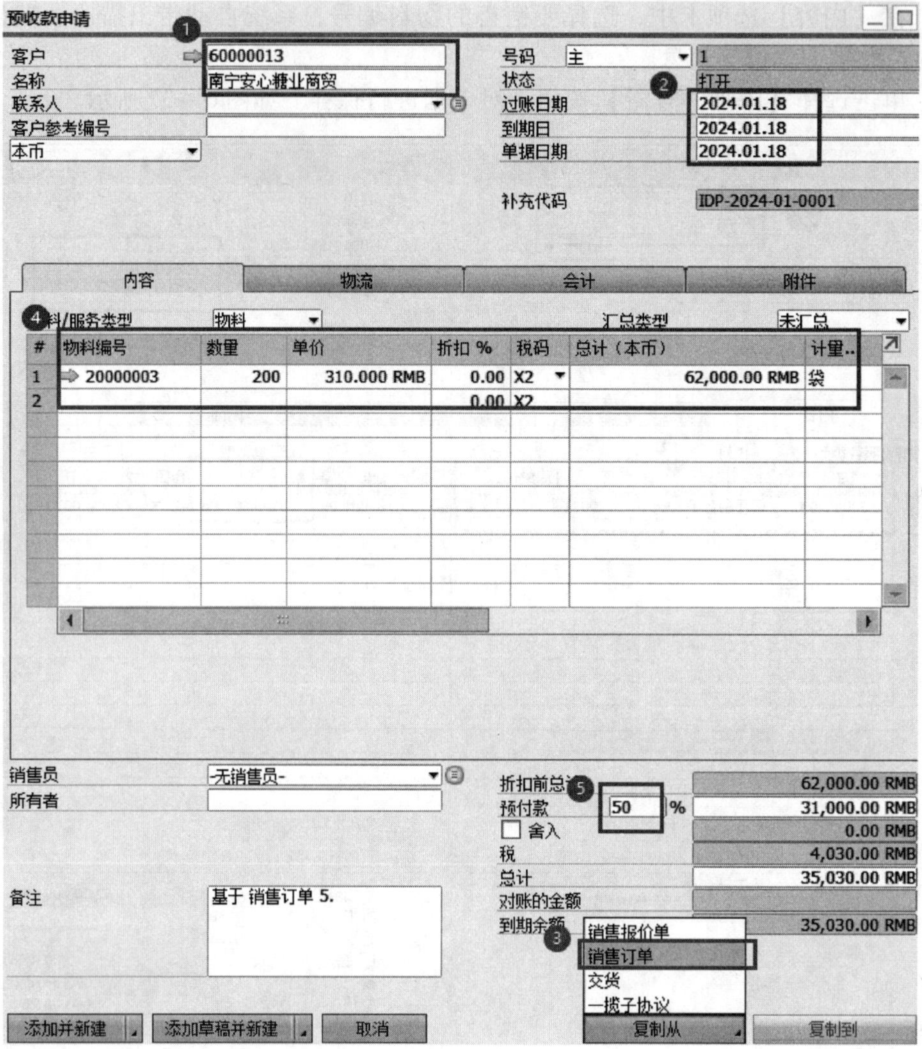


**图 6－38**

3. 创建收款单

（1）选择路径【收付款业务】—【收款】，打开“收款”窗口。录入客户，调整过账日期、到期日、单据日期。选择相应的预收款申请（预收款单据在收款单据中被标记为单据类型 DT）。点击工具栏中的付款方式图标。如图 6－39 所示。

（2）打开“付款方式”窗口。通过银行转账进行收款，录入收款相关信息，点击【确定】按钮。如图 6－40 所示。

（3）返回“收款”窗口，点击【添加】完成收款，系统跳出提示信息，点击【添加】进行确认，保存单据。

（4）点击工具栏中的“最后一个数据记录”的绿色箭头，回到刚保存的收款单，点击“交易编号”后的黄色箭头，查看生成的日记账分录。如图 6－41 所示。

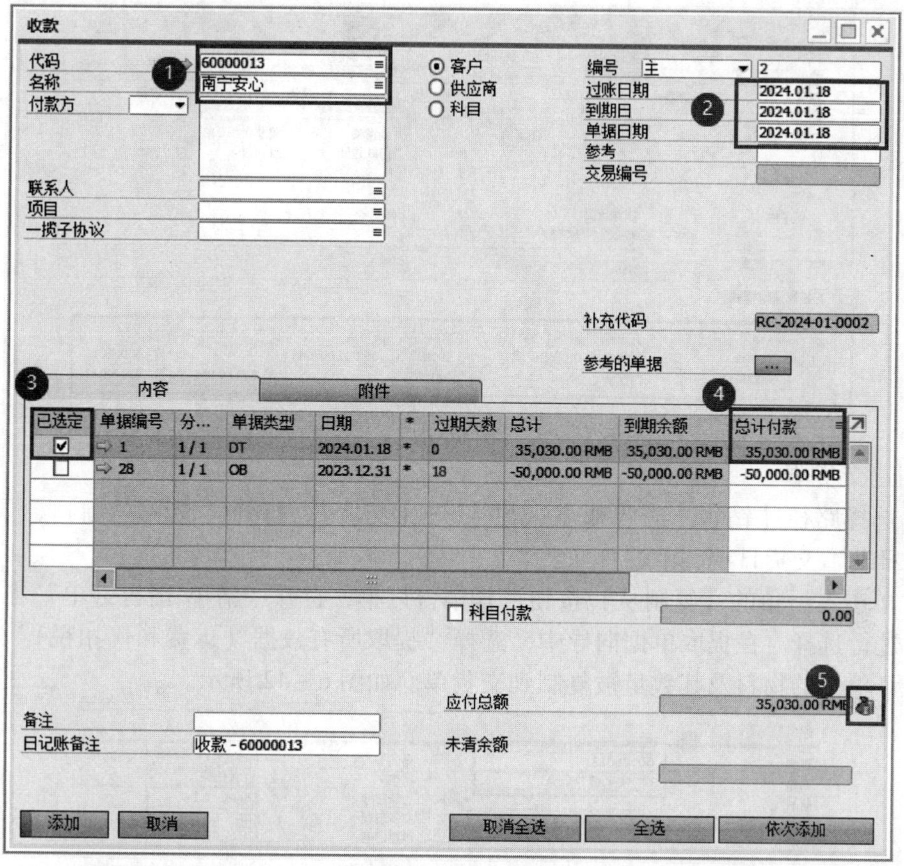
收款
代码
名称
付款方
60000013
南宁安心
客户
供应商
科目
编号
主
2
过账日期
到期日
单据日期
参考
交易编号
2024.01.18
2024.01.18
2024.01.18
联系人
项目
一揽子协议
补充代码
RC-2024-01-0002
参考的单据
内容
附件
已选定
单据编号
分…
单据类型
日期
过期天数
总计
到期余额
总计付款
1
1/1
DT
2024.01.18
0
35,030.00 RMB
35,030.00 RMB
35,030.00 RMB
28
1/1
OB
2023.12.31
18
-50,000.00 RMB
-50,000.00 RMB
-50,000.00 RMB
科目付款
0.00
应付总额
35,030.00 RMB
未清余额
备注
日记账备注
收款 - 60000013
添加
取消
取消全选
全选
依次添加

图 6－39

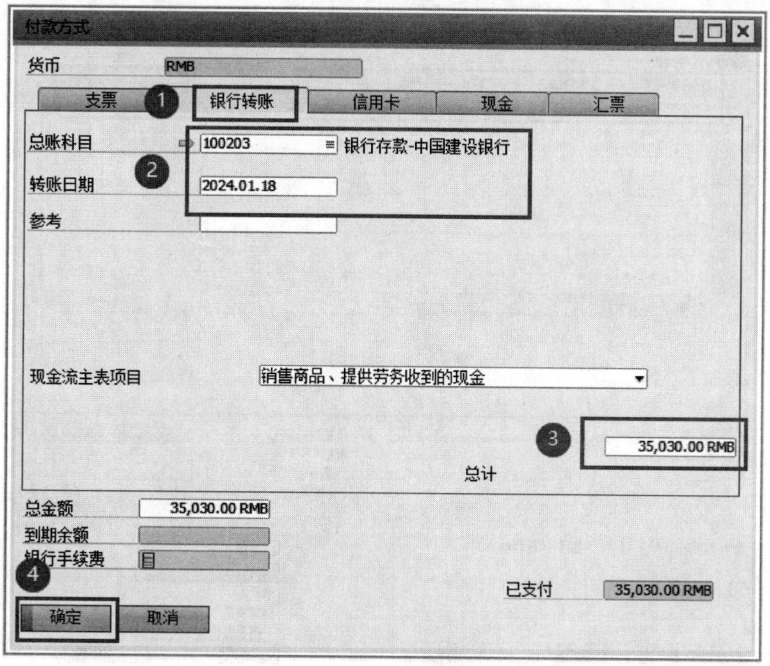
付款方式
货币
RMB
支票
银行转账
信用卡
现金
汇票
总账科目
100203
银行存款-中国建设银行
转账日期
2024.01.18
参考
现金流主表项目
销售商品、提供劳务收到的现金
35,030.00 RMB
总计
总金额
35,030.00 RMB
到期余额
银行手续费
已支付
35,030.00 RMB
确定
取消

图 6－40

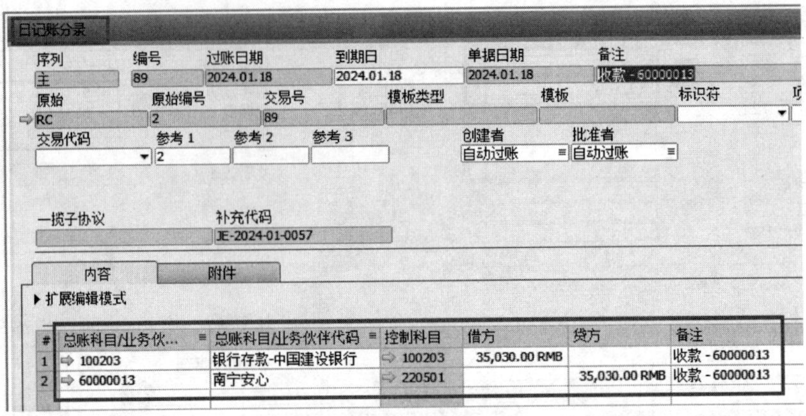


图 6-41

4. 创建交货单

（1）选择路径【销售—应收账款（S）】—【交货】，打开“交货”窗口，录入客户，调整过账日期、交货日期、单据日期。

（2）单击右下角的【复制从】按钮选择销售订单，打开“清单 销售订单”窗口，双击销售订单进行选择。在提取单据向导中，选择“提取所有数据（运费和代扣税）”并单击完成，销售订单上的物料及其数量被复制到交货单。如图 6-42 所示。

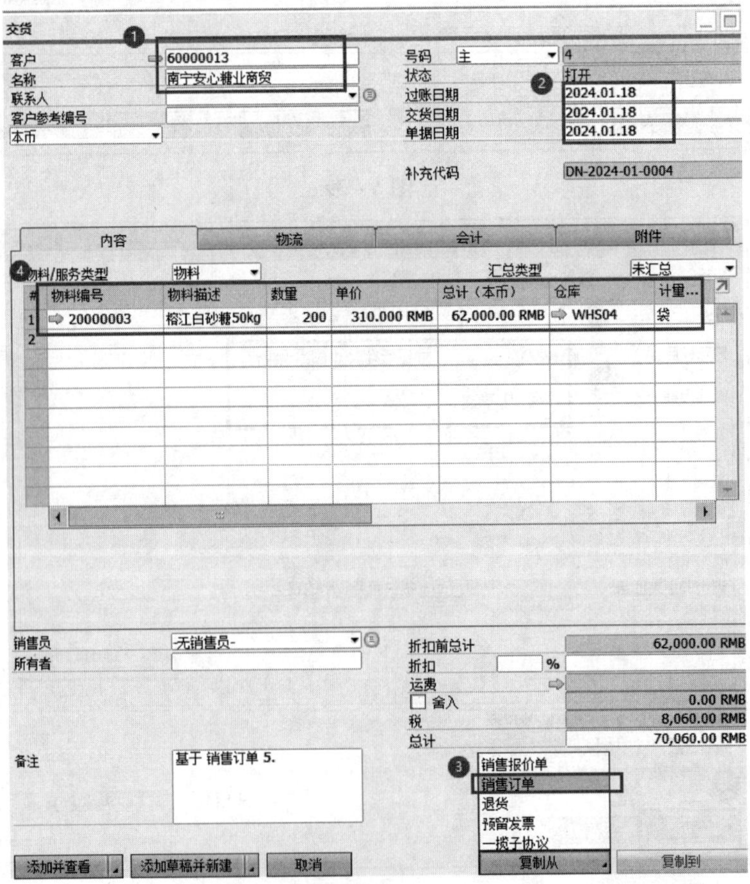


图 6-42

（3）进行日记账分录预览，查看科目和金额，核对无误后，点击【结算】关闭预览。如图 6－43 所示。

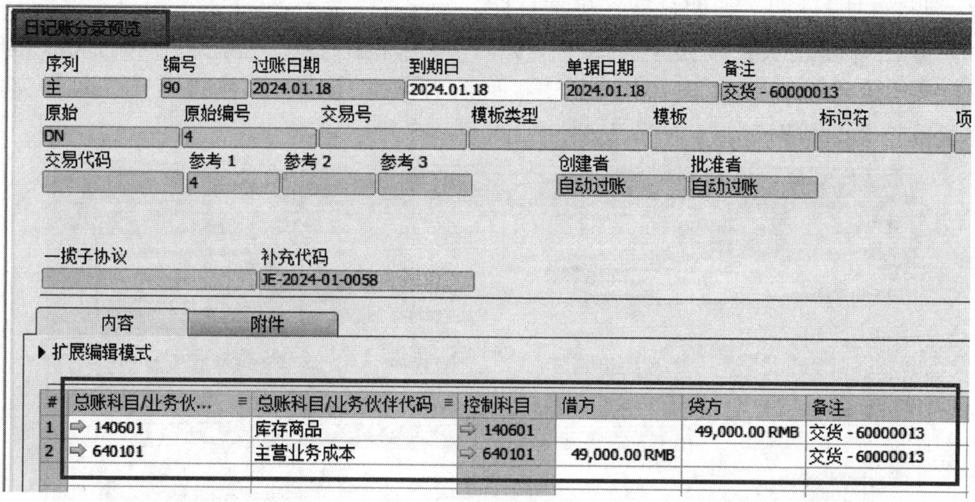


图 6－43

（4）回到“交货”窗口，点击【添加并查看】按钮，系统提示“此类型单据包含较晚过账日期”，点击【确定】按钮，再次对系统提示信息“添加单据后无法进行更改。是否继续?”点击【是】进行确认，保存单据。

（5）在“交货”窗口，右击空白位置，打开清单选择关系映射，查看销售流程。如图 6－44 所示。

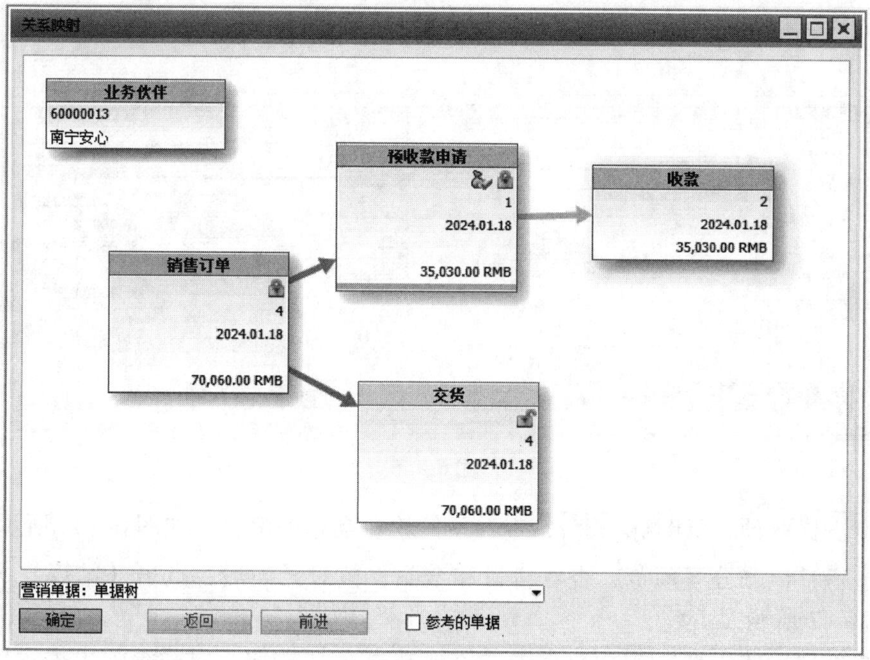


图 6－44

5. 预收账款和应收账款对账

（1）选择路径【销售—应收账款（S）】—【应收发票】，打开“应收发票”窗口，录入客户，调整过账日期、到期日期、单据日期。

（2）点击【复制从】按钮，选择“交货”，然后单击选择。注意：在按住 Ctrl 键时选择多个交货单。在单据提取向导中，点击“提取所有数据（运费和代扣税）”，单击完成，系统从交货单将全部数据复制到应收发票。如图 6－45 所示。

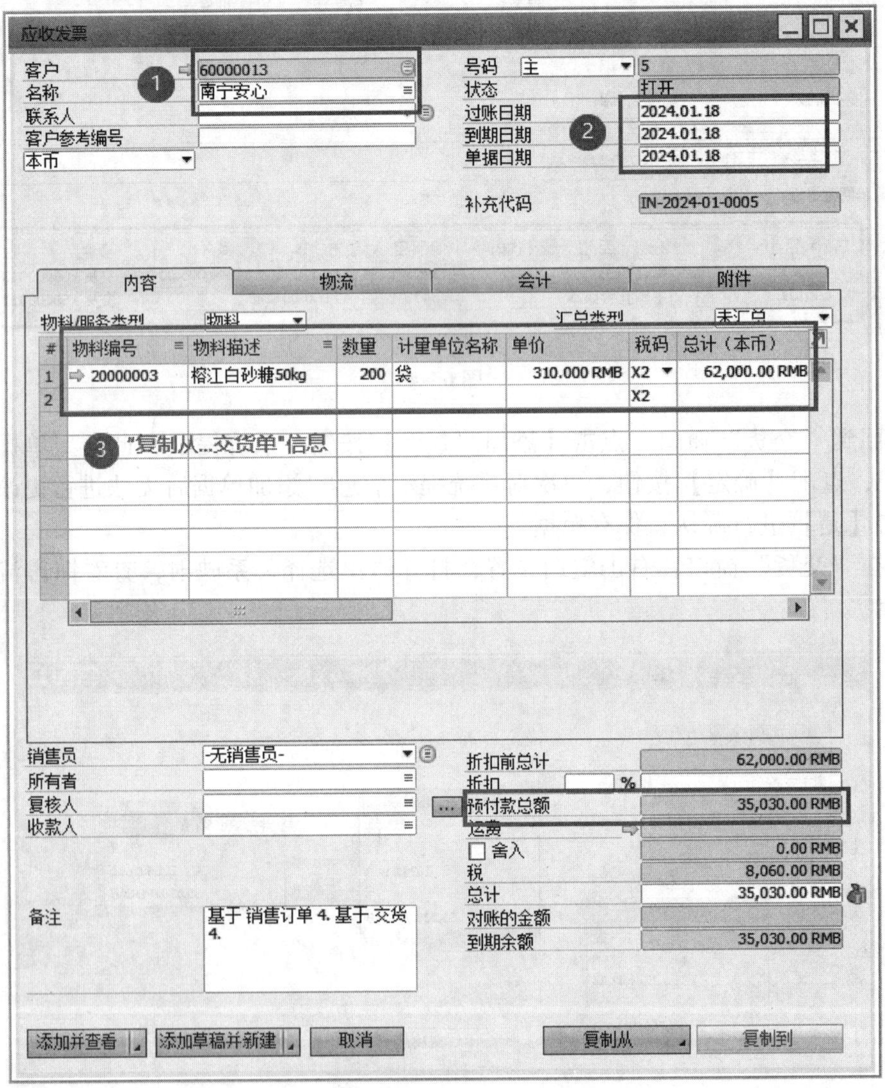


图 6－45

（3）点击提取预付款图标 …，查看预付款发票相关信息。如图 6－46 所示。

（4）进行日记账分录预览，查看科目和金额，核对无误后，点击【结算】关闭预览窗口。如图 6－47 所示。

（5）回到“应收发票”界面，点击【添加并查看】按钮，对系统弹出提示信息进行确认，保存单据。

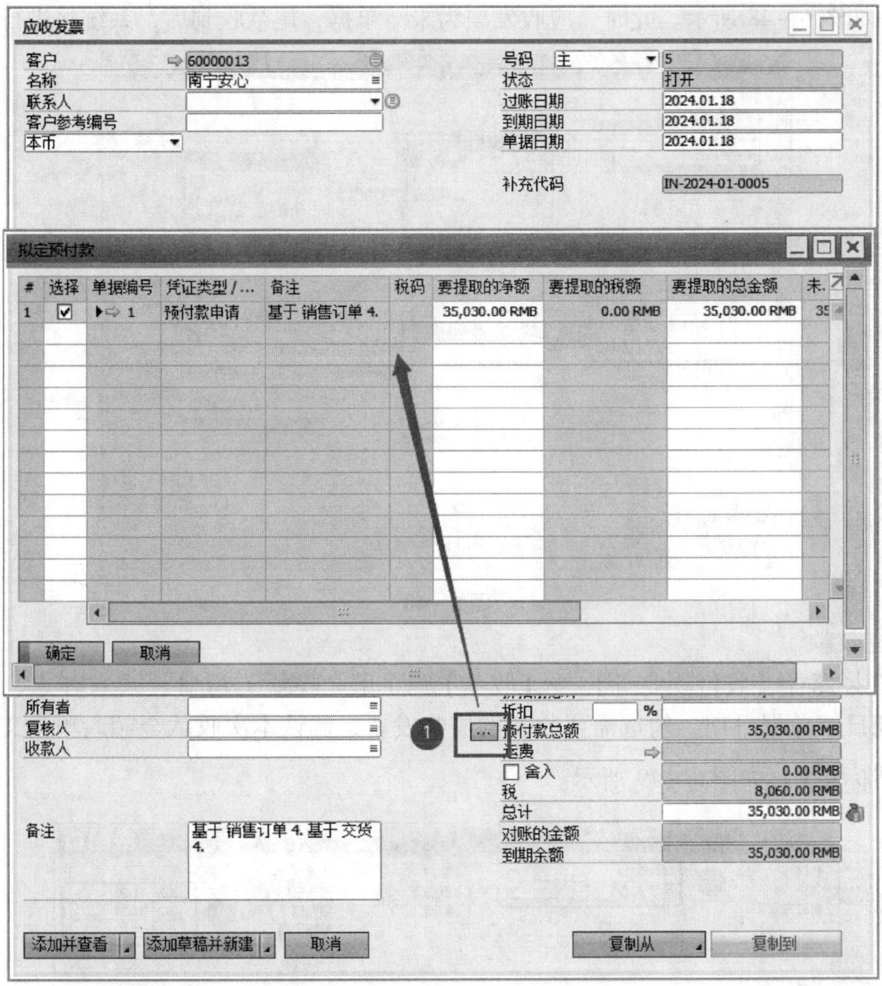


图 6－46

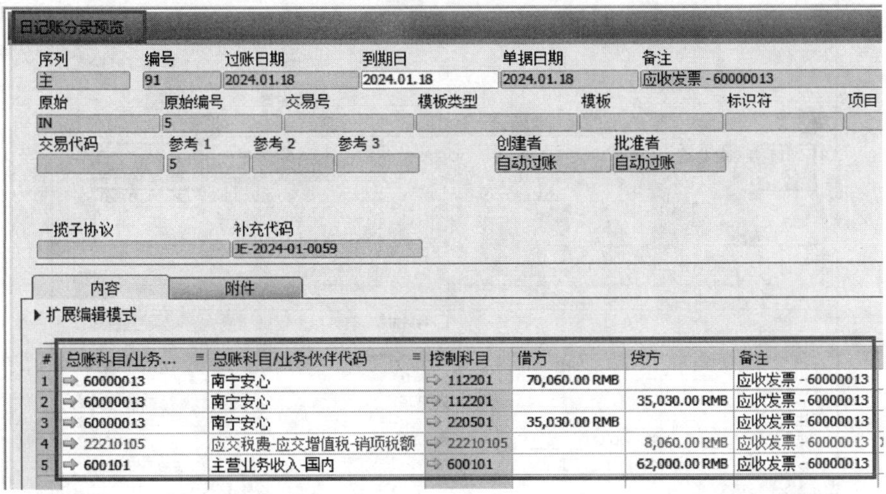


图 6－47

（6）在刚保存过的应收发票空白位置，右击选择关系映射，打开关系映射图，查看整个销售流程。如图 6 - 48 所示。此时，应收发票为未清单据，尾款收到后，系统将进行结算。

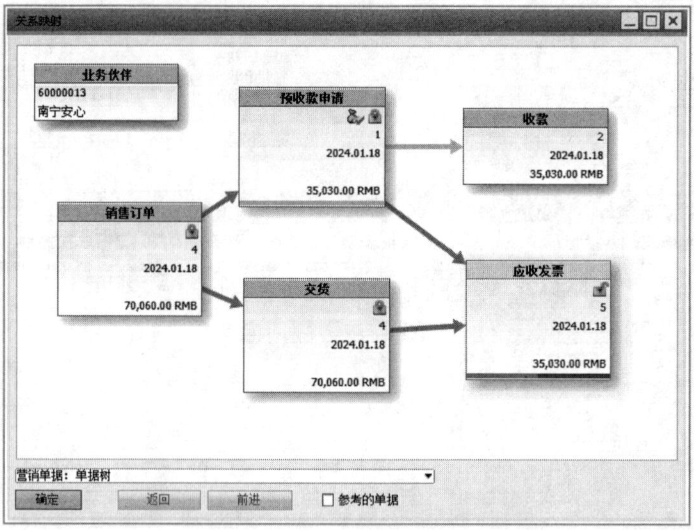


图 6 - 48

6. 创建收款

（1）选择路径【收付款业务】—【收款】，打开“收款”窗口。录入客户，调整过账日期、到期日、单据日期。勾选需要收款的应收发票，确认本次收款金额。单击工具栏中的付款方式图标 。如图 6 - 49 所示。

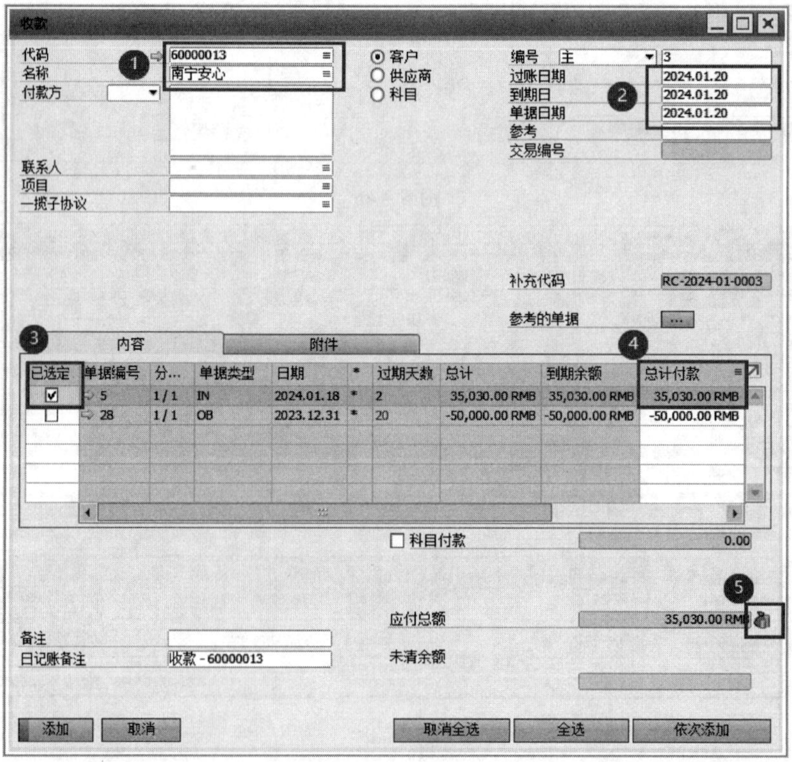


图 6 - 49

（2）打开“付款方式”窗口。通过银行转账进行收款，录入收款相关信息，点击【确定】按钮。如图 6－50 所示。

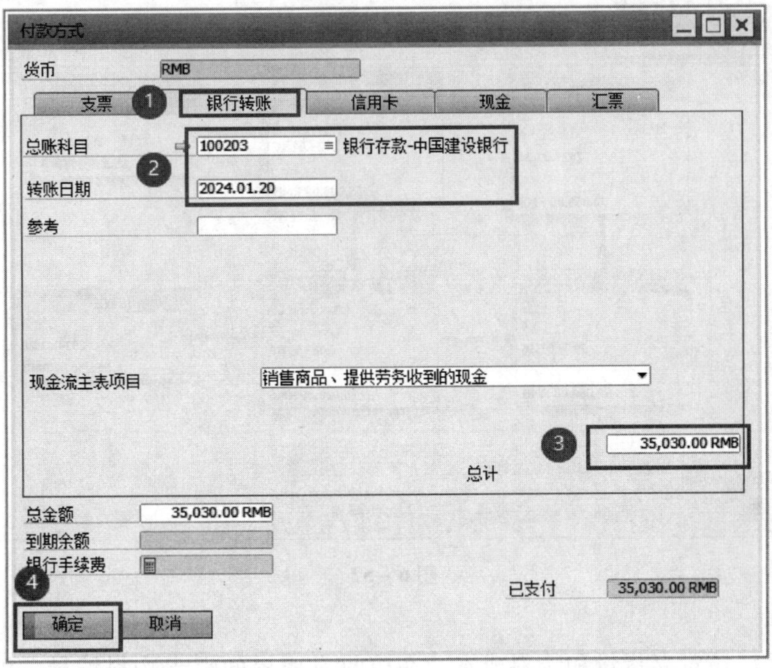


图 6－50

（3）返回“收款”窗口，单击【添加】按钮，保存应收预留发票的收款，系统跳出提示信息，点击【添加】进行确认，保存单据。

（4）点击工具栏中的“最后一个数据记录”的绿色箭头，回到刚保存的收款单。点击“交易编号”后的黄色箭头查看生成的日记账分录。如图 6－51 所示。

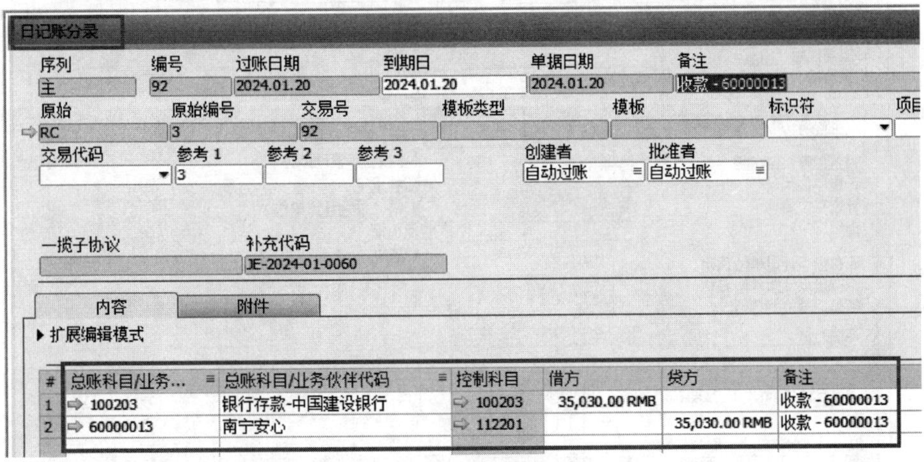


图 6－51

7. 查看完整关系映射

业务完成后，在“应收发票”界面空白处点击右键，在弹出的功能清单中选中“关系映射”，查看销售全流程。如图 6－52 所示。

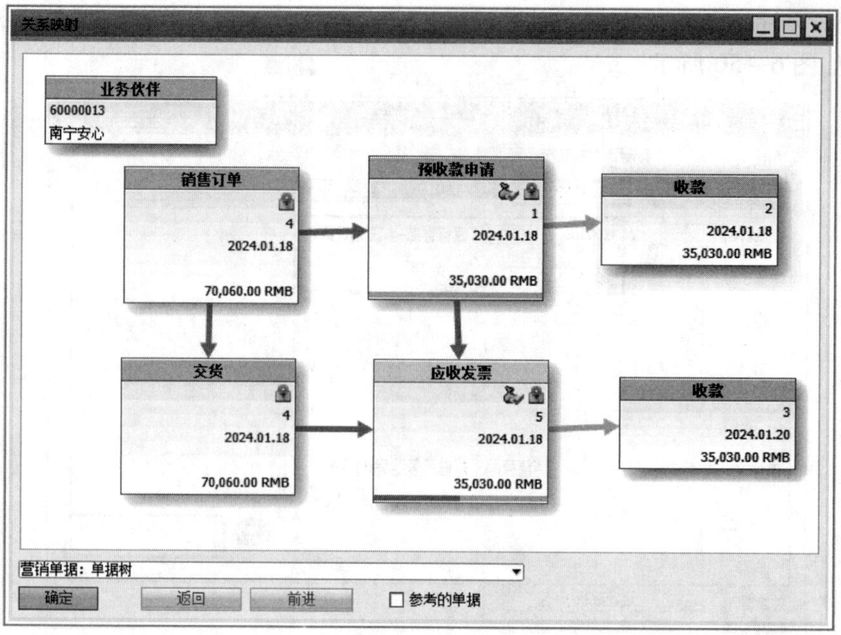


图 6－52

8. 核对库存

业务完成后，核对存货量和物料成本。在应收发票界面点击物料编号左侧的黄色箭头，跳转到榕江白砂糖 50kg 的物料主数据，点击【库存数据】选项卡，可以看到其存货量为 876 袋，物料成本 245 元/袋；其中，已承诺数量为 400 袋。如图 6－53 所示。

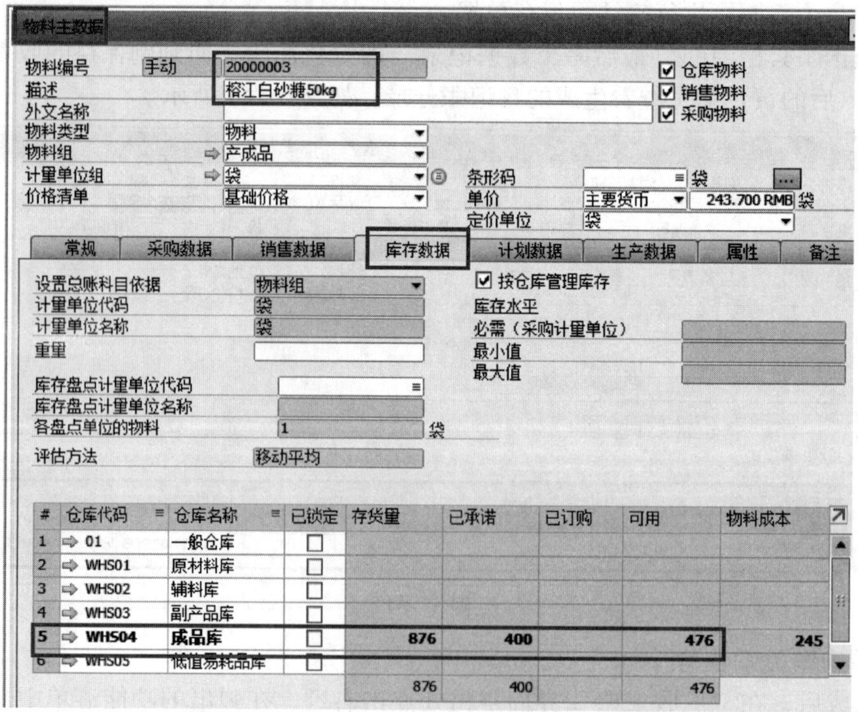


| # | 仓库代码 | 仓库名称 | 已锁定 | 存货量 | 已承诺 | 已订购 | 可用 | 物料成本 |
|---|---|---|---|---|---|---|---|---|
| 1 | 01 | 一般仓库 | ☐ | | | | | |
| 2 | WHS01 | 原材料库 | ☐ | | | | | |
| 3 | WHS02 | 辅料库 | ☐ | | | | | |
| 4 | WHS03 | 副产品库 | ☐ | | | | | |
| 5 | WHS04 | 成品库 | ☐ | 876 | 400 | | 476 | 245 |
| 6 | WHS05 | 低值易耗品库 | ☐ | | | | | |
| | | | | 876 | 400 | | 476 | |

图 6－53

**业务场景五　预收款业务（全额预收）**

1 月 7 日，可口可乐公司向公司提交了 1000 吨白砂糖的订单，并全额预付了货款，要求本月提货 200 吨，其余等用到时再提出送货要求。

| 物料编号 | 物料描述 | 数量 | 不含税单价 |
|---|---|---|---|
| 20000001 | 榕江白砂糖 | 1000 吨 | 6400 元/吨 |

1 月 10 日，公司完成 1000 吨白砂糖的生产，产品入库。

1 月 12 日，公司向可口可乐公司交货 200 吨，财务部开出 200 吨发票。

1. 创建销售订单

（1）选择路径【销售—应收账款（S）】—【销售订单】，打开“销售订单”窗口。录入客户，调整过账日期、交货日期。

（2）在【内容】选项卡中，选择要销售的物料编号，系统自动带出描述、默认仓库等信息，输入数量和折扣后的含税单价，其他信息系统自动带出。

（3）单击【添加并查看】按钮，对单据进行保存。如图 6－54 所示。

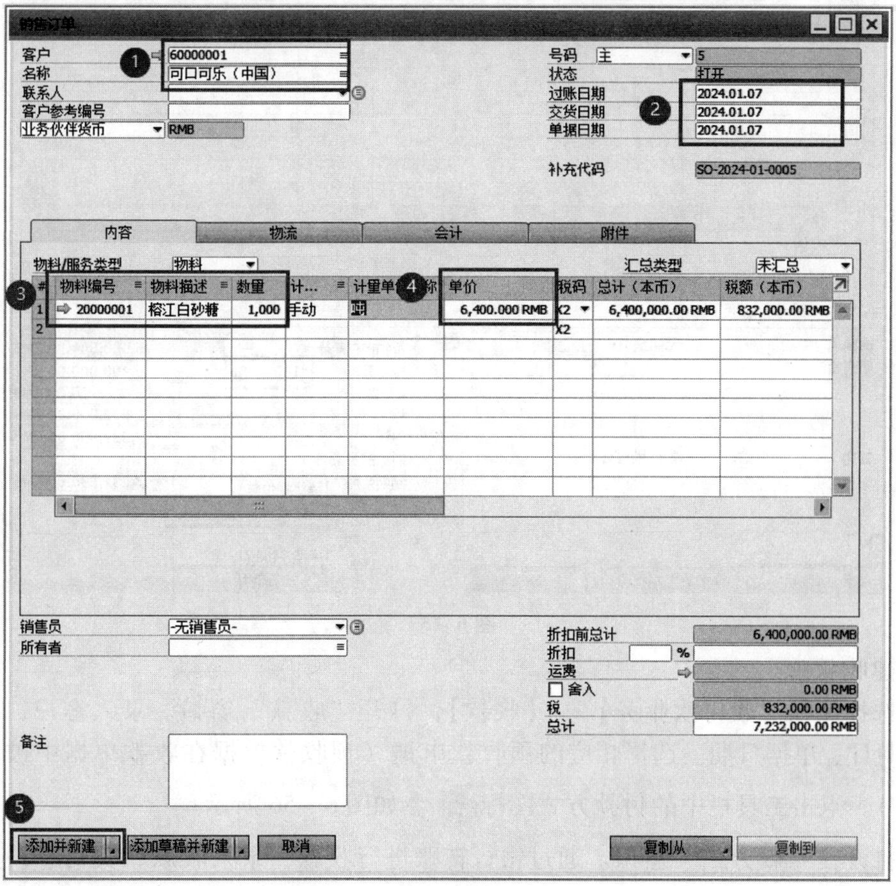


图 6－54

2. 创建预收款申请

（1）选择路径【销售—应收账款（S）】—【预收款申请】，打开“预收款申请”窗口，录入客户，调整过账日期、到期日、单据日期。

（2）使用【复制从】按钮，选择销售订单，然后单击选择。在单据提取向导中选中“提取所有数据（运费和代扣税）”并单击完成。系统从销售订单将全部数据复制到预收款申请。按照合同要求预收款比例为100%。如图6－55所示。

（3）点击【添加并查看】，系统跳出提示信息，进行确认，保存单据。

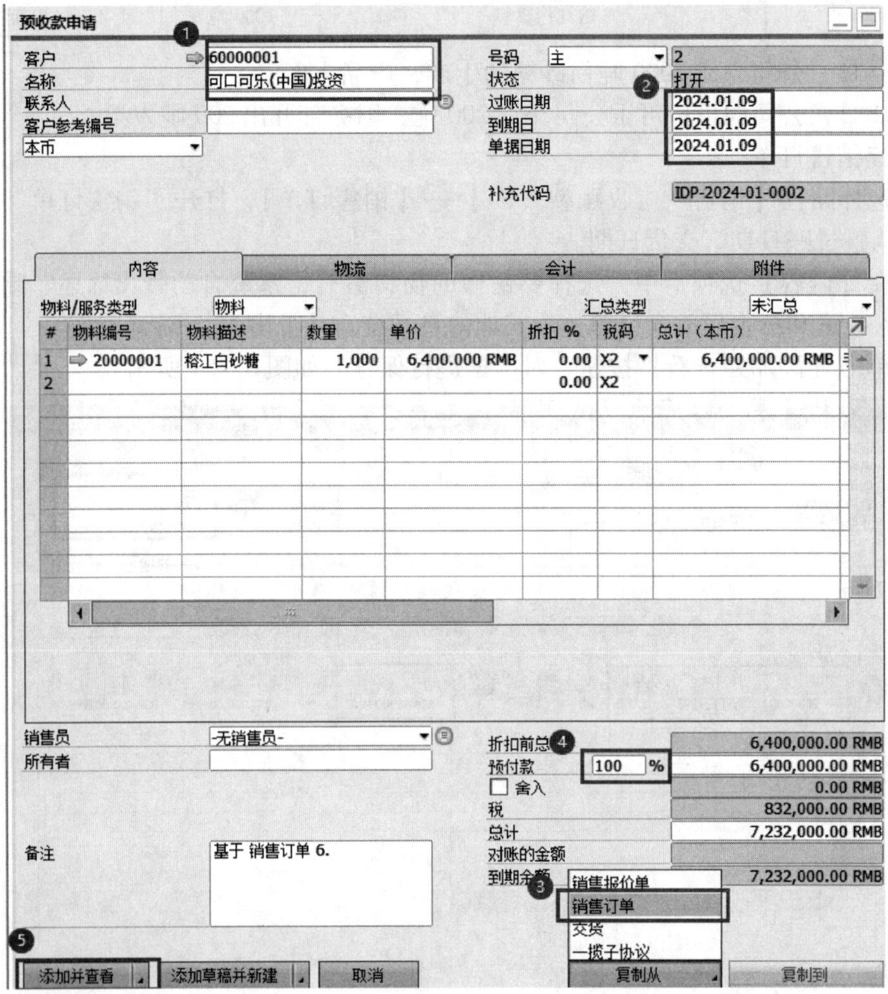


图6－55

3. 创建收款单

（1）选择路径【收付款业务】—【收款】，打开“收款”窗口。录入客户，调整过账日期、到期日、单据日期。选择相应的预收款申请（预收款单据在收款单据中被标记为单据类型DT）。点击工具栏中的付款方式图标。如图6－56所示。

（2）打开“付款方式”窗口。通过银行转账进行收款，录入收款相关信息，点击【确定】按钮。如图6－57所示。

（3）返回“收款”窗口，点击【添加】完成收款，系统跳出提示信息，点击【添加】进行确认，保存单据。

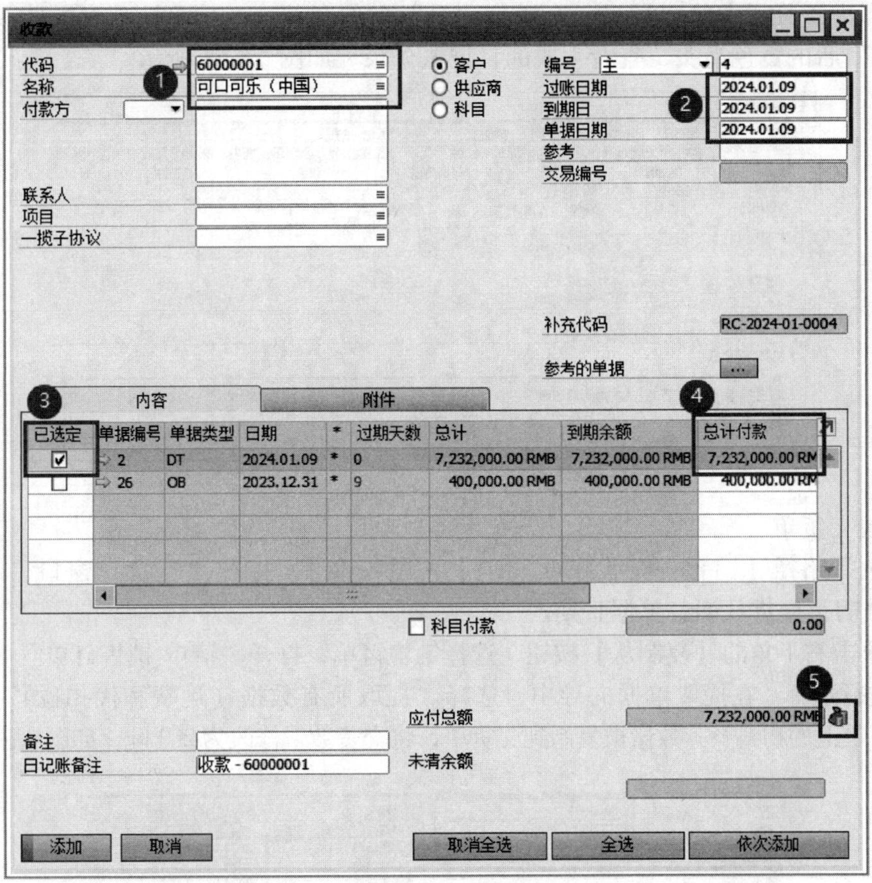
收款
代码
60000001
名称
可口可乐（中国）
付款方
客户
供应商
科目
编号
主
4
过账日期
2024.01.09
到期日
2024.01.09
单据日期
2024.01.09
参考
交易编号
联系人
项目
一揽子协议
补充代码
RC-2024-01-0004
参考的单据
内容
附件
已选定
单据编号
单据类型
日期
过期天数
总计
到期余额
总计付款
2
DT
2024.01.09
0
7,232,000.00 RMB
7,232,000.00 RMB
26
OB
2023.12.31
9
400,000.00 RMB
400,000.00 RMB
科目付款
0.00
应付总额
7,232,000.00 RMB
备注
日记账备注
收款 - 60000001
未清余额
添加
取消
取消全选
全选
依次添加

图 6 –56

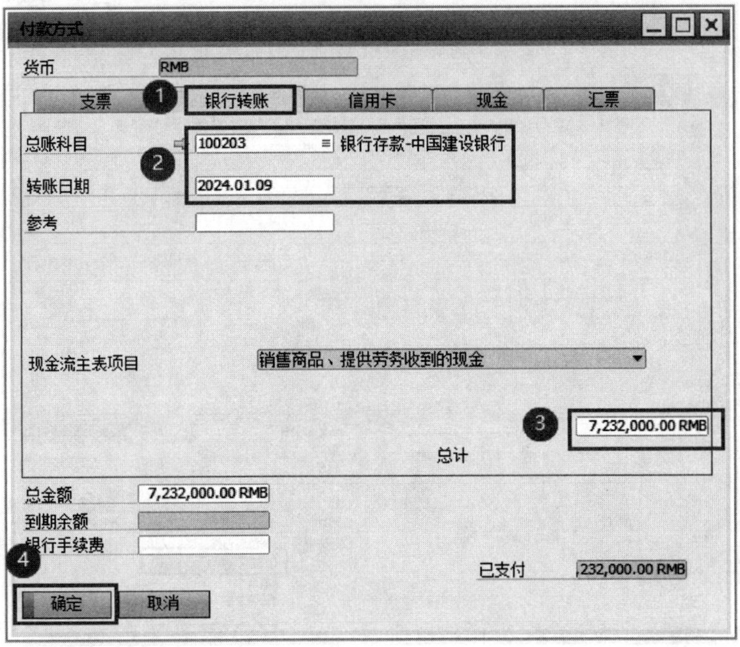
付款方式
货币
RMB
支票
银行转账
信用卡
现金
汇票
总账科目
100203
银行存款-中国建设银行
转账日期
2024.01.09
参考
现金流主表项目
销售商品、提供劳务收到的现金
7,232,000.00 RMB
总计
总金额
7,232,000.00 RMB
到期余额
银行手续费
已支付
确定
取消

图 6 –57

（4）点击工具栏中的“最后一个数据记录”的绿色箭头，回到刚保存的收款单，点击“交易编号”后的黄色箭头，查看生成的日记账分录。如图 6－58 所示。

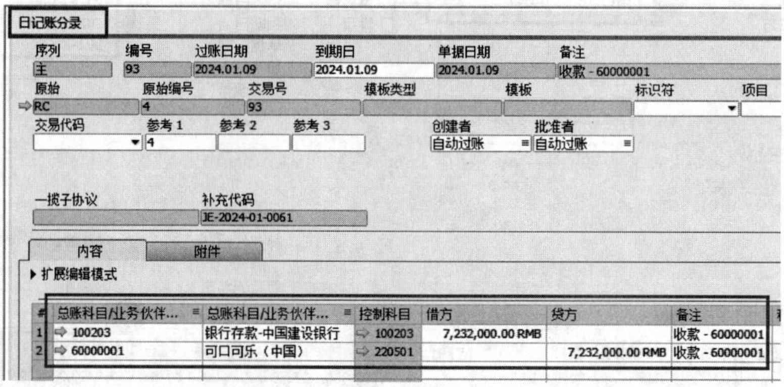


图 6－58

4. 创建交货单

（1）选择路径【销售—应收账款（S）】—【交货】，打开“交货”窗口，录入客户，调整过账日期、交货日期、单据日期。

（2）单击右下角的【复制从】按钮，选择销售订单，打开“清单 销售订单”窗口，双击销售订单进行选择。在提取单据向导中，选择“提取所有数据（运费和代扣税）”并单击完成，销售订单上的物料及其数量被复制到交货单，将交货数量修改为 200 吨。如图 6－59 所示。

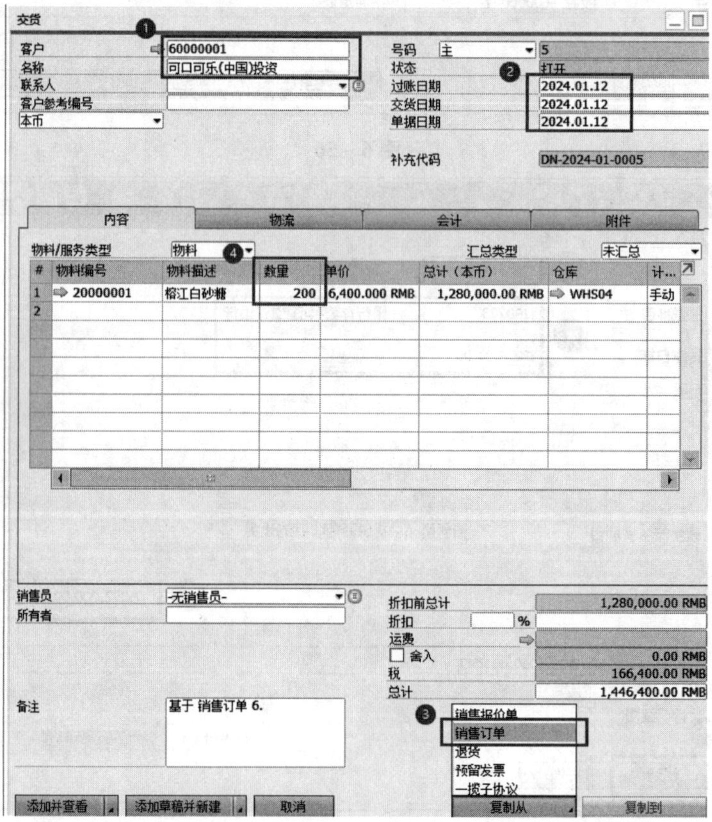


图 6－59

（3）进行日记账分录预览，查看科目和金额，确认无误后点击【结算】关闭预览窗口，如图 6－60 所示。

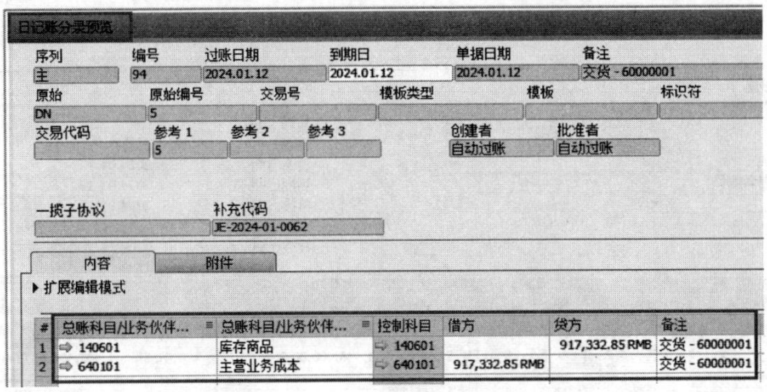


**图 6－60**

（4）回到“交货”窗口，点击【添加并查看】按钮，系统提示“此类型单据包含较晚过账日期”，点击【确定】按钮，对系统提示信息“添加单据后无法进行更改。是否继续？”点击【是】进行确认，保存单据。

5. 预收账款和应收账款对账

（1）选择【销售—应收账款（S）】—【应收发票】，打开“应收发票”窗口，录入客户，调整过账日期、到期日期和单据日期。

（2）点击【复制从】按钮，选择交货，打开“清单 交货”窗口，双击交货单进行选择。在提取单据向导中，选择“提取所有数据（运费和代扣税）”单击完成，将信息从交货单复制到应收发票。如图 6－61 所示。

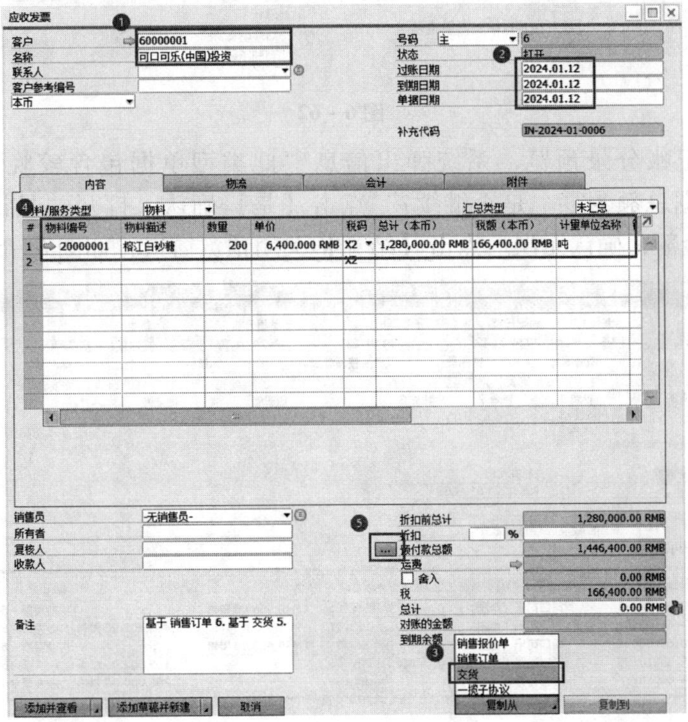


**图 6－61**

（3）在预付款总额字段中显示预付款发票支付的款项，单击提取预付款图标 [...]，查看预付款发票相关信息，本次提取金额默认与本次应收发票金额一致，到期余额为0。如图6－62所示。

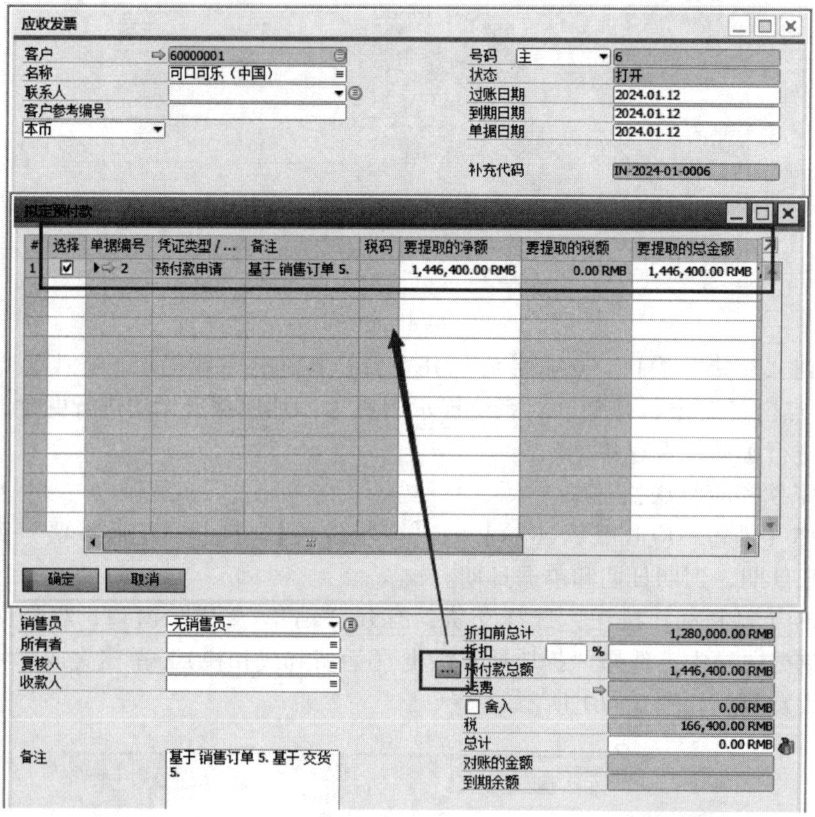


图 6－62

（4）进行日记账分录预览，系统弹出信息“此类型单据包含较晚过账日期”，点击【是】确认，“单据总额为零。是否继续？”点击【是】确认，打开“日记账分录预览”窗口，核对科目和金额，确认无误后点击【结算】关闭预览窗口，如图6－63所示。

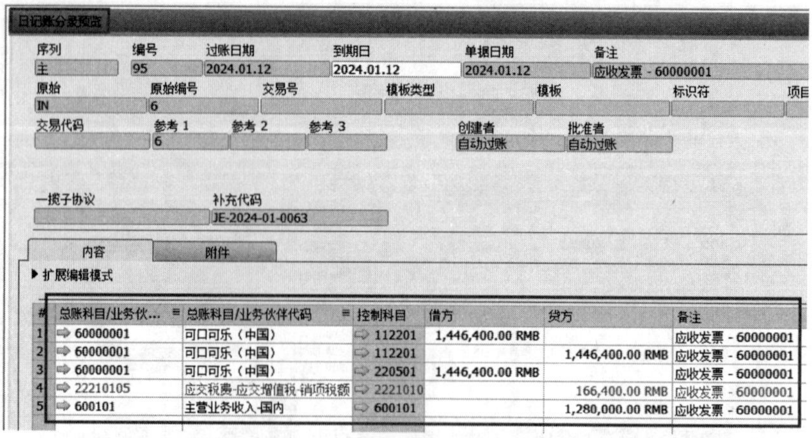


图 6－63

（5）点击【添加并查看】按钮，对系统弹出提示信息进行确认，保存单据。

6. 查看完整关系映射

业务完成后，在“应收发票”界面空白处点击右键，在弹出的功能清单中选中“关系映射”，查看销售全流程。如图 6－64 所示。

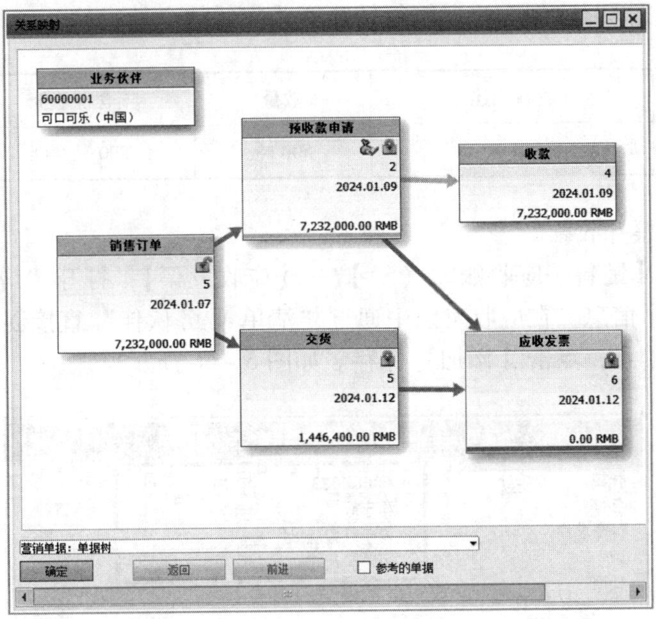


图 6－64

7. 核对库存

业务完成后，核对存货量和物料成本。在应收发票界面点击物料编号左侧的黄色箭头，跳转到榕江白砂糖的物料主数据，点击【库存数据】选项卡，可以看到其存货量为 1800 吨，物料成本 4856.664 元/吨；其中，已承诺数量为 800 吨。如图 6－65 所示。

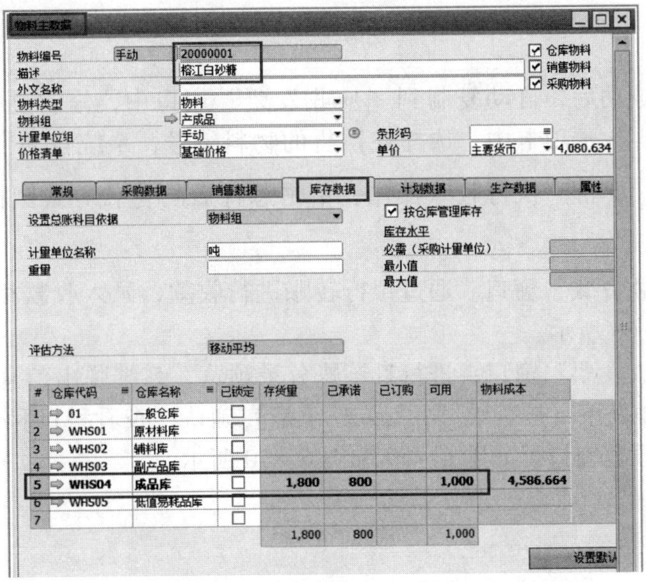


图 6－65

**业务场景六　现结业务**

**业务描述：**

1月23日，南宁红星造纸厂向公司购买以下副产品，客户直接到仓库提货，财务部根据发货单开具发票，同时收到客户以银行转账方式支付的全部货款。

| 物料编号 | 物料描述 | 数量 | 不含税单价 | 交货日期 |
|---|---|---|---|---|
| 16000003 | 蔗渣 | 500 吨 | 800 元/吨 | 1月23日 |

1. 创建应收发票并收款

（1）选择路径【销售—应收账款（S）】—【应收发票】，打开“应收发票”窗口，录入客户，系统无提示信息。在应收发票中通过“清单 业务伙伴”直接创建业务伙伴主数据。输入业务伙伴创建信息，点击【添加】保存。如图6－66所示。

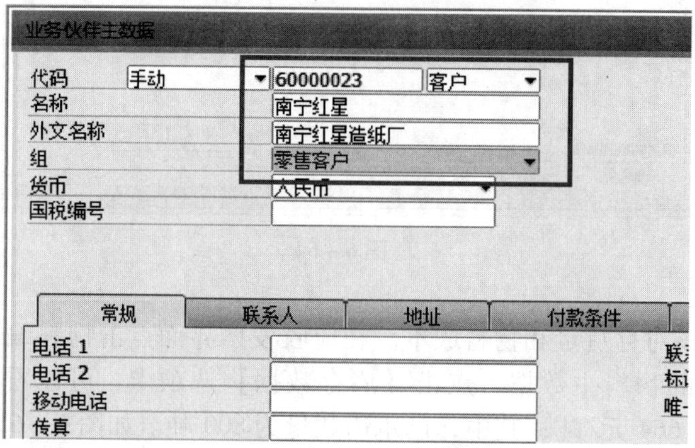


**图6－66**

（2）客户添加成功后，自动复制到“应收发票”窗口中，修改过账日期、到期日期、单据日期。在【内容】选项卡中，选择要销售的物料编号，系统自动带出描述、默认仓库等信息，输入数量、单价。执行收款操作，单击总计后的付款方式图标。如图6－67所示。

（3）打开“付款方式”窗口。通过银行转账进行收款，录入收款相关信息，点击【确定】按钮。如图6－68所示。

（4）返回“应收发票”窗口，进行日记账分录预览，系统弹出信息“可用多个日记账分录预览，将打开2表单，是否继续?”点击【是】确认，查看科目和金额，核对无误后，点击【结算】关闭预览窗口。如图6－69和图6－70所示。

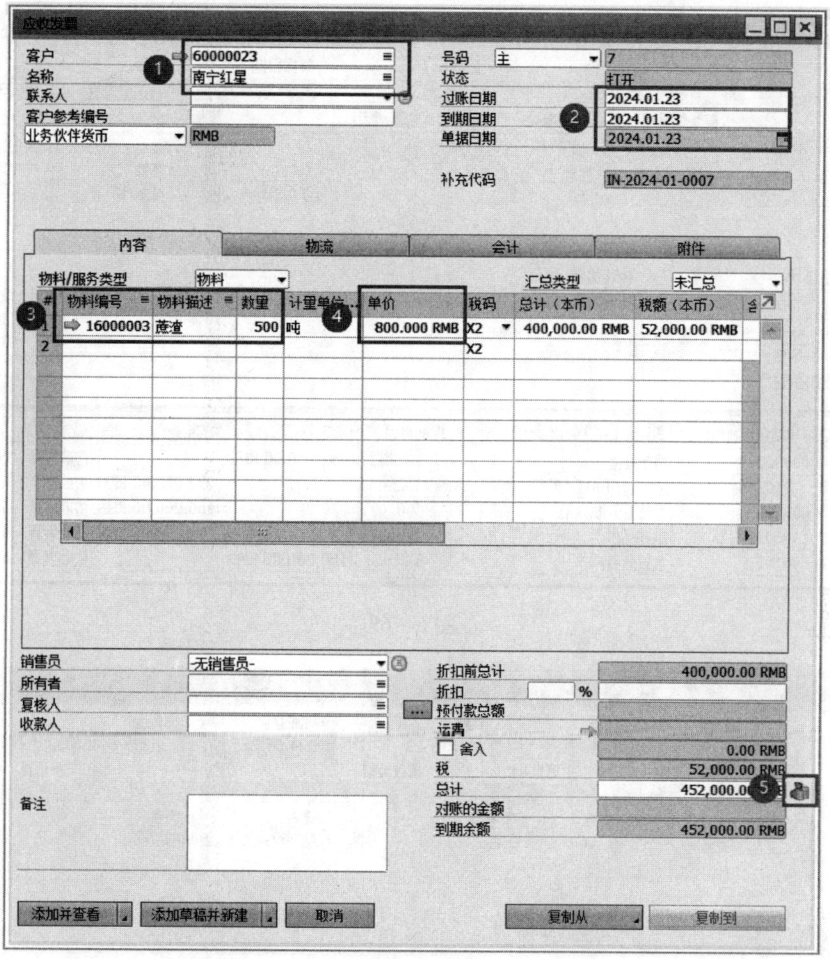

应收发票
客户
60000023
名称
南宁红星
联系人
客户参考编号
业务伙伴货币
RMB
号码
主
7
状态
打开
过账日期
2024.01.23
到期日期
2024.01.23
单据日期
2024.01.23
补充代码
IN-2024-01-0007
内容
物流
会计
附件
物料/服务类型
物料
汇总类型
未汇总
物料编号
物料描述
数量
计量单位
单价
税码
总计（本币）
税额（本币）
16000003
蔗渣
500
吨
800.000 RMB
X2
400,000.00 RMB
52,000.00 RMB
X2
销售员
-无销售员-
所有者
复核人
收款人
备注
折扣前总计
400,000.00 RMB
折扣
%
预付款总额
运费
舍入
0.00 RMB
税
52,000.00 RMB
总计
452,000.00
对账的金额
到期余额
452,000.00 RMB
添加并查看
添加草稿并新建
取消
复制从
复制到


图 6－67

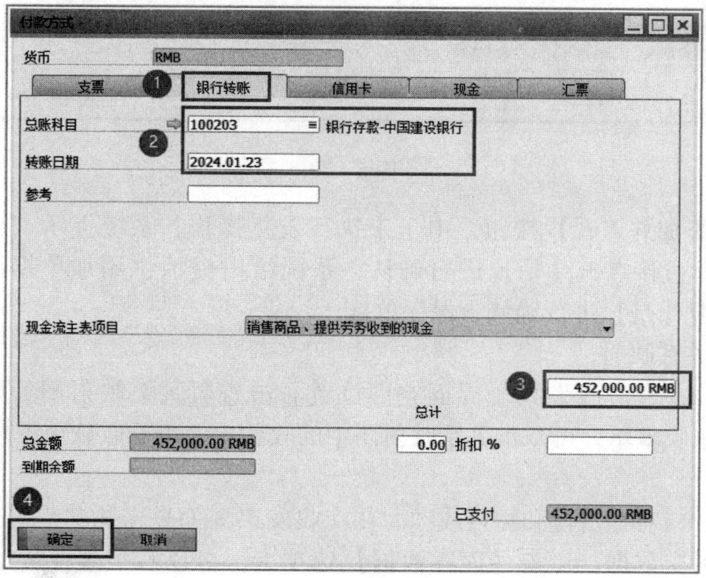

付款方式
货币
RMB
支票
银行转账
信用卡
现金
汇票
总账科目
100203
银行存款-中国建设银行
转账日期
2024.01.23
参考
现金流主表项目
销售商品、提供劳务收到的现金
452,000.00 RMB
总计
总金额
452,000.00 RMB
0.00
折扣 %
到期余额
已支付
452,000.00 RMB
确定
取消


图 6－68

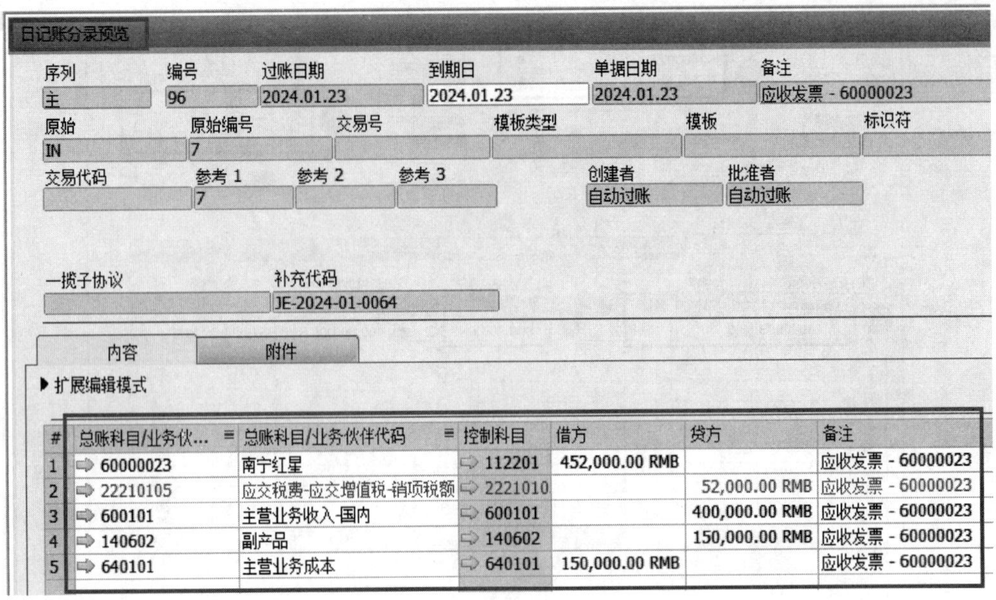


图 6－69

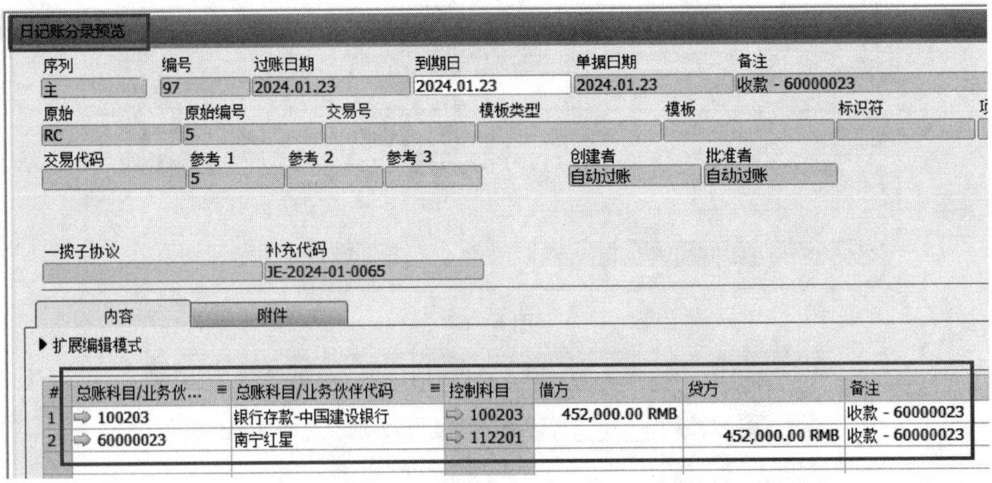


图 6－70

（5）单击【添加并查看】按钮，由于未执行发货操作，系统提示“尚未过账收货/交货。是否继续?”，直接点击【是】进行确认，系统给出提示“添加单据后无法进行更改。是否继续?”，点击【是】进行确认，保存单据。

2. 查看完整关系映射

业务完成后，在“应收发票”界面空白位置右击查看关系映射图。如图 6－71 所示。系统同时生成一张收款单，可双击关系映射图中的收款单，查看收款单据内容。

3. 核对库存

业务完成后，核对存货量和物料成本。在应收发票界面点击物料编号左侧的黄色箭头，跳转到蔗渣的物料主数据，点击【库存数据】选项卡，可以看到其存货量为 500 吨，物料成本 300 元/吨。如图 6－72 所示。

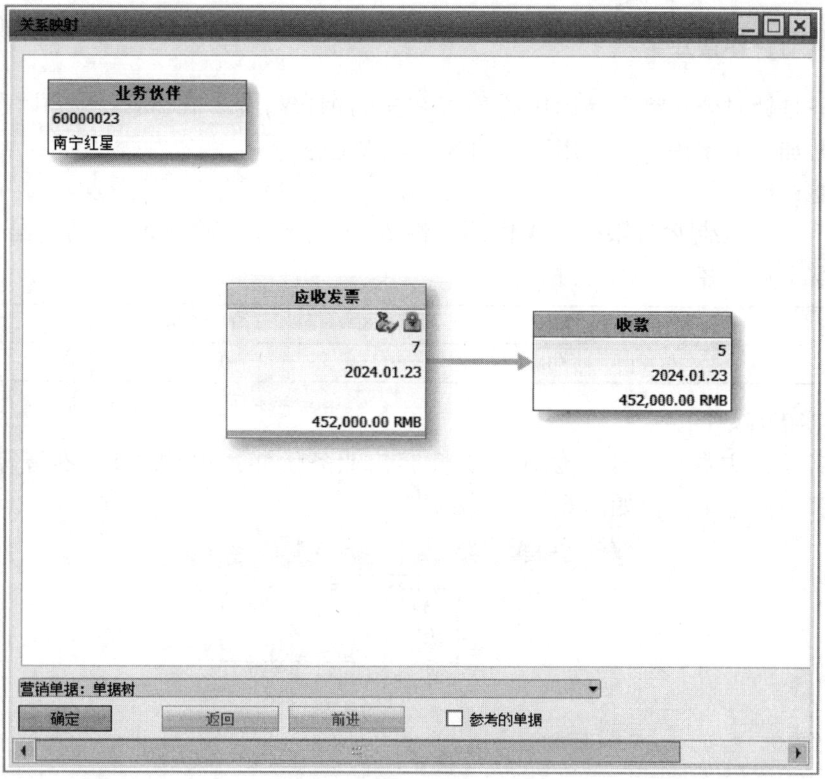
关系映射
业务伙伴
60000023
南宁红星
应收发票
7
2024.01.23
452,000.00 RMB
收款
5
2024.01.23
452,000.00 RMB
营销单据：单据树
确定
返回
前进
参考的单据

图 6－71

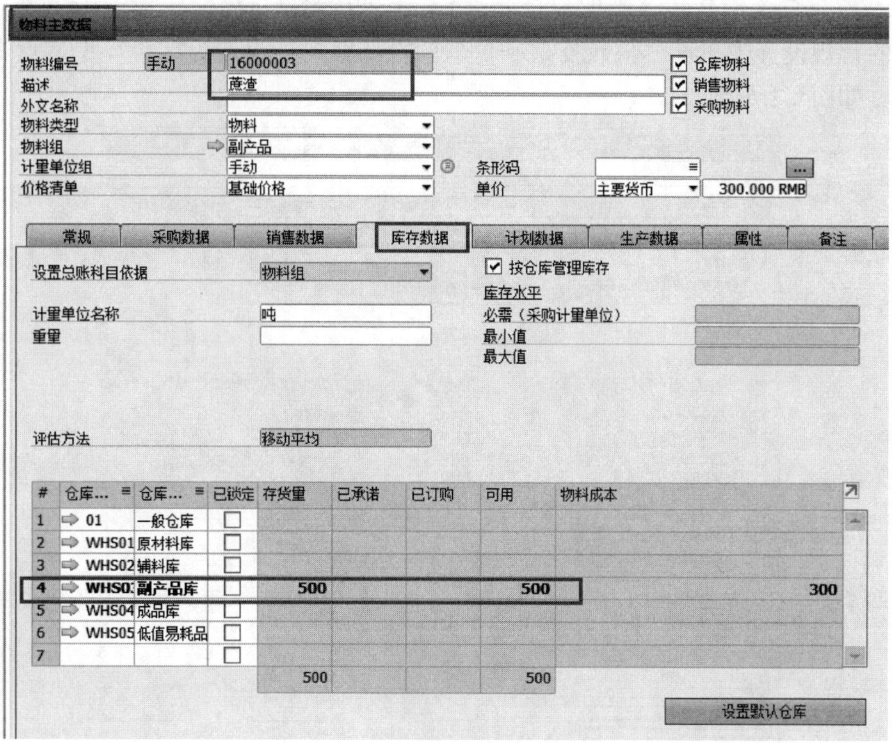
物料主数据
物料编号
手动
16000003
描述
蔗渣
外文名称
物料类型
物料
物料组
副产品
计量单位组
手动
价格清单
基础价格
仓库物料
销售物料
采购物料
条形码
单价
主要货币
300.000 RMB
常规
采购数据
销售数据
库存数据
计划数据
生产数据
属性
备注
设置总账科目依据
物料组
按仓库管理库存
库存水平
计量单位名称
吨
必需（采购计量单位）
重量
最小值
最大值
评估方法
移动平均
#
仓库...
仓库...
已锁定
存货量
已承诺
已订购
可用
物料成本
1 01 一般仓库
2 WHS01 原材料库
3 WHS02 辅料库
4 WHS0: 副产品库 500 500 300
5 WHS04 成品库
6 WHS05 低值易耗品
7
500
500
设置默认仓库

图 6－72

**业务场景七　零售业务**

零售业务是针对公司将产品销售给零售客户的销售行为。在 SAP 系统中需要在业务伙伴主数据中增加一个零售客户，用于专门统计零售业务。

**业务描述：**

1 月 18 日，榕江制糖有限公司零售部门将 20 千克榕江白砂糖 50kg 销售给一次性客户，售价为 10 元/千克，客户转账支付。

| 物料编号 | 物料描述 | 数量 | 不含税单价 | 交货日期 |
|---|---|---|---|---|
| 20000003 | 榕江白砂糖 50kg | 20 千克 | 10 元/千克 | 1 月 18 日 |

1. 设置零售客户

在“业务伙伴主数据”中，创建一次性客户业务伙伴：70000001—零售客户，参照业务场景一　客户信息维护。如图 6－73 所示。

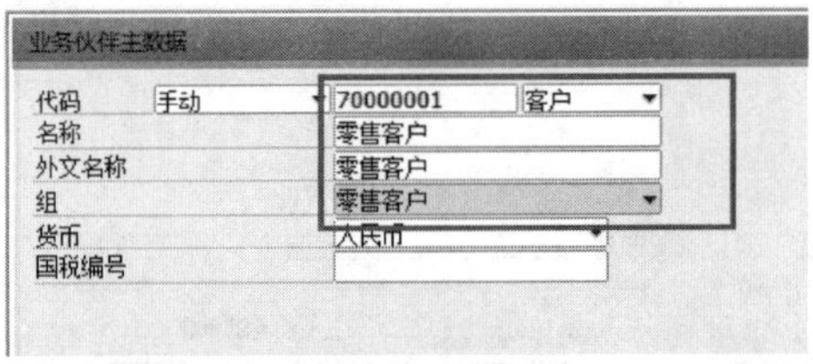


**图 6－73**

要启用该零售业务，还需要在系统中进行设置。选择路径【管理】—【设置】—【财务】—【总账科目确定】—【总账科目确定】，在“总账科目确定”界面中，进入【销售】选项卡下的常规设置中，将“应收发票和付款的默认客户”设置为零售客户，点击【更新】保存设置。如图 6－74 所示。

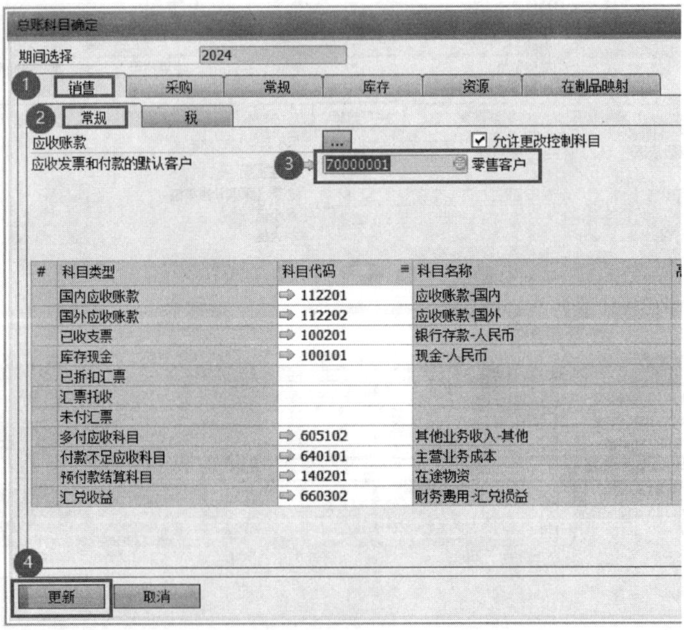


**图 6－74**

2. 创建应收发票及收款

（1）选择路径【销售—应收账款（S）】—【应收发票 + 付款】，打开“应收发票 + 付款”窗口，客户默认为：70000001—零售客户。调整过账日期和到期日期、单据日期。

（2）在【内容】选项卡中，选择要销售的物料编号，系统自动带出描述、默认仓库等信息，输入数量、单价等信息。单击工具栏中的付款方式图标 。如图 6 – 75 所示。

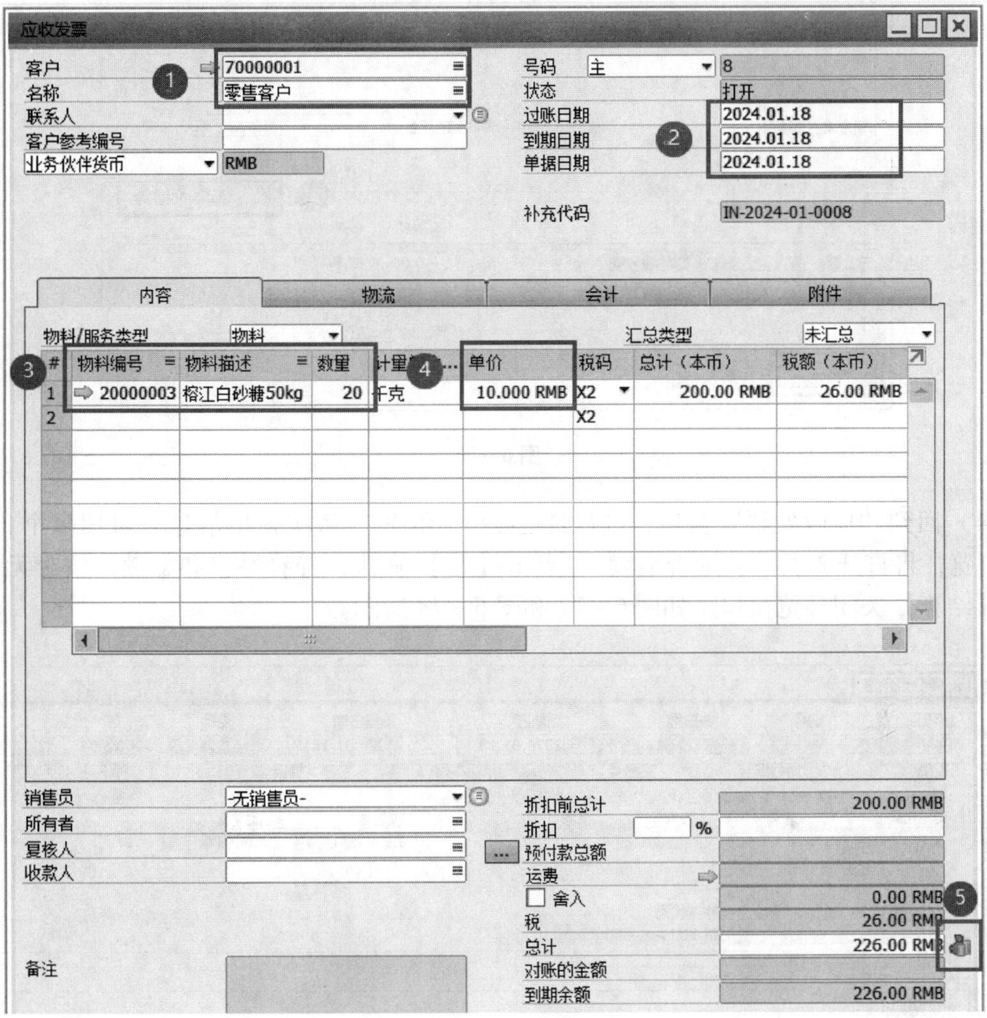


图 6 – 75

（3）打开“付款方式”窗口。通过银行转账进行收款，录入收款相关信息，点击【确定】按钮。如图 6 – 76 所示。如果不选择付款方式，单击【添加并查看】按钮，系统提示“发票和收据必须精准支付，字段：总计”，同时，系统打开“付款方式”窗口，对收款方式进行输入。

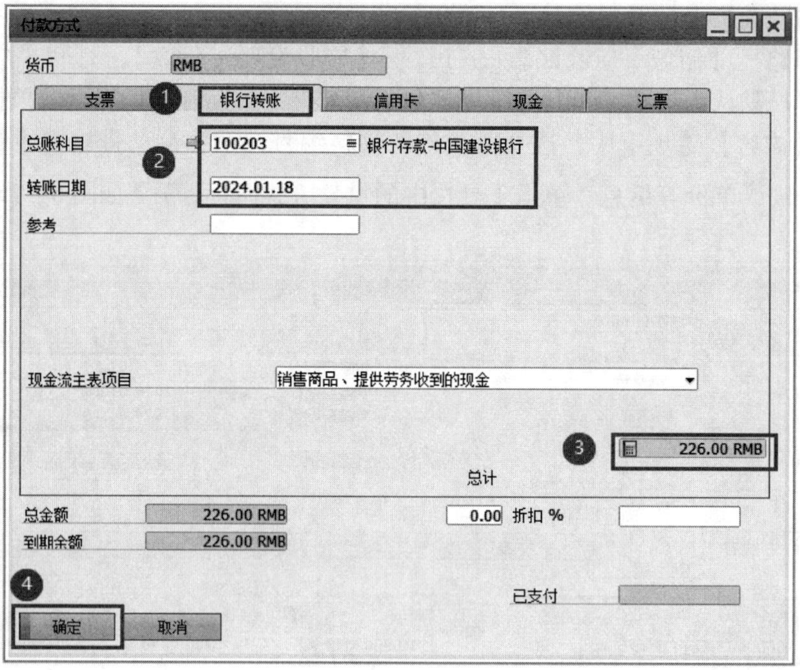


**图 6－76**

（4）回到“应收发票”窗口，进行日记账分录预览，系统弹出信息“可用多个日记账分录预览，将打开 2 表单，是否继续?”点击【是】确认，查看科目和金额，核对无误后，点击【结算】关闭预览窗口。如图 6－77 和图 6－78 所示。

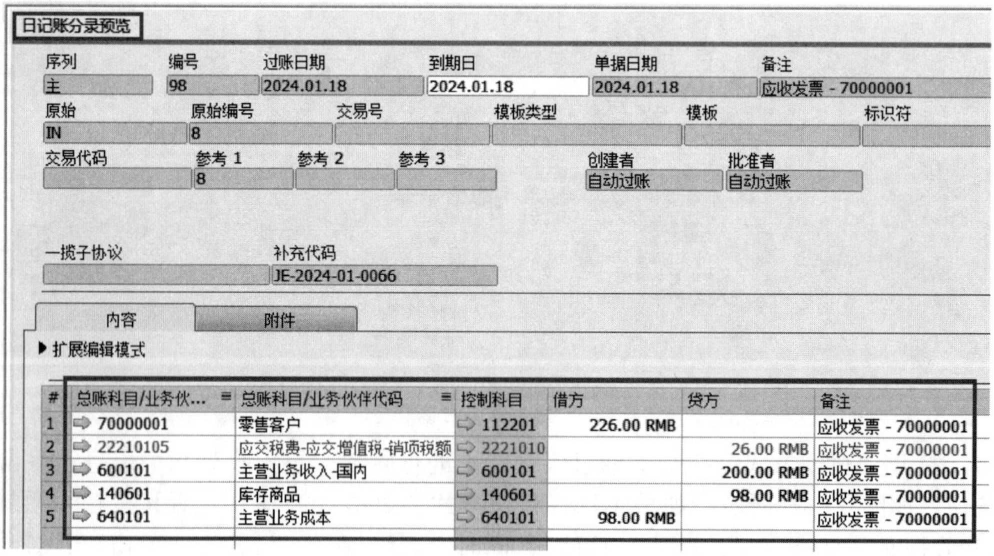


**图 6－77**

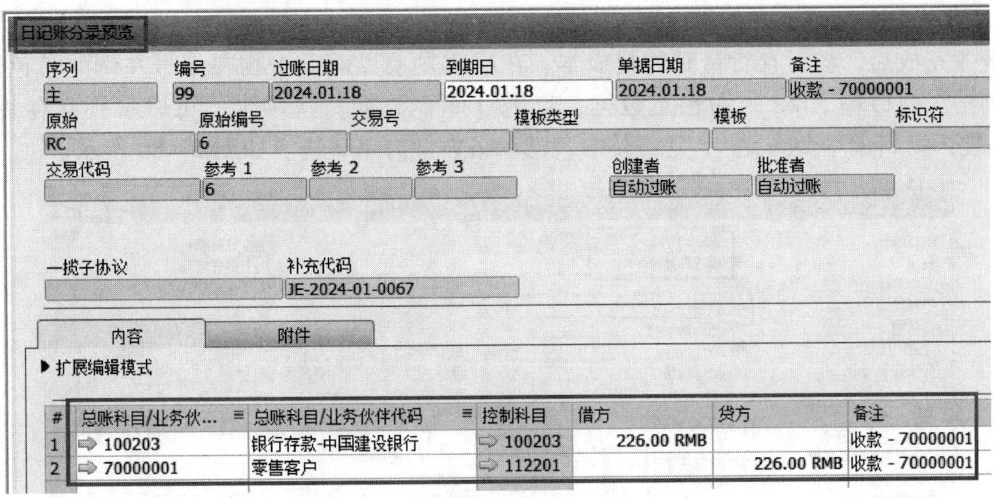


图 6－78

（5）在“应收发票”窗口，单击选择【添加并查看】，由于未执行发货操作，系统提示“尚未过账收货/交货。是否继续?”，直接点击【是】进行确认，系统给出提示“添加单据后无法进行更改。是否继续?”，点击【是】进行确认，单据保存成功。此时，可看到当前的应收发票状态为已结算。

3. 查看完整关系映射

业务完成后，在“应收发票”界面空白处点击右键，在弹出的功能清单中选中“关系映射”，查看本业务完整的关系映射。如图 6－79 所示。

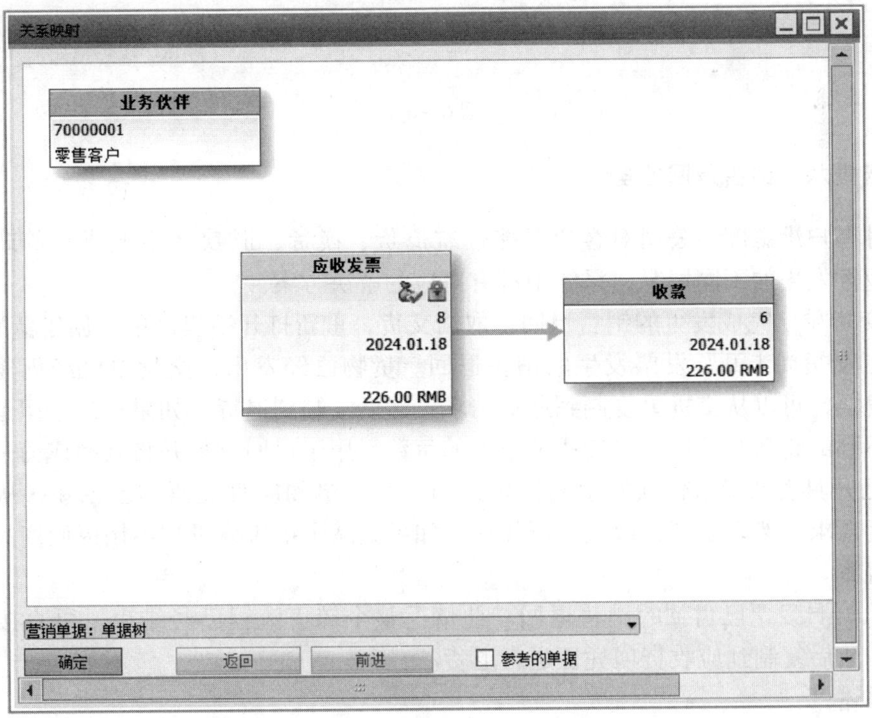


图 6－79

4. 核对库存

业务完成后，核对存货量和物料成本。在应收发票界面点击物料编号左侧的黄色箭头，跳转到榕江白砂糖 50kg 的物料主数据，点击【库存数据】选项卡，可以看到其存货量为 875.6 袋，物料成本 245 元/千克；其中，已承诺数量为 400 袋。如图 6－80 所示。

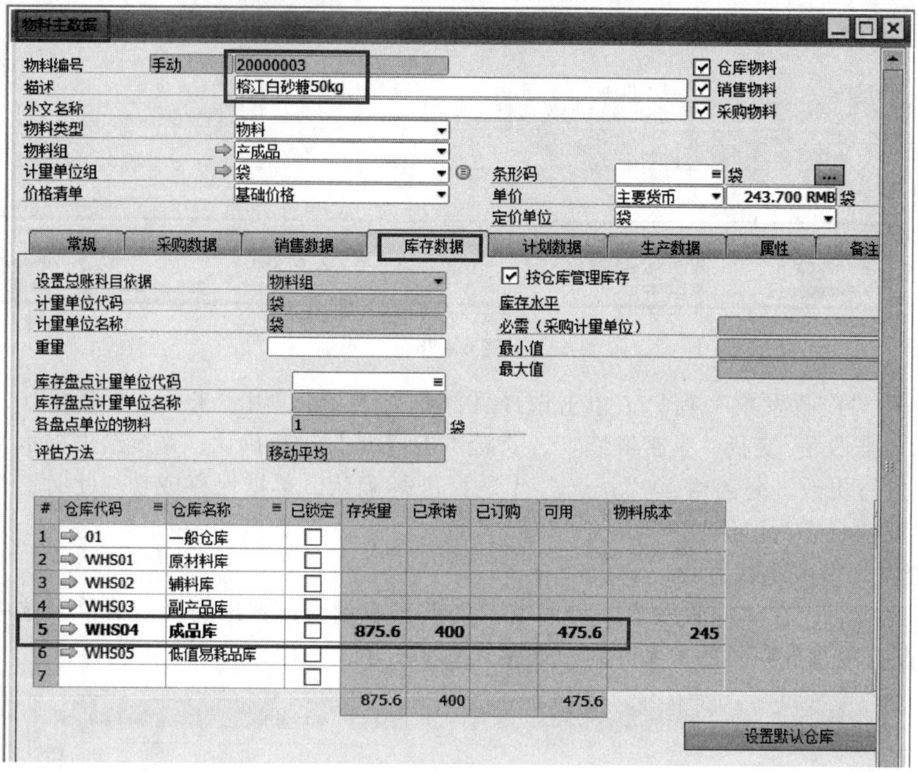


图 6－80

**业务场景八　销售退回业务**

为提升客户满意度，公司对客户可能会有退货、换货、退款（不退货）等政策。针对销售退回业务发生的不同情况，系统中都有对应的解决方案。

（1）交货单已完成发生的销售退回。取消交货，重新打开销售订单，创建新的交货单。

（2）已交货尚未开具发票发生的销售退回。货物已经发出，交货单已经创建，但尚未创建应收发票，可以从交货单复制到退货请求，然后复制到退货。如果客户希望退回物料并将其换成不同的物料，可通过退货或发票上的负数行用于退回物料并将其换成另一种物料。

（3）已开具发票尚未付款发生的销售退回。交货单和应收发票均已创建，从应收发票复制到退货请求，然后复制到应收贷项凭证。如果只减少销售数量却不用退回商品的，则使用无数量过账。

（4）已开具发票已付款的销售退回。此情况整个销售流程已经结束，可直接发起销售退货请求，然后复制到应收贷项凭证进行退货。

**业务描述：**

1 月 20 日，销售部向天津顶津食品有限公司出售 3 吨榕江白砂糖 50kg，单价为 6300 元/

吨，成品库已发出，财务部确认了收入和成本。

1月21日，由于包装破损，客户联系销售部要求换货，销售部发起退货请求。

1月22日，仓库经理收到退回的产品0.5吨，并收回到成品库。同时安排新的产品发货。

1月23日，客户收到货物发现仍有部分包装问题，重量50千克，经协商后，客户同意让步接收，但要求这50千克免费，销售部同意客户需求。

1. 创建销售订单

（1）选择路径【销售—应收账款（S）】—【销售订单】，打开“销售订单”窗口，录入客户，调整过账日期、交货日期、单据日期。

（2）在【内容】选项卡中，选择要销售的物料编号，系统自动带出描述、默认仓库等信息，输入数量，将计量单位组修改为：吨，修改单价，系统自动带出其他信息。

（3）点击【添加并查看】按钮，对单据进行保存。如图6-81所示。

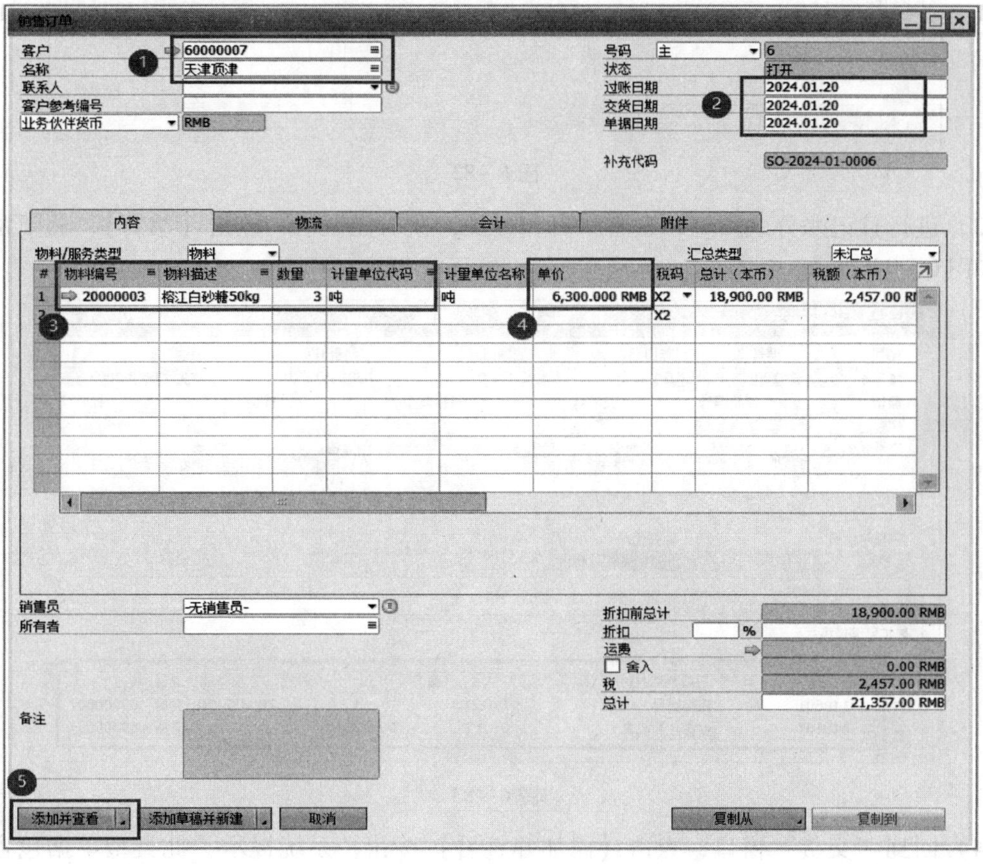


图6-81

2. 创建交货单

（1）选择【销售—应收账款（S）】—【交货】，打开“交货”窗口，录入客户，调整过账日期、交货日期、单据日期。

（2）通过单击【复制从】，选择“销售订单”，系统将打开“清单 销售订单”，选中要交货的销售订单单击选择，在提取单据向导中，选择“提取所有数据（运费和代扣税）”并单击完成。销售订单中的所有行复制到销售交货中。如图6-82所示。

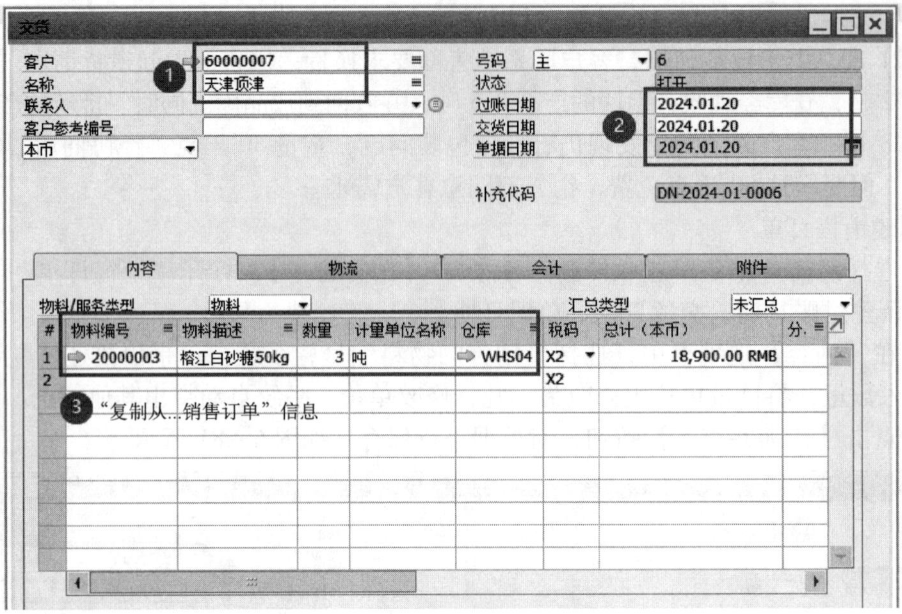


图 6 – 82

（3）进行日记账分录预览，查看科目和金额，核对无误后，点击【结算】，关闭预览窗口。如图 6 – 83 所示。

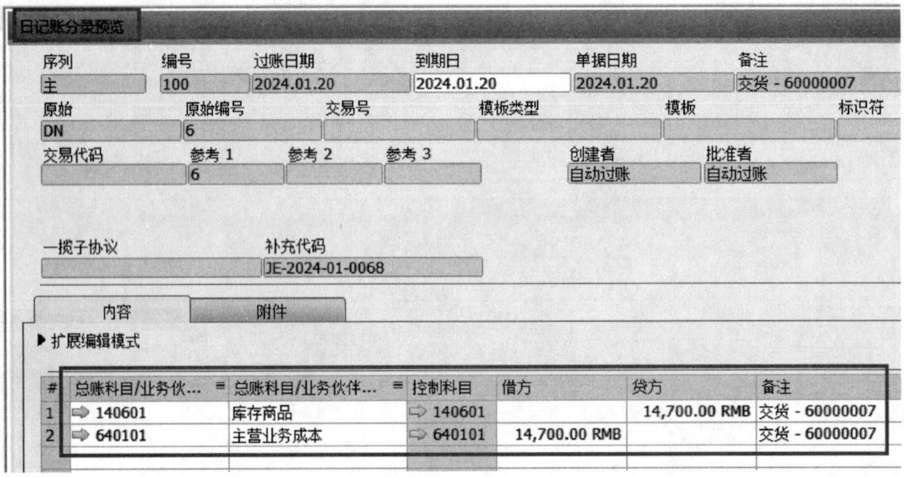


图 6 – 83

（4）回到“交货”窗口，点击【添加并查看】按钮，系统提示“此类型单据包含较晚过账日期”，点击【确定】按钮，对系统提示信息“添加单据后无法进行更改。是否继续?”点击【是】进行确认，保存单据。

3. 创建应收发票

（1）选择路径【销售—应收账款（S）】—【应收发票】，打开“应收发票”窗口，录入客户，调整过账日期、到期日期、单据日期。

（2）通过单击【复制从】，选择“交货”，将物料从交货处复制。在提取单据向导中，选择“提取所有数据（运费和代扣税）”，并单击完成。销售交货中的所有行复制到应收发票中。如图 6－84 所示。

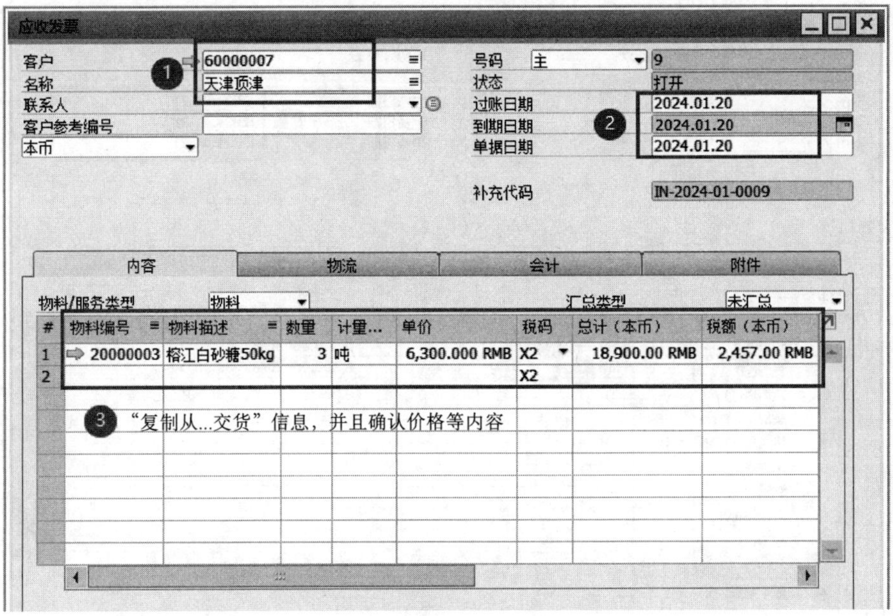


**图 6－84**

（3）进行日记账分录预览，查看科目和金额，核对无误后，点击【结算】关闭预览窗口。如图 6－85 所示。

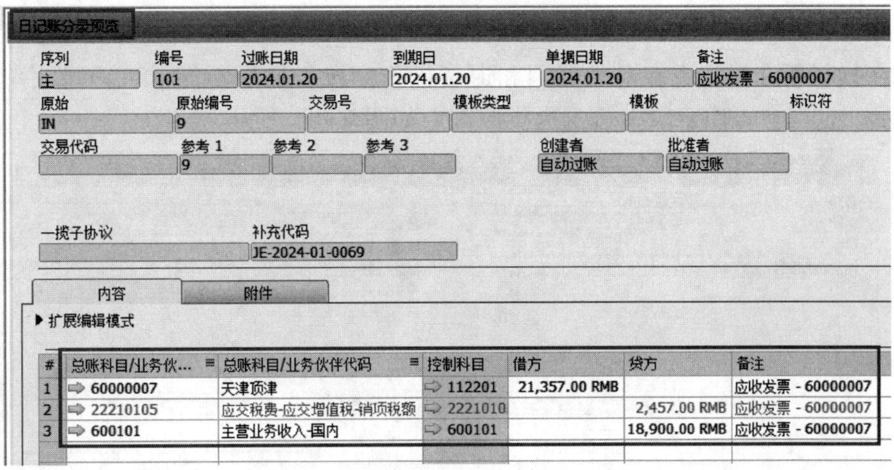


**图 6－85**

（4）回到“应收发票”，点击【添加并查看】按钮，系统跳出提示“添加单据后无法进行更改。是否继续?”，点击【是】进行确认，保存单据。

4. 创建退货申请

（1）打开“应收发票”界面，切换到【查找】模式，在客户名称中输入：＊顶津＊，单击【查找】按钮，从“清单 应收发票”中打开最近的发票。核对此发票是否为包含破损产品的发票，然后点击【复制到】选择“退货请求”。

（2）在“退货请求”窗口，将退货的产品的数量调整为实际退货数量。由于客户要换货，通过选中第一行，右击清单中选择“复制行”，将第二行的数量调整为负数。如图 6－86 所示。

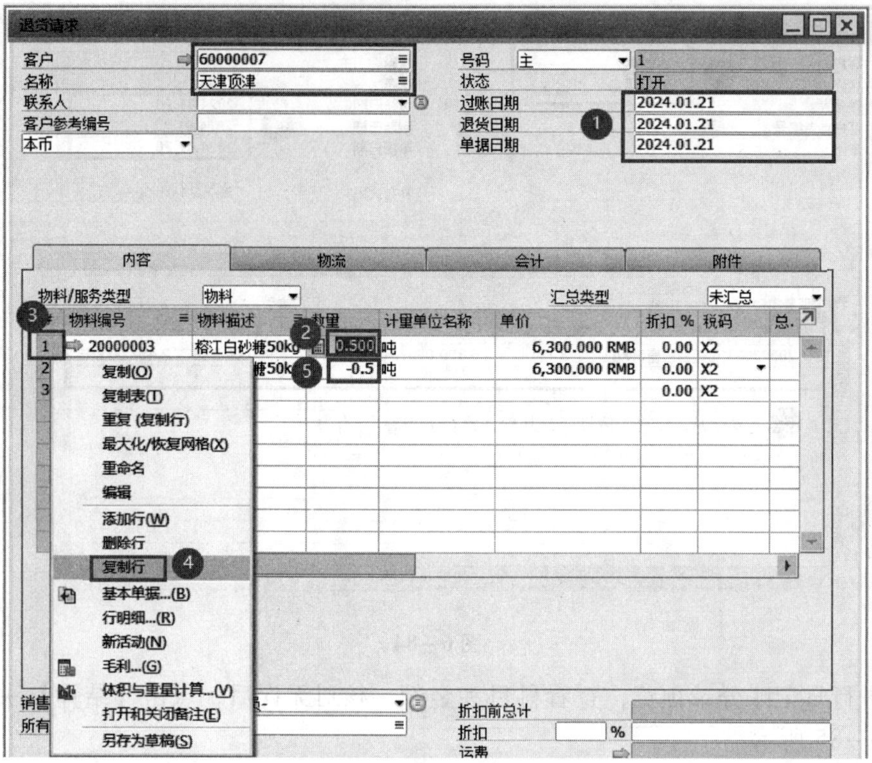


**图 6－86**

（3）在物料所在的行中有退货原因和退货操作字段，如果不显示可通过表单设置将其设置为显示。也可在备注字段中输入退货原因。如图 6－87 所示。

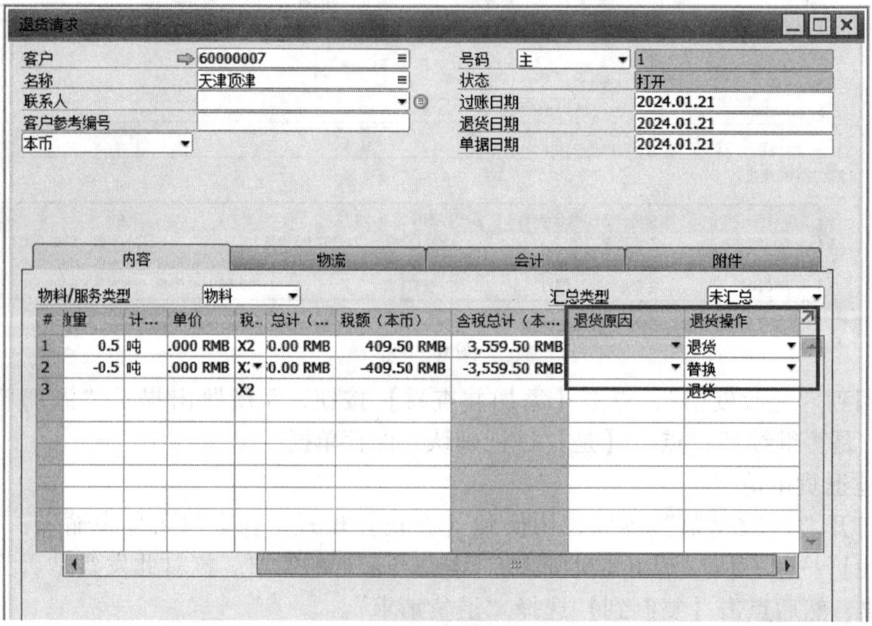


**图 6－87**

（4）单击【添加并查看】按钮，系统给出提示信息“单据总额为零。是否继续?”因属于等价换货，因此单据总额为零，单击【是】进行确认，保存单据。

5. 创建应收贷项凭证

（1）打开“退货请求”并使用复制到选项。系统将自动建议要使用的正确单据。在这种情况下，由于客户已经开票，选择复制到“应收贷项凭证”。

（2）在“应收贷项凭证”窗口中，原始行为客户提供退货，负数行向客户发出替换产品。该单据的总计为零。如图6－88所示。

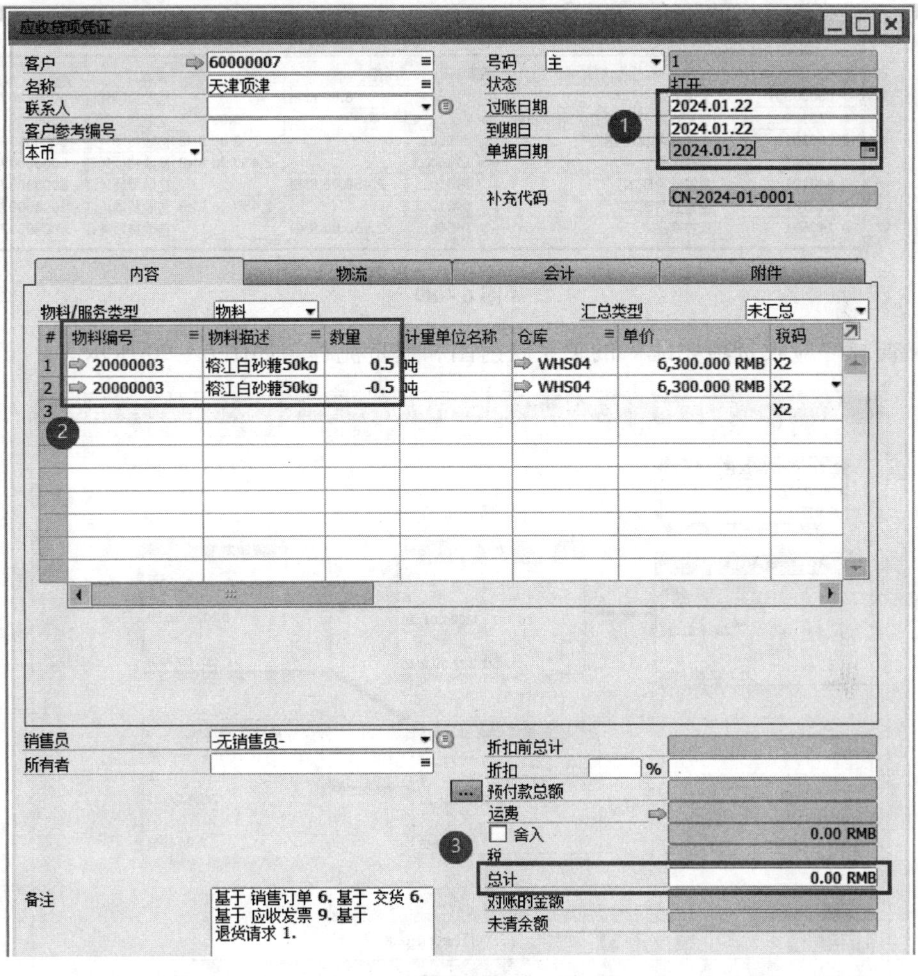


图6－88

（3）进行日记账分录预览，系统弹出信息“单据总额为零。是否继续？字段：总计”，点击【是】确认，查看科目和金额，核对无误后，点击【结算】关闭预览窗口。从凭证可知，系统自动对替换产品进行了收入和成本确认。如图6－89所示。

（4）回到“应收贷项凭证”，点击【添加并查看】，系统提示“单据总额为零。是否继续?”本业务属于等价换货，因此单据总额为零，点击【是】进行确认，系统提示“是否打开原始订单中的物料?”由于退货影响原始订单，点击【是】进行确认；系统提示“添加单据后无法进行更改。是否继续?”点击【是】确认，对单据保存。

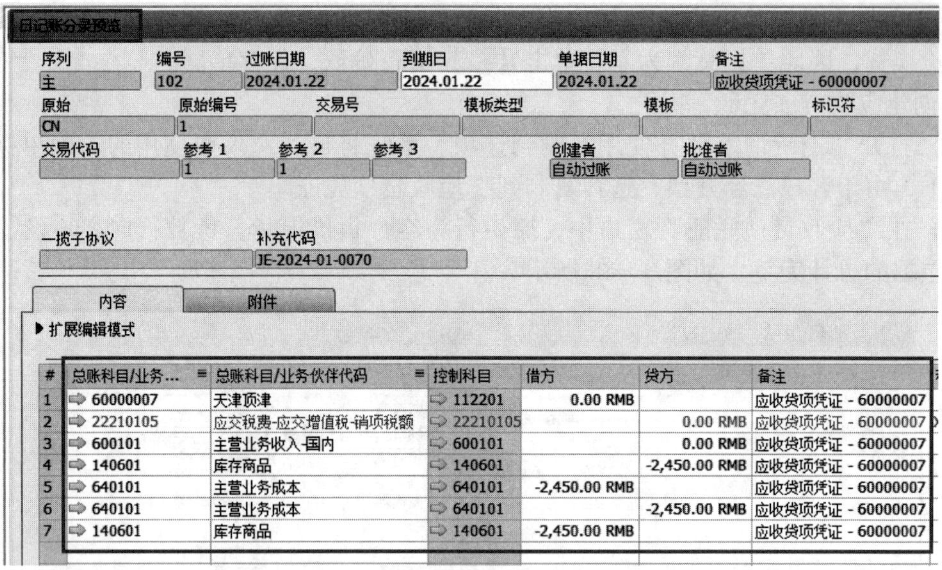


**图 6－89**

（5）查看“应收贷项凭证”的关系映射图和退货流程。如图 6－90 所示。

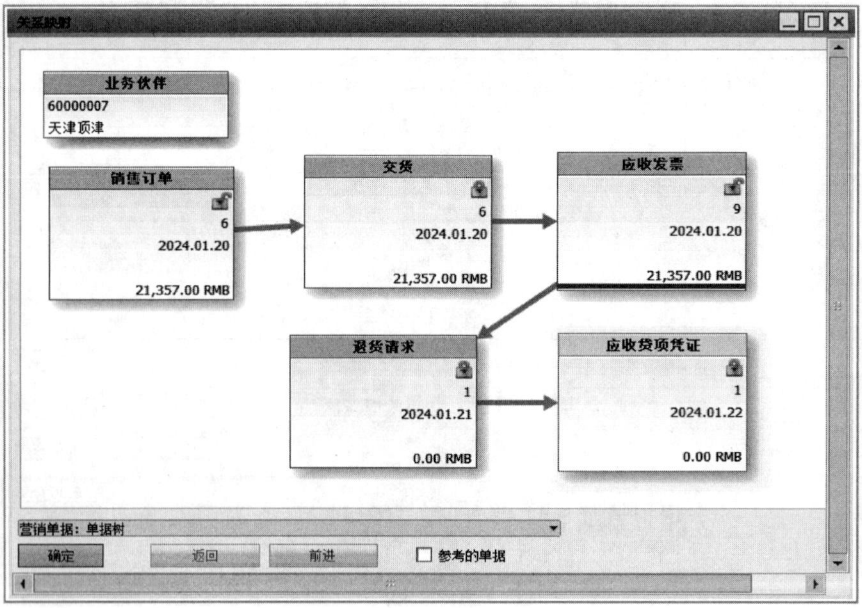


**图 6－90**

6. 再次创建应收贷项凭证

（1）选择路径【销售—应收账款（S）】—【应收贷项凭证】，点击工具栏中的表单设置图标，打开“表单设置—应收贷项凭证”窗口，在表格式中输入：不含数量过账，找到“不含数量过账”勾选启用，如图 6－91 所示。

（2）查找到要退货的应收发票，点击【复制到】按钮，选择“应收贷项凭证”，在提取单据向导中，选择“提取所有数据（运费和代扣税）”并单击完成。如图 6－92 所示。

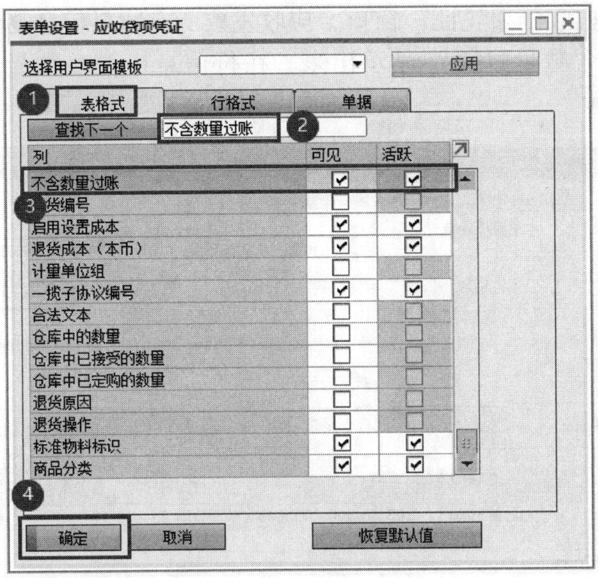

图 6－91

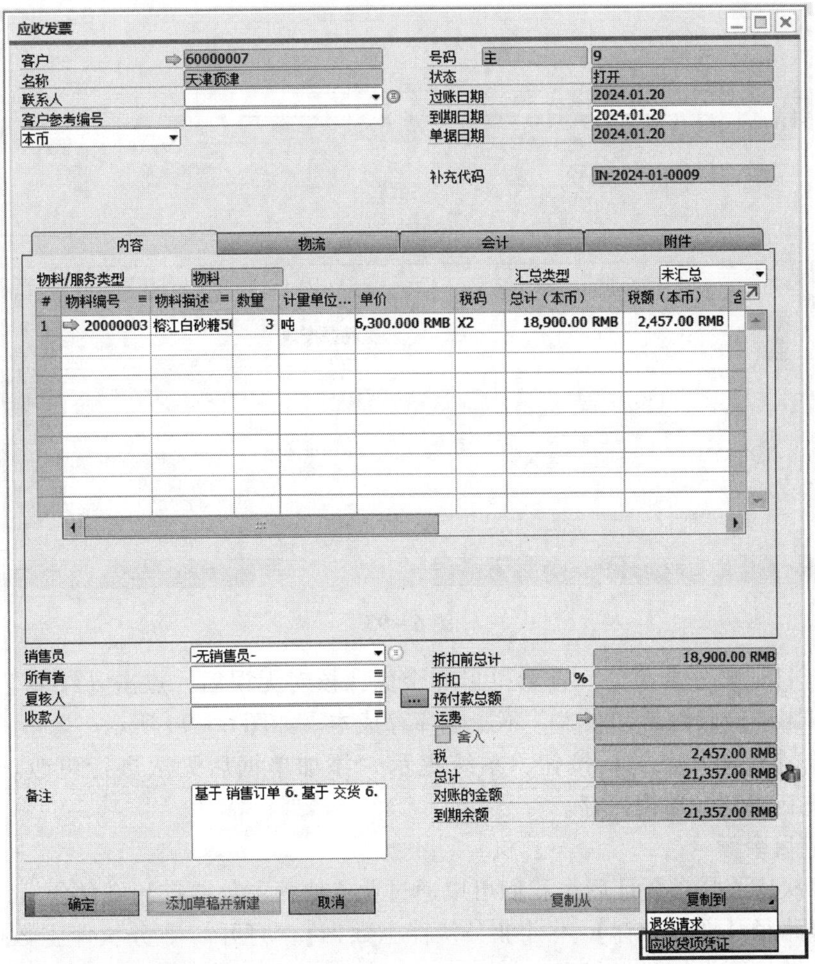

图 6－92

（3）系统打开“应收贷项凭证”窗口，应收发票所有物料信息复制到应收贷项凭证中。通过表单设置将“不含数量过账”显示出来。在行信息中调整数量并勾选“不含数量过账”。如图6－93所示。

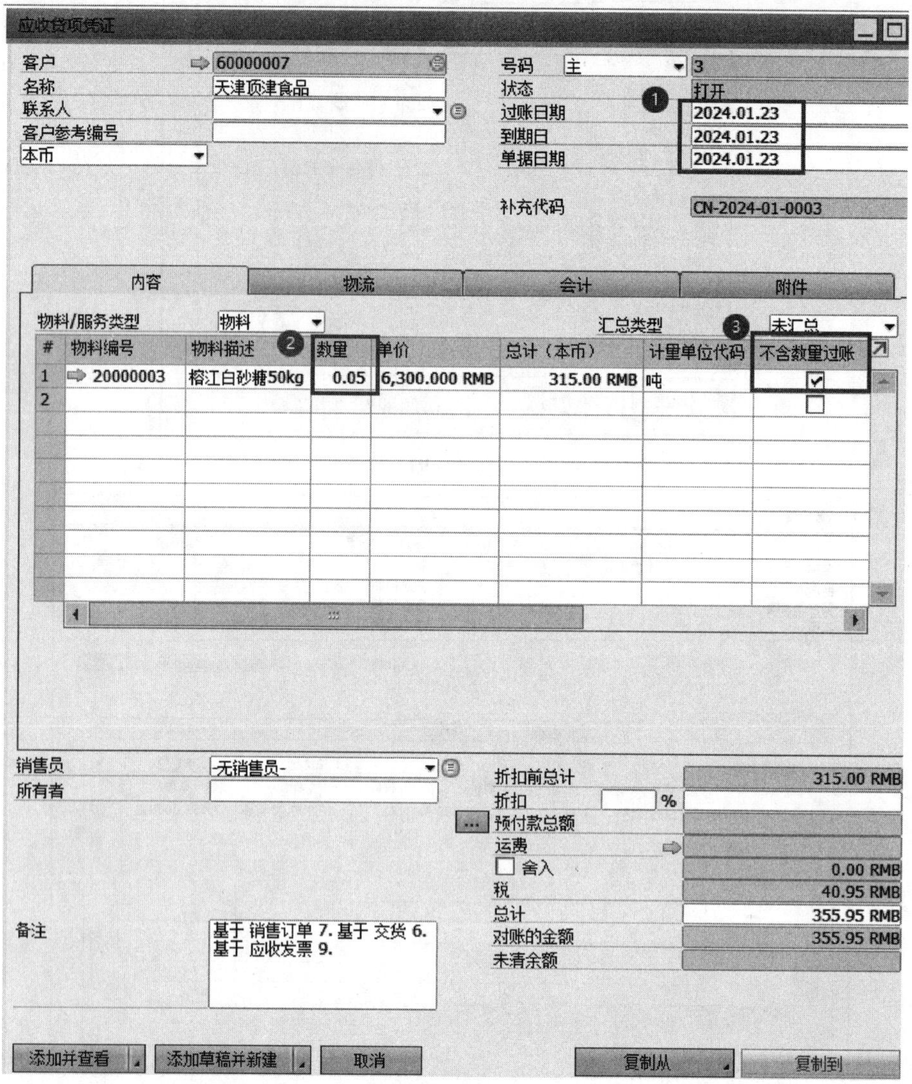


**图6－93**

（4）进行日记账分录预览，查看科目和金额，核对无误后，点击【结算】关闭预览窗口。此凭证只影响应收账款和收入，不影响库存成本。如图6－94所示。

（5）点击【添加并查看】按钮，系统提示“添加单据后无法进行更改。是否继续?”点击【是】进行确认，单据保存。

7. 查看科目余额

创建过两次应收贷项凭证后，我们可以通过业务伙伴主数据打开科目余额，查看账务是否正确。选择路径【业务伙伴】—【业务伙伴主数据】，打开“业务伙伴主数据”，选择科目余额旁边的链接箭头打开“科目余额”窗口。如图6－95所示。

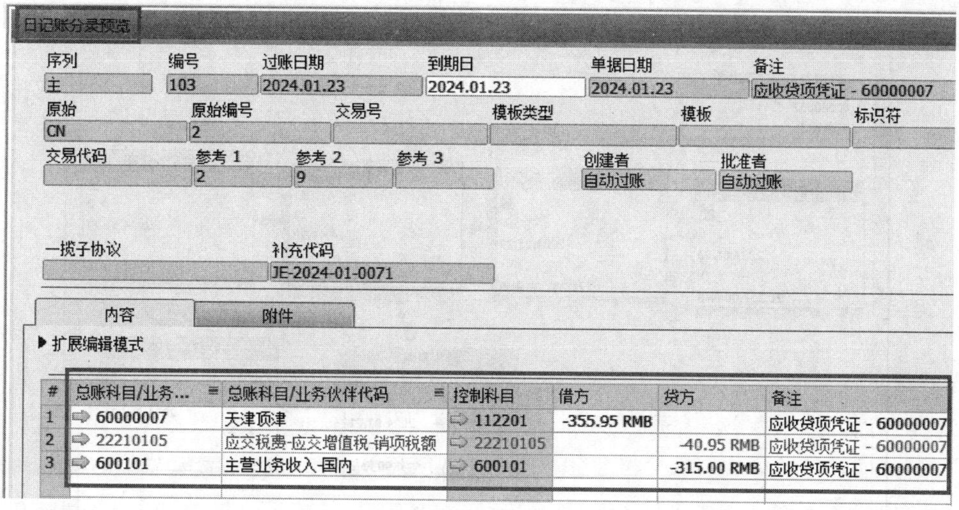

图 6－94

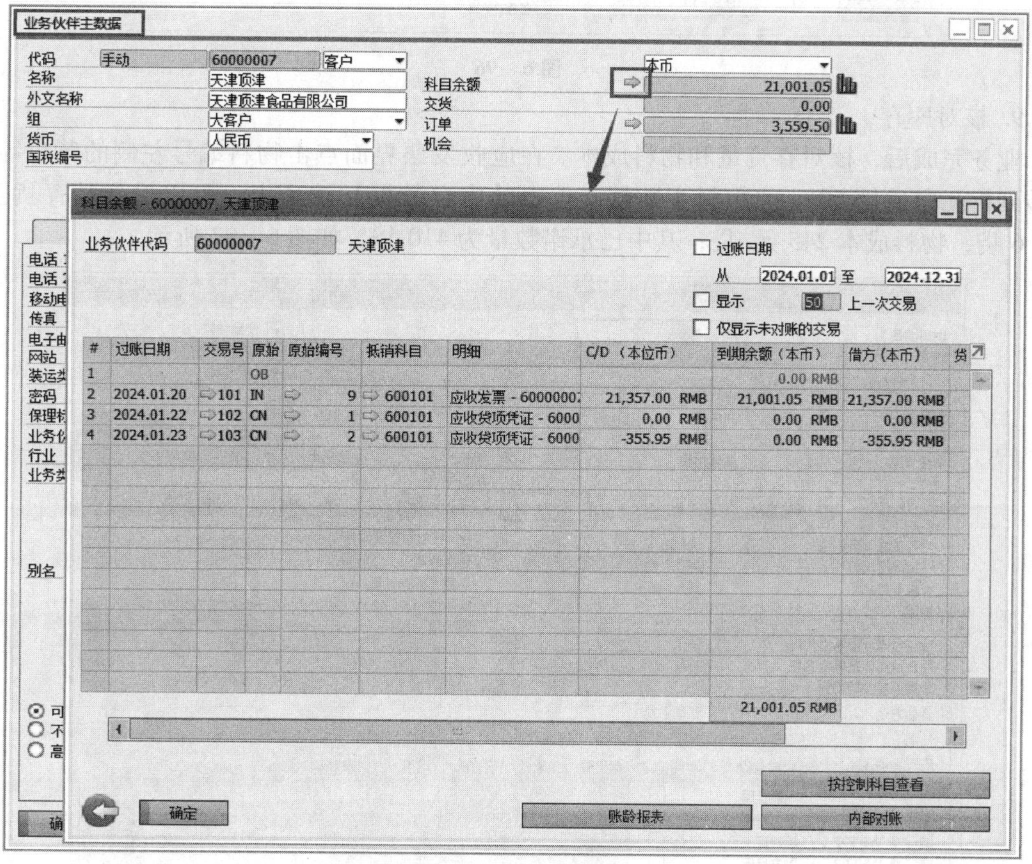

图 6－95

8. 查看完整关系映射

业务完成后，在“应收发票”界面空白处点击右键，在弹出的功能清单中选中“关系映射”，查看本业务完整的关系映射。如图 6－96 所示。

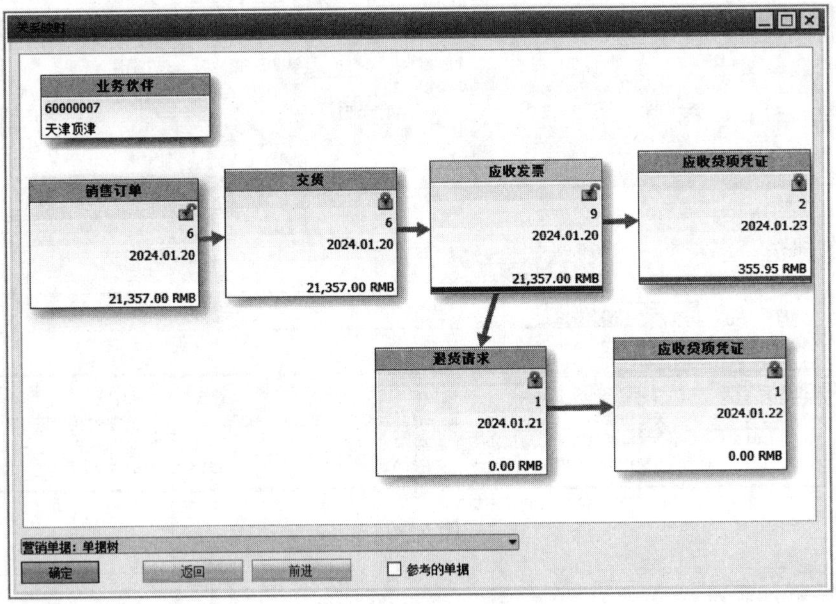


图 6 –96

9. 核对库存

业务完成后，核对存货量和物料成本。在应收发票界面点击物料编号左侧的黄色箭头，跳转到榕江白砂糖 50kg 的物料主数据，点击【库存数据】选项卡，可以看到其存货量为 815.6 袋，物料成本 245 元/袋；其中已承诺数量为 410 袋。如图 6 –97 所示。

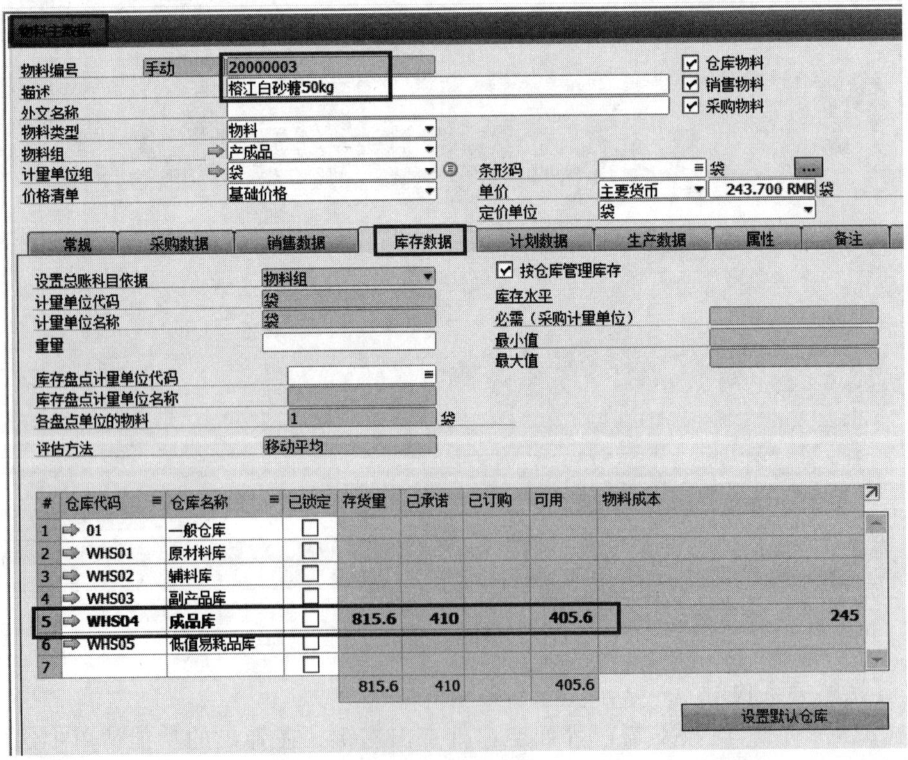


图 6 –97

## 本章交易日记账明细

本章生成的所有日记账分录，如表 6－1 所示。

**表 6－1**　　**交易日记账明细**

| 交易编号 | 控制科目 | 控制科目名称 | 业务伙伴代码 | 业务伙伴名称 | 借方 | 贷方 |
|---|---|---|---|---|---|---|
| 82 | 140601 | 库存商品 | | | | 73500.00 |
| | 640101 | 主营业务成本 | | | 73500.00 | |
| 83 | 112201 | 应收账款—国内 | 60000022 | 广西鑫祥 | 108480.00 | |
| | 22210105 | 应交税费—应交增值税—销项税额 | | | | 12480.00 |
| | 600101 | 主营业务收入—国内 | | | | 96000.00 |
| 84 | 140601 | 库存商品 | | | | 73500.00 |
| | 140701 | 发出商品 | | | 73500.00 | |
| 85 | 112201 | 应收账款—国内 | 60000022 | 广西鑫祥 | 108480.00 | |
| | 22210105 | 应交税费—应交增值税—销项税额 | | | | 12480.00 |
| | 600101 | 主营业务收入—国内 | | | | 96000.00 |
| | 140701 | 发出商品 | | | | 73500.00 |
| | 640101 | 主营业务成本 | | | 73500.00 | |
| 86 | 112201 | 应收账款—国内 | 60000002 | 百事（中国） | 339000.00 | |
| | 22210105 | 应交税费—应交增值税—销项税额 | | | | 39000.00 |
| | 600101 | 主营业务收入—国内 | | | | 300000.00 |
| 87 | 100203 | 银行存款—中国建设银行 | | | 339000.00 | |
| | 112201 | 应收账款—国内 | | | | 339000.00 |
| 88 | 140601 | 库存商品 | | | | 245000.00 |
| | 640101 | 主营业务成本 | | | 245000.00 | |
| 89 | 100203 | 银行存款—中国建设银行 | | | 35030.00 | |
| | 220501 | 预收账款—国内 | | | | 35030.00 |
| 90 | 140601 | 库存商品 | | | | 49000.00 |
| | 640101 | 主营业务成本 | | | 49000.00 | |
| 91 | 112201 | 应收账款—国内 | | | 70060.00 | |
| | 112201 | 应收账款—国内 | | | | 35030.00 |
| | 220501 | 预收账款—国内 | | | 35030.00 | |
| | 22210105 | 应交税费—应交增值税—销项税额 | | | | 8060.00 |
| | 600101 | 主营业务收入—国内 | | | | 62000.00 |
| 92 | 100203 | 银行存款—中国建设银行 | | | 35030.00 | |
| | 112201 | 应收账款—国内 | | | | 35030.00 |
| 93 | 100203 | 银行存款—中国建设银行 | | | 7232000.00 | |
| | 220501 | 预收账款—国内 | 60000001 | 可口可乐（中国） | | 7232000.00 |

续表

| 交易编号 | 控制科目 | 控制科目名称 | 业务伙伴代码 | 业务伙伴名称 | 借方 | 贷方 |
|---|---|---|---|---|---|---|
| 94 | 140601 | 库存商品 | | | | 917332.85 |
| | 640101 | 主营业务成本 | | | 917332.85 | |
| 95 | 112201 | 应收账款—国内 | 60000001 | 可口可乐（中国） | 1446400.00 | |
| | 112201 | 应收账款—国内 | 60000001 | 可口可乐（中国） | | 1446400.00 |
| | 220501 | 预收账款—国内 | 60000001 | 可口可乐（中国） | 1446400.00 | |
| | 22210105 | 应交税费—应交增值税—销项税额 | | | | 166400.00 |
| | 600101 | 主营业务收入—国内 | | | | 1280000.00 |
| 96 | 112201 | 应收账款—国内 | 60000023 | 南宁红星 | 452000.00 | |
| | 22210105 | 应交税费—应交增值税—销项税额 | | | | 52000.00 |
| | 600101 | 主营业务收入—国内 | | | | 400000.00 |
| | 140602 | 副产品 | | | | 150000.00 |
| | 640101 | 主营业务成本 | | | 150000.00 | |
| 97 | 100203 | 银行存款—中国建设银行 | | | 452000.00 | |
| | 112201 | 应收账款—国内 | 60000023 | 南宁红星 | | 452000.00 |
| 98 | 112201 | 应收账款—国内 | 70000001 | 零售客户 | 226.00 | |
| | 22210105 | 应交税费—应交增值税—销项税额 | | | | 26.00 |
| | 600101 | 主营业务收入—国内 | | | | 200.00 |
| | 140601 | 库存商品 | | | | 98.00 |
| | 640101 | 主营业务成本 | | | 98.00 | |
| 99 | 100203 | 银行存款—中国建设银行 | | | 226.00 | |
| | 112201 | 应收账款—国内 | 70000001 | 零售客户 | | 226.00 |
| 100 | 140601 | 库存商品 | | | | 14700.00 |
| | 640101 | 主营业务成本 | | | 14700.00 | |
| 101 | 112201 | 应收账款—国内 | 60000007 | 天津顶津 | 21357.00 | |
| | 22210105 | 应交税费—应交增值税—销项税额 | | | | 2457.00 |
| | 600101 | 主营业务收入—国内 | | | | 18900.00 |
| 102 | 112201 | 应收账款—国内 | 60000007 | 天津顶津 | 0.00 | |
| | 22210105 | 应交税费—应交增值税—销项税额 | | | | 0.00 |
| | 600101 | 主营业务收入—国内 | | | | 0.00 |
| | 140601 | 库存商品 | | | | -2450.00 |
| | 640101 | 主营业务成本 | | | -2450.00 | |
| | 640101 | 主营业务成本 | | | | -2450.00 |
| | 140601 | 库存商品 | | | -2450.00 | |
| 103 | 112201 | 应收账款—国内 | 60000007 | 天津顶津 | -355.95 | |
| | 22210105 | 应交税费—应交增值税—销项税额 | | | | -40.95 |
| | 600101 | 主营业务收入—国内 | | | | -315 |

## 本章科目余额表

本章所有业务完成后，科目余额表如表 6－2 所示。

**表 6－2** **科目余额表**

| 科目代码 | 科目名称 | 科目余额 |
|---|---|---|
| 100101 | 现金—人民币 | 9000.00 |
| 100203 | 银行存款—中国建设银行 | 8159886.00 |
| 100204 | 银行存款—中国工商银行 | 450540.00 |
| 112101 | 应收票据 | 650000.00 |
| 112201 | 应收账款—国内 | 807461.05 |
| 112301 | 预付账款—国内 | 24124.00 |
| 140301 | 原材料 | 3057122.71 |
| 140302 | 辅料 | 614548.80 |
| 140601 | 库存商品 | 8455817.64 |
| 140602 | 副产品 | 214000.00 |
| 141201 | 包装物及低值易耗品 | 87000.00 |
| 160101 | 固定资产—房屋和建筑物 | 13800000.00 |
| 160102 | 固定资产—机器设备 | 16205000.00 |
| 160103 | 固定资产—运输设备 | 600000.00 |
| 160104 | 固定资产—办公设备 | 56700.00 |
| 160201 | 累计折旧—房屋和建筑物 | －1602333.00 |
| 160202 | 累计折旧—机器设备 | －5453160.00 |
| 160203 | 累计折旧—运输设备 | －180375.00 |
| 160204 | 累计折旧—办公设备 | －41580.00 |
| 170101 | 无形资产—土地使用权 | 3000000.00 |
| 170201 | 累计摊销—土地使用权 | －210000.00 |
| 200101 | 短期借款 | －1200000.00 |
| 220101 | 应付票据 | －980000.00 |
| 220201 | 应付账款—国内 | －7059870.00 |
| 220501 | 预收账款—国内 | －5835600.00 |
| 221101 | 应付职工薪酬—工资及绩效 | －205500.00 |
| 221102 | 应付职工薪酬—社会保险 | －65965.50 |
| 221103 | 应付职工薪酬—住房公积金 | －20550.00 |
| 22210101 | 应交税费—应交增值税—进项税额 | 803446.00 |
| 22210103 | 应交税费—应交增值税—转出未交增值税 | －352500.00 |
| 22210105 | 应交税费—应交增值税—销项税额 | －312362.05 |
| 250101 | 长期借款—本金 | －2000000.00 |

续表

| 科目代码 | 科目名称 | 科目余额 |
|---|---|---|
| 400101 | 股本 | -10000000.00 |
| 400201 | 资本公积—资本溢价 | -20000000.00 |
| 410101 | 盈余公积—法定盈余公积 | -250000.00 |
| 410102 | 盈余公积—任意盈余公积 | -20000.00 |
| 410415 | 利润分配—未分配利润 | -696367.85 |
| 51010101 | 制造费用—工资及绩效 | -70000.00 |
| 510103 | 制造费用—折旧 | 1134.68 |
| 510104 | 制造费用—维修费 | -6000.00 |
| 600101 | 主营业务收入—国内 | -2252785.00 |
| 640101 | 主营业务成本 | 1523130.85 |
| 660102 | 销售费用—折旧费 | 2250.00 |
| 660103 | 销售费用—广告费 | 200000.00 |
| 660202 | 管理费用—折旧费 | 38153.67 |
| 660213 | 管理费用—无形资产摊销 | 10000.00 |
| 671102 | 营业外支出—处置固定资产净损失 | 45633.00 |

## 思政课堂

### "专网通信"骗局之自循环销售舞弊的反思

"专网通信"骗局的败露，源于2021年5月上海电气发布的一则83亿元应收账款爆雷公告，部分上市公司涉及其中。这起精心策划涉及900多亿元的收入舞弊案的成因及其危害，发人深省。

一、"专网通信"骗局简介

自2013年起，隋田力为做大控制公司的流水和业绩，主导"专网通信"自循环业务。因专网通信的特殊性，隋田力团队将专网通信产品拆解成原材料主板，然后进行组装，必要时通过贴片补充主材损耗，最终进入新一轮业务自循环。为了达到诈骗目的，隋田力通过实际控制宏达新材、上海星地通、江苏星地通、新一代专网通信、江苏迈库通信科技和深圳天通信息科技，经过精心伪装将自循环专网通信业务引入宏达新材，上海星地通和江苏星地通执行资金池及产品拆解功能，新一代专网通信、江苏迈库通信科技和深圳天通信息科技为业务通道公司，以资金过账和合同单据流转的方式参与自循环贸易，并收取1.5%~2%通道费。通过这些关联公司，隋田力构建了一个看似正常的交易网络，但实际上交易双方均为其控制或指定，交易产品并未真实销售或运用，仅仅通过伪造合同、单据和资金流转，形成闭环的虚假自循环业务，使得上市公司看似有大量的收入和利润产生。最终导致宏达新材、合众思壮、凯乐科技、瑞斯康达、康隆达、新海宜、华讯方舟、航天动力、国瑞科技、恒宝股份、江苏舜天和*ST中利等部分上市公司纷纷受骗，遭受巨额经济损失。

二、“专网通信”骗局反思

在“专网通信”骗局中，众多上市公司参与了这场自循环虚假业务，其中不乏像上海电气、江苏舜天、航天动力等国资控股的公司。上市公司自身的规章制度更加完善、监管更为严格，然而，还是发生了如此金额巨大的骗局，值得深思！

1. 公司内部控制薄弱为“专网通信”骗局提供了滋生的土壤。上市公司缺乏完善的内控制度和风险管理制度，高管层的监督机制没有真正落实，高管与公司外部人员勾结，通过关联交易等方式进行利益输送，未能有效识别和防范“专网通信”业务中的虚假交易和财务造假风险。

2. 公司财会人员职业道德失准为“专网通信”骗局提供了合理的掩护。根据《会计法》和《会计人员职业道德规范》要求，会计人员必须依法进行会计核算，保证会计信息的真实性和完整性，“坚持诚信，守法奉公”、“坚持准则，守责敬业”、“坚持学习，守正创新”。然而，在这起长达近10年的骗局中，财会人员因职业道德失准没有发挥应有的监督作用，背后更深层次的原因值得思考。

3. 外部监管失察为“专网通信”骗局提供了合理保证的助力。上市公司的年度财务报告都必须委托独立的外部注册会计师实施审查，合理保证不存在重大错报。然而，这起长达近10年的骗局中，注册会计师并未发现，意味着外部审计师可能未勤勉尽责，导致未能及时发现并纠正。

总之，销售舞弊的治理需要不断完善公司内部治理和外部治理水平，充分利用大数据、人工智能、云计算、物联网和区块链等现代技术手段，以及充分激励人民群众的监督能力。相信企业未来的销售数据会越来越“真善美”。

# 第七章

# 总账管理

## 学习目标

通过本章学习，掌握哪些业务要在业务模块通过业财一体化单据完成，哪些业务直接在财务模块直接完成，并掌握在财务模块中如何进行日记账分录的录入、删除和修改。

## 实验内容

1. 一般日记账分录。
2. 模板式日记账分录。
3. 标准成本与实际成本差异调整。
4. 对账及银行存款余额调节表。

## 章前学习

1. 在财务模块直接核算的业务范围

在 SAP 系统中对业务的核算有两种方式，一种是在业务模块中，通过添加业务单据自动生成日记账分录，例如，采购、销售、固定资产管理、生产等；另一种是在财务模块中，直接填写日记账分录，例如，费用报销、成本摊销、资产减值损失的计提、投资收益的确认、各种税费的核算和缴纳、接受投资、分红、计提利息等。对于每个月都要做的重复性业务，系统可以设置定期过账模板实现快速记账操作。

2. 标题和活动科目

在【财务】模块的【科目表】中，包含两类账户，一类是标题，另一类是活动科目。系统根据其级别对这些账户进行分类，从第 1 级账户到第 4 级账户（最明细科目）。交易的金额只能记录在各级活动科目上，不能记录在标题上。为了能在标题中汇总其下属活动科目的金额，必须将活动科目分配给该标题。如图 7－1 所示，“1001—库存现金”属于标题，而“100101—现金—人民币”是属于 1001 之下的活动科目（即明细科目），“1001—库存现金”没有余额，“100101—现金—人民币”有余额 9000 元。

所以，在 SAP 系统中活动科目用来记录借贷方金额，标题科目用来进行汇总。如在核算中出现科目金额不能录入的情况，应先确认该科目是否是活动科目。如果发现科目类型不对，可以在科目表中选中“活动科目”进行修改，但要确保该科目在确定为“活动科目”时，没有下级明细科目。

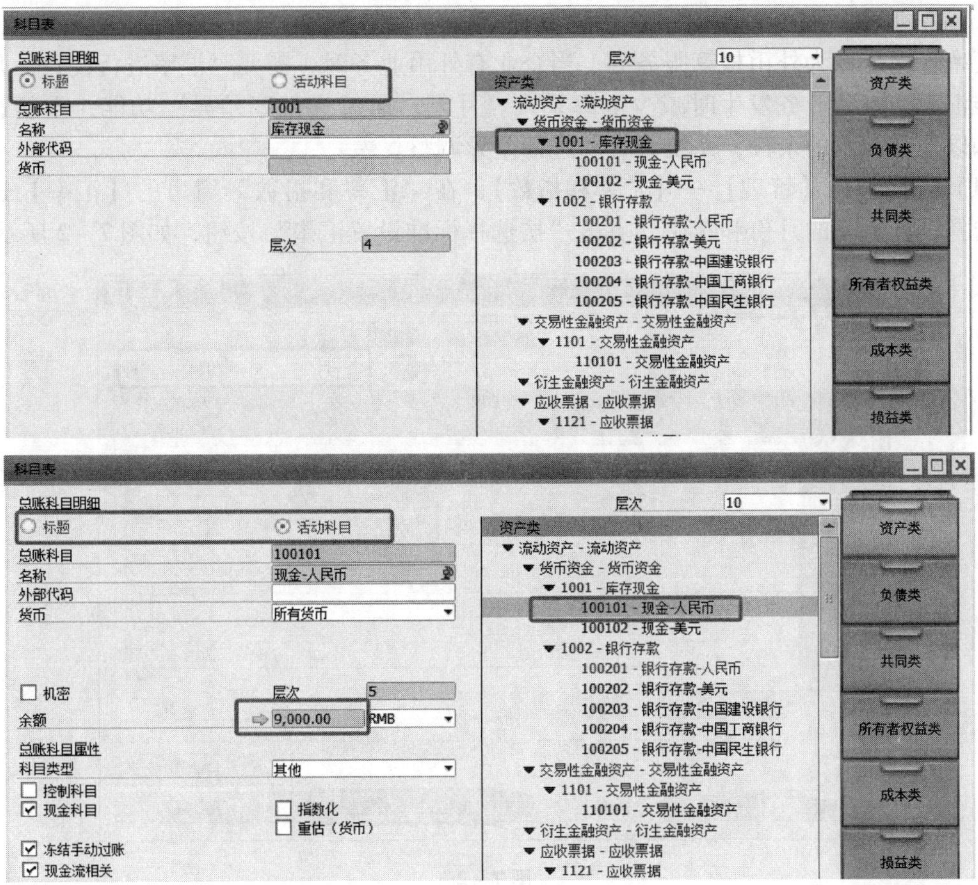


图 7-1

# 实验一　财务模块的一般日记账分录

在财务模块中，一般日记账分录在编制时通过“日记账分录窗口”直接录入科目和金额，涉及款项收支的，还要录入现金流量项目。一般日记账分录主要用于各种日常费用支出、预付款项支出、接受投资、分红等非重复性的业务。

**业务场景一　接受股本投资**

**业务描述：**

1 月 5 日，公司收到东亚糖业集团投资资金 500 万美元，当日汇率为 1∶6.3718，银行转账至中国建设银行。

会计分录为：

借：银行存款—中国建设银行　　　　（5000000 ×6.3718）31859000

　　贷：股本　　　　　　　　　　　　　　　　　　　31859000

1. 维护汇率

汇率管理是专为外币核算服务的。当企业有外币业务时，需要对汇率进行设置。月初指定基准汇率，方便业务发生时减少汇率录入。月末，通过“汇率差异”功能，重新计算以本币和以外币表示的余额，系统会自动进行差异调整。

（1）选择路径【管理】—【汇率和指数】，在“汇率和指数”窗口的【汇率】选项卡中，选择设置汇率的月份和年份，点击“按选择标准设置汇率”按钮，如图 7－2 所示。

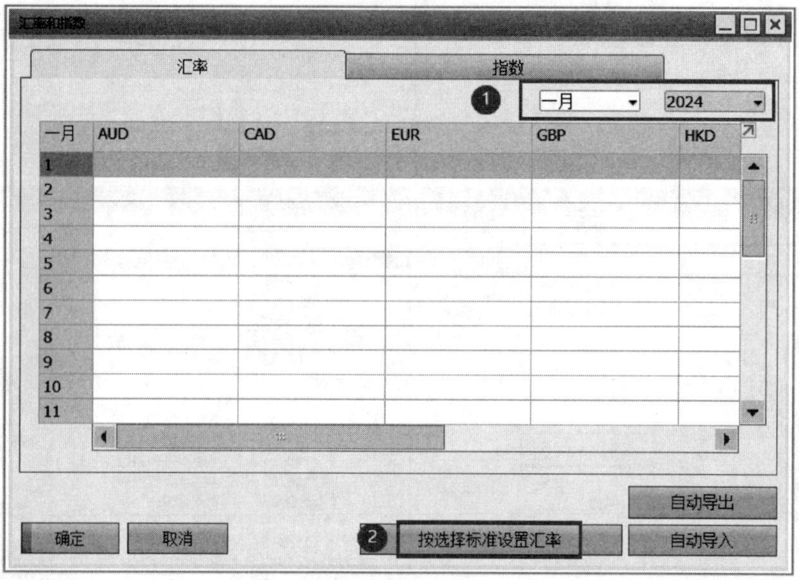


**图 7－2**

（2）在弹出的“按选择标准设置汇率”窗口中，录入对应的日期，在美元行中输入指定基准汇率，点击【更新】保存。如图 7－3 所示。

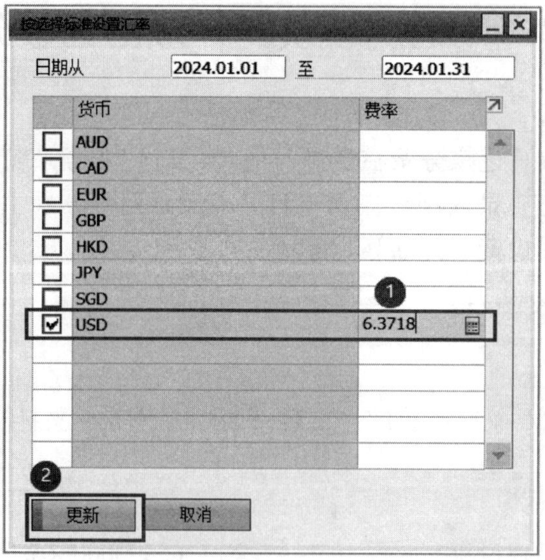


**图 7－3**

（3）返回到“汇率和指数”界面，点击【更新】保存。如图 7－4 所示。

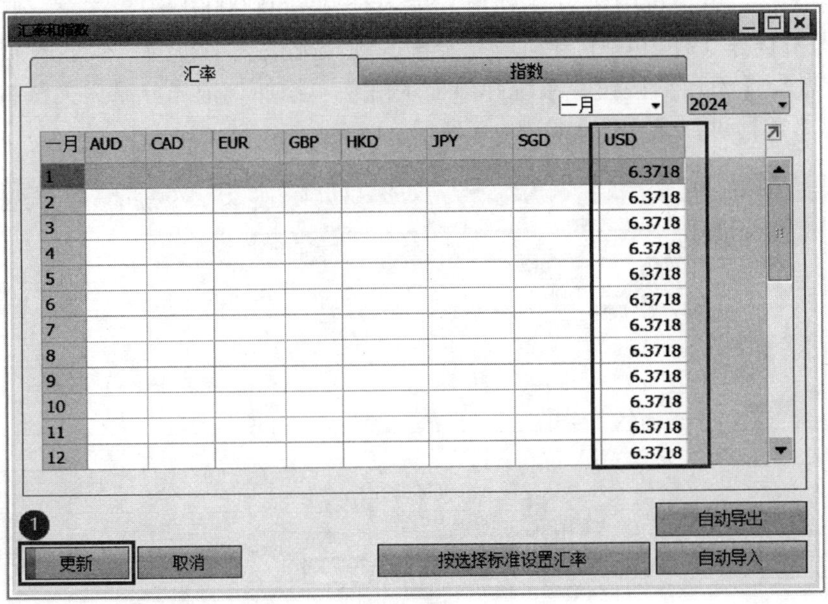


图 7－4

（4）由于该业务涉及美元，要将本业务中用到的总账科目“货币”栏改为“所有货币”。打开【财务】—【科目表】，分别将“100203—银行存款—中国建设银行”和“400101—股本”的“货币”栏修改为“所有货币”，并点击【更新】按钮保存。如果已经是“所有货币”则无需修改。如图 7－5 所示。

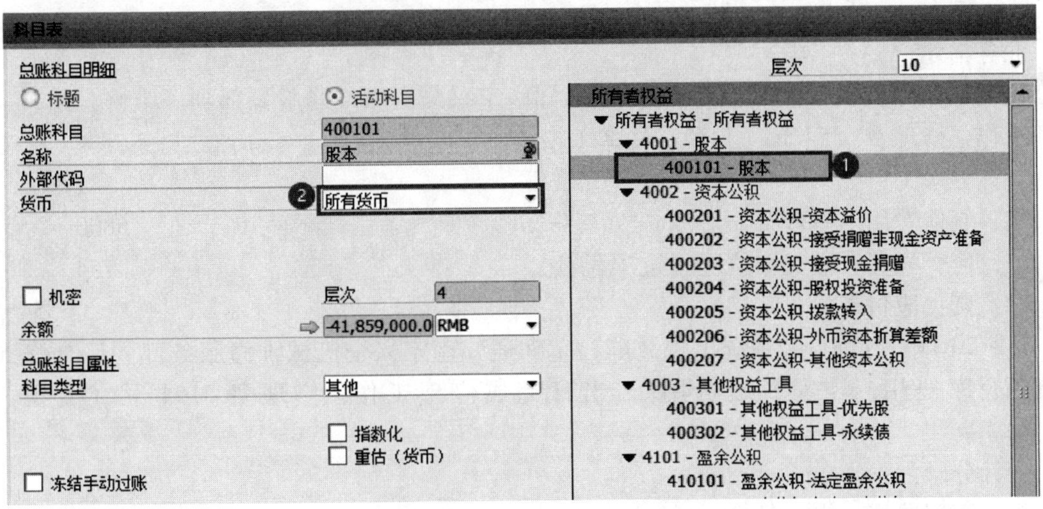


图 7－5

2. 添加日记账分录

在主菜单中选择路径【财务】—【日记账分录】，打开“日记账分录”窗口，录入过账日期、到期日和单据日期，备注中录入摘要“收到东亚糖业集团投资款 500 万美元”。在窗口下方勾选“以外币显示”。在【内容】选项卡中，按图7－6所示录入科目代码，系统自动带出科目名称，第一行中借方（外币）输入金额：5000000USD。注意：必须输入美元符号USD。点击贷方（外币）中自动填充金额，现金流主表项目为“吸收投资所收到的现金”。确认后点击【添加】按钮，系统弹出提示信息“添加日记账分录后无法再修改。是否继续？”点击【是】进行保存。如图7－6所示。

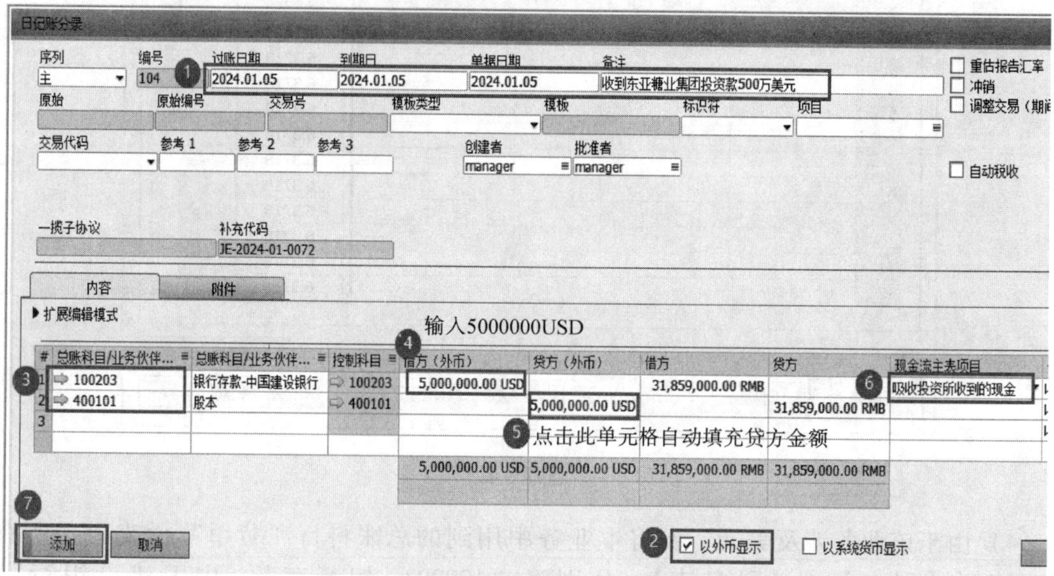


**图7－6**

**业务场景二　维修费支出**

**业务描述：**

1月7日，压榨机组出现故障，车间通知南宁兴全机械维修服务部到厂维修，当日完成修理工作，修理费6554元（含税，税率13%）。

会计分录为：

借：制造费用—修理费　5800

　　应交税费—应交增值税（进项税额）　754

　　贷：应付账款—南宁兴全　6554

1月20日，甘蔗自卸系统出现故障，车间通知南宁兴全机械维修服务部到厂维修（该系统为仓库使用，计入管理费用），当日完成修理工作，修理费3164元（含税，税率13%）。

会计分录为：

借：管理费用—修理费　2800

　　应交税费—应交增值税（进项税额）　364

　　贷：应付账款—南宁兴全　3164

1月28日，兴全机械维修服务部将增值税专票送到公司，要求付款9718元，会计进行账务处理后，出纳通过建设银行基本户付款。

会计分录为：

借：应付账款—南宁兴全　9718

　贷：银行存款—中国建设银行　9718

1. 新建服务供应商

选择路径【业务伙伴】—【业务伙伴主数据】，打开“业务伙伴主数据”窗口，默认【查找】模式，点击工具栏中的添加图标或者按 Ctrl + A 组合键，切换到【添加】模式。

业务伙伴类型选择供应商，按照公司代码管理规范，新增的业务伙伴代码输入 10000038，名称输入简称“南宁兴全”，外文名称输入全称“南宁兴全机械维修服务部”，组选择“服务供应商”，系统跳出“是否要根据选定业务伙伴组替换价格清单、有效折扣组和有效价格？”点击“是”进行确认；货币默认“人民币”，点击【添加】按钮保存。如图 7－7 所示。

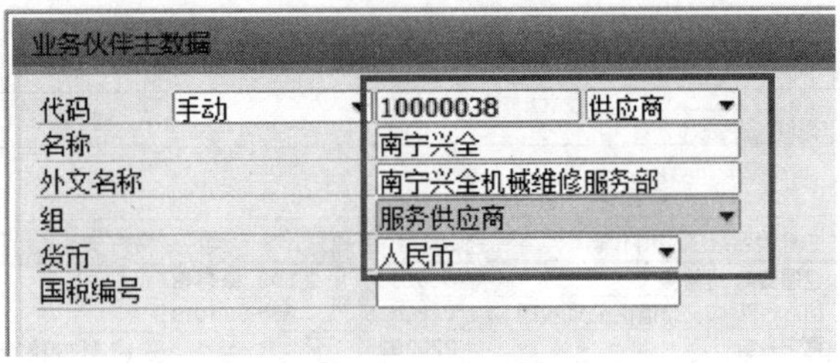


**图 7－7**

2. 录入压榨机组修理费日记账分录

在主菜单中选择路径【财务】—【日记账分录】，打开“日记账分录”窗口，填写过账日期、到期日和单据日期，备注中录入“压榨机组维修费”。在【内容】选项卡中，按图 7－8 录入科目和金额，税收组选择 J2，其中第三行业务伙伴代码录入时通过 Ctrl + Tab 组合键或者右击选择“清单 业务伙伴”选中 10000038，贷方金额处点击系统自动填充，完成后点击【添加】按钮，对系统信息进行确认后保存。

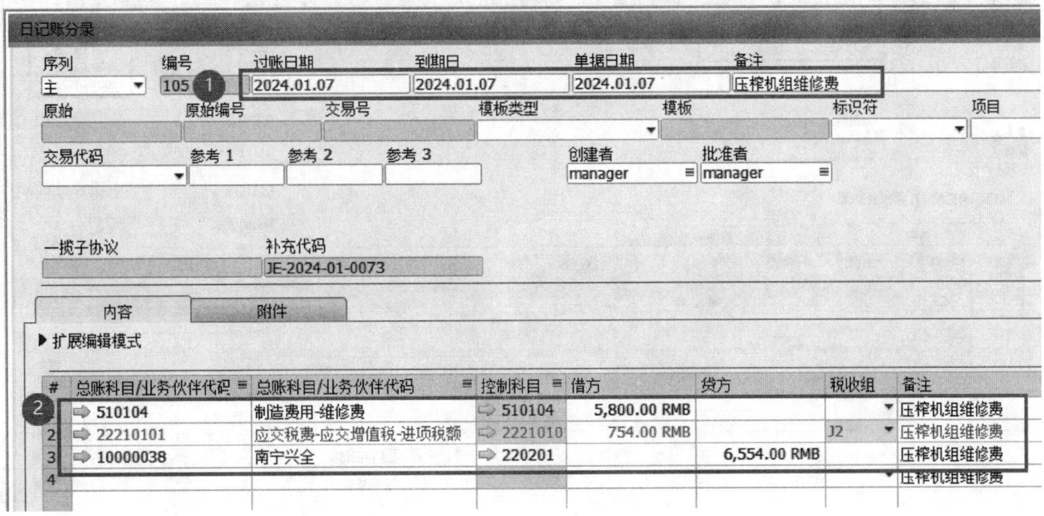


**图 7－8**

3. 录入甘蔗自卸系统维修费日记账分录

点击工具栏中的【添加】按钮，出现一张空白日记账分录，填写过账日期、到期日和单据日期，备注中录入“甘蔗自卸系统维修费”。在【内容】选项卡中，按图 7－9 录入科目和金额，税收组选择 J2，借方金额录入后，点击贷方，系统会自动填充金额。点击【添加】按钮，对系统信息进行确认后保存。点击【添加】按钮，对系统信息进行确认后保存。如图 7－9 所示。

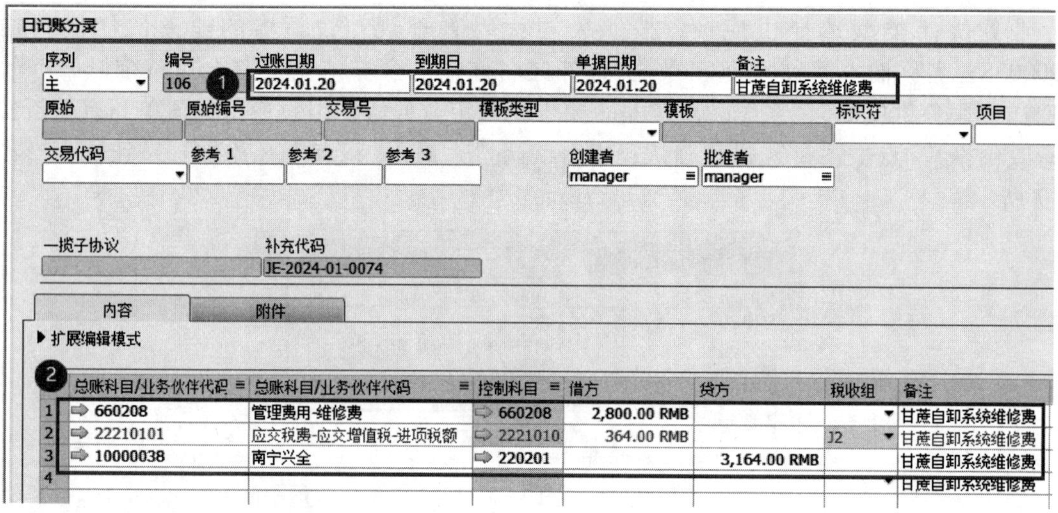

图 7－9

4. 创建付款

（1）在主菜单中，选择【收付款业务】—【付款】—【付款】，打开“付款”窗口。录入收款方公司名称，录入过账日期、到期日和单据日期。在【内容】选项卡中，勾选本次要付款的两笔凭证，总计付款金额为 9718 元，如图 7－10 所示。

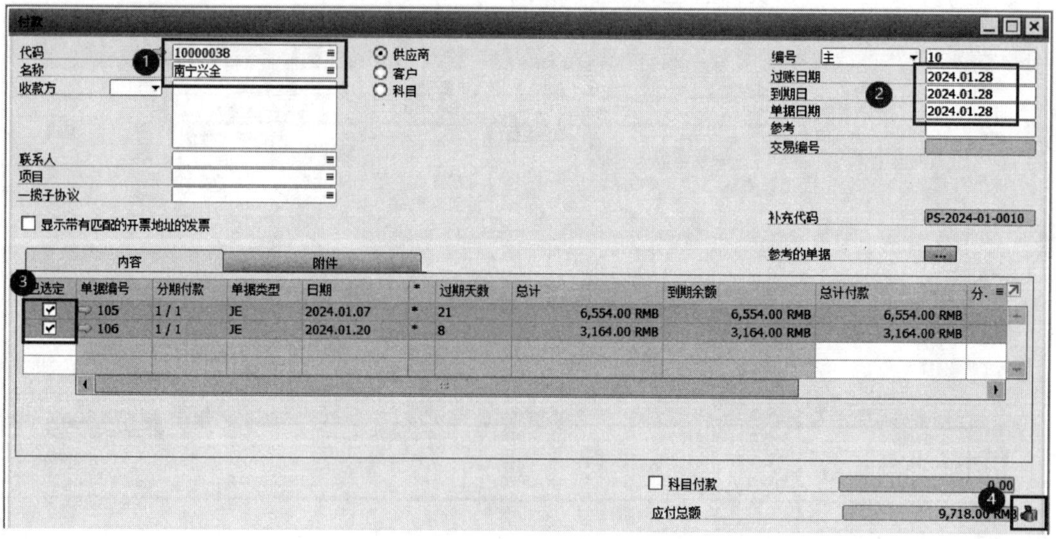

图 7－10

（2）点击付款方式图标，打开“付款方式”窗口，在【银行转账】选项卡中，付款总账科目选择100203，输入转账日期，总计处按Ctrl + B，付款金额自动填充到总计中，现金流主表项目为“购买商品、接受劳务支付的现金”，点击【确定】关闭付款方式窗口。如图7－11所示。

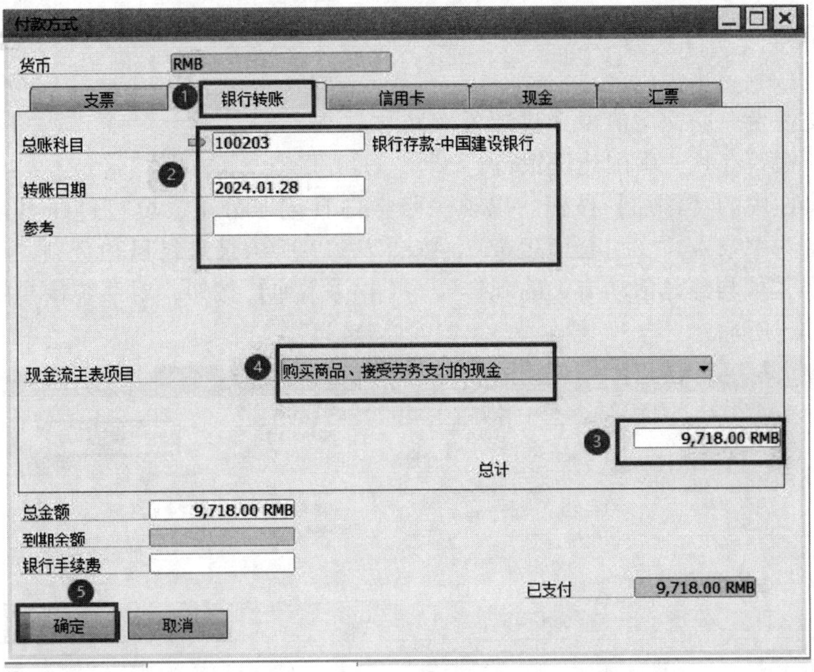


图7－11

返回到“付款”窗口，点击【添加】按钮，对系统信息进行确认后保存。

点击工具栏中的“最后一个数据记录”绿色箭头，回到刚保存过的付款单据，点击交易编号后的黄色箭头，查看日记账分录。如图7－12所示。

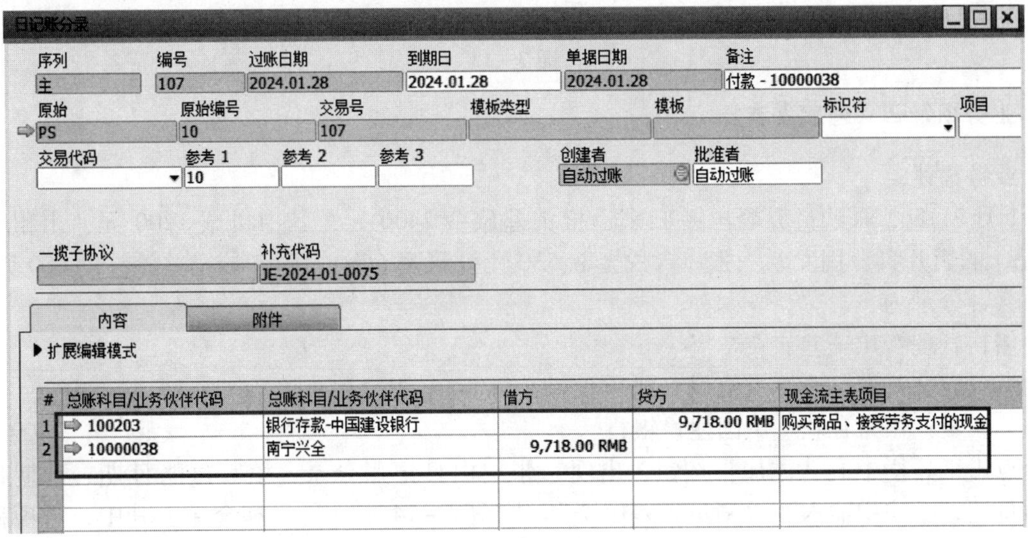


图7－12

## 业务场景三　支付仓库租金

**业务描述：**

1 月 15 日，公司根据仓储服务合同，一次性支付全年的仓库租金 254400 元（含税，税率 6%）。

会计分录为：

借：预付账款—预付租金　　2400000

　　应交税费—应交增值税（进项税额）　　14400

　　贷：银行存款—中国建设银行　　254400

点击工具栏中的【添加】按钮，出现一张空白日记账分录，填写过账日期、到期日和单据日期，备注中录入“支付仓库租金”。按图 7－13 所示录入科目和金额，现金流主表项目为“支付的其他与经营活动有关的现金”。点击【添加】按钮，对系统信息进行确认后保存。如图 7－13 所示。

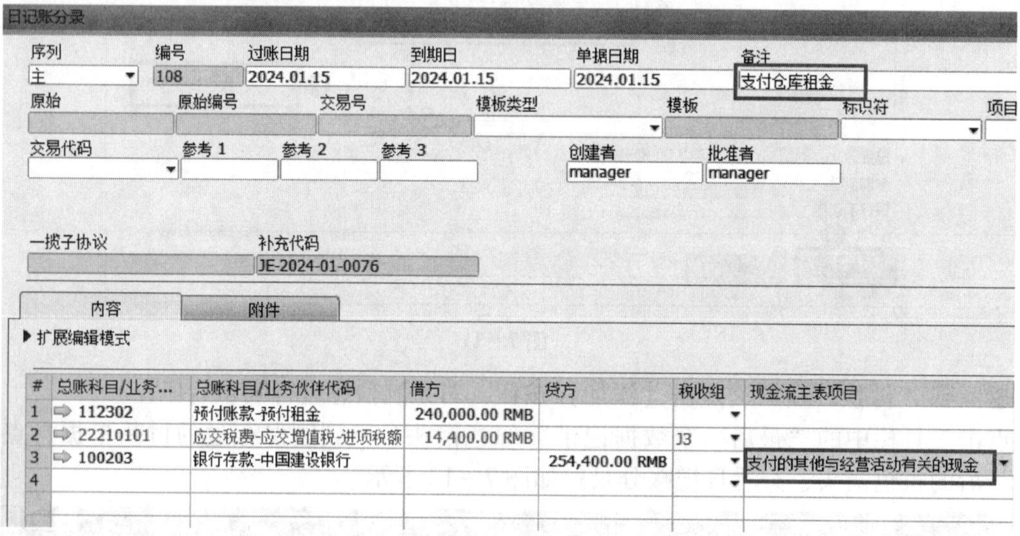


图 7－13

## 业务场景四　差旅费支出

**业务描述：**

1 月 21 日，采购员乔峰出差归来，报销差旅费 2400 元，其中机票 1200 元，出租车票 70 元，酒店开具专用发票一张，含税金额 530 元（税率 6%），财务核定差旅补助 600 元。

会计分录为：

借：管理费用—差旅费　　2370

　　应交税费—应交增值税（进项税额）　　30

　　贷：银行存款—中国建设银行　　2400

点击工具栏中的【添加】按钮，出现一张空白日记账分录，填写过账日期、到期日和单据日期，备注中输入“报销员工差旅费”。按图 7－14 录入科目和金额。其中，进项税额科目选择对应的税收组，现金流主表项目为“支付的其他与经营活动有关的现金”。点击

【添加】按钮，对系统信息进行确认后保存。

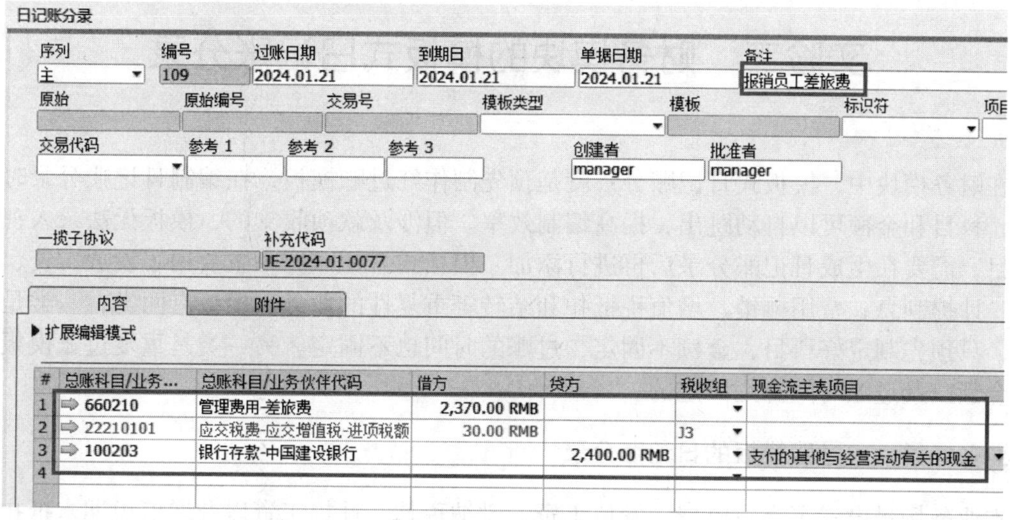


**图 7－14**

## 业务场景五　办公费支出

**业务描述：**

1 月 22 日，厂部购买办公用品一批，含税金额 339 元（税率 13%），现金支付。

会计分录为：

借：管理费用—办公费　　300

　　应交税费—应交增值税（进项税额）　　39

　　贷：库存现金—现金—人民币　　339

点击工具栏中的【添加】按钮，出现一张空白日记账分录，填写过账日期、到期日和单据日期，备注中输入“厂部购买办公用品费用”。按图 7－15 录入科目和金额，现金流主表项目为“支付的其他与经营活动有关的现金”。点击【添加】按钮，对系统信息进行确认后保存。如图 7－15 所示。

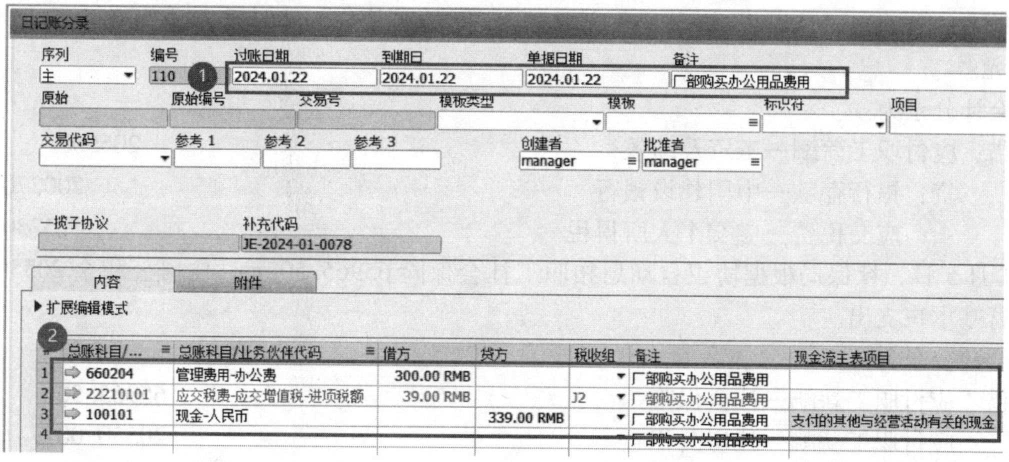


**图 7－15**

# 实验二　财务模块的模板式日记账分录

在财务模块中，模板式日记账分录就是预先制作好过账模板，在编制日记账分录时调用模板，科目和金额可以自动跳出，提高编制效率。但涉及款项收支的，模板无法录入现金流量项目，需要在生成日记账分录后再进行添加。模板式日记账分录主要用于发放工资、计提工资、计提利息、费用摊销、增值税抵扣和结转等重复性的业务。模板有两类，一类是过账模板，只预先制定好科目，金额不固定，过账的时间也不固定。另一类是重复过账模板，科目、金额以及过账时间都是固定的。

**业务场景六　过账模板的日记账分录**

本业务场景设置了支付电费、发放工资、缴纳税款、计提工资以及增值税期末抵扣及转出等每月都会发生，但金额不固定的业务。预先设置好这些业务的“过账模板”，每个月编制日记账分录时调用这些模板，可以加快做账的速度。过账模板是只设科目，不设金额，系统还可以设置提示过账日期。

**业务描述：**

1 月 20 日，公司支付本月电费 37968 元，用电度数总共 42000 度，其中，生产车间占总用电量的 90%，销售部门占 4%，仓储部门和厂部占 6%，会计按使用部门的度数所占百分比进行了电费分摊。公司电费增值税税率为 13%。

会计分录为：

| | | |
|---|---|---|
| 借：制造费用—水电费 | 30240 | |
| 　　销售费用—水电费 | 1344 | |
| 　　管理费用—水电费 | 2016 | |
| 　　应交税费—应交增值税（进项税额） | 4368 | |
| 　　贷：银行存款—中国建设银行 | | 37968 |

1 月 1 日，公司从建行基本户发放上月计提的工资 205500 元，并代扣个人所得税 5230 元。

会计分录为：

| | | |
|---|---|---|
| 借：应付职工薪酬—工资及绩效 | 205500 | |
| 　　贷：银行存款—中国建设银行 | | 200270 |
| 　　　　应交税费—应交个人所得税 | | 5230 |

1 月 5 日，社保局根据协议自动划扣职工社会保险 65965. 50 元，住房公积金 20550 元，从建行基本户支出。

会计分录为：

| | | |
|---|---|---|
| 借：应付职工薪酬—社会保险 | 65965. 50 | |
| 　　应付职工薪酬—住房公积金 | 20550. 00 | |
| 　　贷：银行存款—中国建设银行 | | 86151. 50 |

1 月 8 日，税务局从建行基本户自动划扣个人所得税 5230 元。

会计分录为：

借：应交税费—应交个人所得税　　5230

　　贷：银行存款—中国建设银行　　5230

1 月 10 日，税务局从建行基本户自动划扣申报的企业增值税 352500 元。

会计分录为：

借：应交税费—未交增值税—本期已交　　352500

　　贷：银行存款—中国建设银行　　352500

1 月 25 日，财务部根据人事部的工资清单，计提本月工资和五险一金。如表 7－1 所示。

**表 7－1　　工资及五险一金明细**

| 工种 | 人数 | 工资 | 社会保险 | 住房公积金 | 对应科目 |
|---|---|---|---|---|---|
| 中级工人 | 15 | 37500 | 12037.50 | 3750 | 生产成本 |
| 高级工人 | 10 | 45000 | 14445.00 | 4500 | 生产成本 |
| 车间管理人员 | 5 | 22500 | 7222.50 | 2250 | 制造费用 |
| 销售人员 | 5 | 25000 | 8025.00 | 2500 | 销售费用 |
| 厂部管理人员 | 10 | 75500 | 24235.50 | 7550 | 管理费用 |
| 合计 | 45 | 205500 | 65965.5 | 20550 | |

1 月 30 日，财务部需要将增值税的进项税额抵扣销项税额后，将差额转出到“未交增值税”科目，明细账中显示，1 月进项税额 823401 元，销项税额 312362.05 元，为多交增值税，有留抵税额。

会计分录为：

借：应交税费—应交增值税（销项税额）　　312362.05

　　贷：应交税费—应交增值税（进项税额）　　823401.00

　　　　应交税费—应交增值税—转出未交增值税　　511038.95

借：应交税费—应交增值税—转出未交增值税　　511038.95

　　贷：应交税费—未交增值税—本期转入　　511038.95

1. 创建过账模板

（1）支付电费的过账模板。选择路径【财务】—【过账模板】，打开“过账模板”窗口，代码输入 PT01，模板描述输入“支付电费”，按图 7－16 录入相关科目代码。由于部门间电费分摊比例已确定，因此在借方% 和贷方% 中输入比例，保证借方% 输入总计与贷方% 输入总计相等即可，点击【添加】按钮。

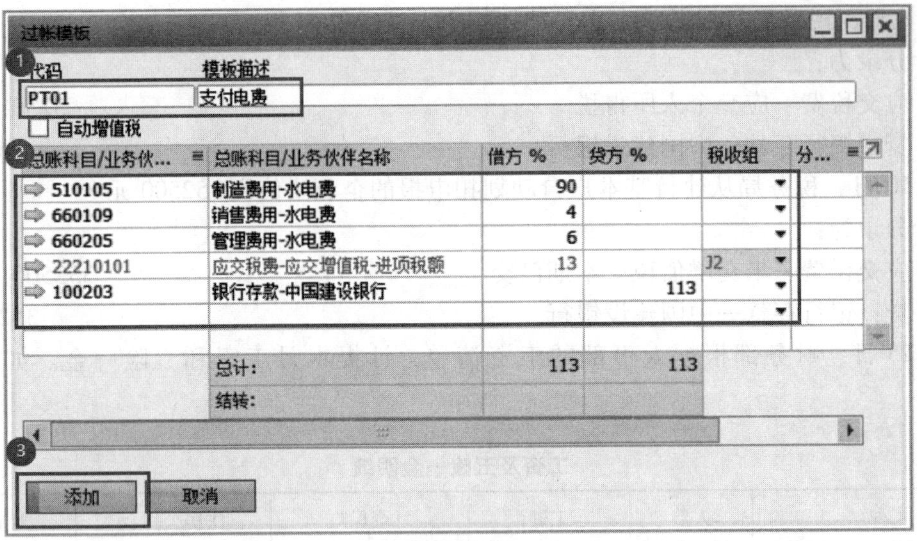


图 7－16

（2）发放工资、代扣个税的过账模板。选择路径【财务】—【过账模板】，打开“过账模板”窗口，代码输入 PT02，模板描述输入“发放工资、代扣个税”，按图 7－17 录入总账科目，由于百分比不确定，借方%和贷方%不录入内容，点击【添加】按钮。如图 7－17 所示。

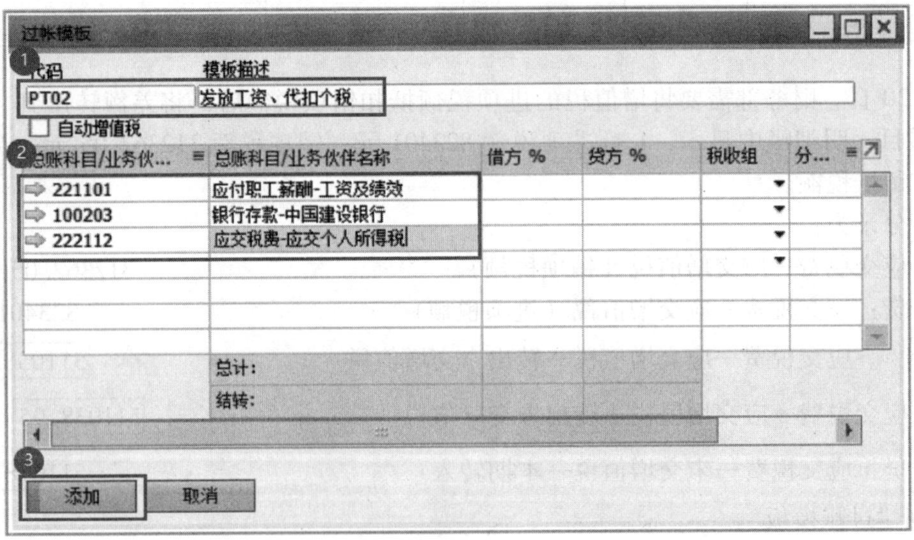


图 7－17

（3）按上述步骤，创建以下各项业务的过账模板。具体信息如表 7－2 所示。

**表 7－2** **过账模板具体信息**

| 代码 | 模板描述 | 总账科目代码 | 总账科目名称 | 借方% | 贷方% |
|---|---|---|---|---|---|
| PT01 | 支付电费 | 510105 | 制造费用—水电费 | 90 | |
| | | 660109 | 销售费用—水电费 | 4 | |
| | | 660205 | 管理费用—水电费 | 6 | |
| | | 22210101 | 应交税费—应交增值税—进项税额 | 13 | |
| | | 100203 | 银行存款—中国建设银行 | | 113 |
| PT02 | 发放工资、代扣个税 | 221101 | 应付职工薪酬—工资及绩效 | | |
| | | 100203 | 银行存款—中国建设银行 | | |
| | | 222112 | 应交税费—应交个人所得税 | | |
| PT03 | 扣缴社保和公积金 | 221102 | 应付职工薪酬—社会保险 | | |
| | | 221103 | 应付职工薪酬—住房公积金 | | |
| | | 100203 | 银行存款—中国建设银行 | | |
| PT04 | 缴纳个人所得税 | 222112 | 应交税费—应交个人所得税 | 100 | |
| | | 100203 | 银行存款—中国建设银行 | | 100 |
| PT05 | 缴纳企业增值税 | 22210202 | 应交税费—未交增值税—本期已交 | 100 | |
| | | 100203 | 银行存款—中国建设银行 | | 100 |
| PT06 | 计提工资 | 500101 | 基本生产成本 | | |
| | | 51010101 | 制造费用—工资及绩效 | | |
| | | 51010102 | 制造费用—社会保险 | | |
| | | 51010103 | 制造费用—住房公积金 | | |
| | | 66010101 | 销售费用—工资及绩效 | | |
| | | 66010102 | 销售费用—社会保险 | | |
| | | 66010103 | 销售费用—住房公积金 | | |
| | | 66020101 | 管理费用—工资及绩效 | | |
| | | 66020102 | 管理费用—社会保险 | | |
| | | 66020103 | 管理费用—住房公积金 | | |
| | | 221101 | 应付职工薪酬—工资及绩效 | | |
| | | 221102 | 应付职工薪酬—社会保险 | | |
| | | 221103 | 应付职工薪酬—住房公积金 | | |
| PT07 | 增值税抵扣及转出 | 22210101 | 应交税费—应交增值税—进项税额 | | |
| | | 22210105 | 应交税费—应交增值税—销项税额 | | |
| | | 22210103 | 应交税费—应交增值税—转出未交增值税 | | |
| | | 22210103 | 应交税费—应交增值税—转出未交增值税 | | |
| | | 22210201 | 应交税费—未交增值税—本期转入 | | |

2. 编制日记账分录

（1）支付电费。选择路径【财务】—【日记账分录】，打开“日记账分录”窗口，录入过账日期、到期日和单据日期，备注中录入“支付电费”；模板类型选择“百分比”，模板选择“PT01”，模板中的内容自动填充到内容选项卡中，录入贷方金额 37968 元后，系统会自动填充所有借方科目的金额。现金流主表项目为“购买商品、接受劳务支付的现金”，点击【添加】按钮，对系统信息进行确认后保存。如图 7－18 所示。

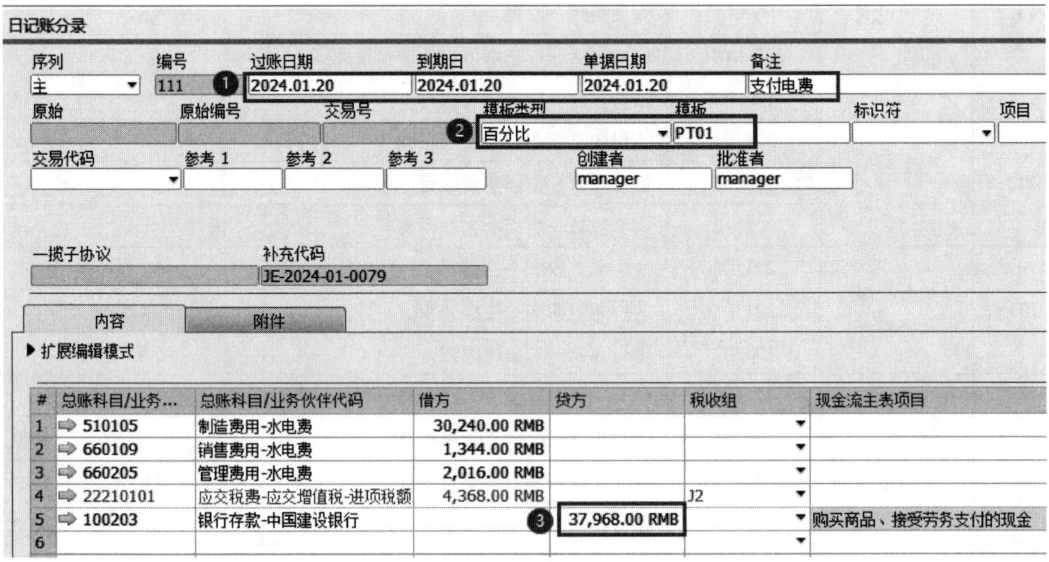


图 7－18

（2）发放工资、代扣个税。选择路径【财务】—【日记账分录】，打开“日记账分录”窗口，录入过账日期、到期日和单据日期，备注中录入“发放工资、代扣个税”；模板类型选择“百分比”，模板选择“PT02”，模板中的内容自动填充到内容选项卡中，录入借方金额，贷方金额处点击后，系统会自动填充。现金流主表项目为“支付给职工以及为职工支付的现金”，点击【添加】按钮，对系统信息进行确认后保存。如图 7－19 所示。

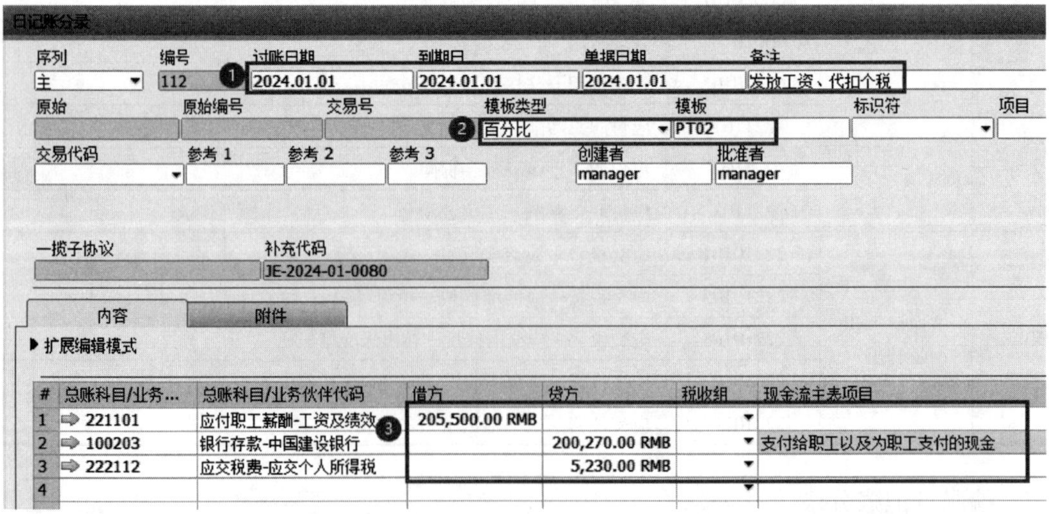


图 7－19

（3）扣缴社保及公积金。选择路径【财务】—【日记账分录】，打开“日记账分录”窗口，录入过账日期、到期日和单据日期，备注中录入“扣缴社保及公积金”；模板类型选择“百分比”，模板选择“PT03”，模板中的内容自动填充到内容选项卡中，录入借方金额，贷方金额处点击后，系统会自动填充。现金流主表项目为“支付给职工以及为职工支付的现金”，点击【添加】按钮，对系统信息进行确认后保存。如图 7－20 所示。

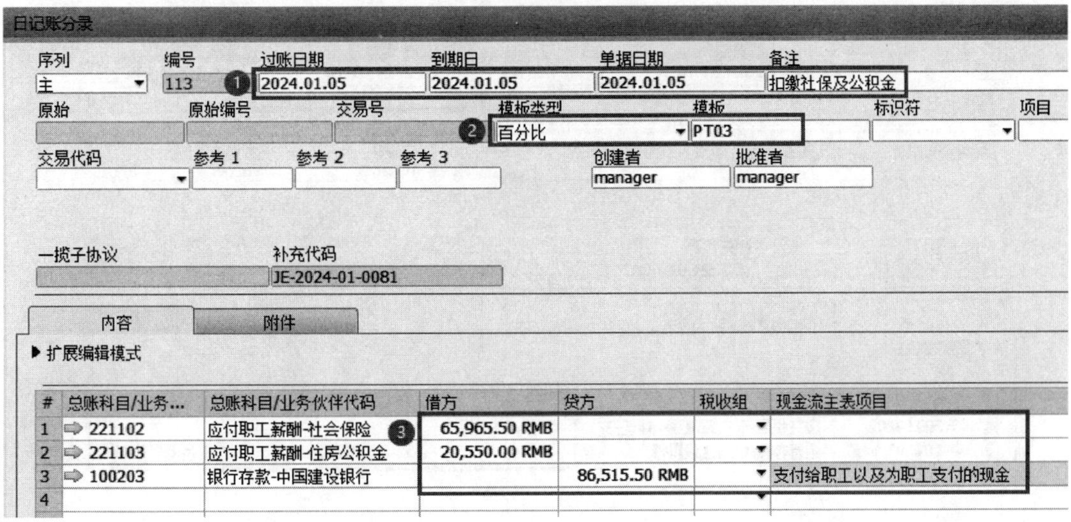


图 7－20

（4）缴纳个人所得税。选择路径【财务】—【日记账分录】，打开“日记账分录”窗口，录入过账日期、到期日和单据日期，备注中录入“缴纳个人所得税”；模板类型选择“百分比”，模板选择“PT04”，模板中的内容自动填充到内容选项卡中，录入借方金额，贷方金额处点击后，系统会自动填充。现金流主表项目为“支付的各项税费”，点击【添加】按钮，对系统信息进行确认后保存。如图 7－21 所示。

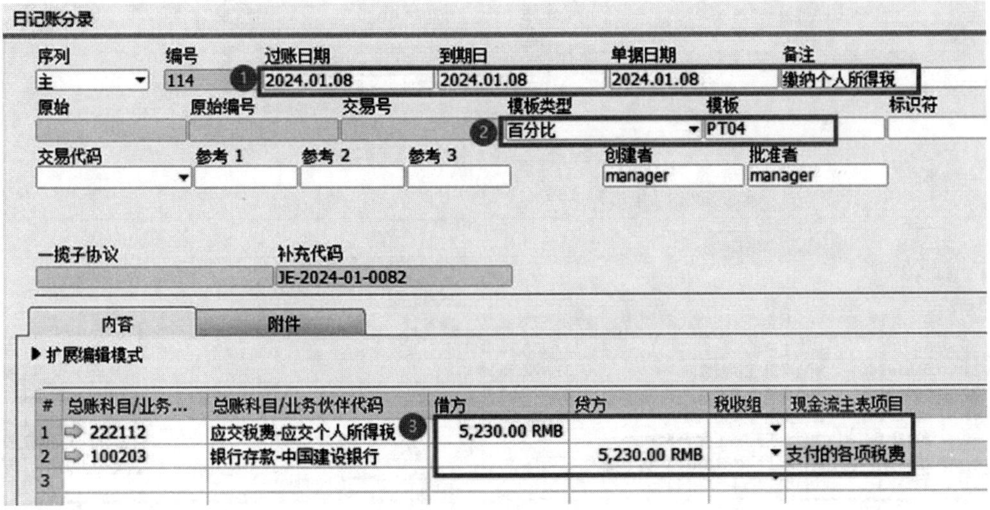


图 7－21

（5）缴纳企业增值税。选择路径【财务】—【日记账分录】，打开“日记账分录”窗口，录入过账日期、到期日和单据日期，备注中录入“缴纳企业增值税”；模板类型选择“百分比”，模板选择“PT05”，模板中的内容自动填充到内容选项卡中，录入借方金额，贷方金额处点击后，系统会自动填充。现金流主表项目为“支付的各项税费”，点击【添加】按钮，对系统信息进行确认后保存。如图 7－22 所示。

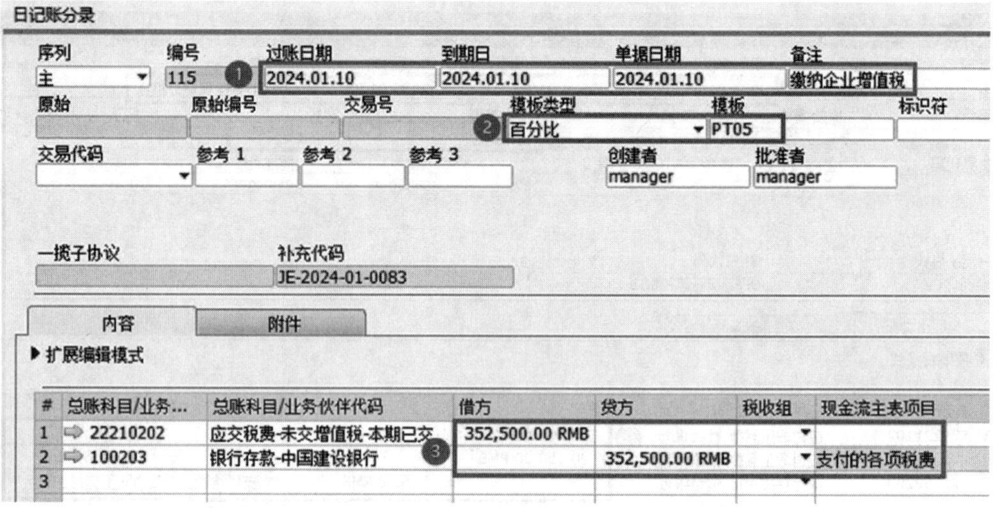


图 7－22

（6）计提工资。选择路径【财务】—【日记账分录】，打开“日记账分录”窗口，录入过账日期、到期日和单据日期，备注中录入“计提工资”；模板类型选择“百分比”，模板选择“PT06”，模板中的内容自动填充到内容选项卡中，录入借方金额，贷方金额处点击后，系统会自动填充。点击【添加】按钮，对系统信息进行确认后保存。如图 7－23 所示。

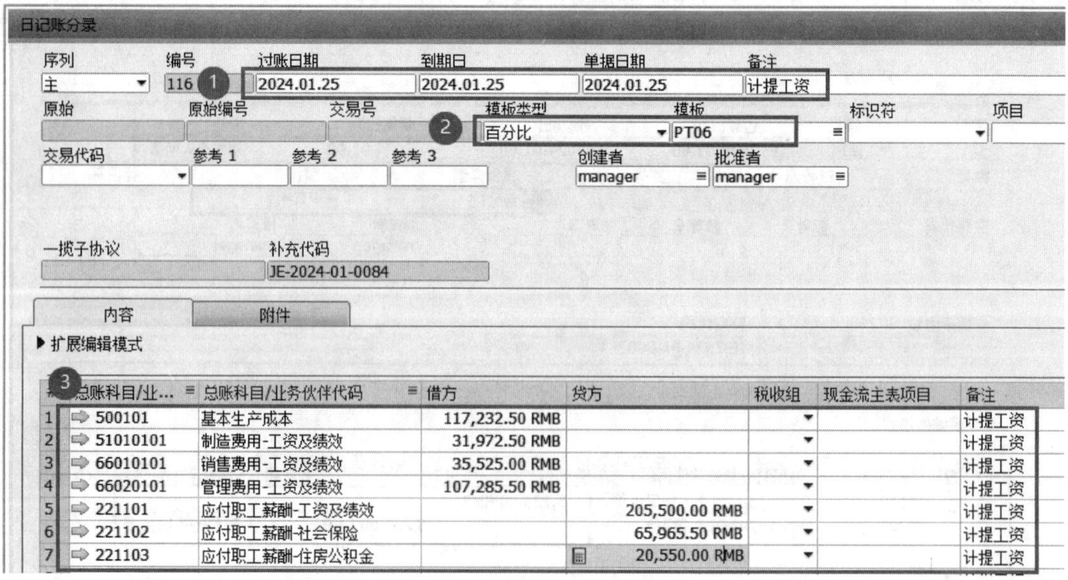


图 7－23

（7）增值税抵扣及转出。选择路径【财务】—【日记账分录】，打开“日记账分录”窗口，录入过账日期、到期日和单据日期，备注中录入“增值税抵扣及转出”；模板类型选择“百分比”，模板选择“PT07”，模板中的内容自动填充到内容选项卡中，录入借方金额，贷方金额处点击后，系统会自动填充，点击【添加】按钮，对系统信息进行确认后保存。如图 7－24 所示。

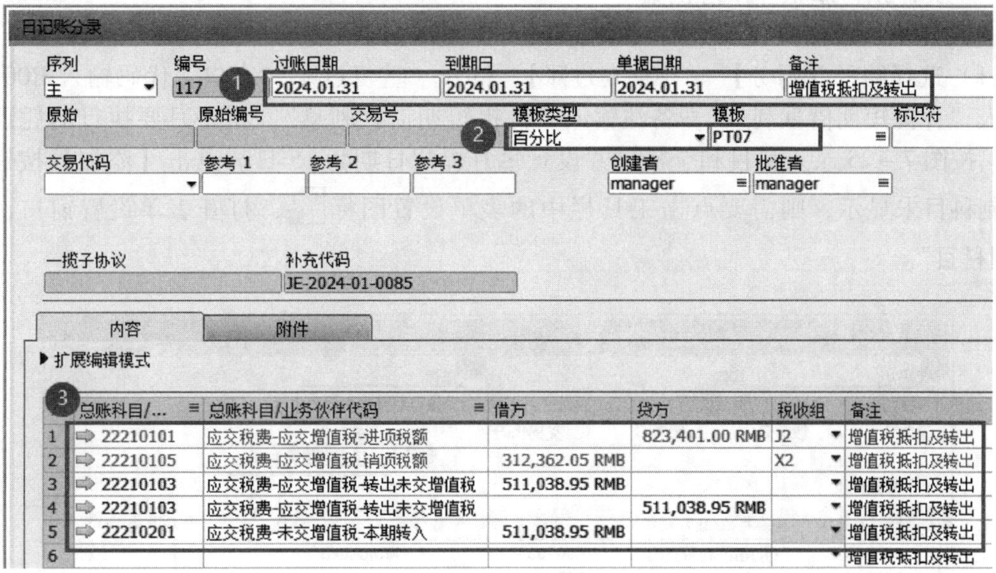


**图 7－24**

## 业务场景七　重复过账模板的日记账分录

重复过账模板用于处理每个月在相同的日期编制的科目相同、金额相同的日记账分录。通过创建重复过账模板，系统会进行周期性的自动过账。本实验设置了计提和支付短期贷款利息、计提长期贷款利息、仓库租金摊销等业务。

**业务描述：**

公司上年 9 月 16 日借入短期贷款 120 万元，期限 6 个月，年化利率 4.5%。合同约定每月 15 日计提利息，本年 3 月 15 日偿还本金。该笔短期贷款月利息为：1200000 ×4.50%/12＝4500（元）。

会计分录—计提利息：
借：财务费用—利息支出　　4500
　　贷：应付利息　　4500

会计分录—支付利息：
借：应付利息　　4500
　　贷：银行存款　　4500

公司上年 12 月 21 日借入长期贷款 200 万元，期限 5 年，年化利率 4.8%。合同约定每季度第一个月的 20 日支付利息。该笔长期贷款月利息为：2000000 ×4.80%/12＝8000（元）。

会计分录—计提利息：
借：财务费用—利息支出　　8000

　　贷：长期借款—应计利息　　8000

公司一次性支付全年仓库租金（详见实验一业务场景三），每月 28 日编制费用摊销分录，月摊销金额 20000 元。

会计分录—租金摊销：

借：管理费用—仓储费用　　20000

　　贷：预付账款—预付租金　　20000

1. 创建重复过账模板

（1）选择路径【财务】—【重复过账】，打开“重复过账”窗口，代码输入 R001，描述输入“计提短期借款利息”，备注输入“计提短期借款利息”。将每月要执行的凭证内容录入，按图 7－25 录入科目和金额，并设置每月提醒日期为 15 日。点击【添加】按钮。如果控制科目未显示，则需要点击工具栏中的表单设置图标，打开表单设置窗口，勾选“控制科目”。

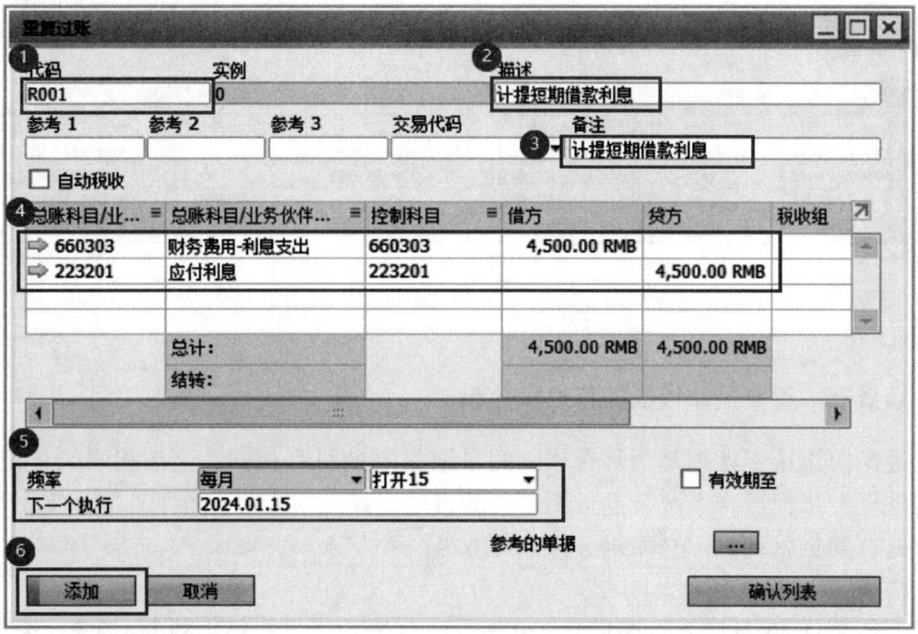


图 7－25

（2）系统弹出提示信息，“下一个事务日期比当前日期早，必须输入事务？”点击“是”进行确认后，过账模板保存。

（3）按上述操作步骤，创建支付短期借款利息的经常性过账模板，设置每月提醒日期为 15 日。如图 7－26 所示。

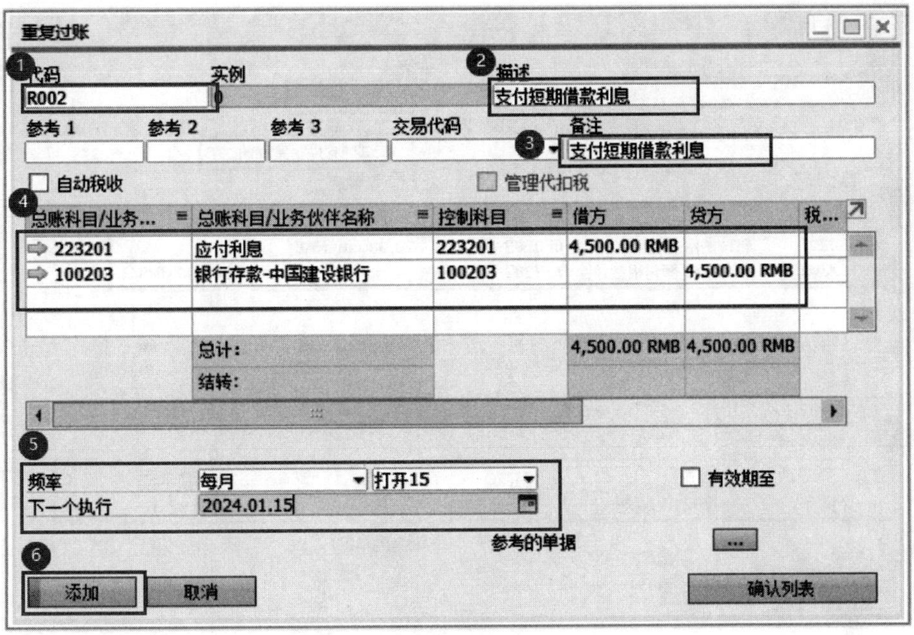


图 7 – 26

（4）按上述操作步骤，创建针对长期借款计提利息的经常性过账模板，设置每月提醒日期为 20 日。如图 7 – 27 所示。

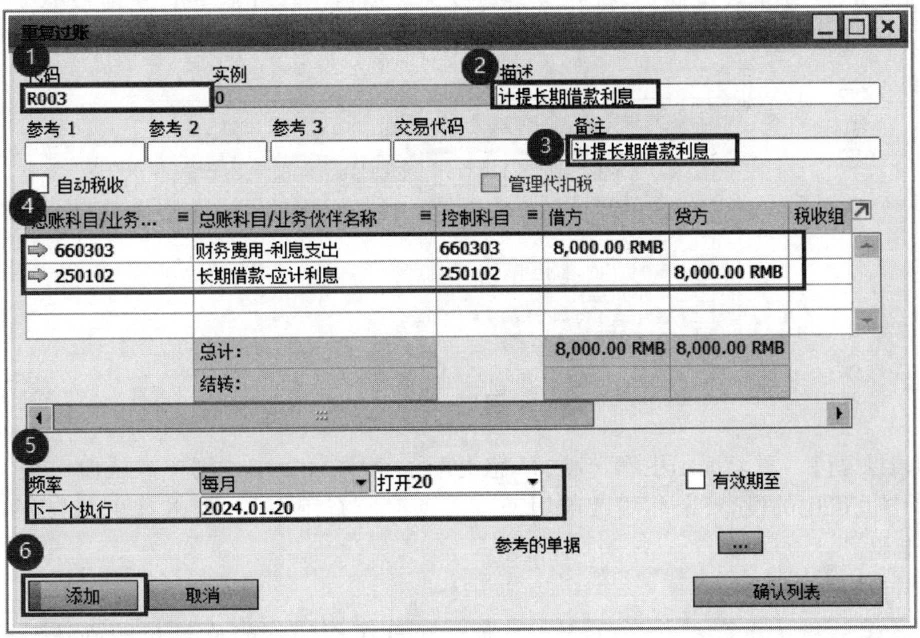


图 7 – 27

（5）按上述操作步骤，创建仓库租金摊销的经常性过账模板，设置每月提醒日期为 28 日。如图 7 – 28 所示。

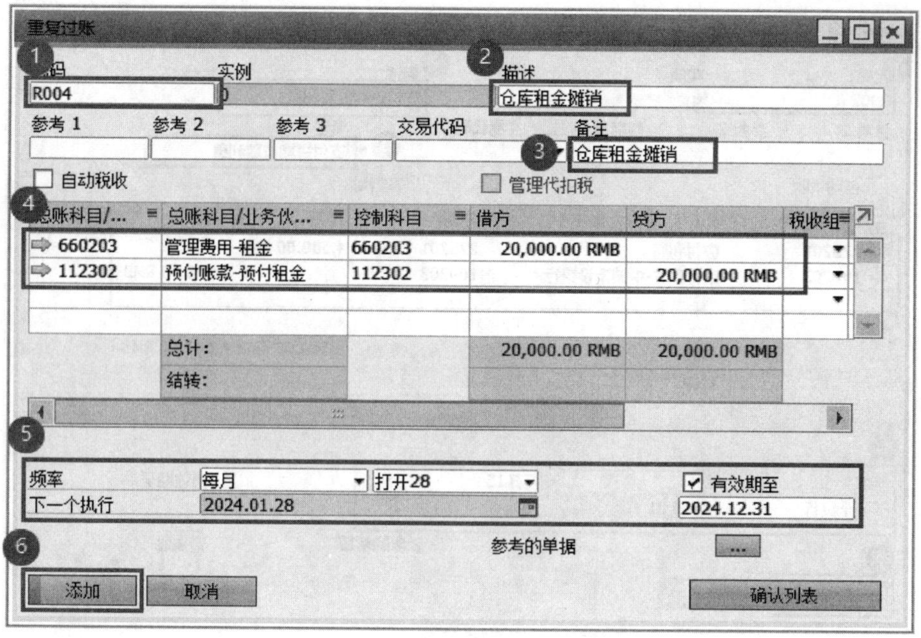


图 7－28

2. 设置周期性过账显示

为保证显示当日可处理的所有经常性交易，可对系统进行设置。选择路径【管理】—【系统初始化】—【常规设置】，打开“常规设置”窗口，在【服务】选项卡中，勾选“显示要执行的周期性过账”选项。如图 7－29 所示。

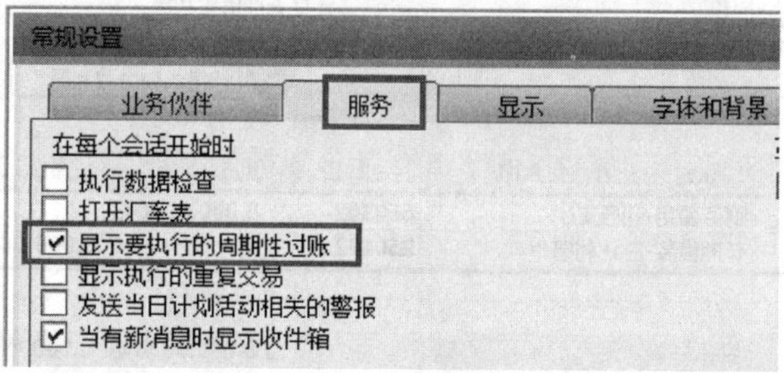


图 7－29

点击【更新】，系统提示更新选项，“您更新了至少一个在‘用户默认值’或‘用户设置’窗口中也可用的设置”。将更改应用于：选择“所有用户”，点击【更新】保存，点击【确定】退出。

3. 执行经常性过账

退出 SAP 系统，重新登录。系统自动弹出当日执行的“经常性过账确认”窗口，在【周期性过账交易日期将是】处选择“周期性过账日期”，将光标点击在 1 月项目的行号上，可按住 Ctrl 键，点击选中多行，项目变色说明选中成功，点击【执行】按钮。如图 7－30 所示。

**图 7-30**

对弹出的系统消息“将过账保存到永久文件中吗?”，点击【添加】按钮保存。固定费用的日记账分录自动生成。

4. 查看日记账分录

选择路径【财务】—【日记账分录】，查看最终生成的四笔日记账分录。

(1) 计提短期借款利息的日记账分录，如图 7-31 所示。

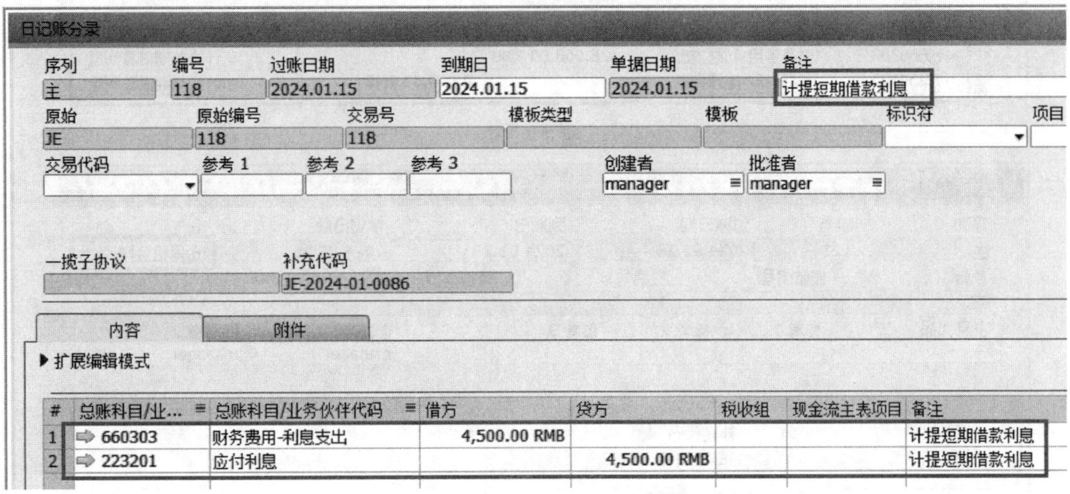


**图 7-31**

(2) 支付短期借款利息的日记账分录，如图 7-32 所示。

(3) 计提长期借款利息的日记账分录，如图 7-33 所示。

(4) 仓库租金摊销的日记账分录，如图 7-34 所示。

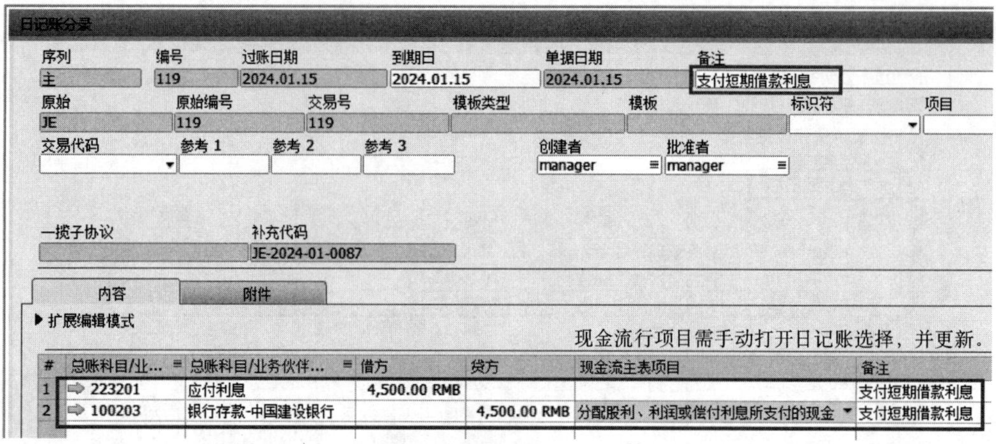


图 7－32

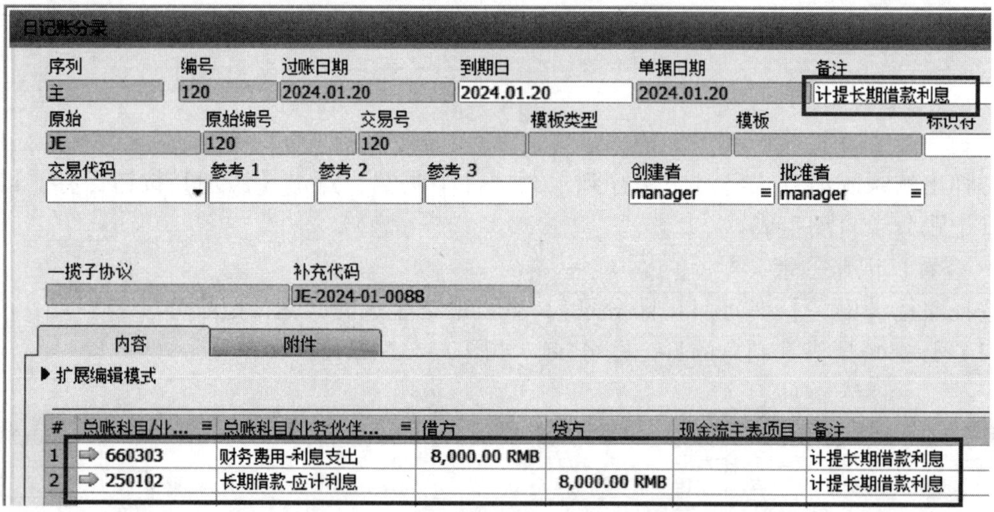


图 7－33

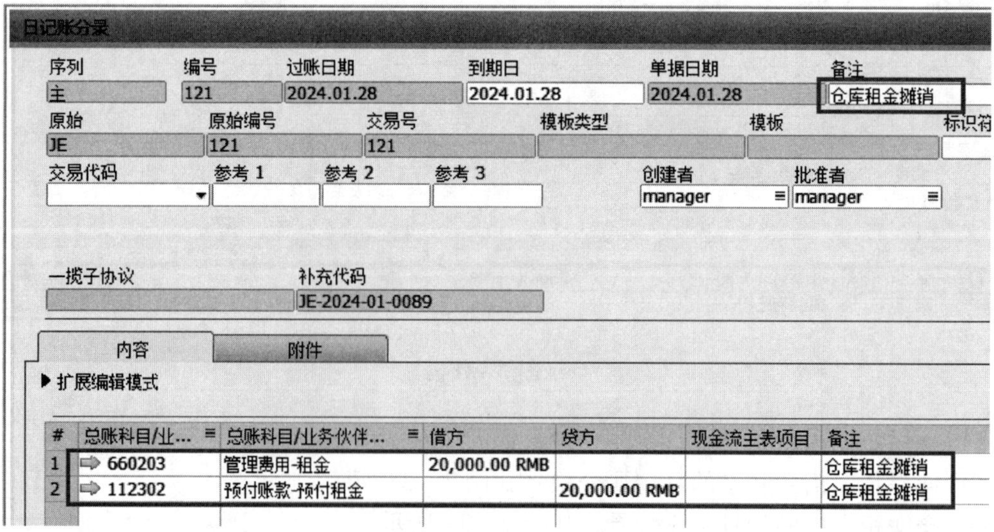


图 7－34

# 实验三　对账及银行存款余额调节表

## 业务场景八　对账及银行余额调节表

每月，财务部都需要查看现金日记账和银行存款日记账，并根据银行对账单进行对账，出具银行存款余额调节表。

其中，中国建设银行1月银行对账单，如表7-3所示。

表7-3　中国建设银行1月对账单

| 过账日期 | 详细信息 | 支出金额 | 收入金额 |
|---|---|---|---|
| 2023.12.31 | 期初余额 | | 2100000.00 |
| 2024.01.01 | 发放上月工资 | 200270.00 | |
| 2024.01.08 | 支付广西南风化工预付款 | 129950.00 | |
| 2024.01.04 | 收到东亚糖业集团投资款500万美元 | | 31859000.00 |
| 2024.01.10 | 支付职工社会保险和住房公积金 | 86515.50 | |
| 2024.01.07 | 支付广西南宁景谷甘蔗种植园甘蔗款 | 1000000.00 | |
| 2024.01.07 | 支付北京世纪拓鑫精细化工预付款 | 15820.00 | |
| 2024.01.07 | 收到可口可乐（中国）预付款 | | 7232000.00 |
| 2024.01.10 | 缴纳个人所得税 | 5230.00 | |
| 2024.01.10 | 支付北京世纪拓鑫精细化工尾款 | 15435.00 | |
| 2024.01.10 | 缴纳企业增值税 | 352500.00 | |
| 2024.01.20 | 支付仓库租金 | 254400.00 | |
| 2024.01.14 | 收百事（中国）北京回款 | | 339000.00 |
| 2024.01.16 | 收客户南宁安心糖业商贸预付款 | | 31000.00 |
| 2024.01.17 | 零售客户收款 | | 226.00 |
| 2024.01.18 | 收客户南宁安心预付货款 | | 35030.00 |
| 2024.01.20 | 收客户南宁安心糖业商贸尾款 | | 35030.00 |
| 2024.01.20 | 收广西鑫祥货款 | | 96000.00 |
| 2024.01.22 | 支付电费 | 37968.00 | |
| 2024.01.22 | 支付一汽解放车辆款 | 678000.00 | |
| 2024.01.25 | 报销员工差旅费 | 2400.00 | |
| 2024.01.25 | 支付切蔗机组设备款 | 565000.00 | |
| 2024.01.25 | 预付广西天创广告公司广告费 | 106000.00 | |
| 2024.01.28 | 支付切蔗机组设备安装费 | 53000.00 | |
| 2024.01.29 | 支付南宁兴全维修费 | 9718.00 | |

1. 查看现金日记账

（1）选择路径【财务】—【财务报表】—【会计】—【总账】，打开“总账—选择标准”窗口，取消勾选“业务伙伴”，将科目查找等级调整为5，在科目列表中选中“100101—现金—人民币”，选择过账日期，点击【确定】按钮，如图7-35所示。

（2）点击屏幕左上角菜单栏中的“文件”，选择“预览布局”，如图7-36所示。

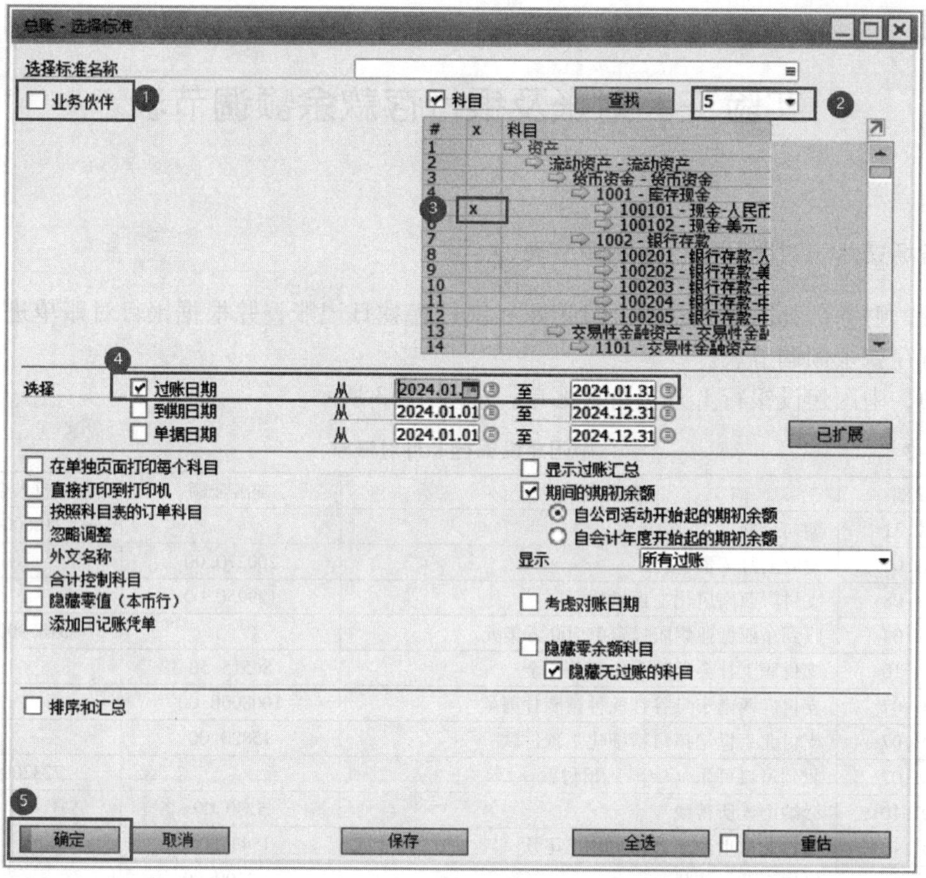


**图 7－35**

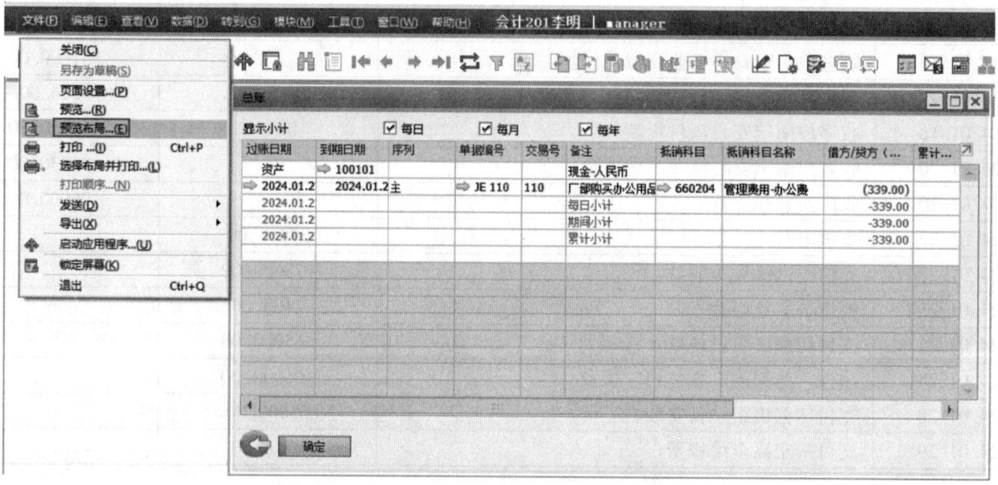


**图 7－36**

（3）打开系统消息窗口，选择报表“现金日记账分类账－CN”，点击【确定】按钮。

（4）弹出系统提示消息“此操作可能耗时较长；是否继续?”，点击【继续】进行确认。

（5）打开“选择布局”窗口，选中“现金日记账分类账_CN（System）”，点击【确定】按钮。

（6）打开“现金日记账分类账_CN（System）”窗口，如图7－37所示。

现金日记账分类账_CN(System)

Page 1 of 1

**现金日记账**

科目： 100101 - 现金-人民币　　过账日期：2024.01.01 - 2024.01.31　　页编号共 1 页 第 1 页

| 日期 月 | 日期 日 | 凭证号 | 摘要 | 对应科目 | 借方 | 贷方 | | 余额 |
|---|---|---|---|---|---|---|---|---|
| | | | 去年的期初余额 | | | | 借 | 9,000.00 |
| 1 | 22 | 110 | 厂部购买办公用品费用 | 660204-管理费用-办公费 | | 339.00 | 借 | 8,661.00 |
| | | | 每日小计 | | | 339.00 | 借 | 8,661.00 |
| | | | 期间小计 | | | 339.00 | 借 | 8,661.00 |
| | | | 累计小计 | | | 339.00 | 借 | 8,661.00 |

图7－37

2. 查看银行存款日记账

（1）选择路径【财务】—【财务报表】—【会计】—【总账】，打开“总账—选择标准”窗口，取消勾选“业务伙伴”，将科目查找等级调整为5，在科目列表中选中“1002 银行存款”科目，选择过账日期，点击【确定】按钮。

（2）打开“总账”窗口后，点击菜单栏中的文件，选择“预览布局”，打开系统消息窗口，选择报表“银行日记账分类账－CN”，点击【确定】按钮。

（3）弹出系统提示消息“此操作可能耗时较长；是否继续?”，点击【继续】进行确认。

（4）打开“选择布局”窗口，选中“银行日记账分类账_CN（PD）（System）”，点击【确定】按钮。

（5）打开“银行日记账分类账_CN（PD）（System）”窗口，如图7－38所示。

银行日记账分类账_CN (PD) (System)

Page 1 of 3

银行存款日记账

2024

1002 银行存款　　100203 银行存款-中国建设银行　　2024.01.01 - 2024.01.31　　1

| | | | | | | | | |
|---|---|---|---|---|---|---|---|---|
| | | | 去年的期初余额 | | | | 借 | 2,100,000.00 |
| 1 | 1 | 112 | 发放工资、代扣个税 | 221101-应付职工薪酬-工 | | 200,270.00 | 借 | 1,899,730.00 |
| | | | 每日小计 | | | 200,270.00 | 借 | 1,899,730.00 |
| 1 | 5 | 37 | 付款 - 10000001 | 220201-应付账款-国内 | | 129,950.00 | 借 | 1,769,780.00 |
| 1 | 5 | 113 | 扣缴社保及公积金 | 221102-应付职工薪酬-社 | | 86,515.00 | 借 | 1,683,265.00 |
| | | | 每日小计 | | | 216,465.00 | 借 | 1,683,265.00 |
| 1 | 6 | 35 | 付款 - 10000012 | 220201-应付账款-国内 | | 1,000,000.00 | 借 | 683,265.00 |
| 1 | 6 | 40 | 付款 - 10000009 | 220201-应付账款-国内 | | 6,780.00 | 借 | 676,485.00 |
| | | | 每日小计 | | | 1,006,780.00 | 借 | 676,485.00 |
| 1 | 8 | 114 | 缴纳个人所得税 | 222112-应交税费-应交个 | | 5,230.00 | 借 | 671,255.00 |
| | | | 每日小计 | | | 5,230.00 | 借 | 671,255.00 |
| 1 | 9 | 93 | 收款 - 60000001 | 112201-应收账款-国内 | 7,232,000.00 | | 借 | 7,903,255.00 |
| | | | 每日小计 | | 7,232,000.00 | | 借 | 7,903,255.00 |
| 1 | 10 | 43 | 付款 - 10000009 | 220201-应付账款-国内 | | 15,820.00 | 借 | 7,887,435.00 |
| 1 | 10 | 115 | 缴纳企业增值税 | 22210202-应交税费-未交 | | 352,500.00 | 借 | 7,534,935.00 |
| | | | 每日小计 | | | 368,320.00 | 借 | 7,534,935.00 |
| 1 | 15 | 108 | 支付仓库租金 | 220201-应付账款-国内 | | 254,400.00 | 借 | 7,280,535.00 |
| 1 | 15 | 119 | 支付短期借款利息 | 223201-应付利息 | | 4,500.00 | 借 | 7,276,035.00 |
| | | | 每日小计 | | | 258,900.00 | 借 | 7,276,035.00 |
| 1 | 16 | 87 | 收款 - 60000002 | 112201-应收账款-国内 | 339,000.00 | | 借 | 7,615,035.00 |
| | | | 每日小计 | | 339,000.00 | | 借 | 7,615,035.00 |
| 1 | 18 | 89 | 收款 - 60000013 | 112201-应收账款-国内 | 35,030.00 | | 借 | 7,650,065.00 |
| 1 | 18 | 99 | 收款 - 70000001 | 112201-应收账款-国内 | 226.00 | | 借 | 7,650,291.00 |
| | | | 每日小计 | | 35,256.00 | | 借 | 7,650,291.00 |
| 1 | 20 | 92 | 收款 - 60000013 | 112201-应收账款-国内 | 35,030.00 | | 借 | 7,685,321.00 |
| 1 | 20 | 111 | 支付电费 | 510105-制造费用-水电费 | | 37,968.00 | 借 | 7,647,353.00 |
| | | | 每日小计 | | 35,030.00 | 37,968.00 | 借 | 7,647,353.00 |
| 1 | 21 | 109 | 报销员工差旅费 | 660210-管理费用-差旅费 | | 2,400.00 | 借 | 7,644,953.00 |
| | | | 每日小计 | | | 2,400.00 | 借 | 7,644,953.00 |
| | | | 过次页 | | 7,641,286.00 | 2,096,333.00 | 借 | 7,644,953.00 |

图7－38

3. 编制银行存款余额调节表

（1）查询“100203—银行存款—中国建设银行”科目余额。选择路径【财务】—【科目表】，打开“科目表”窗口，在资产类抽屉中，选中“100203”科目，在左侧科目明细中，查看余额，如图 7－39 所示。

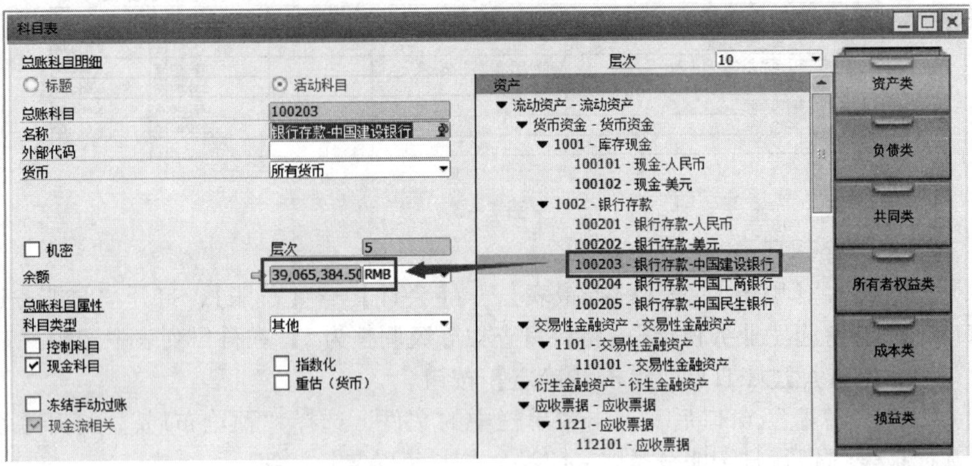


图 7－39

（2）导入银行对账单数据。选择路径【收付款业务】—【银行对账单与外部对账（A）】—【处理外部银行对账单（P）】，打开“处理外部银行对账单”窗口，总账科目选择 100203，填写到期日，使用工具栏中的表单设置，将表头字段调整到与图 7－40 相

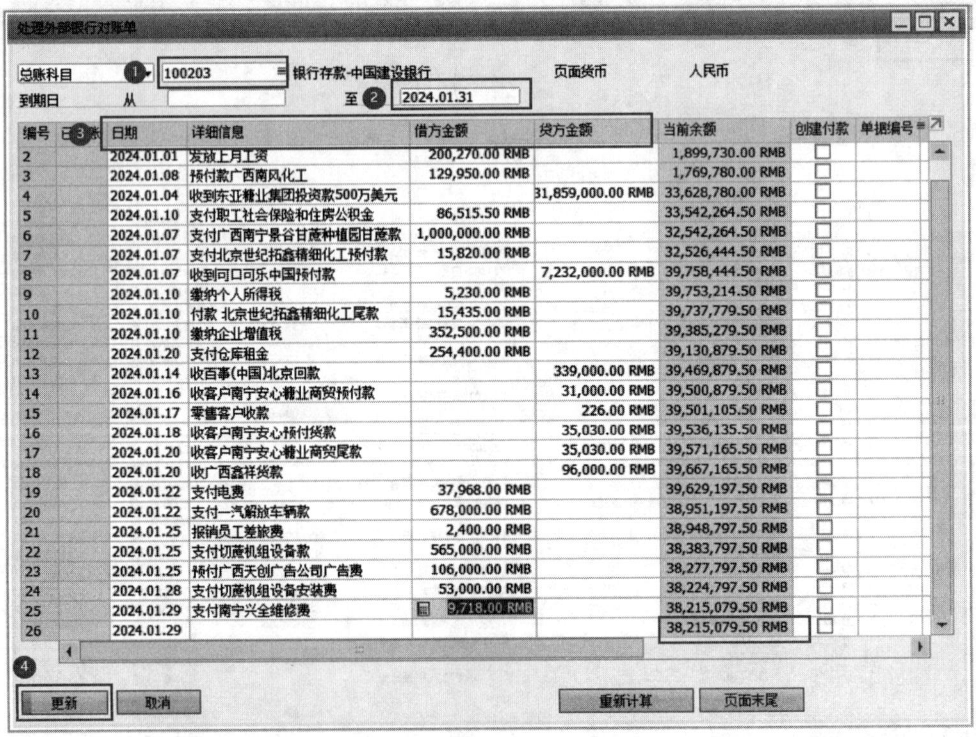


图 7－40

同，将表 7－3 银行对账单的数据粘贴到相应的列，系统自动计算当前余额，点击【更新】保存，点击【确定】退出。

（3）将 SAP 账面余额与银行对账单进行对账。选择路径【财务】—【收付款业务】—【银行对账单与外部对账（A）】—【对账（R）】，打开“外部对账—选择标准”窗口，按图 7－41 设置对账标准，点击【对账】按钮。

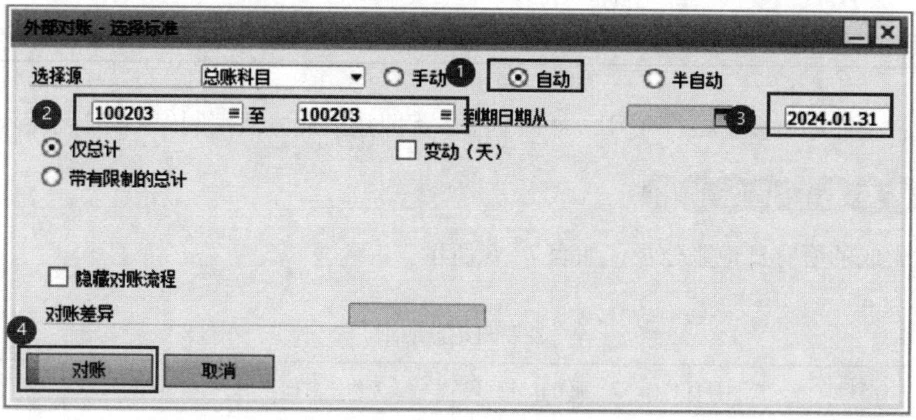


图 7－41

（4）系统自动开始对账，并显示账簿中的未清交易和外部账单中的未清交易，如图 7－42 所示。

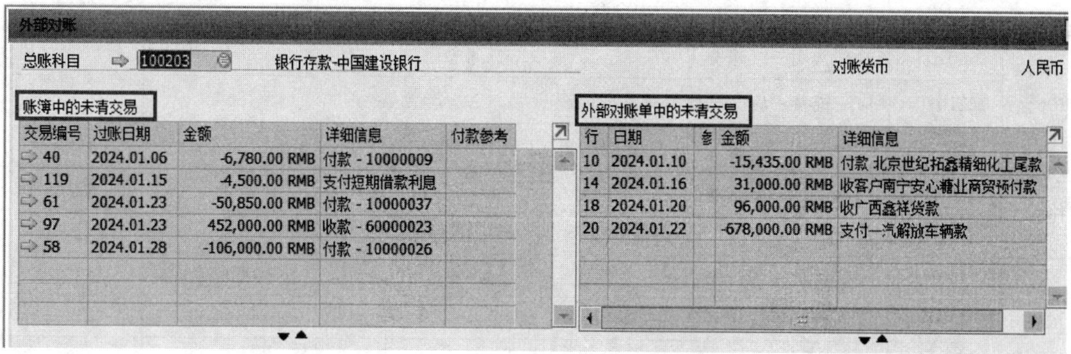


图 7－42

（5）编制银行存款余额调节表

在编制银行存款余额调节表时，图 7－42“账簿中的未清交易”中正数金额的合计数填入“企业已收，银行未收”；负数金额的合计数填入“企业已付、银行未付”；“外部账单中的未清交易”中的正数金额合计数填入“银行已收、企业未收”，负数金额的合计数填入“银行已付、企业未付”，调节后银行存款余额左右相等。根据上述方法编制出中国建设银行账号的银行存款余额调节表，如表 7－4 所示。

表 7-4 银行存款余额调节表

20××年1月 单位：元（RMB）

| | | | |
|---|---|---|---|
| 企业银行存款日记账余额 | 39065384.50 | 银行对账单余额 | 38215079.50 |
| 加：银行已收、企业未收 | 127000.00 | 加：企业已收、银行未收 | 452000.00 |
| 减：银行已付、企业未付 | 693435.00 | 减：企业已付、银行未付 | 168130.00 |
| 调节后的银行存款余额 | 38498949.50 | 调节后的银行存款余额 | 38498949.50 |

注意：企业如有多个银行账号，每一个账号都应按上述方法编制银行存款余额调节表。

## 本章交易日记账明细

本章生成的所有日记账分录，如表 7-5 所示。

表 7-5 交易日记账明细

| 交易编号 | 控制科目 | 控制科目名称 | 业务伙伴代码 | 业务伙伴名称 | 借方 | 贷方 |
|---|---|---|---|---|---|---|
| 104 | 100203 | 银行存款—中国建设银行 | | | 31859000.00 | |
| | 400101 | 股本 | | | | 31859000.00 |
| 105 | 510104 | 制造费用—维修费 | | | 5800.00 | |
| | 22210101 | 应交税费—应交增值税—进项税额 | | | 754 | |
| | 220201 | 应付账款—国内 | 10000038 | 南宁兴全 | | 6554.00 |
| 106 | 660208 | 管理费用—维修费 | | | 2800.00 | |
| | 22210101 | 应交税费—应交增值税—进项税额 | | | 364 | |
| | 220201 | 应付账款—国内 | 10000038 | 南宁兴全 | | 3164.00 |
| 107 | 100203 | 银行存款—中国建设银行 | | | | 9718.00 |
| | 220201 | 应付账款—国内 | 10000038 | 南宁兴全 | 9718.00 | |
| 108 | 112302 | 预付账款—预付租金 | | | 240000.00 | |
| | 22210101 | 应交税费—应交增值税—进项税额 | | | 14400.00 | |
| | 100203 | 银行存款—中国建设银行 | | | | 254400.00 |
| 109 | 660210 | 管理费用—差旅费 | | | 1200.00 | |
| | 660210 | 管理费用—差旅费 | | | 70 | |
| | 660210 | 管理费用—差旅费 | | | 500 | |
| | 22210101 | 应交税费—应交增值税—进项税额 | | | 30 | |
| | 660210 | 管理费用—差旅费 | | | 600 | |
| | 100203 | 银行存款—中国建设银行 | | | | 2400.00 |
| 110 | 660204 | 管理费用—办公费 | | | 300 | |
| | 22210101 | 应交税费—应交增值税—进项税额 | | | 39 | |
| | 100101 | 现金—人民币 | | | | 339 |

续表

| 交易编号 | 控制科目 | 控制科目名称 | 业务伙伴代码 | 业务伙伴名称 | 借方 | 贷方 |
|---|---|---|---|---|---|---|
| 111 | 510105 | 制造费用—水电费 | | | 30240.00 | |
| | 660109 | 销售费用—水电费 | | | 1344.00 | |
| | 660205 | 管理费用—水电费 | | | 2016.00 | |
| | 22210101 | 应交税费—应交增值税—进项税额 | | | 4368.00 | |
| | 100203 | 银行存款—中国建设银行 | | | | 37968.00 |
| 112 | 221101 | 应付职工薪酬—工资及绩效 | | | 205500.00 | |
| | 100203 | 银行存款—中国建设银行 | | | | 200270.00 |
| | 222112 | 应交税费—应交个人所得税 | | | | 5230.00 |
| 113 | 221102 | 应付职工薪酬—社会保险 | | | 65965.50 | |
| | 221103 | 应付职工薪酬—住房公积金 | | | 20550.00 | |
| | 100203 | 银行存款—中国建设银行 | | | | 86515.50 |
| 114 | 222112 | 应交税费—应交个人所得税 | | | 5230.00 | |
| | 100203 | 银行存款—中国建设银行 | | | | 5230.00 |
| 115 | 22210102 | 应交税费—未交增值税—本期已交 | | | 352500.00 | |
| | 100203 | 银行存款—中国建设银行 | | | | 352500.00 |
| 116 | 500101 | 基本生产成本 | | | 117232.50 | |
| | 51010101 | 制造费用—工资及绩效 | | | 25000.00 | |
| | 51010102 | 制造费用—社会保险 | | | 7222.50 | |
| | 51010103 | 制造费用—住房公积金 | | | 2250.00 | |
| | 66010101 | 销售费用—工资及绩效 | | | 25000.00 | |
| | 66010102 | 销售费用—社会保险 | | | 8025.00 | |
| | 66010103 | 销售费用—住房公积金 | | | 2500.00 | |
| | 66020101 | 管理费用—社会保险 | | | 75500.00 | |
| | 66020102 | 管理费用—社会保险 | | | 24235.50 | |
| | 66020103 | 管理费用—住房公积金 | | | 7550.00 | |
| | 221101 | 应付职工薪酬—工资及绩效 | | | | 205500.00 |
| | 221102 | 应付职工薪酬—社会保险 | | | | 65965.50 |
| | 221103 | 应付职工薪酬—住房公积金 | | | | 20550.00 |
| 117 | 22210101 | 应交税费—应交增值税—进项税额 | | | | 823401.00 |
| | 22210105 | 应交税费—应交增值税—销项税额 | | | 312362.05 | |
| | 22210103 | 应交税费—应交增值税—转出未交增值税 | | | 511038.95 | |
| | 22210103 | 应交税费—应交增值税—转出未交增值税 | | | | 511038.95 |
| | 22210201 | 应交税费—未交增值税—本期转入 | | | 511038.95 | |
| 118 | 660303 | 财务费用—利息支出 | | | 4500.00 | |
| | 223201 | 应付利息 | | | | 4500.00 |

续表

| 交易编号 | 控制科目 | 控制科目名称 | 业务伙伴代码 | 业务伙伴名称 | 借方 | 贷方 |
|---|---|---|---|---|---|---|
| 119 | 223201 | 应付利息 | | | 4500.00 | |
| | 100203 | 银行存款—中国建设银行 | | | | 4500.00 |
| 120 | 660303 | 财务费用—利息支出 | | | 8000.00 | |
| | 250102 | 长期借款—应计利息 | | | | 8000.00 |
| 121 | 660203 | 管理费用—租金 | | | 20000.00 | |
| | 112302 | 预付账款—预付租金 | | | | 20000.00 |
| 122 | 500101 | 基本生产成本 | | | | 6852.82 |
| | 51010101 | 制造费用—工资及绩效 | | | 38027.50 | |
| | 510103 | 制造费用—折旧 | | | | 1134.68 |
| | 510104 | 制造费用—维修费 | | | 200.00 | |
| | 510105 | 制造费用—水电费 | | | | 30240.00 |

## 本章科目余额表

本章所有业务完成后，科目余额表如表7-6所示。

**表7-6　科目余额表**

| 科目代码 | 科目名称 | 科目余额 |
|---|---|---|
| 100101 | 现金—人民币 | 8661.00 |
| 100203 | 银行存款—中国建设银行 | 39065384.50 |
| 100204 | 银行存款—中国工商银行 | 450540.00 |
| 112101 | 应收票据 | 650000.00 |
| 112201 | 应收账款—国内 | 807461.05 |
| 112301 | 预付账款—国内 | 24124.00 |
| 112302 | 预付账款—预付租金 | 220000.00 |
| 140301 | 原材料 | 3057122.71 |
| 140302 | 辅料 | 614548.80 |
| 140601 | 库存商品 | 8455817.64 |
| 140602 | 副产品 | 214000.00 |
| 141201 | 包装物及低值易耗品 | 87000.00 |
| 160101 | 固定资产—房屋和建筑物 | 13800000.00 |
| 160102 | 固定资产—机器设备 | 16205000.00 |
| 160103 | 固定资产—运输设备 | 600000.00 |
| 160104 | 固定资产—办公设备 | 56700.00 |
| 160201 | 累计折旧—房屋和建筑物 | -1602333.00 |

续表

| 科目代码 | 科目名称 | 科目余额 |
|---|---|---|
| 160202 | 累计折旧—机器设备 | -5453160.00 |
| 160203 | 累计折旧—运输设备 | -180375.00 |
| 160204 | 累计折旧—办公设备 | -41580.00 |
| 170101 | 无形资产—土地使用权 | 3000000.00 |
| 170201 | 累计摊销—土地使用权 | -210000.00 |
| 200101 | 短期借款 | -1200000.00 |
| 220101 | 应付票据 | -980000.00 |
| 220201 | 应付账款—国内 | -7059870.00 |
| 220501 | 预收账款—国内 | -5835600.00 |
| 221101 | 应付职工薪酬—工资及绩效 | -205500.00 |
| 221102 | 应付职工薪酬—社会保险 | -65965.50 |
| 221103 | 应付职工薪酬—住房公积金 | -20550.00 |
| 22210103 | 应交税费—应交增值税—转出未交增值税 | -352500.00 |
| 22210201 | 应交税费—未交增值税—本期转入 | 511038.95 |
| 22210202 | 应交税费—未交增值税—本期已交 | 352500.00 |
| 250101 | 长期借款—本金 | -2000000.00 |
| 250102 | 长期借款—应计利息 | -8000.00 |
| 400101 | 股本 | -41859000.00 |
| 400201 | 资本公积—资本溢价 | -20000000.00 |
| 410101 | 盈余公积—法定盈余公积 | -250000.00 |
| 410102 | 盈余公积—任意盈余公积 | -20000.00 |
| 410415 | 利润分配—未分配利润 | -696367.85 |
| 51010101 | 制造费用—工资及绩效 | -70000.00 |
| 510103 | 制造费用—折旧 | 1134.68 |
| 510104 | 制造费用—维修费 | -6000.00 |
| 600101 | 主营业务收入—国内 | -2252785.00 |
| 640101 | 主营业务成本 | 1523130.85 |
| 66010101 | 销售费用—工资及绩效 | 35525.00 |
| 660102 | 销售费用—折旧费 | 2250.00 |
| 660103 | 销售费用—广告费 | 200000.00 |
| 660109 | 销售费用—水电费 | 1344.00 |
| 66020101 | 管理费用—工资及绩效 | 107285.50 |
| 660202 | 管理费用—折旧费 | 38153.67 |

续表

| 科目代码 | 科目名称 | 科目余额 |
|---|---|---|
| 660203 | 管理费用—租金 | 20000.00 |
| 660204 | 管理费用—办公费 | 300 |
| 660205 | 管理费用—水电费 | 2016.00 |
| 660208 | 管理费用—维修费 | 2800.00 |
| 660210 | 管理费用—差旅费 | 2370.00 |
| 660213 | 管理费用—无形资产摊销 | 10000.00 |
| 660303 | 财务费用—利息支出 | 12500.00 |
| 671102 | 营业外支出—处置固定资产净损失 | 45633.00 |

# 附录：错误日记账分录修改举例

实验中，学生们经常出现在日记账分录中录错金额或借贷方向的情况。在 SAP 系统中，如果要修改一张直接在【财务】模块中做的日记账分录，找到该笔日记账分录，在空白处单击右键，在弹出的功能菜单中上点击“取消”即可。但如果该笔日记账分录之后还发生了付款业务，需要取消付款后才能取消该笔日记账分录。扫描以下二维码，即可看到以业务场景二为例的日记账分录修改视频。

# 第八章

# 期末处理

## 学习目标

通过本章学习，理解并掌握财务月结事项和年结事项在 ERP 系统中如何实现，以及月结事项和年结事项对应的会计分录。

## 实验内容

1. 操作月末结账业务。
2. 了解年末结账处理。

## 章前学习

期末处理是指在每个会计期间结束时，财务部门都要处理的一些事项。通过期末处理可以提供公司在特定时间段内的财务状况、经营成果等信息，以辅助公司进行相关的管理决策。通常会计期末处理分为两种情况：月末处理（月结）和年末处理（年结）。

每个公司根据自身的业务情况，期末进行处理的内容不尽相同。但对于绝大多数公司都会涉及固定资产计提折旧、费用分摊、出具财务报表等操作，因此，固定资产计提折旧、费用分摊以及出具财务报表都是期末结账的常规操作。期末处理的基本流程，如图 8-1 所示。

财务人员在月末结账前，要检查手工凭证为结账做准备，同时需要核对往来账、总账金额，然后将过账期间中结账月份的期间状态修改为“结算期间”，还需要对未清生产订单进行确认后结转差异，最后执行 SAP 系统的期末关账，结转损益。财务人员对系统的三大报表：资产负债表、利润表、现金流量表进行核对，并出具报告。所有操作确认完毕后，财务人员将过账期间状态修改为“已锁定”即完成封账。

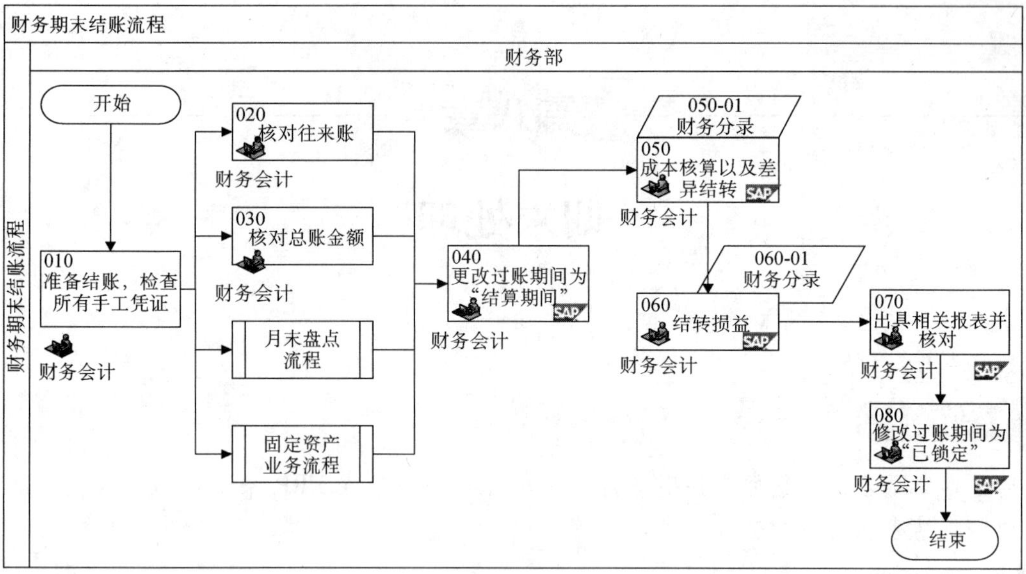


图 8－1

# 实验一　月末结账

1. 打开新的过账期间

企业实务中一般不会在每个月最后一天营业结束后立即进行月末处理，因为这时企业还会有当月的一些账务没来得及处理，通常企业会在当月结束后五天内完成月末处理，而在此五天中，会产生下个月的新账务，为确保下月的账务能进行操作，要先打开新的过账期间。选择路径【管理】—【系统初始化】—【过账期间】，单击要打开的期间代码前的链接箭头，打开对应月份的期间，然后将期间状态修改为"已解锁"，点击【更新】按钮保存，可打开新过账期间。如图 8－2 所示。

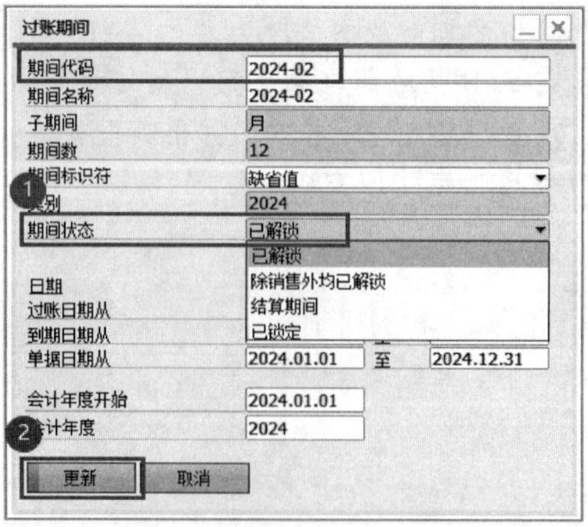


图 8－2

2. 执行固定资产折旧计提

对固定资产计提折旧操作每月执行一次。参照固定资产管理章节折旧运行操作流程。（由于在固定资产管理章节中已执行折旧运行，这里不需要再操作）

3. 执行实际成本与标准成本的差异结转

在生产实务中，如果按标准成本来核算，月末时需要计算实际成本与产品的标准成本之间的差额，并将差异金额分别计入“库存商品”和“主营业务成本”科目。

（1）查询当月要分摊的差异

选择路径【财务】—【财务报表】—【财务】—【试算表】，打开“试算表—选择标准”窗口，取消勾选“业务伙伴”，在总账科目中选择“成本类”，日期选择“过账日期”，点击【确定】按钮。如图8－3所示。

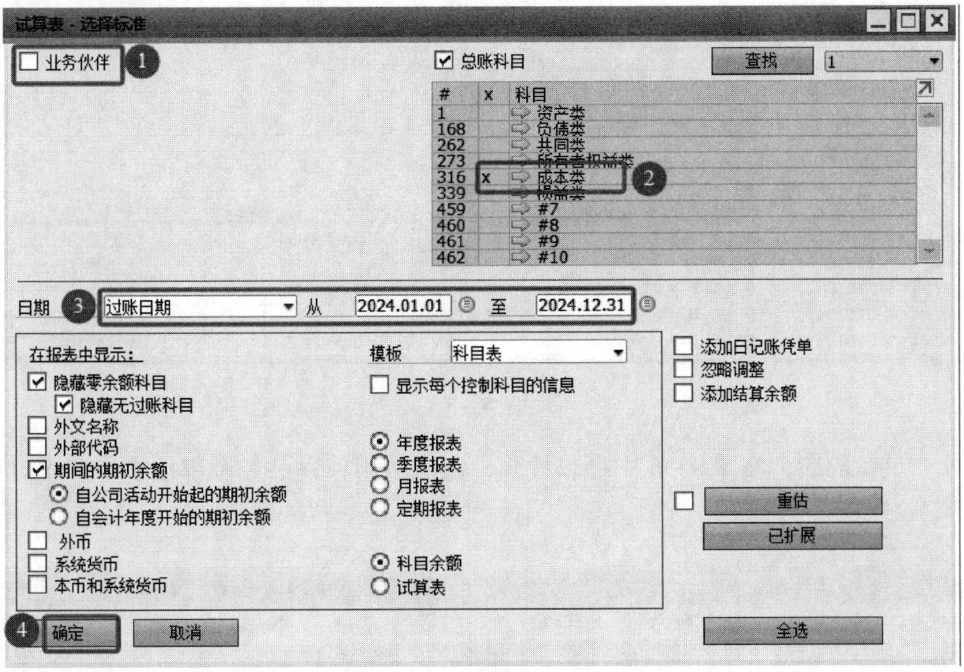


**图8－3**

查询结果中，余额列中的金额为当月要分摊的差异金额。如图8－4所示。

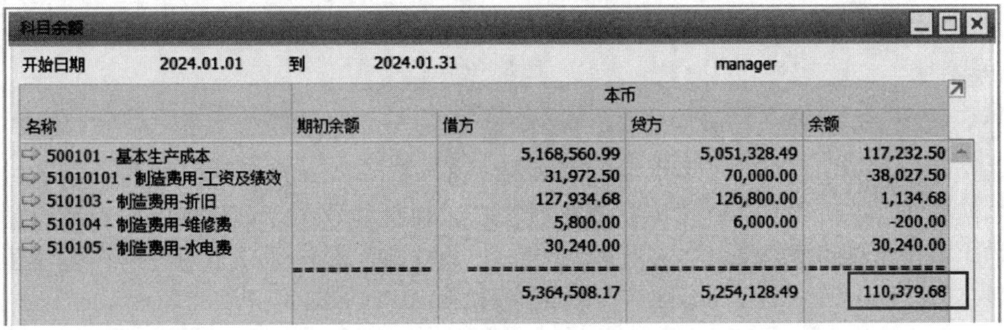
科目余额

开始日期 2024.01.01 到 2024.01.31 manager

| 名称 | 期初余额 | 借方 | 贷方 | 余额 |
|---|---|---|---|---|
| | 本币 | | | |
| 500101 - 基本生产成本 | | 5,168,560.99 | 5,051,328.49 | 117,232.50 |
| 51010101 - 制造费用-工资及绩效 | | 31,972.50 | 70,000.00 | -38,027.50 |
| 510103 - 制造费用-折旧 | | 127,934.68 | 126,800.00 | 1,134.68 |
| 510104 - 制造费用-维修费 | | 5,800.00 | 6,000.00 | -200.00 |
| 510105 - 制造费用-水电费 | | 30,240.00 | | 30,240.00 |
| | ============ | ============ | ============ | ============ |
| | | 5,364,508.17 | 5,254,128.49 | 110,379.68 |

**图8－4**

（2）将制造费用余额转入基本生产成本

选择【财务】—【日记账分录】，打开“日记账分录”窗口，录入过账日期、到期日和单据日期，备注中录入“制造费用转出”，参照图 8－5 录入科目和金额，点击【添加】按钮，对系统信息进行确认后保存。

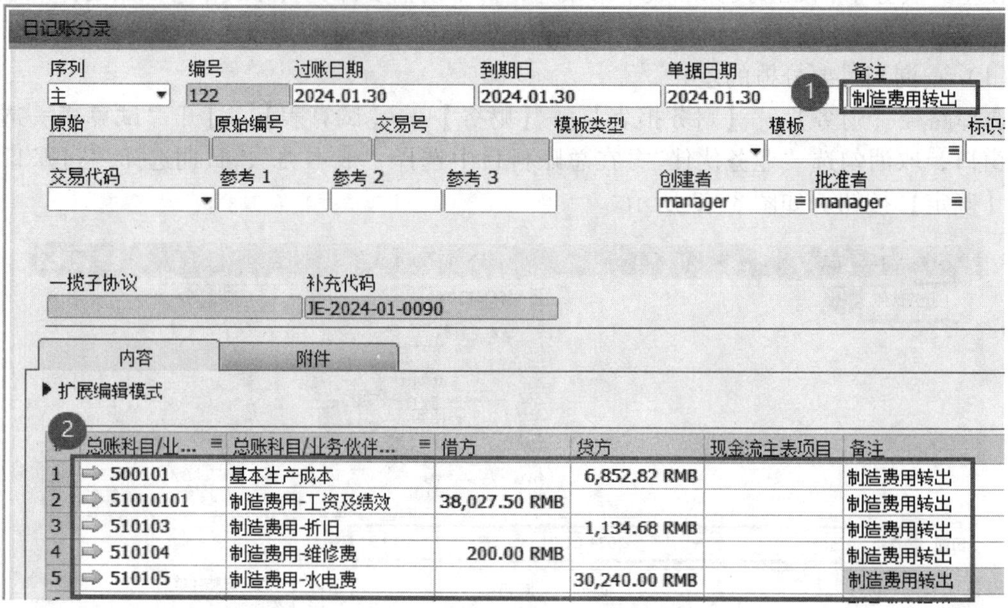


图 8－5

再次查询试算表，在图 8－6 中可以看到，制造费用项目已经全部没有了，都计入了基本生产成本。

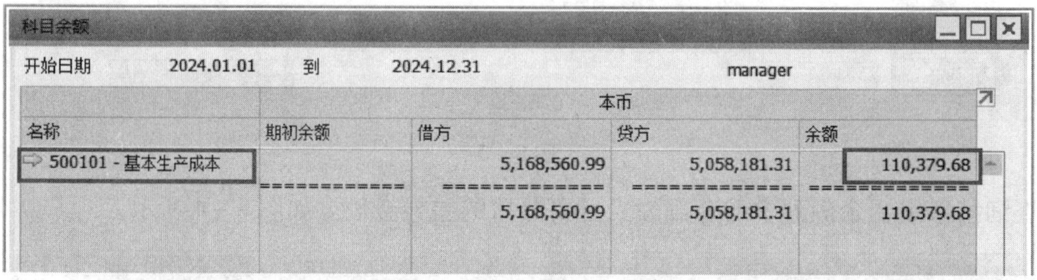


图 8－6

（3）将基本生产成本分摊到当月生产的产品

选择【库存】—【库存交易】—【库存重估】，打开“库存重估”窗口，录入过账日期和单据日期，重估类型选择“库存借方/贷方”，物料编号选择 20000001，系统自动带出物料描述、仓库和计量单位，输入当月生产数量 1000 吨，借方/贷方金额中输入基本生产成本科目余额，总账增加科目和总账减少科目输入 500101，如图 8－7 所示。

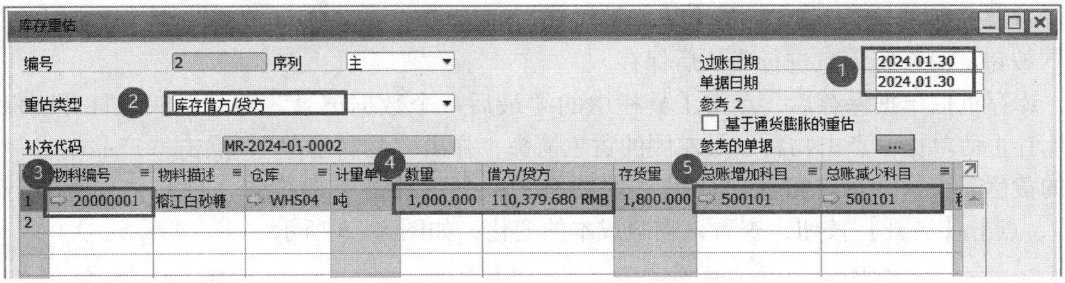


图 8 －7

在点击【添加】之前，右击库存重估单据空白位置，选择“日记账分录预览”，查看要生成的财务凭证。

## SAP 小知识

### 实际成本与标准成本差异分摊规则

在 SAP 系统中，实际成本与标准成本差异分摊规则如下：

（1）当存货量大于生产数量时，视同销售出去的都是上月结余的存货，本期实际成本与标准成本的差异调整全部计入“库存商品”；

（2）当存货量等于零时，视同本月生产的产品全部卖出，本期实际成本与标准成本的差异全部计入“主营业务成本”；

（3）当存货量大于零小于生产数量时，视同本月生产的产品部分卖出，本期实际成本与标准成本的差异按在库产品和已销产品的数量进行分摊，分别计入“库存商品”和“主营业务成本”。

本业务中，由于存货量 1800 吨大于生产数量 1000 吨，视同本月卖出的都是上月结余的存货，因此，增加的金额直接计入“库存商品”科目。如图 8 －8 所示。

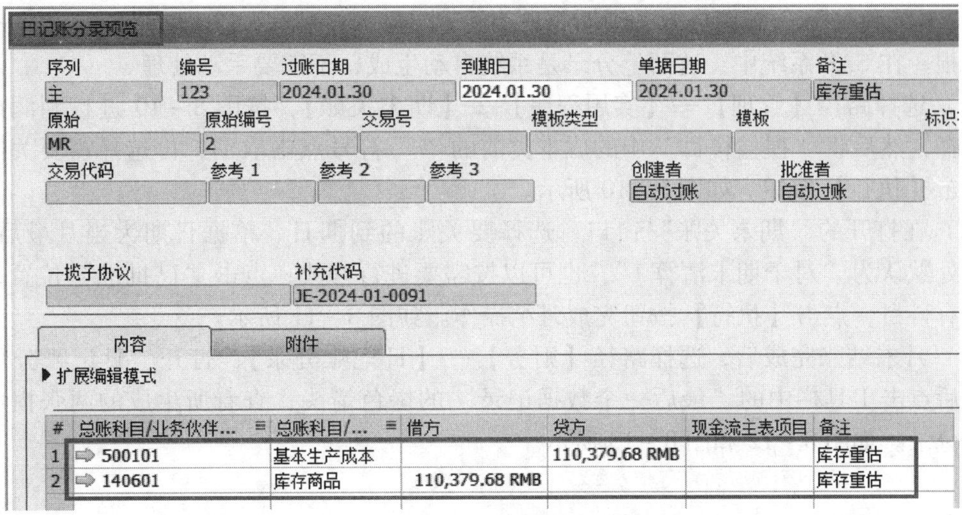


图 8 －8

对财务凭证确认后，点击【结算】关闭凭证预览，在“库存重估”窗口中点击【添加】按钮，对系统消息进行确认后保存。

库存重估单据保存后，点击工具栏中的“最后一个数据记录”绿色箭头，打开刚保存的库存重估单据，点击物料编号左侧的黄色箭头，弹出“物料清单”，点击“产品编号”后面的黄色箭头，打开“榕江白砂糖”的物料主数据，右击空白位置，打开“库存审计报表”，点击【展开】按钮，查看该物料成本的变化，如图 8－9 所示。

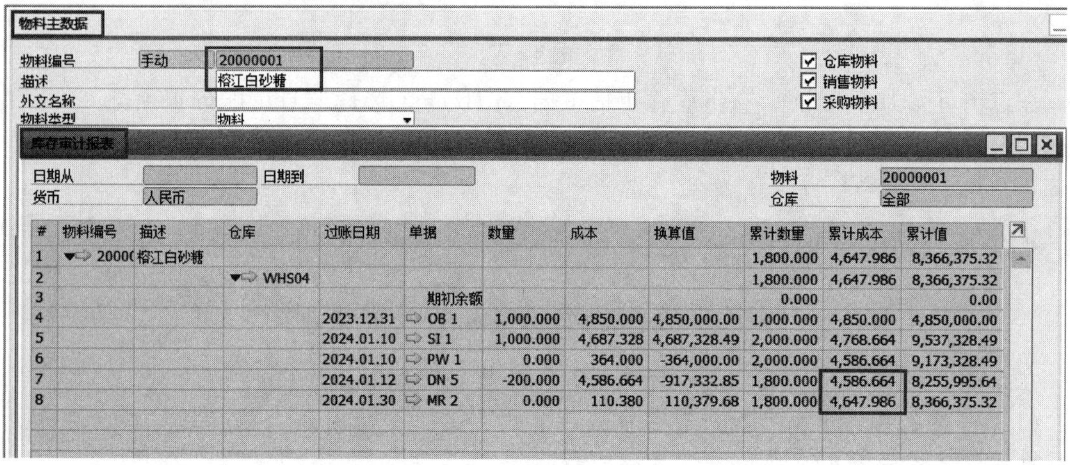


**图 8－9**

从图 8－9 中可以看到，榕江白砂糖生产完工时，入库成本价为 4586. 664 元，进行实际成本与标准成本的差异分摊后，库存成本变为 4647. 986 元。

4. 结转损益

结转损益是财务每月都要执行的常规流程，包含两个动作：一是将本月产生的收入和收益结转到“本年利润”科目的贷方，将本月产生的成本、费用、支出结转到“本年利润”科目的借方；二是将“本年利润”科目的借方或贷方余额结转到“利润分配—未分配利润”科目；“本年利润”余额在贷方，说明企业有盈利，“本年利润”余额在借方，说明企业发生了亏损。在 SAP 系统中，这两笔分录是系统自动生成，不需要手动处理。

（1）选择路径【管理】—【实用程序】—【期末关账】，按图 8－10 进行利润结转科目的选择，然后将“损益科目”中的成本类前的“”符号点击取消，再选择需要关账的期间，单击【执行】按钮。如图 8－10 所示。

（2）在打开的“期末关账”窗口，选择要关账的到期日、单据日期为当月最后一天，备注此处默认为“对于期末清算 1”，也可以按需要进行修改；点击“已批准”位置，即可选中所有科目，点击【执行】按钮完成月结操作。如图 8－11 所示。

（3）月末结账完成后，选择路径【财务】—【日记账分录】，打开“日记账分录”窗口，然后点击工具栏中的“最后一个数据记录”的绿色箭头，查看所生成的两张损益结转日记账分录。如图 8－12 和图 8－13 所示。

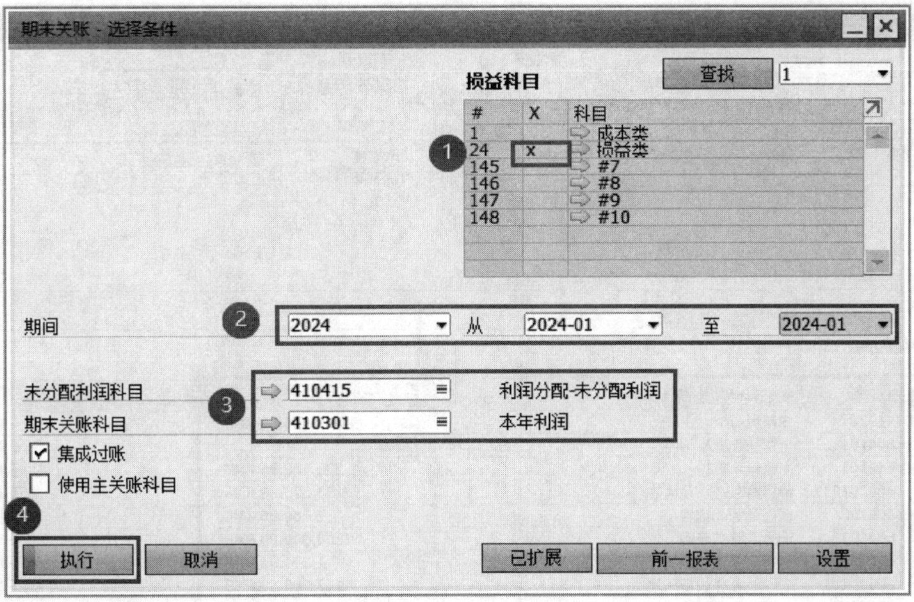
期末关账 - 选择条件
查找
1
损益科目
# X 科目
1 成本类
24 x 损益类
145 #7
146 #8
147 #9
148 #10
期间 2024 从 2024-01 至 2024-01
未分配利润科目 410415 利润分配-未分配利润
期末关账科目 410301 本年利润
集成过账
使用主关账科目
执行
取消
已扩展
前一报表
设置

图 8 – 10

期末关账
对于期末期间 1 从 2024-01 至 2024-01
参考 1
参考 2
到期日 2024.01.31
单据日期 2024.01.31
备注 对于期末清算1
期初余额
点击“已批准”选中所有行
# 已批准 科目代码 科目名称 货币 余额（本币） 余额（系统货币）
1 600101 主营业务收入-国内 RMB -2,252,785.00 -2,252,785.00
2 640101 主营业务成本 RMB 1,523,130.85 1,523,130.85
3 66010101 销售费用-工资及绩效 RMB 35,525.00 35,525.00
4 660102 销售费用-折旧费 RMB 2,250.00 2,250.00
5 660103 销售费用-广告费 RMB 200,000.00 200,000.00
6 660109 销售费用-水电费 RMB 1,344.00 1,344.00
7 66020101 管理费用-工资及绩效 RMB 107,285.50 107,285.50
8 660202 管理费用-折旧费 RMB 38,153.67 38,153.67
9 660203 管理费用-租金 RMB 20,000.00 20,000.00
10 660204 管理费用-办公费 RMB 300.00 300.00
11 660205 管理费用-水电费 RMB 2,016.00 2,016.00
12 660208 管理费用-维修费 RMB 2,800.00 2,800.00
13 660210 管理费用-差旅费 RMB 2,370.00 2,370.00
14 660213 管理费用-无形资产摊销 RMB 10,000.00 10,000.00
15 660303 财务费用-利息支出 RMB 12,500.00 12,500.00
16 671102 营业外支出-处理固定资产净损失 RMB 45,633.00 45,633.00
-249,476.98 -249,476.98
执行
取消
自动创建备注
保存

图 8 – 11

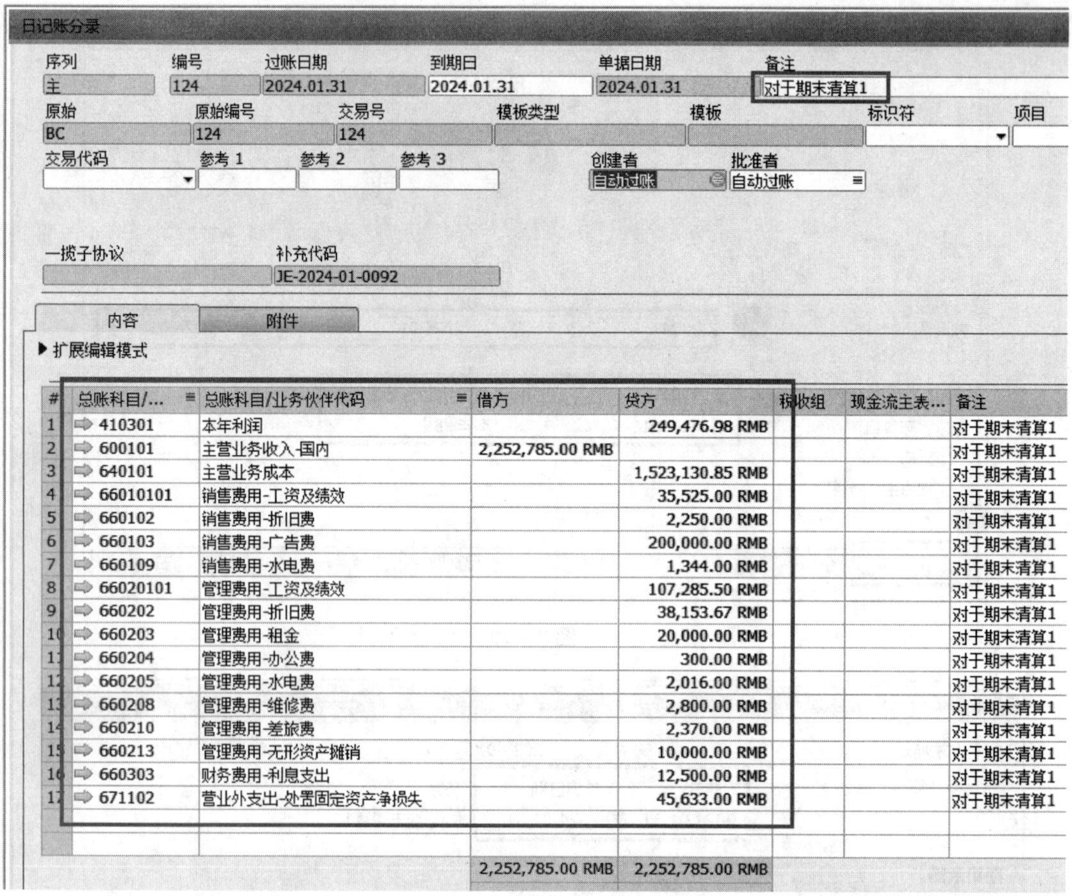

日记账分录

序列：主　编号：124　过账日期：2024.01.31　到期日：2024.01.31　单据日期：2024.01.31　备注：对于期末清算1
原始：BC　原始编号：124　交易号：124　模板类型　模板　标识符　项目
交易代码　参考 1　参考 2　参考 3　创建者：自动过账　批准者：自动过账
一揽子协议　补充代码：JE-2024-01-0092
内容　附件
▶扩展编辑模式

| # | 总账科目/... | 总账科目/业务伙伴代码 | 借方 | 贷方 | 税收组 | 现金流主表... | 备注 |
|---|---|---|---|---|---|---|---|
| 1 | 410301 | 本年利润 | | 249,476.98 RMB | | | 对于期末清算1 |
| 2 | 600101 | 主营业务收入-国内 | 2,252,785.00 RMB | | | | 对于期末清算1 |
| 3 | 640101 | 主营业务成本 | | 1,523,130.85 RMB | | | 对于期末清算1 |
| 4 | 66010101 | 销售费用-工资及绩效 | | 35,525.00 RMB | | | 对于期末清算1 |
| 5 | 660102 | 销售费用-折旧费 | | 2,250.00 RMB | | | 对于期末清算1 |
| 6 | 660103 | 销售费用-广告费 | | 200,000.00 RMB | | | 对于期末清算1 |
| 7 | 660109 | 销售费用-水电费 | | 1,344.00 RMB | | | 对于期末清算1 |
| 8 | 66020101 | 管理费用-工资及绩效 | | 107,285.50 RMB | | | 对于期末清算1 |
| 9 | 660202 | 管理费用-折旧费 | | 38,153.67 RMB | | | 对于期末清算1 |
| 10 | 660203 | 管理费用-租金 | | 20,000.00 RMB | | | 对于期末清算1 |
| 11 | 660204 | 管理费用-办公费 | | 300.00 RMB | | | 对于期末清算1 |
| 12 | 660205 | 管理费用-水电费 | | 2,016.00 RMB | | | 对于期末清算1 |
| 13 | 660208 | 管理费用-维修费 | | 2,800.00 RMB | | | 对于期末清算1 |
| 14 | 660210 | 管理费用-差旅费 | | 2,370.00 RMB | | | 对于期末清算1 |
| 15 | 660213 | 管理费用-无形资产摊销 | | 10,000.00 RMB | | | 对于期末清算1 |
| 16 | 660303 | 财务费用-利息支出 | | 12,500.00 RMB | | | 对于期末清算1 |
| 17 | 671102 | 营业外支出-处置固定资产净损失 | | 45,633.00 RMB | | | 对于期末清算1 |
| | | | 2,252,785.00 RMB | 2,252,785.00 RMB | | | |

图 8 – 12

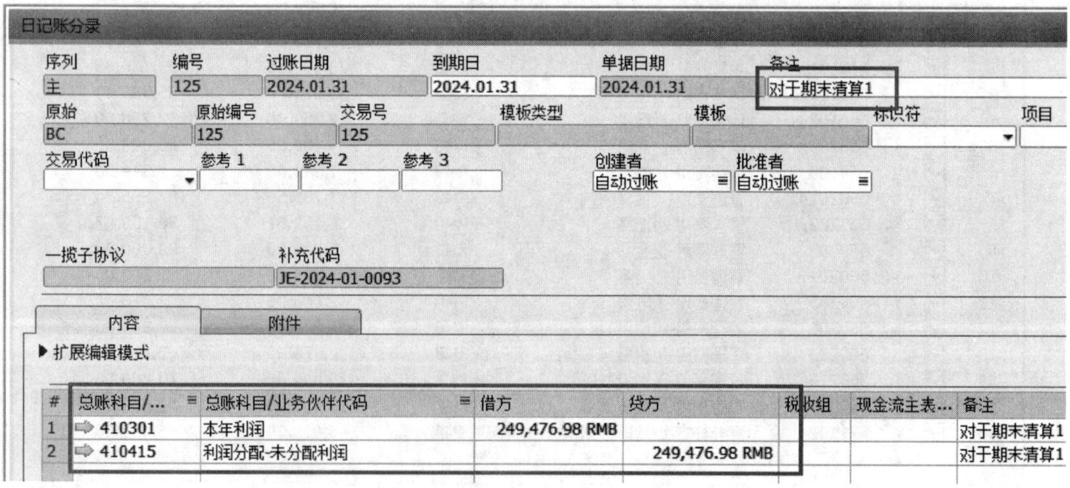

日记账分录

序列：主　编号：125　过账日期：2024.01.31　到期日：2024.01.31　单据日期：2024.01.31　备注：对于期末清算1
原始：BC　原始编号：125　交易号：125　模板类型　模板　标识符　项目
交易代码　参考 1　参考 2　参考 3　创建者：自动过账　批准者：自动过账
一揽子协议　补充代码：JE-2024-01-0093
内容　附件
▶扩展编辑模式

| # | 总账科目/... | 总账科目/业务伙伴代码 | 借方 | 贷方 | 税收组 | 现金流主表... | 备注 |
|---|---|---|---|---|---|---|---|
| 1 | 410301 | 本年利润 | 249,476.98 RMB | | | | 对于期末清算1 |
| 2 | 410415 | 利润分配-未分配利润 | | 249,476.98 RMB | | | 对于期末清算1 |

图 8 – 13

5. 出具相关报表并核对

详见“第九章　财务报表”中的实验二，此处暂不操作。

6. 进行封账操作，关闭过账期间

选择路径【管理】—【系统初始化】—【过账期间】，单击要打开的期间代码前的链接箭头，打开对应月份的期间，然后将期间状态修改为“已锁定”，点击【更新】按钮保存。

# 实验二 年末结账

年末结账每年年末仅处理一次。在年末，除完成月末的业务处理及过账期间等财务结账流程外，还要执行年末特殊事项的处理，同时还要出具代表整个会计年度财务状况、经营成果的财务报表，并将此类信息向公司股东及其他利益相关者提供，辅助其进行决策。年末结账一般包括如下流程。

1. 核对总账及债权债务

（1）在 SAP 系统中，核对总账科目余额以及债权债务往来科目余额，通过试算表进行核对。选择路径【财务】—【财务报表】—【财务】—【试算表】，打开“试算表—选择标准”窗口，取消“总账科目”勾选，点击【确定】执行查询。如图 8－14 所示。

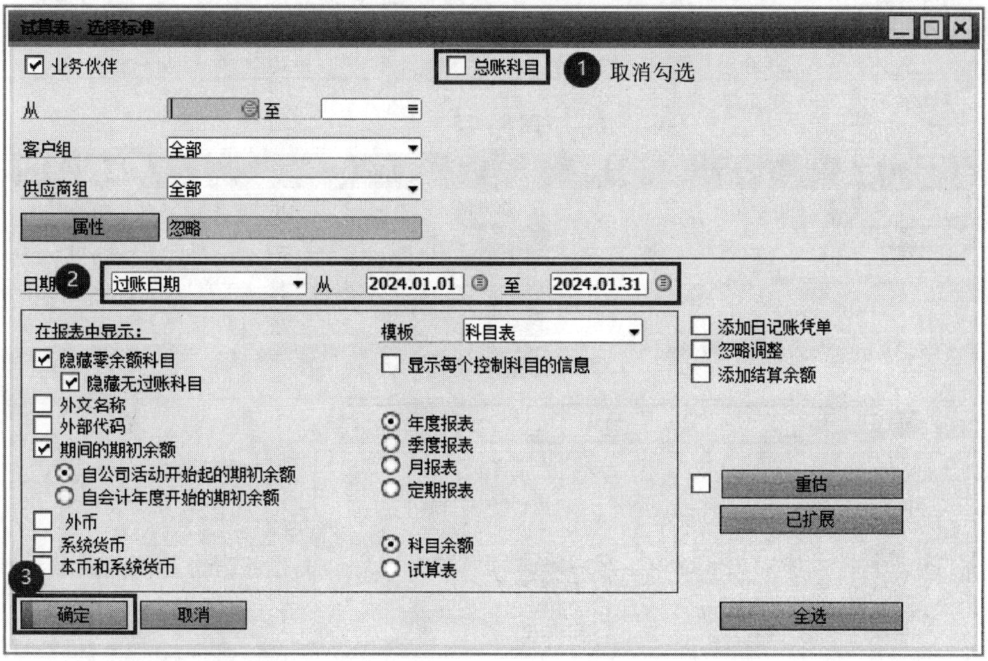


图 8－14

（2）查询结果中显示所有客户和供应商的余额。如图 8－15 所示。

（3）修改查询条件，取消勾选“业务伙伴”，选中总账科目，过账日期选择相应期间，勾选“添加结算余额”，查询所有科目余额。如图 8－16 所示。

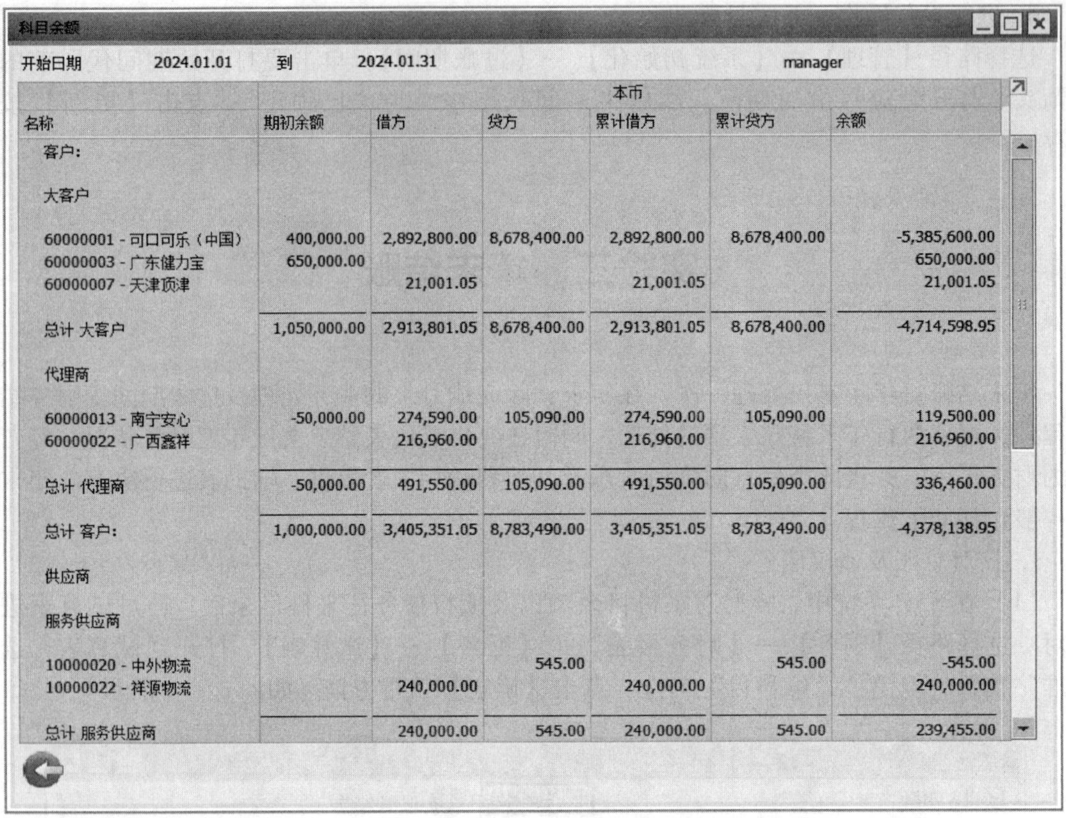


| 名称 | 本币 期初余额 | 借方 | 贷方 | 累计借方 | 累计贷方 | 余额 |
|---|---|---|---|---|---|---|
| 客户: | | | | | | |
| 大客户 | | | | | | |
| 60000001 - 可口可乐（中国） | 400,000.00 | 2,892,800.00 | 8,678,400.00 | 2,892,800.00 | 8,678,400.00 | -5,385,600.00 |
| 60000003 - 广东健力宝 | 650,000.00 | | | | | 650,000.00 |
| 60000007 - 天津顶津 | | 21,001.05 | | 21,001.05 | | 21,001.05 |
| 总计 大客户 | 1,050,000.00 | 2,913,801.05 | 8,678,400.00 | 2,913,801.05 | 8,678,400.00 | -4,714,598.95 |
| 代理商 | | | | | | |
| 60000013 - 南宁安心 | -50,000.00 | 274,590.00 | 105,090.00 | 274,590.00 | 105,090.00 | 119,500.00 |
| 60000022 - 广西鑫祥 | | 216,960.00 | | 216,960.00 | | 216,960.00 |
| 总计 代理商 | -50,000.00 | 491,550.00 | 105,090.00 | 491,550.00 | 105,090.00 | 336,460.00 |
| 总计 客户: | 1,000,000.00 | 3,405,351.05 | 8,783,490.00 | 3,405,351.05 | 8,783,490.00 | -4,378,138.95 |
| 供应商 | | | | | | |
| 服务供应商 | | | | | | |
| 10000020 - 中外物流 | | | 545.00 | | 545.00 | -545.00 |
| 10000022 - 祥源物流 | | 240,000.00 | | 240,000.00 | | 240,000.00 |
| 总计 服务供应商 | | 240,000.00 | 545.00 | 240,000.00 | 545.00 | 239,455.00 |

图 8－15

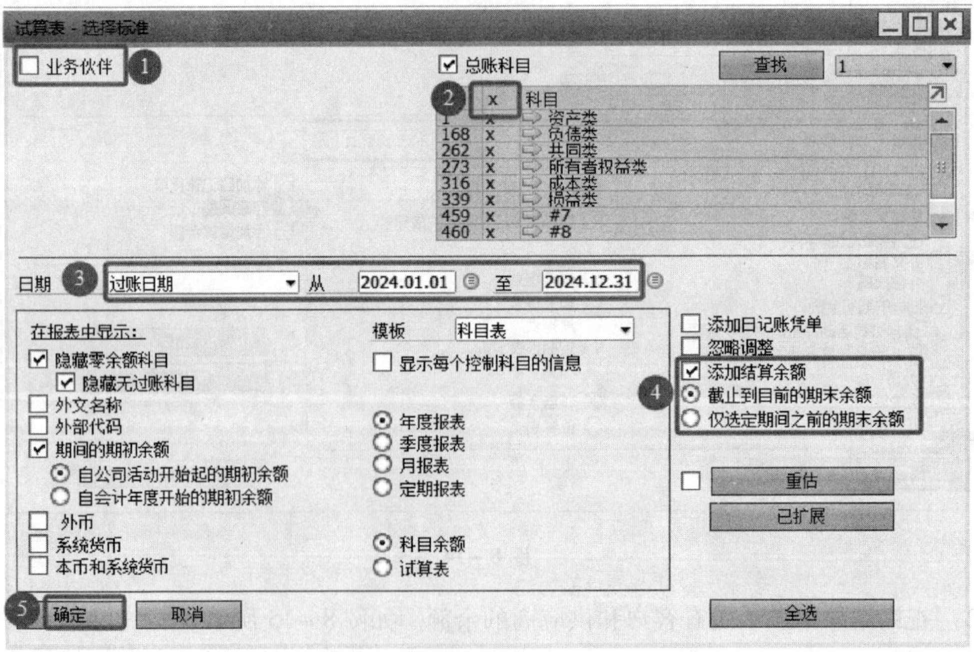


图 8－16

（4）所有科目余额查询结果如图 8－17 所示。

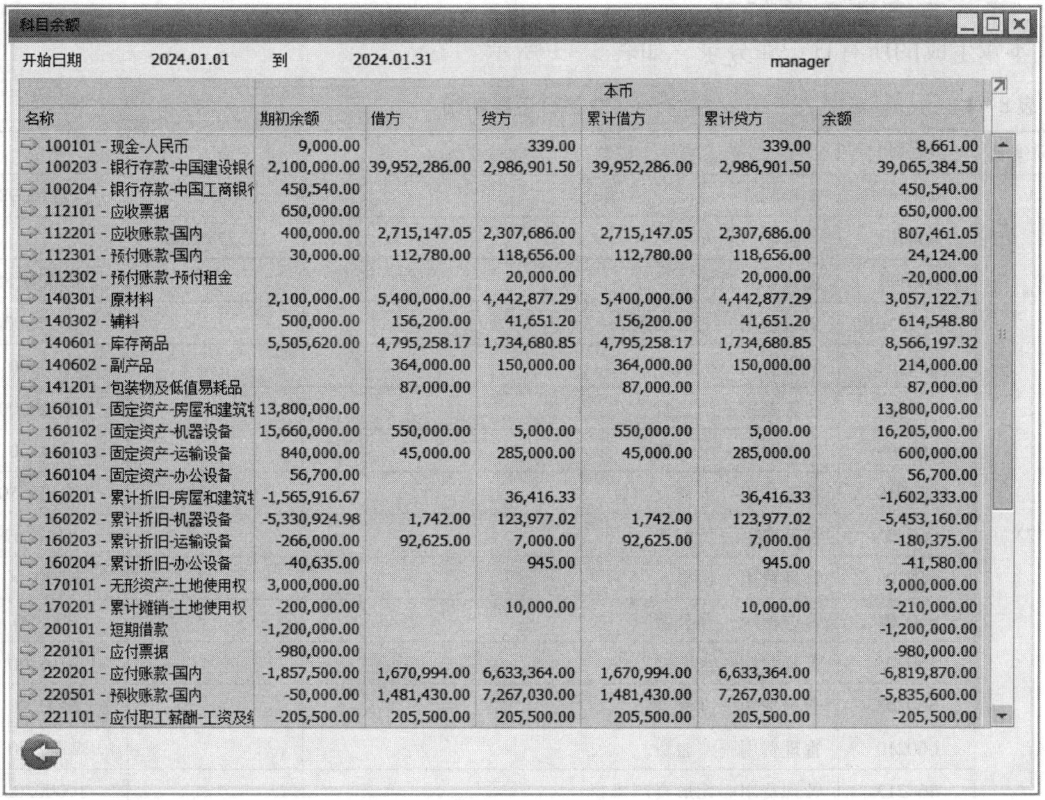


| 名称 | 本币 期初余额 | 借方 | 贷方 | 累计借方 | 累计贷方 | 余额 |
|---|---|---|---|---|---|---|
| 100101 - 现金-人民币 | 9,000.00 | | 339.00 | | 339.00 | 8,661.00 |
| 100203 - 银行存款-中国建设银行 | 2,100,000.00 | 39,952,286.00 | 2,986,901.50 | 39,952,286.00 | 2,986,901.50 | 39,065,384.50 |
| 100204 - 银行存款-中国工商银行 | 450,540.00 | | | | | 450,540.00 |
| 112101 - 应收票据 | 650,000.00 | | | | | 650,000.00 |
| 112201 - 应收账款-国内 | 400,000.00 | 2,715,147.05 | 2,307,686.00 | 2,715,147.05 | 2,307,686.00 | 807,461.05 |
| 112301 - 预付账款-国内 | 30,000.00 | 112,780.00 | 118,656.00 | 112,780.00 | 118,656.00 | 24,124.00 |
| 112302 - 预付账款-预付租金 | | | 20,000.00 | | 20,000.00 | -20,000.00 |
| 140301 - 原材料 | 2,100,000.00 | 5,400,000.00 | 4,442,877.29 | 5,400,000.00 | 4,442,877.29 | 3,057,122.71 |
| 140302 - 辅料 | 500,000.00 | 156,200.00 | 41,651.20 | 156,200.00 | 41,651.20 | 614,548.80 |
| 140601 - 库存商品 | 5,505,620.00 | 4,795,258.17 | 1,734,680.85 | 4,795,258.17 | 1,734,680.85 | 8,566,197.32 |
| 140602 - 副产品 | | 364,000.00 | 150,000.00 | 364,000.00 | 150,000.00 | 214,000.00 |
| 141201 - 包装物及低值易耗品 | | 87,000.00 | | 87,000.00 | | 87,000.00 |
| 160101 - 固定资产-房屋和建筑物 | 13,800,000.00 | | | | | 13,800,000.00 |
| 160102 - 固定资产-机器设备 | 15,660,000.00 | 550,000.00 | 5,000.00 | 550,000.00 | 5,000.00 | 16,205,000.00 |
| 160103 - 固定资产-运输设备 | 840,000.00 | 45,000.00 | 285,000.00 | 45,000.00 | 285,000.00 | 600,000.00 |
| 160104 - 固定资产-办公设备 | 56,700.00 | | | | | 56,700.00 |
| 160201 - 累计折旧-房屋和建筑物 | -1,565,916.67 | | 36,416.33 | | 36,416.33 | -1,602,333.00 |
| 160202 - 累计折旧-机器设备 | -5,330,924.98 | 1,742.00 | 123,977.02 | 1,742.00 | 123,977.02 | -5,453,160.00 |
| 160203 - 累计折旧-运输设备 | -266,000.00 | 92,625.00 | 7,000.00 | 92,625.00 | 7,000.00 | -180,375.00 |
| 160204 - 累计折旧-办公设备 | -40,635.00 | | 945.00 | | 945.00 | -41,580.00 |
| 170101 - 无形资产-土地使用权 | 3,000,000.00 | | | | | 3,000,000.00 |
| 170201 - 累计摊销-土地使用权 | -200,000.00 | | 10,000.00 | | 10,000.00 | -210,000.00 |
| 200101 - 短期借款 | -1,200,000.00 | | | | | -1,200,000.00 |
| 220101 - 应付票据 | -980,000.00 | | | | | -980,000.00 |
| 220201 - 应付账款-国内 | -1,857,500.00 | 1,670,994.00 | 6,633,364.00 | 1,670,994.00 | 6,633,364.00 | -6,819,870.00 |
| 220501 - 预收账款-国内 | -50,000.00 | 1,481,430.00 | 7,267,030.00 | 1,481,430.00 | 7,267,030.00 | -5,835,600.00 |
| 221101 - 应付职工薪酬-工资及奖金 | -205,500.00 | 205,500.00 | 205,500.00 | 205,500.00 | 205,500.00 | -205,500.00 |

**图 8－17**

2. 更改资产会计年度

更改资产会计年度，是在每年年末执行一次。因此，在执行之前，下一年的过账期间必须已创建。选择路径【财务】—【固定资产】—【会计年度更改】，在“会计年度更改”窗口中，选中年度直接点击【执行】按钮。如图 8－18 所示。本操作步骤供参考，在实验中不执行。

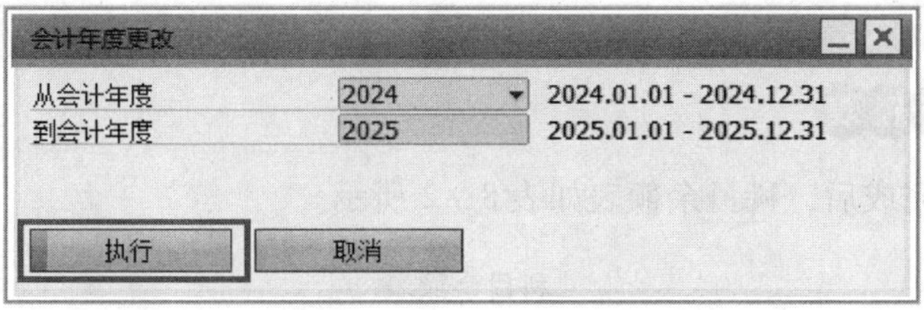


**图 8－18**

3. 年末关账

选择路径【管理】—【系统初始化】—【过账期间】，单击要打开的期间代码前的链接箭头，打开年末最后一个月份的过账期间，将期间状态修改为“已锁定”，点击【更新】按钮保存。本操作步骤供参考，在实验中不执行。

## 本章交易日记账明细

本章生成的所有日记账分录，如表 8－1 所示。

**表 8－1　　交易日记账明细**

| 交易编号 | 控制科目 | 控制科目名称 | 借方 | 贷方 |
|---|---|---|---|---|
| 123 | 410301 | 本年利润 | | 249476.98 |
| | 600101 | 主营业务收入—国内 | 2252785.00 | |
| | 640101 | 主营业务成本 | | 1523130.85 |
| | 66010101 | 销售费用—工资及绩效 | | 35525.00 |
| | 660102 | 销售费用—折旧费 | | 2250.00 |
| | 660103 | 销售费用—广告费 | | 200000.00 |
| | 660109 | 销售费用—水电费 | | 1344.00 |
| | 66020101 | 管理费用—工资及绩效 | | 107285.50 |
| | 660202 | 管理费用—折旧费 | | 38153.67 |
| | 660203 | 管理费用—租金 | | 20000.00 |
| | 660204 | 管理费用—办公费 | | 300.00 |
| | 660205 | 管理费用—水电费 | | 2016.00 |
| | 660208 | 管理费用—维修费 | | 2800.00 |
| | 660210 | 管理费用—差旅费 | | 2370.00 |
| | 660213 | 管理费用—无形资产摊销 | | 10000.00 |
| | 660303 | 财务费用—利息支出 | | 12500.00 |
| | 671102 | 营业外支出—处置固定资产净损失 | | 45633.00 |
| 124 | 410301 | 本年利润 | 249476.98 | |
| | 410415 | 利润分配—未分配利润 | | 249476.98 |
| 125 | 500101 | 基本生产成本 | | 110379.68 |
| | 140601 | 库存商品 | 110379.68 | |

## 本章科目余额表

本章所有业务完成后，科目余额表如表 8－2 所示。

**表 8－2　　科目余额表**

| 科目代码 | 科目名称 | 科目余额 |
|---|---|---|
| 100101 | 现金—人民币 | 8661.00 |
| 100203 | 银行存款—中国建设银行 | 39065384.50 |
| 100204 | 银行存款—中国工商银行 | 450540.00 |
| 112101 | 应收票据 | 650000.00 |
| 112201 | 应收账款—国内 | 807461.05 |

续表

| 科目代码 | 科目名称 | 科目余额 |
| --- | --- | --- |
| 112301 | 预付账款—国内 | 24124.00 |
| 112302 | 预付账款—预付租金 | 220000.00 |
| 140301 | 原材料 | 3057122.71 |
| 140302 | 辅料 | 614548.80 |
| 140601 | 库存商品 | 8566197.32 |
| 140602 | 副产品 | 214000.00 |
| 141201 | 包装物及低值易耗品 | 87000.00 |
| 160101 | 固定资产—房屋和建筑物 | 13800000.00 |
| 160102 | 固定资产—机器设备 | 16205000.00 |
| 160103 | 固定资产—运输设备 | 600000.00 |
| 160104 | 固定资产—办公设备 | 56700.00 |
| 160201 | 累计折旧—房屋和建筑物 | -1602333.00 |
| 160202 | 累计折旧—机器设备 | -5453160.00 |
| 160203 | 累计折旧—运输设备 | -180375.00 |
| 160204 | 累计折旧—办公设备 | -41580.00 |
| 170101 | 无形资产—土地使用权 | 3000000.00 |
| 170201 | 累计摊销—土地使用权 | -210000.00 |
| 200101 | 短期借款 | -1200000.00 |
| 220101 | 应付票据 | -980000.00 |
| 220201 | 应付账款—国内 | 7059870.00 |
| 220501 | 预收账款—国内 | -5835600.00 |
| 221101 | 应付职工薪酬—工资及绩效 | -205500.00 |
| 221102 | 应付职工薪酬—社会保险 | -65965.50 |
| 221103 | 应付职工薪酬—住房公积金 | -20550.00 |
| 22210103 | 应交税费—应交增值税—转出未交增值税 | -352500.00 |
| 22210201 | 应交税费—未交增值税—本期转入 | 511038.95 |
| 22210202 | 应交税费—未交增值税—本期已交 | 352500.00 |
| 250101 | 长期借款—本金 | -2000000.00 |
| 250102 | 长期借款—应计利息 | -8000.00 |
| 400101 | 股本 | -41859000.00 |
| 400201 | 资本公积—资本溢价 | -20000000.00 |
| 410101 | 盈余公积—法定盈余公积 | -250000.00 |
| 410102 | 盈余公积—任意盈余公积 | -20000.00 |
| 410415 | 利润分配—未分配利润 | -945844.83 |

# 第九章

# 财务报表

## 学习目标

通过本章学习，进一步熟悉财务信息系统所能生成的企业财务报表，掌握如何在SAP系统中完成财务报表模板的修改、导入，以及财务报表的生成和打印等相关操作。

## 实验内容

1. 财务报表模板的导入。
2. 财务报表的生成和打印。

## 章前学习

财务报表是财务报告的主要组成部分，它所提供的会计信息具有非常重要的作用。企业通过财务报表可全面系统地反映一定时点的财务状况以及一定期间的经营成果和现金流量等信息，有利于企业经营管理人员了解本企业各项任务指标的完成情况，评价管理人员的经营业绩，以便及时发现问题，调整经营方向，制定措施改善经营管理水平，提高经济效益，为经济预测和决策提供依据。

1. 财务报表各文件夹中的报表内容

在SAP系统中，财务模块中的“财务报表”根据类别分为不同的报表：

(1)【会计】文件夹包含总账科目和业务伙伴余额、总账、账龄分析等报表，主要用于内部管理和账务核对。

(2)【财务】文件夹包含通常使用的财务三大报表，如资产负债表、利润表、现金流量表，还有试算表等，主要用于生成对外报表和进行业务评估。

(3)【比较】文件夹中的报表则允许比较两个不同公司或两个不同过账期间的资产负债表、利润表和试算表。

(4)【预算】文件夹中包含用户将预算与实际发生额进行比较的报告。可以运行资产负债表、试算表和利润表，将预算与具体时间范围的实际发生额进行对比。

由于财务模块包含的报表很多，这里我们只介绍大多数公司使用的标准报表，如资产负债表、利润表、现金流量表。

SAP系统中有系统自带的财务报表模板，也可以创建新的财务报表模板、导入财务报表模板、或对现有的财务报表模板进行修改。在运行财务报表时，可以选择创建的财务报表模板来显示结果。

2. 报表模板的设置

（1）选择路径【财务】—【财务报表模板】，打开“财务报表模板”窗口，可以看到条件选项都在左侧，窗口右侧为空。

（2）在“模板明细”区域中，从“报表”下拉列表中选择要创建或修改的报表类型，并从“模板”下拉列表中选择要修改的基础模板；如果想要自行新建模板，则选择“新建定义”。如图9-1所示。

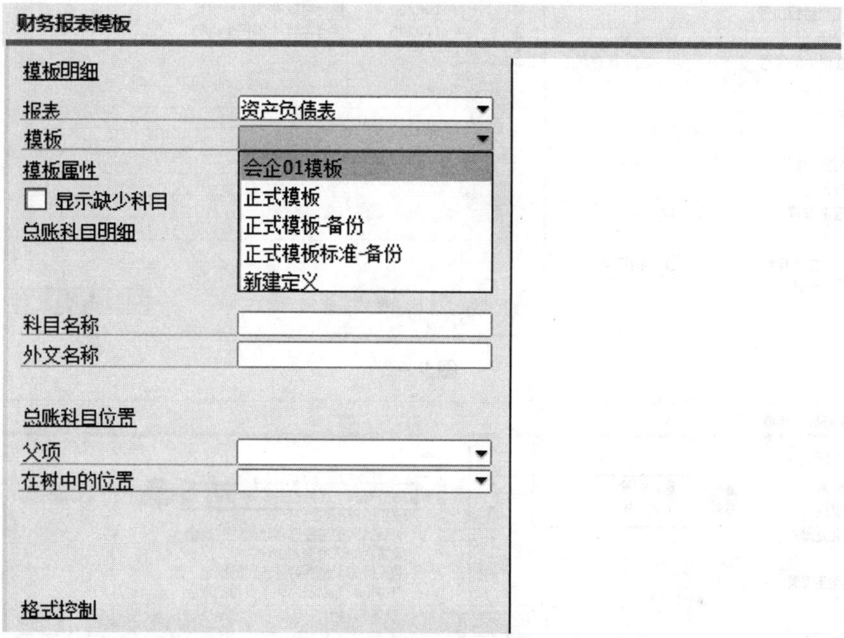


**图9-1**

（3）在“模板属性”区域中，如果勾选“显示缺少科目”复选框，系统在运行的报表结果中将显示未包含在模板中的任何总账科目。

（4）在“总账科目明细”区域中，用于创建报表模板时，录入要增加科目名称。当达到第三级时，可以引用科目表中的第四级总账科目。

（5）可以通过右下角选择【生成标准科目表】按钮，导入完整的科目表作为报表模板的组织结构。当财务报表模板导入后，可以双击进入三级账户以添加或删除任何财务科目。如图9-2所示。

（6）由于资产负债表和利润表模板在第二章进行了导入，现金流量表需要对各现金流的行项目一一进行设置，点击【更新】，进行保存，才可以使用此模板生成财务报表。如图9-3所示。对现金流量表的所有蓝色字体的行分别进行确认，以确定现金流量表的模版。

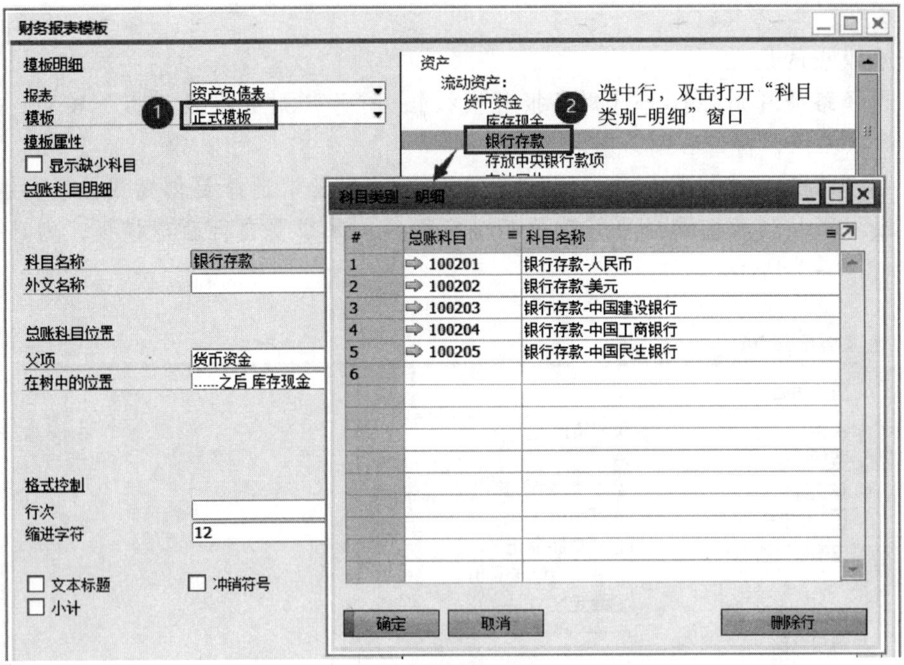
财务报表模板
模板明细
报表
资产负债表
模板
正式模板
模板属性
显示缺少科目
总账科目明细
科目名称
银行存款
外文名称
总账科目位置
父项
货币资金
在树中的位置
......之后 库存现金
格式控制
行次
缩进字符
12
文本标题
冲销符号
小计
资产
流动资产:
货币资金
银行存款
存放中央银行款项
选中行，双击打开“科目类别-明细”窗口
科目类别 - 明细
#
总账科目
科目名称
1 100201 银行存款-人民币
2 100202 银行存款-美元
3 100203 银行存款-中国建设银行
4 100204 银行存款-中国工商银行
5 100205 银行存款-中国民生银行
6
确定
取消
删除行

图 9－2

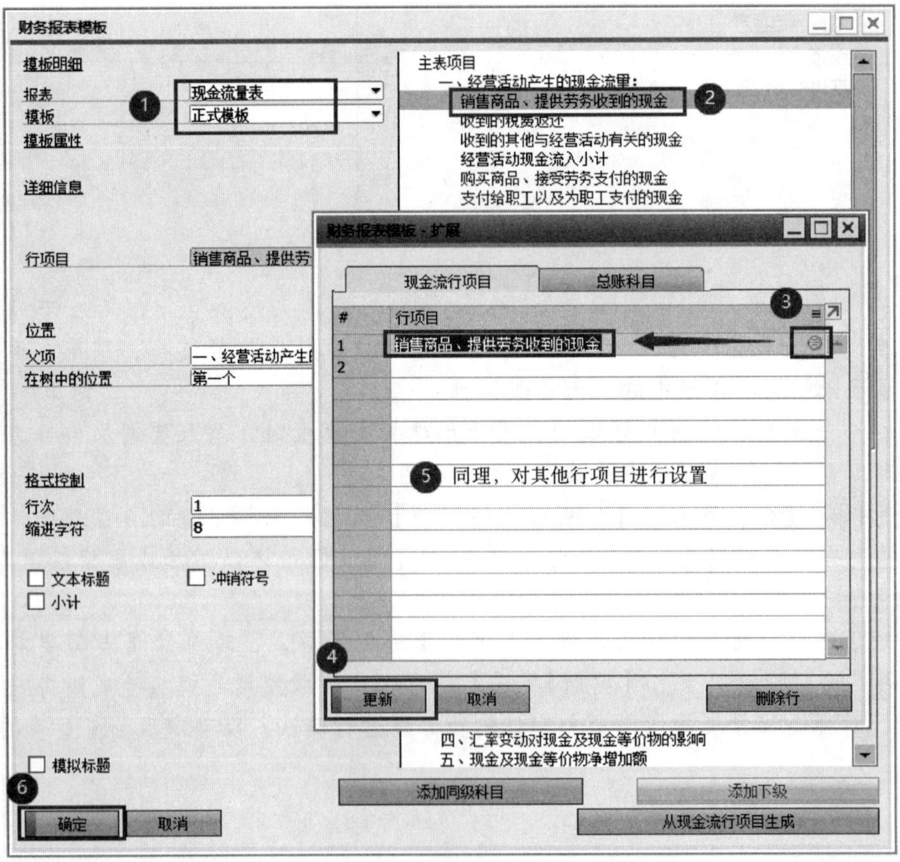
财务报表模板
模板明细
报表
现金流量表
模板
正式模板
模板属性
详细信息
行项目
位置
父项
在树中的位置
第一个
格式控制
行次
1
缩进字符
8
文本标题
冲销符号
小计
模拟标题
确定
取消
主表项目
一、经营活动产生的现金流量:
销售商品、提供劳务收到的现金
收到的其他与经营活动有关的现金
经营活动现金流入小计
购买商品、接受劳务支付的现金
支付给职工以及为职工支付的现金
财务报表模板 - 扩展
现金流行项目
总账科目
#
行项目
1 销售商品、提供劳务收到的现金
2
同理，对其他行项目进行设置
更新
取消
删除行
四、汇率变动对现金及现金等价物的影响
五、现金及现金等价物净增加额
添加同级科目
添加下级
从现金流行项目生成

图 9－3

# 实验一 报表生成前的核对工作

1. 查看试算表

在生成报表前，需查看当前年度的全部科目清单和业务伙伴的余额，所有的科目余额和业务伙伴的往来余额核对无误后，才能生成报表。SAP 系统为方便余额的核对工作，提供了试算表，试算表包括总账科目余额试算平衡表和业务伙伴往来余额试算平衡表两种类型的数据。

选择路径【财务】—【财务报表】—【财务】—【试算表】，选择所有业务伙伴，选中所有科目，选择要查询的过账日期的时间范围，点击【确定】，如图 9－4 所示。

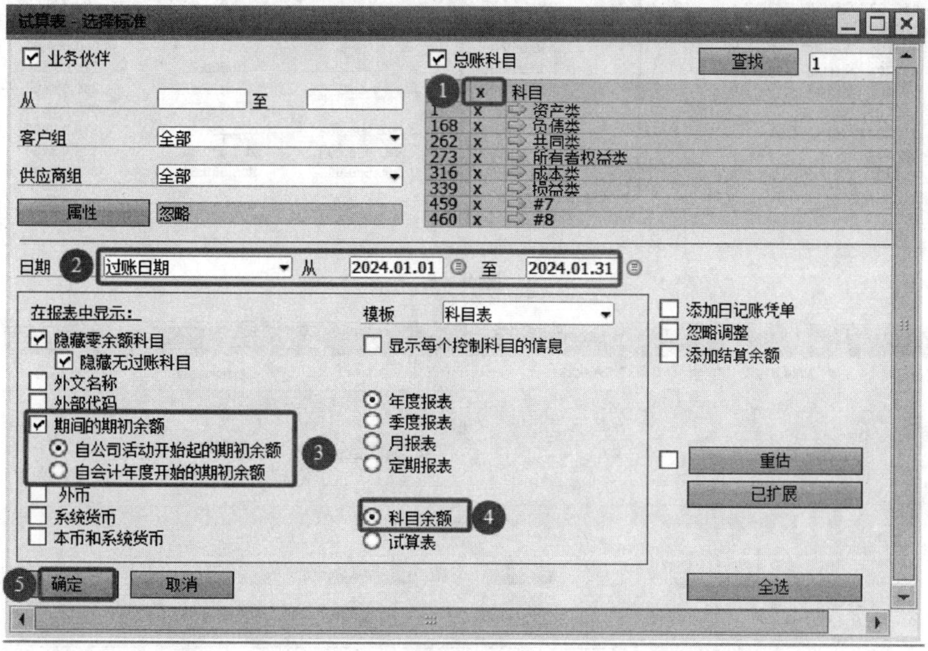


图 9－4

2. 设置期初余额

在图 9－4 中，"期间的期初余额"选项用于区分选定过账期间余额和上一期间余额。默认情况下不勾选此复选框。如勾选，会显示以下选项：

（1）"自公司活动开始起的期初余额"—显示自公司经营活动开始起累计的期初余额。

（2）"自会计年度开始的期初余额"—显示自当前会计年度开始起累计的期初余额。

由于科目和业务伙伴均可能有以前年度余额，所以应该选择显示"自公司开始经营活动开始起的期初余额"。选择此选项后，在试算表中将显示期初余额列。如图 9－5 所示。

3. 查看业务伙伴余额

将试算表查询结果右侧滚动条拖拽到底部，将看到业务伙伴清单显示在报表底部。如图 9－6 所示。

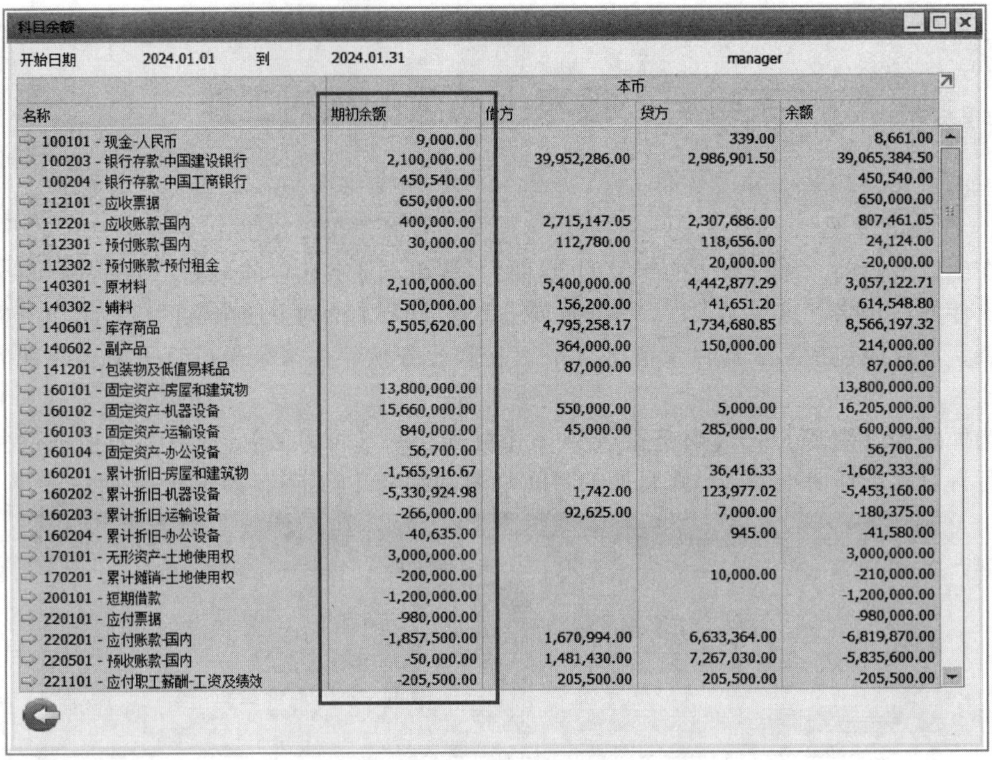

科目余额

开始日期 2024.01.01 到 2024.01.31 manager

| 名称 | 期初余额 | 借方 | 贷方 | 余额 |
|---|---|---|---|---|
| | 本币 | | | |
| 100101 - 现金-人民币 | 9,000.00 | | 339.00 | 8,661.00 |
| 100203 - 银行存款-中国建设银行 | 2,100,000.00 | 39,952,286.00 | 2,986,901.50 | 39,065,384.50 |
| 100204 - 银行存款-中国工商银行 | 450,540.00 | | | 450,540.00 |
| 112101 - 应收票据 | 650,000.00 | | | 650,000.00 |
| 112201 - 应收账款-国内 | 400,000.00 | 2,715,147.05 | 2,307,686.00 | 807,461.05 |
| 112301 - 预付账款-国内 | 30,000.00 | 112,780.00 | 118,656.00 | 24,124.00 |
| 112302 - 预付账款-预付租金 | | | 20,000.00 | -20,000.00 |
| 140301 - 原材料 | 2,100,000.00 | 5,400,000.00 | 4,442,877.29 | 3,057,122.71 |
| 140302 - 辅料 | 500,000.00 | 156,200.00 | 41,651.20 | 614,548.80 |
| 140601 - 库存商品 | 5,505,620.00 | 4,795,258.17 | 1,734,680.85 | 8,566,197.32 |
| 140602 - 副产品 | | 364,000.00 | 150,000.00 | 214,000.00 |
| 141201 - 包装物及低值易耗品 | | 87,000.00 | | 87,000.00 |
| 160101 - 固定资产-房屋和建筑物 | 13,800,000.00 | | | 13,800,000.00 |
| 160102 - 固定资产-机器设备 | 15,660,000.00 | 550,000.00 | 5,000.00 | 16,205,000.00 |
| 160103 - 固定资产-运输设备 | 840,000.00 | 45,000.00 | 285,000.00 | 600,000.00 |
| 160104 - 固定资产-办公设备 | 56,700.00 | | | 56,700.00 |
| 160201 - 累计折旧-房屋和建筑物 | -1,565,916.67 | | 36,416.33 | -1,602,333.00 |
| 160202 - 累计折旧-机器设备 | -5,330,924.98 | 1,742.00 | 123,977.02 | -5,453,160.00 |
| 160203 - 累计折旧-运输设备 | -266,000.00 | 92,625.00 | 7,000.00 | -180,375.00 |
| 160204 - 累计折旧-办公设备 | -40,635.00 | | 945.00 | -41,580.00 |
| 170101 - 无形资产-土地使用权 | 3,000,000.00 | | | 3,000,000.00 |
| 170201 - 累计摊销-土地使用权 | -200,000.00 | | 10,000.00 | -210,000.00 |
| 200101 - 短期借款 | -1,200,000.00 | | | -1,200,000.00 |
| 220101 - 应付票据 | -980,000.00 | | | -980,000.00 |
| 220201 - 应付账款-国内 | -1,857,500.00 | 1,670,994.00 | 6,633,364.00 | -6,819,870.00 |
| 220501 - 预收账款-国内 | -50,000.00 | 1,481,430.00 | 7,267,030.00 | -5,835,600.00 |
| 221101 - 应付职工薪酬-工资及绩效 | -205,500.00 | 205,500.00 | 205,500.00 | -205,500.00 |

图 9－5

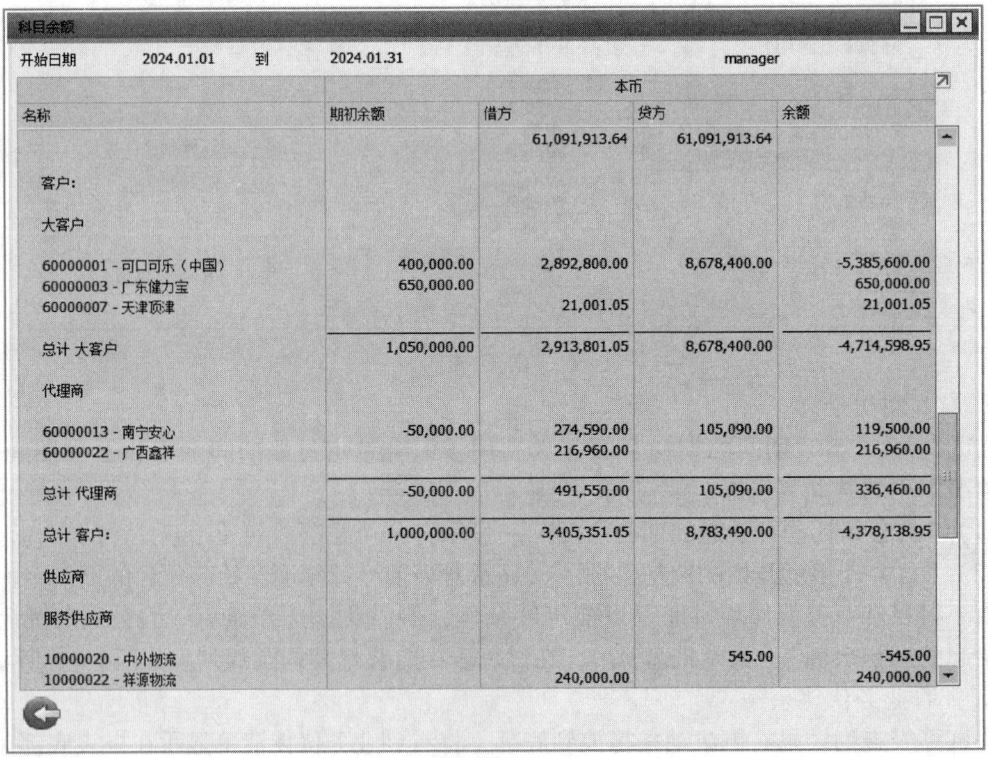

科目余额

开始日期 2024.01.01 到 2024.01.31 manager

| 名称 | 期初余额 | 借方 | 贷方 | 余额 |
|---|---|---|---|---|
| | 本币 | | | |
| | | 61,091,913.64 | 61,091,913.64 | |
| 客户: | | | | |
| 大客户 | | | | |
| 60000001 - 可口可乐（中国） | 400,000.00 | 2,892,800.00 | 8,678,400.00 | -5,385,600.00 |
| 60000003 - 广东健力宝 | 650,000.00 | | | 650,000.00 |
| 60000007 - 天津顶津 | | 21,001.05 | | 21,001.05 |
| 总计 大客户 | 1,050,000.00 | 2,913,801.05 | 8,678,400.00 | -4,714,598.95 |
| 代理商 | | | | |
| 60000013 - 南宁安心 | -50,000.00 | 274,590.00 | 105,090.00 | 119,500.00 |
| 60000022 - 广西鑫祥 | | 216,960.00 | | 216,960.00 |
| 总计 代理商 | -50,000.00 | 491,550.00 | 105,090.00 | 336,460.00 |
| 总计 客户: | 1,000,000.00 | 3,405,351.05 | 8,783,490.00 | -4,378,138.95 |
| 供应商 | | | | |
| 服务供应商 | | | | |
| 10000020 - 中外物流 | | | 545.00 | -545.00 |
| 10000022 - 祥源物流 | | 240,000.00 | | 240,000.00 |

图 9－6

总账科目余额和业务伙伴科目余额核对无误后，即可进入生成财务报表的环节。

# 实验二　生成财务报表

1. 生成资产负债表

资产负债表反映企业资产的构成及其状况，分析企业在某一日期所拥有的经济资源及其分布情况，可以揭示公司的资产来源、分布结构及其构成。在 SAP ERP 系统中，资产负债表显示截止到特定日期的公司累计资产和负债，资产 = 负债 + 所有者权益。

（1）选择模板。选择路径【财务】—【财务报表】—【财务】—【资产负债表】，打开“资产负债表—选择标准”窗口，如图 9 – 7 所示，选择不同的选项可提供不同的查看资产负债表的方法。

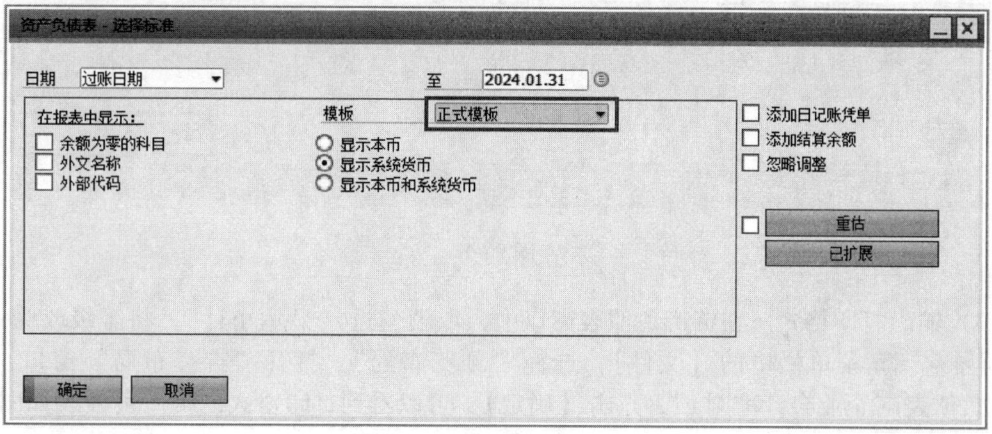


**图 9 – 7**

在选择条件中，几个复选框功能如下：

①添加日记账凭单：勾选此选项后将尚未执行过账的日记账凭单计入资产负债表。

②添加结算余额：勾选此选项以将期末结账生成的日记账分录计入资产负债表。

③忽略调整：勾选此选项将在资产负债表中剔除被定义为“调整分录（期间 13）”的日记账分录。

在“资产负债表—选择标准”界面中，确定所需的信息后，单击【确定】按钮。

（2）显示资产负债表。根据选择的不同条件，资产负债表会显示不同的结果。在下面的示例中，将看到过账日期截止到 2024 年 1 月 31 日，财务报表模板为正式模板的本币的总余额。如果选择“显示小计”复选框，那么将在报表中看到每个标题账户的小计。如果选择“Hide Titles”（即隐藏标题）复选框，则系统将隐藏所有标题账户，还可以使用右下角的“等级”下拉框列表来更改报表上显示的账户级别。如图 9 – 8 所示。

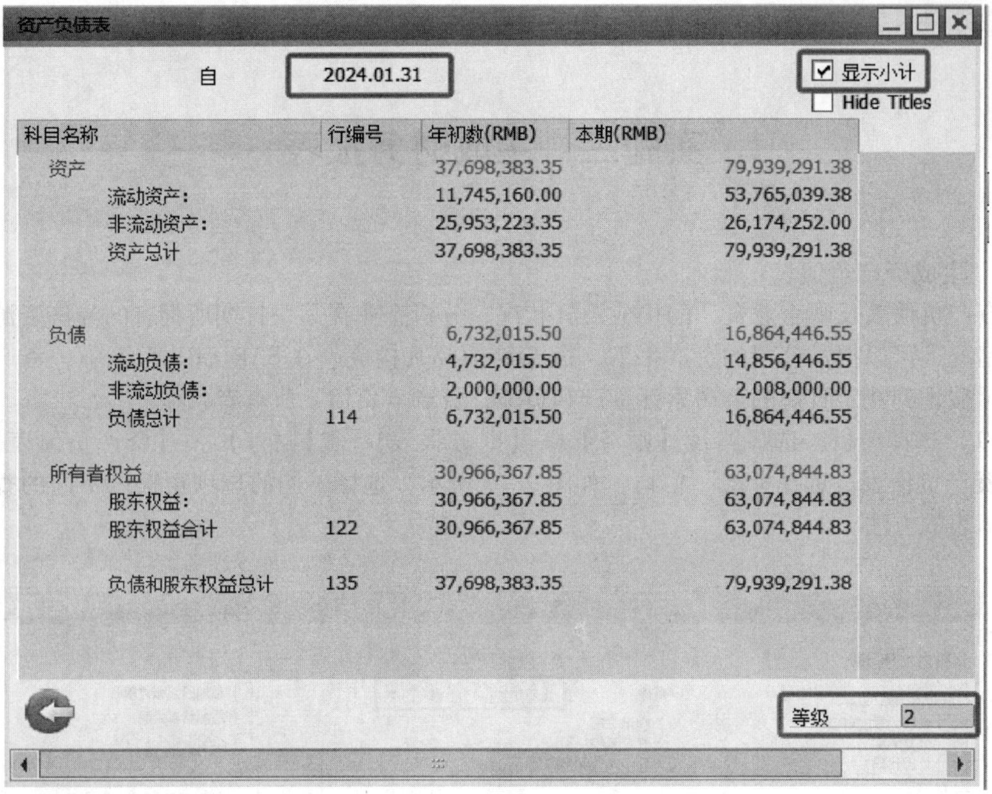


图 9 – 8

（3）输出打印格式。在资产负债表窗口中，取消勾选“显示小计”，将等级改为“3”，点击屏幕左上角菜单栏中的【文件】，选择“预览布局”。打开“选择布局”窗口，选中“资产负债表（企业会计准则）”，点击【确定】，可以看到打印格式的资产负债表如图 9 – 9 所示。

将资产负债表中的数据再次进行核对，确认后点击工具栏中的打印图标，既可进行打印，也可以选择不打印，保存为 PDF 格式的报表文档。

2. 生成利润表（损益表）

在 SAP 系统中，利润表可汇总收入、销售成本和费用，计算毛利润、营业利润和净利润。

（1）选择模板。选择路径【财务】—【财务报表】—【财务】—【损益表】，打开“损益表—选择标准”窗口，如图 9 – 10 所示。

Page 1 of 1

**资产负债表**

会企01表

编制单位：　会计201李明　　　　　2024 年 1 月 31 日　　　　　单位：元

| 资产 | 期末余额 | 年初余额 | 负债和股东权益 | 期末余额 | 年初余额 |
|---|---|---|---|---|---|
| 流动资产： | | | 流动负债： | | |
| 货币资金 | 39,524,585.50 | 2,559,540.00 | 短期借款 | 1,200,000.00 | 1,200,000.00 |
| 交易性金融资产 | | | 交易性金融负债 | | |
| 衍生金融资产 | | | 衍生金融负债 | | |
| 应收票据 | 650,000.00 | 650,000.00 | 应付票据 | 980,000.00 | 980,000.00 |
| 应收账款 | 807,461.05 | 400,000.00 | 应付账款 | 7,059,870.00 | 1,857,500.00 |
| 应收款项融资 | | | 预收款项 | 5,835,600.00 | 50,000.00 |
| 预付款项 | 244,124.00 | 30,000.00 | 合同负债 | | |
| 其他应收款 | | | 应付职工薪酬 | 292,015.50 | 292,015.50 |
| 存货 | 12,538,868.83 | 8,105,620.00 | 应交税费 | -511,038.95 | 352,500.00 |
| 合同资产 | | | 其他应付款 | | |
| 持有待售资产 | | | 持有待售负债 | | |
| 一年内到期的非流动资产 | | | 一年内到期的非流动负债 | | |
| 其他流动资产 | | | 其他流动负债 | | |
| 流动资产合计 | 53,765,039.38 | 11,745,160.00 | 流动负债合计 | 14,856,446.55 | 4,732,015.50 |
| | | | | | |
| 非流动资产： | | | 非流动负债： | | |
| 债权投资 | | | 长期借款 | 2,008,000.00 | 2,000,000.00 |
| 其他债权投资 | | | 应付债券 | | |
| 长期应收款 | | | 租赁负债 | | |
| 长期股权投资 | | | 长期应付款 | | |
| 其他权益工具投资 | | | 预计负债 | | |
| 其他非流动金融资产 | | | 递延收益 | | |
| 投资性房地产 | | | 递延所得税负债 | | |
| 固定资产 | 23,384,252.00 | 23,153,223.35 | 其他非流动负债 | | |
| 在建工程 | | | 非流动负债合计 | 2,008,000.00 | 2,000,000.00 |
| 生产性生物资产 | | | 负债总计 | 16,864,446.55 | 6,732,015.50 |
| 油气资产 | | | | | |
| 使用权资产 | | | 股东权益： | | |
| 无形资产 | 2,790,000.00 | 2,800,000.00 | 股本 | 41,859,000.00 | 10,000,000.00 |
| 开发支出 | | | 其他权益工具 | | |
| 商誉 | | | 资本公积 | 20,000,000.00 | 20,000,000.00 |
| 长期待摊费用 | | | 减:库存股 | | |
| 递延所得税资产 | | | 其他综合收益 | | |
| 其他非流动资产 | | | 专项储备 | | |
| 非流动资产合计 | 26,174,252.00 | 25,953,223.35 | 盈余公积 | 270,000.00 | 270,000.00 |
| | | | 未分配利润 | 945,844.83 | 696,367.85 |
| | | | 股东权益合计 | 63,074,844.83 | 30,966,367.85 |
| | | | | | |
| 资产总计 | 79,939,291.38 | 37,698,383.35 | 负债和股东权益总计 | 79,939,291.38 | 37,698,383.35 |

会计主管：　　　主管会计工作负责人：　　　会计机构负责人：　　　填表人：

图 9－9

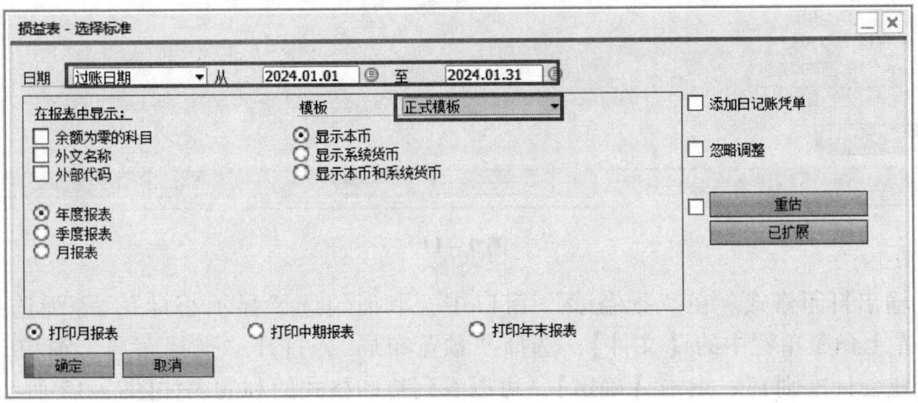


图 9－10

（2）显示利润表。和资产负债表类似，选择要显示在报表中的信息后，单击【确定】按钮来显示利润表。在界面的顶部，可以通过选择“显示小计”复选框来显示标题的小计，或者通过“隐藏标题”复选框来隐藏标题。同时，还可以通过“等级”选择不同的总账科目级别。与资产负债表有所不同的是，资产负债表是时点报表，其反映的是期末最后一天的资产负债情况，而利润表是一个期间报表，因此其报告时间是一个日期范围，为本期的“从”开始日期“至”到日期。其设置如图 9－11 所示。

注意：按财政部《企业会计准则第 30 号——财务报表列报》中规定的表名是利润表，SAP Business One 系统菜单主要参照国外财务报表的表名进行翻译，目前菜单中文名尚未改为利润表，但不影响使用。

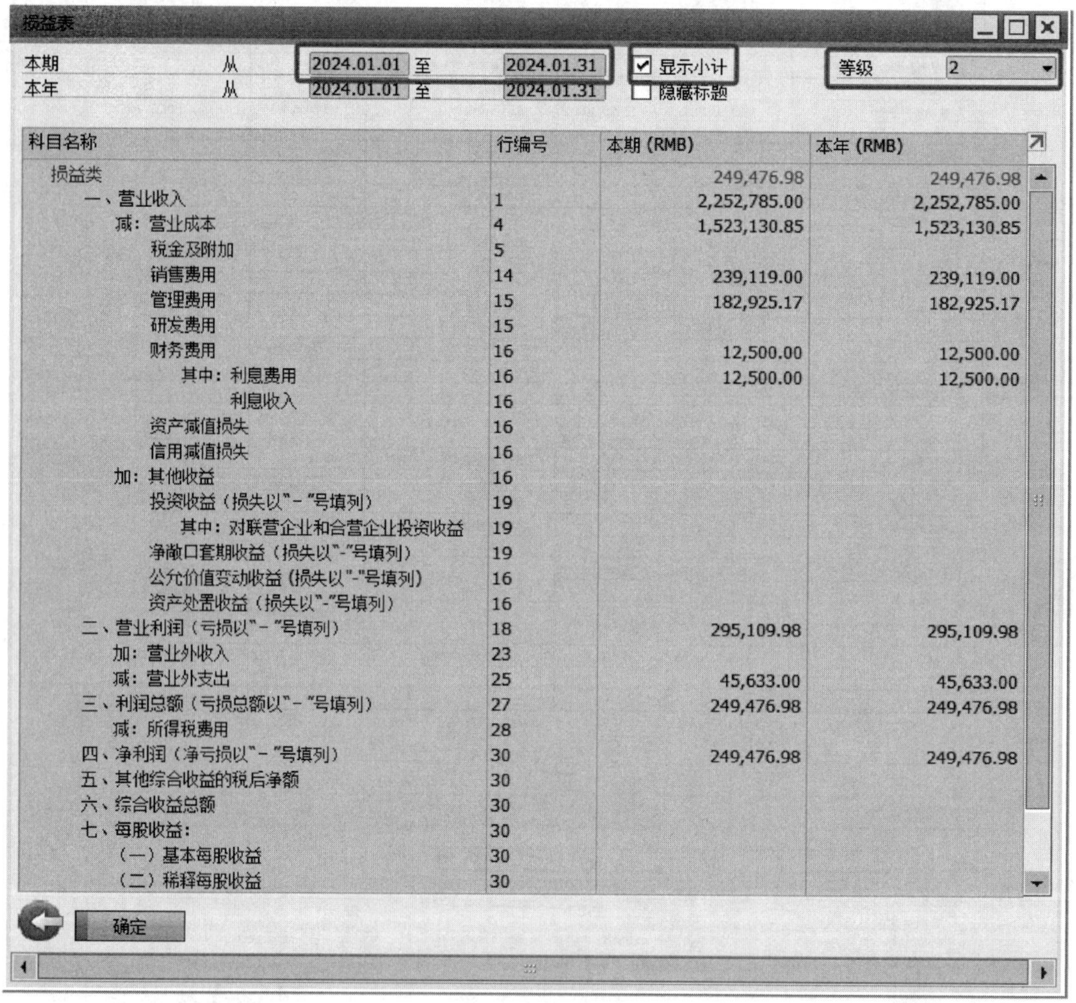


| 科目名称 | 行编号 | 本期 (RMB) | 本年 (RMB) |
|---|---|---|---|
| 损益类 | | 249,476.98 | 249,476.98 |
| 一、营业收入 | 1 | 2,252,785.00 | 2,252,785.00 |
| 减：营业成本 | 4 | 1,523,130.85 | 1,523,130.85 |
| 税金及附加 | 5 | | |
| 销售费用 | 14 | 239,119.00 | 239,119.00 |
| 管理费用 | 15 | 182,925.17 | 182,925.17 |
| 研发费用 | 15 | | |
| 财务费用 | 16 | 12,500.00 | 12,500.00 |
| 其中：利息费用 | 16 | 12,500.00 | 12,500.00 |
| 利息收入 | 16 | | |
| 资产减值损失 | 16 | | |
| 信用减值损失 | 16 | | |
| 加：其他收益 | 16 | | |
| 投资收益（损失以"－"号填列） | 19 | | |
| 其中：对联营企业和合营企业投资收益 | 19 | | |
| 净敞口套期收益（损失以"-"号填列） | 19 | | |
| 公允价值变动收益（损失以"-"号填列） | 16 | | |
| 资产处置收益（损失以"-"号填列） | 16 | | |
| 二、营业利润（亏损以"－"号填列） | 18 | 295,109.98 | 295,109.98 |
| 加：营业外收入 | 23 | | |
| 减：营业外支出 | 25 | 45,633.00 | 45,633.00 |
| 三、利润总额（亏损总额以"－"号填列） | 27 | 249,476.98 | 249,476.98 |
| 减：所得税费用 | 28 | | |
| 四、净利润（净亏损以"－"号填列） | 30 | 249,476.98 | 249,476.98 |
| 五、其他综合收益的税后净额 | 30 | | |
| 六、综合收益总额 | 30 | | |
| 七、每股收益： | 30 | | |
| （一）基本每股收益 | 30 | | |
| （二）稀释每股收益 | 30 | | |

**图 9－11**

（3）输出打印格式。在“损益表”窗口中，取消勾选“显示小计”，等级选择“2”，点击屏幕左上角菜单栏中的【文件】，选择“预览布局”，打开“选择布局”窗口，选择利润表（企业会计准则）”，点击【确定】，可以看到打印格式的利润表如图9－12 所示。

利润表(企业会计准则)

Page 1 of 1

## 利润表

会企02表

编制单位：会计201李明　　2024 年　01 月　　单位：元

| 项目 | 本期金额 | 本年金额 |
|---|---|---|
| 一、营业收入 | 2,252,785.00 | 2,252,785.00 |
| 减：营业成本 | 1,523,130.85 | 1,523,130.85 |
| 税金及附加 | | |
| 销售费用 | 239,119.00 | 239,119.00 |
| 管理费用 | 182,925.17 | 182,925.17 |
| 研发费用 | | |
| 财务费用 | 12,500.00 | 12,500.00 |
| 其中：利息费用 | 12,500.00 | 12,500.00 |
| 利息收入 | | |
| 资产减值损失 | | |
| 信用减值损失 | | |
| 加：其他收益 | | |
| 投资收益（损失以"—"号填列） | | |
| 其中：对联营企业和合营企业投资收益 | | |
| 净敞口套期收益（损失以"-"号填列） | | |
| 公允价值变动收益(损失以"-"号填列) | | |
| 资产处置收益（损失以"-"号填列） | | |
| 二、营业利润（亏损以"—"号填列） | 295,109.98 | 295,109.98 |
| 加：营业外收入 | | |
| 减：营业外支出 | 45,633.00 | 45,633.00 |
| 三、利润总额（亏损总额以"—"号填列） | 249,476.98 | 249,476.98 |
| 减：所得税费用 | | |
| 四、净利润（净亏损以"—"号填列） | 249,476.98 | 249,476.98 |
| 五、其他综合收益的税后净额 | | |
| 六、综合收益总额 | | |
| 七、每股收益： | | |
| （一）基本每股收益 | | |
| （二）稀释每股收益 | | |

会计主管：　主管会计工作负责人：　会计机构负责人：　填表人：

图 9－12

对数据进行确认后，点击工具栏中的打印图标，既可以打印利润表；也可以选择不打印，保存为 PDF 格式的报表文档。

3. 生成现金流量表

现金流量表提供了某个定义期间内与现金相关的收入和支出以及现金等价物的详细信息。它属于标准财务报表。该报表包含两种类型的表格：

“主表”：涉及经营、投资和筹资活动期间收入和支出的现金流。

“附表”：现金收入和支出不涉及投资和筹资活动；涉及净利润调整的业务活动现金流；

一般主表由系统自动生成，附表则多由财务人员手工分析填列。

（1）确认现金流相关交易都已分配主表项目。在查询现金流量表之前，需要确认是否与现金流相关的所有交易都已分配了现金流主表项目，选择【财务】—【财务报表】—【财务】—【现金流参考报表】，在“现金流参考报表—选择标准”窗口中，“日期从”选择1月1日—1月31日，选中“与现金流相关的未分配交易”，点击【确定】按钮，如图9－13所示。现金流参考报表还可通过选择“所有与现金流相关的交易”对已经选择现金流行项目的凭证进行审核。

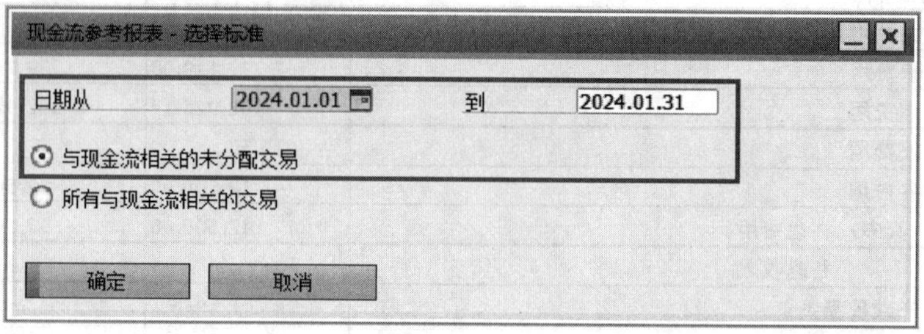


**图9－13**

打开“现金流参考报表”窗口，如果不显示分录，则说明与现金流相关的所有交易都已分配现金流主表项目；如果“现金流参考报表”窗口显示分录，则说明有一些日记账分录存在涉及现金流的科目没有分配现金流主表项目。漏分配的日记账分录不需要取消重做，只需要重新打开，对涉及现金流的行项目如银行存款、库存现金等科目补分配现金流主表项目，分配完后点击【更新】，重新保存该笔日记账分录即可。

为确保现金流量表的正确生成，可通过“现金流参考报表”查看所有日记账分录中的现金流主表项目的分配，重新进行确认，如表9－1所示。

**表9－1　　现金流量项目核对表**

| 交易编号 | 总账科目/业务伙伴代码 | 总账科目/业务伙伴名称 | 借方 | 贷方 | 现金流主表项目 |
|---|---|---|---|---|---|
| 35 | 100203 | 银行存款—中国建设银行 | | 1000000.00 | 购买商品、接受劳务支付的现金 |
| | 10000012 | 南宁景谷 | 1000000.00 | | |
| 37 | 100203 | 银行存款—中国建设银行 | | 129950.00 | 购买商品、接受劳务支付的现金 |
| | 10000001 | 南风化工 | 129950.00 | | |
| 40 | 100203 | 银行存款—中国建设银行 | | 6780.00 | 购买商品、接受劳务支付的现金 |
| | 10000009 | 世纪拓鑫 | 6780.00 | | |
| 43 | 100203 | 银行存款—中国建设银行 | | 15820.00 | 购买商品、接受劳务支付的现金 |
| | 10000009 | 世纪拓鑫 | 15820.00 | | |
| 56 | 100203 | 银行存款—中国建设银行 | | 106000.00 | 购买商品、接受劳务支付的现金 |
| | 10000026 | 天创广告 | 106000.00 | | |
| 58 | 100203 | 银行存款—中国建设银行 | | 106000.00 | 购买商品、接受劳务支付的现金 |
| | 10000026 | 天创广告 | 106000.00 | | |

续表

| 交易编号 | 总账科目/业务伙伴代码 | 总账科目/业务伙伴名称 | 借方 | 贷方 | 现金流主表项目 |
|---|---|---|---|---|---|
| 61 | 100203 | 银行存款—中国建设银行 | | 50850.00 | 购建固定资产、无形资产和其他长期资产所支付的现金 |
| | 10000037 | 柳州五菱 | 50850.00 | | |
| 62 | 100203 | 银行存款—中国建设银行 | | 565000.00 | 购建固定资产、无形资产和其他长期资产所支付的现金 |
| | 160401 | 在建工程 | 500000.00 | | |
| | 22210101 | 应交税费—应交增值税—进项税额 | 65000.00 | | |
| 63 | 100203 | 银行存款—中国建设银行 | | 53000.00 | 购建固定资产、无形资产和其他长期资产所支付的现金 |
| | 160401 | 在建工程 | 50000.00 | | |
| | 22210101 | 应交税费—应交增值税—进项税额 | 3000.00 | | |
| 87 | 100203 | 银行存款—中国建设银行 | 339000.00 | | 销售商品、提供劳务收到的现金 |
| | 60000002 | 百事（中国） | | 339000.00 | |
| 89 | 100203 | 银行存款—中国建设银行 | 35030.00 | | 销售商品、提供劳务收到的现金 |
| | 60000013 | 南宁安心 | | 35030.00 | |
| 92 | 100203 | 银行存款—中国建设银行 | 35030.00 | | 销售商品、提供劳务收到的现金 |
| | 60000013 | 南宁安心 | | 35030.00 | |
| 93 | 100203 | 银行存款—中国建设银行 | 7232000.00 | | 销售商品、提供劳务收到的现金 |
| | 60000001 | 可口可乐（中国） | | 7232000.00 | |
| 97 | 100203 | 银行存款—中国建设银行 | 452000.00 | | 销售商品、提供劳务收到的现金 |
| | 60000023 | 南宁红星 | | 452000.00 | |
| 99 | 100203 | 银行存款—中国建设银行 | 226 | | 销售商品、提供劳务收到的现金 |
| | 70000001 | 零售客户 | | 226 | |
| 104 | 100203 | 银行存款—中国建设银行 | 31859000.00 | | 吸收投资所收到的现金 |
| | 400101 | 股本 | | 31859000.00 | |
| 107 | 100203 | 银行存款—中国建设银行 | | 9718.00 | 购买商品、接受劳务支付的现金 |
| | 10000038 | 南宁兴全 | 9718.00 | | |
| 108 | 10000022 | 祥源物流 | 240000.00 | | |
| | 22210101 | 应交税费—应交增值税—进项税额 | 14400.00 | | |
| | 100203 | 银行存款—中国建设银行 | | 254400.00 | 支付的其他与经营活动有关的现金 |

续表

| 交易编号 | 总账科目/业务伙伴代码 | 总账科目/业务伙伴名称 | 借方 | 贷方 | 现金流主表项目 |
|---|---|---|---|---|---|
| 109 | 660210 | 管理费用—差旅费 | 1200.00 | | |
| | 660210 | 管理费用—差旅费 | 70 | | |
| | 660210 | 管理费用—差旅费 | 500 | | |
| | 22210101 | 应交税费—应交增值税—进项税额 | 30 | | |
| | 660210 | 管理费用—差旅费 | 600 | | |
| | 100203 | 银行存款—中国建设银行 | | 2400.00 | 支付的其他与经营活动有关的现金 |
| 110 | 660204 | 管理费用—办公费 | 300 | | |
| | 660109 | 销售费用—水电费 | 1344.00 | | |
| | 660205 | 管理费用—水电费 | 2016.00 | | |
| | 22210101 | 应交税费—应交增值税—进项税额 | 4368.00 | | |
| | 100203 | 银行存款—中国建设银行 | | 37968.00 | 购买商品、接受劳务支付的现金 |
| 112 | 221101 | 应付职工薪酬—工资及绩效 | 205500.00 | | |
| | 100203 | 银行存款—中国建设银行 | | 200270.00 | 支付给职工以及为职工支付的现金 |
| | 222112 | 应交税费—应交个人所得税 | | 5230.00 | |
| 113 | 221102 | 应付职工薪酬—社会保险 | 65965.50 | | |
| | 221103 | 应付职工薪酬—住房公积金 | 20550.00 | | |
| | 100203 | 银行存款—中国建设银行 | | 86515.50 | 支付给职工以及为职工支付的现金 |
| 114 | 222112 | 应交税费—应交个人所得税 | 5230.00 | | |
| | 100203 | 银行存款—中国建设银行 | | 5230.00 | 支付的各项税费 |
| 115 | 22210202 | 应交税费—未交增值税—本期已交 | 352500.00 | | |
| | 100203 | 银行存款—中国建设银行 | | 352500.00 | 支付的各项税费 |
| 119 | 223201 | 应付利息 | 4500.00 | | |
| | 100203 | 银行存款—中国建设银行 | | 4500.00 | 分配股利、利润或偿付利息所支付的现金 |

（2）选择模板和日期。选择路径【财务】—【财务报表】—【财务】—【现金流表】，打开“现金流量表选择条件”窗口。现金流量表类似利润表，是期间报表，在此选择标准窗口中，“日期”指定报表的日期范围，模板选择“正式模板”，选择“月报表”如果同时选择“显示年初至今”复选框，则在报表中显示本年列。如图 9－14 所示。

（3）显示现金流量表（现金流表）。点击确定后查看结果。如图 9－15 所示。

（4）输出打印格式。在“现金流表”窗口中，等级选择“10”，点击屏幕左上角菜单栏中的【文件】，选择“预览布局”，打开“选择布局”窗口，选择“现金流量表（企业会计准则）”，点击【确定】，可看到打印格式的现金流量表如图 9－16 所示。

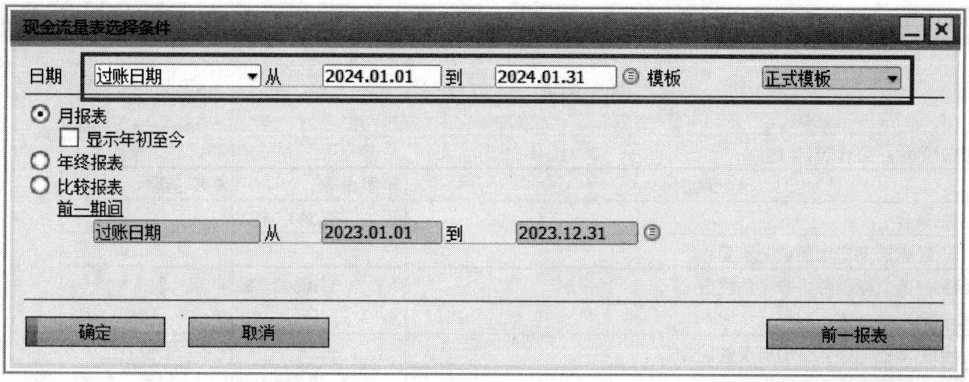


图 9－14

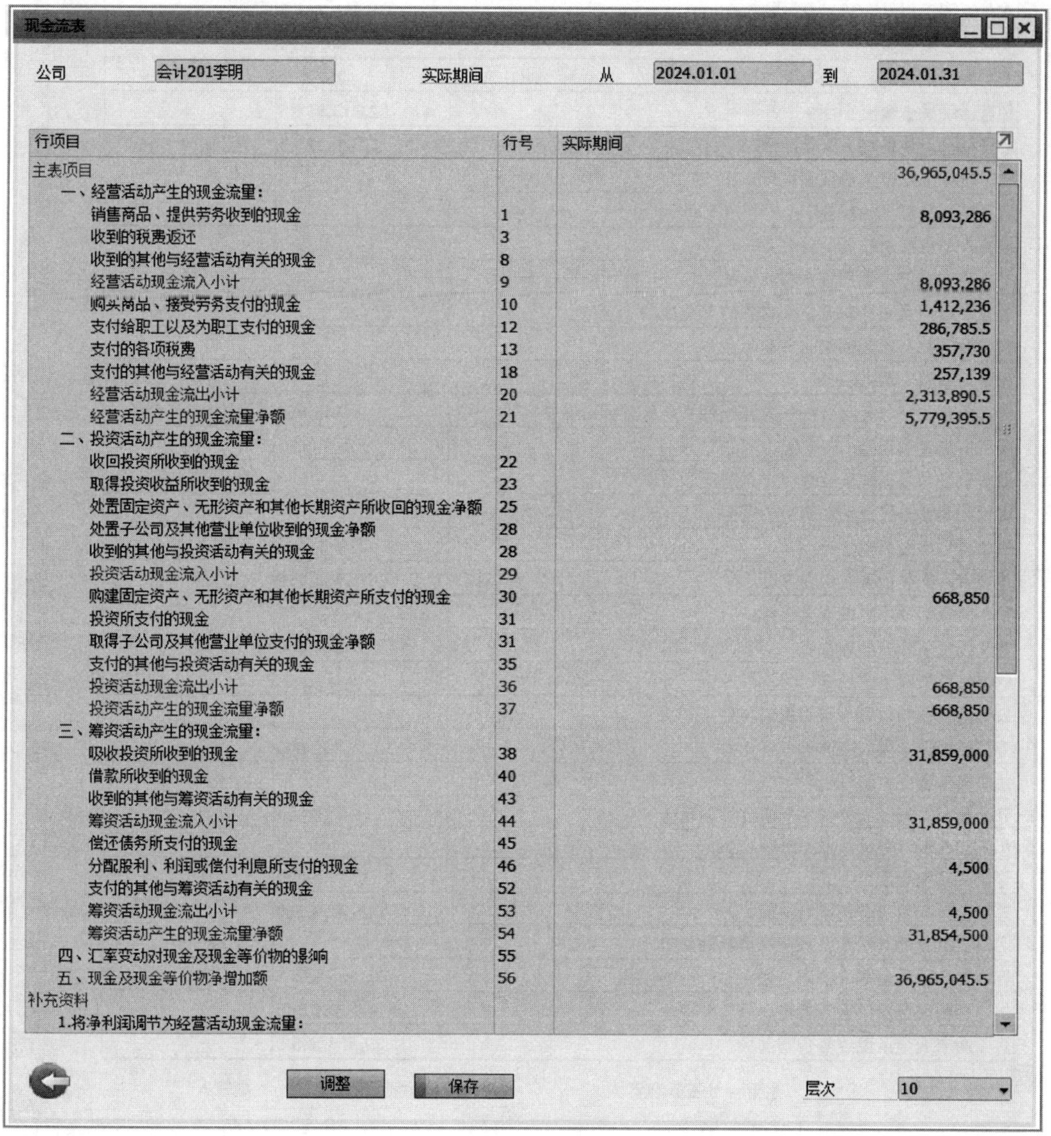

现金流表

公司　会计201李明　　实际期间　从　2024.01.01　到　2024.01.31

| 行项目 | 行号 | 实际期间 |
|---|---|---|
| 主表项目 | | 36,965,045.5 |
| 一、经营活动产生的现金流量： | | |
| 销售商品、提供劳务收到的现金 | 1 | 8,093,286 |
| 收到的税费返还 | 3 | |
| 收到的其他与经营活动有关的现金 | 8 | |
| 经营活动现金流入小计 | 9 | 8,093,286 |
| 购买商品、接受劳务支付的现金 | 10 | 1,412,236 |
| 支付给职工以及为职工支付的现金 | 12 | 286,785.5 |
| 支付的各项税费 | 13 | 357,730 |
| 支付的其他与经营活动有关的现金 | 18 | 257,139 |
| 经营活动现金流出小计 | 20 | 2,313,890.5 |
| 经营活动产生的现金流量净额 | 21 | 5,779,395.5 |
| 二、投资活动产生的现金流量： | | |
| 收回投资所收到的现金 | 22 | |
| 取得投资收益所收到的现金 | 23 | |
| 处置固定资产、无形资产和其他长期资产所收回的现金净额 | 25 | |
| 处置子公司及其他营业单位收到的现金净额 | 28 | |
| 收到的其他与投资活动有关的现金 | 28 | |
| 投资活动现金流入小计 | 29 | |
| 购建固定资产、无形资产和其他长期资产所支付的现金 | 30 | 668,850 |
| 投资所支付的现金 | 31 | |
| 取得子公司及其他营业单位支付的现金净额 | 31 | |
| 支付的其他与投资活动有关的现金 | 35 | |
| 投资活动现金流出小计 | 36 | 668,850 |
| 投资活动产生的现金流量净额 | 37 | -668,850 |
| 三、筹资活动产生的现金流量： | | |
| 吸收投资所收到的现金 | 38 | 31,859,000 |
| 借款所收到的现金 | 40 | |
| 收到的其他与筹资活动有关的现金 | 43 | |
| 筹资活动现金流入小计 | 44 | 31,859,000 |
| 偿还债务所支付的现金 | 45 | |
| 分配股利、利润或偿付利息所支付的现金 | 46 | 4,500 |
| 支付的其他与筹资活动有关的现金 | 52 | |
| 筹资活动现金流出小计 | 53 | 4,500 |
| 筹资活动产生的现金流量净额 | 54 | 31,854,500 |
| 四、汇率变动对现金及现金等价物的影响 | 55 | |
| 五、现金及现金等价物净增加额 | 56 | 36,965,045.5 |
| 补充资料 | | |
| 1.将净利润调节为经营活动现金流量： | | |

调整　保存　层次　10

图 9－15

现金流量表(企业会计准则)

# 现金流量表(直接法)

会企03表

编制单位：会计201李明　　2024 年 1 月　　单位：元

| 项目 | 本期金额 | 本年金额 |
|---|---|---|
| 主表项目 | 39,524,585.5 | |
| 一、经营活动产生的现金流量： | | |
| 销售商品、提供劳务收到的现金 | 8,093,286 | |
| 收到的税费返还 | | |
| 收到的其他与经营活动有关的现金 | | |
| 经营活动现金流入小计 | 8,093,286 | |
| 购买商品、接受劳务支付的现金 | 1,412,236 | |
| 支付给职工以及为职工支付的现金 | 286,785.5 | |
| 支付的各项税费 | 357,730 | |
| 支付的其他与经营活动有关的现金 | 257,139 | |
| 经营活动现金流出小计 | 2,313,890.5 | |
| 经营活动产生的现金流量净额 | 5,779,395.5 | |
| 二、投资活动产生的现金流量： | | |
| 收回投资所收到的现金 | | |
| 取得投资收益所收到的现金 | | |
| 处置固定资产、无形资产和其他长期资产所收回的现金净额 | | |
| 处置子公司及其他营业单位收到的现金净额 | | |
| 收到的其他与投资活动有关的现金 | | |
| 投资活动现金流入小计 | | |
| 购建固定资产、无形资产和其他长期资产所支付的现金 | 668,850 | |
| 投资所支付的现金 | | |
| 取得子公司及其他营业单位支付的现金净额 | | |
| 支付的其他与投资活动有关的现金 | | |
| 投资活动现金流出小计 | 668,850 | |
| 投资活动产生的现金流量净额 | -668,850 | |
| 三、筹资活动产生的现金流量： | | |
| 吸收投资所收到的现金 | 31,859,000 | |
| 取得借款所收到的现金 | | |
| 收到的其他与筹资活动有关的现金 | | |
| 筹资活动现金流入小计 | 31,859,000 | |
| 偿还债务所支付的现金 | | |
| 分配股利、利润或偿付利息所支付的现金 | 4,500 | |
| 支付的其他与筹资活动有关的现金 | | |
| 筹资活动现金流出小计 | 4,500 | |
| 筹资活动产生的现金流量净额 | 31,854,500 | |
| 四、汇率变动对现金及现金等价物的影响 | | |
| 五、现金及现金等价物净增加额 | 36,965,045.5 | |
| 加：期初现金及现金等价物余额 | 2,559,540 | |
| 六、期末现金及现金等价物余额 | 39,524,585.5 | |

会计主管：　　主管会计工作负责人：　　会计机构负责人：　　制表人：

图 9－16

对数据进行确认后，点击工具栏中的打印图标 ，即可以打印现金流量表；也可以选择不打印，保存为 PDF 格式的报表文档。

## 思政课堂

### Lyft 公司财报乌龙事件引发的思考

提起美国的打车软件公司，Uber 和 Lyft 大家应该都不陌生。此前因为疫情和经济的影响，这俩“难兄难弟”一起经历了多轮大裁员。疫情过后，这两个公司总算是度过了艰难时期，迎来了属于它们的春天。2024 年 3 月，Uber 和 Lyft 一起公布了最新财报，双双超华尔街预期，股价也一同大涨。就在股民、投资者、员工都非常开心、激动之时，Lyft 的 CEO 却突然发布公告道歉：“不好意思，财报多写了个零……”

这到底是怎么一回事？原来，Lyft 把财报中“利润增长率”指标写错了，该增长率本应该是 50 个基点（也就是增长 0.5%），可没想到在财报上，这一指标被写成了 500 个基点（相当于增长 5%）。而这一结果，直接导致投资机构设定的自动交易算法疯狂买入 Lyft 的股票，让股票瞬间大涨 62%。该公司发现问题后正式提交文件更正了这一指标，于是股价应声下跌，瞬间又跌没了一半，简直比坐过山车还刺激。Lyft 连忙补救发声明，CEO 出来公开道歉，表示：“都是个误会，我们并没有恶意操纵股价。”

企业对外信息披露应建立严密的内部控制流程，报告中的信息数据都要经过层层审核后方可对外发布。而 Lyft 公司显然没有做好财报发布前的控制流程，财报编制人员工作不够细致严谨，各审核环节的人员责任心不足，没有认真履行审核职能，最终导致了这一乌龙事件的发生，严重影响了该公司的市场价值和企业形象。

从上述案例可以看到，信息披露无小事。一个公司的财报就是这个公司的脸面，资本市场、社会公众、政府机构对一个公司的了解大部分来源于该公司对外披露的财报，任何一项对外披露的信息都要经过严格审核，否则，就可能在资本市场引起轩然大波。

作为会计人员，要有正确的价值观和规范的职业行为，要深刻理解自己的工作对社会产生的重大影响。每一位即将步入会计行业的人，都要主动提升自身的职业素养，严谨、细致、耐心，对国家、对社会、对企业、对工作充满责任感，不推诿，不马虎，坚守职业底线，努力成为坚强有力的风险屏障，守护国家和企业的健康发展。

无论从事任何工作，责任心和使命感都是不可或缺的。作为财会人员，我们更应该成为一个高尚而有道德的人，不忘初心，牢记使命。在做好日常工作的同时，注重社会道德和会计职业道德的融合，践行新时代对会计人员的要求：坚持诚信、守法奉公；坚持准则、守责敬业；坚持学习，守正创新。